Hans-Joachim Spanger · Lothar Brock

Die beiden deutschen Staaten in der Dritten Welt

Die Entwicklungspolitik der DDR – eine Herausforderung für die Bundesrepublik Deutschland?

Westdeutscher Verlag

CIP-Kurztitelaufnahme der Deutschen Bibliothek

Spanger, Hans-Joachim:
Die beiden deutschen Staaten in der Dritten Welt:
Die Entwicklungspolitik d. DDR — e. Herausforderung
für d. Bundesrepublik Deutschland?/Hans-Joachim
Spanger; Lothar Brock. — Opladen: Westdeutscher
Verlag, 1987.
    ISBN 3-531-11840-4

NE: Brock, Lothar:

Der Westdeutsche Verlag ist ein Unternehmen der Verlagsgruppe Bertelsmann.

Umschlaggestaltung: Horst Dieter Bürkle, Darmstadt
Satz: Grafische Werkstatt Dipl.-Ing. M. Michael Spenner, Berlin
Druck und buchbinderische Verarbeitung: Lengericher Handelsdruckerei, Lengerich
Printed in Germany

ISBN   3-531-11840-4

Hans-Joachim Spanger

Die beiden deutschen

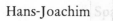

Inhalt

Tabellen und Schaubilder

Abkürzungen

AAL	Asien, Afrika, Lateinamerika, Zeitschrift des Zentralen Rates für Asien-, Afrika- und Lateinamerikawissenschaften in der DDR
AAPSO	Afro-Asian Peoples Solidarity Organization (Organisation für Solidarität der Völker Asiens und Afrikas)
ACDA	U.S. Arms Control and Disarmament Agency (Amt für Rüstungskontrolle und Abrüstung der USA)
AGEH	Arbeitsgemeinschaft für Entwicklungshilfe, Köln
AGKED	Arbeitsgemeinschaft Kirchlicher Entwicklungsdienste, Stuttgart
AID	Agency for International Development (Behörde für Internationale Entwicklung, USA)
AKP	Partnerstaaten der EG aus dem afrikanischen, karibischen und pazifischen Raum
ANC	African National Congress (Afrikanischer Nationalkongreß, Südafrika)
ARÄ	Arabische Republik Ägypten
ASEAN	Association of South East Asian Nations (Gemeinschaft Südostasiatischer Staaten)
ASU	Arabische Sozialistische Union (Ägypten)
BfE	Bundesstelle für Entwicklungshilfe
BMF	Bundesministerium der Finanzen
BMZ	Bundesministerium für wirtschaftliche Zusammenarbeit
BRD	Bundesrepublik Deutschland
BSP	Bruttosozialprodukt
CDU	Christlich Demokratische Union
CIM	Centrum für Internationale Migration und Entwicklung (bei der GTZ)

CMEA	Council for Mutual Economic Assistance (Rat für Gegenseitige Wirtschaftshilfe)
COPWE	Commission to Organize the Party of the Working People of Ethiopia (Kommission zur Schaffung der Partei der Werktätigen Äthiopiens)
ČSSR	Českolovenská Socialistická Republika (Tschechoslowakische Sozialistische Republik)
CSU	Christlich Soziale Union
DA	Deutschland Archiv, Zeitschrift für Fragen der DDR und der Deutschlandpolitik
DAAD	Deutscher Akademischer Austauschdienst
DAC	Development Assistance Committee (Ausschuß für Entwicklungshilfe der OECD)
DAP	Deutsche Außenpolitik, Zeitschrift des IIB
DDR	Deutsche Demokratische Republik
DED	Deutscher Entwicklungsdienst, Berlin (W)
DFD	Demokratischer Frauenbund Deutschlands (DDR)
DEG	Deutsche Finanzierungsgesellschaft für Beteiligungen in Entwicklungsländern (Entwicklungsgesellschaft) GmbH
DGAP	Deutsche Gesellschaft für Auswärtige Politik, Bonn
DGFK	Deutsche Gesellschaft für Friedens- und Konfliktforschung, Bonn
DHfK	Deutsche Hochschule für Körperkultur, Leipzig
DIE	Deutsches Institut für Entwicklungspolitik, Berlin (W)
DRK	Deutsches Rotes Kreuz der DDR
DSE	Deutsche Stiftung für Internationale Entwicklung, Berlin (W)
DTSB	Deutscher Turn- und Sportbund der DDR
DÜ	Dienste in Übersee, Hamburg
DZfPh	Deutsche Zeitschrift für Philosophie (DDR)
E	Einheit, Zeitschrift des ZK der SED
EA	Europa Archiv, Zeitschrift der DGAP
ECA	Economic Commission for Africa (Wirtschaftskommission der Vereinten Nationen für Afrika)

ECAFE	Economic Commission for Asia and the Far East (Wirtschaftskommission der Vereinten Nationen für Asien und den Fernen Osten)
ECE	Economic Commission for Europe (Wirtschaftskommission der Vereinten Nationen für Europa)
ECOSOC	Economic and Social Council (Wirtschafts- und Sozialrat der Vereinten Nationen)
EG	Europäische Gemeinschaft
EKKI	Exekutivkomitee der Kommunistischen Internationale
epd	Evangelischer Pressedienst
FAO	Food and Agricultural Organization of the United Nations (Ernährungs- und Landwirtschaftsorganisation der Vereinten Nationen)
FDGB	Freier Deutscher Gewerkschaftsbund (DDR)
FDJ	Freie Deutsche Jugend (DDR)
FDP	Freie Demokratische Partei
FLN	Front de Libération Nationale (Nationale Befreiungsfront, Algerien)
FMLN	Frente Farabundo Marti de Liberación Nacional (Nationale Befreiungsfront Farabundo Marti, El Salvador)
FRELIMO	Frente de Libertação de Moçambique (Befreiungsfront von Mosambik)
FSLN	Frente Sandinista de Liberación Nacional (Sandinistische Nationale Befreiungsfront, Nikaragua)
GATT	General Agreement on Tariffs and Trade (Allgemeines Zoll- und Handelsabkommen)
GAWI	Garantie-Abwicklungsgesellschaft
GDR	German Democratic Republic (Deutsche Demokratische Republik)
GTZ	Deutsche Gesellschaft für Technische Zusammenarbeit, Eschborn
Ho	Horizont, Zeitschrift aus der DDR
HSFK	Hessische Stiftung Friedens- und Konfliktforschung, Frankfurt/M.
IBWZ	Internationale Bank für Wirtschaftliche Zusammenarbeit des RGW
ICOMOS	International Council on Monuments and Sites (Internationaler Rat für Denkmäler und Ausgrabungsstätten)

IDA	International Development Association (Internationale Entwicklungsagentur in der Weltbankgruppe)
IFC	International Finance Corporation (Internationale Finanzkorporation in der Weltbankgruppe)
IIB	Institut für Internationale Beziehungen an der Akademie für Staats- und Rechtswissenschaft der DDR, Potsdam-Babelsberg
IISS	International Institute for Strategic Studies (Internationales Institut für Strategische Studien, London)
ILO	International Labour Organization (Internationale Arbeitsorganisation)
IMEMO	Institut Mirovaja Ekonomika i Meždunarodnye Otnošenija (Institut für Weltwirtschaft und Internationale Beziehungen an der Akademie der Wissenschaften der UdSSR)
IPW	Institut für Internationale Politik und Wirtschaft der DDR, Berlin (O)
IWF	Internationaler Währungsfond
IZR	Interdisziplinäres Zentrum für Vergleichende Revolutionsforschung (Universität Leipzig)
JAR	Jemenitische Arabische Republik (Nord-Jemen)
JSP	Jemenitische Sozialistische Partei (Süd-Jemen)
KfW	Kreditanstalt für Wiederaufbau, Frankfurt/M.
KI	Kommunistische Internationale (auch Komintern)
KPCh	Kommunistische Partei Chinas
KPD	Kommunistische Partei Deutschlands
KPdSU	Kommunistische Partei der Sowjetunion
LIC	Low Income Country (Gruppe der einkommensschwachen Länder)
LLDC	Least Developed Countries (Gruppe der am wenigsten entwickelten Länder)
MEW	Marx, Engels, Werke
MG	Militärgeschichte, Zeitschrift aus der DDR
MNR	Movimento Nacionalista Revolucionario (Bewegung der Nationalen Revolution, Mosambik)
MPLA	Movimento Popular de Libertação de Angola (Volksbefreiungsbewegung von Angola)
MSAC	Most Seriously Affected Countries (Gruppe der am meisten durch die Weltwirtschaftskrise betroffenen Länder)

MVR	Mongolische Volksrepublik
MW	Militärwesen, Zeitschrift aus der DDR
NATO	North Atlantic Treaty Organization (Nordatlantische Vertragsorganisation)
ND	Neues Deutschland, Tageszeitung des ZK der SED
NEP	Novaja Ekonomičeskaja Politika (Neue Ökonomische Politik)
NIWO	Neue Internationale Wirtschaftsordnung
NVA	Nationale Volksarmee (DDR)
OAS	Organization of American States (Organisation Amerikanischer Staaten)
OAU	Organization of African Unity (Organisation für Afrikanische Einheit)
ODA	Official Development Assistance (Öffentliche Entwicklungshilfe)
OECD	Organization for Economic Co-operation and Development (Organisation für wirtschaftliche Zusammenarbeit und Entwicklung)
OPEC	Organization of the Petroleum Exporting Countries (Organisation der erdölexportierenden Länder)
PAIGC	Partido Africano da Independência da Guiné e Cabo-Verde (Afrikanische Unabhängigkeitspartei Guineas und der Kapverdischen Inseln)
PLO	Palestine Liberation Organization (Palästinensische Befreiungsorganisation)
POLISARIO	Frente Popular por la Liberación de Seguia El Hamra y Rio de Oro (Volksfront für die Befreiung von Seguia El Hamra und Rio de Oro)
PRI	Partido Revolucionario Institucional (Revolutionäre Institutionelle Partei, Mexiko)
PSRS	Somalische Sozialistische Revolutionspartei
PVS	Politische Vierteljahresschrift
RDF	Rapid Deployment Force (Schnelle Eingreiftruppe der USA)
RGW	Rat für Gegenseitige Wirtschaftshilfe
SAR	Syrische Arabische Republik

SEATO	South East Asian Treaty Organization (Südostasiatische Vertragsorganisation)
SED	Sozialistische Einheitspartei Deutschlands (DDR)
SIPRI	Stockholm International Peace Research Institute (Internationales Friedensforschungsinstitut, Stockholm)
SITC	Standard International Trade Classification (Standardisierte Internationale Handelswarenklassifizierung)
SPD	Sozialdemokratische Partei Deutschlands
Stabex	Exporterlös-Stabilisierung für die AKP-Staaten im Rahmen der Lomé-Verträge mit der EG
STR	Staat und Recht, Zeitschrift der Akademie für Staats- und Rechtswissenschaft der DDR
SWAPO	South West African People's Organization (Südwestafrikanische Volksorganisation, Namibia)
UdSSR	Union der Sozialistischen Sowjetrepubliken
UN	United Nations (Vereinte Nationen)
UNCTAD	United Nations Conference on Trade and Development (Welthandels- und Entwicklungskonferenz)
UNDP	United Nations Development Programme (Entwicklungsprogramm der Vereinten Nationen)
UNEP	United Nations Environment Programme (Umweltprogramm der Vereinten Nationen)
UNESCO	United Nations Educational, Scientific and Cultural Organization (Organisation für Erziehung, Wissenschaft und Kultur der Vereinten Nationen)
UNICEF	United Nations Children's Fund (Weltkinderhilfswerk der Vereinten Nationen)
UNIDO	United Nations Industrial Development Organization (Organisation für Industrielle Entwicklung der Vereinten Nationen)
UPRONA	Parti de l'Unité et du Progrès National (Partei der Einheit und des Nationalen Fortschritts, Burundi)
URANIA	Gesellschaft zur Verbreitung wissenschaftlicher Kenntnisse (DDR)
USA	United States of America (Vereinigte Staaten von Amerika)
VdgB	Vereinigung der gegenseitigen Bauernhilfe (DDR)
VDJ	Verband der Journalisten der DDR

VDRJ	Volksdemokratische Republik Jemen (Süd-Jemen)
VR	Volksrepublik
WBIÖ	Wissenschaftliche Beiträge des Instituts „Ökonomie der Entwicklungsländer" an der Hochschule für Ökonomie „Bruno Leuschner", Berlin-Karlshorst (DDR)
WHO	World Health Organization (Weltgesundheits-organisation)
WVO	Warschauer Vertragsorganisation
ZANU-PF	Zimbabwe African National Union – Patriotic Front (Afrikanische Nationalunion – Patriotische Front, Zimbabwe)
ZAPU	Zimbabwe African People's Organization (Afrikanische Volksorganisation Zimbabwe)
ZAR	Zentralafrikanische Republik
ZENTRAAL	Zentraler Rat für Asien-, Afrika- und Lateinamerikawissenschaften in der DDR
ZK	Zentralkomitee

Vorwort

Die vorliegende Arbeit ist an der Hessischen Stiftung Friedens- und Konfliktforschung (HSFK) entstanden. Sie ist das Ergebnis zweier Forschungsvorhaben über die Entwicklungspolitik der beiden deutschen Staaten sowie einer mehrjährigen Kooperation der Autoren, in der den Möglichkeiten und Grenzen einer Ost-West-Verständigung über die Probleme des Nord-Süd-Konfliktes nachgegangen wurde. Zu dieser Thematik fand im Frühjahr 1985 an der HSFK eine internationale Konferenz statt, an der Wissenschaftler aus der Bundesrepublik Deutschland, der DDR, aus West- und Osteuropa sowie aus der Dritten Welt mitwirkten. Ihr verdanken wir viele wertvolle Anregungen. Jene Kapitel, die sich in der vorliegenden Arbeit mit den verschiedenen Facetten der DDR-Entwicklungspolitik befassen (Kapitel B, C, D), sind von Hans-Joachim Spanger verfaßt. Das einführende theoretische Kapitel A sowie Kapitel E, das sich mit der Bundesrepublik Deutschland und ihrer Entwicklungspolitik auseinandersetzt, von Lothar Brock. Zusammenfassung und Ausblick sowie die Gegenüberstellung beider deutscher Staaten in ihrem Verhältnis zur Bewegung der Blockfreien sowie zu den Debatten über eine Neue Weltwirtschaftsordnung (Kapitel F) stammen von beiden Autoren gemeinsam. Das Manuskript wurde im Juni 1986 abgeschlossen.

Wir haben bei unserer Arbeit die Unterstützung vieler Kollegen in- und außerhalb der HSFK in Anspruch genommen. Von besonderer Bedeutung war für uns die Hilfe von Herbert Begri, Henrik Bischof und Johannes Kuppe. Die umfangreichen Schreibarbeiten wurden von Christa Boege, Doris Simon, Cornelia Thünken und Elge Wörner durchgeführt. Wir danken ihnen allen herzlich in der Hoffnung, daß sich die Arbeit gelohnt hat.

Einleitung

Zu den großen weltpolitischen Entwicklungen der Zeit seit dem Zweiten Weltkrieg gehört die Auflösung der europäischen Kolonialreiche, die am Ende des Ersten Weltkrieges gut die Hälfte der festen Erdoberfläche und ein Drittel der Weltbevölkerung umfaßten. Bekanntlich war jedoch die Loslösung der ehemaligen Kolonialgebiete von ihren Mutterländern keineswegs identisch mit der Ingangsetzung einer eigenständigen Entwicklung. Vielmehr stellte sich die Überwindung des Kolonialismus als Aufgabe dar, eine solche Entwicklung überhaupt erst möglich zu machen. So wurde zu Beginn der sechziger Jahre, als der Prozeß der formellen Entkolonialisierung bis auf einige allerdings bedeutungsvolle Ausnahmen (portugiesische Kolonien in Afrika) weitgehend abgeschlossen war, eine rückblickend sogenannte Erste Entwicklungsdekade von den Vereinten Nationen ausgerufen, die alle Völker der Welt in einer beispiellosen Anstrengung zur Überwindung der Unterentwicklung zusammenführen sollte. Zugleich wurde auf einer Konferenz in Belgrad (1961) die Bewegung der Blockfreien Staaten gegründet. Sie sollte die auf der Bandung-Konferenz von 1956 begonnene Arbeit aufnehmen und in geregelter Form fortsetzen mit dem Ziel, parallel zur Überwindung wirtschaftlicher Abhängigkeit und Ausbeutung auch die politische Bevormundung der neuen Staaten und ihre Einbindung in den Ost-West-Gegensatz abzubauen oder zu verhindern.

Die Probleme, um die es zu Beginn der sechziger Jahre ging, bestehen fort; dennoch ist die Situation heute eine ganz andere – nicht zuletzt deswegen, weil der Spielraum für Hoffnungen, die dem politischen Handeln eine neue konstruktive Orientierung geben könnten, angesichts der seither gewonnenen Erfahrungen sehr klein geworden ist: Die seit zehn Jahren debattierte Neuordnung der Weltwirtschaft ist keinen Schritt vorangekommen; die „Charta der wirtschaftlichen Rechte und Pflichten der Staaten" von 1974 ist ein Stück Papier geblieben; die Einigung auf ein (ohnedies beschränktes) integriertes Rohstoffprogramm hat bisher keine praktischen Folgen gezeigt; an die Stelle großer entwicklungspolitischer Entwürfe ist der Zwang getreten, zumindest die kurzfristige Überlebensfähigkeit der Entwicklungsgesellschaften zu sichern.

Auch die weit gesteckten Hoffnungen auf eine Welt mit weniger Waffen haben sich nicht erfüllt. „Der Krieg hat die Menschheit niemals mit ernsthafteren Konsequenzen bedroht als bisher. Andererseits hat die Menschheit nie über stärkere Kräfte verfügt, den Krieg als Mittel der Politik abzuschaffen" – dies erklärten die Blockfreien auf ihrer Gründungskonferenz in Belgrad.[1] Angesichts der Tatsache, daß das bis dahin auf die Industrieländer beschränkte Wettrüsten inzwischen globale Dimensionen angenommen hat, daß mehr noch die Zunahme der Weltrüstungsausgaben während der siebziger Jahre fast ausschließlich auf die Rüstung der Entwicklungsländer zurückzuführen war und daß sich zugleich eine erhebliche Militarisierung der Politik in der Dritten Welt vollzogen hat,[2] wird man schwerlich behaupten können, unter dem Einfluß der neuen blockfreien Staaten habe sich die positive Tendenz einer Überwindung des Krieges verstärkt oder gar durchgesetzt. Heute ist die Lage zweifellos noch brisanter als zu Beginn der sechziger Jahre und die Nord-Süd-Politik ist widersprüchlicher denn je zuvor.

Vergegenwärtigt man sich die Lage in der Dritten Welt, so besteht aller Anlaß zur Klage darüber, daß der Begriff „Entwicklungsländer" für viele Staaten der Dritten Welt immer noch ein schönfärberischer Begriff, ein Euphemismus ist. Viele von ihnen entwickeln sich fehl oder überhaupt nicht, in der Mehrzahl von ihnen ist Armut, ein Leben am Rande oder unterhalb des statistisch ermittelten Existenzminimums, ein Massenphänomen oder wurde es in den vergangenen Jahrzehnten, wobei die Anzahl der Armen auch in einigen fortgeschrittenen Entwicklungsländern wie Brasilien oder den Philippinen schneller gewachsen ist als die Gesamtbevölkerung. Nach einer viel zitierten Schätzung der Weltbank gab es zu Beginn der Dritten Entwicklungsdekade eingangs der achtziger Jahre rund 800 Millionen Menschen in den Ländern der Dritten Welt, die als „absolut arm" zu gelten haben.[3] Bei diesen Menschen geht es nicht nur darum, daß sich ihr Lebensstandard langsamer verbessert hätte als jener der Bevölkerungsmehrheit, sondern darum, daß sie am Rande der Lebensfähigkeit dahinvegetieren, daß sie falsch ernährt sind oder hungern, in völlig unzureichenden Behausungen leben, medizinisch nicht versorgt werden, keine feste Arbeit oder überhaupt keine Arbeit haben, aber auch in kein soziales Netz eingebunden sind und keine Aussichten haben, ihre Lage zu überwinden.

Obwohl die Entwicklungsländer insgesamt immer noch als Agrarstaaten zu kennzeichnen sind und obwohl die Grüne Revolution auch in der Dritten Welt zum Einsatz von Hochertragssorten, Maschinen, Düngemitteln und Pestiziden in großem Stil geführt hat, ist die Pro-Kopf-Produktion an Nahrungsmitteln in Afrika und in Teilen Ostasiens zurückgegangen und müssen zunehmend Lebensmittel importiert werden. Es muß damit gerechnet werden, so wird in einer Publikation des Bundesministeriums für wirtschaftliche Zusammenarbeit festgestellt, „daß die bestehende Versorgungslücke immer größer wird und der Nahrungsmittelimportbedarf der Entwicklungsländer zum Ende des Jahrhunderts gigantische Ausmaße annimmt."[4] Diese Situation wird noch dadurch verschlimmert, daß in den Ländern der Dritten Welt auch – aber keineswegs ausschließlich – unter dem Bevölkerungsdruck der Raubbau an den eigenen natürlichen Ressourcen zunimmt und damit die Grundlagen der wirtschaftlichen Entwicklung geschmälert werden. Der technische Fortschritt kann vor allem im Bereich der Bodenerosion mit den Substanzverlusten nicht mithalten, zum Teil trägt gerade er in der Landwirtschaft (zumindest bei unsachgemäßer Anwendung) noch zur Beschleunigung der Substanzverluste bei.[5]

Gleichzeitig hat sich die außenwirtschaftliche Situation vor allem jener Entwicklungsländer, die arm an eigenen Energieträgern sind, im Laufe der siebziger Jahre und zu Beginn der achtziger Jahre verschlechtert. Aber auch die Mehrzahl der ölexportierenden Staaten ist in Schwierigkeiten geraten. Dies zeigt sich zum einen in der für die Dritte Welt ungünstigen Entwicklung des Verhältnisses zwischen den Preisen ihrer Hauptexport- und ihrer Hauptimportgüter. Auch wenn sich dieses Verhältnis nicht kontinuierlich verschlechtert, ist es doch starken Schwankungen unterworfen, die für die Entwicklungsländer ein äußerst gravierendes Problem darstellen, da bei der gegebenen Weltmarktorientierung jede Entwicklungsplanung von kalkulierbaren Einnahmen aus dem Export abhängt. Ein anderer Indikator für die Verschlechterung ihrer außenwirtschaftlichen Lage ist die enorm gestiegene Verschuldung der Entwicklungsländer. Sie liegt heute, wenn man die kurzfristige Verschuldung durch Kredite mit Laufzeiten unter einem Jahr mitrechnet, bei über 1 Billion US-Dollar. Wenn es zutrifft, daß eine Auslandsverschuldung so lange tragbar ist, wie der Schuldendienst (Zinsen und Tilgungen) 20 % der Exporterlöse nicht übersteigt, so ist die kritische Schwelle heute bei allen Großschuldnern der Dritten Welt weit überschritten. In Einzelfällen verschlingt der Schuldendienst mehr als die gesamten laufenden Exporterlöse und ist nur noch durch Umschuldungen und weitere Verschuldung zu steuern.[6]

Es fehlt nicht an Bemühungen auf seiten der Entwicklungspolitiker, diese Lage der Dritten Welt nicht nur als moralische Herausforderung, sondern auch als Bedrohung unserer eigenen ökonomischen Existenzbasis (ökonomische Sicherheit) und darüber hinaus des Weltfriedens darzustellen. So soll der Entwicklungspolitik als Politik im wohlverstandenen Eigeninteresse und als Friedenspolitik mehr Gewicht verliehen und ihr Stellenwert im Kanon der Regierungsressorts aufgewertet werden. Besonders die Verschuldung der Entwicklungsländer könnte solchen Bemühungen entgegenkommen, da ja nach der Erkenntnis von John Maynard Keynes eine Verschuldung in großem Stil für den Gläubiger ein mindestens ebenso großes, wenn nicht sogar ein noch größeres Problem darstellen kann als für den Schuldner. Aber obwohl hierüber heute sehr viel und zum Teil sehr Dramatisches geschrieben wird, sind die Industrieländer offenbar noch intensiver mit sich selbst beschäftigt als das bereits in den voraufgegangenen Dekaden des weltwirtschaftlichen Optimismus und der scheinbar wohlbegründeten Aussicht auf ein kontinuierliches Wachstum der Fall war.

Die von einer zeitlich eng begrenzten Rezession unterbrochene wirtschaftliche Aufwärtsentwicklung der Nachkriegszeit ist während der siebziger Jahre in einen Krisenzyklus übergegangen, durch den die ökonomischen und sozialen Errungenschaften auch der fortgeschrittensten Industrieländer bedroht werden. Die meisten, gleich ob in Ost oder in West, haben in den vergangenen Jahren Stagnation, ja Rückgang ihrer Wirtschaftsaktivitäten erfahren. Dieser Sachverhalt hat jedoch keineswegs mehr Verständnis für die wirtschaftlichen Probleme der Dritten Welt geweckt, sondern zu verstärkten Bestrebungen geführt, sich gegen unliebsame Konkurrenz, woher auch immer sie kommen möge, abzuschirmen (Protektionismus) und konkrete Verhandlungen über eine Neuordnung der Weltwirtschaft (Globalverhandlungen) vorerst von der Tagesordnung der Weltpolitik abzusetzen. Gleichzeitig stagniert die Entwicklungshilfe und wird wieder verstärkt an Bedingungen geknüpft.[7] Die östlichen Industrieländer ihrerseits verweisen bei den deutlicher werdenden Forderungen der Entwicklungsländer auch ihnen gegenüber immer noch auf die Verantwortung des Westens für die gegenwärtige Lage und versuchen, sich so (allerdings mit abnehmender Überzeugungskraft) aus der Affäre zu ziehen.

In besonders schroffem Widerspruch zu dem Erfordernis, alle verfügbaren Kräfte für die Überwindung wenigstens der Massenarmut in der Dritten Welt zu mobilisieren und im Geiste der nunmehr dritten Dekadenstrategie der Vereinten Nationen zur Geltung zu bringen, steht die Tendenz, die Probleme der Entwicklungsländer durch die Brille des Ost-West-Konflikts zu betrachten und die Prioritäten des Handelns in der Dritten Welt zumindest *auch* nach Gesichtspunkten der „Systemkonkurrenz" zwischen Ost und West zu bestimmen. Diese Tendenz hat mit der erneuten Verschärfung des Ost-West-Konflikts deutlich zugenommen, ja die Verschärfung des Ost-West-Konflikts ist nicht zuletzt auch ein Ergebnis der Auseinandersetzungen zwischen Ost und West um Einfluß und Interessensicherung in der Dritten Welt.[8]

Zu Beginn der siebziger Jahre, als sich die Konflikte zwischen den westlichen Industrie- und den Entwicklungsländern zuspitzten und in Europa zugleich die Wende vom Kalten Krieg zur Entspannungspolitik vollzogen wurde, sprach man häufig von einer weltgeschichtlich bedeutsamen Überlagerung des Ost-West-Konflikts durch den Nord-Süd-Konflikt. Heute stellt sich heraus, daß wir es damals eher mit einer Verlagerung der „Systemkonkurrenz" in die Dritte Welt als mit deren Überlagerung durch den Nord-Süd-Konflikt zu tun hatten und daß auf diese Weise schon damals der Keim für eine erneute Verschärfung des Ost-West-Konflikts selbst gelegt wurde. Unter diesem Gesichtspunkt wird der Dritten Welt in den Industrieländern zwar erhebliche Aufmerksamkeit zuteil – dies jedoch nicht als Subjekt der Weltpolitik, sondern als Teilschauplatz einer nunmehr global ausgetragenen Auseinandersetzung zwischen sozialistischen und kapitalistischen Staaten. Armut und Not in der Dritten Welt treten in diesem Zusammenhang nicht als Probleme an sich in Erscheinung, sondern vor allem als mögliche Ansatzpunkte, in der globalen Auseinandersetzung zwischen Ost und West wo immer möglich auf Kosten des anderen Terrain zu gewinnen.

Diese Wiedereinführung der Nullsummenperspektive in die Weltpolitik, derzufolge der eine gewinnt, was der andere verliert, erfolgt nun aber gerade in einer Phase der Zeitgeschichte, in der sich eine objektiv höchst bedeutsame Verschiebung in der Nord-Süd-Konstellation vollzieht. Gemeint ist die sich beschleunigende Differenzierung der Dritten Welt nach Entwicklungsstand und nach politischen Orientierungen. Als Zwischenergebnis dieser Differenzierung kann man festhalten, daß die Dritte Welt bezogen auf den jeweiligen Entwicklungsstand heute bereits selbst aus drei Welten besteht: den sich industrialisierenden Entwicklungsländern (auch Schwellenländer genannt) auf dem einen Ende des Spektrums, den von den Vereinten Nationen offiziell so eingestuften am wenigsten entwickelten Ländern (LLDC) auf dem anderen Ende und den durchschnittlichen Ländern in der Mitte.[9] Bei den sich industrialisierenden Entwicklungsländern ist wiederum zwischen den ostasiatischen (Singapur, Taiwan, Süd-Korea) und den sehr viel labileren Schwellenländern Lateinamerikas zu unterscheiden (Mexiko, Brasilien, Venezuela usw.). Hinzu kommen als besondere Gruppe die ölexportierenden Staaten, die wiederum in zwei Gruppen zerfallen – die kapitalexportierenden (Saudi-Arabien, Ölscheichtümer) und die kapitalimportierenden (verschuldeten) Ölländer (Nigeria, Mexiko).

Auch in politischer Hinsicht sieht die Dritte Welt heute sehr viel „bunter" aus, als uns unter dem Eindruck tagespolitischer Auseinandersetzungen scheinen mag. Alle denkbaren Schattierungen gesellschaftspolitischer Orientierung sind vertreten, alle möglichen Intensitätsgrade der Bindungen und Abhängigkeiten mit Bezug auf die Industrieländer des Westens und des Ostens, wobei auf ökonomischem Gebiet für die überwältigende Mehrzahl der Entwicklungsländer der Westen weiterhin entscheidend ist. Hieran werden auch die bestehenden und keineswegs zu vernachlässigenden Ansätze einer verstärkten Süd-Süd-Kooperation in der überschaubaren Zukunft nichts ändern.

Die Differenzierungsprozesse, die den Begriff „Dritte Welt" in Frage zu stellen beginnen, lassen sich augenscheinlich nicht so einfach unter dem Gesichtspunkt der „Systemkonkurrenz" bilanzieren, wie dies in Pauschal-Behauptungen über eine Verschiebung des globalen Kräfteverhältnisses zwischen Sozialismus und Kapitalismus (zugunsten des Sozialismus) immer wieder versucht wird. Indes wird man sich auch nicht damit bescheiden können, grobschlächtig bipolare Denkkategorien dieser Art als Ausdruck eines Rückzugsgefechtes bornierter Dogmatiker zu verstehen, die mit der tatsächlichen Entwicklung nicht mehr Schritt zu halten vermögen und sich daher noch einmal interpretatorisch gegen sie aufbäumen. Vielmehr stellt sich die Frage, inwieweit die Betonung der Systemkonkurrenz zwischen Kapitalismus und Sozialismus in der Dritten Welt nicht darauf abzielt, die eigene Interessenpolitik als Politik zugunsten allgemeiner weltgesellschaftlicher Bedürfnisse zu rechtfertigen und in diesem Sinne die bestehende Komplexität der Verhältnisse in der Dritten Welt auf jenes Maß zu reduzieren, das der Aufrechterhaltung oder Ausweitung des eigenen Einflußbereichs zuträglich und dienlich ist.

Die Differenzierung der politischen, wirtschaftlichen und sozialen Verhältnisse in der Dritten Welt weckt gegenwärtig offenbar in Ost und West eher neue Begehrlichkeiten und alte Ängste, als daß sie ihnen entgegenwirkt. Dennoch stellt sich die Frage, ob die skizzierte Differenzierung nicht auf mittlere Sicht doch Ansatzpunkte für ein zumindest stillschweigendes Zusammenwirken von Ost und West bei der Lösung der drängendsten Existenzprobleme der Entwicklungsländer bieten könnte. Denn wenn es auch bequem sein mag, sich bei der Wahrnehmung der eigenen Interessen auf die im allgemeinen Interesse liegende Abwehr dunkler Absichten der jeweils anderen Seite zu berufen, wie dies die Sowjetunion im Falle Afghanistans und die Vereinigten Staaten im Falle Zentralamerikas tun, so kann dies doch dazu führen, daß man sich immer neue Probleme schafft, ohne die alten lösen zu können. Auch dies zeigt sich heute in Afghanistan und Zentralamerika.

Die Differenzierung der Dritten Welt erfordert im Interesse einer realistischen Politik eine konkrete Analyse der Ursachen von Unterentwicklung und eine differenzierende Strategiebildung zu ihrer Überwindung. Es wäre müßig, hier in stiller Hoffnung auf die „normative Kraft des Faktischen" eine durchschlagende Annäherung der Lageeinschätzungen in Ost und West erwarten zu wollen. Aber könnte nicht in Teilbereichen der Entwicklungspolitik eine (wiederum stillschweigende) Übereinstimmung erzielt werden, daß es auch bei unterschiedlichen Ansichten über die Problemursachen darauf ankomme, die vorhandenen Problemlösungs-Kapazitäten zu kombinieren statt sie gegeneinander auszuspielen wie dies gegenwärtig der Fall ist? Warum sollte in der Dritten Welt nicht zumindest das Maß an wirtschaftlicher und technischer Zusammenarbeit möglich sein, das zwischen den östlichen und westlichen Industrieländern bereits praktiziert wird?

Es könnte eingewendet werden, daß der Zeitpunkt für solche Fragen unglücklich gewählt sei. Aber gerade in einer Periode zugespitzter Auseinandersetzungen und gestiegener Konfliktträchtigkeit der internationalen Beziehungen scheint es uns wichtig, tagespolitische Fixierungen des Denkens zu überwinden und den Blick auf das zu richten, was mittel- und längerfristig möglich werden muß, um bestehende Konfliktpotentiale abzubauen. Immerhin zeigt sich im deutsch-deutschen Verhältnis, daß selbst die äußerste Polarisierung der Politik wie sie in der Auseinandersetzung um die Raketenstationierung 1983 erfolgte, nicht zwangsläufig zu einem Zusammenbruch bestehender Kommunikationen und zum Ende jeder Verständigungspolitik führen muß. Gerade die allgemeine Zuspitzung der globalen Ost-West-Auseinandersetzungen dürfte wesentlich dazu beigetragen haben, auf beiden Seiten die Interessen an einer Fortsetzung wenn nicht sogar Intensivierung des Dialogs zu stärken. Könnte die „Verantwortungsgemeinschaft" der beiden deutschen Staaten auch auf die Nord-Süd-Politik bezogen werden? Gibt es hier Spielraum für ein faktisches Zusammenwirken auf mittlere oder längere Sicht? Oder muß der erneute Versuch, in Mitteleuropa einen *modus vivendi* über die Systemgrenzen hinweg zu erreichen, wiederum vor der Dritten Welt haltmachen? Muß man womöglich sogar davon ausgehen, daß Annäherungsschritte in Europa durch verstärkte Konkurrenz in der Dritten Welt kompensiert werden?

Diese Fragen dienen als Orientierung für den hier vorgelegten Versuch, das Denken und Handeln der DDR auf dem Gebiet der Nord-Süd-Beziehungen darzustellen und mit den Grundzügen der bundesdeutschen Entwicklungspolitik zu konfrontieren. Theorie und Praxis der DDR werden dabei sehr viel ausführlicher dargestellt als die der Bundesrepublik, weil mit Blick auf die bundesdeutsche Seite weit mehr Vorinformationen vorausgesetzt werden können als für die DDR.[10] Wo wir hinsichtlich der Bundesrepublik Lücken lassen, können diese sehr viel leichter durch Eigenstudium geschlossen werden als dies bei einer allzu skizzenhaften Darstellung von Selbstverständnis, Organisation und Durchführung der Entwicklungspolitik auf seiten der DDR möglich wäre.

Aus den genannten Gründen widmen sich drei von zusammen sechs Kapiteln ausschließlich der DDR. In *Kapitel B* werden der Auf- und Ausbau sowie die Organisation und die Aufgaben der Wissenschaften vorgestellt, die sich in der DDR mit den Entwicklungsländern auseinandersetzen. Ihre offizielle Bezeichnung lautet „Regionalwissenschaften". Im Unterschied zu anderen Disziplinen, die sich mit dem internationalen System oder mit fremden Ländern befassen, vollziehen sich Lehre und Forschung in den Entwicklungsländer-Wissenschaften überwiegend an den Universitäten der DDR. Dort konnten sie im Zuge des raschen Ausbaus der Disziplin während der sechziger Jahre eigene Sektionen (Fachbereiche) etablieren. Im Verlauf der vergangenen 20 Jahre haben die „Regionalwissenschaften" der DDR eine Förderung durch die Partei- und Staatsführung erfahren, die ihre Verbündeten im Warschauer Pakt deutlich übertrifft. Bei der Ausbildung von Fachkräften für die Dritte Welt, bei der Erstellung von Expertisen für die Entscheidungsträger in Partei und Regierung, aber auch bei der Information der DDR-Bevölkerung und in der ideologischen Auseinandersetzung mit dem Westen sind die Entwicklungsländer-Spezialisten der DDR unentbehrlich geworden.

Zu den wichtigsten Aufgaben der Regionalwissenschaftler gehört es, die konkrete Lage in der Dritten Welt wissenschaftlich zu analysieren, Gemeinsamkeiten sowie Unterschiede zwischen den Entwicklungsländern herauszuarbeiten und vor allem die Chancen abzuschätzen, wie die Entwicklungsgesellschaften sowie die politische Orientierung einzelner Länder im Sinne der DDR verändert werden könnten. Dies geschieht mit Blick und im Rahmen der programmatischen Zielsetzungen, wie sie von der Parteiführung der SED festgelegt werden – die dabei im Verlauf ihrer Geschichte indes zu recht unterschiedlichen Ergebnissen gelangte. Dem wird unter dem Titel „Entwicklung und Revolution: DDR-Theorien über die Entwicklungsländer" in *Kapitel C* nachgegangen.

„Entwicklung" bezeichnet die Notwendigkeit, sich mit dem spezifischen Problemhorizont der Länder in der Dritten Welt auseinanderzusetzen, den Ursachen und den konkreten, differenzierten Erscheinungsformen der Unterentwicklung. „Revolution" steht dagegen für die programmatischen Festlegungen der SED, mit denen sie diesen spezifischen Problemen begegnet und mit denen sie glaubt, Unterentwicklung überwinden und neue Verbündete gewinnen zu können. Nach mehreren Wendungen – wichtige Zäsuren waren der Beginn des Kalten Krieges, der XX. Parteitag der KPdSU und in seiner Folge das Welttreffen kommunistischer Parteien 1960, ferner der Sieg des kommunistischen Nordens und der Viet-Minh in Vietnam sowie der Zerfall des portugiesischen Kolonialreiches Mitte der siebziger Jahre und schließlich die neuerliche Verschärfung der Ost-West-Spannungen am Beginn dieses Jahrzehnts – propagiert die DDR heute ein Entwicklungs- und Revolutionskonzept für die Dritte Welt, das mit dem Begriff „sozialistische Orientierung" oder auch „nichtkapitalistischer Entwicklungsweg" bezeichnet wird. Etwa 20 Entwicklungsländer gelten ihr heute als „sozialistisch orientiert". Ihnen steht die große Mehrzahl jener Länder gegenüber, die nach Auffassung der DDR einen „kapitalistischen Entwicklungsweg" beschreiten. Beide, der „nichtkapitalistische" wie der „kapitalistische" Entwicklungsweg werden ausführlich nachvollzogen, wobei es in den wissenschaftlichen und ideologischen Debatten der DDR manche aufschlußreiche Kontroverse zu verzeichnen gibt.

Wiewohl die Länder der südlichen Hemisphäre mit ihren tiefgreifenden Problemen spezifische Anforderungen an die Industriestaaten des Nordens stellen, ist das Verhältnis der DDR zu ihnen in erheblichem Maße durch den Ost-West-Konflikt und seinen Verlauf bestimmt. Das gilt sowohl für die theoretischen und ideologischen Konzepte des Marxismus-Leninismus der DDR als auch für die Praxis der politischen Beziehungen und für ihre entwicklungspolitischen Aktivitäten. Es gilt gleichermaßen für das Ziel, mit Hilfe gesellschaftspolitischer Veränderungen in Gestalt der „sozialistischen Orientierung" die Einflußsphäre des „realen Sozialismus" auszuweiten, wie für die Bemühungen, die Länder der Dritten Welt ungeachtet ihrer politischen Ausrichtung als „antiimperialistische" Partner in der Auseinandersetzung mit dem Westen zu gewinnen. Dieser Thematik nimmt sich *Kapitel D* an, wo ausführlich die politischen und militärischen Beziehungen der DDR mit der Dritten Welt, ihre (Entwicklungs-)Hilfeleistungen, der Warenaustausch und die industrielle Kooperation sowie ihre auswärtige Kulturpolitik nachgezeichnet werden.

Einschränkend sei angemerkt, daß die DDR es Beobachtern ihrer Politik nicht eben leicht macht. „Harte" Informationen und Daten über ihre tatsächlichen Aktivitäten fließen spärlich, so daß Angaben über den Umfang und den Charakter ihrer Beziehungen zu den Entwicklungsländern, über die Adressaten ihrer Hilfeleistungen, über Struktur und regionale Schwerpunkte der wirtschaftlichen Kooperation oder gar über ihr militärisches Engagement in der Dritten Welt mit gewissen Unsicherheiten behaftet bleiben müssen.

Anders ist es bei der Bundesrepublik, wo sowohl offizielle Informationen des Bundesministeriums für wirtschaftliche Zusammenarbeit und der OECD als auch politische Debatten sowie wissenschaftliche Analysen einen detaillierten Einblick erlauben. Die für die Dritte Welt zweifelsohne weit gewichtigere Entwicklungspolitik der Bundesrepublik wird komprimiert in *Kapitel E* dargestellt. Um Vergleiche mit der DDR zu ermöglichen, richtet dieses Kapitel sein Augenmerk vor allem auf die Bedeutung des Ost-West-Konflikts und – darin eingebettet – des Konfliktes zwischen beiden deutschen Staaten für das Selbstverständnis und die Ausgestaltung der bundesdeutschen Südpolitik. Grundlegende Informationen über die wirtschaftliche Kooperation mit der Dritten Welt und über die Entwicklungshilfe der Bundesrepublik schließen das Kapitel ab. Zwar erlauben es die Darstellungen, Vergleiche zwischen dem Selbstverständnis und den Aktivitäten beider deutscher Staaten zu ziehen; ein systematischer Vergleich, etwa im Sinne der vielzitierten Systemvergleiche, ist dagegen nicht beabsichtigt. Angesichts schwieriger methodischer Probleme – quantitative und qualitative Vergleichbarkeit, Festlegung eines tertium comparationis, eines Vergleichsmaßstabes – würde dies den Rahmen der hier vorgelegten Gesamtdarstellung sprengen. Es bleibt dem Leser vorbehalten, sein eigenes Urteil zu bilden.

Einstieg und Schluß beinhalten eine unmittelbare Gegenüberstellung. Am Beginn, in *Kapitel A*, wird in geraffter Form der theoretische und / oder ideologische Rahmen der Ost-West-Auseinandersetzung um die Dritte Welt nachgezeichnet – beginnend mit der Imperialismus-Kritik des ausgehenden 19. Jahrhunderts bis hin zur aktuellen entwicklungstheoretischen Debatte. Den Abschluß in *Kapitel F* bildet, zugleich bilanzierend und zusammenfassend, eine vergleichende Darstellung der Haltung beider deutscher Staaten zur Bewegung der Blockfreien und zur Diskussion um eine Neue Weltwirtschaftsordnung, des gegenwärtig wohl brisantesten Problems in den Beziehungen zwischen den Industriestaaten des Nordens und den Entwicklungsländern des Südens.

Abschließend sei eine Anmerkung zur Terminologie erlaubt: Wenn im folgenden die Begriffe „Sozialismus" und „Marxismus-Leninismus" Verwendung finden, so folgt dies dem Selbstverständnis der Partei- und Staatsführung der DDR. Damit soll weder gesagt werden, daß die Autoren sich dieses Selbstverständnis zu eigen machen, noch daß sie die unzähligen Sozialismen übersehen, die gegenwärtig weltweit propagiert oder praktiziert werden. Gleiches gilt für den Marxismus-Leninismus, wiewohl er – Produkt der Stalinschen Ontologisierung des Marxismus – einen geringeren Geltungsbereich beanspruchen kann und auf die kommunistische Bewegung beschränkt ist. Wenn daher mit dem „afrikanischen" oder dem „demokratischen" ein anderer als der „real existierende Sozialismus" angesprochen wird, und wenn ein von der sowjetischen Orthodoxie abweichender Marxismus-Leninismus Erwähnung findet, so wird darauf gesondert hingewiesen.

A. Historisch-theoretische Grundlagen der Ost-West-Auseinandersetzungen um die Dritte Welt

1. Zur Geschichte der Imperialismuskritik

1.1. Imperialismus aus nicht-marxistischer Sicht: Integrationsideologie, zeitloser Expansionismus und Atavismus

Zwischen Kolonisierung und Entkolonisierung der aus europäischer Perspektive „überseeischen Gebiete" gab es große zeitliche Überschneidungen. Der Entkolonisierungsprozeß setzte streng genommen bereits 1776 mit der Unabhängigkeitserklärung der britischen Kolonien in Nordamerika ein. Vierzig Jahre später folgte die Loslösung der spanischen Kolonien in Lateinamerika und die friedliche Sezession Brasiliens von Portugal. Afrika und weiten Teilen Asiens dagegen stand zu dieser Zeit eine flächendeckende Kolonisierung erst noch bevor. Diese erfolgte im letzten Drittel des 19. Jahrhunderts, das je nach Standort des Betrachters als Zeitalter des „modernen", des „klassischen", des „Hoch"-Imperialismus oder einfach nur des Imperialismus gilt.

Welches waren die Triebkräfte des Imperialismus dieser Epoche? Stellte er eine historisch verspätete Wiederholung dessen dar, was in Amerika schon als weitgehend überwunden gelten konnte? War er Ausdruck zeitloser Verhaltensdispositionen wie sie sich schon im Kolonialismus der Griechen, der Römer oder der Karthager ausgedrückt haben? Oder war er eine spezifische Folgewirkung der industriellen Revolution, war er gar eine spezifische Folge kapitalistischer Industrialisierung?

Auf diese Fragen gibt es bis heute keine allgemein akzeptierten Antworten. Die Zeit des Imperialismus bis 1914 war zugleich jene Epoche, in der sich die kontinentalen Nachzügler (vor allem Deutschland, in geringerem Tempo Frankreich) sowie die Vereinigten Staaten von Amerika als Industriemächte etablierten und damit die britische Vorherrschaft beendeten; es war die Zeit, in der sich ein durch die technische Entwicklung (Zweite Industrielle Revolution) getragener Fortschrittsglaube ausbreitete und mit neuen Erkenntnissen der Wissenschaft (Darwin) und alten rassistischen Vorurteilen zum Glauben an eine zivilisatorische Mission des weißen Mannes gegenüber den barbarischen Völkern der Welt verband („white man's burden", „manifest destiny", „Deutsche Sendung"). Es war aber auch die Zeit eines tiefen Krisenbewußtseins, eine Zeit der „Umwertung aller Werte", der großen innergesellschaftlichen Umwälzungen. Es war eine Zeit des zum Chauvinismus gesteigerten Nationalismus, aber zugleich auch eine Zeit des ganz unpathetischen ökonomischen Interessenkalküls. Es war eine Zeit kaiserlicher Sehnsucht nach Weltgeltung aber in Deutschland wie überall in Europa auch der profanen Hoffnung auf weltweite Geschäfte.

Welches vor diesem Hintergrund jedoch die eigentlichen Bestimmungsfaktoren des Imperialismus waren, bleibt unentschieden: Es kann nicht mit hinreichender Eindeutigkeit gesagt werden, wann die „hohe Politik" sich des ökonomischen Kalküls bediente, um für die eigenen außerökonomischen Zielsetzungen Unterstützung zu mobilisieren, und wann auf der anderen Seite die „hohe Politik" als Instrument der neu sich formierenden Kapitalinteressen fungierte.

Die sogenannten „Freihandelspazifisten" gingen davon aus, daß eine Ausweitung des Handels dem Frieden und der Zusammenarbeit unter den Völkern dienlich sei, weil jeder Krieg eine Einschränkung des Handels mit sich bringe.[1] Dagegen setzte sich im Imperialismus die Überzeugung durch, daß „die Flagge dem Handel" zu folgen, mit zunehmender internationaler Konkurrenz ihm aber auch vorauszueilen habe, um den Handel zu schützen und zu fördern. Es wurde eine aktive Kolonialpolitik betrieben und es mußten militärische Kapazitäten aufgebaut werden, mit deren Hilfe sich Regierungen in die Lage versetzten, den Interessen „ihres" Kapitals auf internationaler Bühne gegenüber rivalisierenden Interessen Nachdruck zu verleihen. Auf diese Weise wurde zweierlei begründet: die Notwendigkeit, an der Aufteilung der Welt zu partizipieren, und die Notwendigkeit aufzurüsten. So rechtfertigte etwa *Admiral von Tirpitz* den deutschen Flottenbau damit, daß der wirtschaftliche Aufstieg des Reiches „auf dem breiten Rücken des britischen Freihandels und der britischen Weltherrschaft sich auf Widerruf vollzog", daß der deutsche Außenhandel „mangels eigener Seemacht ausschließlich vom Belieben der Fremden, das heißt der Konkurrenten abhängig" war.[2] *Carl Peters*, Kaufmann und begeisterter Befürworter des Kolonialismus, trat dafür ein, Kolonialerwerb gleichsam auf Vorrat zu betreiben, unabhängig davon, ob ein bestimmtes Gebiet wirtschaftlich wertvoll war oder nicht. Er prägte das Motto: „Die Hauptsache ist, daß man das Land erst einmal hat, hernach kann man untersuchen, was es wert ist." In diesem Verständnis stellte er dem „wilden Gekläff" und den „theoretischen Tüfteleien", die er in den Debatten um den Erwerb deutscher Kolonien glaubte beobachten zu können, die britische „Kap-Kairo"-Politik als leuchtendes Vorbild entgegen. Bei dieser Politik sei „nicht so sehr um ein nationales wie ein riesenhaftes Geschäftsprogramm" gegangen.[3] *Jules Ferry*, der französische Ministerpräsident, faßte solche ökonomischen Begründungen für den Imperialismus vor hundert Jahren mit der Feststellung zusammen: „Die Kolonialpolitik ist ein Ergebnis des Industrialismus." Alle „modernen" Nationen müßten expandieren, denn diese Expansion sei eine Notwendigkeit wie der Markt selbst.[4]

Solche Zeugnisse für eine zeitgenössische Betonung der wirtschaftlichen Notwendigkeit imperialistischer Politik lassen sich vor dem Hintergrund der ökonomischen Krise im ausgehenden 19. Jahrhundert beliebig vermehren.[5] Indes beweisen sie weder, daß die militärische Aufrüstung im letzten Drittel des 19. Jahrhunderts vornehmlich außenwirtschaftlichen Interessen folgte, noch daß außenwirtschaftliche Interessen eindeutig eine Beteiligung am Wettlauf um Kolonien veranlaßten. Es muß zunächst vielmehr als offene Frage gelten, ob in der Hinwendung zur Kolonialpolitik nicht „bevorzugte Wahrnehmungsmuster" zum Zuge kamen, die zwar dem Zeitgeist, damit aber nicht unbedingt auch wirtschaftlichen Interessen dieser Entwicklungsphase des Kapitalismus entsprachen. Mehr noch bleibt offen, ob die koloniale Expansion überhaupt in erster Linie und unmittelbar ökonomischen Interessen dienen sollte, oder ob sie nicht z. B. Ausdruck der Erwartung war, innergesellschaftliche Konflikte vor allem mit dem sich formierenden Proletariat auf das internationale System zu projizieren.[6] In dem bereits zitierten Text des Admirals Tirpitz befindet sich auch die folgende berühmte Passage: „Meiner Ansicht nach sinkt Deutschland im kommenden Jahrhundert schnell von seiner Großmachtstellung, wenn jetzt nicht energisch, ohne Zeitverlust und systematisch diese allgemeinen Seeinteressen vorwärts getrieben werden. Nicht zu geringem Grade auch deshalb, weil in der neuen großen nationalen Aufgabe und dem damit verbundenen Wirtschaftsgewinn ein starkes Palliativ gegen gebildete und ungebildete Sozialdemokraten liegt."[7]

Aber auch eine solche Argumentation wirft Fragen auf. So ist denkbar, daß die politischen Ambitionen in weitgehender Verselbständigung gegenüber konkreten ökonomischen Interessen und gesellschaftlichen Auseinandersetzungen formuliert und nur deshalb mit ökonomischen und gesellschaftspolitischen Argumenten verbrämt wurden, um ihnen einen Anstrich höherer Vernunft zu geben.[8]

Die Haltung des Reichskanzlers *Bismarck* in Kolonialfragen war offenbar sehr weitgehend durch Überlegungen bestimmt, die das Verhältnis zu England und Frankreich betrafen. Er schätzte die Gefahr unliebsamer politischer Verwicklungen zunächst höher ein als die möglichen wirtschaftlichen Vorteile einer aktiven Kolonialpolitik.[9] Gegen seine zurückhaltende Politik formierten sich gesellschaftliche Interessengruppen, die sich 1882 im Deutschen Kolonialverein zusammenschlossen. Aber die bedeutendsten Mitglieder des Kolonialvereins, die Vertreter der Berliner Großbanken und der Industrie, wußten später mit den seither erworbenen Kolonien nur wenig anzufangen. Sie waren nicht bereit, durch größere Investitionen die Kolonien zu erschließen und damit eine Grundlage für die Entwicklung des Handels zu schaffen.[10] Ohne solche Investitionen aber blieben die Kolonien wirtschaftlich uninteressant. So rechnete Rosa Luxemburg 1899 vor, daß damals neun Zehntel des gesamten deutschen Außenhandels mit den anderen europäischen Ländern und den Vereinigten Staaten von Amerika abgewickelt wurden. Die deutschen Kolonien oder Schutzgebiete spielten dagegen nicht nur absolut gesehen eine „winzig kleine Rolle", sondern auch im Vergleich zum deutschen Handel mit den Kolonien anderer Länder in Afrika.[11] Auch für England und Frankreich gilt, daß zwischen dem Neuerwerb von Kolonien und der Ausweitung der Außenwirtschaftsbeziehungen (Kapitalexport und Handel) keine Übereinstimmung zu verzeichnen war.

Dieser Sachverhalt ist in der damaligen Auseinandersetzung mit dem Imperialismus sehr unterschiedlich verarbeitet worden. Einige Kritiker des Imperialismus begriffen diesen auch und vor allem als gesellschaftspolitische Krisenstrategie, bei der es nicht oder nicht nur um ökonomische Interessen an der Aufteilung der Erde ging. Vielmehr sollte der Imperialismus aus ihrer Sicht maßgeblich dazu beitragen, Interessengegensätze innerhalb der herrschenden Klasse, namentlich zwischen Industrie und Landwirtschaft sowie zwischen diesen beiden und dem Proletariat zu überbrücken. Dies konnte dadurch geschehen, daß die Bedrohung nationaler Interessen im internationalen Existenzkampf hervorgehoben, das soziale Konfliktbewußtsein auf die Auseinandersetzungen mit anderen Nationen gelenkt und die „soziale Frage" damit als Problem nationaler Selbstbehauptung neu definiert wurde. Der Imperialismus erschien hier vornehmlich als Integrationsideologie und als Politik, die – ob bewußt oder instinktiv – das neu sich bildende Klassenbewußtsein in die Bahnen von Chauvinismus und militantem Sendungsbewußtsein lenkte.[12] Der Imperialismus sollte in den Worten Rudolf Hilferdings „ein neues Band um die zerrissene bürgerliche Gesellschaft" legen.[13]

Andere Kritiker betonten die Verschiebung im Kräfteverhältnis zwischen den europäischen Großmächten und interpretierten den Imperialismus als zeitgenössischen Ausdruck eines zeitlosen, wenn auch nicht unbedingt ewig gleichen, durch die Gesetze der Machtpolitik bestimmten Kampfes, dem man in Verbindung mit der Vorstellung von der Individualität des Staates, wie sie der Historiker Leopold von Ranke sah, sogar eine gewisse heroische Weihe zusprechen konnte.[14] Am konsequentesten wurde die Vorstellung eines spezifischen Zusammenhanges zwischen der kapitalistischen Entwicklung des ausgehenden 19. Jahrhunderts und dem Imperialismus von *Joseph Schumpeter* zurückgewiesen. Er stellte zwar den Imperialismus des ausgehenden 19. Jahrhunderts ebenfalls in die historische Reihe aller voraufgegangenen Formen des Imperialismus, leitete daraus jedoch ausdrücklich nicht dessen Zeitlosigkeit (und damit Unausrottbarkeit) ab. Vielmehr betonte er, daß sich unter kapitalistischen Bedingungen der Imperialismus überlebt habe, daß er mit dem Kapitalismus unvereinbar sei. Schumpeters viel diskutierte Definition des Imperialismus lautet: „Imperialismus ist die objektlose Disposition eines Staates zu gewaltsamer Expansion ohne angebbare Grenze."[15] Diese Disposition sei Lebensnotwendigkeiten vergangener Epochen entsprungen. Sie wirke in der menschlichen Psyche und in sozialen Strukturen fort und könne, obwohl ihre „raison d'être" nicht mehr bestehe, weiterhin von all denen genutzt werden, die sich mit Blick auf ihre wirtschaftlichen Interessen oder ihre Herrschaftsambitionen vom Kriege und seiner Vorbereitung Gewinn erhofften. Diese Interessen seien aber keine spezifischen Eigenschaften des Kapitalismus. Im Gegenteil: Der Kapitalismus entfalte sich als Individualisierung, Rationalisierung und Demokratisierung von Wirtschaft und Gesellschaft. Die durch ihn eingeleiteten Neuerungen würden alle verfügbaren menschlichen Energien binden. Eine *rein* kapitalistische Welt könne daher kein Nährboden für eine imperialistische Politik sein.[16]

Die empirischen Bezüge für seine Thesen schöpfte Schumpeter aus der Analyse expansionistischer Politik in der Antike (Ägypten, Persien, Assyrien) sowie als Gegenbeispiel aus der Analyse der britischen Freihandelspolitik seit der Mitte des 19. Jahrhunderts. In der Antike sei der Imperialismus eine Lebensnotwendigkeit gewesen. Im England des 19. Jahrhunderts sei er dagegen auf eine „Phrase" reduziert worden. In kühnem Umgang mit dem historischen Material glaubte Schumpeter, hinreichend Anhaltspunkte für die These liefern zu können, daß der Imperialismus im Laufe der Geschichte an Intensität verloren habe und nach und nach ganz verschwinden werde, da die Lebensnotwendigkeiten, denen er entspräche, für immer vergangen seien.[17]

Schumpeter spricht in seiner Argumentation einige damals neue Entwicklungen an, die auch aus heutiger Sicht Beachtung verdienen, ja deren Bedeutung womöglich erst heute richtig beurteilt werden kann. Zu denken ist hier an das Auftreten pazifistischer Tendenzen in den kapitalistischen Staaten („Freihandelspazifisten", erste internationale Friedensbewegung) und an die Errichtung internationaler Organisationen, die dazu dienen sollten, technische Einschränkungen des internationalen Handels abzubauen, die internationale Kommunikation allgemein zu fördern sowie feste Formen der multilateralen Konfliktregelung und Kriegsverhütung zu schaffen, wodurch die Rolle des Rechts in den internationalen Beziehungen aufgewertet werden sollte. Wichtig ist ferner Schumpeters Beitrag zur Analyse der Eigendynamik bestimmter Motivationsmuster und der Verselbständigung von Politik gegenüber konkreten wirtschaftlichen Interessen oder gesellschaftlichen Lebensnotwendigkeiten. Kritisch bleibt anzumerken, daß seine Argumentation im ganzen gesehen nicht auf eine Beweisführung hinausläuft, sondern auf eine Erläuterung seiner Definition von Kapitalismus und Imperialismus. Dadurch werden die Ergebnisse vorweggenommen. Schumpeter definiert den Kapitalismus so, daß eine imperialistische Politik ihm widersprechen muß. Darüber hinaus schränkt er sein Verständnis von Imperialismus auf die gewaltsame Expansion ein und schließt damit den großen Komplex der friedlichen Durchdringung fremder Wirtschaftsräume in Gestalt des informellen Imperialismus aus.

So unterläuft Schumpeter der gleiche Fehler, den er später den Marxisten vorwarf, als er schrieb:

> „Natürlich können wir Imperialismus stets solcher Art definieren, daß er gerade das bedeutet, was die Marxsche Interpretation enthält, und wir können uns immer zur Überzeugung bekennen, daß alle diese Phänomene auf die Marxsche Weise erklärbar sein ‚müssen'. Dann aber würde das Problem des Imperialismus – immer angenommen, daß die Theorie an sich richtig ist – tautologisch ‚gelöst'."[18]

Schumpeter formuliert seinen Beitrag als umfassende und grundsätzliche Gegenposition zur marxistischen Imperialismuskritik.[19] Deren Beobachtungen und Argumente werden von Schumpeter jedoch nicht einfach zurückgewiesen, sondern so aufgenommen wie auch Lenin die empirischen Beobachtungen des britischen Imperialismuskritikers Hobson aufgenommen hat. Während Schumpeter aus den auch von den Marxisten beobachteten Sachverhalten auf die Möglichkeit einer dauerhaften Befriedung der Welt unter kapitalistischem Vorzeichen schließt[20], folgert Lenin wie im folgenden gezeigt werden soll, aus den auch von der bürgerlichen Imperialismuskritik angestellten Beobachtungen, daß erst die Überwindung des Kapitalismus die Überwindung des Krieges möglich mache.

1.2. „Imperialismus als höchstes Stadium des Kapitalismus" – Lenin und die marxistische Imperialismustheorie

Schumpeter ging es mit seiner Imperialismustheorie darum, die These zu erläutern, daß der Imperialismus einer überholten Verhaltensdisposition entspreche und ein Hindernis für die volle Entfaltung des Kapitalismus darstelle. Die marxistischen Denkansätze verfolgten das umgekehrte Ziel: Sie wollten mit Hilfe der Imperialismustheorie erklären, weshalb der Kapitalismus noch nicht zusammengebrochen war und suchten, neue Perspektiven seines Zusammenbruchs zu entwickeln. Die marxistischen Theoretiker sahen dabei nicht nur einen spezifischen Zusammenhang zwischen industrieller Revolution, gesellschaftlicher Entwicklung und Imperialismus im letzten Drittel des 19. Jahrhunderts, sondern eine Einheit von Kapitalismus und Imperialismus in dem Sinne, daß der Kapitalismus nur noch als Imperialismus fortzubestehen vermochte.

Karl Marx hatte im ersten Band des „Kapitals" geschrieben:

> „Die Entdeckung der Gold- und Silberländer in Amerika, die Ausrottung, Versklavung und Vergrabung der eingebornen Bevölkerung in die Bergwerke, die beginnende Eroberung und Ausplünderung von Ostindien, die Verwandlung von Afrika in ein Gehege zur Handelsjagd auf Schwarzhäute bezeichnen die Morgenröte der kapitalistischen Produktionsära. Diese idyllischen Prozesse sind Hauptmomente der ursprünglichen Akkumulation."[21]

Über die Herbeiführung der kapitalistischen Morgenröte hinaus hat Marx dem Kolonialismus keine weiterreichende oder gar zentrale Bedeutung für die Entwicklung des Kapitalismus zugebilligt. Dies verwundert nicht, da der Kolonialismus in der Mitte des 19. Jahrhunderts auf dem Rückzug zu sein schien. Für die marxistischen Theoretiker der Jahrhundertwende stellte sich die Situation dagegen ganz anders dar. Sie sahen in der neuen Welle kolonialer Expansion einen Ansatzpunkt, um den Aufschwung des

Kapitalismus, der sich nach 20 Jahren äußerst krisenhafter Entwicklung seit 1895/96 deutlich sichtbar vollzog, zu erklären, ohne die Marxsche Auffassung vom historisch-gesetzmäßigen Zusammenbruch des Kapitalismus aufgeben zu müssen. Dies war das verbindende Anliegen von Theoretikern wie Lenin und Rosa Luxemburg, die gleichwohl zu sehr unterschiedlichen Aussagen und Bewertungen kamen und deren Texte die Vielfalt der auf Marx rekurrierenden Imperialismuskritik demonstrieren.

Rosa Luxemburg stellte unter dem Eindruck der ökonomischen Öffnung Chinas – ein Ergebnis der besonders von den Amerikanern forcierten „Politik der offenen Tür" – fest, daß sich in Ostasien dem Kapitalismus die Möglichkeit eröffne, den immanenten Widerspruch zwischen Produktivkraftentfaltung und Marktenge für eine gewisse Zeit zu mildern. Später erweiterte sie diesen Gedanken zu der These, daß der kapitalistische Akkumulationsprozeß sich überhaupt nur solange vollziehen könne, wie es vorkapitalistische Räume gäbe, in denen noch Mehrwert zu realisieren sei, was in den kapitalistischen Industriestaaten so nicht mehr gelänge.[22] Der Imperialismus war aus der Sicht Rosa Luxemburgs folglich eine Methode der Existenzverlängerung oder – wie es der Logik ihrer Argumentation entspräche – der Vollendung des Kapitalismus. Zugleich aber wies er auch den Weg zu seiner Überwindung, denn mit der Vollendung des Kapitalismus durch die Herstellung eines wirklichen Weltmarktes sei der Kapitalismus mit seinem Latein am Ende.[23]

Die Lebensfähigkeit des Kapitalismus sieht Rosa Luxemburg also bis zum Zeitpunkt seiner weltweiten Ausbreitung verlängert. Dann aber sei sein Zusammenbruch unwiderruflich: Er werde in der Weltrevolution untergehen. Diese Argumentation hat Rosa Luxemburg allerdings nicht davon abgehalten, in der tagespolitischen Auseinandersetzung und vor allem während des Ersten Weltkrieges die Möglichkeit und Notwendigkeit revolutionären Handelns schon vor der ökonomischen Vollendung des Kapitalismus zu postulieren.[24] Auf der anderen Seite schien es ihr keineswegs sicher, daß das Proletariat zur Zeit des ökonomischen Zusammenbruchs des Kapitalismus bereits über die nötige Reife verfügen werde, um seine historische Rolle als Subjekt in der sozialistischen Umgestaltung der Welt zu spielen. Rosa Luxemburgs Vorstellung von der Ablösung des Kapitalismus durch den Sozialismus war insofern nicht mechanistisch. In ihr hatte aktuelles politisches Handeln einen zentralen Stellenwert. Dies ließ sie auch umgekehrt zu der Schlußfolgerung gelangen, daß es durchaus Möglichkeiten gebe, den Weg vom Kapitalismus zum Sozialismus abzukürzen – durch den internationalistischen Widerstand des Proletariats und der einfachen Warenproduzenten (Handwerker) in den fortgeschrittenen Industrieländern.

Mit dieser Folgerung unterschied sich Rosa Luxemburg deutlich von *Lenin*, der zwar ihren Grundgedanken, daß der Imperialismus lediglich eine Phase des Kapitalismus – und zwar die letzte – sei, stillschweigend aufnahm, den unterentwickelten Gebieten jedoch nicht nur eine besondere Funktion für die Lebensverlängerung des Kapitalismus beimaß, sondern auch für den politischen Kampf gegen den Kapitalismus. Lenins Vorstellungen sollen hier ausführlicher dargestellt werden, da sie für die Theoriediskussion im heutigen „realen" Sozialismus von erheblicher Bedeutung sind.

In seiner 1917 veröffentlichten Schrift über den „Imperialismus als höchstes Stadium des Kapitalismus" schreibt Lenin:

„Kolonialpolitik und Imperialismus hat es auch vor dem jüngsten Stadium des Kapitalismus und sogar vor dem Kapitalismus gegeben. Das auf Sklaverei beruhende Rom trieb Kolonialpolitik und war imperialistisch. Aber ‚allgemeine' Betrachtungen über den Imperialismus, die den radikalen Unterschied zwischen den ökonomischen Gesellschaftsformationen vergessen oder in den Hintergrund schieben, arten unvermeidlich in leere Banalitäten oder Flunkereien aus, wie etwa der Vergleich des ‚größeren Rom mit dem größeren Britannien'. Selbst die kapitalistische Kolonialpolitik der *früheren* Stadien des Kapitalismus unterscheidet sich wesentlich von der Kolonialpolitik des Finanzkapitals."[25]

Was unterscheidet nun nach Lenins Verständnis den Imperialismus des 19. Jahrhunderts von voraufgegangenen Imperialismen und was macht ihn zum höchsten und letzten Stadium des Kapitalismus? Mit ausdrücklichem Vorbehalt gegenüber der Unzulänglichkeit knapper Definitionen schreibt Lenin:

„Der Imperialismus ist der Kapitalismus auf jener Entwicklungsstufe, wo die Herrschaft der Monopole und des Finanzkapitals sich herausgebildet, der Kapitalexport hervorragende Bedeutung gewonnen, die Aufteilung der Welt durch die internationalen Trusts begonnen hat und die Aufteilung des gesamten Territoriums der Erde durch die größten kapitalistischen Länder abgeschlossen ist."[26]

Die Monopolbildung ist für Lenin anknüpfend an die Thesen von Marx über die Konzentration und Zentralisation des Kapitals keine Fehlentwicklung des Kapitalismus, die es durch staatliche Eingriffe zu steuern gelte und die gar revidierbar wäre, sondern Ausdruck der Gesetzmäßigkeiten kapitalistischer Entwicklung. Die Herausbildung von Monopolen, das heißt die Organisation der Produktion in immer weniger aber ständig wachsenden Wirtschaftseinheiten, eröffnet aus Lenins Sicht zwar neue Möglichkeiten des rationellen Umgangs mit den Produktivkräften und wird von daher als historischer Fortschritt auf dem Weg zu höheren Entwicklungsstufen der Gesellschaft betrachtet.[27] Die Herrschaft der Monopole hebt jedoch nach Lenin die Naturwüchsigkeit der kapitalistischen Wirtschaftsweise nicht auf. Die Konkurrenz, in der sich diese Naturwüchsigkeit manifestiere, werde vielmehr auf jeder neuen Stufe der Monopolbildung wieder hergestellt, die Härte der Konkurrenz nehme zu, und es komme gesamtwirtschaftlich betrachtet zu „gesteigerter Planlosigkeit".[28] Das Ergebnis seien immer tiefere Krisen. Diese Krisen „verstärken aber ihrerseits in ungeheurem Maße die Tendenz zur Konzentration und zum Monopol".[29]

Im Rückgriff auf die Thesen *Rudolf Hilferdings*, die dieser in seiner 1910 erschienenen Schrift „Das Finanzkapital" entfaltet hatte,[30] führte Lenin aus, daß sich die Konzentration des Kapitals zugleich als Wandel in der Rolle der Banken vollziehe und durch diesen Wandel wiederum verstärkt werde. Als integraler Bestandteil der Monopolbildung komme es zu einer Verschmelzung von Industrie- und Bankkapital. Es bilde sich eine Finanzoligarchie heraus mit der Folge, „daß eine Handvoll Monopolisten sich die Handels- und Industrieoperationen der ganzen kapitalistischen Gesellschaft unterwirft."[31]

Charakteristisches Merkmal des monopolistischen Stadiums der kapitalistischen Entwicklung ist für Lenin „das Übergewicht des Finanzkapitals über alle übrigen Formen des Kapitals."[32] Was macht nun den so gekennzeichneten Monopolkapitalismus zum Imperialismus? Lenin spricht häufig vom „räuberischen Charakter" der Monopole, von ihrer Aggressivität. Hierbei handelt es sich um beschreibende Etikettierungen, die aber immer wieder im Gewande letzter Erklärungen daherkommen.[33] Zum Nachweis des über solche Setzungen hinausgehenden Zusammenhanges zwischen Monopolbildung und imperialistischer Expansion bedient sich Lenin wiederum eines Vordenkers – des liberalen Briten *John Atkinson Hobson*. Hobson hatte in seinem 1902 erschienenen Hauptwerk[34] den Imperialismus als eine spezifische Erscheinungsform kapitalistischer Industrialisierung (aber nicht als eine unausweichliche) beschrieben. Die kapitalistische Industrialisierung in der zweiten Hälfte des 19. Jahrhunderts sah Hobson dadurch geprägt, daß die britische ökonomische Vorherrschaft durch das Aufholen der Nachzüglergesellschaften gebrochen worden und eine neue internationale Konkurrenzsituation entstanden sei sowie dadurch, daß die zurückgehenden Kapitalrenditen in den Industrieländern einen Wettlauf um günstige Anlagemöglichkeiten auf Weltebene in der Gestalt des Kapitalexports eingeleitet hätten. Dieser Wettlauf um lohnende Anlagemöglichkeiten für Kapitalüberschüsse war in Verbindung mit dem Bemühen des Kapitals, den Staat für seine Zwecke, wie die Erschließung neuer Anlagegebiete, einzuschalten, aus Hobsons Sicht der bestimmende Faktor der Kolonialpolitik.[35]

Lenin kam es vor allem auf diese These über die Vorherrschaft der Anlageinteressen gegenüber den traditionellen Handelsinteressen an. Er sagte zwar nicht, daß der Handel durch die Auslandsinvestitionen ersetzt werde, sondern daß die Investitionen zur Ausweitung des Handels beitragen könnten. Aber der Handel entwickelte sich seiner Ansicht nach nunmehr in Abhängigkeit von den Anlageinteressen und damit in Abhängigkeit von den Interessen der Monopole an einer Erwirtschaftung zusätzlicher Monopolprofite. Letztere seien nur möglich, wenn kostengünstiger investiert werden könne als in den Heimatländern des Kapitals, was vor allem in den unterentwickelten Gebieten gegeben sei:

> „In diesen rückständigen Ländern ist der Profit gewöhnlich hoch, denn es gibt dort wenig Kapital, die Bodenpreise sind verhältnismäßig nicht hoch, die Löhne niedrig und die Rohstoffe billig."[36]

Der formelle Kolonialismus im Sinne des Erwerbs von Kolonien ist nach Lenin keine unabdingbare Voraussetzung, um im internationalen Konkurrenzkampf Anlagesphären zu sichern. Allerdings gebe es mit zunehmender Ausbreitung der Monopole eine Tendenz zur Verschärfung des Kolonialismus:

> „Einzig und allein der Kolonialbesitz bietet volle Gewähr für den Erfolg der Monopole gegenüber allen Zufälligkeiten im Kampfe mit dem Konkurrenten – bis zu einer solchen Zufälligkeit einschließlich, daß der Gegner auf den Wunsch verfallen könnte, sich hinter ein Gesetz über ein Staatsmonopol zu verschanzen."[37]

Wie Lenin in seiner einleitend wiedergegebenen Definition des Imperialismus feststellt, ist in diesem höchsten Stadium des Kapitalismus die Aufteilung der Welt abgeschlossen. Aber gerade darin sieht Lenin eine Quelle tödlicher Kämpfe zwischen den imperialistischen Blöcken. Denn die von ihm konstatierte ungleichmäßige Entwicklung des Imperialismus führe zu immer neuen Mißverhältnissen zwischen der Produktivkraftentwicklung und der Kapitalakkumulation in einzelnen Ländern auf der einen Seite sowie der territorialen Aufteilung der Welt auf der anderen. Diese Mißverhältnisse könnten, da offene Ausweichregionen nicht mehr bestünden, nur in Form einer Neuaufteilung der Erde ausgeglichen werden, wobei eine solche Neuaufteilung unter dem Kapitalismus nicht anders bewerkstelligt werden könne als durch Gewalt, durch Krieg.[38] Nach Lenins Auffassung ist die Tendenz zur Konfliktlösung durch internationale Gewaltanwendung nicht zuletzt auf die erneute Politisierung der internationalen Wirtschaftsbeziehungen nach der Phase des britisch dominierten Freihandels zurückzuführen: Die Verschmelzung von Industrie- und Bankkapital werde durch die Verschmelzung beider mit der Staatsmacht ergänzt. Die Politik könne so auf immer kürzerem Wege durch die Monopole bestimmt werden.[39]

Zur wachsenden Konfliktträchtigkeit des Kapitalismus in seinem imperialistischen Stadium trage auch bei, daß sich Tendenzen verstärkten, dem Grundwiderspruch zwischen Produktivkraftentfaltung und Produktionsverhältnissen in die parasitäre Bereicherung an der Arbeit anderer Völker auszuweichen (Rentner- und Wucherkapitalismus). In Verbindung mit seiner internationalen Konflikt- und Kriegsträchtigkeit begründet dies nach Auffassung Lenins, daß der Imperialismus „faulender" und „sterbender" Kapitalismus sei.[40] Warum, so bleibt zu fragen, war dann jedoch die Revolution in jenen Ländern ausgeblieben, in denen der Kapitalismus bereits zur vollen Reife gelangt und seine „Fäulnis" mithin am weitesten fortgeschritten war? In Beantwortung dieser Frage entwickelte Lenin die These von der Arbeiteraristokratie. Ausgehend von der funktionalen Differenzierung der Arbeiterschaft im Zuge des technologischen Fortschritts argumentierte Lenin, daß sich eine privilegierte Schicht innerhalb der Arbeiterschaft herausgebildet habe. Aufgrund der Monopolprofite im imperialistischen Stadium des Kapitalismus könne dieser Teil der Arbeiterschaft ökonomisch bestochen und „auf die Seite der Bourgeoisie des betreffenden Industriezweiges oder der betreffenden Nation gegen alle übrigen" hinübergezogen werden.[41] Die Arbeiteraristokratie werde ergänzt durch die Sachwalter „politischer Privilegien und Almosen" (Gewerkschaftsbürokratie, Abgeordnete, Staatsbürokratie) sowie die „kleinbürgerlichen Mitläufer", also jene Teile der Bourgeoisie, die durch den Kapitalismus entwurzelt wurden.[42]

2. Anti-Imperialismus

2.1. „Nationale Befreiung" und soziale Umwälzung in der Dritten Welt

Aus Lenins These, daß der Kapitalismus in seiner monopolistischen Phase nur als Imperialismus existieren könne, dieser insofern die Existenz des Kapitalismus über die Phase der freien Konkurrenz und des Freihandels hinaus verlängere, ergaben sich neue Ansatzpunkte revolutionärer Politik. Während *Rosa Luxemburg* auf die ihrer Natur nach transnationale proletarische Weltrevolution setzte, deren Stunde mit der Vollendung der kapitalistischen Weltherrschaft gekommen sein würde, sah *Lenin* Kombinationsmöglichkeiten von sehr unterschiedlichen Kräften, die auf Veränderung drängten: des revolutionären Proletariats mit den nationalen Befreiungsbewegungen. Wenn die Existenz des Kapitalismus im monopolistischen Stadium von der Ausbeutung der Kolonien und Halbkolonien abhing, so mußte jegliche Einschränkung dieser Ausbeutung durch den Widerstand der ausgebeuteten Völker weitreichende Folgen haben. Es würden nicht nur die Widersprüche des Kapitalismus verschärft, mehr noch wäre zu erwarten, daß auch in den Metropolen entgegen den vorherrschenden revisionistischen Tendenzen neue revolutionäre Aktionen entfacht werden könnten. Wiewohl Lenin der „nationalen Befreiung" der ausgebeuteten Völker eine hohe revolutionäre Bedeutung beimaß, trat diese bei ihm doch nicht an die Stelle der proletarischen Revolution in den Metropolen. Vielmehr verstand Lenin beide komplementär. Nach Dietrich Geyer habe er

„das Bezugssystem der ‚proletarischen' Revolution ausgedehnt und ihm revolutionäre Prozesse zugeordnet, die sich aus den Bedingungen sozialökonomischer Rückständigkeit ergaben, aus den Widersprüchen vorindustrieller, traditionaler (‚feudaler') Gesellschaften mit vorwiegend agrarischer Struktur . . . Die nichtproletarische Mehrheit der Menschheit wurde nicht nur als Objekt kapitalistischer Ausbeutung und Versklavung vorgestellt, sondern als Subjekt der Geschichte, als revolutionäres Potential einer Weltveränderung, deren notwendiges Ziel der Sozialismus sei – die Aufhebung aller Unterdrückung."[43]

Lenins Vorstellungen sind zweifellos durch die historische Doppelrolle des zaristischen Rußlands mitgeprägt worden, das zwar als rückständiges Land gelten mußte, gleichwohl aber im Konzert der europäischen Mächte die Position einer Großmacht einnahm; ein Land, in dem sich die traditionelle Ordnung auflöste und eine kapitalistische Entwicklung – wie Lenin glaubte nachweisen zu können – in Gang gekommen war, in dem sich aber noch keine industriekapitalistische Ordnung nach westlichem Vorbild hatte durchsetzen können; und schließlich ein Land, das sich im Wege der friedlichen Durchdringung von benachbarten Regionen im Süden (Persien) und im Osten (Ostchinesische Eisenbahn), aber auch durch Kauf (Port Arthur 1897) und Militäraktionen (Besetzung der Mandschurei nach dem Boxeraufstand) am Expansionismus der fortgeschrittenen Industrieländer zu beteiligen versuchte, zugleich aber selbst Objekt ökonomischer Durchdringung durch das vornehmlich über Staatsanleihen einfließende Auslandskapital war.[44]

Mit Blick auf das Verhältnis Rußlands zu den westlichen Industriestaaten ist es nicht verwunderlich, daß Lenin die Ungleichmäßigkeit der kapitalistischen Entwicklung hervorhob. Diese Ungleichmäßigkeit war aus seiner Sicht für die revolutionäre Entwicklung im Weltmaßstab von zentraler Bedeutung:

> „Die soziale Revolution kann nicht anders vor sich gehen als in Gestalt einer Epoche, in der der Bürgerkrieg des Proletariats gegen die Bourgeoisie in den fortgeschrittenen Ländern mit einer ganzen Reihe demokratischer und revolutionärer Bewegungen verbunden ist, darunter auch mit nationalen Befreiungsbewegungen der unentwickelten, rückständigen und unterdrückten Nationen. Und warum? Weil sich der Kapitalismus ungleichmäßig entwickelt und die objektive Wirklichkeit uns neben hochentwickelten kapitalistischen Nationen eine ganze Reihe von Nationen zeigt, die ökonomisch sehr schwach oder gar nicht entwickelt sind."[45]

Die Entschiedenheit dieser Formulierung darf nicht als Hinweis auf eine prästabilisierte Harmonie der Ansichten zur „kolonialen Frage" in der sozialistischen und später in der kommunistischen Bewegung (Zweite Internationale und Kommunistische, Dritte Internationale) interpretiert werden. In ihr drückte sich vielmehr der Versuch aus, eine bestimmte Linie der Politik gegenüber den Kolonien und Halbkolonien durchzusetzen. Die Bestimmungsfaktoren dieser Politik waren denn auch höchst komplex wie im folgenden kurz skizziert werden soll.

Schon Lenins eigene Haltung war über Jahre hinweg nicht so konsistent und klar wie dies rückblickend zuweilen erscheint und dargestellt wird. Fest steht, daß er gegenüber der unklaren Haltung der Zweiten Internationale, die sich zwar gegen den praktizierten, nicht aber gegen den Kolonialismus überhaupt aussprach, eine dezidiert antikolonialistische Position bezog.[46] Er polemisierte dabei nicht nur gegen die selbst in der Linken und bei bürgerlichen Pazifisten verbreitete Vorstellung, daß es auch einen fortschrittlichen Kolonialismus geben könne. Er ging auch über Ansichten wie die des von ihm heftig angegriffenen *Karl Kautsky* hinaus, der den Kolonialismus entschieden ablehnte, aber den antikolonialen Widerstand in den rückständigen Gebieten selbst nicht unbefragt als historisch fortschrittliche Kraft gelten lassen wollte, da er sich häufig nicht gegen den Kapitalismus an sich, sondern nur gegen seine europäische Spielart wandte.[47] Während Kautsky weder theoretisch noch praktisch eine Möglichkeit sah, sich mit den nationalen Bewegungen in den rückständigen Gebieten – und das bedeutete in damaligen Diskussionen stets in Asien – zu verbünden, ging Lenin von der Notwendigkeit aus, die koloniale Frage parallel zur nationalen Frage in Europa für die sozialistische Revolution zu nutzen. Ansatzpunkte sah er in den revolutionären Tendenzen in der Türkei und in Persien sowie in China und Indien. Lenin knüpfte an die sozialen Auseinandersetzungen in diesen Weltregionen eine doppelte Erwartung: Die Schwächung des Imperialismus und die Erweiterung des Handlungsspielraumes für die Kräfte der proletarischen Revolution in Europa und in den rückständigen Gebieten selbst. Dabei gewannen zu Beginn der zwanziger Jahre, als die Arbeiterbewegung in Europa zahlreiche Rückschläge hinnehmen mußte,[48] die nationalen Widerstandsbewegungen in Asien für die revolutionären Hoffnungen der sowjetischen Führung an Bedeutung.

Durch die theoretische Integration sehr unterschiedlicher Kräfte – des Proletariats, der „nationalen Bourgeoisie" und der Bauern – zu einer antiimperialistischen Bewegung wurde das Konzept der Weltrevolution sehr vielgestaltig. Es sprengte das Schema derer, die wie Rosa Luxemburg allein auf die proletarisch geführte sozialistische Revolution setzten, und erlaubte eine pragmatische Anpassung der Politik an sich verändernde Realitäten. So wurde unter Lenins Einfluß die Losung des Kommunistischen Manifestes „Proletarier aller Länder, vereinigt Euch!" durch den II. Kongreß der Kommunistischen Internationale (1920) erweitert. Sie lautete jetzt: „Proletarier aller Länder und unterdrückte Völker, vereinigt Euch!" Dies rechtfertigte Lenin mit den Worten:

„Gewiß, vom Standpunkt des ‚Kommunistischen Manifests' ist es nicht richtig, aber das ‚Kommunistische Manifest' ist unter ganz anderen Verhältnissen geschrieben worden. Vom Standpunkt der gegenwärtigen Politik jedoch ist es richtig."[49]

Dem „Standpunkt der gegenwärtigen Politik" trug der II. Kongreß der Kommunistischen Internationale dahingehend Rechnung, daß er die Unabhängigkeitskämpfe der asiatischen Völker als historisches Äquivalent der bürgerlichen Revolutionen in Europa (1848, 1918) interpretierte und dazu aufforderte, diese mit dem Ziel einer Einheitsfront aller antiimperialistischen Kräfte zu unterstützen. Die kommunistischen Organisationen des Proletariats wurden aufgefordert, sich unter Wahrung ihrer organisatorischen Eigenständigkeit mit den Unabhängigkeitsbewegungen – einschließlich der nationalen, antiimperialistischen Bourgeoisie – zu verbünden.[50] Widerspruchslos wurde diese Linie innerhalb der Kommunistischen Internationale allerdings nicht hingenommen. Vertreter kommunistischer Parteien der rückständigen Gebiete selbst argumentierten gegen Bündnisse des revolutionären Proletariats mit der nationalen Bourgeoisie vor allem dort, wo die Führung den bürgerlichen Kräften überlassen werden sollte.[51] Auch in der Praxis kam es zu Auseinandersetzungen – so mit den kommunistischen Parteien Chinas und Indonesiens, von denen das Exekutivkomitee (EKKI) der Kommunistischen Internationale ein Zusammengehen mit den dortigen nationalen Befreiungsbewegungen verlangte. Hier sollte sich bereits zeigen, daß Lenins Linie nicht nur eine pragmatische Anpassung an die jeweiligen konkreten Verhältnisse erlaubte, sondern schon den Keim für die spätere Unterordnung der kommunistischen Weltbewegung unter die sowjetische Politik legte.

Es kann nicht unterstellt werden, daß die KPdSU bereits vor Lenins Tod in der Kommunistischen Internationale eine Art Diktatur ausgeübt hätte.[52] Aber die sowjetische Führung, die fünf der zehn Mitglieder des EKKI stellte, versuchte von Anbeginn sehr energisch, die eigene Linie auch gegen Widerstände der betroffenen kommunistischen Parteien durchzusetzen und dabei zu beachten, daß sich die Förderung revolutionärer Umwälzungen im Einklang mit außenpolitischen Erwägungen der sowjetischen Führung vollzog.[53] Dies wurde mit allen Konsequenzen in China demonstriert. Die sowjetische Politik wie die Politik der Kommunistischen Internationale gegenüber China während der zwanziger Jahre sollen hier etwas ausführlicher dargestellt werden, da bereits viele der Probleme und Widersprüchlichkeiten aufscheinen, die die Politik des realen Sozialismus gegenüber der Dritten Welt bis heute prägen.

In China machte die sowjetische Führung auf drei Ebenen Politik: auf der Ebene von Regierungsverhandlungen, in der Kooperation mit der nationalrevolutionären, von Sun Yat-sen ins Leben gerufenen Kuomintang und auf der Ebene des proletarischen Internationalismus gegenüber der Kommunistischen Partei Chinas (KPCh). Dabei ging es nicht nur darum, die Weltrevolution voranzubringen, sondern auch um die Wahrung wirtschaftlicher und wirtschaftsstrategischer Interessen (Mandschurei, Ostchinesische Eisenbahn) sowie um Sicherheitsinteressen, mit denen etwa die sowjetische Intervention in der Äußeren Mongolei 1921 gegen weißrussische Verbände begründet wurde.[54] Diese vielschichtige Interessenkonstellation trug dazu bei, daß die sowjetische Führung mit Hilfe der Kommunistischen Internationale alles versuchte, um ihre Vorstellungen gegenüber der KPCh zur Geltung zu bringen. Daher überließ sie es nicht allein der im Juli 1921 gegründeten KPCh, als chinesische Sektion der Internationale eine Zusammenarbeit mit der Kuomintang in die Wege zu leiten. Vielmehr nahm sie selbst Kontakt mit ihr auf.[55] Im Januar 1923 kam es zu einer Einigung zwischen dem aus Moskau entsandten Unterhändler, Adolf A. Joffe, und Sun Yat-sen über die Bedingungen der Zusammenarbeit mit den chinesischen Kommunisten. Gemeinsam wurde festgehalten, daß es in China aufgrund fehlender Voraussetzungen zunächst nicht um die Einführung des Kommunismus, sondern um die Herstellung der nationalen Einheit gehe. Ein praktisches Ergebnis dieser Einigung war die aktive Beteiligung sowjetischer Berater an einer strafferen Organisation der Kuomintang sowie an der Verbesserung ihrer militärischen Schlagkraft. Hierzu gehörten nicht zuletzt Waffenlieferungen aus der UdSSR.[56]

Das EKKI wies die KPCh unter Berufung auf das Prinzip der internationalen kommunistischen Disziplin an, sich zu den ausgehandelten Bedingungen der Kuomintang anzuschließen. Zwar sträubte sich die KPCh längere Zeit, gab aber schließlich ihren Widerstand auf und folgte den Anweisungen aus Moskau. Auch als es in der Folge zu starken Spannungen zwischen den Kommunisten und der Kuomintang-Führung (aufgrund des wachsenden Einflusses der Kommunisten) kam und jene sich von der Kuomintang trennen wollten, konnte sich die KPdSU abermals mit ihrem Wunsch durchsetzen, das Bündnis aufrecht zu erhalten.[57] Die Kuomintang wurde sogar Anfang 1926 als Partner in die Kommunistische Internationale aufgenommen, und das EKKI ernannte Chiang Kai-shek, bis dahin Kommandeur der Kantoner Streitkräfte, zu ihrem Ehrenmitglied.[58] Wenige Wochen später jedoch, im März 1926, enthob Chiang Kai-shek die Kommunisten sämtlicher Führungspositionen in der Kuomintang, verlangte von ihnen Informationen über alle kommunistischen Mitglieder in der Organisation und wollte die KPCh einer strikten Kontrolle unterwerfen. Obwohl auch sowjetische Militärberater unter Hausarrest gestellt wurden, hielt Moskau an der Kooperation fest und zwang die KPCh erneut, sich Chiang Kai-shek unterzuordnen.[59]

Ein Jahr später kam es zum berühmten Aufstand in Schanghai, einem der Haupthandelsplätze zwischen China und den westlichen Mächten. Im Verlaufe dieses Aufstandes übernahmen die Arbeiter die Herrschaft über die Stadt. Doch abermals bestand die

Sowjetunion auf Unterordnung unter die Kuomintang und ihre von Chiang Kai-shek herangeführten Truppen. Dessen ungeachtet marschierte Chiang im April 1927 in Schanghai ein und ging mit blutiger Gewalt gegen die Arbeiterschaft vor, überwältigte und entwaffnete sie und zerschlug ihre Organisationen. Als Reaktion auf die Ereignisse in Schanghai verselbständigte sich der linke Flügel der Kuomintang, der in Wuhan sein Hauptquartier hatte. Nunmehr sollten die chinesischen Kommunisten nach Moskauer Vorstellungen mit dieser Gruppierung eine umso konsequentere Zusammenarbeit suchen. Doch wurde hier der Bogen sowjetischer Einflußnahme überspannt, und schon Ende Juli brach das Bündnis zusammen. Die Versuche der Zusammenarbeit mit der nationalen Bewegung in China mußten insgesamt als gescheitert gelten.

Zu dieser Zeit wurde die sowjetische Politik bereits durch *Stalin* und Bucharin gegen die vereinigte Opposition von Sinowjew, Kamenjew und vor allem *Trotzki* bestimmt. Die heftigen innerparteilichen Auseinandersetzungen spielten zwar auch in die Chinapolitik hinein. Ihr Gewicht darf aber nicht überschätzt werden. Trotzki meldete sich erst mit Kritik zu Wort, als die Kuomintang in die Kommunistische Internationale aufgenommen und Chiang Kai-shek zum Ehrenmitglied ernannt wurde. Seine Kritik war aber kurzlebig und flammte erst ein Jahr später kurz vor der Niederschlagung der Arbeiterschaft in Schanghai wieder auf.[60] Neben internen Gründen hat Trotzkis zögernde Haltung ohne Zweifel mit dem Spannungsverhältnis zwischen proletarischem Internationalismus und zwischenstaatlicher Diplomatie zu tun.[61] Von erheblicher Bedeutung waren aber auch die Schwierigkeiten, die Lage in China unter revolutionspolitischen Gesichtspunkten richtig einzuschätzen. Diese Schwierigkeiten waren, wie bereits erwähnt, 1920 auf dem Zweiten Kongreß der Kommunistischen Internationale debattiert worden. Sie betrafen die Frage, welche Art von Revolution in den rückständigen Gebieten auf der Tagesordnung stünde und inwieweit rückständige Gebiete unter Umgehung des kapitalistischen Stadiums zum Sozialismus gelangen könnten. Die Schriften von Marx und Engels gaben hier nur wenige Anhaltspunkte. Nach ihrer Vorstellung war die Umgehung des kapitalistischen Stadiums in rückständigen Gebieten nicht möglich, es sei denn in Verbindung mit der proletarischen Revolution im Westen, also in einem günstigen „historischen Milieu".[62]

Lenin erweiterte diesen Gedanken und übertrug ihn nach dem Sieg der Oktoberrevolution auf das Verhältnis der rückständigen Gebiete zur Sowjetunion. Der Sieg der proletarischen Revolution in Rußland erlaubte aus seiner Sicht nunmehr auch den rückständigen Gebieten, unter Umgehung des kapitalistischen Entwicklungsstadiums den Sozialismus zu erreichen. Dieser Auffassung schloß sich die Kommunistische Internationale frühzeitig an.[63]

Aus der prinzipiellen Möglichkeit eines „nichtkapitalistischen Entwicklungsweges" folgte aber keinesfalls, daß dieser allein durch die Kommunisten zu verwirklichen wäre, zumal deren Organisationen in den rückständigen Gebieten in der Regel recht schwach waren. Daher wurde auch unter der Perspektive eines solchen Entwicklungsweges die Notwendigkeit einer Kooperation mit jenen Kräften hervorgehoben, die für die Bekämpfung des Feudalismus und die Durchsetzung einer bürgerlichen Revolution (nationale Einheit und Demokratisierung) einstanden (s. auch S. 41).

In Anbetracht der chinesischen Erfahrungen erfuhr dieses weitreichende Kooperationsangebot auf dem VI. Weltkongreß der Kommunistischen Internationale 1928 allerdings eine erhebliche Einschränkung. Sie ging mit einer Linkswendung Stalins einher: der Ausschaltung des „rechten Blocks" um Bucharin, der Abkehr von Lenins

Neuer Ökonomischer Politik sowie der Kollektivierung der sowjetischen Landwirtschaft. Zwar wurde die bisherige Doktrin nicht völlig revidiert, doch macht ihre Neufassung die Absicht deutlich. So interpretierte der VI. Weltkongreß den Zusammenbruch der Politik des „Nationalen Blocks" in China nicht als Scheitern der Bündnispolitik schlechthin, sondern lediglich als Abschluß der ersten „Etappe" auf dem nichtkapitalistischen Entwicklungsweg – der „Etappe" der Kooperation mit den bürgerlichen Reformkräften. Ihr habe nunmehr die zweite „Etappe" zu folgen – die des Kampfes gegen die bürgerlichen Reformkräfte.[64] Auf diese Weise ließen sich die Ungereimtheiten der sowjetischen Politik zwar theoretisch, nicht aber in ihrer praktischen Wirksamkeit aufheben. Zu diesen Ungereimtheiten gehörte erstens, daß die Kooperation mit den bürgerlichen Reformkräften lediglich unter der Perspektive einer Überwindung dieser Kräfte angestrebt wurde. Eine zweite Ungereimtheit bestand darin, daß die Lösung der nationalen Frage zum Vehikel einer internationalistischen Revolutionsstrategie gemacht wurde. Und schließlich ist eine dritte Ungereimtheit der Strategie des nichtkapitalistischen Entwicklungsweges darin zu sehen, daß die Existenz der Sowjetunion zur Bedingung eines solchen Entwicklungsweges gemacht, die Strategie unter den Vorbehalt der Existenzsicherung und der Förderung des sowjetischen Staates und seiner Interessen gestellt wurde. Alle diese Widersprüche der Strategie des nichtkapitalistischen Entwicklungsweges wirken bis heute fort und sie haben die Revolutionsstrategie mehrfach zwischen den Polen des II. und des VI. Weltkongresses der Kommunistischen Internationale, der Kooperation mit und des Kampfes gegen bürgerliche und kleinbürgerliche Kräfte in den Entwicklungsländern schwanken lassen.

Aus dem hier kritisch Angemerkten ist weder zu folgern, daß die Stalinsche Politik des „Sozialismus in einem Lande" sich bruchlos aus den Auffassungen Lenins und der von ihm durchgesetzten Politik herausgebildet hätte, noch daß diese Politik in China bereits durchgängig wirksam geworden wäre. Wolfgang Eichwede schreibt:

> „Die Verknüpfung mit russischen Interessen vermag die Fehldiagnosen (im Falle Chinas, d. Verf.) nicht zu erklären. Vielmehr scheinen die Kohäsionskraft des nationalen Kampfes überbewertet und ihre Gefahren unterschätzt worden zu sein. Die Bedingungen einer imperialistisch geordneten Weltwirtschaft potenzierten mit dem revolutionären Zuschnitt der Befreiungsbewegungen auch die Möglichkeit, diese gleichsam auf halbem Wege aufzufangen und zum Stillstand zu bringen. So verweisen die Rückschläge eher auf die Bruchstellen einer Konzeption als auf die bewußte Opferung der Revolution."[65]

Auf solche Bruchstellen wird bei der Behandlung von Theorie und Praxis der Politik der DDR gegenüber der Dritten Welt zurückzukommen sein.

2.2. Sozialreform und Binnenmarktentwicklung in der „Ersten Welt"

Angesichts der Vielzahl unterschiedlicher Auseinandersetzungen mit *Lenin* würde jeder Versuch einer Kritik im hier vorgegebenen Rahmen eklektisch ausfallen müssen. Es sei deshalb nur auf einige gängige Ansatzpunkte der Kritik verwiesen. Zunächst ist festzuhalten, daß die zentrale These von der Verschmelzung des Industriekapitals mit dem Bankkapital gerade für das seinerzeit am weitesten entwickelte Industrieland, Großbritannien, nicht zutraf. Außerdem mutet es recht kühn an, den Kapitalexport zur Haupttriebkraft des Imperialismus zu erheben, wenn wiederum Großbritannien in der Zeit des Hochimperialismus mehr Kapital ein- als ausführte. Darüber hinaus hat Lenin nicht beachtet, daß sich ein Großteil des britischen Kapitalexports in Form von Schuldverschreibungen ausländischer Regierungen und nicht als Direktinvestitionen der Unternehmen selbst vollzog.[66]

Wie oben bereits aufgezeigt, bestand zwischen dem Erwerb von Kolonien und dem Kapitalexport keine Deckungsgleichheit. Lenin konzediert dies, ohne jedoch zu erklären, welches dann die tatsächliche ökonomische Funktion des Kolonialerwerbs war und ob dieser überhaupt als für den Kapitalismus „lebensnotwendig" zu gelten hatte. Wenn, wie Lenin zugesteht, ein Großteil der Kapitalexporte gar nicht in die rückständigen Gebiete ging, sondern in die anderen Industrieländer, so ist dies mit den von ihm vorgebrachten Argumenten nicht zu erklären. Lenin begründet das Interesse des Kapitals an den rückständigen Gebieten mit eben dieser Rückständigkeit und den dort zu erzielenden Extraprofiten. Daß in den neuen Kolonien aber nur sehr zögernd investiert wurde, begründet er ebenfalls mit deren Rückständigkeit. Dabei wird auf die mangelhafte infrastrukturelle Erschließung verwiesen. Indes floß aber ein erheblicher Teil des Kapitalexports zu dieser Zeit gerade in die Infrastruktur. Das gilt namentlich für Lateinamerika mit Investitionen bei Eisenbahnen, Hafenanlagen und öffentlichen Dienstleistungsbetrieben.[67] Einen zentralen Ort in Lenins Überlegungen zum Imperialismus nehmen seine Thesen über dessen Charakter als „parasitärer" und „faulender" Imperialismus ein. Der Logik seiner Argumentation folgend, hätte diese Tendenz am deutlichsten in dem fortgeschrittensten Land seiner Zeit, in England, hervortreten müssen, was Lenin auch behauptet. Tatsächlich traf die These vom „Wucherstaat" aber auf das relativ zurückgebliebene Frankreich viel eher zu. Der französische Wucherkapitalismus hatte wiederum kaum etwas mit dem Kolonialismus zu tun, sondern trat vornehmlich in der Anleihepolitik gegenüber dem zaristischen Rußland in Erscheinung.[68]

War Lenins Versuch, die ökonomischen Triebkräfte des Imperialismus unter Verweis auf den Kapitalexport zu erklären, für die Vergangenheit zumindest unvollständig, so ist er es um so mehr mit Blick auf die Gegenwart: Heute werden rund 60 % der Auslandsinvestitionen amerikanischer Firmen durch Kapital finanziert, das auf den lokalen Märkten des Gastlandes aufgenommen wird.[69] Es kann freilich nicht bezweifelt werden, daß im Hochimperialismus des ausgehenden 19. Jahrhunderts der Kapitalexport neben den Warenhandel trat und letzterer durch den Kapitalexport modifiziert wurde. Auch ist unstrittig, daß Direktinvestitionen gegenüber anderen Formen des Kapitaltransfers (vor allem gegenüber den Portfolio-Investitionen) fortlaufend an Bedeutung gewonnen haben und daß mit den Direktinvestitionen ein weltwirtschaftlich bedeutsamer Prozeß eingeleitet wurde – die Internationalisierung der Produktion, die zu einem enormen Bedeutungszuwachs der Auslandsproduktion gegenüber dem Warenhandel geführt hat.[70]

Das Phänomen des Kapitalexports verdient folglich trotz der oben vorgestellten Einwände Beachtung. Die Frage ist nur, ob die Perspektive, unter der sich Lenin mit dem Kapitalexport befaßt hat, zwingend war. War die ökonomische Ausbeutung der rückständigen Gebiete durch Investitionen tatsächlich von jener Bedeutung für die „Vollendung" des Kapitalismus, die Lenin ihr beimaß und gab es keine Alternativen zur Krisenbewältigung als die Expansion in diese Gebiete? Lenin stützte sich, wie oben erwähnt wurde, in seiner Argumentation unter anderem auf Hobsons vielbeachtete Schrift über den Imperialismus. Aber Hobson kam zu grundsätzlich anderen Schlußfolgerungen.

Hobson beschreibt in seinem Buch über den Imperialismus, das unter dem Eindruck des Burenkrieges in Südafrika entstand und ebenso Versuch einer wissenschaftlichen Analyse wie einer (partei-)politisch ausgerichteten Anklage war, den Imperialismus als Weg der europäischen Politik in den Abgrund. Keine der beteiligten Nationen hätte letztlich vom Imperialismus zu profitieren – im Gegenteil: Der Imperialismus sei gesamtwirtschaftlich ein Verlustgeschäft, denn er sei nicht nur mit hohen Ausgaben für die Verwaltung der überseeischen Gebiete verbunden, sondern auch mit hohen Rüstungsausgaben. Ja, der Imperialismus sei die Hauptursache der raschen Aufrüstung im Europa der Jahrhundertwende. Der Imperialismus setze an die Stelle einer wirtschaftlich sinnvollen Zusammenarbeit die Rivalität der europäischen Mächte und schaffe eine permanente Kriegsgefahr:

> „Der neue Imperialismus unterscheidet sich vom alten erstens dadurch, daß an die Stelle eines einzigen wachsenden Weltreichs in Theorie und Praxis mehrere rivalisierende Reiche treten, deren jedes von gleicher Gier nach politischer Vergrößerung und kommerziellem Gewinn geleitet wird, und zweitens durch die Vorherrschaft der finanziellen oder ‚investierenden‘ Interessen über die merkantilen."[71]

Hauptnutznießer des Imperialismus sind aus der Sicht Hobsons die Banken, die Rüstungswirtschaft, die Militärs und die Kolonialbürokratie. Obwohl die öffentliche Zustimmung, ja Begeisterung für eine imperialistische Politik von diesen Gruppen dank ihres Einflusses und dank einer kooperationswilligen Massenpresse manipulativ erzeugt werde, ist der Imperialismus in Hobsons Denksystem letztlich doch genauso wenig das Produkt einer Verschwörung wie einer Mode des Zeitgeistes.[72] Er ist vielmehr Ausdruck oder Folge eines Strukturproblems des Kapitalismus. Dieses Strukturproblem beschreibt Hobson als zunehmende Konkurrenz innerhalb und zwischen den Industrieländern um profitable Anlagemöglichkeiten für das akkumulierte Kapital. In Ermangelung solcher Anlagemöglichkeiten innerhalb der Industrieländer komme es zu einer Überakkumulation, die als eigentliche Triebkraft des Imperialismus zu gelten habe. Dieser ist folglich ganz im Sinne der später von Lenin übernommenen Teilbedeutung als Versuch zu begreifen, das Problem der Überakkumulation durch Kapitalexport in weniger mit Kapital gesättigte Gebiete zu lösen.[73] Diese Art der Problemlösung erscheint bei Hobson aber nicht als Existenzverlängerung des industriellen Kapitalismus. Vielmehr führe sie durch die Verschleuderung knapper öffentlicher Mittel für partikulare Interessen zu dessen Gefährdung.

Die Überakkumulation ist für Hobson nur eine Seite des Strukturproblems. Ihr entspricht auf der anderen die Unterkonsumtion. Sie erst mache die Überakkumulation möglich und sei das Produkt einer wachsenden Diskrepanz zwischen der Massenkaufkraft und der Produktivität der Arbeit:

> „Die Produktivkraft läßt ... den effektiven Konsumbeitrag weit hinter sich. Und entgegen der älteren Wirtschaftstheorie erweist sie sich als unfähig, durch Preissenkungen ein entsprechendes Ansteigen des Konsums zu erzwingen."[74]

Dieser Prozeß, so stellt Hobson fest, sei freilich nur bei oberflächlicher Betrachtung zwangsläufig. Zur Begründung schreibt er:

> „ ... wenn das konsumierende Publikum in unserem Land seinen Konsumstandard derartig steigern würde, daß er mit jeder Steigerung der Produktivität Schritt hielte, dann könnte es gar keinen Überschuß an Waren, könnte es gar kein Kapital geben, das laut nach dem Imperialismus ruft, damit er ihm Absatzgebiete verschaffe. Der Außenhandel würde natürlich weitergehen. Aber der Austausch eines kleinen Überschusses unserer Fabrikate gegen die jährlich von

uns benötigten Nahrungsmittel und Rohstoffe würde keinerlei Schwierigkeiten bereiten. Und sämtliche von uns gemachten Ersparnisse würden, wenn wir es nur wollten, in unseren eigenen Industriezweigen untergebracht werden."[75]

Es ist mit anderen Worten nach Hobson ein Fehler, die imperialistische Expansion als unvermeidlich anzusehen. Nicht das industrielle Wachstum an sich, sondern die Verteilung der Einkommen führe zu überschüssigem Kapital, das nach außen dränge.[76] Hobson postuliert hier die Notwendigkeit und die Möglichkeit, mit staatlicher Wirtschafts- und Sozialreformpolitik die Einkommensverteilung so zu gestalten, „daß alle Volksklassen in die Lage versetzt werden, ihre wirklich gefühlten Bedürfnisse in effektive Nachfrage umzusetzen."[77] Das würde zur Entwicklung des Binnenmarktes beitragen und den Streit um Auslandsmärkte und Investitionsmöglichkeiten gegenstandslos werden lassen. Ganz im Gegensatz hierzu schrieb Lenin später, sich über die „letzten Mohikaner der bürgerlichen Demokratie" mokierend:[78]

„Freilich, wäre der Kapitalismus imstande, die Landwirtschaft zu heben, ... könnte er die Lebenshaltung der Massen der Bevölkerung heben, die trotz des schwindelerregenden technischen Fortschritts überall ein Hunger- und Bettlerdasein fristen – dann könnte von einem Kapitalüberschuß nicht die Rede sein. (...) Aber dann wäre der Kapitalismus nicht Kapitalismus, denn die Ungleichmäßigkeit der Entwicklung wie das Hungerdasein der Massen sind wesentliche, unvermeidliche Bedingungen und Voraussetzungen dieser Produktionsweise. Solange der Kapitalismus Kapitalismus bleibt, wird der Kapitalüberschuß nicht zur Hebung der Massen ... verwendet – denn das würde eine Verminderung der Profite der Kapitalisten bedeuten –, sondern zur Steigerung der Profite durch Kapitalexport ins Ausland, in rückständige Länder."[79]

Diese Kontroverse über die Möglichkeit oder Unmöglichkeit einer durchgreifenden sozialreformerischen Politik ist in der Praxis zugunsten der Sozialreform und damit zugunsten der Hobsonschen Perspektive entschieden worden. Hobson arbeitete Strukturprobleme der industriekapitalistischen Entwicklung heraus – übrigens keineswegs auf ökonomische Aspekte beschränkt[80] – und stellte ihnen den Staat als eigenständiges Subjekt der nationalen Entwicklung gegenüber. In dieser Eigenschaft kann der Staat zwar von den Kapitalinteressen usurpiert werden, er ist aber nicht notwendigerweise nur der Handlanger des Kapitals. Zwar ist im marxistisch-leninistischen Denken staatliches Handeln im Kapitalismus ebenfalls nicht einfach als Widerspiegelung von Kapitalinteressen zu begreifen, da der Staat als „ideeller Gesamtkapitalist" die Interessen der Einzelkapitale im Lichte der Funktionsfähigkeit des Gesamtsystems zu bewerten und zu berücksichtigen hat. Die Arbeiterschaft mit ihren Interessen bleibt aber als Klasse außerhalb des Systems. Lediglich Teile von ihr werden durch Korrumpierung des Bewußtseins den bestehenden Kapitalinteressen zugeordnet. Was unter marxistisch-leninistischer Perspektive als gesetzmäßige Entwicklung zu einem „staatsmonopolistischen Kapitalismus" erscheint, ist bei Hobson eine zeitweilige Instrumentalisierung des Staates durch jene, die am Imperialismus verdienen. Dieser Prozeß bleibt nach Hobson (ähnlich der Argumentationsweise von Kautsky und Schumpeter) revidierbar. Ebenso bleibt auf einer anderen Ebene der Argumentation für Hobson die Option einer erneuten Liberalisierung des Welthandels (durch Abschaffung des formellen Kolonialismus) offen.

Zwar mutet Hobsons Bemerkung über die jenseits des Imperialismus bestehende Möglichkeit eines problemlosen „Austausches eines kleinen Überschusses unserer Fabrikate gegen die jährlich von uns benötigten Nahrungsmittel und Rohstoffe" etwas naiv an. Er hat aber Argumente geliefert, die in den politischen Auseinandersetzungen seiner Zeit jenen entgegengehalten werden konnten, die sich auf die existentielle Notwendigkeit imperialistischer Politik beriefen, um sie in ihrem eigenen Interesse voranzutreiben. Über die Tagespolitik hinaus hat Hobson zugleich grundlegende Veränderungen in der internationalen Arbeitsteilung sowie mögliche politische Maßnahmen zu ihrer Beeinflussung aufgezeigt, die sich ihrer Hauptstoßrichtung nach (Binnenmarktentwicklung) tatsächlich als geschichtsmächtig erweisen sollten.

Hobsons Argumentation verweist darauf, daß es ein Spektrum unterschiedlicher Handlungsmöglichkeiten des Staates zur Krisenbewältigung gab und gibt. So hat der faktische Zusammenbruch der internationalen Arbeitsteilung im Zuge der Weltwirtschaftskrise von 1929 in den Industrieländern der von Hobson (aber auch von Kautsky) betonten Notwendigkeit zum Durchbruch verholfen, die Binnenmärkte zur Krisenbewältigung zu nutzen. Zwar spielten dabei neomerkantilistische Versuche, die Folgen der internationalen Krise auf andere abzuschieben („beggar thy neighbor"-Politik) eine erhebliche Rolle. Doch galt dies keineswegs nur in den Industriestaaten, sondern auch in einer Reihe rückständiger Länder vor allem in Lateinamerika, wo es (erzwungenermaßen) zu einer Abwertung außenorientierter Wachstumsstrategien zugunsten von Strategien eines „Wachstums nach innen" kam. „Die Weltwirtschaftskrise hat die unabweisbare Notwendigkeit gezeigt, die heimischen Märkte selbst aufzureißen; und der Keynesianismus hat die Mittel hierzu gewiesen", schreibt Werner Hofmann treffend in seiner „Ideengeschichte der sozialen Bewegung".[81]

Der Übergang zu einer keynesianischen Politik brachte eine erhebliche Ausweitung der Staatsfunktionen gegenüber der Wirtschaft mit sich. Aus dem Blickwinkel der Theorie des „staatsmonopolistischen Kapitalismus" erscheint diese Ausweitung als Ausdruck des wachsenden Widerspruchs zwischen Vergesellschaftung der Produktion und fortbestehender allgemeiner Planlosigkeit der kapitalistischen Produktionsweise. Im Selbstverständnis westlicher Wirtschaftspolitik ist sie dagegen Ausdruck einer im Zuge der Entwicklung zur Industriegesellschaft (und auch schon zur post-industriellen Gesellschaft) zügig voranschreitenden Differenzierung der Steuerungsanforderungen an den Staat und zugleich eines Lernprozesses im Umgang mit ökonomischen Krisen.

Die Entfaltung einer auf ein breites Eingriffsinstrumentarium gestützten aktiven Rolle des Staates gegenüber der Wirtschaft sowie das wachsende Engagement des Staates als Wirtschaftssubjekt haben in Verbindung mit einer ebenfalls wachsenden Konfliktfähigkeit der Arbeiterschaft dazu beigetragen, die Massenkaufkraft in einem kaum vorhergesehenen Maße auszuweiten und damit die Voraussetzungen für eine beachtliche Expansion der Binnenmärkte zu schaffen. Diese war weit mehr als ein funktionales Äquivalent zum Imperialismus, denn das „Wachstum nach innen" hat die Möglichkeiten der Kapitalakkumulation und -verwertung in einem sehr viel größeren Tempo und Umfang erweitert als dies eine konsequente Ausbeutung rückständiger Gebiete mit kolonialistischen Methoden je hätte bewirken können. Auch aus kapitalismuskritischer Sicht ist unter dem Eindruck der tatsächlichen Entwicklung nach dem Zweiten Weltkrieg immer wieder die Fähigkeit der kapitalistischen Industriestaaten hervorgehoben worden, mit Hilfe des seither geschaffenen staatlichen Instrumentariums Krisenerscheinungen unter Kontrolle zu bringen. So schreibt Werner Hofmann im Anschluß an die bereits zitierte Passage:

„Auf Grundlage ständiger Erweiterung der Geldeinkommen und damit der Nachfrage, und sei es mit Hilfe des Keynesschen ‚Pyramidenbaues', d. h. mit Hilfe unproduktiver Investitionen, ist es möglich geworden, dem heimischen Markt etwa die Größe zu geben, bei der ein gegebenes monopolistisch bestimmtes Preisniveau durchhaltbar ist. Im Zusammenhang damit ist die – von den Theoretikern des *Kolonial*imperialismus immer überschätzte – Bedeutung des ,dritten' Raumes der Weltwirtschaft als Feld rentabler Kapitalanlage weiter zurückgegangen . . ."[82]

Hofmann verweist hier auch auf das zweite Element der „kapitalistischen Implosion"[83] – den relativen Rückgang des Anteils der Entwicklungsländer an der Weltwirtschaft im Vergleich zu den Wirtschaftsbeziehungen der westlichen Industriestaaten untereinander. Während der Anteil der Entwicklungsländer am Welthandel 1950 wertmäßig noch bei 30 % lag, ging er bis 1960 auf rund 20 % zurück und sank bis 1970 weiter auf ungefähr 17 %. Bis 1980 stieg er dann wieder auf knapp ein Viertel an, doch war dies weitgehend auf die steigenden Ölpreise zurückzuführen.[84] Dieser Sachverhalt legt den Schluß nahe, daß die Dritte Welt – pauschal betrachtet – seit dem Zweiten Weltkrieg immer mehr an den Rand des Weltwirtschaftssystems gedrängt, also marginalisiert worden ist. So hat der indische Wirtschaftswissenschaftler Arthur Lewis die These aufgestellt, daß das Bruttosozialprodukt von Nordamerika und Europa kaum mehr als ein halbes Prozent zurückginge, wenn die Länder Afrikas, Asiens und Lateinamerikas „morgen im Ozean versinken würden". In der Auseinandersetzung mit dem 1980 unter Federführung von Willy Brandt erschienenen Bericht der Nord-Süd-Kommission griff der liberale Wirtschaftstheoretiker Ralf Dahrendorf diese These von Arthur Lewis auf und stellte fest, es sei einfach nicht wahr, daß die Industrieländer ohne die Entwicklungsländer nicht leben könnten. Die wechselseitige Abhängigkeit zwischen den OECD-Ländern und den Entwicklungsländern sei keineswegs so ausgeprägt wie es im Brandt-Bericht als selbstverständlich vorausgesetzt werde.[85]

Indes ist kaum zu übersehen, daß im Verlauf der siebziger Jahre die keynesianische Politik und das auf Massenkonsum basierende Modell des Wohlfahrtsstaates an seine Grenzen gestoßen sind und in Verbindung damit die Wirtschaftsbeziehungen zwischen den westlichen Industriestaaten, namentlich zwischen den Vereinigten Staaten und der Europäischen Gemeinschaft, weit über jenes Maß hinaus konfliktträchtig geworden sind, das sich zu Beginn der sechziger Jahre im „Hähnchenkrieg" manifestierte und in der Folgezeit als „amerikanische Herausforderung" beschrieben worden ist.[86] Auch ist der Prozeß der wirtschaftlichen Integration innerhalb der Europäischen Gemeinschaft ins Stocken geraten und hat zu Beginn der achtziger Jahre der Befürchtung Raum gegeben, daß das gesamte westeuropäische Einigungswerk an dem durch die Wirtschaftskrise zugespitzten Streit um nationale Sonderinteressen zerbrechen könnte. Von daher stellt sich die Frage, ob die Dritte Welt nicht erneut in den Blickpunkt westlicher Erwartungen und Ambitionen rücken könnte wie dies bereits im Kontext der krisenhaften Entwicklung nach 1873 der Fall war.

Im Sinne einer bejahenden Antwort könnte zunächst angeführt werden, daß das Interesse der westlichen Industrieländer an der Dritten Welt in der gesamten Nachkriegszeit weit höher war, als die stark pauschalierten Angaben über Welthandelsanteile vorgeben. Für einen außenhandelsorientierten Kleinflächenstaat wie die Bundesrepublik trifft dies ohne Zweifel zu. Da fast ein Fünftel unserer Exporte in die Entwicklungsländer geht und fast ein Viertel aller Auslandsinvestitionen dort getätigt wird, da wirtschaftsstrategisch wichtige Rohstoffe (vor allem Energieträger und einige Mineralien) zu einem erheblichen Teil aus Entwicklungsländern stammen, kann von einer marginalen Bedeutung dieser Länder für die Bundesrepublik kaum die Rede sein. Dies hat sich in den sogenannten Ölkrisen von 1973 und 1979/1980 gezeigt. Überdies sind Teile der Dritten Welt zu einem integralen Bestandteil der globalen Aktivitäten großer transnationaler Konzerne geworden; sie sind folglich in den Prozeß der Internationalisierung der Produktion eingegliedert worden.

Andererseits sind zur Zeit kaum Anzeichen zu entdecken, daß einzelne westliche Industrieländer oder der Westen insgesamt im Sinne der Krisenbewältigung eine Wirtschaftsoffensive gegenüber der Dritten Welt einleiten könnten. Die Entwicklungsländer sind von den seit über zehn Jahren andauernden weltwirtschaftlichen Krisentendenzen sehr viel stärker betroffen als die Industriestaaten, und sie sind daher als Absatzgebiete gegenwärtig nicht besonders interessant. Außerdem hat sich gezeigt, daß die ökonomische Verwundbarkeit des Westens durch unvorhergesehene Entwicklungen in der Dritten Welt sehr viel geringer ist als dies unter dem Eindruck der sogenannten Engergiekrise von 1973 allgemein angenommen wurde.[87] Als politischer Hebel kann die Rohstoffabhängigkeit der Industriestaaten von den Entwicklungsländern kaum genutzt werden.

Schließlich offenbart die westliche Hinhaltetaktik gegenüber den Forderungen der Dritten Welt nach Globalverhandlungen über die Neuordnung der Weltwirtschaft, daß gegenwärtig offenbar kein Interesse an einer verstärkten Einbeziehung der Entwicklungsländer in den Wirtschaftskreislauf der Ersten Welt besteht. Die vorherrschenden protektionistischen Tendenzen lassen eher das Gegenteil erkennen. Offenbar fühlen sich die Industriestaaten angesichts der bestehenden Wirtschaftsprobleme durch den erforderlichen Strukturwandel, der einer solchen Einbeziehung der Entwicklungsländer folgen müßte, überfordert. Daher schottet man sich lieber gegen unliebsame Konkurrenz aus der Dritten Welt ab, als ihr in Übereinstimmung mit den generellen Bekenntnissen zu einer weiteren Liberalisierung des Welthandels Raum zu geben.[88] In Zukunft könnten technologische Neuerungen sogar dazu führen, daß die Vorteile, die Entwicklungsländer den kapitalistischen Unternehmen zu bieten haben (vor allem Lohnkostenvorteile), als Anreiz für Investitionen in der Dritten Welt an Bedeutung verlieren.[89]

Zusammenfassend können wir also festhalten: Es gibt in den westlichen Industrieländern selbstverständlich ökonomische Interessen gegenüber der Dritten Welt, die die Politik beeinflussen. Diese Interessen sind aber nicht bestimmend für das gegenwärtige Entwicklungsstadium des Kapitalismus und können daher auch nur als ein Faktor unter vielen betrachtet werden, die auf die Politik gegenüber der Dritten Welt einwirken.

3. Von der Imperialismuskritik zur Entwicklungstheorie?

3.1. Die Fortsetzung der Imperialismuskritik

Unabhängig von der gegenwärtigen weltwirtschaftlichen Krise und ihrer möglichen Auswirkungen auf das künftige Nord-Süd-Verhältnis ist auf seiten der sozialistischen Staaten der Imperialismusvorwurf gegenüber den westlichen Industrieländern nie verstummt. Vielmehr wird unverändert die Gültigkeit der Leninschen Thesen zum Imperialismus behauptet: „Dem Imperialismus ist Aggressivität immanent. Er kann auf die Ausplünderung der Naturreichtümer und die Ausbeutung der Völker schwächerer und weniger entwickelter Länder nicht verzichten", heißt es in einer Studie, die den Stand der innersozialistischen Diskussion am Anfang der achtziger Jahre zusammenfaßt.[90]

Seit Mitte der sechziger Jahre zeige sich, so heißt es in der Studie weiter, eine „immer stärkere und sich als immer notwendiger erweisende Einbeziehung der Entwicklungsländer in den Reproduktionsprozeß der kapitalistischen Industriestaaten".[91]

Die aus östlicher Sicht verzeichnete grundlegende Kontinuität der kapitalistischen Politik gegenüber der Dritten Welt wird, ebenso wie bei zahlreichen Kritikern des Imperialismus im Westen, durch den Begriff des „Neokolonialismus" unterstrichen. Er soll die Fortsetzung der alten Ausplünderung der Entwicklungsländer mit neuen Mitteln, der wirtschaftlichen Durchdringung statt der unmittelbaren kolonialen Fremdbestimmung, kennzeichnen. Doch ist die Zeit seit Lenin nicht stehengeblieben. Zwar werden Veränderungen konzediert, diese beziehen sich aber nicht so sehr auf die westlichen Industrieländer selbst. Hervorgehoben werden vielmehr Veränderungen in den Rahmenbedingungen imperialistischer Politik durch den Aufstieg des Sozialismus und die Vergrößerung des Widerstandspotentials gegen den Imperialismus in der Dritten Welt im Zuge der Entkolonisierung.[92] Auch der Entspannungsprozeß der siebziger Jahre wird nicht als Ausdruck grundlegender Veränderungen auf seiten der westlichen Staaten dargestellt, sondern als Anpassung des Westens an das veränderte Kräfteverhältnis zwischen Sozialismus und Kapitalismus. Dabei habe die Entspannung bewirkt, daß im Zeichen einer (vorübergehenden) Vorherrschaft der „realistischen Kräfte" im Westen der Handlungsspielraum für revolutionäre Bewegungen in der Dritten Welt erheblich ausgeweitet werden konnte: „Die Spannungen in der Welt gaben den Neokolonialisten freie Hand, während die Entspannung ihr Vorgehen in bestimmtem Maße bindet und einschränkt", heißt es in der eben zitierten Studie. Unter diesem Gesichtspunkt erscheint dann als „Gesetzmäßigkeit, daß gerade in der Mitte der siebziger Jahre in Afrika das portugiesische Kolonialreich zusammenbrach und die Völker von Guinea-Bissau, Mocambique und Angola die Unabhängigkeit erringen konnten."[93]

In Einklang mit Lenins Imperialismuskritik wendet sich die Fortschreibung seiner Kritik nicht nur gegen eine bestimmte Politik einer bestimmten Regierung, sondern gegen den Kapitalismus allgemein, unabhängig von den verschiedenen theoretischen und praktischen Ansätzen, mit denen die „strategischen Aufgaben des Imperialismus" von unterschiedlichen Regierungen angegangen werden.[94] Obwohl aus dieser Sicht im Zuge der Entspannung eine gewisse Bereitschaft bestand, der westlichen Politik oder einzelnen westlichen Politikern innerhalb der kapitalistischen Grenzen Realismus und Weitsicht zuzubilligen, und diese Tendenz namentlich im Verhältnis zwischen den beiden deutschen Staaten heute als wichtige Verständigungsbasis fortbesteht, scheint mit Blick auf die Südpolitik westlicher Länder eine solche Differenzierung bisher aus östlicher Sicht nicht opportun zu sein.[95]

Dies zeigt sich vor allem in der Auseinandersetzung mit sozialdemokratischer Politik gegenüber der Dritten Welt, die mit Hilfe ihrer sozialen Strategie die imperialistischen Interessen lediglich flexibel und damit besonders raffiniert vertrete. Zentrale Bestimmungsfaktoren der sozialdemokratisch geprägten „sozialen Expansion" gegenüber der Dritten Welt waren in den siebziger Jahren dieser Argumentation zufolge die wachsenden ökonomischen Interessen an den Rohstoffen und Märkten der Entwicklungsländer auf der einen und das Interesse an einer Kanalisierung der Diskussion über die Neuordnung der Weltwirtschaft auf der anderen Seite.[96] Ziel sei die Verbreiterung der sozialen Basis des Imperialismus in der Dritten Welt gewesen, wobei diese Verbreiterung durch Ausweitung der Beziehungen mit der „sich entwickelnden einheimischen Bourgeoisie" und durch Abbau der bis dahin praktizierten Kooperation mit der „einheimischen Aristokratie, den Feudalherren und anderen historisch überlebten Gruppen sowie . . . reaktionären Kräften der Entwicklungsländer" erfolgen sollte.[97] Besonders die SPD hätte dabei Wert auf „die Herstellung von Kontakten zu Vertretern der breiten Bevölkerungsschichten und ihren Massenorganisationen" gelegt, um „die Massen dem Einfluß der revolutionären Demokratie zu entziehen, die Front der antiimperialistischen Kräfte aufzuspalten, ihren revolutionärsten Kern zu isolieren und damit den Kampf für eine revolutionäre Umgestaltung der Gesellschaft zu blockieren".[98] Zu diesem Zweck seien unabhängige Hilfsorganisationen der Kirchen, Verbände und Parteien „von den herrschenden Kreisen der BRD als elastisches und wirksames Instrument ihrer Politik" erkannt und in die entwicklungspolitischen Bemühungen einbezogen worden.[99]

Auf diese Weise wird jeglicher Reformansatz der Entwicklungspolitik zu einem sorgfältig ausgeklügelten Manöver des Neokolonialismus. Dabei verliert sich in der Beschreibung seiner Raffinessen sehr schnell der Blick für jene Widersprüche, die sonst überall nicht ohne Sinn für Realitäten herausgearbeitet werden:

> „Die ‚soziale' Expansion des Neokolonialismus der BRD wird durch einen Mechanismus in Gang gesetzt, dessen Basis das enge Bündnis des Staates mit den Monopolen bildet. Ihre wichtigste materielle Kraft ist das staatsmonopolistische Kapital, das in die befreiten Länder unter dem Slogan von ‚Entwicklungshilfe' ausgeführt wird. Das ständige Anwachsen dieser ‚Hilfe' beweist, welche Bedeutung ihr die BRD als Instrument der neokolonialistischen Politik, als Expansionsmittel für die BRD-Monopole sowie als Mittel zur Festigung der kapitalistischen Entwicklung zumißt."[100]

Wenn es sich so verhielte, wäre allerdings kaum zu erklären, weshalb die Entwicklungspolitik im Vergleich mit anderen Ressorts der Bundesregierung eine relativ schwache Position hat und deren Vertreter mit dem Argument, Entwicklungspolitik sei Politik im Eigeninteresse, geradezu hausieren gehen müssen, um eine hinreichende öffentliche Unterstützung für ihre Arbeit zu erhalten. Ebenfalls unerklärlich bliebe dann, weshalb auf der einen Seite die Bemühungen der Entwicklungsländer um eine Veränderung der internationalen Arbeitsteilung und eine Aufstockung der westlichen Entwicklungshilfe von der herrschenden Lehre des realen Sozialismus als Befreiungspolitik gefeiert werden, wenn gleichzeitig jedes westliche Zugeständnis gegenüber den Entwicklungsländern als neokolonialistisches Beschwichtigungsmanöver entlarvt wird. Hier werden Widersprüche der Praxis zu logischen Widersprüchen, es sei denn, daß es sich bei der Unterstützung für die Entwicklungsländer in deren Auseinandersetzung mit dem Westen lediglich um eine taktische Maßnahme in der gegenwärtigen „Etappe" weltweiter Klassenkämpfe handelt, der alsbald die „Etappe" des Kampfes gegen jene Kräfte folgen müßte, die heute in den Entwicklungsländern als Träger des historischen Fortschritts betrachtet werden (dazu ausführlich Kapitel C).

3.2. Internationale Arbeitsteilung und Ausbeutung

Nun gilt es mit Blick auf die Beteiligung auch der sozialistischen Länder am Welthandel der Frage nachzugehen, worin eigentlich die immer wieder kritisierte Ausbeutung oder Ausplünderung der Dritten Welt durch die westlichen Metropolen besteht. Die sozialistischen Länder betreiben ja selbst Handel mit den kapitalistischen Ländern und sind an einem weiteren Ausbau dieses Handels interessiert. Dabei wird dieser Handel sogar schon als eine Produktivkraft neben den klassischen Produktivkräften betrachtet.[101]

Die östliche Imperialismuskritik beschränkt sich gerne auf das scheinbar Selbstevidente und reproduziert damit die Unzulänglichkeiten in den Analysen der Klassiker des Marxismus-Leninismus. Meist wird von „Aggressivität" und „räuberischem Wesen" des Imperialismus gesprochen als handele es sich um Charakterzüge eines Menschen, die keiner weiteren Erklärung bedürften. Hierin mag sich immer noch das Manko spiegeln, daß Marx zwar die Absicht hatte, sich ausführlich mit der internationalen Arbeitsteilung, dem Weltmarkt und seinen Krisen zu beschäftigen, seinen Plan aber nicht verwirklichte. Sein Werk enthält bekanntlich kaum mehr als Bruchstücke einer Theorie der internationalen Wirtschaftsbeziehungen, und es ist bis heute nicht gelungen, unter Anwendung seiner Methode als Ergänzung zu seinem dreibändigen Hauptwerk „Das Kapital" gleichsam den vierten Band nachzuliefern.[102]

Marx formulierte seine Anmerkungen zu dem hier behandelten Thema in kritischer Auseinandersetzung mit den Klassikern des Wirtschaftsliberalismus. Zentrale Annahmen ihrer Theorie – vor allem die für alle Beteiligten sinnvolle Ausnutzung komparativer Kostenvorteile – prägen bis heute das Selbstverständnis westlicher Wirtschaftspolitik gegenüber der Dritten Welt. Die herrschende Außenhandelslehre in den westlichen Ländern geht davon aus, daß die ungenügenden Fortschritte der Entwicklungsländer und die Verschärfung bestehender Probleme nicht zuletzt durch den Rückgang ihres Anteils am Welthandel nach dem Zweiten Weltkrieg erklärt werden können. Daher ist seit Ende der sechziger Jahre immer wieder eine verstärkte Eingliederung der Entwicklungsländer in das Weltwirtschaftssystem als Hauptmaßnahme für die Überwindung von Unterentwicklung empfohlen worden. Dieser entwicklungspolitische Ansatz zielt im Unterschied zu der seit der Weltwirtschaftskrise von 1929 in den Entwicklungsländern immer wieder angestrebten Importsubstitution auf eine Ausweitung der Exporte ab. Da der Rückgang der Welthandelsanteile der Entwicklungsländer vor allem auf die Zusammensetzung ihrer Exporte (das heißt auf die weitgehende Abhängigkeit vom Export eines oder weniger Rohstoffe) zurückgeführt wird, soll vornehmlich durch eine Diversifizierung ihres Exports eine Umkehr dieses Trends erreicht werden. Die in den Entwicklungsländern immer noch bestehenden Monokulturen sollen abgebaut werden.

Diese Entwicklungsstrategie wurde unter das Motto „Hilfe durch Handel" gestellt. Sie läßt sich ohne Schwierigkeiten auf zentrale Aussagen der frühen liberalen Außenhandelstheorie zurückführen. Während der Merkantilismus den Außenhandel dem Diktat der positiven Handelsbilanz unterwarf, die es mit staatlicher Exportförderung und Importbeschränkungen zu erzielen galt, forderten die liberalen Theoretiker eine radikale Umkehr. In ihren Augen erschien das merkantilistische Primat – bezogen auf das Gesamtsystem der miteinander in Beziehung stehenden Staaten – als Hindernis für eine Weiterentwicklung des Handels und als Barriere für den technologischen Fortschritt. So stellte *Adam Smith*, obwohl oder gerade weil er „für England", das fortgeschrittenste Industrieland, schrieb, der Fixierung des Merkantilismus auf den einzelstaatlichen Vorteil die These von den beiderseitigen Vorteilen einer internationalen Arbeitsteilung entgegen. Seine zentrale Annahme lautete, daß beide Seiten gewinnen, wenn sie sich auf die Produktion jener Güter spezialisieren, bei der sie jeweils produktiver als die andere Seite sind. Nicht die Vermehrung einzelstaatlichen Reichtums in einem Nullsummen-System, bei dem der eine verliert, was der andere gewinnt, stand bei ihm im Mittelpunkt, sondern der Fortschritt aller durch die Weiterentwicklung der internationalen Arbeitsteilung.

Der englische Volkswirtschaftler *David Ricardo* ging noch einen Schritt über Adam Smith hinaus. In seinen Augen mußte der Handel auch zwischen solchen Ländern für beide vorteilhaft sein, bei denen das eine auf allen Gebieten produktiver arbeitet als das andere, bei denen also grundlegende Entwicklungsunterschiede wie wir heute sagen würden bestehen und auf den ersten Blick Vor- und Nachteile einseitig verteilt zu sein scheinen. Anhand von einfachen Rechenbeispielen zeigte er, daß theoretisch die Aufnahme des Handels dann für beide Seiten von Vorteil ist, wenn beide sich jeweils auf die Herstellung solcher Güter spezialisieren, bei denen sie im Vergleich zur Produktion anderer Waren eine höhere Produktivität aufweisen. Auch in einem solchen Fall wird infolge der Spezialisierung insgesamt mehr produziert als vorher und kann von beiden Seiten mehr konsumiert werden. Dies schließt nicht aus, daß die Vorteile der Spezialisierung für beide Seiten ungleich sind, die eine Seite also mehr gewinnt als die andere.[103]

In zahllosen Variationen und Verfeinerungen, bei denen unter anderem die Ausstattung mit Produktionsfaktoren in den einzelnen Ländern in die Betrachtungen einbezogen wurde, ist diese Lehre weiterentwickelt worden. Sie prägt bis heute die entwicklungspolitische Strategiebildung im Außenhandel, denn auch für die Arbeitsteilung zwischen Industrie- und Entwicklungsländern gilt nach der Theorie der komparativen Kostenvorteile, daß beide Seiten gewinnen, wenn sie das produzieren und tauschen, was sie im Einklang mit den Standortbedingungen jeweils am vorteilhaftesten herstellen können.[104] Konkret wird daher den Entwicklungsländern empfohlen, angesichts ihrer Kapitalknappheit und des Arbeitskräfteüberschusses arbeitsintensive Industrien etwa in Gestalt von Auslagerungen der transnationalen Konzerne aufzubauen. Dabei erscheint weniger die auch von Ricardo erwartete ungleiche Verteilung der „Gewinne" als Problem. Wichtiger ist, daß bei der bestehenden Beschränktheit der Binnenmärkte in den Entwicklungsländern der Erfolg dieser Strategie von einer konsequenten Öffnung der Märkte in den Industriestaaten für jene Produkte abhängt, die in den Entwicklungsländern unter Berücksichtigung der komparativen Kostenvorteile hergestellt werden. Die Industriestaaten jedoch ziehen die Abschottung ihrer Märkte gegen die Konkurrenz aus den sogenannten „Billiglohnländern" vor. Sie tun dies, obwohl gerade die Exportstrategie den Entwicklungsländern als Alternative zu jenem weltwirtschaftlichen Dirigismus empfohlen wird, der sich aus der Sicht der westlichen „Falken" in Außenwirtschaftsfragen aus einer Neuordnung der Weltwirtschaft gemäß den Vorstellungen der Entwicklungsländer ergeben würde.

Bei der auf *Karl Marx* zurückgreifenden Kritik der bestehenden internationalen Arbeitsteilung geht es zwar auch um diesen Widerspruch zwischen liberaler Konzeption und protektionistischer Praxis. Darüber hinaus wird aber vornehmlich die Frage behandelt, ob sich beim internationalen Handel über den Tausch hinaus nicht auch eine Umverteilung von Reichtum in der Form verdeckter Wertübertragungen von den Entwicklungsländern in die Industriestaaten vollzieht. Marx griff in diesem Zusammenhang die Lehren der liberalen Außenhandelstheorie auf und betonte in Einklang mit ihnen, daß das Wertgesetz auf internationaler Ebene starken Modifikationen unterworfen sei.

Das Wertgesetz besagt, daß sich der Wert einer Ware im Vergleich zum Wert einer anderen Ware nach dem für die Produktion erforderlichen Arbeitsaufwand bemißt. Dabei ist zwischen dem jeweils erforderlichen Arbeitsaufwand für ein Produkt und dessen Marktwert zu unterscheiden. Der Marktwert wird unter anderem durch die im gesellschaftlichen Durchschnitt für die Produktion erforderliche Arbeitszeit bestimmt. Jene, deren individuelle Arbeitsproduktivität über dem Durchschnitt liegt, erzielen einen Extra-Mehrwert – allerdings nur für eine begrenzte Zeit, da sich infolge der kapitalistischen Konkurrenz das weniger produktive Kapital dem produktiveren angleichen oder untergehen muß. In beiden Fällen kommt es zu einer neuen, höheren Durchschnittsproduktivität, auf deren Basis dann wieder ein Anpassungsprozeß erfolgt.

Auf internationaler Ebene wird das Wertgesetz dahingehend modifiziert, daß die Angleichung der einzelstaatlichen Werte an das jeweils höchste Produktivitätsniveau aufgrund der eingeschränkten internationalen Mobilität der Produktionsfaktoren und aufgrund staatlicher Interventionsmöglichkeiten nicht oder nur unvollständig zustande kommt. Während auf nationaler Ebene der Tausch in einem ständigen Anpassungsprozeß der weniger produktiven Produzenten an die produktiveren erfolgt und somit dahin tendiert, gleicher Tausch zu sein, wird diese Tendenz auf internationaler Ebene modifiziert, wenn nicht sogar aufgehoben. Die Folge ist, daß tendenziell ein ungleicher Tausch stattfindet. Marx betrachtete unter dieser Perspektive den Handel zwischen Ländern mit unterschiedlicher Arbeitsproduktivität nicht als Arbeitsteilung zum Vorteil aller Beteiligten, sondern als Ausbeutung. Wenn drei Arbeitstage eines Landes gegen einen Arbeitstag eines anderen Landes getauscht werden, so stellt er unter Bezug auf Ricardo fest, dann „exploitiert das reichere Land das ärmere, selbst wenn letzteres durch den Austausch gewinnt".[105]

Die Kontroverse zwischen Marx und den liberalen Außenhandelstheoretikern berührt folglich weniger den Sachverhalt als dessen Interpretation. Während Smith und Ricardo behaupten, daß eine internationale Arbeitsteilung, bei der die absoluten und komparativen Kostenvorteile wirksam werden, beiden Seiten Gewinn bringt, auch wenn der Gewinn ungleich verteilt sein mag, betont Marx die Ungleichheit der Handelsbeziehungen, auch wenn beide Seiten gegenüber der Ausgangssituation gewinnen mögen. Es entsteht der Eindruck, als ob dem Versuch, den Welthandel unter kapitalistischen Vorzeichen als Umverteilung statt als Arbeitsteilung zum Vorteil aller Beteiligten darzustellen, letztlich nur ein anderer politischer Standpunkt und weniger eine zwingende theoretische Ableitung zugrunde liegt. Vor diesem Hintergrund haben in den sechziger und siebziger Jahren marxistische Theoretiker erhebliche Anstrengungen unternommen, um den Umverteilungsprozeß genauer zu bestimmen und die ihm zugrunde liegenden Gesetzmäßigkeiten herauszuarbeiten. Einen wichtigen Bezugspunkt für diese Debatte lieferte der DDR-Ökonom *Günter Kohlmey* mit einer Studie aus dem Jahre 1962.[106] Die theoretischen Auseinandersetzungen um den ungleichen Tausch konzentrierten sich in der Folgezeit jedoch weitgehend auf jene Teile der westlichen sozialwissenschaftlichen Diskussion, die darum bemüht war, die marxistische Theoriebildung an die Wandlungen der weltweiten wirtschaftlichen und gesellschaftlichen Veränderungen anzupassen.[107]

Kohlmey stellte bei seinem Versuch, den Handel zwischen entwickelten und weniger entwickelten Ländern als Ausbeutung zu erfassen, die unterschiedlichen Produktivitätsniveaus in beiden Ländergruppen in den Vordergrund. Unter Berufung auf die Erhebungen des amerikanischen Wirtschaftswissenschaftlers Charles Kindleberger stellte Kohlmey fest, daß die Produktivitätsunterschiede zwischen den technisch-ökonomisch entwickelten und den weniger entwickelten Ländern sich fortlaufend vergrößerten und daher auch die Unterschiede zwischen den nationalen Wertgrößen zunähmen. Ein Austausch zu internationalen Werten (dem Durchschnitt aller nationalen Werte)

würde unter diesen Bedingungen „in zunehmendem Maße Umverteilung von Arbeits-
aufwendungen aus den abhängigen Gebieten der kapitalistischen Wirtschaft in die
herrschenden Länder bedeuten", stellte Kohlmey fest und charakterisierte dies als wesentlichen Grundzug der imperialistischen Weltwirtschaft.[108]

Das vielfach variierte und kritisierte Gegenstück zu diesem Ansatz präsentierte der
französische Sozialwissenschaftler *Arghiri Emmanuel* mit seiner 1969 erschienenen
Arbeit über den „ungleichen Tausch".[109] Er stellte nicht das Produktivitätsgefälle sondern das weltweite Lohnniveaugefälle in den Vordergrund. Die Ungleichheit des Tau-
sches erscheint unter diesem Gesichtspunkt letztlich als ungleiche Entlohnung für gleiche Arbeit in den verschiedenen Ländern, wobei diese Ungleichheit durch die angenommene internationale Mobilität des Kapitals gefördert und aufgrund der fortbestehenden Immobilität der Arbeit nicht behoben werde.[110]

Die weit aufgefächerte Diskussion über ungleichen Tausch bot sich an und zielte vielfach darauf ab, wirtschaftspolitische Forderungen der Entwicklungsländer und Alternativen zur herrschenden westlichen Außenhandelslehre theoretisch zu untermauern.
Hierzu gehörte die Forderung nach Kompensation laufender Verluste aus der internationalen Arbeitsteilung, aber auch die Forderung nach einer entwicklungspolitischen
Steuerung der internationalen Wirtschaftsbeziehungen oder auch die Empfehlung einer Abkopplung vom Weltmarkt als Alternative zur Strategie des exportorientierten
Wirtschaftswachstums. Ungeachtet solcher strategischer Implikationen löste vor allem
die zentrale These Emmanuels erhebliche Kritik aus, da sie den Schluß nahelegte, daß
die Arbeiterschaft der Industriestaaten an der Ausbeutung der Arbeiterschaft in den
Entwicklungsländern beteiligt sei.

In der Zwischenzeit ist die Debatte um den ungleichen Tausch weitgehend verstummt. Dies lag einmal daran, daß sie immer mühsamer und unergiebiger wurde, ist
aber auch darauf zurückzuführen, daß sie nicht sehr weit über die Lehren der liberalen
Klassiker hinausgelangte.[111] Zweifellos aber trug sie zur kritischen Auseinandersetzung mit der Strategie einer Exportdiversifizierung bei. Auch half sie, innerhalb der
westlichen Länder eine Diskussion über entwicklungspolitische Alternativen in Gang
zu setzen, die im Ost-West-Verhältnis bis heute nicht möglich ist. Die Debatte um ungleichen Tausch mündete in den Verdacht einer globalen und allgegenwärtigen Ausbeutung (solange international ungleiche Produktivitäts- und Lohnniveaus gegeben
sind) und es bleibt in dieser Perspektive das grundlegende Dilemma, daß Ausbeutung
offenbar nur unter Verzicht auf die Nutzung der internationalen Arbeitsteilung als
„Produktivkraft" vermieden werden kann.[112] Dieses Dilemma spiegelt sich in den
theoretischen Ansätzen wider, die den Entwicklungsländern als Alternative zur verstärkten Integration in den Weltmarkt eine Abkopplung empfehlen. Abkopplung wird
dabei in der neueren Diskussion nur noch als eine partielle Abkehr vom Weltmarkt im
Sinne einer selektiven Kooperation verstanden, die eine Ausnutzung der Beziehungen
zu den fortgeschrittenen Ländern zuläßt, ihre möglichen Nachteile aber vermeiden
soll.[113]

Bedeutsamer für die praktische Nord-Süd-Politik als die akademische Debatte über
den ungleichen Tausch war jedoch ein ganz anderer Ansatz der Kritik an der internationalen Arbeitsteilung, den die Debatte über ungleichen Tausch eigentlich zu überwinden trachtete. Gemeint sind die Auseinandersetzungen um die „terms of trade" der
Entwicklungsländer in der internationalen Arbeitsteilung. Der Begriff „terms of trade"

bezeichnet hier das Verhältnis der Exporterlöse zu den Aufwendungen für den Import.

Der argentinische Wirtschaftswissenschaftler *Raúl Prebisch*, erster Generalsekretär der UN-Konferenz für Handel und Entwicklung (UNCTAD), stellte Ende der vierziger Jahre die These auf, daß sich die „terms of trade" der Entwicklungsländer seit den siebziger Jahren des vergangenen Jahrhunderts äußerst ungünstig entwickelt hätten, daß es seither zu einer „säkularen Verschlechterung" ihrer Handelsbedingungen gekommen sei. Da die Weltmarktpreise ihrer Exportprodukte im Vergleich zu den Preisen für die aus den Industrieländern importierten Güter immer mehr zurückblieben, könnten die Entwicklungsländer für eine bestimmte Palette von Waren auf dem Weltmarkt immer weniger Produkte kaufen. Ihre Importkapazität gehe zurück. Prebisch argumentierte, daß es sowohl in den Industrie- als auch in den Entwicklungsländern Produktivitätsfortschritte gegeben habe. Diese Produktivitätsfortschritte seien zwar in den Industriestaaten aufgrund ihrer Produktionsstruktur höher ausgefallen als in den Entwicklungsländern. Aber gerade das hätte auf dem Weltmarkt zu einer Verbesserung der „terms of trade" der Entwicklungsländer führen müssen, vorausgesetzt, die Industriestaaten hätten ihre Produktivitätsfortschritte in Gestalt von Preissenkungen weitergegeben. Das sei aber nicht oder in sehr viel geringerem Maße als bei den Entwicklungsländern der Fall gewesen, argumentierte Prebisch. In den Industriestaaten hätten die Produktivitätsfortschritte vielmehr zu einer Erhöhung der Einkommen geführt, statt zu einer Senkung der Preise, während sich in den Entwicklungsländern die Produktivitätsfortschritte in sinkenden Preisen und daher in einem geringeren Anstieg der Einkommen niedergeschlagen hätten. Prebisch zog den Schluß:

> „Während die Zentren (die kapitalistischen Industrieländer, Verf.) den gesamten Nutzen der technischen Entwicklung ihrer Industrien (in Form von steigenden Preisen für Fertigwaren, Verf.) für sich behielten, überwiesen ihnen die Länder der Peripherie einen Teil der Früchte ihres eigenen technischen Fortschritts" (in Form von sinkenden Preisen für Rohstoffe, Verf.).[114]

Diese Erklärung wie der empirische Befund selbst sind vielfach kritisiert worden. Weder der marxistischen Diskussion noch der liberalen Außenhandelstheorie erschienen die Argumente ausreichend.[115] Tatsächlich aber ist die Problematik in der politischen Praxis seit geraumer Zeit als bedeutsam anerkannt worden. Schon Ende des Zweiten Weltkrieges erhoben die lateinamerikanischen Staaten gegenüber den USA die Forderung nach einer Stabilisierung ihrer Rohstofferlöse sowie nach Preiskontrollen im Austausch von Industriewaren und Rohstoffen. Sie fanden dafür jedoch wenig Gehör. Dagegen konnten sich die im Abkommen von Lomé mit der Europäischen Gemeinschaft verbundenen Entwicklungsländer Afrikas, der Karibik und des pazifischen Raumes (AKP-Staaten) 1975 mit der Forderung durchsetzen, ein Erlösstabilisierungsprogramm in die Wege zu leiten. So wurde im Abkommen von Lomé ein allerdings dem Ausmaß der Probleme keineswegs angemessenes System zur Erlösstabilisierung eingerichtet, das auf der finanziellen Kompensation für Verluste aus dem Rohstoffhandel, die bestimmte Schwellenwerte überschreiten, beruht.[116] In den Vereinten Nationen einigte man sich nach langen Verhandlungen 1979 ebenfalls auf ein internationales Rohstoffprogramm zur Erlösstabilisierung. In diesem Falle sollte die Stabilisierung durch unmittelbare Beeinflussung der Preisentwicklung statt durch Ausgleichzahlungen erfolgen.[117] Auch wenn in der Praxis bisher wenig erreicht worden ist, und die These von der fortlaufenden Verschlechterung der „terms of trade" weiter umstritten bleibt, zeigt sich, daß die Schwankungen der „terms of trade", über die weitgehend Einigkeit besteht, ein so gravierendes Problem des internationalen Handels darstellen, daß ihm nicht einfach durch die Beschwörung einer besseren Ausnutzung komparativer Kostenvorteile begegnet werden kann.[118]

3.3. Entwicklungstheorien und Entwicklungspolitik heute

Aus der Sicht der Entwicklungsländer ist das Schwanken der „terms of trade" im Handel zwischen Rohstoff- und Fertigwarenproduzenten nur die Spitze eines Eisbergs ungleicher Beziehungen zwischen Nord und Süd. Dabei geht es nicht nur um eine Gesamtbilanz der Zu- und Abflüsse von Produkten und Kapital. Es geht vielmehr auch und vor allem um die nicht zu quantifizierenden und daher kaum zu bilanzierenden Auswirkungen der weltwirtschaftlichen Verflechtung auf die gesamtgesellschaftliche Entwicklung in den Ländern der Dritten Welt und auf ihre Position in der internationalen Arbeitsteilung. Hierzu gehört die Beeinträchtigung ihrer Fähigkeit,

– über die eigenen Wirtschaftsressourcen nach Gesichtspunkten zu entscheiden, die nicht durch den Weltmarkt diktiert werden, sondern den jeweiligen Prioritäten einer eigenständigen nationalen Entwicklung folgen;

– auf weltwirtschaftliche Entwicklungen gleichberechtigt Einfluß zu nehmen, sei es unmittelbar durch Ausnutzung handelspolitischer Spielräume, sei es mittelbar über eine gleichberechtigte Teilnahme am Entscheidungsprozeß in den wichtigsten internationalen Wirtschaftsorganisationen wie dem Internationalen Währungsfonds und der Weltbank;

– die sozialen und politischen Konsequenzen einer Auflösung alter Lebensformen in der Dritten Welt im Zuge ihrer Eingliederung in die internationale Arbeitsteilung so zu steuern, daß hinreichende Kräfte freigesetzt werden, um die gesamtgesellschaftliche Entwicklung voranzutreiben.

Das entscheidende Problem der Nord-Süd-Beziehungen und ihrer Veränderung liegt folglich nicht darin, daß die Entwicklung der Ersten Welt die Unterentwicklung der Dritten Welt zur Bedingung gehabt hätte.[119] Es liegt vielmehr darin, daß im Prozeß der Eingliederung der heutigen Dritten Welt in den Entwicklungsprozeß der heutigen Ersten Welt die Fähigkeit der Gesellschaften des Südens, eigenständig ihre Existenzprobleme zu bewältigen, eingeschränkt und zerstört worden ist und sich eine doppelte Asymmetrie der Wirtschaftsbeziehungen zwischen Nord und Süd herausgebildet hat. Die Industrieländer sind gesamtwirtschaftlich sehr viel weniger von der Dritten Welt abhängig als umgekehrt, sie haben aber ungleich größere Einflußmöglichkeiten auf die Gestaltung der Nord-Süd-Beziehungen als die Entwicklungsländer. Die westlich-kapitalistische Industriekultur hat sich über die Welt ausgebreitet und autochthone Lebensstile auf kleine Reservate des Exotischen zurückgedrängt. Diese soziokulturelle Durchdringung der unterentwickelten Gebiete ist jedoch sehr viel rascher fortgeschritten als ihre ökonomische. Das hatte zur Folge, daß die Industrieländer bislang wenig Anlaß sahen, sich auf Umstrukturierungen des Weltwirtschaftssystems einzulassen, um ihre eigenen Reproduktions- und Entwicklungsbedingungen zu sichern. Die Interdependenz zwischen Industrie- und Entwicklungsländern wird in der praktischen Politik immer noch als eine Angelegenheit der Zukunft behandelt, auch wenn sie von jenen, die der praktischen Politik vorausdenken, wie dies etwa in den Brandt-Berichten geschehen ist, bereits als unmittelbar gegeben betrachtet – bisweilen allerdings auch beschworen wird.[120]

Zwar ist im Gefolge der „Ölkrise" von 1973 in der westlichen Welt das Bewußtsein eigener Verwundbarkeit auch durch Entwicklungsländer entstanden. Daraus folgte jedoch nicht eine substantiell größere Konzessionsbereitschaft gegenüber der Dritten Welt. Vielmehr kam es zu gezielten Bemühungen, strategische Abhängigkeiten im Energiesektor abzubauen, etwa durch die Erschließung bis dahin als unrentabel geltender Ölquellen im „Norden" selbst.

Vor dem Hintergrund dieser Erfahrungen und Überlegungen stellt sich die Frage, ob den Problemen der Entwicklungsländer überhaupt in erster Linie durch eine Neuordnung der Weltwirtschaft beizukommen ist. In den *modernisierungstheoretischen Überlegungen*, die während der fünfziger und sechziger Jahre die westliche Entwicklungspolitik konzeptionell begleiteten, wurde diese Frage eindeutig verneint. Grob verallgemeinernd war den Modernisierungstheoretikern gemeinsam, daß sie ein globales Entwicklungsmodell vertraten, in dem die westlichen kapitalistischen Gesellschaften und namentlich die Vereinigten Staaten als Inbegriff moderner Gesellschaften galten, die den Entwicklungsländern als Bezugsgesellschaften zur Kartierung des Weges in ihre eigene Zukunft dienen sollten. Als Hauptproblem der unterentwickelten Länder auf dem Weg zur Moderne galt dabei die Bereitschaft, das Interesse und die Fähigkeit, Modernisierungsimpulse der westlichen Gesellschaften aufzunehmen und zu verarbeiten. Die innere Aufspaltung der Entwicklungsgesellschaften in moderne und traditionelle Sektoren wurde in diesem Sinne lediglich als Übergangserscheinung verstanden und nicht als bleibendes oder sich verschärfendes Strukturproblem.[121]

Gegen diese Sichtweise der Entwicklungsprobleme in der Dritten Welt formierte sich in der zweiten Hälfte der sechziger Jahre auf seiten lateinamerikanischer Sozialwissenschaftler ein in den USA und Westeuropa schnell rezipierter Protest – die *Dependencia-Kritik*.[122] Wie das Modernisierungskonzept, so war auch der Dependencia-Ansatz in sich höchst differenziert und vielgestaltig und wurde von Wissenschaftlern mit sehr unterschiedlichen Grundhaltungen und sehr unterschiedlichem Selbstverständnis vertreten. Gemeinsam war ihnen eine scharfe Abgrenzung gegenüber dem Modernisierungsansatz, der dadurch sehr stark stilisiert und vereinfacht dargestellt wurde. Gemeinsam wandten sich die Dependencia-Kritiker ferner gegen die internationale Arbeitsteilung unter der Vorherrschaft der kapitalistischen Industrieländer, die als zentrale Ursache aller Entwicklungsprobleme erschien. Damit ging zugleich der Versuch einher, die von der Modernisierungstheorie herausgearbeiteten Entwicklungshemmnisse als Faktoren darzustellen, die aus der internationalen Arbeitsteilung abzuleiten und insofern sekundärer Natur seien.

Hatten die Modernisierungstheoretiker die soziale und politische Aufspaltung der Entwicklungsgesellschaften als Übergangserscheinungen interpretiert, so analysierten die Dependencia-Kritiker sie als „strukturelle Deformation", die keineswegs durch die fortschreitende weltwirtschaftliche Eingliederung überwunden, sondern im Gegenteil durch sie verschärft werde. Der von den Modernisierungstheoretikern identifizierte „Dualismus" der Entwicklungsgesellschaften wurde nun als „strukturelle Heterogenität" beschrieben. Statt des unverbundenen Nebeneinanders moderner und traditioneller Sektoren („Dualismus") betonte die Dependencia-Kritik die enge Wechselwirkung zwischen diesen Sektoren und charakterisierte die Gleichzeitigkeit von unterschiedlichen Produktionsweisen und Produktivitätsniveaus in den unterentwickelten Gesellschaften als spezifischen Ausdruck ihrer Eingliederung in die Weltwirtschaft unter kapitalistischem Vorzeichen. Das Gesamtergebnis der „strukturellen Deformation", wie sie im Zuge der weltwirtschaftlichen Integration entstanden sei, wurde mit dem Begriff „Abhängigkeit" („Dependencia") belegt. Er verlieh der Denkrichtung ihren Namen.

Das Neue an der Dependencia-Kritik bestand im Vergleich mit der älteren Imperialismuskritik daran, daß sie die Verhältnisse in den Entwicklungsländern selbst in den Blick nahm. Die ältere Imperialismuskritik hatte sich dagegen überwiegend mit den Bestimmungsfaktoren imperialistischer Politik beschäftigt und wenig über die Folgewirkungen der wirtschaftlichen, politischen und kulturellen Durchdringung der Entwicklungsgesellschaften zu sagen gewußt. Die Dependencia-Kritik sprengte mit anderen Worten die eurozentrische Perspektive, die bis dahin auf beiden Seiten in der Betrachtung der Nord-Süd-Probleme vorgeherrscht hatte. Allerdings führte sie diese in anderer Gestalt wieder ein, indem sie die europäische Welteroberung zum entscheidenden Bestimmungsfaktor der Entwicklung in der gesamten Welt seit dem Beginn des „langen 16. Jahrhunderts" bis heute erhob.[123]

Im Unterschied zum leninistischen Strang der Imperialismuskritik waren die entwicklungsstrategischen Folgerungen des Dependencia-Ansatzes nicht einheitlich auf eine sozialistische Umgestaltung der Entwicklungsgesellschaften gerichtet. Und soweit eine solche Umgestaltung gefordert wurde, waren damit keineswegs immer gesellschaftliche Veränderungen nach dem Vorbild des real existierenden Sozialismus oder in Kooperation mit ihm gemeint. Aus der Analyse von Unterentwicklung als abhängiger Reproduktion mit einer ihr entsprechenden strukturellen Deformation folgte zunächst nur, daß es wenig Erfolg verspreche, die Entwicklungsgesellschaften weiter in das Weltwirtschaftssystem einzugliedern oder den Modernisierungsprozeß durch eine noch breitere Öffnung für westliche Einflüsse zu beschleunigen. Im Gegenteil komme es darauf an, die bestehende Verflechtung zu reduzieren und eine gewisse Abkopplung vom Weltmarkt zu betreiben, ohne freilich der Illusion nationaler Autarkie zu verfallen.[124]

Die Neuordnung der Weltwirtschaft, wie sie die Entwicklungsländer forderten, erschien der Dependencia-Kritik weitgehend als eine rein kosmetische Operation, die an den Strukturproblemen der Dritten Welt wenig ändere. Dennoch fand sich in der politischen Praxis der Entwicklungsländer, die sich 1964 zur „Gruppe der 77" zusammengeschlossen hatten, um ihre Positionen gegenüber den Industrieländern gemeinsam zu vertreten, vieles von der Dependencia-Kritik wieder. Auch die offiziellen Positionen hoben nun darauf ab, daß die internationale Arbeitsteilung zu einer Benachteiligung der Entwicklungsländer führte. Daraus wurde jedoch nicht gefolgert, daß eine Abkopplung vom Weltmarkt sinnvoll wäre. Vielmehr waren sich die Entwicklungsländer mit den Industrieländern insofern einig, als auch sie eine Ausweitung des Handels als wesentliche Voraussetzung begriffen, um die Unterentwicklung zu beseitigen. Allerdings konnte dies aus Sicht der Entwicklungsländer nur Erfolg haben, wenn zugleich die vorherrschenden weltwirtschaftlichen Beziehungsmuster verändert würden. Diese Vorstellungen prägten die Erklärung und das Aktionsprogramm zur Errichtung einer „Neuen Weltwirtschaftsordnung" sowie die „Charta der wirtschaftlichen Rechte und Pflichten der Staaten", die 1974 im Rahmen der Vereinten Nationen verabschiedet wurden.[125]

Die westlichen Industriestaaten reagierten auf die Forderungen der Entwicklungsländer zum Teil mit demonstrativem Verständnis, zum Teil mit Zurückhaltung oder mit Ablehnung. Abgelehnt wurden alle Punkte, die als dirigistische Eingriffe in den internationalen Markt verstanden werden konnten. Auch die sozialliberale Bundesregierung verwarf solche Eingriffe in den siebziger Jahren mit Entschiedenheit. Auf der anderen Seite schwand im Westen zur gleichen Zeit die Überzeugung, daß über den Weltmarkt vermittelte Wachstumsimpulse in den Entwicklungsländern unmittelbar und automatisch der Gesamtbevölkerung zugute kommen würden. Vielmehr war inzwischen nicht mehr zu übersehen, daß sich ungeachtet aller Wachstumsfortschritte die Kluft zwischen Arm und Reich in der Dritten Welt eher vergrößert hatte. Da der zuvor verheißene Durchsickereffekt wachsenden Wohlstandes zu Gunsten der Armen ausgeblieben war, wurde unter Anleitung des damaligen Weltbankpräsidenten Robert S. McNamara der Schluß gezogen, daß gezielt etwas für die Masse der Armen in der Dritten Welt getan werden müsse. Daraus entstand die sogenannte *Grundbedürfnisstrategie*. Sie war darauf gerichtet, die vorherrschende Armut nicht nur durch wirtschaftliches Wachstum, sondern durch systematische Mobilisierung sowie durch Unterstützung der Selbsthilfe- und Selbstbehauptungsfähigkeit der Armen zu bekämpfen. Besondere Aufmerksamkeit sollte dabei der armen Landbevölkerung zuteil werden.[126]

Grundbedürfnisstrategie und Reform der Weltwirtschaftsordnung könnten durchaus als komplementäre Programme betrachtet werden. Tatsächlich wurden sie aber eher als Alternativen gehandhabt. Die westlichen Industrieländer boten eine größere grundbedürfnisorientierte Hilfe an, während sie insgesamt in weltwirtschaftlichen Fragen wenig Kompromißbereitschaft zeigten. Die Entwicklungsländer betonten dagegen die Notwendigkeit weltwirtschaftlicher Eingriffe, ohne allzu große Bereitschaft zu demonstrieren, durch innergesellschaftliche Reformen und neue Prioritäten für die Verwendung knapper Mittel im gleichen Zug die Probleme der Massenarmut in ihren Ländern anzugehen.

Im Ergebnis sind beide Strategien nicht oder zumindest nicht in der angestrebten Weise zum Zuge gekommen: Die Grundbedürfnisstrategie hat auf der Ebene des konzeptionellen Denkens weit mehr in Bewegung gebracht als in der entwicklungspolitischen Praxis. Eine den Problemen angemessene Aufstockung und Umschichtung von Mitteln zugunsten der Grundbedürfnisstrategie ist nicht erfolgt, Projekte zur Befriedigung von Grundbedürfnissen erschöpften sich vielfach in einer Verbesserung einzelner öffentlicher Dienstleistungen (Wasseranschlüsse, Kanalisation), ohne damit die Lebenslage der Betroffenen insgesamt festigen und auf eine neue Basis stellen zu können. Projekte, die im Rahmen einer integrierten ländlichen Entwicklung gerade hierauf abzielten, sind in ihrer Durchführung so langwierig und in ihrer Breitenwirkung so beschränkt, daß sie beim gegenwärtigen Stand der Förderung kaum einen nennenswerten Beitrag zur Überwindung der Massenarmut oder auch nur zu ihrer Linderung erwarten lassen.

Die Grundbedürfnisstrategie scheint in erster Linie als Ergänzung zu Eigenanstrengungen der Entwicklungsländer sinnvoll, die darauf ausgerichtet sind, die politisch-administrativen Voraussetzungen für eine gezielte Förderung der Armen zu schaffen oder existierende gesetzliche Regelungen anzuwenden und durchzusetzen. Aber gerade hier bestehen unverändert erhebliche Defizite. Die meisten Regierungen in den Entwicklungsländern verweisen weiterhin darauf, daß hierfür vor allem die bestehende Weltwirtschaftsordnung verantwortlich zu machen sei, da sie ihnen einen zu geringen wirtschafts- und sozialpolitischen Handlungsspielraum lasse. Dieses Argument vermag aber das Fortbestehen oder die Verschärfung der grundlegenden Entwicklungsprobleme in den meisten Ländern der Dritten Welt nur begrenzt zu erklären. Auch solche Staaten, deren außenwirtschaftliche Lage sich im Laufe der siebziger Jahre schlagartig verbesserte – gemeint sind die ölexportierenden Entwicklungsländer – befinden sich, wie die gegenwärtige Situation in Mexiko, Venezuela oder Nigeria zeigt, häufig in derselben Misere wie zuvor. Staaten, die sich ganz konsequent in die internationale Arbeitsteilung eingegliedert haben, wie Süd-Korea, Taiwan, Singapur, konnten dagegen ganz erhebliche Wachstums- und Modernisierungsfortschritte erzielen.

Es scheint, daß sich die Regierungen der Entwicklungsländer von einer Neuordnung der Weltwirtschaft eine Art Quadratur des Kreises erhoffen: gesamtgesellschaftliche Entwicklung ohne Gefährdung oder Einschränkung bestehender innergesellschaftlicher Privilegien. Eine solche Lösung der Probleme kann es aber nicht geben.

Die Industrieländer auf der anderen Seite beharrten darauf, daß nur eine Fortschreibung, nicht aber eine strukturelle Veränderung der bestehenden Weltwirtschaftsordnung geeignet sei, mit den Problemen der Entwicklungsländer fertig zu werden. Der ausgebliebene Durchsickereffekt des wirtschaftlichen Wachstums zu den Armen sollte dabei durch grundbedürfnisorientierte Programme zur gezielten Förderung dieser Bevölkerungsschichten in den Entwicklungsländern ausgeglichen werden. Die seit Ende der siebziger Jahre rasch zunehmende Verschuldung der Entwicklungsländer hat die Kompromißbereitschaft der Industrieländer nicht gefördert. Im Gegenteil: heute wird unter Anleitung des Internationalen Währungsfonds eine verstärkte Anpassung an die Bedingungen des Weltmarktes verlangt. Diese Anpassung ist nach aller bisherigen Erfahrung mit weiteren Härten gerade für die sozial Schwachen verbunden. Damit ist zwar die Grundbedürfnisstrategie nicht aufgegeben worden. Sie wurde aber noch weiter, als dies ohnehin stets der Fall gewesen ist, in den Bereich der konzeptionellen Erörterungen und der symbolischen Politik verwiesen.

In diesen Entwicklungen manifestieren sich wirtschaftliche und ordnungspolitische Interessen, die das Spektrum möglicher Alternativen zur bisherigen Politik eng begrenzen. In ihnen spiegelt sich aber auch die Größenordnung des Problems, mit dem man es in den Entwicklungsländern zu tun hat, und die Schwierigkeit, überhaupt wirksame Lösungsstrategien auch nur zu konzipieren. Die Zeiten, da man auf einzelne Länder der Dritten Welt verweisen konnte, um an ihrem Beispiel zu demonstrieren, wie die bestehenden strukturellen Deformationen überwunden und gesamtgesellschaftliche Entwicklungen in Gang gesetzt werden könnten, sind vorbei. Die einen beriefen sich früher gerne auf das brasilianische Wirtschaftswunder oder die Erfolge der von Kenia eingeschlagenen Entwicklungsstrategie, die anderen auf Länder wie Kuba, Vietnam, China, Tansania oder gar Kampuchea unter der Herrschaft der Roten Khmer. Inzwischen haben all diese Vorbilder an Glanz verloren und es gibt mehr Anlaß, über die Schwierigkeiten dieser Länder nachzudenken, als den Modellcharakter ihrer Politik herauszustellen. Auch die Erfahrungen der ostasiatischen Schwellenländer Singapur, Hongkong, Taiwan und Süd-Korea helfen nicht viel weiter. Zwar haben sie beachtliche Wachstums- und Modernisierungserfolge aufzuweisen. Es spricht aber nach wie vor viel dafür, daß der von diesen Ländern eingeschlagene Weg einer konsequenten Anpassung an den Weltmarkt angesichts der bestehenden Enge dieses Marktes nur erfolgreich sein kann, solange er lediglich von einer begrenzten Zahl von Entwicklungsländern beschritten wird.

Die Situation in der Dritten Welt bietet so gesehen wenig Anlaß zur Selbstzufriedenheit – weder auf seiten der westlichen Industrieländer noch auf seiten der Entwicklungsländer. Aber auch die Länder des realen Sozialismus können sich nicht länger der Erkenntnis verschließen, daß die Imperialismuskritik des Marxismus-Leninismus wenig Anhaltspunkte zur Lösung der gegenwärtigen Probleme der Entwicklungsländer liefert. Die Praxis der Ost-Süd-Beziehungen gleicht diese Mängel der Imperialismuskritik nicht aus. Sie läßt nicht erkennen, unter welchen Bedingungen die internationale Arbeitsteilung zwischen Staaten mit unterschiedlichem Entwicklungsstand sich tatsächlich zum Vorteil aller Beteiligten auswirkt. Wenn der Ost-Süd-Handel den Entwicklungsländern tatsächlich mehr Vorteile bringen würde als der West-Süd-Handel, wäre schwer zu erklären, weshalb die Wirtschaftsbeziehungen des RGW eine so viel geringere Dynamik und Variationsbreite aufweisen, als dies für die OECD-Staaten und deren ökonomische Beziehungen mit den Entwicklungsländern gilt.

Die bisherigen Erfahrungen mit der Entwicklungspolitik und der fortschreitenden Differenzierung der Dritten Welt lassen wenig Raum für monokausale Erklärungen von Unterentwicklung und für die Formulierung von Entwicklungsrezepten, die für alle Länder anwendbar wären. Desgleichen läßt sich nicht pauschal über die Beziehungen zwischen kapitalistischen und sozialistischen Industriestaaten auf der einen Seite, den Entwicklungsländern auf der anderen urteilen. Diese Beziehungen sind vielmehr selbst so vielschichtig wie die Probleme der Entwicklungsländer. Sie werden durch sehr unterschiedliche Interessen, Zielvorstellungen und weltanschauliche Faktoren bestimmt. Dabei spiegeln sie nicht nur die Komplexität der Handlungsmotivationen, sondern auch die Schwierigkeiten einer diesen Motivationen angemessenen Lageeinschätzung wider. Dies zeigt sich auch in der Politik der beiden deutschen Staaten gegenüber der Dritten Welt.

B.   Entwicklungsländer-Wissenschaften in der DDR

1.   Zögernder Beginn – stürmische Entwicklung

Die Entwicklungsländer-Forschung in der DDR ist eine relativ junge Wissenschaft. Als wissenschaftliche Disziplin mit eigenem Profil und institutionellem Rahmen besteht sie kaum länger als 20 Jahre. Erste Ansätze datieren aus den fünfziger Jahren.

Wohl konnten gerade die Universitäten Leipzig und Berlin auf eine reiche Tradition zurückblicken: die Orientalistik, Sinologie, Indologie, Turkologie, Ägyptologie und andere Disziplinen erreichten ein wissenschaftliches Niveau, das den Instituten beider Forschungs- und Lehrstätten bis in die dreißiger Jahre unseres Jahrhunderts eine weit über Deutschland und Europa hinausgehende Geltung verschaffte. Davon blieb nach 12 Jahren Diktatur der Nationalsozialisten und dem von ihnen angezettelten Weltkrieg nur wenig übrig. Die Universitäten waren zerstört, ein großer Teil der Wissenschaftler in die Emigration getrieben, in Konzentrationslagern umgekommen oder im Krieg gefallen. Jene hingegen, die sich mit dem faschistischen Regime arrangiert und den Krieg überlebt hatten, mußten auf den Widerstand der neuen Machthaber in der Sowjetischen Besatzungszone stoßen. An der Universität Leipzig, durch Kriegseinwirkungen ohnehin zu zwei Dritteln zerstört, verblieben daher nur 52 von einstmals 222 Lehrkräften, die alten morgenländischen Wissenschaftszweige mußten von Grund auf neu geschaffen werden.[1]

Nur wenig später stellten sich weitere Probleme ein. Obwohl die sowjetische Besatzungsmacht und die DDR-Führung anfangs bereit waren, die bürgerliche Intelligenz zu dulden, häuften sich im Zuge der zweiten Hochschulreform am Beginn der fünfziger Jahre die Eingriffe in den Lehr- und Forschungsbetrieb. Sie trugen dazu bei, daß weitere Wissenschaftler der DDR den Rücken kehrten, was die Orientalistik ebenfalls in Mitleidenschaft ziehen mußte.

Ohnehin fristeten die alten orientalischen und kulturwissenschaftlichen Disziplinen in der Sowjetischen Besatzungszone und der DDR ein Schattendasein. Nur wenige prominente Wissenschaftler wie etwa der Sinologe Eduard Erkes, der Indologe Friedrich Weller und der Ethnologe Julius Lips von der Universität Leipzig suchten die Tradition ihrer Wissenschaftszweige fortzuführen. Sie konzentrierten sich auf sprachwissenschaftliche und kulturhistorische Analysen – ein Forschungsprofil, das mit den heutigen Entwicklungsländer-Wissenschaften in der DDR nur wenig gemein hat.

So blieb es einem der wenigen marxistischen Historiker in der DDR, dem Professor für Mittelalterliche und Neuere Geschichte an der Universität Leipzig, Walter Markov, vorbehalten, im marxistisch-leninistischen Sinne mit der historischen und gegenwartsbezogenen Forschung über die Entwicklungsländer zu beginnen. Seinem von der SED angeregten Engagement ist es zu verdanken, daß aus embryonalen Anfängen in den fünfziger Jahren schließlich eine neue interdisziplinäre Wissenschaft hervorging und daß die Universität Leipzig bis heute das unbestrittene Zentrum der „Asien-, Afrika-und Lateinamerika-Wissenschaften" in der DDR ist.

Es begann im Jahre 1952, als Walter Markov in Abstimmung mit dem damaligen Staatssekretariat für das Hoch- und Fachschulwesen den Auftrag erhielt, die Geschichte der kolonialen Ausbeutung zu untersuchen. Dieser Forschungsauftrag legte, obgleich auf die Kolonialgeschichte bis zum Jahre 1900 beschränkt, den Grundstein für den anfangs noch zögernden Auf- und Ausbau der Entwicklungsländer-Forschung in der DDR. 1955 folgte die erste Vorlesung über die Geschichte Afrikas an der Leipziger Universität und in der DDR überhaupt. 1957 und 1959 veranstaltete das Institut für Allgemeine Geschichte der Karl-Marx-Universität erstmals wissenschaftliche Konferenzen, die sich mit historischen aber bereits auch aktuellen Aspekten des Kolonialismus, der afrikanischen Entwicklung und der nationalen Befreiungsbewegung befaßten. 1958 schließlich, als immer mehr afrikanische Staaten die Unabhängigkeit erlangten, erfolgte die Gründung der Abteilung Afrikanistik am Orientalischen Institut der Leipziger Universität.[2]

Der zögernde Beginn der wissenschaftlichen Auseinandersetzung mit den Entwicklungsländern korrespondierte mit einem ähnlich zurückhaltenden Engagement, das die Partei- und Staatsführung der DDR während der *fünfziger Jahre* in der Dritten Welt bewies. Außen- und wirtschaftspolitisch blieben die Entwicklungsländer in den Gründungsjahren der DDR weithin eine quantité négligeable. Aber es galt auch, „kognitive Schranken" zu überwinden, bevor die Entwicklungsländer-Forschung ihren Gegenstand ernst zu nehmen vermochte.[3] Hier ist in erster Linie der dogmatische Kurs zu nennen, mit dem die kommunistische Bewegung und die marxistisch-leninistische Revolutionstheorie bis Mitte der fünfziger Jahre der Dritten Welt begegneten. Er war von einem kompromißlosen Bipolarismus getragen, der neben dem „sozialistischen Weltsystem" auf der einen und dem „imperialistischen Lager" einschließlich seines kolonialen Appendix auf der anderen Seite nichts Drittes wahrzunehmen vermochte. Das galt auch für die Wissenschaft, die sich folgerichtig im „wissenschaftlichen Kommunismus" und der „Imperialismus-Forschung" erschöpfte.

Es liegt auf der Hand, daß angesichts solcher ideologischer Restriktionen und des geringen Interesses, mit dem die offizielle DDR den Ländern der Dritten Welt begegnete, die wissenschaftliche Auseinandersetzung mit der südlichen Hemisphäre im Verlauf der fünfziger Jahre nur wenig Begeisterung weckte. Ganz anders dagegen am Beginn der *sechziger Jahre*: Die ideologischen Schranken waren gefallen, die bürgerlichen Eliten der Dritten Welt als Bündnispartner der sozialistischen Staaten anerkannt, die Entwicklungsländer der „Zone des Friedens" einverleibt – kurz: die Partei- und Staatsführungen des sozialistischen Lagers hatten sich der Dritten Welt geöffnet und deren wachsende weltpolitische Bedeutung entdeckt. Das galt im besonderen auch für die DDR. International isoliert und unter dem Druck der bundesdeutschen Hallstein-Doktrin, intensivierte sie am Beginn der sechziger Jahre ihre Kontakte zu den Entwicklungsländern, um mit deren Hilfe ihre völkerrechtliche Anerkennung voranzutreiben.

Solche „objektiven Erfordernisse" konnten die Entwicklungsländer-Wissenschaften der DDR nicht unberührt lassen.[4] Deren Kapazitäten wurden wesentlich erweitert, was der DDR-Führung um so dringlicher erscheinen mußte, als sie am Beginn der sechziger Jahre die Wissenschaft schlechthin als „unmittelbare Produktivkraft" entdeckte und ihr eine bevorzugte Förderung angedeihen ließ. Zugleich begannen sich jene Strukturen und Organisationsformen herauszukristallisieren, die den „Asien-, Afrika- und Lateinamerika-Wissenschaften" in der DDR seit Ende der sechziger Jahre ein charakteristisches Profil verleihen.

Mit Beginn des neuen Jahrzehnts schritt der institutionelle Ausbau der neuen Disziplin zügig voran. Im Oktober 1960 bereits entstand an der Universität Leipzig aus der Abteilung Afrikanistik ein „Afrika-Institut". Ihm folgte wenig später die Erweiterung der orientalischen, ostasiatischen und indischen Institute sowie die Einrichtung einer Unterabteilung Lateinamerika und der Arbeitskreise Südostasien und Ferner Osten am Institut für Allgemeine Geschichte, dem Walter Markov vorstand. Ähnliche Aktivitäten waren an anderen Universitäten zu verzeichnen. In Ost-Berlin konstituierte sich 1960 eine „Forschungsgemeinschaft zur Geschichte der deutschen Kolonialexpansion", die sich vornehmlich Asien zuwandte, aber auch Lateinamerika und Westafrika einschloß. Allein auf die mittel- und südamerikanischen Staaten konzentrierte sich die Universität Rostock, an der 1964 ein Lateinamerika-Institut entstand. Mit aktuellen politischen Fragen setzte sich eine Arbeitsgruppe „Probleme der Nationalen Befreiungsbewegung und des Neokolonialismus" auseinander, die sich am Institut für Gesellschaftswissenschaften beim ZK der SED konstituierte. Und um systematisch den ökonomischen Problemen der Entwicklungsländer nachgehen zu können, wurde im Zuge der Ersten Welthandelskonferenz (UNCTAD I) an der Hochschule für Ökonomie „Bruno Leuschner" im Herbst 1964 schließlich ein „Institut Ökonomik der Entwicklungsländer" aus der Taufe gehoben.

Erste Bemühungen, sich von der ausschließlich historischen Forschung sowie der Beschränkung auf einzelne Kontinente zu lösen, fanden 1960 in der Schaffung eines „Forschungszentrums zur Geschichte Asiens, Afrikas und Lateinamerikas" an der Universität Leipzig ihren Niederschlag, das sich bereits auf die Periode nach dem Zweiten Weltkrieg konzentrieren sollte. Es stand ausdrücklich auch für Wissenschaftler anderer Universitäten und Forschungseinrichtungen offen. Aus ihm ging wenig später der „Rat für Asien-, Afrika- und Lateinamerikawissenschaften beim Prorektor für Gesellschaftswissenschaften" hervor – die Keimzelle der im Dezember 1966 gegründeten „Sektion für Asien-, Afrika- und Lateinamerikawissenschaften an der Karl-Marx-Universität Leipzig". Im März desselben Jahres wurde darüber hinaus ein staatliches Koordinierungsgremium geschaffen, dem alle wissenschaftlichen Einrichtungen der Entwicklungsländer-Forschung in der DDR angehörten: der „Zentrale Rat für Asien-, Afrika- und Lateinamerikawissenschaften der DDR".[5]

Die Herausbildung einer eigenständigen, Geschichte und Gegenwart umfassenden Disziplin „Asien-, Afrika- und Lateinamerikawissenschaften" in der DDR wurde maßgeblich von der Leipziger Universität, namentlich dem Institut für Allgemeine Geschichte unter Walter Markov, vorangetrieben. Dabei ist das Jahr 1960 von besonderer Bedeutung. Im März beschloß die Universitäts-Parteileitung der SED Empfehlungen zum Ausbau der Asien- und Afrikawissenschaften, die sie dem Rat der Philosophischen Fakultät an der Leipziger Universität vorlegte. Darin forderte sie eine Schwerpunktverlagerung zugunsten der gegenwartsbezogenen Forschung, die stärker als in der Vergangenheit vom Marxismus-Leninismus durchdrungen sein müsse, zudem eine enge Kooperation mit der „Sowjetwissenschaft", die Schaffung interdisziplinärer und komplexer „Institute für Länderwissenschaften" und die Vorbereitung einer eigenständigen Studienrichtung, in der „vor allem Kader für den auswärtigen Dienst und die wissenschaftliche Tätigkeit heranzubilden" seien.[6]

Mit diesen Empfehlungen begann die eigentliche „sozialistische Umgestaltung und Neuprofilierung" der Entwicklungsländer-Wissenschaften in der DDR – ein Prozeß, bei dem es sich aus heutiger Sicht „nicht um irgendeine bloße Strukturreform, sondern um eine revolutionäre Umwälzung gehandelt hat". Insbesondere die Hinwendung zu aktuellen Problemen der nationalen Befreiungsbewegung, wo „naturgemäß bürgerlich-humanistische Traditionen nicht vertreten" seien, gilt heute als entscheidender Wendepunkt, in dessen Folge sich das charakteristische „sozialistische Antlitz" der neuen Disziplin herausbilden konnte.[7]

Die Partei- und Staatsführung begann eingangs der sechziger Jahre den politischen Nutzen einer systematischen Erforschung der Entwicklungsländer zu erkennen. Den Ausbau der Entwicklungsländer-Wissenschaften verband sie daher mit gezielten politischen Anforderungen, denen diese – wie der Stellvertretende Minister für das Hoch- und Fachschulwesen der DDR, Prof. Dr. Gerhard Engel, rückblickend anmerkte – „anfangs nur in geringem Umfang und oft gegen den Widerstand dem Alten verhafteter Kräfte, später immer kontinuierlicher und weitgreifender" nachkamen.[8] Nicht zufällig stand am Beginn der „Neuprofilierung", die den Asien-, Afrika- und Lateinamerika-Wissenschaften zuteil wurde, eine Konferenz zum Thema: „Probleme des Neokolonialismus und die Politik der beiden deutschen Staaten gegenüber dem nationalen Befreiungskampf der Völker". Sie wurde vom 5. bis 8. April 1961 an der Universität Leipzig abgehalten und vereinte erstmals neben ausländischen Gästen und Vertretern des Partei- und Staatsapparates nahezu alle Forscher, die sich in der DDR mit Problemen der Entwicklungsländer auseinandersetzten.[9]

Mit dieser Konferenz waren der Rahmen und die politische Zielsetzung der neuen Disziplin abgesteckt. Sie sollte eine „Wissenschaft vom Kampf gegen den Neokolonialismus" werden – einem Kampf, den die DDR im Verlauf der sechziger Jahre vor allem mit der Bundesrepublik Deutschland austrug.[10] Diese verhinderte mit Hilfe der Hallstein-Doktrin die internationale Anerkennung der DDR und durchkreuzte deren Hoffnung, diplomatische Beziehungen zu jenen Entwicklungsländern aufnehmen zu können, die am Beginn der sechziger Jahre in großer Zahl die Unabhängigkeit erlangten. Es war daher weniger der prinzipielle „Kampf gegen den Neokolonialismus", sondern die Konfrontation mit der Bundesrepublik im Ringen um die völkerrechtliche Anerkennung, die das Antlitz der Entwicklungsländer-Wissenschaften in den sechziger Jahren prägte. Den Auftakt bildete die Leipziger Konferenz, deren Ergebnisse Peter Florin, damals ZK-Mitglied und Vorsitzender des Ausschusses für Auswärtige Angelegenheiten der Volkskammer, wie folgt würdigte:

> „Unsere Konferenz ließ ein weiteres Mal den tiefen Zusammenhang und die Wechselwirkung zwischen dem Kampf der Deutschen Demokratischen Republik und aller friedliebenden deutschen Menschen zur Bändigung des westdeutschen Militarismus einerseits und dem nationalen Befreiungskampf der unterdrückten Völker Afrikas, Asiens und Lateinamerikas andererseits erkennen. Dieser Kampf in Deutschland ist ein Abschnitt der allgemeinen Front des antiimperialistischen Kampfes in der Welt. Es geht also in den Auseinandersetzungen zwischen der Deutschen Demokratischen Republik und Westdeutschland durchaus nicht um einen internen deutschen ,Familienstreit', sondern um die Beseitigung einer ernsten Gefahr, die dem deutschen Volk und den Völkern Europas, Afrikas, Asiens, Lateinamerikas, den Völkern der ganzen Welt seitens des westdeutschen Imperialismus droht. Die Erfolge unseres Kampfes in Deutschland sind Erfolge des weltweiten antiimperialistischen und antikolonialistischen Kampfes, wie auch umgekehrt. Der antiimperialistische Kampf der Völker seinerseits schwächt den Weltimperialismus und somit auch den westdeutschen. Zusammenarbeit und gegenseitige Unterstützung an der ganzen Front des Kampfes ist eine zwingende Notwendigkeit!"[11]

Fortan wurde die „Entlarvung des westdeutschen Neokolonialismus" zur Hauptaufgabe der Entwicklungsländer-Wissenschaften in der DDR – eine Aufgabe der sie ihren zügigen Ausbau verdankte und der sie sich daher mit einem erheblichen publizistischen Aufwand widmete. Die Aufklärungsarbeit zielte in mehrere Richtungen. Zum einen galt es, die Bevölkerung der DDR mit den stürmischen politischen und gesellschaftlichen Veränderungen sowie den Aktivitäten der Bundesrepublik Deutschland in der Dritten Welt so vertraut zu machen, wie die SED dies wünschte. Zum anderen sollte mit einer ähnlichen Perspektive auf die Bevölkerung in der Bundesrepublik eingewirkt werden. Und nicht zuletzt zeigte sich die SED bestrebt, die Entwicklungsländer davon zu überzeugen, daß die Konfrontation mit der Bundesrepublik kein bloßer „Familien"- oder „Hausstreit", sondern ein Konflikt sei, der auch sie unmittelbar berühre und zur Solidarität mit der DDR, dem „Vorposten im Kampf gegen den westdeutschen Neokolonialismus", zwinge.[12]

Andere Aufgaben hatten die Entwicklungsländer-Wissenschaften in den *siebziger Jahren* zu bewältigen. Die internationale Anerkennung, die Aufnahme diplomatischer Beziehungen zu einer großen Zahl von Entwicklungsländern sowie der Beitritt der DDR zur UNO und anderen internationalen Organisationen erschlossen ihr wohl die Dritte Welt als politisches Aktionsfeld, machten zugleich aber auf einen fortbestehenden schmerzlichen Mangel an wissenschaftlicher und personeller Kompetenz aufmerksam. Hinzu kam, daß der Nord-Süd-Konflikt an Schärfe gewann und die Länder der Dritten Welt zahlreiche wirtschafts- und entwicklungspolitische Forderungen an die Industriestaaten des Westens, aber auch des Ostens richteten. Da es den sozialistischen Staaten in den siebziger Jahren zudem gelang, unter den Entwicklungsländern eine Reihe neuer Bündnispartner zu gewinnen, erwuchsen der DDR auch von dieser Seite neue Anforderungen.

Absorbierte die Auseinandersetzung mit dem „westdeutschen Neokolonialismus" in den zurückliegenden Jahren erhebliche Kapazitäten, konnten sich die Entwicklungsländer-Wissenschaften im Übergang zu der neuen Dekade anderen Aufgaben zuwenden. Der prononcierte Gegensatz zur Bundesrepublik hatte mit Beginn der Entspannung erheblich an Brisanz eingebüßt. Zwar trat an seine Stelle der Systemkonflikt zwischen Ost und West, doch beanspruchte dieser die Aufmerksamkeit der Forschungen über die Dritte Welt sichtlich weniger. Seit den siebziger Jahren konzentrieren sich die Asien-, Afrika- und Lateinamerika-Wissenschaften der DDR vielmehr auf konkrete Analysen der Politik, Ökonomie und Gesellschaft in einzelnen Entwicklungsländern, der Rolle, die sie in der Weltwirtschaft einnehmen, ihrer Beziehungen zu den sozialistischen Staaten und nicht zuletzt befassen sie sich mit revolutionstheoretischen Überlegungen zur Strategie und Taktik des „nationalen und sozialen Befreiungskampfes" in der Dritten Welt. Über die Fortführung der Grundlagenforschung hinaus folgen sie damit den neuen außenpolitischen Anforderungen der DDR-Führung, deren Bedarf an gesicherten Expertisen über einzelne Entwicklungsländer und weltpolitische Tendenzen sowie an sachkundigen Fachkräften im Zuge der internationalen Verflechtung rapide zugenommen hat.

Vor diesem Hintergrund standen die Entwicklungsländer-Wissenschaften während der siebziger Jahre ganz im Zeichen eines weiteren beträchtlichen Ausbaus ihrer personellen und inhaltlichen Leistungsfähigkeit. Wichtige Impulse für die seither zu verzeichnende „fruchtbare und stürmische Entwicklung" gingen augenscheinlich vom VIII. und IX. Parteitag der SED aus, die 1971 und 1976 das wachsende Interesse der

DDR-Führung an den Entwicklungsländern dokumentierten.[13] Neue Institutionen wurden allerdings nicht geschaffen. Vielmehr vollzog sich die Erweiterung der Forschungs- und Lehrkapazitäten innerhalb des institutionellen Rahmens, der sich im Verlauf der sechziger Jahre herausgebildet und mit der dritten Hochschulreform am Ende des Jahrzehnts seine vollständige Ausprägung erhalten hatte.

Neu indes war, daß mit Beginn der siebziger Jahre die DDR ihre entwicklungswissenschaftliche Forschungs- und Publikationstätigkeit in stärkerem Maße mit den Bündnispartnern abzustimmen und zu koordinieren trachtete. Nach ersten bilateralen Kontakten, die Ende der sechziger Jahre vornehmlich mit sowjetischen Forschungsinstituten angebahnt wurden, fand die multilaterale Zusammenarbeit innerhalb des RGW schon bald einen festen institutionellen Rahmen. Im Februar 1974 wurde in Moskau die multilaterale Problemkommission ,,Ökonomie und Politik der Entwicklungsländer" gegründet. Sie ging aus einer Vereinbarung hervor, die zwischen den Akademien der Wissenschaften aller RGW-Länder getroffen worden war, und vereint alle Einrichtungen der Asien-, Afrika- und Lateinamerika-Wissenschaften in den beteiligten Staaten.

Die RGW-interne Koordinierung der Forschungsaktivitäten erfaßte keineswegs nur die Entwicklungsländer-Wissenschaften, sondern schlug sich in der Gründung auch solcher ,,Problemkommissionen" nieder, die sich mit der ,,Arbeiterklasse im weltrevolutionären Prozeß" oder der Erforschung des Kapitalismus befassen sollten. Sie ist ein Ergebnis der zu Beginn der siebziger Jahre verkündeten programmatischen Zielsetzung, schrittweise eine ,,sozialistische Integration" herbeizuführen, die vornehmlich der ökonomischen Zusammenarbeit zwischen den RGW-Staaten galt, aber auch Politik und Gesellschaften der Mitgliedsländer einschloß.

Von Anbeginn erwies sich die DDR als besonders eifriger Befürworter dieser Kooperation. Für die Entwicklungsländer-Wissenschaften war sie vor allem deshalb attraktiv, da im Übergang zu den siebziger Jahren an die Stelle des spezifisch deutschen ,,Sonderkonfliktes", der lange Zeit das Profil der neuen Disziplin national prägte, die Notwendigkeit trat, gemeinsame sozialistische Ziele der Entwicklungspolitik zu bestimmen und deren praktische Durchsetzung innerhalb des RGW zu betreiben. Reizvoll war die Zusammenarbeit aber auch, da sie es der DDR-Forschung ermöglichte, ihre Leistungen an denen der Partnerinstitutionen zu messen. Es hat den Anschein, daß sie hier, trotz der ,,Verspätung", mit der die DDR in Anbetracht ihrer langjährigen internationalen Isolierung die Bühne der Weltpolitik betreten konnte, über eine ausgesprochen starke Position verfügt.

Der zügige Ausbau, den die Asien-, Afrika- und Lateinamerika-Wissenschaften der DDR in den sechziger und vor allem den siebziger Jahren erfuhr, ist heute offenbar weitgehend abgeschlossen. Eine kostspielige Erweiterung der Kapazitäten ist kaum zu erwarten; vielmehr wird deren intensivere Nutzung angestrebt. Die DDR hat in den vergangenen zwei Jahrzehnten viel investiert, um eine leistungsfähige wissenschaftliche Disziplin aufzubauen. Dabei wurde offenkundig mehr als ein bloßer ,,Nachholbedarf" gestellt, denn heute nehmen die Entwicklungsländer-Wissenschaften der DDR innerhalb des RGW nächst der Sowjetunion eine führende Stellung ein. Dies unterstreicht, welch hohe Bedeutung die Partei- und Staatsführung der DDR ihren politischen, ökonomischen und gesellschaftlichen Beziehungen zu den Entwicklungsländern beimißt.

2. „Regionalwissenschaften" in der DDR – Institutionen und Organisationen

Gemeinsam mit den Nordeuropa-Wissenschaften bilden die Asien-, Afrika- und Lateinamerika-Wissenschaften in der DDR die Disziplin der „Regionalwissenschaften". Damit sind sie für die historisch und aktuell orientierte Forschung über die politischen, ökonomischen und gesellschaftlichen Prozesse in allen Erdteilen zuständig. Allein die Bundesrepublik, Westeuropa und Nordamerika fallen als NATO- und EG-Staaten nicht in ihre Kompetenz. Die wissenschaftliche Erkundung dieser Hauptantagonisten der sozialistischen Staaten obliegt der „Imperialismus-Forschung", die älter und institutionell von den „Regionalwissenschaften" abgegrenzt ist. Den skandinavischen Staaten – wohl einschließlich der beiden NATO-Mitglieder Norwegen und Dänemark –, Japan, Südafrika und Israel auf der einen Seite und der Volksrepublik China auf der anderen widmet sich hingegen die am Beginn der sechziger Jahre neu etablierte Disziplin.

Im Unterschied zur Imperialismus-Forschung der DDR, die in Gestalt des „Instituts für Internationale Politik und Wirtschaft" (IPW) in Ost-Berlin über eigene Institutionen verfügt, konzentrieren sich die Entwicklungsländer-Wissenschaften überwiegend auf die Universitäten.[14] Auf den ersten Blick verfügen sie damit über eine größere Distanz zu Partei und Staat. Sie sind jedoch in ein dichtes Netz staatlicher Koordinierung eingebunden, wodurch sichergestellt ist, daß die Ansprüche der Partei- und Staatsführung in der wissenschaftlichen Praxis Geltung erlangen.

2.1. Lehr- und Forschungseinrichtungen in der DDR

Im Zuge der dritten Hochschulreform entstanden Ende der sechziger Jahre an zahlreichen Hochschulen der DDR regionalwissenschaftliche Sektionen, die sich auf bestimmte Kontinente, Ländergruppen oder Zeitabschnitte konzentrieren:

(1) Sektion Afrika- und Nahost-Wissenschaften
    an der Karl-Marx-Universität Leipzig

(2) Sektion Asien-Wissenschaften
    an der Humboldt-Universität Ost-Berlin

(3) Sektion Lateinamerika-Wissenschaften
    an der Wilhelm-Pieck-Universität Rostock

(4) Sektion Orient- und Altertumswissenschaften
    an der Martin-Luther-Universität Halle/Wittenberg

(5) Sektion Nordeuropa-Wissenschaften
    an der Ernst-Moritz-Arndt-Universität Greifswald.

Daneben ist als Hochschuleinrichtung noch das „Institut Ökonomik der Entwicklungsländer" aufzuführen, das bereits im Studienjahr 1964/65 an der Sektion Außenwirtschaft der Hochschule für Ökonomie „Bruno Leuschner" in Berlin-Karlshorst entstand. In Gestalt seiner „Wissenschaftlichen Beiträge" verfügt es über ein eigenes Publikationsorgan, das mit Beiträgen in deutscher und englischer Sprache hektographiert viermal im Jahr erscheint. An anderen Bildungseinrichtungen der DDR haben die

Entwicklungsländer-Wissenschaften jedoch eine geringere Bedeutung. Prominent sind sie aus naheliegenden Gründen lediglich in der Diplomaten-Ausbildung am „Institut für Internationale Beziehungen" in Potsdam-Babelsberg vertreten, das der Akademie für Staats- und Rechtswissenschaft der DDR angeschlossen ist. Auch die Militärakademie „Friedrich Engels" und die Gewerkschaftshochschule „Fritz Heckert" verfügen über eine Reihe von Ausbildungsangeboten. Forschungskapazitäten sind dort allem Anschein nach jedoch weniger anzutreffen.

Ebenso wie die Lehre ist die Forschung überwiegend an den Sektionen der Universitäten konzentriert. Gleichwohl gibt es eine Reihe wissenschaftlicher Einrichtungen, die sich unabhängig von den Universitäten mit den Entwicklungsländern befassen. Eigene Forschungen, zumindest aber eine rege Publikationstätigkeit entfalteten etwa die Fachkräfte des „Instituts für Internationale Beziehungen", die bis zum April 1983 über ein eigenes wissenschaftliches Organ, die Zeitschrift „Deutsche Außenpolitik" verfügten.[15] Nur am Rande und vornehmlich auf die Rolle der westlichen Industriestaaten in der Dritten Welt eingegrenzt, befaßt sich auch das „Institut für Internationale Politik und Wirtschaft" mit Problemen der Dritten Welt. Das „Zentralinstitut für Geschichte an der Akademie der Wissenschaften der DDR" verfügt hingegen über einen eigenen „Wissenschaftsbereich Geschichte der Entwicklungsländer", der innerhalb der Entwicklungsländer-Forschung eine recht aktive Rolle spielt. Berührungen gibt es auch mit einer Reihe anderer Einrichtungen, die sich wie etwa die „Akademie für Gesellschaftswissenschaften beim ZK der SED" mit allgemeinen Problemen der Arbeiterbewegung und revolutionärer Prozesse in der Welt auseinandersetzen. Nicht zu vergessen ist zudem, daß der Regierungsapparat über eigene Forschungseinrichtungen verfügt, die wie das „Forschungsinstitut des Ministeriums für Außenhandel" weniger durch Publikationen als vielmehr durch Expertisen im eigenen Haus hervortreten.

Vorreiter in der Schaffung einer eigenständigen Disziplin der Asien-, Afrika- und Lateinamerika-Wissenschaften war die Leipziger Universität. Sie gründete bereits im Dezember 1966 eine „Sektion Asien-, Afrika- und Lateinamerikawissenschaften", die das orientalische, ostasiatische, indische und das Afrika-Institut der Universität sowie die Unterabteilung Lateinamerika des Instituts für Allgemeine Geschichte, die Fachgruppe Vergleichende Pädagogik des Instituts für Pädagogik und die Abteilung Staatsrecht der jungen Nationalstaaten des Instituts für Völkerrecht zusammenfaßte.[16] Zwar büßte die Universität Ende der sechziger Jahre ihre beherrschende Stellung als Zentrum der Entwicklungsländer-Wissenschaften in der DDR ein, da sie im Zuge der dritten Hochschulreform den asiatischen und lateinamerikanischen Forschungsbereich mit den neuen Sektionen in Ost-Berlin und Rostock teilen mußte. Gleichwohl hat sie auch heute als „Leitsektion für Regionalwissenschaften" in der DDR noch eine führende Position inne, die sie sowohl ihren Verdiensten um die Etablierung der neuen Disziplin als auch der Existenz weiterer entwicklungspolitisch bedeutsamer Einrichtungen an der Leipziger Universität verdankt.[17]

So ist der Universität das „Herder-Institut" angegliedert, das als „Vorstudienanstalt für ausländische Studierende in der DDR und Stätte zur Förderung deutscher Sprachkenntnisse im Ausland" – so seine offizielle Bezeichnung – vor allem dazu dient, die ausländischen Studenten an zentraler Stelle auf ihr Studium in der DDR vorzubereiten.[18] Von Bedeutung ist auch das „Institut für Tropische Landwirtschaft", das ebenfalls der Leipziger Universität angegliedert ist, und neben der Forschung Fachkräfte aus der DDR für den Einsatz in der Dritten Welt vorbereitet sowie ausländischen Studenten als Lehranstalt für ein Grund- und Aufbaustudium dient.[19]

Zu diesen älteren trat 1976 eine weitere Einrichtung mit Bedeutung für die gesamte DDR: das „Interdisziplinäre Zentrum für Vergleichende Revolutionsforschung". Neben „bürgerlichen" und „sozialistischen" soll es sich vor allem der „national-demokratischen Revolutionen" und der nationalen Befreiungsbewegung annehmen. Vorsitzender des Zentrums wurde Prof. Dr. Manfred Kossok, der erste Direktor der Sektion Asien-, Afrika- und Lateinamerika-Wissenschaften an der Leipziger Universität. Dessen Ernennung unterstreicht ebenso wie der Ehrenvorsitz Walter Markovs – im Gründungsbericht als „Nestor der vergleichenden Revolutionsforschung in der DDR" ausgewiesen – daß revolutionären Umwälzungen in der Dritten Welt im Forschungsprogramm ein besonderes Gewicht eingeräumt wird.[20]

Diese Einrichtungen, die – wenngleich in kleinerem Rahmen – Fortführung der Asien- und Lateinamerika-Forschung neben der Sektion Afrika- und Nahostwissenschaften und nicht zuletzt die personellen Kapazitäten sowie die leitenden Positionen Leipziger Wissenschaftler in den staatlichen Koordinierungsorganen lassen erkennen, daß die Karl-Marx-Universität auch nach der Neuordnung der Entwicklungsländer-Wissenschaften in der DDR die führende Position bekleidet.[21]

2.2. Die Koordinierung der Asien-, Afrika- und Lateinamerika-Wissenschaften in der DDR

Drei staatliche Koordinierungsinstitutionen der Entwicklungsländer-Wissenschaften schuf die DDR Ende der sechziger und im Verlauf der siebziger Jahre: den „Zentralen Rat für Asien-, Afrika- und Lateinamerikawissenschaften in der DDR", den „Wissenschaftlichen Beirat für Asien-, Afrika- und Lateinamerikawissenschaften beim Ministerium für Hoch- und Fachschulwesen der DDR" und das „Nationalkomitee für Asien-, Afrika- und Lateinamerikawissenschaften der DDR".

Die älteste und forschungspolitisch bedeutsamste Organisation ist der *Zentrale Rat für Asien-, Afrika- und Lateinamerikawissenschaften (ZENTRAAL)*. Er wurde im März 1966 beim Ministerium für Hoch- und Fachschulwesen gegründet und vereint Vertreter der wissenschaftlichen Institutionen sowie Repräsentanten aus der Partei, dem Staat und gesellschaftlichen Organen. Drei Jahre nach seiner Gründung, im März 1969, wurde er auf Beschluß des Ministerrates der DDR dem „Institut für Internationale Beziehungen" zugeordnet, das seither als „Leitinstitut" fungiert – eine Maßnahme, die in jenen Jahren von der SED für alle gesellschaftswissenschaftlichen Disziplinen gefordert wurde und deren Steuerung erleichtern sollte. Gleichwohl stellt das „Institut für Internationale Beziehungen" mit Prof. Dr. Renate Wünsche nur die Stellvertretende Vorsitzende. Vorsitzender ist seit Gründung des ZENTRAAL der Rektor der Leipziger Universität und frühere Direktor der dortigen regionalwissenschaftlichen Sektion, Prof. Dr. Lothar Rathmann.

Als Koordinierungsorgan der interdisziplinär angelegten und gegenwartsorientierten regionalwissenschaftlichen Forschung in der DDR ist es Aufgabe des ZENTRAAL, in Abstimmung mit der Partei und den staatlichen Instanzen die inhaltlichen und zeitlichen Schwerpunkte der Forschung festzulegen, deren Ergebnisse zu bewerten und zu diskutieren sowie die Mitarbeit der DDR in den multilateralen RGW-Gremien zu koordinieren.[22] Neben der Festlegung, Koordinierung und Kontrolle der Forschungsvorhaben ist eine weitere wichtige Aufgabe des ZENTRAAL, deren Publikation sicherzustellen. Zu diesem Zweck stehen ihm drei repräsentative Organe zur Verfügung, in denen die Ergebnisse der Entwicklungsländer-Forschung aus der DDR, aber auch jene anderer osteuropäischer Länder kontinuierlich veröffentlicht werden.

Seit 1973 gibt der ZENTRAAL die Zeitschrift „Asien, Afrika, Lateinamerika" heraus. Sie erscheint seit 1974 zweimonatlich, hatte anfänglich einen Umfang von 160, heute von fast 200 Seiten und publiziert vorwiegend aktuelle politische, ideologische und ökonomische Analysen, in begrenztem Umfang auch kultur- und sprachwissenschaftliche Beiträge sowie kontinuierlich Konferenzberichte und Rezensionen. Im Rahmen dieser Zeitschrift erscheinen seit 1976 zudem „special issues", die sich – zumeist in englischer Sprache – mit jeweils nur einer Thematik auseinandersetzen und vornehmlich über die Grenzen der DDR hinaus wirken sollen. Ein weiteres Periodikum übernahm der ZENTRAAL 1970 von der Leipziger Universität. Dort hatte Walter Markov 1964 das Jahrbuch „Asien, Afrika, Lateinamerika – Bilanz, Berichte, Chronik" eingeführt, das seit Beginn der siebziger Jahre in kaum veränderter Form vom Zentralen Rat herausgegeben wird. In unregelmäßiger Folge erscheinen unter der Ägide des ZENTRAAL seit 1971 im Akademie-Verlag zudem die „Studien über Asien, Afrika und Lateinamerika". Auch diese wissenschaftliche Reihe, in der neben umfangreichen Monographien auch Konferenzprotokolle publiziert werden, geht auf Initiativen der Leipziger Regionalwissenschaftler zurück. Schon 1959 hatte Walter Markov dort die Reihe „Studien zur Kolonialgeschichte und Geschichte der nationalen und kolonialen Befreiungsbewegung" aus der Taufe gehoben, die er seit 1964 gemeinsam mit Lothar Rathmann und Manfred Kossok als „Studien zur Geschichte Asiens, Afrikas und Lateinamerikas" weiterführte.[23]

Die inhaltliche Arbeit des Zentralen Rates vollzieht sich vor allem in sechs themengebundenen Arbeitsgruppen. Seit 1971 sind dies die Arbeitsgruppen „Sprachwissenschaft", „Kulturpolitik", „Ökonomie", „Internationale Beziehungen" und „Politik".[24] Im Februar 1982 trat eine weitere Arbeitsgruppe „Ideologie" hinzu, die zuvor lediglich als Arbeitskreis „Philosophie / Ideologie" innerhalb der Arbeitsgruppe „Politik" firmieren konnte. Die neue Gruppe unter Leitung von Prof. Dr. Martin Robbe, der dem Zentralinstitut für Geschichte an der Akademie der Wissenschaften angehört, teilt sich ihrerseits in zwei Arbeitskreise mit den Schwerpunkten „Islam" und „Katholizismus", was den aktuellen politischen Hintergrund der Neugründung erhellt.[25] Den Arbeitsgruppen ist aufgegeben, im Abstand von etwa drei Monaten Treffen zu veranstalten, auf denen neben organisatorischen und forschungspolitischen Problemen auch aktuelle Themen diskutiert werden sollen. Den Konferenzberichten in der Zeitschrift „Asien, Afrika, Lateinamerika", die zahlreiche der Treffen dokumentiert hat, ist nicht zu entnehmen, ob dieser intensive Rhythmus tatsächlich realisiert wird.

Geraume Zeit nach dem Zentralen Rat wurde im Oktober 1973 der *Wissenschaftliche Beirat für Asien-, Afrika- und Lateinamerikawissenschaften beim Ministerium für Hoch- und Fachschulwesen der DDR* gegründet. Ein Vorläufer war der „Wissenschaftliche Beirat für die Asien- und Afrikawissenschaften beim Staatssekretariat für Hochund Fachschulwesen". Ihm gehören Vertreter der fünf regionalwissenschaftlichen Universitätssektionen sowie des Instituts „Ökonomik der Entwicklungsländer" in Berlin-Karlshorst und Angehörige mehrerer „Praxisinstitutionen" an. Im Unterschied zum ZENTRAAL beschränkt sich der Beirat folglich allein auf die Universitäten und Hochschulen, hat aber weitergehende Aufgaben, da er sich nicht nur mit forschungspolitischen Fragen, sondern vor allem mit der universitären Ausbildung befaßt. Damit sind die Schwerpunkte der Arbeit des Beirates umrissen:

„ – wissenschaftlich begründete und langfristig gültige Dokumente für die Erziehung und Ausbildung auszuarbeiten und zu beraten, um die grundsätzlichen Ziele und Inhalte einheitlich zu fixieren und das breite Spektrum aller Ausbildungsmöglichkeiten in dem verzweigten, vielseitigen Gebiet der Regionalwissenschaften entsprechend den vielfältigen Bedürfnissen der Praxis und unter Sicherung der notwendigen Elastizität auf einer zuverlässigen Basis auszuschöpfen,

– und ausgehend von der Tatsache, daß der größte Teil der Asien-, Afrika- und Lateinamerika- sowie der Nordeuropawissenschaftler und Ethnographen an den Universitäten, Hochschulen und Museen der DDR konzentriert ist, kontinuierlich sich mit den Ergebnissen der wissenschaftlichen Forschungstätigkeit zu befassen, den Stand der Wissenschaftsentwicklung einzuschätzen und in Form von Wissenschaftskonzeptionen entsprechende Schlußfolgerungen und Maßnahmen zu empfehlen."[26]

Die Tätigkeit des Beirates orientiert sich vor allem an den Anforderungen der Ausbildung und der Lehre. Mit der Ausarbeitung und Verabschiedung von Studienplänen greift er unmittelbar gestaltend in den Lehrbetrieb der Universitäten ein. Indirekt nimmt der Beirat Einfluß, indem er – im Sinne des auch in der DDR geltenden Grundsatzes der Einheit von Forschung und Lehre – die Kapazitäten und das Profil der Forschung so zu beeinflussen sucht, daß diese den Ansprüchen der universitären Lehre gerecht wird. Es hat allerdings den Anschein, daß seine Kompetenzen in der Forschungsplanung eher gering sind. Hier scheint der ZENTRAAL Priorität zu genießen, da dieser nicht nur alle Forschungsstätten der DDR vereint, sondern auch die Koordination mit den Institutionen der Partnerländer betreibt und vor allem als verbindendes Glied zur politischen Praxis fungiert, der die Regionalwissenschaften unmittelbar zuarbeiten.

Ein weiteres, eher repräsentierendes Forum der DDR-Regionalwissenschaften wurde erst unlängst, im November 1979, gegründet: das *Nationalkomitee für Asien-, Afrika- und Lateinamerikawissenschaften der DDR*. Damit konnten sich die Entwicklungsländer-Wissenschaftler der DDR in die Reihe jener international reputierten Disziplinen einreihen, die wie etwa die Byzantinisten und die Südosteuropa-Wissenschaftler schon länger über Nationalkomitees bei der Akademie der Wissenschaften verfügen. Vorsitzender wurde auch hier Prof. Dr. Lothar Rathmann. Ihm stehen zwei Sektionsdirektoren zur Seite: als Stellvertreter Prof. Dr. Diethelm Weidemann von der Humboldt-Universität und als Generalsekretär Prof. Dr. Gert Kück von der Universität Leipzig. Mitglieder des Nationalkomitees sind ausschließlich „führende Wissenschaftler", die das Fach an Universitäten und Forschungseinrichtungen vertreten.

Ziel der Gründung sei – so der Vorsitzende – „die weitere Entwicklung dieser Wissenschaften zu fördern und ihre Ergebnisse zum Nutzen des realen Sozialismus und der progressiven Kräfte in den Entwicklungsländern zu repräsentieren". Um nicht mit dem ZENTRAAL zu konkurrieren, wendet sich das Nationalkomitee vornehmlich nach außen. Seine Aufgabe ist, die „internationale Ausstrahlungskraft" der Asien-, Afrika- und Lateinamerikawissenschaften zu erhöhen – durch die Schaffung internationaler Verbindungen über den RGW hinaus, das Zusammenwirken mit wissenschaftlichen Einrichtungen der Dritten Welt, die engagierte und kompetente Teilnahme von Wissenschaftlern aus der DDR an internationalen Veranstaltungen. Damit das Nationalkomitee nicht zu einem „Organ starrer Repräsentanz" gerät – eine Gefahr, die kaum von der Hand zu weisen ist – soll es auch in der DDR aktiv werden, indem es zur Qualifizierung der Wissenschaftler beiträgt und internationale Impulse für die eigenen Forschungen fruchtbar macht.[27]

2.3. Die multilaterale Problemkommission

Die Bemühungen der Regionalwissenschaften der DDR, insbesondere mit Forschungseinrichtungen aus der Sowjetunion in Kontakt zu treten, reichen bis in die sechziger Jahre zurück. Erste Fühler wurden ausgestreckt, als DDR-Wissenschaftler 1960 am XXV. Internationalen Orientalistenkongreß in Moskau teilnahmen – die erste internationale Konferenz überhaupt, an der sie sich beteiligten. Ihr folgten weitere Kontakte, die vor allem auf eine Kooperation der Afrika-Wissenschaften abzielten und 1967 zur Unterzeichnung eines ersten Protokolls über bilaterale wissenschaftliche Zusammenarbeit zwischen dem Afrika-Institut in Moskau und dem „Zentralen Rat für Asien-, Afrika- und Lateinamerikawissenschaften der DDR" führten. Weitere Vereinbarungen, etwa zwischen der Lumumba-Universität in Moskau, die sich der Ausbildung von Studenten aus der Dritten Welt widmet, und dem „Institut Ökonomik der Entwicklungsländer" in Berlin-Karlshorst, folgten.[28]

Nicht ohne Grund wandten sich die Asien-, Afrika- und Lateinamerika-Wissenschaften der DDR zuerst der Sowjetunion zu. Bis heute ist es ein ehernes Gesetz auch der Regionalforschung in der DDR, daß sie „die *Pionierrolle* der Sowjetwissenschaft" anerkennt, deren „reiche Erfahrungen" in ihrer Arbeit anwendet und eine umfassende Kooperation sucht, um so eine „Erhöhung des eigenen wissenschaftlichen Niveaus" zu erreichen. Studienaufenthalte in der Sowjetunion gehören daher seit Anbeginn zum Pflichtprogramm eines jeden Regionalwissenschaftlers in der DDR. Anfangs darauf beschränkt, sich die Grundlagen einer marxistisch-leninistischen Entwicklungsländer-Wissenschaft anzueignen, ist das Selbstbewußtsein der DDR-Forscher im Verlauf der siebziger Jahre merklich gestiegen. Heute wollen sie ihre Beziehungen zur Sowjetwissenschaft nicht mehr auf einseitige Rezeption eingegrenzt sehen, sondern planen gemeinsame Forschungsvorhaben und fordern, „daß wir einmal unsere Potenzen in der gemeinsamen Zusammenarbeit zum gemeinsamen Nutzen stärker zur Geltung bringen, uns bemühen, die Gegenseitigkeit der Kooperation ausgewogener zu gestalten".[29]

Im Übergang zu den siebziger Jahren wurde die Kooperation auf Forschungseinrichtungen der anderen RGW-Staaten ausgedehnt und zugleich mit einem festen organisatorischen Rahmen versehen. Im Oktober 1972 gründeten die Afrikanisten der sozialistischen Länder in Taschkent eine erste multilaterale Problemkommission „Ökonomie und Politik der unabhängigen Länder Afrikas". Sie stand unter der Leitung von V. G. Solodovnikov, dem Direktor des Afrika-Instituts an der sowjetischen Akademie der Wissenschaften. Aus ihr ging im Februar 1974 die *multilaterale Problemkommission „Ökonomie und Politik der Entwicklungsländer"* hervor, die bis auf den heutigen Tag die Regionalforschung der RGW-Länder koordiniert. Sie umschließt unter sowjetischer Führung die Akademien der Wissenschaften sowie die einschlägigen Forschungseinrichtungen aus den europäischen RGW-Ländern sowie aus der Mongolei und Kuba. Letztere beteiligen sich an der praktischen Arbeit allerdings in weit geringerem Umfang als die europäischen Mitglieder. Erster Vorsitzender wurde V. L. Tjagunenko, Leiter der Abteilung Entwicklungsländer im Moskauer Akademie-Institut für Weltwirtschaft und Internationale Beziehungen (IMEMO). Ihm folgte nach dessen Tod im März 1975 J. J. Primakov, seit 1985 Direktor des IMEMO und zuvor Direktor des Orient-Instituts an der sowjetischen Akademie der Wissenschaften.

Aufgabe der Problemkommission ist die Information und Abstimmung der nationalen Forschungen über die Entwicklungsländer, die gemeinsame wissenschaftliche Diskussion grundlegender und aktueller Probleme sowie die Koordination multilateraler Forschungs- und Publikationsvorhaben, aus der bis 1980 17 gemeinsame Veröffentlichungen hervorgegangen sind. Im Sinne dieser Ziele verabschiedet sie fünfjährige „problemthematische Pläne" – ein erster galt für die Periode von 1976 bis 1980, ein zweiter für die Periode von 1981 bis 1985 – und „Arbeitspläne", in denen die Aufgaben für ein Jahr festgelegt sind. Sie verfügt über ein eigenes Informationsbulletin, von dem nach schleppendem Beginn bis 1980 fünf Hefte erschienen sind. Zur Festlegung der Pläne und zur Klärung organisatorischer Fragen tagte die Problemkommission bis 1977 in einem jährlichen Rhythmus, seit 1979 jedoch nur noch alle zwei Jahre, verbindet ihre Tagungen seither allerdings mit der Erörterung eines inhaltlichen Themas.[30]

Die eigentliche inhaltliche Arbeit der Problemkommission vollzieht sich in den Unterkommissionen, Arbeitsgruppen und den ad hoc eingerichteten Redaktionskollegien, die mit einzelnen Publikationsvorhaben betraut sind. Zeitgleich mit der Gründung der Problemkommission wurden vier Unterkommissionen eingerichtet, denen eine Reihe von Arbeitsgruppen zugeordnet sind:

(1) *Unterkommission* „Ökonomie und Politik der Länder Asiens"

(2) *Unterkommission* „Ökonomie und Politik der Länder Afrikas und des Nahen Ostens"

(3) *Unterkommission* „Ökonomie und Politik der Länder Lateinamerikas" (mit der 1979 vorgenommenen Ergänzung „und der Karibik")

(4) *Unterkommission* „Komplexprobleme der Entwicklungsländer".

Den Unterkommissionen sind u. a. folgende *Arbeitsgruppen* zugeordnet, die sich bereits 1974/75 oder in den darauffolgenden Jahren konstituierten:

(1) – „Sozialpolitische und ideologische Probleme asiatischer Länder"
– „Kollektive Sicherheit in Asien"
– „Gegenwartsprobleme Asiens"
– „Aktuelle Probleme der Staaten Südasiens"

(2) – „Geschichte Afrikas und der nationalen Befreiungsbewegung"
– „Sozialpolitik und Ideologie der afrikanischen Staaten"
– „Aktuelle Probleme des Nahen Ostens"
– „Probleme des Südlichen Afrika"

(3) – „Probleme der Geschichte und der sozialökonomischen Strukturen der Länder Lateinamerikas"
– „Probleme der ökonomischen Entwicklung Lateinamerikas"
– „Strategie und Taktik der antiimperialistischen Bewegung und der ideologische Kampf in Lateinamerika"

(4) – „Strategie und Taktik des Imperialismus gegenüber den Entwicklungsländern"
– „Das Problem der Einheit der antiimperialistischen Kräfte in der gegenwärtigen Etappe der nationalen Befreiungsbewegung"
– „Außenpolitik und internationale Beziehungen der Entwicklungsländer"
– „Internationale Arbeitsteilung und Außenwirtschaftsbeziehungen der Entwicklungsländer"
– „Strategie und Planung der sozialökonomischen Entwicklung von Entwicklungsländern"
– „Neue Formen und Perspektiven der ökonomischen und wissenschaftlich-technischen Zusammenarbeit zwischen Sozialismus und Entwicklungsländern".

Im Unterschied zur Problemkommission, die personell von den sowjetischen Forschungseinrichtungen beherrscht wird, sind für die Koordination der Arbeitsgruppen auch andere RGW-Länder verantwortlich. Die DDR etwa leitet die Arbeitsgruppen „Strategie und Taktik des Imperialismus gegenüber den Entwicklungsländern" und „Probleme des Südlichen Afrika", die sich erst 1981 konstituierte.[31] Sie veranstalten, von Arbeitsgruppe zu Arbeitsgruppe variierend, in einjährigem, zweijährigem oder ohne Rhythmus Koordinationstagungen sowie inhaltliche Konferenzen, Symposien und Round-Table-Gespräche, auf denen in der Regel 10 bis 30 Teilnehmer zusammentreffen.

Welche Bedeutung der multilateralen Zusammenarbeit, die sich unregelmäßig auch in anderen Formen, wie etwa Treffen der gemeinsamen Zeitschrift „Probleme des Friedens und des Sozialismus", vollzieht, für den Fortschritt der Entwicklungsländer-Wissenschaften in der DDR tatsächlich beizumessen ist, kann von außen nur schwer abgeschätzt werden. Allein der kontinuierliche Kontakt zu Fachkollegen anderer Länder dürfte der eigenen Arbeit nicht unwichtige Impulse verleihen. Auch die Abstimmung von Forschungsvorhaben bis hin zu einer möglichen Arbeitsteilung kann dem eigenen Leistungsvermögen zugute kommen. Davon zeugen eine Reihe gemeinsamer Publikationen. Andererseits kamen mehrere kollektive Vorhaben kaum voran und konnten bis heute nicht abgeschlossen werden, was die Problemkommission regelmäßig beklagt. Ein erheblicher Zeitaufwand, wechselseitige Kontrolle und Reibungsverluste bei der Koordination scheinen folglich die Schattenseiten der Kooperation im Rahmen der multilateralen Problemkommission zu sein.

3.　Wissenschaft, Ausbildung, Politik und Öffentlichkeit

Die Regionalwissenschaften werden in der DDR den gesellschaftswissenschaftlichen Disziplinen zugerechnet. Als parteiliche Wissenschaft fühlen sie sich in Theorie und Praxis den Interessen und Bedürfnissen der Arbeiterklasse, so wie sie von der SED artikuliert werden, verpflichtet – denn nur das könne zu „wahrhaft wissenschaftlicher Objektivität befähigen".[32] Wissenschaftlich habe sie „den universellen Charakter und die Allgemeingültigkeit der vom Marxismus-Leninismus aufgedeckten Gesetzmäßigkeiten der gesellschaftlichen Entwicklung auch in der Vielfalt und Spezifik der Bedingungen und Erscheinungen, die heute in den Entwicklungsländern anzutreffen sind, sichtbar zu machen".

Nicht minder wichtig aber ist das „politische Anliegen" der Regionalwissenschaften: „einen Beitrag zur weltweiten Auseinandersetzung der Kräfte des Friedens, der nationalen Befreiung und des Sozialismus mit den Kräften des Imperialismus und der Reaktion zu leisten und auch auf diesem Wege antiimperialistische Solidarität mit den Völkern zu üben, die in den Entwicklungsländern Asiens, Afrikas und Lateinamerikas für völlige nationale Unabhängigkeit und sozialen Fortschritt kämpfen."[33] Sie sind ein Instrument der Partei- und Staatsführung in der DDR, was sich im Arbeits- und Ausbildungsprogramm ebenso niederschlägt wie in den Publikationen der Regionalwissenschaften.

3.1. Wissenschaft und Forschung

Ihre führende Rolle in der Wissenschaft und Forschung der DDR setzt die SED mit Hilfe eines „Zentralen Forschungsplanes der marxistisch-leninistischen Gesellschaftswissenschaften" durch, den das Politbüro der Partei verabschiedet. In ihm sind für die Dauer von fünf Jahren die grundlegenden Ziele und in Umrissen die Arbeitsschwerpunkte aller gesellschaftswissenschaftlichen und damit auch der regionalwissenschaftlichen Disziplinen festgelegt. Auf seiner Grundlage arbeiten in den Regionalwissenschaften der „Zentrale Rat für Asien-, Afrika- und Lateinamerikawissenschaften (ZENTRAAL)" und das Ministerium für Hoch- und Fachschulwesen zentrale Teilpläne aus, in denen die Vorhaben der Forschungseinrichtungen konkret bestimmt werden.

Im letzten Planzeitraum (1981-1985) waren für die Regionalwissenschaften folgende „Schwerpunktaufgaben" der Forschung vorgesehen:

– „soziale, ökonomische, politische und andere gesellschaftliche Prozesse in Entwicklungsländern Asiens, Afrikas und Lateinamerikas",

– „ihre Rolle im revolutionären Weltprozeß und in der internationalen Politik",

– „die Beziehungen zwischen den Staaten der sozialistischen Gemeinschaft und diesen Ländern".[34]

Die gleichen Schwerpunktaufgaben hatten die Regionalwissenschaften bereits in den beiden vorhergehenden Planperioden zu bearbeiten. Indes fällt auf, daß gemessen an den früheren Plänen die Vorhaben am Beginn der achtziger Jahre detaillierter beschrieben und neutraler gekennzeichnet wurden. So fordert der Forschungsplan 1980 konkret Untersuchungen über die Blockfreien, die Pläne der Entwicklungsländer zur Umgestaltung der Weltwirtschaft, die Gruppe der „sozialistisch orientierten" Länder, historische und kulturelle Traditionen in der Dritten Welt und nicht zuletzt über den Neokolonialismus.[35] Noch auffälliger ist die Zurückdrängung jener Kategorien, die der marxistisch-leninistischen Revolutionstheorie entlehnt sind. Im ersten Forschungsplan, den das Politbüro der SED am 11. Januar 1972 verabschiedet hatte, wurden die Schwerpunktaufgaben der Entwicklungsforscher noch so umschrieben:

– „die revolutionären Prozesse in Asien, Afrika und Lateinamerika, ihren Inhalt, ihre Haupttendenzen und ihre Triebkräfte",

– „die Gesetzmäßigkeiten des revolutionären Weltprozesses" sowie „das Verhältnis und die wachsende Vereinigung der drei revolutionären Hauptströme der antiimperialistischen Bewegung",

– „die Rolle der Sowjetunion und des sozialistischen Weltsystems als Hauptkraft im Kampf gegen den Imperialismus und als mächtigstes Bollwerk der Befreiungsbewegungen".[36]

Beide Pläne legen die gleichen Forschungsaufgaben fest. Während jedoch am Beginn der siebziger Jahre die Vorhaben im marxistisch-leninistischen Jargon präsentiert und allein aus der revolutionstheoretischen Perspektive definiert werden, dominiert in den achtziger Jahren die Sprache der staatlichen internationalen Beziehungen und der Außenpolitik. Augenscheinlich hat das revolutionäre Selbstverständnis der DDR an Bedeutung eingebüßt, zumindest wird nicht mehr jede Handlung revolutionär legitimiert.[37] Ähnliche Akzentverlagerungen sind bei einem Vergleich der außenpolitischen Ziele festzustellen, wie sie 1976 vom IX. und 1981 vom X. Parteitag der SED bestimmt wurden.[38]

Inwieweit die Regionalwissenschaftler der DDR den Aufgaben der zentralen Forschungspläne gerecht wurden, läßt sich anhand ihrer Publikationen ablesen. Über 140 Monographien und mehr als 1.400 wissenschaftliche Artikel sind im Verlauf der siebziger Jahre erschienen.[39] Zu den bedeutsamsten Gemeinschaftsarbeiten rechnen die Regionalwissenschaftler der DDR:

(1) Autorenkollektiv unter Leitung von Lothar Rathmann, Grundfragen des antiimperialistischen Kampfes in der Gegenwart, 2 Teile, Berlin (O) 1974, 1.467 S.

(2) Autorenkollektiv unter Leitung von Hans Kramer, Afrika im antiimperialistischen Kampf. Probleme eines Kontinents, Berlin (O) 1978, 362 S.

(3) Autorenkollektiv unter Leitung von Adalbert Dessau, Lateinamerika im antiimperialistischen Kampf. Probleme eines Kontinents, Berlin (O) 1978, 591 S.

Bei diesen drei Publikationen handelt es sich um kollektive Arbeiten, die in Folge alle Kontinente abhandeln sollen. Der erste Band wurde in der Verantwortung des ZENTRAAL erstellt und nahm fast acht Jahre in Anspruch. Den Afrika-Band hat vornehmlich die Leipziger, den Lateinamerika-Band die Rostocker Sektion gemeinsam mit anderen Forschern der DDR zu verantworten. Asien und die arabischen Länder stehen noch aus.

Zu ökonomischen Problemen der Entwicklungsländer erschienen ebenfalls drei wichtige Werke:

(1) Autorenkollektiv unter Leitung von Horst Grienig, Gert Kück, Manfred Voigt, Industrialisierung in Entwicklungsländern. Bedingungen, Konzeptionen, Tendenzen, Berlin (O) 1975, 680 S.[40]

(2) Gert Kück, Heinz Kroske, Wirtschaftliche Zusammenarbeit und Integration von Entwicklungsländern. Eine Studie zur theoretischen Problematik und zum praktischen Verlauf, Berlin (O) 1976, 419 S.

(3) Martin Breetzmann, Helmut Faulwetter et al., Industrie und Industrieplanung in Entwicklungsländern. Erfahrungen, Probleme, Aufgaben, Berlin (O) 1981, 279 S.[41]

An historischen Analysen stechen vor allem zwei mehrbändige Monographien über die Geschichte Afrikas und der Araber hervor.

Nicht nur anhand der Publikationen, auch an Tagungen und Konferenzen lassen sich das Profil und Leistungsvermögen der Regionalwissenschaften in der DDR ablesen. Neben regelmäßigen Symposien und Beratungen, die im Rahmen des ZENTRAAL und der multilateralen Problemkommission durchgeführt werden, haben eine Reihe größerer Veranstaltungen im Verlauf der siebziger Jahre besondere Aufmerksamkeit gefunden. Zu ihnen gehören die erste theoretische Konferenz in der DDR über Grundfragen des „nichtkapitalistischen Entwicklungsweges" (Leipzig 1971), eine Tagung, die sich der „Kritik nichtmarxistischer Konzeptionen der sozialökonomischen Entwicklung der Länder der ‚Dritten Welt'" annahm (Leipzig 1975), eine Konferenz mit dem Thema „Der revolutionäre Weg der Mongolischen Volksrepublik zum Sozialismus" (Ost-Berlin 1975), eine große Konferenz über „Das imperialistische Wesen des Rassismus im Süden Afrikas" (Ost-Berlin 1976) – ein Thema, zu dem zahlreiche weitere Veranstaltungen durchgeführt wurden –, eine Konferenz über „Die nationale Befreiungsbewegung in der gegenwärtigen Etappe und die Einheit der antiimperialistischen Kräfte" (Leipzig 1979) sowie aus Anlaß des Karl-Marx-Jahres eine weitere Konferenz, die sich unter dem Titel „Nationale Befreiung und sozialistische Alternative in Asien, Afrika, Lateinamerika – historische Erfahrungen und aktuelle Prozesse" (Leipzig 1983) mit der gleichen Thematik befaßte.

Im gleichen Maße, wie sich die Partei- und Staatsführung der DDR der Dritten Welt zuwandte, vermochten die Regionalwissenschaften ihr Leistungsvermögen zu steigern. Nach kleinen Anfängen verfügen sie heute über beachtliche Kapazitäten und bekleiden in der marxistisch-leninistischen Entwicklungsländer-Forschung eine führende Position. Neue Anforderungen und ein Blick über die Grenzen zeigen jedoch – wie der Vorsitzende des ZENTRAAL, Lothar Rathmann, anläßlich der Gründung des Nationalkomitees anmerkte –, daß noch einiges zu tun bleibt: „Denn zu oft noch sehen sich manche von uns erzielte Resultate aus der ‚hauseigenen' Perspektive als Bergriesen an, während sie sich von der Ebene des Weltstandes aus betrachtet als bescheidene Hügel ausnehmen."[42]

Schwierigkeiten bei der interdisziplinären Arbeit, die historische, soziologische, ökonomische und kulturwissenschaftliche Forschungsansätze vereint, beträchtliche Leistungsunterschiede, „fehlende selbstkritische Einschätzung" sowie „mangelnde Bereitschaft zur Zusammenarbeit", Terminüberschreitungen, Probleme mit der kontinuierlichen („keine stoßmäßige!") Planerfüllung und nicht zuletzt fortdauernde Schwierigkeiten beim Transfer der Forschungsergebnisse in die politische Praxis und die Öffentlichkeit sind Gegenstand immer wiederkehrender Klagen.[43] Doch ändern sie nichts daran, daß Partei und Regierung in der DDR unverändert „auf die Unterstützung der Wissenschaftler bei der Analyse der sich weiter vertiefenden und differenzierenden Klassenauseinandersetzung in Asien, Afrika und Lateinamerika" rechnen.[44]

3.2. Studium und Ausbildung

Im Zuge der wachsenden Verflechtung mit den Entwicklungsländern steigt in der DDR nicht nur der Bedarf an gesicherten Kenntnissen über die Dritte Welt. Ebenso wichtig sind Fachkräfte, die im diplomatischen Dienst, den Außenhandelseinrichtungen sowie dem Journalismus der DDR, aber auch in Projekten der Entwicklungshilfe tätig werden. Im Unterschied zur Bundesrepublik und ähnlich wie die Vereinigten Staaten von Amerika verfügt die DDR seit geraumer Zeit über regionalwissenschaftliche Studiengänge, in denen Studenten speziell für Tätigkeiten in der Dritten Welt ausgebildet werden.

Seit Mitte der sechziger Jahre können Studenten in der DDR das Fach „Regionalwissenschaften" studieren. Als Grundstudienrichtung basiert es heute auf Studienplänen, die 1974 für alle Sektionen verbindlich verabschiedet wurden. Das Studium hat eine Dauer von fünf Jahren und umfaßt vier Hauptelemente:

– eine erweiterte Ausbildung im Marxismus-Leninismus, die das für alle Studienrichtungen verbindliche Programm übersteigt und sich auf die gesamte Dauer des Studiums erstreckt;

- die Ausbildung in einer gesellschaftswissenschaftlichen Disziplin wie Geschichtswissenschaft, Wirtschaftswissenschaft, Soziologie, Philosophie, Staats- und Rechtswissenschaft, Kultur-, Literatur- und Sprachwissenschaft;

- die regionalwissenschaftliche Ausbildung, in der interdisziplinäre Kenntnisse über die politische, historische, ökonomische, soziale, rechtliche und kulturelle Entwicklung sowie die ethnischen und religiösen Besonderheiten der ausgewählten Region, Ländergruppe oder eines speziellen Landes anzueignen sind;

- die Sprachausbildung in russisch, einer weiteren für die Region bedeutsamen Weltsprache (Englisch, Französisch, Spanisch) und einer Regionalsprache wie etwa Arabisch, Swahili, Vietnamesisch, Amharisch.[45]

Die Studenten der Regionalwissenschaften haben ein umfangreiches und anspruchsvolles interdisziplinäres Ausbildungsprogramm zu bewältigen, das mehrere Grundstudienrichtungen vereint. Da die regionalwissenschaftlichen Sektionen neben den regionalen Arbeits- bzw. Wissenschaftsbereichen auch über gesellschaftswissenschaftliche Fachgruppen verfügen, liegt das Studium überwiegend in ihrer Verantwortung. Absolventen der regionalwissenschaftlichen Studiengänge tragen eine Berufsbezeichnung, die das gewählte Gebiet und die gesellschaftswissenschaftliche Disziplin vereint: Arabist/Ökonom, Afrikanist/Linguist, Südasienwissenschaftler/Historiker, Indologe/Philosoph.

Trotz der Anforderungen ist der Andrang auf die regionalwissenschaftlichen Studiengänge offenbar beträchtlich. Bis Mitte der sechziger Jahre studierten in den klassischen kultur- und sprachwissenschaftlichen Fachrichtungen Vorderasiatische und Ostasiatische Sprachen, Ägyptologie, Indologie und Afrikanistik (seit 1959/60) kaum mehr als 100 Studenten. Seit Beginn der siebziger Jahre sind es in den gesellschaftswissenschaftlich orientierten Regionalwissenschaften regelmäßig zwischen 230 und 270 Studenten. Ein weiterer Sprung war am Beginn der achtziger Jahre zu verzeichnen. 1982 konnten sich 391 Studenten an den regionalwissenschaftlichen Sektionen der DDR-Universitäten einschreiben.[46]

Offenkundig konzentriert die DDR alle Anstrengungen auf das regionalwissenschaftliche Grundstudium, denn im Unterschied zu anderen Fächern spielen Maßnahmen der Weiterbildung und auch Fernstudien in dieser Disziplin nahezu keine Rolle. Von Bedeutung sind hingegen praktische Tätigkeiten, die den Studenten im Verlauf ihres Studiums abverlangt werden. Neben berufsvorbereitenden Praktika werden sie häufiger als Dolmetscher und Betreuer von Besucherdelegationen in der DDR eingesetzt. Seltener und offenbar nur wenigen vorbehalten ist die Chance, etwa als Dolmetscher von FDJ-„Brigaden der Freundschaft" ein bis zwei Jahre in einem Land der Dritten Welt tätig zu sein.[47] Dies soll Parteilichkeit und Engagement der Studenten stärken. Der Herausbildung einer „internationalistischen" Grundhaltung im Sinne des Marxismus-Leninismus dienen auch „Zentrale Studentenkonferenzen regionalwissenschaftlicher Sektionen der DDR". Sie werden im Abstand von zwei Jahren durch die FDJ-Grundorganisationen der örtlichen Sektionen vorbereitet und widmen sich in Referaten, Koreferaten und Diskussionen aktuellen Problemen der nationalen Befreiungsbewegung sowie des antiimperialistischen Kampfes.[48]

3.3. Politik und Öffentlichkeit:
Das Wirken der Regionalwissenschaften nach innen und außen

„Praxiswirksamkeit" ist ein entscheidendes Kriterium, an dem in der DDR die Leistungsfähigkeit einer wissenschaftlichen Disziplin gemessen wird. Freiheit der Wissenschaft, für die Selbstbestimmung und das wissenschaftliche Erkenntnisinteresse als Leitlinien der Forschung konstitutiv sind, ist in der DDR nicht denkbar. Vielmehr erwarten Partei und Regierung „Unterstützung für die weitere Gestaltung unserer Politik",[49] fordern von den Wissenschaften, „die wirklichen Grundprobleme und Grundzusammenhänge auf hohem theoretischen Niveau zu erforschen und sie der Partei und den marxistisch-leninistischen Gesellschaftswissenschaften zu erschließen".[50]

Ziel und Inhalt der Forschung haben sich folglich maßgeblich an den aktuellen Problemen zu orientieren, mit denen sich die Partei- und Staatsführung der DDR in der Praxis konfrontiert sieht. Das gilt im besonderen auch für die Regionalwissenschaften. Sie müssen den „theoretischen Vorlauf" für die Gestaltung der offiziellen Außenpolitik und die Anbahnung der Außenwirtschaftsbeziehungen sicherstellen. Von ihnen wird erwartet, daß sie „rechtzeitig und aus eigener Initiative differenzierte und aussagekräftige Analysen, theoretische Aussagen und politische Vorschläge von hoher Qualität und Wirksamkeit" vorlegen.[51]

Fortschritt und Ausbau der Disziplin sind eng mit den Anforderungen verknüpft, die ihr von der Partei- und Staatsführung der DDR gestellt werden:

> „Die enge Verbindung der wissenschaftlichen Arbeit der Asien-, Afrika- und Lateinamerikawissenschaftler mit dem politischen und ideologischen Kampf der Partei der Arbeiterklasse, insbesondere mit dem Wirken von Partei und Regierung im Bereich der internationalen Beziehungen, die enge Verknüpfung mit dem internationalistischen Ringen der Partei der Arbeiterklasse um Frieden, Sicherheit, Demokratie und sozialen Fortschritt in der Welt, die enge Verbindung dieser Wissenschaftsgebiete mit dem Wachsen und Erstarken der internationalen Beziehungen der DDR und mit dem antiimperialistischen Kampf der Völker Asiens, Afrikas und Lateinamerikas um nationale Unabhängigkeit und sozialen Fortschritt waren eine wesentliche Voraussetzung für die politische und wissenschaftliche Entwicklung der Asien-, Afrika- und Lateinamerikawissenschaften an den Universitäten und Hochschulen."[52]

Ihre Rolle als „wirksames Instrument der Partei der Arbeiterklasse" nehmen die Regionalwissenschaften und ihre Vertreter auf unterschiedliche Weise wahr.[53] Sie beraten Partei und Regierung, liefern ihnen Expertisen, treten als Mitglieder offizieller Delegationen auf, sind vorübergehend im diplomatischen Dienst und im außenpolitischen Apparat der DDR tätig und engagieren sich aktiv im Solidaritätskomitee und in zahlreichen Freundschaftsgesellschaften der DDR. Sie wirken an der Ausbildung von Studenten aus den Entwicklungsländern mit, beraten Parteien und Regierungen in der Dritten Welt und beteiligen sich an der Weiterbildung von Fachkräften aus diesen Institutionen.[54] Schließlich nehmen sie auch an Treffen kommunistischer Parteien teil, wie sie von Zeit zu Zeit etwa von der Zeitschrift „Probleme des Friedens und des Sozialismus" oder von der antiimperialistischen Solidaritätsorganisation AAPSO veranstaltet werden.

Darin erschöpfen sich allerdings die Anforderungen der „sozialistischen Praxis" keineswegs: Den Regionalwissenschaften der DDR ist darüber hinaus aufgegeben, „bei der Entwicklung des Gedankens der Solidarität und des sozialistischen Bewußtseins der Werktätigen unserer Republik" mitzuwirken.[55] Publizistische Beiträge in der Tagespresse der DDR und der außenpolitischen Wochenzeitung „Horizont" sind hier ebenso anzuführen wie Vorträge etwa im Rahmen der URANIA-Programme oder kleinere populärwissenschaftliche Arbeiten, die innerhalb solcher Reihen wie „Blickpunkt Weltpolitik", „Akzent", „Kleine Reihe Länder der Erde" oder „Lehrhefte Politische Ökonomie des Kapitalismus" regelmäßig auf dem DDR-Buchmarkt erscheinen.[56] Zielgruppenspezifische Aufklärungsarbeit wendet sich im besonderen auch an die Christen, die nicht nur in der DDR besonders sensibel auf die Not der Dritten Welt reagieren und im Sinne der „marxistischen Bündnispolitik" für die Südpolitik des eigenen Staates gewonnen werden sollen.[57]

Die enge Bindung der Regionalwissenschaften an die Anforderungen der politischen Praxis in der DDR absorbiert nicht nur erhebliche Kapazitäten. Sie bestimmt auch maßgeblich die Organisation, die Wahl der Themen und den Inhalt der wissenschaftlichen Forschung. Auf der anderen Seite macht sie die Wissenschaftler in einem Maße mit der Praxis vertraut, wie dies in der Bundesrepublik kaum denkbar erscheint. Daraus folgt für den westlichen Beobachter, daß den wissenschaftlichen Analysen und den theoretischen Aussagen über die Probleme der Dritten Welt, die Perspektiven des „antiimperialistischen Kampfes" und die Beziehungen der DDR zu den Entwicklungsländern erhebliche politische Bedeutung zukommt. Zwar ist nicht jede Aussage eines Wissenschaftlers repräsentativ; auch können im „wissenschaftlichen Meinungsstreit" unterschiedliche Positionen aufeinandertreffen. Eine Analyse der Wissenschaft und Theorie erlaubt jedoch wesentliche Rückschlüsse auf die Ziele, den Inhalt und die Tendenzen der offiziellen Entwicklungspolitik der DDR – ganz im Sinne der programmatischen These, daß „zwischen der Theorie der Außenpolitik und ihrer praktischen Verwirklichung" eine „untrennbare Verbindung" besteht, daß „die theoretische Ausarbeitung der Probleme nicht von den praktischen Handlungen der sozialistischen Staaten zu trennen" ist.[58] Aus diesem Grund soll die wissenschaftliche und theoretische Diskussion entwicklungspolitischer und revolutionstheoretischer Probleme in der DDR im folgenden Kapitel ausführlich nachgezeichnet werden.

C. Entwicklung und Revolution: DDR-Theorien über die Entwicklungsländer

> „Die DDR setzt sich stets für die weitere Festigung und den Ausbau des Bündnisses mit den antiimperialistischen Staaten Asiens, Afrikas und Lateinamerikas ein. Uns verbinden gemeinsame Ziele und Interessen im Kampf gegen den Imperialismus. Unser Platz ist an der Seite der Staaten und Völker, die entschlossen für politischen und sozialen Fortschritt eintreten."[1]

Mit diesen Worten umriß der Vorsitzende des DDR-Ministerrates, Willi Stoph, 1972 die Stellung der DDR zu den Entwicklungsländern. Zwei Maximen spricht er an: das „antiimperialistische Bündnis" und den „sozialen Fortschritt". Es sind dies die beiden Eckpfeiler, auf denen sowohl die Außenpolitik der DDR als auch ihre theoretischen Zielvorstellungen zur ökonomischen und sozialen Entwicklung in der Dritten Welt ruhen. Was daraus im einzelnen folgt, wie beide Ziele umgesetzt werden, soll im folgenden näher dargestellt werden. Wenden wir uns aber zuvor dem Selbstverständnis und den grundlegenden programmatischen Leitlinien der DDR-Außenpolitik zu.

1. „Theorie der Außenpolitik" und die Entwicklungsländer

1.1. Marxistisch-leninistische Außenpolitik

In einem offiziellen Handbuch über die Deutsche Demokratische Republik aus dem Jahre 1979 wird die Außenpolitik des eigenen Staates wie folgt beschrieben:

> „Die Außenpolitik der DDR, die Politik eines sozialistischen Staates der Arbeiter und Bauern, wird vom sozialistischen Charakter ihrer Staatsmacht geprägt. Ihre gegenwarts- und zukunftsbezogene außenpolitische Strategie und Taktik ist zutiefst wissenschaftlich begründet. Sie basiert auf der Anwendung der Grundsätze des Marxismus-Leninismus, der grundlegenden Gesetzmäßigkeiten des Aufbaus des Sozialismus und Kommunismus sowie der reichen Erfahrungen in der internationalen Klassenauseinandersetzung mit dem Imperialismus."[2]

Im Marxismus-Leninismus verankert, geht die Partei- und Staatsführung der DDR davon aus, daß jede Außenpolitik „Klassencharakter" trage, das heißt die Interessen der herrschenden politischen und sozialen Kräfte zum Ausdruck bringe. Die Außenpolitik der kapitalistischen Staaten folge allein den Interessen des „Kapitals" und der „Monopole". Die Außenpolitik der sozialistischen Staaten lasse sich hingegen von den Bedürfnissen und Zielen der „werktätigen Massen" und insbesondere der Arbeiterklasse leiten.

Der bürgerlichen politischen Wissenschaft wird vorgeworfen, daß sie eben diesen „Klassencharakter der Außenpolitik" zu verschleiern und zu leugnen suche und statt dessen „die subjektiven Faktoren in den Vordergrund" rücke.[3] Die Ausgestaltung der sozialistischen Außenpolitik zeigt, daß ein solcher Vorwurf für den Marxismus-Leninismus, in dem die wissenschaftliche Analyse der internationalen Beziehungen und die programmatischen Ziele der eigenen Außenpolitik zu einem unauflöslichen ideologischen Knäul verwoben sind, noch weit mehr gilt. Ein kurzer Blick in die Geschichte mag dies verdeutlichen.

Bis zum Beginn der zwanziger Jahre war es für die Bolschewiki unstrittig, daß der Sieg der sozialistischen Revolution in Rußland das Ende traditioneller staatlicher Außenpolitik überhaupt einleiten würde. An die Stelle der Diplomatie sollte der direkte Verkehr der Klassen und Völker treten; an die Stelle der bürgerlichen Nationalstaaten ein Weltbund sozialistischer Republiken. Folgerichtig begriff Leo Trotzki, erster Volkskommissar für Auswärtige Beziehungen der Sowjetmacht, sein Amt so: „Ich werde einige revolutionäre Proklamationen an die Völker erlassen und dann die Bude schließen."[4]

Als jedoch die angestrebten Revolutionen in Europa ausblieben und Stalin daraufhin 1925 den „Aufbau des Sozialismus in einem Lande" proklamierte, änderte sich das Bild grundlegend. Der „Klassencharakter" der sozialistischen Außenpolitik gerann zum Synonym für eine Politik, die alles – auch die Interessen der Arbeiterklasse „im Westen" und der nationalen Befreiungsbewegung „im Osten" – nur einem Ziel unterordnete: der Stärkung des staatlich verfaßten, in Gestalt der Sowjetunion und ihrer Bündnispartner „real existierenden" Sozialismus. Die eigene Außenpolitik solle, wie es DDR-Außenminister Oskar Fischer zu Beginn der achtziger Jahre formulierte, dafür Sorge tragen, „daß sich die Vorzüge des Sozialismus – gestützt auf die Erfahrungen des sozialistischen und kommunistischen Aufbaus der Bruderstaaten – umfassend und vor imperialistischem Zugriff geschützt entfalten können" – nach innen wie im globalen Maßstab nach außen.[5]

Mit dem Anspruch angetreten, die Geheimdiplomatie abschaffen zu wollen, gibt es heute weltweit nur wenige Länder, die ihre Politik nach innen und außen mit einem dichteren Schleier der Geheimhaltung überziehen, die ein ähnlich kompliziertes und vielgestaltiges Geflecht von Beziehungen zu den Akteuren des internationalen Systems aufgebaut haben, wie die Staaten des real existierenden Sozialismus. Mit den westlich-kapitalistischen Ländern sollen Beziehungen der „friedlichen Koexistenz" angebahnt werden. Ihr Kennzeichen ist eine eigentümliche Mischung aus Konflikt und Kooperation, stellt die „friedliche Koexistenz" doch – unter Ausschluß militärischer Mittel – „eine besondere Form des Klassenkampfes in der Sphäre der zwischenstaatlichen Beziehungen zwischen Sozialismus und Imperialismus dar".[6] Der Arbeiterklasse in diesen Ländern, vornehmlich der kommunistisch organisierten, fühlt sich die Staats- und Parteiführung der DDR im Sinne des „proletarischen Internationalismus" verbunden; während die Beziehungen zu den sozialistischen Bündnispartnern dem „sozialistischen Internationalismus" folgen. Dieser fußt auf dem „proletarischen Internationalismus", ist „proletarischer Internationalismus", „angewandt auf die zwischenstaatlichen Beziehungen der Bruderländer", und schließt eine gemeinsame Verantwortung für die „revolutionären Errungenschaften" in jedem Land und damit die Bereitschaft ein, diese wie 1968 in der ČSSR auch militärisch zu „verteidigen".[7] Theoretisch noch komplizierter gestalten sich die Beziehungen der DDR zu den Entwicklungsländern und zur „nationalen Befreiungsbewegung".

1.2. Die Entwicklungsländer im außenpolitischen Konzept der DDR

„Zentrale Achse" oder auch „Hauptinhalt der internationalen Beziehungen" ist nach Auffassung der SED-Theoretiker der „Gegensatz der beiden Gesellschaftssysteme", der „Kampf zwischen Sozialismus und Kapitalismus". Auch wenn die internationalen Beziehungen in ihrer Gesamtheit „erheblich vielgestaltiger und umfassender sind", letztlich bestimmend ist und bleibt für sie der antagonistische Gegensatz, der Kampf zwischen Ost und West.[8] Ein dauerhaftes Drittes kann sich neben dieser Alternative nicht entfalten.

Damit ist der Platz der Entwicklungsländer oder umfassender der „nationalen Befreiungsbewegung" im internationalen System programmatisch festgelegt. Sie zählt gemeinsam mit dem „sozialistischen Weltsystem" und der „internationalen Arbeiterbewegung" zu den „drei revolutionären Hauptströmen", die im „revolutionären Weltprozeß" zusammenwirken. Dessen „objektive gemeinsame Grundlage ist der Antiimperialismus und das gemeinsame Streben nach sozialem Fortschritt". Ziel der sozialistischen Staaten, die sich selbst als „Zentrum und entscheidende Kraft des gegenwärtigen weltweiten revolutionären Prozesses" begreifen und damit die Führung beanspruchen, ist es, die objektiv begründeten Gemeinsamkeiten in Gestalt des „antiimperialistischen Bündnisses" praktisch wirksam werden zu lassen.[9] Dies jedoch erwies sich in der Vergangenheit als ausgesprochen schwierig. Ein Blick auf Gestalt und Umfang dessen, was sich in den Augen der SED als „nationale Befreiungsbewegung" darstellt, zeigt warum.

Relativ wenig Probleme hatte die SED am Beginn der fünfziger Jahre. Damals galten ihr als authentische Befreiungsbewegung nur solche Kräfte, die unter Führung kommunistischer Parteien einen bewaffneten Kampf gegen die alten Kolonialmächte oder die jungen bürgerlichen Regierungen der unabhängigen Staaten austrugen. Prominentes Beispiel: die Volksrevolution in China; wichtig aber auch: die Guerilla-Kriege in Vietnam, in Indonesien, Burma und einigen anderen asiatischen Staaten.[10] Damit waren die Bündnispartner unzweideutig bestimmt und zugleich eng begrenzt – die Chance, mit ihnen gemeinsam Erfolge zu erringen, allerdings auch.

Heute hingegen ist die SED weit großzügiger. Nach einer neueren Definition aus der Parteizeitschrift „Einheit" umfaßt die „nationale Befreiungsbewegung" jetzt:

„ – den Kampf aller patriotischen Kräfte für die Liquidierung der Reste des Kolonialsystems und der rassistischen Regime, für die Beseitigung der politischen und militärischen Positionen des Imperialismus, die die Souveränität der jungen Staaten einschränken;

– das Ringen der Entwicklungsländer um die Umgestaltung der internationalen Wirtschaftsbeziehungen, um die Beseitigung der vom Kolonialismus ererbten Rückständigkeit und um die Überwindung der neokolonialistischen Ausplünderung;

– den Kampf der antiimperialistischen, demokratischen Kräfte für tiefgreifende gesellschaftliche Umgestaltungen, der sich in vielen Ländern tendenziell zu einem Kampf gegen jegliche Ausbeutungsverhältnisse entwickelt."[11]

Die aktuelle Charakterisierung der „nationalen Befreiungsbewegung" macht deutlich, daß die SED heute ein wesentlich größeres Bündnis anstrebt. Es stützt sich auf ein breites Spektrum gesellschaftlicher Gruppen und Staaten in der Dritten Welt, denen nur eines gemeinsam ist: das Bemühen um eine Veränderung des Status quo im Zeichen des „Antiimperialismus", gleich welcher Form, Konsequenz und Begründung. „Nationale

Befreiungsbewegung" steht in diesem Verständnis für die PLO, die Befreiungsbewegungen SWAPO und ANC im Südlichen Afrika, wohl auch für die nationalen Fronten und die mit ihnen verbundenen Guerilla-Verbände, die seit geraumer Zeit in einer Reihe zentralamerikanischer Länder operieren. Sie steht aber ebenso für die Mitgliedsländer jener „Gruppe der 77", die sich eine Reform der Weltwirtschaft zum Ziel gesetzt haben. Dieser Gruppe gehören heute nahezu alle Entwicklungsländer an, von Afghanistan auf der einen bis zu Zaire auf der anderen Seite. Und nicht zuletzt sind der „nationalen Befreiungsbewegung" jene Entwicklungsländer zuzurechnen, die sich im Sinne der SED-Theoretiker auf den Weg in Richtung Sozialismus gemacht haben.

Die „nationale Befreiungsbewegung", wie sie sich der SED heute darstellt, ist politisch, ökonomisch und sozial außerordentlich vielgestaltig. Ihr gehören bürgerliche nationale Bewegungen ebenso an wie sozialrevolutionäre Kräfte, kapitalistische Entwicklungsländer ebenso wie sozialistisch orientierte, Demokratien, Monarchien und Militärdiktaturen. Zwar fühlt sich die Partei- und Staatsführung der DDR der „nationalen Befreiungsbewegung" in ihrer Gesamtheit gemäß den Prinzipien der „antiimperialistischen Solidarität" verbunden. Sie ist gleichsam als „Klassensolidarität" mit unterdrückten und ausgebeuteten Staaten und Völkern und damit als „Vorstufe" zur kommunistisch-proletarischen „Klassensolidarität" zu verstehen.[12] Angesichts der beschriebenen Heterogenität des „dritten revolutionären Hauptstromes" kann in der Praxis „antiimperialistische Solidarität" oder – so verschiedentlich zugespitzt – „antiimperialistischer Internationalismus" jedoch nur begrenzt gelten.[13]

Tatsächlich vermochte die DDR zur überwiegenden Mehrheit der Entwicklungsländer bisher lediglich Beziehungen der „friedlichen Koexistenz" herzustellen, da sich die Staatenbeziehungen „entsprechend dem Differenzierungsprozeß zwischen den Staaten Asiens, Afrikas und Lateinamerikas modifizieren". Das Gegenteil gilt für die Entwicklungsländer mit sozialistischer Orientierung. Im Verkehr mit ihnen gewinnen über den bloßen „Antiimperialismus" hinaus die gleichlaufenden Klasseninteressen und damit der „proletarische Internationalismus" zunehmend an Bedeutung.[14]

Nicht nur zur „nationalen Befreiungsbewegung" in ihrer Gesamtheit, selbst zu einzelnen Entwicklungsländern und ihren Regierungen unterhält die DDR – theoretisch – Beziehungen ganz unterschiedlicher, ja entgegengesetzter Natur. Dies sei am Beispiel der Beziehungen zu Mexiko demonstriert, wo alle drei Beziehungsmuster Geltung erlangen. Die Auseinandersetzung Mexikos mit den westlichen Industriestaaten um eine Reform der Weltwirtschaft findet prinzipiell die Zustimmung und Unterstützung der DDR. Insoweit gilt die „antiimperialistische Solidarität". Da Mexiko zugleich aber einen kapitalistischen Entwicklungsweg eingeschlagen hat, finden im Rahmen der gesamten staatlichen Beziehungen die Prinzipien der „friedlichen Koexistenz" Anwendung – mithin Prinzipien des „Klassenkampfes", die beide Länder wiederum verschiedenen Lagern zuordnen. Dem entspricht, daß sich die DDR-Führung auf gesellschaftlicher Ebene der Ende 1981 unter Einschluß der mexikanischen Kommunisten gegründeten „Sozialistischen Einheitspartei" (PSUM) im Sinne des „proletarischen Internationalismus" verbunden fühlt. In den Beziehungen zwischen der SED und der regierenden „Revolutionären Institutionellen Partei" (PRI) dürften hingegen angesichts mancher „antiimperialistischer" Übereinstimmungen, aber auch grundlegender Differenzen in der Gesellschaftspolitik die Prinzipien der „antiimperialistischen Solidarität" überwiegen.

Die Theoretiker der SED sind sich der zwiespältigen Implikationen ihres variantenreichen Beziehungsgeflechts zur Dritten Welt durchaus bewußt:

> „Die differenzierte Anwendung der Prinzipien des proletarischen Internationalismus, der solidarischen Unterstützung und der friedlichen Koexistenz gegenüber den Entwicklungsländern und selbst gegenüber *einem* Land ergibt sich folgerichtig aus der Notwendigkeit, die internationalen Beziehungen der sozialistischen Länder in unterschiedlichen sozialen und Klassensphären zu verwirklichen."[15]

Damit gerät ein Grundphänomen in den Blick, das die internationalen Beziehungen des real existierenden Sozialismus seit dem Ende des Bürgerkrieges in Rußland und der Gründung der Sowjetunion prägt: Die Verschränkung von staatlicher Außenpolitik im internationalen System mit sozialrevolutionärer, auf Veränderung von Gesellschaften zielender Programmatik und Ideologie. Gesellschaftliche und politische Stabilität sowie die Schwäche der kommunistischen Parteien und deren wachsende Emanzipation von der sowjetischen Suprematie haben die marxistisch-leninistische sozialrevolutionäre Perspektive in den Industriestaaten des Westens allerdings in weite Ferne rücken lassen. Daher wird die Auseinandersetzung mit ihnen heute vor allem auf der staatlichen Ebene ausgetragen, hat der Systemkonflikt viele Züge eines traditionellen Machtkonfliktes angenommen.

Anders in der Dritten Welt. Angesichts der auch in Osteuropa geläufigen Tatsache, daß die Entwicklungsländer „eine der unbeständigsten Zonen der gegenwärtigen Welt" darstellen,[16] kommt der Unterstützung nationaler und sozialer Bewegungen nicht nur propagandistische, sondern auch eine eminent praktische Bedeutung zu. Doch gilt dies nicht allein. Wichtiger noch erscheint, daß die Partei- und Staatsführung der DDR in der Dritten Welt ganz pragmatisch außenpolitische Verbündete sucht, die sie im „Wettstreit der Systeme" – der „Drehachse" ihrer Außenbeziehungen – unterstützen. Daher der Doppelcharakter auch ihrer offiziellen Beziehungen zu den Entwicklungsländern: Die DDR läßt ihnen im Zeichen der „antiimperialistischen Solidarität" Unterstützung dort angedeihen, wo sie sich gegen die kapitalistischen Industriestaaten wenden, um so eine gemeinsame Front gegen den Westen aufzubauen. Zugleich aber gibt sie zu erkennen, daß ihre grundsätzlichen Ziele weiter reichen, daß nur eine gesellschaftliche Transformation zuverlässige und prinzipientreue Bündnispartner entstehen läßt – insoweit erlangen auf der offiziellen Ebene die Prinzipien der „friedlichen Koexistenz" Geltung, die es theoretisch rechtfertigen, sich im Zeichen des „proletarischen Internationalismus" parallel jenen Kräften verbunden zu fühlen, die eine solche Transformation einzuleiten versprechen.

Diese theoretischen Differenzierungen im Beziehungsgeflecht zur „nationalen Befreiungsbewegung" können mithin als theoretisch-ideologische Legitimation einer Politik der DDR-Führung angesehen werden, die sich bemüht, alle verfügbaren Ebenen, Kanäle und Anknüpfungspunkte zu nutzen, um ihre Position in der Dritten Welt zu festigen und auszubauen. Dabei ist sie heute weit offener, pragmatischer und flexibler als etwa zu Beginn der fünfziger Jahre. Damals sah sie gemeinsam mit ihren Verbündeten in den Entwicklungsländern mit ihren vielfältigen sozialen und wirtschaftlichen Problemen bereits die Bedingungen für eine sozialistische Revolution unter „Führung der Arbeiterklasse" herangereift, die sie aktiv zu befördern trachtete. Die Folge: Das gesamte sozialistische Lager isolierte sich außenpolitisch zunehmend von den Staaten der Dritten Welt.

Heute bemüht sich die DDR hingegen, alle denkbaren Widersprüche und Konflikte zwischen den Industriestaaten des Westens und den Entwicklungsländern differenziert zur Stärkung ihrer Position auszunutzen. Auf theoretische Strenge und „Klassenverbundenheit" im Sinne des Marxismus-Leninismus wird dabei – im Unterschied zu früheren Jahren – kaum mehr geachtet. Vielmehr ist das Konzept, in dem selbst der „Grundwiderspruch" zwischen Kapitalismus und Sozialismus in der Dritten Welt zugunsten des „Nebenwiderspruches" zwischen den an der kapitalistischen Peripherie angesiedelten Entwicklungsländern und dem metropolitanen Imperialismus relativiert, ja letzterer sogar zum aktuellen „Hauptwiderspruch" stilisiert wird, offenbar bewußt breit und offen angelegt.[17]

Anhand der inhaltlichen Konzepte zur ökonomischen und sozialen Entwicklung in der Dritten Welt muß sich erweisen, ob diese Flexibilität mehr als bloße Taktik ist. Auch muß sich erweisen, inwieweit die DDR bereit ist, das Streben der Entwicklungsländer nach Unabhängigkeit, Selbstbestimmung und freier Wahl des Entwicklungsweges ernst zu nehmen und zu respektieren.

2.   Unterentwicklung aus der Sicht des Marxismus-Leninismus

Bei allen grundlegenden Unterschieden der sozialen Struktur sowie des politischen Systems, eines ist den europäischen und amerikanischen Staaten des „Nordens" gemein: Sie haben im Niveau ihrer Entwicklung die Länder des „Südens" weit hinter sich gelassen. „Der Rest der Menschheit", so diagnostizierte der sowjetische Wissenschaftler W. L. Tjagunenko 1959, „ist erschreckend arm und zu Hunger, zu Elend und zum Aussterben verdammt."[18]

Tiefgreifende Entwicklungsdefizite sind das herausragende Kennzeichen der Dritten Welt. Dies wird in Ost und West durchaus ähnlich wahrgenommen, auch wenn der Gebrauch Marxscher Kategorien in den Darlegungen der sozialistischen Analytiker prima facie einen anderen Eindruck vermitteln mag. In einer DDR-Monographie wird die derzeitige Lage der Entwicklungsländer wie folgt dargestellt:

> „Eine zerklüftete innere ökonomische Basis, verbunden mit einem geringen durchschnittlichen Entwicklungsniveau der Produktivkräfte und sozialer Rückständigkeit, bildet im allgemeinen ein Charakteristikum ihrer sozialökonomischen Verhältnisse. In vielen Entwicklungsländern sind Massenarmut, Unterernährung und Hunger nicht nur unerträglich groß, sondern wachsen in absoluten Größenordnungen. Die Zahl der Analphabeten vergrößert sich insgesamt trotz gegenläufiger Bemühungen. Tendenzen der Verelendung, des Dahinvegetierens und der qualvollen Auflösung verschiedenartiger vorkapitalistischer Produktionsverhältnisse und Sozialbeziehungen, begleitet von Überausbeutung und ruinöser kapitalistischer Konkurrenz, spontane Beschleunigungen des Bevölkerungswachstums, unkontrollierte Urbanisierungsprozesse, das Anwachsen einer relativen und zum Teil absoluten Agrarüberbevölkerung, die Zunahme der Arbeitslosigkeit in den Städten, schändliche Kinderarbeit sowie ökonomische und gesellschaftliche Diskriminierung der Frau sind nur einige der gravierenden Erscheinungen, die die soziale Situation der meisten Entwicklungsländer kennzeichnen."[19]

Die Übereinstimmung ist allerdings begrenzt. Sowohl die Ursachen der Unterentwicklung als auch die Wege zu ihrer Überwindung finden in Ost und West eine ganz unterschiedliche Erklärung.

2.1. Kolonialismus als Ursache

In der westlich-liberalen Entwicklungstheorie wird für die Unterentwicklung der Dritten Welt eine ganze Reihe von Ursachen genannt. Soziologisch orientierte Ansätze verweisen vor allem auf das Beharrungsvermögen traditioneller Werte, Einstellungen und Sozialstrukturen und das rasche Bevölkerungswachstum, das jeden Versuch einer Entwicklung bereits im Ansatz zunichte mache. All dies verhindere Innovation, Unternehmergeist, Risikofreude und Fortschritt. Hinzu kommen ökonomische Faktoren: geringe Ausstattung mit produktivem Kapital, geringe Ersparnisbildung und niedrige Pro-Kopf-Produktion. Sie verstärken sich wechselseitig und führen die Entwicklungsländer in einen ,,circulus vitiosus" der Unterentwicklung. Dies um so mehr, als auch externe Einflüsse – internationaler Handel, Auslandsinvestitionen – unter den gegebenen Verhältnissen in der Dritten Welt eine selbsttragende Entwicklung erheblich behindern können.[20]

Für die marxistisch-leninistisch argumentierenden Theoretiker der DDR sind die Ursachen der Unterentwicklung eindeutiger. Für sie gilt:

> ,,Die ökonomische und soziale Struktur der Entwicklungsländer ist weitestgehend das Produkt der kolonialen Unterwerfung der Völker Asiens, Afrikas und Lateinamerikas und ihrer Umwandlung in abhängige und ausgebeutete Glieder der kapitalistischen Weltwirtschaft. Deshalb läßt sie sich nur in diesem weltgeschichtlichen Zusammenhang begreifen. Der Kolonialismus hat zweifellos die tiefsten Spuren in das soziale Antlitz der afro-asiatischen und lateinamerikanischen Völker gegraben und dessen Konturen sogar hochgradig bestimmt."[21]

Tatsächlich hat die Ausdehnung der kapitalistischen Produktionsweise von Europa auf die Dritte Welt deren Antlitz wesentlich geprägt. Schon Karl Marx und Friedrich Engels wiesen darauf 1848 im ,,Kommunistischen Manifest" hin:

> ,,Die Bourgeoisie reißt durch die rasche Verbesserung aller Produktionsinstrumente, durch die unendlich erleichterten Kommunikationen alle, auch die barbarischsten Nationen in die Zivilisation. Die wohlfeilen Preise ihrer Waren sind die schwere Artillerie, mit der sie den hartnäckigsten Fremdenhaß der Barbaren zur Kapitulation zwingt. Sie zwingt alle Nationen, die Produktionsweise der Bourgeoisie sich anzueignen, wenn sie nicht zugrunde gehn wollen; sie zwingt sie, die sogenannte Zivilisation bei sich selbst einzuführen, d. h. Bourgeois zu werden. Mit einem Wort, sie schafft sich eine Welt nach ihrem eigenen Bilde."[22]

Allerdings sahen sie die kapitalistische Transformation der Dritten Welt weit optimistischer, denn ,,eine Welt nach ihrem eigenen Bilde" konnte sich die Bourgeoisie dort bis heute nicht schaffen. Marxistische Theoretiker aller Schattierungen führen dies auf die spezifische und einseitige Einbindung der Entwicklungsländer in die kapitalistisch geprägte Weltwirtschaft zurück. Stellvertretend sei hier der ,,Trotzkist" Ernest Mandel zitiert:

> ,,Während sich der Kapitalismus im weltweiten Maßstab ausbreitete, hat der Großteil der Welt nur die zersetzenden Einflüsse und nichts von seinen zivilisatorischen Auswirkungen zu spüren bekommen. Oder besser: der unbegrenzte industrielle Aufschwung der westlichen Welt war nur *auf Kosten* der sogenannten unterentwickelten Welt möglich, die er zur Stagnation oder gar zu rückläufiger Entwicklung verdammt hat."[23]

Die in der kapitalistischen Produktionsweise angelegte Ambivalenz, einerseits Fortschritt zu verkörpern, indem sie veraltete Sozialstrukturen überwindet und die Produktivkräfte entfesselt, andererseits jedoch die Gesellschaft in zwei große antagonistische Klassen aufzuspalten und so über sich selbst hinaus zu weisen, komme danach in den

Entwicklungsländern kaum zur Geltung. Ihnen habe die kapitalistische Expansion nichts als Ausbeutung, Unterdrückung und Zersetzung zugefügt.

Dem folgen im Prinzip auch die Theoretiker der DDR. Dabei beschränkten sie sich in der Vergangenheit auf die bloße Wiederholung der Leninschen Imperialismus-Theorie, mit der weder die Funktionsweise der Unterentwicklung, das genuine Zusammenspiel von begrenztem industriellen Fortschritt und Stagnation in den Entwicklungsländern, noch der Mechanismus von Ausbeutung und Desintegration hinlänglich zu erklären war. Dies erweckte den Eindruck, als ginge es ihnen lediglich „um die Einbeziehung der Entwicklungsländer in eine strategische Konzeption mit dem Ziel der Umgestaltung der weltwirtschaftlichen Struktur im machtpolitischen Interesse der Sowjetunion".[24]

Heute indes wird, nicht zuletzt unter dem Eindruck der neueren westlich-marxistischen Diskussion über den Zusammenhang zwischen Imperialismus und Unterentwicklung, differenzierter argumentiert, wenngleich die grundsätzliche Verantwortung des Kolonialismus unberührt bleibt. Dabei beschränken sich die DDR-Theoretiker nicht mehr auf die „klassische" Phase des Imperialismus, die im ausgehenden 19. Jahrhundert begann und Lenins Theorie zugrunde lag. Vielmehr werden jetzt vier Entwicklungsstufen des Kolonialismus, mit jeweils spezifischen Auswirkungen auf die Entwicklungsländer unterschieden: Der „frühkapitalistische, merkantilistische Kolonialismus" vor allem des 17., 18. und frühen 19. Jahrhunderts, der „Kolonialismus des vormonopolistischen Industriekapitals", wie er im Verlauf des 19. Jahrhunderts anzutreffen gewesen sei, das „imperialistische Kolonialsystem", das bis zur Unabhängigkeit der europäischen Kolonien nach dem Zweiten Weltkrieg reiche, und seither bis heute der „Neokolonialismus".[25]

Die DDR-Theoretiker konstatieren – in aller Kürze zusammengefaßt – folgende für die einzelnen Etappen des Kolonialismus typische Auswirkungen auf die außereuropäischen Länder. „Entscheidende Grundlagen der kolonialen Deformation" wurden bereits in der *ersten Etappe* gelegt. Zwar beschränkten sich das „Handelskapital" und „spätfeudale Kräfte" als charakteristische Träger des Kolonisierungsprozesses in dieser Phase auf eine nur „punktuelle, vielfach lediglich periphere Durchdringung" der Kolonien, dafür plünderten sie deren materielle Reichtümer, ohne auf das Leben der einheimischen Bevölkerung Rücksicht zu nehmen, um so konsequenter aus.

Die „*systematische* ökonomische Unterwerfung" der überseeischen Länder und Völker setzte mit der *zweiten Etappe* ein. Investitionen im Bergbau, der Plantagenwirtschaft und der Infrastruktur begannen, die traditionelle Arbeitsteilung zu zerstören und paßten die Wirtschaftsstruktur dieser Länder zunehmend den Bedürfnissen der „kapitalistisch-kolonialen Metropolen" an. In diesem Abschnitt der Kolonialgeschichte wurde „die *strukturelle* Abhängigkeit der schwach entwickelten Länder von den kapitalistischen Zentren herbeigeführt und ihre Wirtschaft zu einem komplementären Anhängsel des Reproduktionsprozesses der Metropolen umgeformt und degradiert".

Seine vollständige Ausprägung erfuhr dies in der *dritten*, der Etappe des „klassischen Imperialismus". In ihrem Verlauf wurde „die schwach entwickelte Peripherie nunmehr fest und relativ dauerhaft in die kapitalistische Weltwirtschaft" einbezogen – ein Zustand, der weithin bis heute anhält. Durch vielfältige Fäden, die „internationale Waren- und Geldzirkulation", die „Produktionssphäre" im Zuge des Kapitalexportes, offene und versteckte politische Abhängigkeiten, an die Monopolbourgeoisie der Metropolen gebunden, werden die Entwicklungsländer seither von dieser „in extremster Weise ausgebeutet und ausgeplündert". Nach dem Zerfall des Kolonialsystems und dem Eintritt in die *vorläufig letzte*, die Etappe des „Neokolonialismus", haben sich zwar die Formen der Ausbeutung der Peripherie durch die Metropolen, nicht aber deren Kern und Inhalt gewandelt.[26]

Die aktuelle soziale und ökonomische Lage der Entwicklungsländer sehen die DDR-Theoretiker als direkte Folge dieses über „mehrere Jahrhunderte währenden kumulativen Prozesses" der kolonialen Integration der Dritten Welt in die kapitalistische Weltwirtschaft. Sie ließ eine einseitige Wirtschaftsstruktur und einen desintegrierten Reproduktionsprozeß entstehen, wo moderne ausländische oder einheimische Produktionskomplexe neben archaischen, vielfach nur der Subsistenz und dem Naturaltausch dienenden Wirtschaftssektoren existieren. Zwar leitete die kapitalistische Expansion eine Überwindung der historisch gewachsenen vorkapitalistischen Produktionsverhältnisse und Gesellschaftsstrukturen ein, zugleich aber konservierte sie diese, ließ sie als unerschöpfliches Arbeitskräftereservoir bestehen. Stagnation, ja Produktionsrückgänge, Armut und wachsende Verelendung waren und sind die Folge.[27]

Nicht nur die Wahl der Termini, auch die Begründung eines spezifischen, strukturellen Abhängigkeitsverhältnisses der „Peripherie" von den „Metropolen" mit der daraus folgenden „strukturellen Deformation" und „Heterogenität" der sozialen und ökonomischen Gegebenheiten in den Entwicklungsländern, bis hin zur umfassenden, über die Phase des imperialistischen Monopolkapitalismus weit hinausreichenden Analyse der Kolonialgeschichte signalisieren, daß sich die DDR-Theoretiker der neueren westlich-marxistischen Entwicklungsdiskussion angenähert haben. Das gilt in Sonderheit für die aus Lateinamerika stammende „Dependencia-Theorie", auch wenn zahlreiche ihrer Annahmen und insbesondere die daraus abgeleiteten „linksradikalen" strategischen Konsequenzen in der DDR unverändert kritisiert und abgelehnt werden.[28] Es muß einer Detailanalyse vorbehalten bleiben, diesen Wandlungen und Zusammenhängen nachzugehen.

Zu fragen bleibt, ob der Kolonialismus als alleinige Erklärung des Phänomens der Unterentwicklung ausreicht. So geraten notwendig andere Faktoren in den Blick, wenn jene 36 ärmsten Entwicklungsländer betrachtet werden, die von den Vereinten Nationen zur Gruppe der „Least Developed Countries" (LLDC) zusammengefaßt wurden. Bei ihnen liegt das Bruttosozialprodukt pro Kopf und Jahr unter 100 US-$, die Industrieproduktion unter 10 % der Gesamtproduktion und die Rate der Analphabeten über 80 %.[29]

In diesen Ländern hat häufig weder eine Entwicklung noch eine kapitalistische Durchdringung stattgefunden. Folglich waren sie bisher auch nicht der „sonst für die imperialistischen ökonomischen Beziehungen charakteristische(n) und stark im Vordergrund stehende(n) direkte(n) Ausbeutung" unterworfen. Im Gegenteil: ein niedriges Produktionsniveau, eine unzulängliche Infrastruktur und schwierige geographische Bedingungen, wie etwa fehlender Zugang zu den Küsten, trugen dazu bei, daß die LLDC vor allem von ihren Nachbarländern abhängig und ausgebeutet wurden.

Diese Diagnose stammt nicht aus einer westlichen Quelle, sondern aus der Feder eines DDR-Autors. Er weist zudem darauf hin, daß die Gruppe der ärmsten Entwicklungsländer sich seit Beginn der Kolonisierung „an der Peripherie der kapitalistischen internationalen Arbeitsteilung" befinde und kaum in sie einbezogen sei. Weder als Kolonien noch als unabhängige Staaten vermochten sie, das ökonomische Interesse der Metropolen zu wecken. Ihnen fehlten nicht nur attraktive Rohstoffe; auch erscheine es kaum möglich und sinnvoll, moderne Produktionsmittel zu importieren. Diese würden „auf eine für sie schwer zugängliche Umwelt stoßen, da Bildungsstand, materielle Infrastruktur, Markt usw. den neuen Produktionen erhebliche Negativbedingungen aufbürden".[30]

Kolonialismus und fortdauernde Abhängigkeit von den imperialistischen Metropolen sind folglich keine hinreichenden Erklärungen für das Phänomen der Unterentwicklung (dazu ausführlicher Kapitel A). Ihre Aussagekraft gewinnen sie nur durch die theoretisch zu bestimmende mögliche Entwicklung im geschichtlichen Verlauf. Sie kann zum einen die Eliminierung aller externer Einflüsse voraussetzen – die LLCD lassen erkennen, daß dies keineswegs automatisch einen selbsttragenden Entwicklungsprozeß garantiert. Sie kann sich aber auch auf gesellschaftliche Veränderungen und die Vorstellung internationaler sozialistischer Beziehungen stützen – die begrenzten Fortschritte der sozialistischen und sozialistisch orientierten Entwicklungsländer setzen hier ebenfalls Fragezeichen. Auf der anderen Seite wird auch in der DDR nicht übersehen, daß eine Reihe von Ländern der Dritten Welt, die sich auf einem kapitalistischen Entwicklungsweg befinden, im letzten Jahrzehnt eine beträchtliche Steigerung ihres ökonomischen Leistungsvermögens erreicht hat.

Trotzdem werden Kolonialismus und Imperialismus auch künftig in der DDR als Hauptschuldige für die Unterentwicklung der Dritten Welt gelten – nicht nur aus heuristischen Gründen, sondern weil damit wesentliche politische Ziele verknüpft sind. Die Verurteilung des Kolonialismus und Imperialismus entlastet von jeder möglichen Mitverantwortung für die Probleme der Dritten Welt. Auf sie dürfte um so mehr verwiesen werden, je länger die sozialistischen Staaten – die dazu erst seit kaum drei Jahrzehnten in der Lage sind – die Chance verstreichen lassen, den Entwicklungsländern substantiell zu helfen. Nicht zuletzt aber trägt die Identifizierung des Imperialismus als Hauptgegner dazu bei, das unverzichtbare, im Ost-West-Bipolarismus wurzelnde Feindbild im globalen Maßstab zu profilieren.

2.2. Gibt es eine „Dritte Welt"? Einheit und Vielfalt der Entwicklungsländer

In der westlichen politischen Diskussion hat es sich seit Beginn der sechziger Jahre eingebürgert, die Entwicklungsländer im Unterschied zu den Industriestaaten des Westens und des Ostens unter dem Begriff „Dritte Welt" zusammenzufassen. Sollten damit ursprünglich jene blockfreien Länder bezeichnet werden, die sich dem Ost-West-Konflikt entzogen, so steht „Dritte Welt" heute für die Gesamtheit der Entwicklungsländer in der südlichen Hemisphäre, denen ungeachtet wachsender Unterschiede ein niedriges Entwicklungsniveau und relative Armut gemeinsam ist.[31]

Auch in der DDR wird eine Reihe von Gemeinsamkeiten wahrgenommen, die diese Ländergruppe von den kapitalistischen und den sozialistischen Industriestaaten des Nordens abhebt. Genannt werden zumeist: die gemeinsame koloniale Vergangenheit, wirtschaftliche Rückständigkeit, die Fortexistenz feudaler, halbfeudaler und vorfeudaler Verhältnisse, kaum ausgeprägte moderne Sozialstrukturen und nicht zuletzt die Abhängigkeit von den Metropolen des Westens. Dies rechtfertige, sie als „Entwicklungsländer" zu einer besonderen Staatengruppe zusammenzufassen:

„Die erwähnten Gemeinsamkeiten äußern sich einmal und zunächst in einigen gemeinsamen Merkmalen, die alle Entwicklungsländer aufweisen und die uns berechtigen, sie auch terminologisch zusammenzufassen. Diese gemeinsamen Merkmale bilden gewissermaßen allgemeine Besonderheiten der Entwicklungsländer, allgemein in dem Sinne, daß sie trotz der vielfältigen Differenziertheit innerhalb der Gruppe – d. h. zwischen den einzelnen Ländern – die ganze Gruppe charakterisieren, und Besonderheiten in dem Sinne, daß sie die Entwicklungsländer von den höher entwickelten Ländern des kapitalistischen Weltsystems und den Ländern des Sozialismus in bestimmten Punkten unterscheiden."[32]

Gleichwohl haben die Theoretiker der DDR mit dem Begriff „Entwicklungsländer" Schwierigkeiten:

„Nichtsdestoweniger muß auf die Bedingtheit des dazu gebrauchten Begriffs ‚Entwicklungsländer‘, der sich international überall eingebürgert hat, aufmerksam gemacht werden. Neben seiner logischen Unzulänglichkeit (welche Länder entwickeln sich nicht?) sind es vor allem die hier erörterten gewichtigen differenzierenden Aspekte, die Vorbehalte gegen die Benutzung dieses Begriffs erwecken und die Möglichkeit eröffnen, ihn zu falschen theoretischen Schlußfolgerungen zu mißbrauchen."[33]

Gemeint sind die Unterschiede im politischen System und in der außenpolitischen Orientierung dieser Länder. Sie haben in der Entwicklungstheorie der DDR eine zentrale Bedeutung und tragen dazu bei, daß der Begriff „Dritte Welt" noch weniger Sympathie findet. Er legt den Schluß nahe, daß die Entwicklungsländer auch einen eigenen, für sie charakteristischen „dritten" Entwicklungsweg gehen könnten. Eine solche Perspektive läßt der bipolar argumentierende Marxismus-Leninismus jedoch nicht zu. Daher gebrauchen nur wenige DDR-Autoren den Begriff „Dritte Welt". Und sie schränken ein:

„Die ‚Dritte Welt‘ ist ganz gewiß eine Realität. Der Begriff ist unglücklich gewählt (allein schon im Hinblick auf die ‚erste‘ und ‚zweite Welt‘, die ja, zumindest unausgesprochen, in der Zählung vorangehen), und man setzt ihn deshalb gern in Anführungszeichen."[34]

Für den Marxismus-Leninismus ist konstitutiv, daß letztlich auch die Entwicklungsländer vor die Alternative gestellt werden, zwischen Sozialismus oder Kapitalismus zu wählen. Allein ihre sozialökonomische Rückständigkeit verhindere, daß sie schon heute verbindliche und dauerhafte Entscheidungen treffen können. Insofern gilt, daß die Entwicklungsländer sich gemeinsam im Status eines „Noch nicht" befinden:

„Dort, wo sich kapitalistische Entwicklungen vollziehen, geschieht das in einem Meer von vorkapitalistischen Verhältnissen, während dort, wo sich eine sozialistische Orientierung durchgesetzt hat, die Frage ‚Wer – Wen?‘ noch nicht endgültig entschieden ist (auf Grund des Fortbestehens vorkapitalistischer wie kapitalistischer Verhältnisse und einer im allgemeinen geringen Entwicklung des Proletariats)."[35]

Gleichwohl zeichnet sich nach Auffassung der DDR-Theoretiker die Entwicklungsrichtung der meisten Entwicklungsländer bereits ab. Sie unterscheiden vor allem zwei Hauptgruppen: Zum einen Entwicklungsländer, die einen „kapitalistischen Weg" beschreiten. Dies gilt für die ganz überwiegende Mehrzahl der Länder. Zum anderen Entwicklungsländer, die einen „nichtkapitalistischen Weg" eingeschlagen haben. Seit der letzten kommunistischen Weltkonferenz, die 1969 in Moskau stattfand, werden diese Länder zumeist mit dem Prädikat der „sozialistischen Orientierung" versehen.[36] Hinzu treten häufig noch zwei weitere Gruppierungen: Länder, „in denen sich der weitere Entwicklungsweg noch nicht klar abzeichnet", und solche, in denen die Voraussetzungen für die Entscheidung über den weiteren gesellschaftlichen Entwicklungsweg noch nicht gegeben sind", was vor allem für die verbliebene geringe Zahl von Kolonien gilt.[37] Doch hebt diese Differenzierung die Gemeinsamkeiten der Entwicklungsländer nicht notwendig auf:

> „Wenn die marxistisch-leninistische Theorie die vom Kolonialismus befreiten Staaten als eine spezifische Gruppe ausweist, so widerspiegelt das den Sachverhalt, daß sich dort noch keine der beiden Produktionsweisen (Kapitalismus oder Sozialismus) voll durchsetzen konnte, daß sich die Gesellschaft in diesen Ländern im Zustand des Übergangs, der Herausbildung einer Produktionsweise befindet, wobei die vorgenommene Einteilung der Entwicklungsländer in die beiden großen Untergruppen der kapitalistisch und der sozialistisch orientierten Länder anzeigt, daß sich dieser Übergang entweder in Richtung auf den Kapitalismus oder in Richtung auf den Sozialismus vollzieht."[38]

Die Unterscheidung der beiden möglichen Entwicklungswege, des „nichtkapitalistischen Weges mit sozialistischer Orientierung" und des „kapitalistischen Entwicklungsweges" bildet das Hauptkriterium für eine Differenzierung der Staaten der Dritten Welt. Andere ökonomische, politische und geographische Unterscheidungsmerkmale finden zwar auch Beachtung, doch kommt ihnen nur eine nachgeordnete Bedeutung zu. Darin stimmen alle DDR-Theoretiker überein. Aufschlußreiche Differenzen zeichnen sich jedoch in der Bewertung der politisch-ideologischen Unterscheidungsmerkmale und vor allem dahingehend ab, welche aktuelle Bedeutung ihnen im Vergleich zu den fortdauernden Gemeinsamkeiten der Entwicklungsländer beizumessen sei.

Für revolutionstheoretisch besonders konsequente Vertreter im ZK der SED gibt es keinen Zweifel. 1970 stellten sie kategorisch fest: „Es gibt keine ‚dritte Welt', keinen ‚dritten Weg', die Klassenfragen rücken immer mehr in den Vordergrund."[39] Wenig später forderten sie im gleichen Sinne, „sich von unpräzisen Sammelbegriffen für die afro-asiatischen und lateinamerikanischen Länder, wie etwa ‚die dritte Welt', endgültig zu trennen und vom Klassencharakter der einzelnen Staaten, von ihrer spezifischen sozialökonomischen und politischen Situation auszugehen".[40]

Die Gegenposition kommt besonders deutlich in einem Beitrag zum Ausdruck, den der sowjetische Autor R. A. Uljanowski im SED-Parteiorgan „Einheit" publizierte. Er war lange Zeit im ZK der KPdSU mit den Entwicklungsländern befaßt und wendet sich gegen eine zu weit gehende Differenzierung der Entwicklungsländer:

> „Angesichts der all diesen Ländern gemeinsamen Aufgabe, einen sozialen und technisch-ökonomischen Fortschritt als Voraussetzung für das nationale Fortbestehen zu gewährleisten, braucht man die Unterschiede zwischen ihnen nicht zu verabsolutieren und darf nicht, wie das zuweilen geschieht, die progressiven, für die nichtkapitalistische Entwicklung eintretenden politischen Regimes aussondern, um ihnen alle übrigen jungen Staaten als reaktionär entgegenzustellen."[41]

Den Differenzen kommt eine erhebliche politisch-praktische Bedeutung zu, denn sie beinhalten eine ganz unterschiedliche Einstellung zur Gestaltung der DDR-Entwicklungspolitik. Auf der einen Seite steht die Auflösung der Entwicklungswelt in Richtung auf die beiden Systemalternativen und damit die Revolutionsperspektive des „proletarischen Internationalismus" im Vordergrund. Auf der anderen Seite werden implizit gedeihliche Staatenbeziehungen zu allen Ländern der Dritten Welt gefordert, da diese noch lange ihre Eigenarten bewahren und als eigenständiger Faktor in der Weltpolitik auftreten werden.

Die aufgeführten Differenzen in der entwicklungstheoretischen Diskussion der

DDR sind keineswegs nur peripherer Natur. Vielmehr lassen sie sich in alle Bereiche der Analyse verfolgen. In der „Politischen Ökonomie" der Entwicklungsländer etwa kommen sie darin zum Ausdruck, daß auf der einen Seite aus der spezifischen Kombination vorkapitalistischer, kapitalistischer und nichtkapitalistischer Produktionsweisen gefolgert wird, in der Dritten Welt sei eine eigenständige, neuartige Produktionsweise entstanden. Dem wird entgegengehalten, daß es falsch sei, für die Entwicklungsländer einen „besonderen Abschnitt" zu konstruieren. Auch für sie bestehe „keine andere Alternative als der Kapitalismus oder der Sozialismus", was in der „Politischen Ökonomie" dieser Länder gebührend zu berücksichtigen sei.[42]

Gleiches gilt für das in der Dritten Welt anzutreffende theoretische und Massenbewußtsein. In der Perspektive der „konsequenten Linie" findet dort lediglich ein Ringen zwischen der sozialistischen und der bürgerlichen Ideologie statt. Ganz anders die Gegenposition: Sie verweist auf die Fortexistenz eines autochthonen „Alltagsbewußtseins", dem vor allem „eine tief verwurzelte Schicksalsergebenheit" zu eigen sei, und darauf, daß die Völker der Dritten Welt „eigene Vorstellungen" entwickelten und diese „teilweise mit zunehmendem Engagement im Weltgeschehen akzentuiert zur Geltung bringen".[43]

Einig sind sich beide Konzeptionen darin, daß *prinzipiell* die marxistisch-leninistischen „allgemeinen Gesetzmäßigkeiten" gelten, historisch mithin die Entscheidung zwischen Sozialismus und Kapitalismus ansteht. Wann dies jedoch der Fall sein wird, darin gibt es keine Übereinstimmung. Nach Auffassung der einen steht die Frage bereits auf der Tagesordnung, anderen dagegen erscheint sie kaum sichtbar am Horizont. Erstere betonen die „Klassenfragen", letztere verweisen auf die fortdauernde Spezifik, Offenheit und Eigenständigkeit der Entwicklungsländer. Konsens mag die folgende Einschätzung aus einem Standardwerk der DDR-Wissenschaft über die Entwicklungsländer finden:

> „Demgegenüber sind die Gemeinsamkeiten, die die Entwicklungsländer von den entwickelten Ländern des Imperialismus und den Staaten des sozialistischen Weltsystems unterscheiden, der Ausdruck ihrer spezifischen historischen, gesellschaftsstrukturellen und ökonomischen Situation. Das verleiht der Wirksamkeit der allgemeinen Gesetzmäßigkeiten der gesellschaftlichen Entwicklung in diesem Teil der Welt einen spezifischen Charakter, drückt den verschiedenen Wegen, die diese Länder gehen, seinen Stempel auf und bringt neue Formen der gesellschaftlichen Entwicklung hervor."[44]

Hier bleiben letztlich alle entscheidenden Fragen, an denen sich die Differenzen entzündeten, offen.

Es hat allerdings den Anschein, als wäre die Partei- und Staatsführung der DDR im Übergang zu den achtziger Jahren stärker als in der Vergangenheit bereit, die Eigenständigkeit und Authentizität der Dritten Welt zu respektieren. Dies kann aus den veränderten außenpolitischen Prioritäten abgelesen werden, die 1981 auf dem X. Parteitag der SED verkündet wurden.[45] Auch wird seither vermehrt dazu aufgefordert, daß „die Eigenständigkeit der Entwicklungsländer stärker berücksichtigt werden" müsse: „Sie seien keinesfalls vordergründig als Kampfarenen zwischen dem kapitalistischen und dem sozialistischen System zu betrachten."[46] Auf unser Thema bezogen, würde dem eine theoretische Position entsprechen, wie sie bereits 1977 Martin Robbe von der Akademie der Wissenschaften in der DDR formuliert hat:

> „Die ‚Dritte Welt' hebt sich also, weil sie in den weltweiten Übergang zum Sozialismus einbezogen ist, perspektivisch gesehen auf. Schon heute zeichnet sich das ab. Doch sie existiert noch,

und es wird sie noch für längere Zeit geben. Die Völker, die zu ihr gehören, haben starke Gemeinsamkeiten in ihrer Lage wie in ihren Interessen. Gesellschaftlicher Fortschritt bedeutet für sie gleichermaßen – ungeachtet vorhandener Differenzierungen und Differenzen –, den Kampf gegen den Imperialismus fortzusetzen, um im Zusammenhang damit die volle Unabhängigkeit zu erringen und die überkommene, sich noch immer reproduzierende wirtschaftliche Rückständigkeit und ökonomische Abhängigkeit zu überwinden."[47]

Der „Antiimperialismus" bliebe damit auf lange Sicht die herausragende politische Gemeinsamkeit der Entwicklungsländer. Er jedoch erheischt grundsätzlich die Solidarität der sozialistischen Länder, ungeachtet der vielfältigen Formen, in denen er praktiziert wird. Die sozialistische Revolutionsperspektive ändert daran wenig, weil sie aktuell kaum durchsetzbar erscheint. Dabei darf freilich nicht übersehen werden, daß sie für das Selbstverständnis der DDR-Führung letztlich entscheidend bleibt. Veränderte Erfolgsaussichten für den revolutionären Prozeß in der Dritten Welt können folglich die Prioritäten abermals entscheidend verändern – vorausgesetzt allerdings, daß dies die eigene Sicherheit im Ost-West-Konflikt nicht gefährdet.

Auf dem Weg zu einem pragmatisch bestimmten Verhältnis der DDR zu den Entwicklungsländern haben in den vergangenen Jahren auch andere, vornehmlich ökonomische Unterscheidungsmerkmale bei der Betrachtung der Dritten Welt an Bedeutung gewonnen. Dies reflektiert zum einen die wachsende ökonomische Kluft *innerhalb* dieser Ländergruppe. Zum anderen aber schlägt sich darin auch die Erkenntnis nieder, daß politisch-ideologische Kriterien allein nicht ausreichen, daß vielmehr ohne weitergehende Differenzierungen „kein konkretes Problem der Entwicklungsländer exakt zu beantworten" ist, der DDR-Führung wesentliche Entscheidungsgrundlagen zur Gestaltung ihrer Entwicklungspolitik fehlen.[48]

Auf zwei Versuche sei hier besonders hingewiesen. Im ersten Fall geht es um die Konstruktion eines „Entwicklungsstrahles", der alle, auch die „sozialistisch orientierten" Entwicklungsländer erfaßt (sie sind im einzelnen auf S. 131 benannt). Ihm liegen drei ökonomische (Bruttosozialprodukt pro Kopf, Anteil der Industrie am Bruttoinlandsprodukt, Investitionsrate) sowie zwei soziale Kennziffern (Alphabetisierungsrate, täglicher Kalorienverbrauch pro Kopf) zugrunde. Nach einer unterschiedlichen Gewichtung ergeben sie einen Koeffizienten, der die Abstufung in einer Entwicklungsskala erlaubt (*Schaubild 1*).[49]

Einem abweichenden Ansatz folgend, versucht ein anderer DDR-Wissenschaftler, Horst Grienig, politische und ökonomische Kriterien zu verbinden. In einer Gruppierung arabischer Staaten unterscheidet er „Prozeßvariable" – der politisch-ideologisch determinierte Entwicklungsweg – und „Strukturvariable" – die ökonomischen Kennziffern. Sie bilden nach seiner Auffassung eine Einheit, wenngleich die prozeßorientierte Gruppierung im Sinne der marxistisch-leninistischen Zielvorstellungen „letztlich Ausgangspunkt jeglicher Gruppierung von Entwicklungsländern" zu sein habe (*Schaubild 2*).[50]

Die neuen Gruppierungsmodelle erscheinen in mehrfacher Hinsicht bemerkenswert. Zum einen signalisiert die Zurückdrängung der marxistisch-leninistischen Klassifizierung, daß die DDR-Theoretiker offenbar davon ausgehen, daß die Entwicklungsprozesse in der Dritten Welt nicht mehr zureichend mit den tradierten „allgemeinen Gesetzmäßigkeiten" zu erfassen sind. Auch ist zu erkennen, daß die Dritte Welt zunehmend als zusammenhängende Gruppierung von Ländern mit ihnen eigenen Problemen ernst genommen wird. Und schließlich verweist die wachsende Verwendung sy-

Schaubild 1

Die ökonomischen Entwicklungsniveaus der Staaten des kapitalistischen Weltwirtschaftssystems

Kennziffern zur Berechnung	Gewichtungskoeffizient
BSP/Kopf (72/73)	4
Anteil Industrie am BIP (71/73)	2
Durchschn. Invest.-Rate (71/73)	2
Alphabetenrate (69/72)	1
Tägl. cal.-Verbrauch/Kopf (68/71)	1

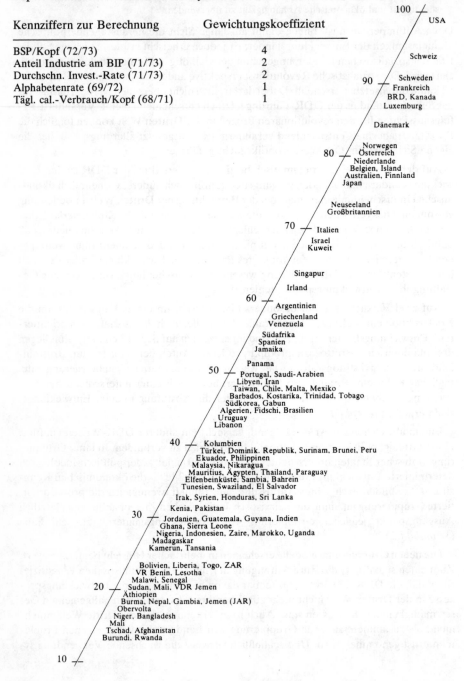

Schaubild 2

Schema der Gruppierung arabischer Staaten

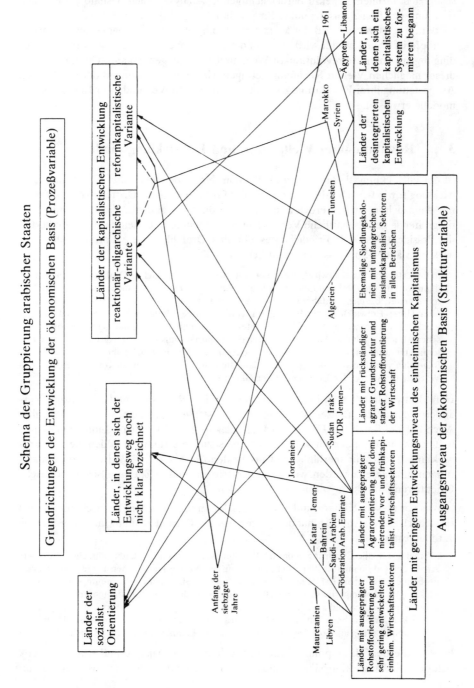

99

stemneutraler Gruppierungsmerkmale, auf denen insbesondere der „Entwicklungsstrahl" basiert, daß den regulären Staatenbeziehungen ein wachsendes Gewicht eingeräumt wird. Dabei darf aber nicht vergessen werden, daß differenzierte, alle ökonomischen und sozialen Aspekte berücksichtigende Analysen auch deshalb erforderlich sind, um spezifische Ansatzpunkte für revolutionäre Aktivitäten zu bestimmen. Dies wiederum setzt voraus, daß der Marxismus-Leninismus nicht „dogmatisch", sondern „schöpferisch" angewandt wird, da es in der Dritten Welt – je nach den örtlichen Bedingungen – mehrere revolutionäre Wege und Modelle geben kann. Ob in der DDR dieser möglichen Vielfalt Rechnung getragen wird, muß sich anhand der inhaltlichen Ausgestaltung ihrer Revolutionskonzepte für die Dritte Welt und ihrer Entwicklungsmodelle erweisen.

3. Revolutionärer Weltprozeß und Entwicklungsländer

In der entwicklungstheoretischen Diskussion der DDR steht außer Frage, daß Entwicklung sowie wirtschaftlicher und sozialer Fortschritt in der Dritten Welt dauerhaft nur dann sichergestellt werden können, wenn die Staaten der südlichen Hemisphäre tiefgreifende gesellschaftliche Veränderungen einleiten. In diesem Sinne formulierten der Präsident des DDR-Friedensrates, Günther Drefahl, sowie ein prominenter Entwicklungsländer-Spezialist, Hartmut Schilling:

> „Die Kategorie der ‚Entwicklung', die wegen des unterschiedlichen Umfangs der begrifflich damit verknüpften Vorstellungen gerade im deutschsprachigen Gebrauch einige Schwierigkeiten bereitet, bezeichnet dabei eben jene Prozesse, die als Negation von Nicht-Entwicklung oder Unter-Entwicklung die Beseitigung von gesamtgesellschaftlicher und wirtschaftlicher Rückständigkeit, weltwirtschaftlicher Unterordnung und Diskriminierung sowie ökonomischer Abhängigkeit und Ausbeutung durch den Imperialismus als Folgen des ‚klassischen' Kolonialismus und als aktuelle Realität des Neokolonialismus zum Inhalt haben. Wenn wir also im folgenden von ‚Entwicklung' sprechen, dann stets im Sinne der Einheit von wirtschaftlichem Wachstum und sozialer Erneuerung der Gesellschaft."[51]

Daß „Entwicklung" mehr bedeutet als quantitatives Wachstum und auch soziale Veränderungen in der Dritten Welt einschließt, ist allerdings keineswegs spektakulär. Auch die Leitlinien der UN-Entwicklungsdekaden und westliche Industrienationen halten eine Reform der wirtschaftlichen und sozialen Strukturen in den meisten Entwicklungsländern für unerläßlich.[52] Entscheidend ist, auf welche Weise diese Veränderungen durchgesetzt werden, wie tiefgreifend sie sein und welche gesellschaftspolitische Orientierung mit ihnen verbunden sein sollen.

Was vor diesem Hintergrund unter „sozialer Erneuerung" im Entwicklungsprozeß tatsächlich zu verstehen ist, hat der gleiche Autor, Hartmut Schilling, an anderer Stelle verdeutlicht:

> „Dabei lassen alle Erfahrungen des ‚Entwicklungsprozesses' der letzten Jahrzehnte in Asien, Afrika und Lateinamerika klar erkennen, daß nur ein solches Herangehen an die Lösung dieser Probleme Aussicht auf Erfolg hat, das Entwicklung (im Sinne der Überwindung von Unterentwicklung) als antiimperialistischen Befreiungsprozeß faßt und sowohl die inneren als auch die äußeren politischen und sozialen Voraussetzungen angestrebter Strukturveränderungen und Entwicklungsmaßnahmen im Kontext der Grundtendenzen unserer Epoche des Übergangs vom Kapitalismus zum Sozialismus im Weltmaßstab komplex in Rechnung stellt."[53]

Hier wird erneut das bipolare Grundmuster der DDR-Analyse und -Programmatik sichtbar: Die Entwicklungsländer sind nicht nur in das globale Ringen zwischen Kapitalismus und Sozialismus eingeordnet, sie können sich auch erfolgversprechend nur dann entwickeln, wenn sie sich nach sowjetischem Vorbild für den Sozialismus entscheiden. Diese lapidare Feststellung mag Klarheit suggerieren, sie birgt indes zahlreiche theoretische Probleme, auf die der Marxismus-Leninismus im Verlauf seiner Geschichte recht unterschiedliche Antworten gefunden hat. Sie folgten nahtlos den jeweils aktuellen innen- und außenpolitischen Interessen der Partei- und Staatsführungen der Sowjetunion und der DDR.

3.1. Kapitalismus oder Sozialismus?

Grundlage der marxistisch-leninistischen Vorstellung, daß den Entwicklungsländern nur dann eine Zukunft gebühre, wenn sie sich für den Sozialismus entscheiden, ist eine in der DDR-Literatur viel zitierte Feststellung Lenins. Auf dem II. Kongreß der Kommunistischen Internationale im Jahre 1920 konstatierte er, daß es den Kolonien grundsätzlich möglich sei, die Phase des Kapitalismus zu umgehen bzw. zu überspringen und direkt den Sozialismus anzusteuern:

> „Die Frage lautete: Können wir die Behauptung als richtig anerkennen, daß die zurückgebliebenen Völker, die sich jetzt befreien und unter denen wir jetzt, nach dem Krieg, eine fortschrittliche Bewegung beobachten, das kapitalistische Entwicklungsstadium der Volkswirtschaft unbedingt durchlaufen müssen? Diese Frage haben wir mit einem Nein beantwortet. Wenn das siegreiche revolutionäre Proletariat unter ihnen eine planmäßige Propaganda treibt und wenn die Sowjetregierungen ihnen mit allen verfügbaren Mitteln zur Hilfe kommen, dann ist es falsch anzunehmen, daß das kapitalistische Entwicklungsstadium für die zurückgebliebenen Völker unvermeidlich sei. In allen Kolonien und zurückgebliebenen Ländern müssen wir nicht nur selbständige Kader von Kämpfern und Parteiorganisationen schaffen, nicht nur unverzüglich Propaganda treiben für die Organisierung von Bauernsowjets und sie den vorkapitalistischen Verhältnissen anzupassen suchen, die Kommunistische Internationale muß auch den Leitsatz aufstellen und theoretisch begründen, daß die zurückgebliebenen Länder mit Unterstützung des Proletariats der fortgeschrittensten Länder zur Sowjetordnung und über bestimmte Entwicklungsstufen zum Kommunismus gelangen können, ohne das kapitalistische Entwicklungsstadium durchmachen zu müssen."[54]

Diese These Lenins ist im marxistischen Denken keineswegs selbstverständlich. Im Gegenteil. Sowohl für Karl Marx und Friedrich Engels als auch, dogmatisch verhärtet und schärfer noch, für die maßgeblichen Theoretiker der II. Sozialistischen Internationale war es undenkbar, daß in den Kolonien Revolutionen anvisiert werden, geschweige denn ausbrechen könnten, die einen direkten Weg zum Sozialismus und nicht zum Kapitalismus eröffnen würden.[55] Dazu fehlten in ihren Augen alle gesellschaftlichen Voraussetzungen, waren doch die Produktionsweisen in den unterentwickelten Ländern feudalistisch, asiatisch oder gentil (Karl Marx), keinesfalls aber kapitalistisch geprägt. Der Sozialismus setze hingegen ein Mindestmaß an industrieller Entwicklung und gesellschaftlicher Arbeitsteilung voraus. Und er sei ohne die Existenz eines klassenbewußten Proletariats nicht denkbar, das allein als Träger des revolutionären Prozesses zu handeln vermag. All dies war damals und ist auch heute in den Ländern der Dritten Welt kaum anzutreffen.

Zwar war sich Lenin der sozialökonomischen Defizite in den „Ländern des Ostens" wie der theoretischen Problematik seiner programmatischen Forderung durchaus bewußt. Für ihn standen jedoch praktische und politische Erwägungen im Vordergrund, denn am Beginn der zwanziger Jahre mußten alle Kräfte darauf konzentriert werden, die Sowjetmacht nach innen und außen zu konsolidieren. Im Inneren galt es, der sozialistischen Revolution auch in den „ehemaligen Kolonien des Zarismus", den unterentwickelten mittelasiatischen Republiken des vergangenen Russischen Reiches zum Durchbruch zu verhelfen. Nach außen bemühte sich die sowjetische Führung, der Einkreisung durch die damaligen Kolonialmächte zu begegnen. Gleichsam in einer Doppelstrategie unterstützte sie daher die bürgerlich-nationalen Emanzipationsbewegungen der asiatischen Kolonien und begann, „die Bauernschaft und die breiten Massen der Ausgebeuteten in revolutionärem Geist zu erziehen und zu organisieren".[56]

Theoretisch waren diese innen- und außenpolitischen Ziele nur zu begründen, wenn ungeachtet der sozialökonomischen Entwicklungsdefizite auch den asiatischen Sowjetrepubliken, Staaten und Kolonien eine sozialistische Perspektive eröffnet werden konnte. Bürgerlich-demokratische Revolutionen und eine kapitalistische Entwicklung hätten dem nicht zu entsprechen vermocht. Wie bei den April-Thesen des Jahres 1917 waren es folglich politisch-taktische Erwägungen, denen Lenins Postulate entsprangen. Wenig später, im Marxismus-Leninismus stalinistischer Prägung, gerannen sie jedoch zu gesellschaftlichen Gesetzen gleichsam universeller Geltung. Nun erst wurde die Geschichte als starre und schematische Abfolge von Gesellschaftsformationen begriffen, beginnend mit dem Urkommunismus über die Sklavenhaltergesellschaft, den Feudalismus und den Kapitalismus bis hin zum Sozialismus und Kommunismus.

Doch ist dies nur die Grobgliederung. Sowohl die eigene Geschichte als auch die Entwicklungsprozesse in der Dritten Welt werden innerhalb dieses Schemas noch weit differenzierter kategorisiert – allerdings mit unterschiedlichen, den aktuellen Interessen der Partei- und Staatsführungen in den sozialistischen Ländern folgenden Akzenten. Zur Verdeutlichung: Die osteuropäischen Volksdemokratien waren in den fünfziger Jahren damit befaßt, den Sozialismus aufzubauen und befinden sich heute in der Phase des „entwickelten Sozialismus". Die Sowjetunion ist hingegen bereits eine Stufe weiter. Den Sieg des Sozialismus verkündete sie per Dekret schon 1935 und heute baut sie die „materiell-technischen Grundlagen des Kommunismus" auf. Dieser „Vorsprung" hat im Mächtekonzert der sozialistischen Staaten eine wichtige politische Funktion: Er begründet die Dirigentenrolle und den Führungsanspruch der Sowjetunion.[57]

Die mögliche Umgehung der kapitalistischen Entwicklungsphase in den Ländern der Dritten Welt wirft drei Kardinalfragen auf, die der Marxismus-Leninismus zu beantworten hat. Er muß bestimmen, auf welchem Weg angesichts der sozialökonomischen Defizite der Kapitalismus umgangen und der Sozialismus angesteuert werden kann, welchen Charakter die anzustrebenden Revolutionen haben. Des weiteren muß er angeben, welche Entwicklungsetappen mit welchem Tempo auf diesem Weg zurückzulegen sind. Schließlich muß er die gesellschaftlichen Kräfte benennen, die in der Lage und bereit sind, diesen Weg politisch durchzusetzen, da eine Arbeiterklasse als eigentlicher Träger einer sozialistischen Revolution in den Entwicklungsländern weithin fehlt.

Um diese drei Fragen kreist seit den zwanziger Jahren die revolutionstheoretische Diskussion des Marxismus-Leninismus. Sie hat seither sehr unterschiedliche, ja konträre Antworten hervorgebracht, die allerdings weniger Ausdruck wachsender theoretischer Reife und wissenschaftlichen Fortschritts als vielmehr gewandelter politischer Interessen und Prioritäten in der Gestaltung der Beziehungen zu den Entwicklungsländern sind. Allein im Verlauf der DDR-Geschichte lassen sich bei großzügiger, Nuancen vernachlässigender Betrachtung nicht weniger als vier deutliche Akzentverlagerungen im Revolutions-Programm für die Dritte Welt ausmachen.[58] Ehe das aktuell gültige Konzept vorgestellt wird, sei in aller Kürze auf die beiden herausragenden Kurswechsel der marxistisch-leninistischen Revolutionsdoktrin für die Entwicklungsländer zu Beginn der fünfziger und der sechziger Jahre eingegangen. Sie erlangten ohne Einschränkung auch in der DDR Geltung.

3.2. Von der „Volksdemokratie" zur „nationalen Demokratie"

Unmittelbar nach dem Zweiten Weltkrieg, als die Kriegskoalition noch Bestand hatte, wurde den kolonialen Entwicklungsländern und der nationalen Befreiungsbewegung relativ wenig Beachtung geschenkt. Das Einvernehmen mit dem bedeutendsten ehemaligen Alliierten, den Vereinigten Staaten von Amerika, hatte in der sowjetischen Außenpolitik absolute Priorität. Dort, wo sich Konflikte anbahnten, bemühte sich die sowjetische Führung, deren Eskalation zu vermeiden und eine Entschärfung herbeizuführen. In diesem Sinne drängte Stalin etwa die chinesische Volksbefreiungsarmee unter Mao Tse-tung mehrfach, den Kampf gegen die Kuomintang des mit den USA verbündeten Chiang Kai-shek einzustellen (zur Vorgeschichte in den zwanziger Jahren, siehe Kapitel A). Die Sowjetunion zeigte sich im Gleichklang mit der amerikanischen Außenpolitik allenfalls daran interessiert, den britischen Einfluß in der Dritten Welt zurückzudrängen.

Eine scharfe Wende trat am Ausgang der vierziger Jahre ein. Die Kriegsallianz war zerbrochen, der Kalte Krieg in aller Schärfe entbrannt. An die Stelle der außenpolitischen Verständigung und des Interessenausgleichs trat die konsequente Abgrenzung vom Systemgegner. Linientreue und die kompromißlose Durchsetzung der eigenen Systemvorstellungen wurden zum Gebot der Stunde. Dies hatte zur Folge, daß sich die Sowjetunion auch in den Entwicklungsländern bemühte, ihr eigenes Revolutionsmodell ungeschmälert durchzusetzen.

Bestärkt durch den Sieg der chinesischen Revolution galt als verbindlicher marxistisch-leninistischer Lehrsatz fortan, daß in den Kolonien und unterentwickelten Ländern unverzüglich „Diktaturen der Volksdemokratie" als „revolutionär-demokratische Diktaturen der Arbeiterklasse und der Bauernschaft" anzustreben seien. Sie wurden als kurzfristige, nur wenige Jahre umfassende Etappe auf dem Weg zur sozialistischen Transformation angesehen, die im Rahmen der Diktatur allein des Proletariats zu verwirklichen sei. Dabei stand außer Frage, daß der Arbeiterklasse und ihrer vermeintlichen Avantgarde, den kommunistischen Organisationen, die führende Rolle gebühre und daß diese allein im bewaffneten Kampf gegen die Kolonialmächte und die bürgerlichen Regierungen in den unabhängigen Staaten erfolgreich zu sein vermochten. Dem unzureichenden Entwicklungsniveau in diesen Ländern wurde nur insoweit Tribut gezollt, als die Kommunisten im Verlauf der ersten Etappe ein Bündnis auch mit den kooperationswilligen Bauern und Kleinbürgern anstreben sollten – vorausgesetzt, diese waren bereit, sich der proletarischen Avantgarde unterzuordnen. Daß in den angesprochenen Ländern kaum eine Arbeiterklasse anzutreffen war, versprach die Sowjetunion durch ihre Unterstützung auszugleichen.[59]

Dieses offensive und über den Rahmen des marxistisch-leninistischen Stadienschemas hinausgehende Revolutionsmodell des Kalten Krieges war nur durch ein theoretisches Axiom zu rechtfertigen: Die Existenz der Sowjetunion substituierte gleichsam als idealer „Globalproletarier" alle in den Entwicklungsländern anzutreffenden sozial-ökonomischen Defizite. Wenngleich im Rahmen veränderter Revolutionskonzepte, gilt dieser Lehrsatz unter Einschluß der anderen sozialistischen Staaten bis heute weitgehend unverändert fort:

> „Mit der Entstehung des ersten sozialistischen Staates in der Welt, mit der Herausbildung des sozialistischen Lagers erschlossen sich den ökonomisch zurückgebliebenen Völkern neue Perspektiven für das Heranführen ihrer Länder an den Sozialismus. Die Hilfe des sozialistischen Staates ermöglichte es, die mangelnden inneren objektiven Voraussetzungen für den Sozialismus gleichsam zu kompensieren."[60]

Doch war das bis Mitte der fünfziger Jahre geltende sowjetische Transformationskonzept für die Dritte Welt keineswegs nur in seinem theoretischen Ansatz fragwürdig. Innerhalb kurzer Zeit erwies sich zudem seine praktische Unzulänglichkeit. Die Kommunisten waren ungeachtet der zugesagten Unterstützung durch die Sowjetunion und die Volksrepublik China zu schwach, durchgreifende Erfolge zu erringen. Sie waren aber schlagkräftig genug, die bürgerlichen Eliten in den unabhängigen Staaten Asiens ernsthaft zu beunruhigen. Die Folge: Niederlagen in den meisten angezettelten Guerilla-Kriegen und eine deutliche Abwendung solcher prominenter Führer wie Nehru in Indien, Sukarno in Indonesien, U Nu in Burma und Nasser in Ägypten von den sozialistischen Staaten. Die Sowjetunion und ihre Verbündeten isolierten sich zusehends von der Dritten Welt und mußten darüber hinaus erleben, daß sich eine große Zahl von Entwicklungsländern nicht länger den amerikanischen Bemühungen versagte, einen Bündnis- und Sicherheitsring um die sozialistischen Staaten zu bilden. Dieser schloß amerikanische Luftwaffenstützpunkte und Flottenbasen ein und reichte bald von Marokko über die Türkei, den Iran und Pakistan bis zu den Philippinen und Thailand.

Eingedenk dieser Tatsache erinnerte sich die sowjetische Führung an einen weiteren marxistisch-leninistischen Lehrsatz, daß sich nämlich der Wert und die Verläßlichkeit einer Theorie an der gesellschaftlichen Praxis zu erweisen habe – und die gestaltete sich alles andere als verheißungsvoll. Hinzu kam, daß Mitte der fünfziger Jahre eine Reihe asiatischer und afrikanischer Staaten zunehmend auch gegen die Politik der USA Front machte und sich auf einen dezidiert blockfreien Kurs begab. Die Sowjetunion sah darin Ansatzpunkte, um ihren außenpolitischen Interessen neuerlich Geltung zu verschaffen. Im Zuge der Konferenzen von Colombo 1954 und Bandung 1955, aus denen die Bewegung der Blockfreien hervorging, begann sie daher, ihr Revolutions- und Entwicklungskonzept ein weiteres Mal zu modifizieren. Erste unübersehbare Anzeichen offenbarte bereits der XX. Parteitag der KPdSU im Jahre 1956. Eine neue für die bereits von der Spaltung bedrohte kommunistische Weltbewegung verbindliche Generallinie des Marxismus-Leninismus wurde allerdings erst im November 1960 auf einer „Beratung von Vertretern der kommunistischen und Arbeiterparteien" in Moskau verabschiedet.

Die Wende konnte kaum deutlicher ausfallen. Das macht die unverhohlene Kritik an der politischen Linie der frühen fünfziger Jahre und an jenen Kräften deutlich, die sich wie die chinesischen und albanischen Kommunisten den damaligen Leitvorstellungen unverändert verbunden fühlten:

> „Die große Bedeutung der antikolonialen, antiimperialistischen Befreiungsbewegung wird von Sektierern und Dogmatikern vor allen Dingen im Zusammenhang mit der Bildung unabhängiger Staaten in Asien und Afrika unter der Führung bürgerlicher bzw. kleinbürgerlicher Führer

unterschätzt. Manchen sektiererischen Dogmatikern verläuft der Prozeß der Beseitigung des Kolonialsystems nicht radikal genug. Ihnen passen die Entwicklung der nationalen Bewegung unter der Führung bürgerlicher bzw. kleinbürgerlicher Kräfte und das Bestehen bürgerlicher nationaler Staaten, in denen die Arbeiterklasse nicht an der Macht ist und in denen sich kapitalistische Produktionsformen entwickeln, nicht in ihr dogmatisches Schema. Sie halten die an der Macht befindliche Bourgeoisie der Länder Asiens und Afrikas für unfähig zu einem ernsthaften Bündnis mit den sozialistischen Staaten, halten die Entstehung bürgerlicher nationaler Staaten lediglich für die Ablösung einer Ausbeuterordnung durch die andere und behaupten, daß die Politik der friedlichen Koexistenz zwischen Staaten mit verschiedenen sozialpolitischen Systemen den revolutionären Prozeß der ehemaligen Kolonialvölker bremst und unterbricht. Diese sektiererischen Auffassungen verraten das völlige Unverständnis für die dialektische Gesetzmäßigkeit der gesellschaftlichen Entwicklung."[61]

Die Kritik und implizite Selbstkritik offenbart ein weiteres Mal das Dilemma der sozialistischen Staaten im Spannungsverhältnis zwischen revolutionärer und diplomatischer Außenpolitik. Ist sie erfolgreich, garantiert die sozialistische Revolutionsstrategie – und nur sie –, daß die Sowjetunion neue zuverlässige Bündnispartner gewinnt, obwohl das Schisma in der kommunistischen Weltbewegung selbst hier so manches Fragezeichen setzt. Da das internationale Kräfteverhältnis ebenso wie das Kräfteverhältnis in den Entwicklungsländern einen solchen Erfolg jedoch keineswegs garantiert, gewinnt die Kehrseite der Revolutionsstrategie an Gewicht: Sie behindert massiv den diplomatischen Verkehr mit den Regierungen dieser Länder und birgt latent die Gefahr einer internationalen Isolierung der sozialistischen Staaten. Eine Beschränkung auf die diplomatische Ebene wiederum kann leicht als prinzipienloses Lavieren und als Verrat an den sozialistischen Zielen begriffen werden. Auch dies hat Folgen: Innenpolitisch sind die Partei- und Staatsführungen der osteuropäischen Staaten angewiesen, ihre autoritäre Herrschaft mit der befreienden Perspektive des Sozialismus und Kommunismus zu legitimieren. Außenpolitisch können sie nicht auf befreundete politische Kräfte als „Brückenköpfe" verzichten, da sie im Ringen mit den westlich kapitalistischen Industriestaaten um die Gunst der Entwicklungsländer über ein deutlich geringeres politisches, ökonomisches und auch militärisches Gewicht verfügen.

Das aufgezeigte strukturelle Dilemma hat der Außenpolitik der Sowjetunion und der DDR in doppelter Weise den Vorwurf der Janusköpfigkeit eingetragen. Im Westen wird beiden Staaten nachgesagt, sie seien wegen ihrer revolutionären Hintergedanken langfristig weder zum Interessenausgleich und zu ernsthafter Kooperation, noch zu einem normalen staatlichen Verkehr fähig. In der kommunistischen Bewegung und vor allem auch bei zahlreichen sozialrevolutionären Kräften der Dritten Welt wird hingegen periodisch der Vorwurf laut, die sozialistischen Staaten verraten zugunsten einer Kooperation mit dem Klassenfeind im Westen und in den Entwicklungsländern die gemeinsamen revolutionären Ziele.

Im Verlauf des Kalten Krieges der frühen fünfziger Jahre war die Situation eindeutig, denn damals verpflichtete sich die Sowjetunion im Gleichklang mit allen kommunistischen Parteien unzweideutig der Revolutionsstrategie. Am Beginn der sechziger Jahre versuchte sie nun, beides zu integrieren. Sie bekannte sich zu einer dauerhaften Kooperation mit den bürgerlichen Regierungen in den Entwicklungsländern, hielt zugleich aber daran fest, daß in diesen Ländern tiefgreifende Umwälzungen durchzuführen seien, ohne sie unmittelbar auf den Sozialismus zu verpflichten. Die Bereitschaft zur Kooperation mit den bürgerlichen Eliten wurde theoretisch damit begründet, daß die herausragende Gemeinsamkeit der sozialistischen Staaten und der Entwicklungsländer der notwendige „Kampf gegen den Imperialismus" sei:

„'Das Wichtigste und Wesentlichste, was die sozialistischen und nichtsozialistischen nationalen Staaten vereint, sind ihre gemeinsame antiimperialistische Position, ihr gemeinsames Interesse an der schnellsten Beseitigung des Kolonialsystems und dem allseitigen ökonomischen und kulturellen Aufschwung der zeitweilig in ihrer Entwicklung zurückgebliebenen Völker, an der Herstellung einer echten nationalen Gleichberechtigung und der Aufrechterhaltung eines dauerhaften Friedens auf der Erde' – heißt es in der ,Prawda' vom 26. August 1960. Deshalb kann es für die sozialistischen Länder gegenüber den nationalen nichtsozialistischen Staaten keine andere Politik geben als die einer ständigen freundschaftlichen Zusammenarbeit. Jedes sektiererische, dogmatische Verhalten aber schränkt die Beziehungen mit diesen Staaten ein, führt zur Selbstisolierung von den Volksmassen dieser Länder, gibt dem Imperialismus Spielraum für seine verbrecherische Politik und schwächt letzten Endes die antiimperialistischen Kräfte, d. h. fördert nicht den revolutionären Prozeß der nationalen und sozialen Befreiung der Völker, sondern hemmt und erschwert ihn. Wünschen nicht gerade die imperialistischen Regierungen nichts sehnlicher als eine Störung der engen Zusammenarbeit zwischen den sozialistischen Staaten und den großen befreiten Gebieten Asiens, Afrikas sowie den nationalen Regierungen Lateinamerikas? Jede andere als die von den sozialistischen Ländern betriebene Politik würde der imperialistischen antikommunistischen Hetze Wasser auf die Mühlen gießen und den schmutzigen Plänen der Imperialisten zur erneuten Versklavung dieser Völker und der Kriegsvorbereitung Vorschub leisten."[62]

Das Ziel einer sozialistischen Transformation der Entwicklungsländer wurde im Übergang zu den sechziger Jahren dem beide Staatengruppen einigenden „Antiimperialismus" untergeordnet. Er wurde seither gleichsam zu einer theoretischen Zauberformel und zum Synonym für das Bemühen der sozialistischen Staaten, im Kampf der Systeme gedeihliche Beziehungen zu *allen* Entwicklungsländern herzustellen. Aufgegeben wurde das weitergehende Ziel indes keineswegs. Vielmehr beschlossen die kommunistischen Parteien 1960 in Moskau ein langfristig orientiertes Revolutionskonzept für die Dritte Welt, das – ähnlich wie der XX. Parteitag der KPdSU 1956 – in seiner ersten Phase zur Bildung „unabhängiger Staaten der nationalen Demokratie" aufrief:

„Unter den jetzigen historischen Verhältnissen entstehen in vielen Ländern günstige internationale und innere Voraussetzungen für die Bildung eines unabhängigen Staates der nationalen Demokratie, d. h. eines Staates, der konsequent seine politische und wirtschaftliche Unabhängigkeit verteidigt, der gegen den Imperialismus und seine Militärblocks, gegen die Militärstützpunkte auf seinem Territorium kämpft; eines Staates, der gegen die neuen Formen des Kolonialismus und das Eindringen des imperialistischen Kapitals kämpft; eines Staates, der die diktatorischen und despotischen Methoden der Verwaltung ablehnt; eines Staates, in dem das Volk die breitesten demokratischen Rechte und Freiheiten (Freiheit des Wortes, der Presse, der Versammlungen, der Demonstrationen, der Bildung politischer Parteien und gesellschaftlicher Organisationen) genießt, in dem es die Möglichkeit besitzt, sich für eine Agrarreform und für die Verwirklichung anderer Forderungen nach demokratischen und sozialen Umgestaltungen, nach Mitbestimmung der Staatspolitik einzusetzen. Mit ihrer Entstehung und Festigung ergibt sich für die nationaldemokratischen Staaten die Möglichkeit, auf dem Wege des sozialen Fortschritts rasch voranzukommen und im Völkerkampf für den Frieden, gegen die Aggressionspolitik des imperialistischen Lagers und für die restlose Beseitigung des Kolonialjochs eine aktive Rolle zu spielen."[63]

Im Unterschied zur „Volksdemokratie" galt die „nationale Demokratie" nicht mehr als unmittelbare Vorstufe des Sozialismus. Auch blieb ihre Dauer völlig unbestimmt. Wohl aber sollte sie den Weg einer „nichtkapitalistischen Entwicklung" öffnen, in deren weiterem Verlauf der Übergang zum Sozialismus möglich erschien:

„Ein Staat der nationalen Demokratie ist kein Staat sozialistischen Typs. Er würde aber den Übergang zur nichtkapitalistischen Entwicklung erleichtern. Das könnte in einigen Fällen ein Übergangsstadium sein, das noch nicht Sozialismus, infolge tiefgehender demokratischer und sozialer Umgestaltungen aber auch schon nicht mehr Kapitalismus ist. Einige Länder, in denen kein – oder so gut wie kein – einheimischer Kapitalismus existiert, könnten über die Nationalisierung des Besitzes ausländischer Monopole und andere demokratische Maßnahmen *unter Vermeidung des Kapitalismus* einen nichtkapitalistischen Entwicklungsweg beschreiten und allmählich zu einer höheren Gesellschaftsordnung übergehen."[64]

Die veränderte Zielsetzung konnte nicht ohne revolutionstheoretische Konsequenzen bleiben. Um die Bildung einer „nationalen Demokratie" zu ermöglichen und um einen „nichtkapitalistischen Entwicklungsweg" einleiten zu können, steuerten die kommunistischen Parteien nunmehr eine „nationaldemokratische Revolution" an. Dieser neue Revolutionstypus sollte deutlich über die Ziele und Ergebnisse einer „bürgerlich-demokratischen Revolution", wie sie etwa im Frühjahr 1917 in Rußland und 1918 in Deutschland stattgefunden hatte, hinausgehen. Zugleich sollte er aber nicht die Qualität einer „sozialistischen Revolution" erreichen, die per definitionem der Arbeiterklasse und ihrer kommunistischen Avantgarde die entscheidende Rolle zuweist und sie damit in den Entwicklungsländern politisch und quantitativ weit überfordert.

Die „nationaldemokratische Revolution" hatte eine dreifache strategische Aufgabe zu erfüllen. Im Sinne der nationalen Unabhängigkeit sollte sie „antiimperialistisch" sein, im Interesse des Fortschritts „antifeudal" und sie sollte „demokratisch" sein, das heißt gesellschaftliche Umgestaltungen einleiten, die den „Volksmassen" zugute kommen. Als innere Hauptgegner galten der feudale Grundbesitz und jene Kräfte der „nationalen Bourgeoisie", die eine Kooperation mit dem Imperialismus suchten.[65] Getragen wurde die „nationaldemokratische Revolution" von einer breiten „Einheitsfront", die neben der Arbeiterklasse und den Bauern auch die Mittelschicht, das Kleinbürgertum sowie die aufgeschlossenen, fortschrittlichen Teile der „nationalen Bourgeoisie" umfassen sollte. Im Unterschied zur „volksdemokratischen" und zur „sozialistischen" Revolution konnte die Führung der „nationaldemokratischen Revolution" aber nicht der Arbeiterklasse, sondern nur „nationalen" oder auch „revolutionären Demokraten" zufallen. Darunter faßten die kommunistischen Parteien 1960 exponierte politische Kräfte in den Entwicklungsländern, die vor allem aus den Mittelschichten, der Intelligenz und aus dem Offizierskorps kamen. Sie trugen damit der Tatsache Rechnung, daß die antikolonialen nationalen Befreiungsbewegungen in jenen Jahren überwiegend von Politikern geführt wurden, die wie Nkrumah, Nyerere, Nasser, Ben Bella, Lumumba und Sekou Touré keinen proletarischen, sondern einen eher kleinbürgerlichen sozialen Hintergrund aufwiesen.

Die kommunistischen Parteien in den Entwicklungsländern, deren führende Kader zumeist den gleichen Mittelschichten entstammten, waren aufgerufen, die „nationalen Demokraten" zu unterstützen und die konsequente Durchführung der „nationaldemokratischen Revolution" sicherzustellen:

> „Die kommunistischen Parteien kämpfen aktiv für die konsequente Vollendung der antiimperialistischen, antifeudalen, demokratischen Revolution, für die Bildung eines nationaldemokratischen Staates und für eine wirksame Hebung des Lebensstandards der Volksmassen. Sie unterstützen die Maßnahmen der nationalen Regierungen, die der Verankerung der erzielten Errungenschaften dienen und die Positionen des Imperialismus untergraben. Zugleich wenden sie sich aktiv gegen antidemokratische, volksfeindliche Handlungen, gegen Maßnahmen der herrschenden Kreise, die die nationale Unabhängigkeit gefährden. Die Kommunisten enthüllen die Versuche des reaktionären Flügels der Bourgeoisie, seine rein egoistischen Klasseninteressen als Interessen der ganzen Nation hinzustellen, sowie den demagogischen Mißbrauch sozialistischer Losungen durch die bürgerlichen Politiker, womit sie den gleichen Zweck ver-

folgen. Die Kommunisten streben eine echte Demokratisierung des öffentlichen Lebens an und vereinigen alle fortschrittlichen Kräfte, um die despotischen Regimes zu bekämpfen beziehungsweise die Absichten zur Errichtung derartiger Regimes zu durchkreuzen."[66]

Trotz der angebotenen Unterstützung waren die Kommunisten in zahlreichen Entwicklungsländern unverändert Verfolgungen ausgesetzt. Diese nahmen nicht selten – so ausgangs der fünfziger Jahre im Ägypten Nassers und mehr noch dem Irak unter Kassem – ausgesprochen blutige Züge an. Deren Politik vor allem hatte die kommunistische Beratung im Sinn, als sie 1960 dazu aufforderte, „die despotischen Regimes zu bekämpfen". Die offiziellen außenpolitischen Beziehungen mit den Entwicklungsländern wollten die sozialistischen Staaten durch solche Ereignisse indessen nicht beeinträchtigen lassen. Über verhaltenen Protest gelangten sie kaum hinaus. Mehr noch: Ungeachtet des Verbots kommunistischer Organisationen und der Verfolgung ihrer Mitglieder stiegen Länder wie Ägypten, Algerien und Syrien im Verlauf der sechziger Jahre zu den wichtigsten Verbündeten der sozialistischen Staaten in der Dritten Welt auf. Ohne die 1960 verabschiedete programmatische Linie wäre dies kaum denkbar gewesen. Sie räumte den gemeinsamen außenpolitischen Interessen im Zeichen des „Antiimperialismus" absolute Priorität ein. Weder durch Klassenverbundenheit, noch durch revolutionäre Aktivitäten durfte diese Gemeinsamkeit gefährdet werden. Folglich wurde die revolutionäre Perspektive nicht mit konkreten zeitlichen Planungen versehen, sondern flexibel definiert und in eine Vielzahl kleiner Etappen aufgelöst.

Für die chinesische und eine Reihe anderer kommunistischer Parteien bedeutete die neue Linie hingegen schlicht Verrat an den gemeinsamen revolutionären Zielen. Zwar trug die chinesische KP die 1960 in Moskau verabschiedete „Erklärung" formal mit. Wenig später begann sie jedoch mit der KPdSU einen öffentlichen Disput über die „Generallinie" der kommunistischen Weltbewegung, bei der die Beziehungen zur Dritten Welt eine wesentliche Rolle spielten.[67] Daß die sowjetische und die chinesische Führung unterschiedliche Antworten auf das Grundproblem ihrer Beziehungen zur Dritten Welt – das virulente Spannungsverhältnis zwischen revolutionärer und diplomatischer Außenpolitik – fanden, hat somit nicht wenig zum Schisma der kommunistischen Weltbewegung beigetragen. Beides wirkt bis heute fort.

3.3. Nationale und soziale Befreiung im revolutionären Weltprozeß

Die Zielvorstellungen und strategischen Leitlinien zur Revolution und Entwicklung in der Dritten Welt, wie sie während der siebziger und frühen achtziger Jahre in der DDR diskutiert und propagiert wurden, basieren weitgehend auf den Festlegungen der Beratung kommunistischer Parteien aus dem Jahre 1960. Sie gelten in ihren Grundzügen – Bildung einer „antiimperialistischen" Front mit allen Entwicklungsländern und einer allmählichen, langfristig angelegten Transformation in Richtung auf den Sozialismus – bis heute. Da sich seither jedoch sowohl die Weltlage als auch die Entwicklungsländer verändert und fortentwickelt haben, sahen sich die Theoretiker der SED genötigt, eine Reihe von Anpassungen und Akzentverlagerungen vorzunehmen.

Unverändert gilt, daß die Zukunft der Dritten Welt allein im Sozialismus liegen könne, die „nationale Befreiung" folglich erst mit dem „Aufbau des Sozialismus" ihre Vollendung erfährt. Nach überwiegender Auffassung in der DDR haben die Entwicklungsländer bis zu diesem Ziel drei Etappen zu durchlaufen. Die *erste Etappe* umfaßt die „nationale Befreiungsrevolution" und hat das Ziel, „das imperialistische Kolonialsystem zu liquidieren und die staatliche Selbständigkeit zu erringen". Sie ist heute bis auf wenige Ausnahmen (Namibia, Falkland / Malvinas und andere kleine Inseln) abgeschlossen. In der *zweiten Etappe* soll die „nationaldemokratische" oder auch „allgemein-demokratische, antiimperialistische und antifeudale Befreiungsrevolution" zum Erfolg geführt werden. Sie dauert an und ihr Ende ist keineswegs abzusehen. Die *dritte Etappe* schließlich gilt den „sozialistischen Veränderungen", die bisher erst von wenigen Ländern der Dritten Welt (Mongolei, Nord-Korea, Kuba, Vietnam, Laos, Kampuchea) begonnen wurden.[68]

Theoretisch und praktisch ist fraglos die zweite Etappe am bedeutsamsten. Sie bereitet aber zugleich auch die größten Probleme:

> „Sowohl vom theoretischen als auch vom sozialökonomischen Standpunkt macht die Analyse des Inhalts der national-demokratischen Revolution die größte Schwierigkeit. Die nationaldemokratische Revolution ist ein spezifischer Typ der sozialen Entwicklung, der gleichzeitig sowohl revolutionär-zerstörende als auch revolutionär-schöpferische Aufgaben in sich vereint und in dessen Verlauf äußerst wichtige historische Probleme der ökonomischen Entwicklung und des sozialen Fortschritts gelöst werden müssen."[69]

Bemerkenswerter noch als die theoretischen Schwierigkeiten ist, daß die „nationaldemokratische Revolution" im Verlauf der siebziger und achtziger Jahre inhaltlich weitgehend neu gefaßt wurde. Dies beginnt bereits bei ihrer „revolutionstypologischen" Einordnung. Bis weit in die siebziger Jahre wurde nahtlos den Festlegungen des Moskauer KP-Treffens von 1960 gefolgt. Danach wurde die „nationaldemokratische Revolution" als eine Revolution sui generis begriffen, die sowohl pro- als auch anti-kapitalistische Kräfte gegen einen gemeinsamen Gegner vereinte: Imperialismus und Feudalismus, die beiden vermeintlichen Garanten der Abhängigkeit und Unterentwicklung. Unterschiedliche politische Tendenzen galten folglich als integraler Bestandteil der „nationaldemokratischen Revolution", wo zwei „Phasen" oder zwei „Linien" unterschieden wurden: Die erste habe lediglich „allgemein-demokratische" Aufgaben zu bewältigen, was eine partielle kapitalistische Entwicklung keineswegs ausschließt. Die zweite hingegen strebe einen „beschleunigten Übergang zur Lösung der eigentlichen sozialistischen Aufgaben" an.[70] In diesem Konzept wird „nationale Befreiung" als einheitlicher – wenn auch keineswegs gradliniger – revolutionärer Prozeß begriffen. Er beginnt bei der nationalen Unabhängigkeit und endet ohne weitere revolutionäre Brüche über die schrittweise Einleitung eines nichtkapitalistischen Entwicklungsweges schließlich beim Aufbau des Sozialismus.

Ganz anders jene Definition der „nationaldemokratischen Revolution", die sich nach anfänglichen Kontroversen heute offenbar in der DDR weitgehend durchgesetzt hat und mit den Festlegungen des Jahres 1960 kaum mehr übereinstimmt. Besonders prägnant hat ihr Christian Mährdel, ein prominenter Entwicklungsländer-Spezialist, Ausdruck verliehen. Für ihn zählen „nationaldemokratische Revolutionen" neben den „proletarisch-sozialistischen" (mittelasiatische Sowjetrepubliken, Süd-Vietnam nach 1975) und den Revolutionen „volksdemokratischen Typs" (Mongolei, Korea, Vietnam, China, Laos) bereits zum „sozialistischen Revolutionszyklus", wenngleich er betont, daß ihr Erfolg keineswegs irreversibel sei.[71] Die „nationale Befreiungsrevolution" rechnet er im Unterschied dazu dem – vorhergehenden – „bürgerlichen Revolutionszyklus" zu.[72] Damit trägt Mährdel der Tatsache Rechnung, daß sich seit 1960 in zahlreichen Ländern der Dritten Welt nach Erringung der Unabhängigkeit die kapitalistische Produktionsweise durchgesetzt hat, mithin bürgerliche Kräfte die Oberhand gewannen. In den meisten Fällen kann folglich ein kontinuierlicher nichtkapitalistischer Entwicklungsprozeß hin zum Sozialismus nicht mehr erwartet werden. Da diese ursprüngliche optimistische Erwartung, die nationale Befreiung „müsse, ihrer eigenen Logik und Dynamik folgend, mehr oder weniger unmittelbar in die soziale Befreiung hinüberwachsen", getrogen hatte, bedarf es folglich weiterer, nunmehr antikapitalistischer revolutionärer Anstrengungen.[73]

Von Anbeginn einig waren sich wiederum alle DDR-Theoretiker, daß zwischen den verschiedenen Etappen „keine chinesische Mauer" vermutet werden dürfe, daß hier vielmehr „ein fließender, oftmals in jähen Wendungen sich vollziehender Prozeß verläuft".[74] Diese Feststellung hat weniger theoretische, sondern praktische Bedeutung, da sich mit ihr vor allem „jähe Wendungen" in der Politik der sozialistischen Staaten rechtfertigen lassen. So wird ihnen theoretisch ermöglicht, gesellschaftliche Umgestaltungen überall dort zu forcieren, wo sie über stabile politische und militärische Machtpositionen verfügen. Daß Länder wie Laos und Kampuchea bereits wenige Jahre nach dem Ende des Indochina-Krieges den sozialistischen Aufbau begonnen haben sollen, findet hier seine Legitimation. Eine solche politische Flexibilität, die wohlgemerkt auch die Duldung einer umgekehrten Entwicklung einschließt, erscheint der Partei- und Staatsführung der DDR augenscheinlich unverzichtbar, läßt aber auch die Beliebigkeit ihrer theoretischen Konzeption erkennen. Gleiches gilt für die Aufgaben, die der „nationaldemokratischen Revolution" gestellt sind.

Daß bereits in der zweiten Etappe des Befreiungsprozesses, im Verlauf der „nationaldemokratischen Revolution" „antikapitalistische" Aufgaben zu bewältigen seien, ist das eigentlich neue Element im Revolutionsprogramm der DDR für die Dritte Welt. Das kommunistische Parteienkonzil hatte sich 1960 hingegen damit begnügt, in erster Linie „antiimperialistische" und „antifeudale" Maßnahmen zu fordern. Sie setzte Manfred Uschner, Mitarbeiter im ZK der SED, noch 1972 auf die „Tagesordnung" der revolutionären Umgestaltungen:

„1. Sicherung und Verteidigung der nationalen Unabhängigkeit, Überwindung der ökonomischen Abhängigkeit vom Imperialismus;
2. Überwindung der rückständigen feudalen Verhältnisse, revolutionäre Überwindung der alten Kolonialstrukturen, Entwicklung der Produktivkräfte;
3. Demokratisierung des öffentlichen Lebens, Aufbau einer revolutionär-demokratischen Staatsmacht, Hebung des Lebensstandards der Werktätigen;
4. Verwirklichung einer unabhängigen, antiimperialistischen Außenpolitik."[75]

Diese beschränkte Aufgabenstellung beruhte im Sinne des marxistisch-leninistischen Stadienschemas auf der Einschätzung, daß in den Entwicklungsländern die feudale Produktionsweise vorherrsche, und sie folgte dem Ziel, das „antiimperialistische Bündnis" mit den bürgerlichen Eliten nicht zu gefährden. Angesichts einer Reihe neuer Tendenzen glaubten die DDR-Entwicklungstheoretiker im Verlauf der siebziger Jahre, darüber hinaus gehen zu können und zu müssen – ohne jedoch das Bündnis selbst in Frage stellen zu wollen.

Nicht nur, daß sich die kapitalistische Produktionsweise seit 1960 weiter durchgesetzt hatte und zahlreiche Entwicklungsländer erhebliche wirtschaftliche Fortschritte aufweisen konnten. Auch begannen im Verlauf der siebziger Jahre nicht wenige Regierungen der Dritten Welt, ausländische und einheimische Unternehmen zu verstaatli-

110

chen. Zudem gelang es den sozialistischen Staaten, eine Reihe neuer Verbündeter zu gewinnen. Und nicht zuletzt stieß das traditionelle, allein gegen feudale Kräfte gerichtete Transformationskonzept auf wachsende Kritik bei sozialrevolutionären Kräften in der Dritten Welt, die vor allem auch das nationale Kapital in ihren Ländern als Gegner betrachteten.

Im Lichte dieser neueren Entwicklungen konstatierten die DDR-Theoretiker etwa ab Mitte der siebziger Jahre eine „soziale Vertiefung der nationalen Befreiungsrevolutionen" und eine weitere Ausprägung ihres eigentlichen „sozialen Inhalts", der letztlich über den bloßen „Antiimperialismus" hinaus im „Antikapitalismus" liege:

> „Aus dem grundlegenden Entwicklungswiderspruch zwischen national befreiten Staaten und Imperialismus, auf den immer wieder Bezug genommen werden muß, erwachsen objektive Erfordernisse. Sie finden vor allem in der Durchführung tiefgreifender sozialer Umgestaltungen und der Neuformierung der politischen Macht im Innern der Länder sowie in Maßnahmen zur entscheidenden Veränderung ihrer Stellung in der internationalen kapitalistischen Arbeitsteilung ihren Ausdruck. Die Folge sind eine Verbreiterung und zugleich Vertiefung des antiimperialistischen Kampfes im Sinne des Epoche-Fortschritts, eine deutlich erkennbare Beschleunigung der gesellschaftspolitischen Prozesse. Konzentriert zeigt sich das im vermehrten Auftreten von Antikapitalismus innerhalb des wesentlich breiteren Antiimperialismus, im Streben nach Formen gesellschaftlicher Entwicklung in Richtung Sozialismus in Konzeption und praktischem Handeln."[76]

Die DDR-Theoretiker betrachten dies nicht als eine willkürliche oder beliebige, sondern als objektive, gesetzmäßige Erscheinung im Verlauf des nationalen Befreiungsprozesses. Mit ihr gehe vor allem auch eine „Polarisierung" jener Klassenkräfte einher, die in der ersten Etappe noch gemeinsam für die nationale Unabhängigkeit gestritten hatten und im Sinne der Festlegungen von 1960 ursprünglich auch als Partner „nationaldemokratischer" Veränderungen galten:

> „Während die Zielsetzung der nationalen Befreiungsbewegung in ihrer ersten, antikolonialen Etappe, d. h. die Beseitigung der kolonialen Fremdherrschaft und die Schaffung eines eigenen, nationalen Staatswesens mit den leicht definierbaren Attributen der staatlichen Souveränität, noch verhältnismäßig einfach und breitesten sozialen Schichten verständlich war, erfassen später durchaus nicht alle politischen Kräfte und Gruppierungen, die sich für die nationale Erneuerung und Wiedergeburt ihrer Völker einsetzen, welche Ziele dabei in der gegebenen Etappe erreicht werden müssen. Der Prozeß der Weiterentwicklung der nationalen Befreiungsbewegung nach der Erringung der staatlichen Selbständigkeit ist unter diesem Aspekt also zugleich ein Prozeß des sukzessiven Bewußtwerdens und Bewußtmachens der Ziele, die die historische Entwicklung in dieser Etappe *objektiv* stellt. Es sind nur bestimmte Kräfte, die die Ziele der Befreiungsbewegung in dieser Etappe weiterverfolgen, darunter z. B. die revolutionären Demokraten. In ihrer Gesamtheit und Komplexität sowie in ihrer ganzen historischen Konsequenz werden sie in letzter Instanz nur von der Arbeiterklasse und ihren engsten Verbündeten, repräsentiert durch ihre marxistisch-leninistische Vorhut, vertreten und verwirklicht werden können."[77]

Es sind folglich nur taktische und zeitweilige, nicht aber prinzipielle Bündnisse, die von den kommunistischen Parteien in der Dritten Welt angestrebt werden sollen. Sie werden obsolet, wenn die gemeinsamen Zwischenziele verwirklicht werden konnten. Unverändert offen bleibt jedoch, innerhalb welcher Zeitspanne dies möglich ist. In Anbetracht des niedrigen sozialökonomischen Niveaus und vor allem wegen der fortdauernden Schwäche der kommunistischen Parteien in den meisten Entwicklungsländern werden diese folglich auf absehbare Zeit daran festhalten, möglichst umfassende Bündnisse zu bilden – jenseits aller revolutionstheoretischen Scholastik. Dazu verpflichtet nicht zuletzt das vorrangige Bemühen, „antiimperialistische" Fronten gegen die westlichen Industriestaaten zu bilden, was angesichts der Virulenz des Nord-Süd-Konfliktes keineswegs aussichtslos erscheint.

Entscheidend ist und bleibt, daß die kommunistischen Parteien ungeachtet der erweiterten antikapitalistischen Aufgabenstellung ihr Vorgehen sorgfältig auf die unterschiedlichen Bedingungen in den einzelnen Entwicklungsländern abzustimmen haben. Zu weit gehender revolutionärer Optimismus, „Voluntarismus" und übereilte Transformationsschritte – sie wurden dem revolutionären Castro während der sechziger Jahre von den sozialistischen Staaten angelastet – werden dabei einhellig verworfen:

> „Das sorgsame Beachten der Besonderheiten, des Entwicklungsstandes, des jeweiligen strategischen Ziels der nationalen Befreiungsbewegung und der Spezifik des subjektiven Faktors, die ausgewogene und differenzierte Wertung qualitativer Veränderungen sind wichtige Aufgaben der marxistisch-leninistischen Parteien geblieben. Jede Ungeduld, jedes Ignorieren des Zeitmaßes der politischen und sozialen Veränderungen in Afrika, Asien und Lateinamerika, der Differenziertheit der Verhältnisse kann zu Fehlurteilen oder zu Rückschlägen in der Entwicklung der nationalen Befreiungsbewegung, ihrer ideologischen Strömungen, Führungskräfte usw. führen."[78]

Die Einschränkung gilt auch für die Verstärkung der „sozialen Komponente" im Befreiungskampf, für die forcierte Durchführung von Maßnahmen, die sich gegen das einheimische Unternehmertum in der Industrie, dem Dienstleistungssektor und der Landwirtschaft richten. Da antikapitalistische Forderungen den Klassenkampf in den Entwicklungsländern verschärfen und die nationale, antiimperialistische Einheitsfront gefährden, können sie nur durchgesetzt werden, wenn die sozialistisch-kommunistischen Kräfte stark genug sind. Niederlagen sollen auch heute unter allen Umständen vermieden werden. Nach Auffassung der SED-Theoretiker ist es daher zwar richtig und notwendig, deutlicher als in der Vergangenheit „nationale" und „soziale" Aufgaben zu unterscheiden, doch dürfen letztere auch jetzt nicht beliebig forciert werden:

> „Allerdings wäre es falsch, diese Differenzierung zu verabsolutieren und nicht zu sehen, daß gerade der demokratische Charakter dieser Etappe und der antiimperialistisch-demokratische Inhalt ihrer Zielsetzung für verschiedene Klassen noch *gemeinsame* Aufgaben stellt und eine Basis für ihr politisches Bündnis abgibt. Ebenso falsch wäre es, in dieser Etappe nur noch die spezifischen sozialen Interessen der einzelnen Klassen als Wirkungsfaktor zu betrachten – also nur noch die soziale Komponente, die gesamtnationalen, gegen den ausländischen Imperialismus und das Erbe der Kolonialherrschaft gerichteten Bestrebungen und Potenzen dagegen zu ignorieren."[79]

Nun gilt es in der DDR keineswegs als sicher, daß die Erfolgsaussichten für sozialrevolutionäre Veränderungen in jenen Ländern am größten sind, wo der Entwicklungsprozeß bereits erhebliche Fortschritte gemacht hat. Zwar würden sowohl die klassische marxistische Diskussion als auch das marxistisch-leninistische Stadienschema eine solche Vermutung nahelegen, denn bisher wurde die Unterentwicklung als Haupthindernis für eine sozialistische Revolution angesehen. In Anbetracht anderer praktischer Erfahrungen und aus nüchternen machtpolitischen Erwägungen scheint in der DDR heute jedoch eher das Gegenteil zu gelten. So wurde in einer wissenschaftlichen Diskussion über die Perspektiven der Dritten Welt die Ansicht geäußert, daß die größten Erfolgsaussichten für sozialistische Veränderungen gerade in jenen Ländern bestehen, die zur Gruppe der 36 ärmsten auf der Welt zählen, den LLDC (in der DDR: LDC):

> „*H. Faulwetter*: Die Chance, die gesellschaftliche Entwicklung in sozialistischer Richtung ‚umzubiegen' existiert m. E. in der Tat vor allem in den LDC, da aufgrund der Unentwickeltheit der

gesamtgesellschaftlichen Verhältnisse hier meist keine organisierte gesellschaftliche Kraft besteht, die einer progressiven Entwicklung ernsthaft entgegenstehen kann. Anders gesagt, wenn es in diesen Ländern organisierte progressive Kräfte gibt, das kann z. B. eine Führung sein, die sich auf die Armee stützt, besteht die Möglichkeit, Umgestaltungen durchzusetzen – auch von oben –, ohne daß es starke gesellschaftliche Kräfte dagegen geben wird wie bürgerliche Parteien oder Organisationen anderer prokapitalistischer, antisozialistischer Kräfte.

H. Kauffelt: So absolut würde ich das nicht sagen. Wenn auch die organisierten gesellschaftlichen Kräfte, die für eine progressive Entwicklung sind, in solchen Ländern bisher z. T. stärker in Erscheinung traten, so treffen sie doch in der Regel auf derart unreife gesellschaftliche Verhältnisse und starke Abhängigkeiten vom Imperialismus, daß dies wiederum erschwerend für den sozialistischen Entwicklungsweg wirkt und immer wieder auch Ansatzpunkte für die innere und äußere Reaktion bietet, eingeleitete Prozesse abzublocken. Und dann kann es auch den umgekehrten Weg gehen.

H. Mardek: Aber die Praxis zeigt, daß das so gelaufen ist.

P. Stier: Sicher, aber das ist in diesem Falle nicht das einzige Argument."[80]

Wir begegnen hier einer weiteren aufschlußreichen Relativierung marxistisch-leninistischer Grundsätze. Bisher galt - ganz im Sinne der obigen Replik von Hannelore Kauffelt, der Chefredakteurin der Zeitschrift „Asien, Afrika, Lateinamerika" –, daß der Weg zum Sozialismus um so komplizierter und langwieriger sei, je geringer sich ein Land der Dritten Welt entwickelt habe. Nunmehr reicht für die Einleitung eines sozialistischen Entwicklungsprozesses offenbar aus, daß radikale Offiziere, von nationalistisch gefärbten sozialistischen Ideen inspiriert, die politische und militärische Macht usurpieren. Das stößt in Ländern mit einem geringen landwirtschaftlichen und industriellen Entwicklungsniveau sowie zahllosen Analphabeten fraglos auf geringeren Widerstand als in solchen, wo sich bereits politisch organisierte gesellschaftliche Klassen und Schichten gegenüberstehen. Was bei Lenin noch als vage Chance begriffen wurde, von einem niedrigen sozialökonomischem Entwicklungsniveau aus in mehreren Stufen am Kapitalismus vorbei zum Sozialismus gelangen zu können, erscheint hier nachgerade als Programm: Je geringer ein Land entwickelt ist, um so größer sind die Erfolgsaussichten sozialistisch-kommunistischer Umstürze.

Der Eindruck drängt sich auf, daß der Sozialismus nach sowjetischem Vorbild wohl doch vor allem eine Entwicklungsdiktatur verkörpert, die der Schaffung elementarer wirtschaftlicher Grundlagen dient, während die kapitalistische Produktionsweise weit besser den Anforderungen hochentwickelter Volkswirtschaften gerecht wird – eine These, die der Marxismus-Leninismus zeitlebens heftig bekämpft hat.[81]

Ein charakteristisches Merkmal der „nationaldemokratischen Revolution" in den Entwicklungsländern ist nach Auffassung der marxistisch-leninistischen Theoretiker, daß sie „sowohl revolutionär-zerstörende als auch revolutionär-schöpferische Aufgaben" zu erfüllen hat.[82] Während die erste Aufgabe mit Errungung der politischen Macht und nach Vernichtung der Gegner abgeschlossen ist, beansprucht die zweite dauerhafte Anstrengungen. Sie vor allem verkörpert die Spezifik des revolutionären Prozesses in der Dritten Welt, der sich nicht mit der Übernahme der politischen Macht begnügen kann, sondern erhebliche wirtschaftliche, soziale und kulturelle Aufbauleistungen erbringen muß. Damit ist die Frage nach den Entwicklungswegen aufgeworfen, die sich spätestens nach der nationalen Unabhängigkeit stellt:

„Die soziale Differenzierung der nationalen Befreiungsbewegung, die sich in der Etappe nach der Errungung der staatlichen Selbständigkeit immer mehr verstärkt, findet ihren konzentriertesten Ausdruck in den unterschiedlichen, ja gegensätzlichen gesellschaftspolitischen Konzeptionen, die sich meist erst jetzt herausbilden und gegenübertreten. Mit anderen Worten: sie kulminiert in der Auseinandersetzung um die Frage des weiteren gesellschaftlichen Entwicklungsweges der Länder, die sich von der unmittelbaren imperialistischen Beherrschung befreit haben."[83]

In der DDR-Entwicklungstheorie werden heute vor allem zwei Wege unterschieden, die sich nach Erringung der nationalen Unabhängigkeit herausbilden: der „kapitalistische Entwicklungsweg" und der „nichtkapitalistische Entwicklungsweg" bzw. die „sozialistische Orientierung". Deren Unterscheidung ist von erheblicher politischer Bedeutung, denn sie dient der Partei- und Staatsführung der DDR als Maßstab für die Verteilung ihrer Sympathie und Unterstützung auf die Länder der Dritten Welt.

4.   Entwicklungswege

Zwar konzediert die DDR allen Ländern der Dritten Welt, frei über ihren Entwicklungsweg bestimmen zu können.[84] Zugleich läßt sie aber keinen Zweifel aufkommen, daß ihre Sympathie nicht dem kapitalistischen Weg, sondern allein der „sozialistischen Orientierung" gilt:

> „*Entscheidung über den weiteren Entwicklungsweg bedeutet daher im Kern Kampf um die nichtkapitalistische Entwicklung*, um tiefgreifende antiimperialistische Umgestaltungen, und zwar unter zwei Aspekten: einmal, weil die nichtkapitalistische, antiimperialistische Entwicklung die einzig legitime historische Lösung dieser Frage ist, den Grundtendenzen der historischen Entwicklung des 20. Jahrhunderts und den Interessen der Volksmassen in den afroasiatischen Ländern entspricht; zum anderen, weil die spontane Entwicklung dieser Völker auf den Weg des Kapitalismus drängt. Eine solche Entscheidung ist daher auch kein einmaliger Akt, fixierbar auf einen bestimmten Zeitpunkt, sondern ein Prozeß des ständigen Ringens um die Durchsetzung der sozialistischen Orientierung, auch wenn die kapitalistische Entwicklung eingeleitet ist."[85]

In der Tat: Entgegen den optimistischen Erwartungen der frühen sechziger Jahre hat die „spontane Entwicklung" in der Dritten Welt dem Kapitalismus den Weg geebnet, den Sozialismus dagegen eher stiefmütterlich behandelt. Ungeachtet ihrer Sympathiebekundungen hat sich die DDR daher mit dem Problem auseinanderzusetzen, daß bisher nur ganz wenige Entwicklungsländer einen Weg mit „sozialistischer Orientierung" eingeschlagen haben, der Kapitalismus in der Dritten Welt hingegen weit verbreitet ist.

4.1.   Der „kapitalistische Entwicklungsweg"

Abgesehen von etwa 20 Ländern, die der „sozialistischen Orientierung" zugeordnet werden, und einer nicht näher zu umreißenden geringen Zahl von Staaten, deren Orientierung noch offen ist, beschreiten nach Einschätzung der DDR-Theoretiker nahezu alle Länder in Afrika, Asien und Lateinamerika einen „kapitalistischen Entwicklungsweg". Dies gilt nicht für Japan, Israel und Südafrika, die über einen hochentwickelten „staatsmonopolistischen Kapitalismus" verfügen und deshalb den „imperialistischen Staaten" zugerechnet werden.

Das Verhältnis der DDR zu den kapitalistisch orientierten Entwicklungsländern ist notwendig ambivalent. Einerseits rechnet sie auch diese Länder zu ihren potentiellen

Verbündeten im gemeinsamen „antiimperialistischen" Kampf. Dem trägt sie programmatisch insoweit Rechnung, als sie die fortdauernden Gemeinsamkeiten aller Entwicklungsländer unterstreicht:

> „In allen Entwicklungsländern besitzt der Kampf der revolutionären Kräfte einen ausgeprägt antiimperialistisch-demokratischen Inhalt, nur hat dieser Prozeß in den einzelnen Ländern historisch unterschiedliche Stufen erreicht."[86]

Auf der anderen Seite muß sie den Kapitalismus als Gesellschaftssystem konsequent ablehnen. Dies verlangt nicht nur das eigene Verständnis des gesellschaftlichen Fortschritts, sondern ebenso die Abgrenzung von den westlichen Industriestaaten, die es nicht gestattet, daß die unveräußerlichen Systemgegensätze verwischt werden. Daraus resultiert eine Spannung, die sich auch in der Analyse und Bewertung des „kapitalistischen Entwicklungsweges" niederschlägt.

4.1.1. Inhalt, Charakter und Perspektiven des „kapitalistischen Entwicklungsweges"

Von einem „kapitalistischen Entwicklungsweg" sprechen die Entwicklungstheoretiker der DDR in der Regel dann, wenn drei wesentliche Merkmale die sozialökonomische Struktur und das politische System eines Landes in der Dritten Welt prägen:

a) Die „nationale" oder „einheimische" Bourgeoisie hat politisch wie ökonomisch die führende Rolle inne. Dabei ist es gleichgültig, ob sie diese allein oder im Bündnis mit kleinbürgerlichen bzw. feudalen Kräften ausübt. Entscheidend ist, daß ihren Interessen, wie insbesondere der freien Entfaltung privatkapitalistischer Initiative, zum Durchbruch verholfen wird. Auch beschränkt sich die Bourgeoisie in diesen Entwicklungsländern keineswegs nur auf die kleinen und großen Eigentümer der Produktionsmittel. Vielmehr umfaßt sie darüber hinaus jene Bedienstete des in der Dritten Welt vielfach breiten staatlichen Sektors, die in der DDR mit dem Prädikat „bürokratische Bourgeoisie" belegt werden. Schließlich ist es für den „kapitalistischen Entwicklungsweg" eines Landes ohne Bedeutung, in welcher Herrschaftsform die Macht ausgeübt wird. Es können dies sowohl parlamentarische Demokratien wie in Venezuela und Indien als auch Militärdiktaturen wie in Chile und Pakistan oder Monarchien wie in Marokko und Saudi-Arabien sein.

b) Die kapitalistische Produktionsweise beginnt sich durchzusetzen. Dieser Prozeß ist in der Dritten Welt unterschiedlich weit fortgeschritten. Daher ist für die Qualifizierung des „kapitalistischen Entwicklungsweges" nicht nur das objektiv nachprüfbare Niveau der Entfaltung des Kapitalismus maßgebend. Vielmehr genügt in vielen Fällen der erklärte politische Wille der führenden Kräfte eines Landes, den kapitalistischen Weg beschreiten zu wollen. Dies gilt insbesondere für schwach entwickelte Staaten wie Niger, Sudan und Haiti. Sie werden ebenfalls der kapitalistischen Gruppierung zugerechnet, obwohl entsprechende Produktionsverhältnisse, Industrie und Lohnarbeit, erst in Ansätzen existieren.

c) Die Länder sind fest in die internationale kapitalistische Arbeitsteilung eingebunden und in erheblichem Umfang „imperialistischer Abhängigkeit" und „neokolonialer Ausbeutung" unterworfen. Auch dies kann sich sehr unterschiedlich vollziehen, ohne den kapitalistischen Rahmen zu sprengen. So gelten einige Entwicklungsländer als bloße Rohstoffanhängsel der westlichen Industriestaaten, während andere einen Austausch hochwertiger Güter betreiben. So können sich in einigen Ländern die transnationalen Konzerne der Industriestaaten ungehindert entfalten, während sie in anderen erheblichen Einschränkungen unterworfen sind. Gemeinsam ist allen kapitalistisch orientierten Entwicklungsländern aber, daß sie ihre weltwirtschaftlichen Verflechtungen mit den westlichen Industriestaaten nicht abbauen, sondern im Gegenteil auszubauen suchen – zu Bedingungen allerdings, die ihren spezifischen Bedürfnissen besser gerecht werden.

Treffen diese Kriterien *gemeinsam* zu, so befindet sich ein Land der Dritten Welt nach Einschätzung der DDR-Wissenschaft auf dem „kapitalistischen Entwicklungsweg". Einzelne Kriterien reichen zur Abgrenzung nicht aus, da es zahlreiche Übereinstimmungen mit anderen Entwicklungsländern gibt. So sind auch die „sozialistisch orientierten" Länder fest in die kapitalistische Weltwirtschaft eingebunden und verfügen unverändert über einen breiten kapitalistischen Sektor in ihrem Wirtschaftsleben.

Obwohl es folglich eine große Zahl von Übereinstimmungen, zumindest aber erhebliche Ähnlichkeiten zwischen den sozialistisch und den kapitalistisch orientierten Entwicklungsländern gibt, werden in der DDR die einen positiv, die anderen hingegen ausgesprochen negativ bewertet. Dieses Urteil stützt sich damit weniger auf nachvollziehbare Erfahrungen, denn auf Tendenzen der Entwicklung und vor allem auf die divergierenden gesellschaftspolitischen Absichten und Ziele beider Ländergruppen. Typisch für die Bewertung des „kapitalistischen Entwicklungsweges" ist folgende Darstellung aus einem Beitrag des SED-Parteiorgans „Einheit":

„Ein beträchtlicher Teil der national befreiten Länder hat Kurs auf eine kapitalistische Entwicklung genommen. Trotz eines gewissen Wirtschaftswachstums in wenigen dieser Länder verschärfen sich dort die sozialpolitischen Probleme, sind äußerste Rückständigkeit auf allen Gebieten, furchtbare Armut und Massenelend, niedriges Bildungsniveau, hohe Arbeitslosenzahl, wachsende Ausplünderung durch ausländische Monopole, steigende soziale Ungleichheit charakteristische Merkmale der Situation. Die Auswirkungen der kapitalistischen Krise treffen die Staaten kapitalistischer Orientierung mit wesentlich größerer Wucht. Alle Gebrechen des Kapitalismus zeigen sich in ihnen in besonders zugespitzten Formen. Die kapitalistische Entwicklung führt zum Verlust eines Teils des Nationaleinkommens, zum Raub von Naturschätzen, zu erniedrigenden Verträgen, zur Befriedigung kolonialer Interessen und parasitärer Bedürfnisse der reaktionären Kräfte. Dieser Weg kann die zur echten Entwicklung und für den schnellen gesellschaftlichen Vormarsch benötigten gewaltigen Kräfte weder national noch international freimachen und mobilisieren. Die einzig echte Alternative bietet diesen Ländern nur der Sozialismus."[87]

Im Unterschied zu den „sozialistisch orientierten" Entwicklungsländern hat der kapitalistische Weg nach Meinung der DDR-Theoretiker prinzipiell keine Perspektive. Doch gilt dies nicht uneingeschränkt. Vielmehr lassen einige Analysen der jüngeren Zeit erkennen, daß dem Kapitalismus in der Dritten Welt sehr wohl Entwicklungsmöglichkeiten eingeräumt werden. Historisch, auf lange Sicht, gilt er in der Dritten Welt jedoch als ebenso überlebt, wie das kapitalistische System in seiner Gesamtheit. Darin stimmen alle DDR-Theoretiker überein. In einer umfangreichen Monographie wird dazu ausgeführt:

„Welche historische Perspektive besitzt der Kapitalismus, der in den ehemaligen Kolonien und abhängigen Ländern Asiens und Afrikas entsteht und sich entwickelt? Die Antwort auf diese Frage fällt bei einem Vergleich mit der respektiven Situation des europäisch-amerikanischen Kapitalismus nicht schwer. Der Kapitalismus entstand und entwickelte sich in seinen Ursprungsländern als *aufsteigendes* Gesellschaftssystem, das alle bisherigen Verhältnisse umwälzte, sich gegen die alten Mächte der Gesellschaft durchsetzen mußte und revolutionären Charakter trug. Der einheimische Kapitalismus in Asien und Afrika dagegen wird in eine Welt hineingeboren, in der sich der Weltkapitalismus, das kapitalistische System als Ganzes, bereits historisch überlebt hat, sich im Niedergang, im Zustand einer anhaltenden und sich ständig verschärfenden allgemeinen Krise befindet. Bildhaft könnte man sagen: Während der ‚klassische‘ Kapitalismus als kräftiger Jüngling in die Weltgeschichte trat, alle Phasen des Alterns durchlief und nun an der Schwelle des Todes (Lenin bezeichnet den Imperialismus als ‚sterbenden Kapitalismus‘) steht, kommt der afro-asiatische Kapitalismus bereits als Greis zur Welt (wobei das Greisenalter selbst nach den Maßstäben des menschlichen Lebens durchaus eine längere Zeitspanne umfassen kann). Der westeuropäische Kapitalismus konnte bei seiner Entstehung selbstbewußt mit dem Anspruch auftreten, das historisch Neue zu verkörpern, und entsprechend handeln. Der afro-asiatische Kapitalismus dagegen sieht sich bereits bei seiner Herausbildung im Weltmaßstab und mitunter in unmittelbarer Nachbarschaft mit der Gesellschaftsordnung konfrontiert, die ihn gesetzmäßig ablösen wird.“[88]

Wann allerdings der Sozialismus den Kapitalismus „gesetzmäßig ablösen wird“, vermag die DDR-Wissenschaft genauso wenig vorherzusagen wie die schiitischen Schriftgelehrten die Rückkehr des 12., des „erlösenden“ Imam. Von Bedeutung bleibt also, was in der vermutlich lang andauernden Periode dazwischen zu erwarten steht. Hier konzedieren DDR-Theoretiker sehr wohl eine Entwicklungsperspektive des Kapitalismus, zumindest auf mittlere Sicht und in bemerkenswert gewundenen Formulierungen:

„Da die Ablösung der kapitalistischen Gesellschaftsordnung nicht nur eine Frage der Schärfe ihrer objektiven Widersprüche, sondern unter anderem auch der Reife des subjektiven Faktors ist, besitzt der Kapitalismus in einer Reihe von afro-asiatischen Entwicklungsländern unter den gegebenen Bedingungen des inneren und internationalen Kräfteverhältnisses durchaus eine Art ‚mittelfristiger Perspektive‘ im Rahmen seiner allgemeinen historischen Perspektivlosigkeit.“

In der Absicht, „ein metaphysisches ‚Ja‘ oder ‚Nein‘“ auszuschließen, attestieren sie ihm darüber hinaus sogar fortdauernde, wenn auch begrenzte progressive Potenzen. Sie werden darin sichtbar, daß er „die absolute Rückständigkeit verringert und bis zu einem gewissen Grade die Entwicklung der Produktivkräfte ermöglicht“.[89] Es wird allerdings überwiegend ausgeschlossen, daß die kapitalistischen Entwicklungsländer in der Lage seien, den Entwicklungsprozeß der westlichen Industriestaaten nachzuvollziehen:

„Er ist als selbständiges, originäres privatkapitalistisches Gesellschaftssystem auf nationaler Grundlage heute bereits nicht mehr entwicklungsfähig, sondern kann sich – bildlich gesprochen – nur noch auf Krücken bewegen.“[90]

Auch diese Einschätzung findet, weil „von der Zählebigkeit stereotyper Anschauungen“ getragen, wiederum nicht die ungeteilte Zustimmung aller Entwicklungstheoretiker.[91] Einige gehen weiter. So kritisiert der frühere Direktor des „Instituts Ökonomik der Entwicklungsländer“ an der Hochschule für Ökonomie „Bruno Leuschner“ in Ost-Berlin, Helmut Faulwetter, mit Blick auf die Fortschritte in einer ganzen Reihe von Ländern Analysen seiner Kollegen:

„Hinsichtlich dieser Länder können wir den Meinungen nicht zustimmen, die eine Überwindung ihrer Rückständigkeit als unmöglich ansehen. Gleichfalls können wir die Auffassung nicht teilen, daß sich die Kluft im Entwicklungsniveau zwischen dem Imperialismus und den Ländern Asiens, Afrikas und Lateinamerikas in allen Fällen vertieft habe. Zur Begründung wird meist nur der direkte Vergleich der absoluten Volumina des Pro-Kopf-Bruttoinlandsprodukts herangezogen. Bei dynamischen Prozessen sollte aber die Dynamik selbst verglichen werden, d. h. die Entwicklungstempi und nicht statische Größen. Darüber hinaus lag sogar das absolute wirtschaftliche Wachstum in einigen Ländern der ‚Dritten Welt' höher als in einigen imperialistischen Ländern, was auch die absolute Kluft für diese verringert hat. Diese Entwicklung wird sich fortsetzen."[92]

Kaum weniger deutlich äußert sich ein weiterer Autor, Martin Robbe, in der Fachzeitschrift „Deutsche Außenpolitik". Er verweist auf eine bemerkenswerte Feststellung Lenins, die sich deutlich vom tradierten Selbstverständnis der DDR-Theorie abhebt:

„‚Am schnellsten wächst der Kapitalismus in den Kolonien und den überseeischen Ländern', schrieb er. ‚Unter diesen Ländern entstehen neue imperialistische Mächte (Japan)'."[93]

Beide Autoren wollen nicht ausschließen, daß sich innerhalb der Dritten Welt kapitalistische Industriestaaten herausbilden können, wenn diese in der Lage sind, ihr bisheriges Entwicklungstempo beizubehalten. Schon heute registrieren sie, daß mit Brasilien sowie dem ehemaligen Iran des Schah „subimperialistische Zentren" entstanden seien, deren sich der Imperialismus als „Stützpunkte" bediene.[94] Soweit gehen nicht alle Theoretiker in der DDR. Gleichwohl können auch sie nicht übersehen, daß der „kapitalistische Entwicklungsweg" im Verlauf der vergangenen 30 Jahre von einigen Ländern mit Erfolg, von anderen hingegen weit weniger erfolgreich beschritten worden ist. Eine wachsende Differenzierung des ökonomischen Entwicklungsniveaus war die Folge. Ihr trägt die DDR-Wissenschaft mit Gruppierungen Rechnung, die sich offiziell am „Reifegrad der kapitalistischen Beziehungen bzw. dem Reifestadium der kapitalistischen Gesellschaftsformation" orientieren, tatsächlich aber weitgehend den international gängigen Einteilungen folgen.[95]

Im allgemeinen unterscheidet die „Regionalforschung" der DDR *drei Gruppierungen* von kapitalistisch orientierten Entwicklungsländern:

a) Zur ersten Gruppe zählen die „am wenigsten entwickelten Länder" (LLDC) der Dritten Welt. Sie werden in der DDR in Anlehnung an die UN-Terminologie auch „LDC" genannt. Allerdings umfaßt diese Gruppierung in der DDR nicht nur 36, sondern nahezu 40 Entwicklungsländer, ohne daß erkennbar wäre, welche hinzutreten.[96] Für sie sei charakteristisch, daß die kapitalistischen Produktionsverhältnisse „zum Teil nur in den allerersten Anfängen existieren".[97]

b) Eine zweite Gruppe bilden die „kapitalistisch schwach entwickelten Länder". Sie gilt als wenig homogen und umfaßt Entwicklungsländer wie die Elfenbeinküste, Gabun, Kenia, Liberia, Marokko, Mauretanien, Nigeria, Sambia, Tunesien, die meisten zentralamerikanischen Republiken und Paraguay sowie auf dem asiatischen Kontinent Indonesien und Thailand. In Marxscher Terminologie vollzieht sich dort die „erweiterte Reproduktion der Gesamtwirtschaft auf einer flachen Stufenleiter", das heißt die industrielle Entwicklung beschränkt sich auf wenige Sektoren der Rohstoffverarbeitung und der Konsumgüterproduktion, die zudem in erheblichem Umfang durch ausländische Unternehmen beherrscht werden.[98]

c) Als dritte Gruppierung werden die „kapitalistisch entwickelten Länder" genannt. Sie umfaßt zahlreiche lateinamerikanische Staaten (Argentinien, Brasilien, Chile, Costa Rica, Jamaika, Kolumbien, Mexiko, Panama, Peru, Uruguay, Venezuela) sowie in Asien Indien, Iran, Pakistan, Philippinen, Singapur, Süd-Korea und Taiwan. Diese Länder konnten im Verlauf des vergangenen Jahrzehnts den Schritt zum „Industrieagrarland" oder zum „Agrarrohstoffindustrieland" tun. Es gelang ihnen, die industrielle Produktionsstruktur zu diversifizieren, die traditionelle Dominanz des Agrarsektors ab- und einen „einheitlichen nationalen Reproduktions-mechanismus" aufzubauen.[99] Verschiedentlich findet auf sie auch der international gleichermaßen gebräuchliche wie umstrittene Begriff der „Schwellenländer" Anwendung.[100]

Innerhalb dieser Gruppierung wie generell in der marxistisch-leninistischen Diskussion über die Entwicklungsländer nehmen die lateinamerikanischen Staaten eine besondere Position ein. Nach langjährigen, kontroversen Diskussionen über den Entwicklungsstand und den Charakter des Kapitalismus auf diesem Kontinent, scheint sich jetzt eine vorläufige Übereinstimmung angebahnt zu haben:

> „Auch die Meinungen marxistisch-leninistischer Wissenschaftler sind dazu nicht einheitlich. Seit etwa zwei Jahren überwiegen jedoch in der Diskussion immer deutlicher jene Auffassungen, die insgesamt die Entwicklung des Monopolkapitalismus in Lateinamerika bejahen und für die am weitesten entwickelten Länder auch Formen des staatsmonopolistischen Kapitalismus nicht in Abrede stellen. Bei dem gegenwärtigen Forschungsstand ist es noch nicht möglich, alle in diesem Zusammenhang auftretenden Fragen eindeutig zu beantworten."[101]

Danach gelten Brasilien und Mexiko als Länder, in denen sich analog zu den westlichen Industriestaaten der „staatsmonopolistische Kapitalismus" weitgehend durchgesetzt habe, in Argentinien, Chile, Kolumbien, Peru, Venezuela beginne er, sich mit dem Aufkommen einheimischer Monopole zu entwickeln, während die übrigen Staaten bis hin zu den zentralamerikanischen Republiken noch auf einem niedrigeren Niveau der sozialökonomischen Entwicklung verharren.[102]

Neben dieser „strukturell ausgerichteten Gruppierung der Entwicklungsländer nach dem Reifegrad der kapitalistischen Beziehungen bzw. dem Reifestadium der kapitalistischen Gesellschaftsformation", hat die DDR-Wissenschaft ein zweites Unterscheidungskriterium hervorgebracht, das vielfach als „prozeßorientiert" bezeichnet wird.[103] Setzt die erste Differenzierung am *Niveau* der kapitalistischen Entwicklung an, so nimmt die zweite den *Charakter* des Kapitalismus, die politische Orientierung der führenden Kräfte als Maßstab und gelangt zu folgenden zwei Varianten kapitalistischer Entwicklung in der Dritten Welt:

> „Was den Charakter der Entwicklung des Kapitalismus betrifft, so verläuft hier die Wasserscheide offenbar zwischen dem Kurs des abhängigen Kapitalismus und Versuchen – deren Ausgang noch nicht klar ist –, den Kapitalismus in der Konfrontation mit dem Neokolonialismus auf dem Wege der unabhängigen Entwicklung voranzubringen."[104]

Es werden folglich eine „abhängige" und eine „national-kapitalistische" Entwicklung oder auch eine „proimperialistisch-oligarchische" und eine „nationalistisch-reformorientierte" Variante des kapitalistischen Entwicklungsweges unterschieden.[105] Als Kriterien dieser Differenzierung gelten: die Haltung der Regierungen zum Auslandskapital sowie zur Nutzung des staatlichen Sektors, der Charakter der industriellen Entwicklung, die „geistige Atmosphäre" und nicht zuletzt die Außenpolitik, will heißen, die Bereitschaft zur Zusammenarbeit mit den sozialistischen Staaten. Das Entwicklungsniveau ist nur von untergeordneter Bedeutung, auch wenn als Beispiele für einen „national-kapitalistischen" Kurs mit Indien, Brasilien, Iran, Venezuela, Nigeria und Ägypten vorwiegend höher entwickelte Staaten aufgeführt werden. Entscheidend ist die politische Orientierung.

Eigenen Bekundungen zufolge verliert jedoch die „prozeßorientierte Differenzierung" zunehmend an Bedeutung.[106] Sie hatte bereits in der Charakterisierung der beiden möglichen Varianten deutlich gemacht, daß kapitalistische Entwicklung in der Dritten Welt keineswegs mit Notwendigkeit einen *abhängigen Kapitalismus* hervorbringen muß. Doch auch die strukturelle, am Niveau der kapitalistischen Entwicklung orientierte Differenzierung ist mit dem traditionellen Verständnis von Abhängigkeit kaum zu vereinbaren. So mußte etwa die Feststellung, daß es einigen Entwicklungsländern gelungen sei, ihre wirtschaftliche Leistunskraft erheblich zu steigern, in der DDR Anlaß geben, deren Stellung innerhalb der kapitalistischen Weltwirtschaft neu zu bestimmen. In diesem Sinne schreibt Helmut Faulwetter:

> „Auch wir vertreten die Auffassung, daß nicht jede Entwicklung auf kapitalistischem Wege eine einseitig abhängige Entwicklung sein muß. Man darf offensichtlich das Einbezogensein in die kapitalistische Weltwirtschaft und eventuell auch die zusätzliche Tatsache, daß die Länder der ‚Dritten Welt‘ mehr oder weniger eine nichtgleichberechtigte Stellung in ihr einnehmen, nicht mit der Möglichkeit gleichsetzen, die neokoloniale Abhängigkeit zu überwinden. Einbezogensein in die Waren- und Kapitalkreisläufe der kapitalistischen Weltwirtschaft muß nicht bedeuten, daß die nationalen Wirtschaften der ökonomisch schwach entwickelten Länder in den Hauptfragen der Reproduktion – z. B. der Verfügungsgewalt über die nationalen Ressourcen, der Kontrolle der Schlüsselbereiche der Wirtschaft, der Akkumulationsproblematik, den wesentlichen Entscheidungen in der Wirtschaftspolitik – entscheidend dem Diktat der ausländischen Monopole bzw. der politischen Zentren des Imperialismus unterliegen müssen. Eine Reihe der kapitalistischen Entwicklungsländer ist – als Ergebnis eines sehr widersprüchlichen Prozesses – in der Lage bzw. wird es ermöglichen, zu größerer ökonomischer Selbständigkeit zu gelangen.“[107]

Die wirtschaftliche Entwicklung in Ländern wie Indien, Iran, Malaysia, Mexiko, Brasilien, wie sie sich im Verlauf der siebziger Jahre vollzogen hat, der wachsende Anteil von Halb- und Fertigwaren im Austausch mit den Industriestaaten, lassen ihn, aber auch andere Entwicklungsländer-Spezialisten in der DDR zu der Schlußfolgerung gelangen, daß an die Stelle der traditionellen „neokolonialistischen Arbeitsteilung“ zunehmend „bestimmte gegenseitige Abhängigkeiten“ treten. Ein Prozeß, der auch durch die wachsende Verschuldung gerade der höher entwickelten Länder nicht aufgehalten werden kann, da diese im Gegenteil die wachsende gegenseitige Abhängigkeit unterstreiche.[108]

Wird die „Abhängigkeit“ des Südens vom industrialisierten Norden relativiert, so muß dies auch die *Bewertung der transnationalen Konzerne* erfassen, deren Aktivitäten in den Entwicklungsländern der DDR bislang als besonders krasses Beispiel für die Ausplünderung und Unterdrückung der Dritten Welt durch die westlichen Industriestaaten diente. Schon in den frühen siebziger Jahren hatte es in der DDR Diskussionen gegeben, die der Frage nachgingen, ob die internationalen Monopole die Dritte Welt lediglich ausbeuteten oder nicht auch einen begrenzten Beitrag zur Entwicklung leisteten.[109] Faulwetter und andere Wissenschaftler betonen nun, daß die transnationalen Unternehmen nicht nur in wachsendem Maße zu „Kompromissen“ gezwungen seien, sondern darüber hinaus „als Stimulator auch der staatskapitalistischen bzw. staatsmonopolistischen Entwicklung“ wirkten.[110] Zugleich verweisen sie darauf, daß den Bemühungen um nationale kapitalistische Entwicklungen unter Einschluß der internationalen Unternehmen zumindest ein „Doppelcharakter“ eigen sei:

> „Einmal können sie eine Entwicklung vor allem der transnationalen Monopole in Form neuer Kapazitäten bedeuten. Aber gleichzeitig sind sie natürlich auch immer Kapazitäten in diesen Binnenwirtschaften, durch die der nationale Reproduktionsprozeß eine Ausweitung erfährt. Es entstehen also oft zugleich nationale Kapazitäten, und es wird potentiell möglich, einen stärker unabhängigen, d. h. national betonten, Entwicklungsweg zu vollziehen. Diese Wider-

sprüchlichkeit würde ich sehen wollen. Nicht jedes ausländische Unternehmen ist automatisch eine absolute Gefahr für die Binnenwirtschaft. In dem Maße, in dem Auslandskapital eindringt, erhalten diese Länder auch Faustpfänder gegenüber den internationalen Monopolen.''[111]

All dies läßt sie zu der These gelangen, daß sich im Zuge der eingetretenen Veränderungen eine „fortschreitende Auflösung des neokolonialistischen Systems" abzeichne.[112] Soweit gehen allerdings nur wenige marxistisch-leninistische Theoretiker, die überwiegende Mehrheit hält an den hergebrachten Grundsätzen fest. Zwar bestreiten sie nicht, daß sich im Verlauf der letzten Dekade sowohl innerhalb der Entwicklungsländer als auch innerhalb der Weltwirtschaft Veränderungsprozesse vollzogen haben, die eine „Modifikation" der bisherigen Beziehungen auslösten. In unterschiedlichen Argumentationsketten halten sie jedoch daran fest, daß dies über „Anpassungen" und einen „Wandel der Formen" hinaus prinzipiell nichts am Charakter des neokolonialistischen Systems geändert habe. Es ziele unverändert darauf ab, die Entwicklungsländer „auszubeuten" und in „Abhängigkeit" zu halten.[113]

4.1.2. „Antiimperialismus" und soziale Revolution: die politischen Konsequenzen kapitalistischer Entwicklung in der Dritten Welt

Gleich welche Bewertung das „neokolonialistische System" und die kapitalistische Entwicklung in der Dritten Welt erfahren, deren unstrittige Wandlung, Fortentwicklung und Differenzierung muß Konsequenzen für das Selbstverständnis der DDR-Entwicklungspolitik haben. Dabei stehen sowohl der „Antiimperialismus", die gemeinsame Front mit den Entwicklungsländern gegen die westlichen Industriestaaten, als auch die Perspektiven für sozialrevolutionäre Veränderungen auf dem Prüfstand. Beiden Zielen sucht die DDR seit den Festlegungen des Moskauer Parteientreffens aus dem Jahre 1960 nachzugehen und beide sind, zumal gemeinsam, künftig zusehends schwerer zu verwirklichen. Je mehr sich der Kapitalismus in der Dritten Welt ausbreitet und vertieft und je mehr er dort prosperiert, um so schmaler muß die gemeinsame „antiimperialistische" Basis werden und um so fragwürdiger die ursprüngliche Erwartung, gleichsam automatisch von der nationalen Unabhängigkeit auf einen „nichtkapitalistischen Entwicklungsweg" übergehen zu können.

Gleichwohl sieht die DDR fortwährende *antiimperialistische" Übereinstimmungen*. Daß Länder, die sich auf einem „kapitalistischen Entwicklungsweg" befinden, überhaupt gemeinsame Interessen mit der DDR und anderen Staaten des „sozialistischen Weltsystems" haben können, führen die marxistisch-leninistischen Theoretiker auf zwei Gründe zurück. Zum einen betonen sie die Existenz eines „Hauptwiderspruchs", der die Dritte Welt in ihrer Gesamtheit präge und diese von den westlichen Industriestaaten trenne – der klassische „Nord-Süd-Konflikt" (vgl. S. 89, 93 f). Zum anderen weisen sie darauf hin, daß der Kapitalismus in der Dritten Welt ein spezifisches, vom klassischen Kapitalismus abgehobenes Gesicht aufweise. Er sei außerordentlich „labil", was die „Möglichkeit rascher Veränderungen und Wendungen" einschließe, und er messe dem Staat und zentraler Wirtschaftsplanung eine hohe Bedeutung bei.[114] Beides begründe Differenzen mit den Industriestaaten des Westens und beides impliziere Gemeinsamkeiten mit den Industriestaaten des Ostens.[115]

Nun ist es der DDR bereits in der Vergangenheit nicht verborgen geblieben, daß der „Antiimperialismus" in den Entwicklungsländern mit recht unterschiedlicher Konsequenz verfochten wird:

„Es wäre jedoch verfehlt anzunehmen, daß sich aus der objektiven Stellung dieser Staaten in der internationalen Klassenauseinandersetzung und den vor ihnen stehenden objektiven Aufgaben automatisch eine progressive Rolle der Außenpolitik aller dieser Staaten ergäbe. Da sich die einzelnen Länder Asiens, Afrikas und Lateinamerikas auf unterschiedlichen Stufen der sozialökonomischen und sozialpolitischen Entwicklung befinden und in ihnen ungleichartige, sogar antagonistische politische Kräfte das Profil der einzelnen Staaten bestimmen, ist die antikolonialistische und antiimperialistische Linie in der Außenpolitik unterschiedlich ausgeprägt."[116]

Das Auftreten höher entwickelter „Schwellenländer", denen die Funktion zugeschrieben wird, als „subimperialistische Zentren" zu fungieren, oder die perspektivisch gar „neue imperialistische Mächte" (Robbe) werden könnten, macht jedoch weitergehende Überlegungen erforderlich. Daher haben einige Theoretiker in der DDR die Frage aufgeworfen, ob solche kapitalistisch orientierten Länder überhaupt noch eine „antiimperialistische" Außenpolitik betreiben könnten und sich zugleich um eine konkretere Differenzierung bemüht:

„An dieser Stelle ist eine Einschätzung zu ökonomischen Grundbedingungen zu machen: Die antiimperialistische Grundhaltung der entwickelten kapitalistischen Länder Asiens, Afrikas und Lateinamerikas ist bereits stark durch eine Konkurrenzsituation beeinflußt. Die Position der am wenigsten entwickelten Länder des kapitalistischen Systems gegenüber dem Imperialismus ist primär durch die massive Forderung nach umfassender materieller und finanzieller Unterstützung, verbunden mit dem Vorwurf an den Imperialismus, ihnen im bisherigen kolonialen und neokolonialen System nahezu keinerlei ökonomische Entwicklungen zugelassen zu haben, bestimmt. Die antiimperialistische Position der kapitalistisch schwach entwickelten Länder Asiens, Afrikas und Lateinamerikas ist im wesentlichen Reaktion auf die durchweg hohe Ausbeutung und hemmungslose Ausplünderung ihrer Ressourcen durch den Imperialismus."[117]

Danach kann von „Antiimperialismus" im Sinne eines sozialökonomisch begründeten Widerspruchs zum Imperialismus, der auf einseitiger Abhängigkeit und Ausbeutung beruht, nur mehr bei zwei Gruppen, nicht länger jedoch bei den „kapitalistisch entwickelten" Ländern der Dritten Welt die Rede sein. Für sie gilt künftig nur noch die intrakapitalistische Konkurrenz, wie sie in vergleichbarer Form zwischen den westeuropäischen Staaten, Japan und den USA anzutreffen ist. Folglich lassen sich bei ihnen keine Ansatzpunkte für ein „antiimperialistisches" Sonderverhältnis finden. An seine Stelle müssen Beziehungen treten, die auf den Prinzipien der „friedlichen Koexistenz" fußen.

Diese Einschätzung reflektiert zutreffend, daß die Auseinandersetzungen zwischen Nord und Süd im Übergang zu den achtziger Jahren an Schärfe verloren haben. Gerade jene höher entwickelten Staaten, die am Beginn des vergangenen Jahrzehnts noch Wortführer der Forderungen nach einer Neuen Weltwirtschaftsordnung waren, gerieten zunehmend in die Defensive und besannen sich auf ihre nationalen Interessen sowie die Möglichkeit, mit den Industriestaaten separate Kompromisse zu schließen. Zwar stellt auch die DDR dies bei der Gestaltung ihrer Beziehungen zu den Entwicklungsländern in Rechnung, sie scheint jedoch bislang nicht bereit, offiziell die theoretisch-ideologischen Konsequenzen zu ziehen. Unverändert gelten ihr *alle* Entwicklungsländer als potentielle „antiimperialistische" Bündnispartner. Daher kann es nicht verwundern, daß einige DDR-Wissenschaftler der obigen von Helmut Faulwetter artikulierten pessimistischen Einschätzung explizit widersprechen. In ihren Augen ist es unzulässig, „den Antiimperialismus unmittelbar und gradlinig ausschließlich aus der gegenwärtigen sozialökonomischen Struktur" abzuleiten.[118] Der Kapitalismus besitze und behalte in der Dritten Welt sein spezifisches Gesicht, so daß auch die „entwickelten kapitalistischen" Länder dort unverändert über „antiimperialistische Potenzen" verfügen. Dies allerdings ist auch Helmut Faulwetter, mit Blick auf die gegenwärtige Situation und wohl auch mit Blick auf die außenpolitischen Interessen der DDR, bereit zu konzedieren.[119]

Deutlich andere Akzente setzen jene Kritiker, die schon immer Zweifel hegten, daß kapitalistische Entwicklung in der Dritten Welt antiimperialistische Hoffnungen rechtfertige – eine seit den Auseinandersetzungen zwischen der sowjetischen und der chinesischen KP in der kommunistischen Bewegung wohlbekannte Auffassung. So betont etwa Diethelm Weidemann, Asien-Spezialist an der Humboldt-Universität in Ost-Berlin, daß nicht nur bei einer privilegierten Gruppe, sondern bei allen Entwicklungsländern heute „die allgemeinen Gesetzmäßigkeiten des Kapitalismus sichtbar dominieren" und seine spezifischen Aspekte „in den Hintergrund" getreten seien.[120] Mehr noch vertritt er – nicht weit von der „dogmatischen" und „sektiererischen" Position der chinesischen Kommunisten im Streit um die „Generallinie" entfernt – die Auffassung, daß der „Antiimperialismus" in den kapitalistisch orientierten Entwicklungsländern aus klassenspezifischen Gründen ein höchst unzuverlässiges und vergängliches Phänomen sei:

„Es wäre gefährlich, die Tatsache zu übersehen, daß solche Erscheinungen wie die Aufgabe konsequent antikolonialer Positionen, die teilweise oder weitgehende Eliminierung des Antiimperialismus aus der Außenpolitik (Pakistan, Philippinen und Thailand bis zum Ende der sechziger Jahre, Indonesien nach 1965, Singapur seit Beginn der siebziger Jahre) sowie die ständige Modifizierung des Nonalignments – in einigen Ländern zur kaum verhüllten Begünstigung des Imperialismus degeneriert (Indonesien nach 1965, Sri Lanka in den Perioden der UNP-Herrschaft) – weder bedauerliche Fehler bestimmter Regierungen, Ausnahmen oder Abweichungen sind, sondern die ‚normalen', unvermeidlichen Konsequenzen des kapitalistischen Entwicklungsweges und des Formierungsprozesses der einheimischen Bourgeoisie. Daher sind die ständige Berücksichtigung und strategisch-taktische Umsetzung dieses Faktums eine entscheidende Voraussetzung für eine illusionsfreie, realistische und konstruktive Außenpolitik der sozialistischen Gemeinschaft gegenüber diesen Staaten."[121]

Daraus folgt notwendig, daß sich die DDR nicht der Illusion hingeben dürfe, ein dauerhaftes „antiimperialistisches" Bündnis mit den Ländern, die sich auf dem „kapitalistischen Entwicklungsweg" befinden, schließen zu können. „Illusionsfreie, realistische und konstruktive Außenpolitik" kann danach zweierlei bedeuten: Entweder es werden mit den kapitalistisch orientierten Entwicklungsländern kooperative Beziehungen nach den Zielvorstellungen der „friedlichen Koexistenz" angebahnt – jenseits der Träumereien von einem „antiimperialistischen" Sonderverhältnis. Dies läge in der Logik der von Faulwetter mit Blick auf die höher entwickelten „Schwellenländer" präsentierten Überlegungen. Oder aber es müssen revolutionäre Veränderungen forciert werden, da nur sie eine zuverlässige innere Grundlage für freundschaftliche Beziehungen darstellen. Dies wäre ein neuerlicher Versuch, das strukturelle Spannungsverhältnis zwischen revolutionärer und diplomatischer Außenpolitik zugunsten des Revolutionsprozesses zu lösen.

Die Voraussetzungen für *revolutionäre Veränderungen* in der Dritten Welt haben sich jedoch seit Beginn der siebziger Jahre erheblich verändert und ihre Aussichten sind keineswegs besser geworden. Dies hat nicht erst die Debatte um die Erfolgsaussichten des sozialistischen „Umbiegens" in den LLDC erwiesen (vgl. S. 112f). Auch andere Stimmen lassen erkennen, daß angesichts der wachsenden Differenzierung des kapitalistischen Entwicklungsweges neue Probleme zu bewältigen sind:

„Daraus ergibt sich zugleich, daß die Bedingungen für Veränderungen im Sinne des gesellschaftlichen Fortschritts sowohl im Gesamtbereich der Entwicklungsländer als auch in einzelnen Ländern unterschiedlich heranreifen, was den Verlauf revolutionärer Prozesse in den
kommenden Jahren komplizierter gestalten wird."[122]

Nicht nur, daß sich vor dem Hintergrund der „komplizierteren" Bedingungen eine
wachsende Skepsis abzeichnet; auch revolutionstheoretisch mußten Konsequenzen gezogen werden, namentlich mit Blick auf die höher entwickelten „Schwellenländer".
Tatsächlich wurde im Übergang zu den siebziger Jahren intensiv und bisweilen kontrovers darüber diskutiert, welchen Weg des Fortschritts die „Schwellenländer" einschlagen und welchen Typ von Revolution die sozialrevolutionären Kräfte dort ansteuern
sollten. Die Möglichkeit, den Kapitalismus in einem längeren und mehrstufigen Prozeß
zu umgehen, wurde dabei kaum mehr in Erwägung gezogen:

„Je mehr sich die kapitalistische Entwicklung in einer Reihe national befreiter Länder verfe-
stigt, desto weniger wird es möglich sein, das kapitalistische Stadium zu umgehen oder die noch
schwache Entwicklung auf dem kapitalistischen Weg abzubrechen. Größere Bedeutung werden vielmehr solche Prozesse gewinnen, die – wie es die Ansätze im Falle Chiles gezeigt haben –
über eine antiimperialistisch-demokratische Volksrevolution die Grundlagen der kapitalistischen Ordnung erschüttern und auf diesem Wege Voraussetzungen für den Aufbau des Sozialismus schaffen."[123]

Im Mittelpunkt dieser Debatte stand, das Beispiel Chile zeigt es, Lateinamerika, wo
viele Staaten bereits am Beginn des 19. Jahrhunderts die Unabhängigkeit erlangten,
und wo sich heute zahlreiche „Schwellenländer" befinden. Bis zum Beginn der siebziger Jahre sollte nach den Vorstellungen maßgeblicher DDR-Theoretiker auch dort
eine „nationaldemokratische" Revolution mit „antiimperialistischer, antifeudaler und
demokratischer" Zielsetzung angestrebt und anschließend ein „nichtkapitalistischer
Entwicklungsweg" eingeschlagen werden.[124] Heute scheint sich dagegen eine Position
durchgesetzt zu haben, die „im Gefolge der Verbreitung von formationellen Struktur-
elementen des Kapitalismus" einen „,verkürzten' Weg zum Sozialismus" für möglich
hält.[125] Sie geht davon aus, daß bereits in der ersten Etappe „antikapitalistische" Maßnahmen auf der Tagesordnung stehen und ein schneller Übergang zur „sozialistischen
Revolution" anzustreben ist:

„Es erscheint wirklichkeitsnäher und den bisher vorliegenden historischen Erfahrungen adä-
quater zu sein, in den Ländern Lateinamerikas von einer einheitlichen sozialen Revolution auszugehen, die zwei qualitativ unterschiedliche Etappen durchläuft, die antiimperialistisch-demokratische und die sozialistische Etappe."[126]

Bis auf die Terminologie entspricht dieses Revolutionskonzept weitgehend dem Modell, das der Marxismus-Leninismus in der DDR heute auf die Industriestaaten des Westens angewandt wissen will. Auch dort sind zwei Etappen vorgesehen: Am Anfang
steht die Errichtung einer „antimonopolistischen Demokratie", und ihr folgt die eigentliche „sozialistische" Phase. Es soll das Programm eines überwiegend friedlichen
Weges zum Sozialismus sein. Realistisch ist es weder in der „antimonopolistischen"
noch in der „antiimperialistischen" Variante. Schon die Volksdemokratien Osteuropas
haben eine wichtige „Erfahrung" vermittelt, eine ganz andere allerdings, als die DDR
ihren Partnern in der Dritten Welt nahezubringen versucht: Sie verdankten ihre Entstehung nach dem Zweiten Weltkrieg weniger der revolutionären Kampfbereitschaft
der Arbeiterklasse als vielmehr der Überzeugungskraft, die sich in den Panzern der Roten Armee verkörperte.

Generell gilt daher, daß sowohl das Tempo der angestrebten revolutionären Veränderungen als auch die Wahl der Bündnispartner und der Mittel – gewaltsame oder friedliche – nicht an den Schreibtischen der Wissenschaft in der DDR entschieden werden. Darüber befinden gleichermaßen die praktischen Erfolgsaussichten, die politischen, ökonomischen und menschlichen Kosten und die möglichen Konsequenzen für die internationalen Beziehungen.[127] Dabei sind Kurswechsel und taktische Wendungen bis hin zu bloßem Dezisionismus an der Tagesordnung.

4.2. Die „sozialistische Orientierung"

Auch wenn die überwiegende Mehrheit der Länder in der Dritten Welt einen „kapitalistischen Entwicklungsweg" beschreitet, so gibt es doch eine relativ kleine, bis Mitte der siebziger Jahre kontinuierlich angewachsene Gruppe von Staaten, der sich die DDR besonders verbunden fühlt. Zu ihnen zählen einmal jene Entwicklungsländer, die bereits eine erfolgreiche sozialistische Revolution absolviert haben und heute dem „sozialistischen Weltsystem" zugerechnet werden. Es sind dies die Mongolische Volksrepublik, die Demokratische Volksrepublik Korea, Kuba, Vietnam, Laos und Kampuchea. Zu dieser Gruppe gehört aber auch eine etwas größere Zahl von Ländern, die sich auf den Sozialismus orientieren und einen „nichtkapitalistischen Entwicklungsweg" begonnen haben.[128]

4.2.1. Was ist „sozialistische Orientierung"?

Die Grundsätze der „sozialistischen Orientierung" oder auch des „nichtkapitalistischen Entwicklungsweges" hat Kurt Hager, Mitglied des Politbüros der SED, 1978 in einem Vortrag an der „Karl-Marx-Universität" Leipzig wie folgt umrissen:

> „Die Theorie des nichtkapitalistischen Entwicklungsweges wird gegenwärtig in der auf den Sozialismus orientierten gesellschaftlichen Entwicklung einer wachsenden Anzahl von befreiten Staaten Afrikas und Asiens praktische Realität. Diese Tatsache ist ohne Zweifel die wichtigste sozialpolitische Erscheinung nach dem Zerfall des imperialistischen Kolonialsystems, ein bedeutungsvoller Schritt zur weiteren Entfaltung des weltrevolutionären Prozesses. Bei der sozialistischen Orientierung der gesellschaftlichen Entwicklung handelt es sich um einen revolutionären Übergangsprozeß zum Sozialismus, der antiimperialistische, antifeudale und antikapitalistische Umgestaltungen zum Inhalt hat. Entscheidend hierfür sind das feste politische Bündnis, die allseitige Zusammenarbeit der Führungskräfte der Länder sozialistischer Orientierung mit der UdSSR und den anderen sozialistischen Staaten."[129]

Von „sozialistischer Orientierung" kann folglich dann gesprochen werden, wenn ein Entwicklungsland im Sinne des sozialen Fortschritts innere „antifeudale" und „antikapitalistische" Umgestaltungen einleitet und wenn es im Interesse einer stabilen Zusammenarbeit mit den sozialistischen Staaten eine „antiimperialistische" Außenpolitik betreibt. Sie verkörpert einen Entwicklungsweg, auf dem unter Umgehung des Kapitalismus oder nach frühzeitigem Abbruch einer kapitalistischen Entwicklung die bereits erwähnten „revolutionär-schöpferischen Aufgaben" verwirklicht werden (vgl. S. 109). Weitere Merkmale sowie der Verlauf und die Protagonisten der „sozialistischen Orientierung" sind in einem Beitrag des Parteiorgans der SED „Einheit" beschrieben:

> „Die gesellschaftliche Entwicklung mit sozialistischer Orientierung, wie sie sich in Ländern Asiens und Afrikas vollzieht, ist ein spezifischer Weg des Übergangs zum Sozialismus für ehe-

mals koloniale und halbkoloniale Länder, auf dem das kapitalistische Entwicklungsstadium umgangen oder abgebrochen wird. Die gesellschaftliche Praxis der Länder, die diesen Entwicklungsweg gewählt haben, bestätigt, daß es sich um einen revolutionären Übergangsprozeß allgemeindemokratischen Charakters handelt, der antiimperialistische, antifeudale und zunehmend antikapitalistische Umgestaltungen zum Inhalt hat, in der Regel – da die Arbeiterklasse noch wenig entwickelt ist – von progressiven nichtproletarischen Kräften geführt wird, in einem längeren Zeitraum verschiedene Entwicklungsstufen durchläuft und durch den politischen Kampf um die endgültige Durchsetzung der revolutionär-demokratischen, antikapitalistischen Tendenz gekennzeichnet ist. Dieser Weg bedeutet noch nicht den unmittelbaren Beginn des Aufbaus des Sozialismus. Er ermöglicht es aber, die von der kolonialen Vergangenheit überkommene Rückständigkeit schrittweise zu überwinden sowie die materiell-technischen, sozialen und politisch-ideologischen Voraussetzungen für den späteren Übergang zur sozialistischen Revolution zu schaffen, insbesondere die Herausbildung und Entwicklung der Arbeiterklasse zu fördern und eine mit der wissenschaftlichen Weltanschauung ausgerüstete revolutionäre Vorhut des werktätigen Volkes zu formieren. Dabei handelt es sich um Schritte in Richtung auf die sozialistische Revolution, für deren unmittelbare Verwirklichung die Voraussetzungen noch nicht herangereift sind."[130]

Ziel, Aufgaben und politische Träger der „sozialistischen Orientierung", wie sie im vorliegenden Beitrag definiert wurden, sind bekannt. Sie folgen weitgehend dem Programm für die „nationaldemokratische Revolution" und den „nichtkapitalistischen Entwicklungsweg", das die Beratung kommunistischer Parteien schon 1960 in Moskau festgelegt hat. Allein der Begriff „sozialistische Orientierung", der 1969 auf dem bislang letzten weltweiten Treffen kommunistischer Parteien in Moskau Eingang in die offizielle Terminologie des Marxismus-Leninismus gefunden hat, läßt einen neuen Akzent erkennen.[131]

Die vorstehende Charakterisierung der „sozialistischen Orientierung" rückt eine Reihe von Abgrenzungen in den Blick, die im Marxismus-Leninismus lebhaft diskutiert werden. So ist die Frage aufgeworfen und bis heute nicht abschließend beantwortet worden, ob die „sozialistische Orientierung" und der „nichtkapitalistische Entwicklungsweg" identisch seien oder aber verschiedene Revolutionsprozesse markieren. Im allgemeinen, namentlich im politisch-programmatischen Sprachgebrauch der sozialistischen Staaten hat sich eine synonyme Handhabung beider Begriffe durchgesetzt.[132] Die wissenschaftliche, revolutionstheoretische Debatte ist indes differenzierter. Dabei stehen sich, wie aus einem Konferenzbericht über Entwicklungswege in der Dritten Welt hervorgeht, mindestens zwei Positionen gegenüber:

„Gibt es einen Unterschied zwischen nichtkapitalistischer Entwicklung und sozialistischer Orientierung und wenn ja, welchen? Die Antwort darauf war nicht ganz einhellig. Einige Wissenschaftler meinten, daß zwischen beiden ein qualitativer Unterschied bestehe, der sich darin äußere, daß sich die nichtkapitalistische Entwicklung unter der Führung der Arbeiterklasse vollziehe (so in den mittelasiatischen Sowjetrepubliken und in der MVR), während für die sozialistische Orientierung die Führung nichtproletarischer Kräfte (so in den Ländern Asiens und Afrikas) charakteristisch sei. Andere Wissenschaftler sprachen sich demgegenüber dafür aus, keinen Unterschied zwischen nichtkapitalistischer Entwicklung und Entwicklung mit sozialistischer Orientierung zu machen und beide Begriffe als Synonyme zu verwenden. Dabei führten sie vor allem folgende Aspekte an: Die marxistisch-leninistische Konzeption bestimmt den nichtkapitalistischen Entwicklungsweg als revolutionären Übergangsprozeß mit allgemeindemokratischem Charakter, in dem historisch die Aufgabe steht, allmählich die objektiven und subjektiven Voraussetzungen für den nachfolgenden Übergang zum Sozialismus auf der Grundlage bewußten Handelns zu schaffen. Diese Aufgabe steht heute für die Länder, die die Umgehung des Kapitalismus als gesellschaftliche Perspektive anstreben, ebenso wie damals für die mittelasiatischen Sowjetrepubliken und die MVR."[133]

Die Differenzen sind keineswegs nur akademischer Natur und bringen mehr zum Ausdruck als lediglich terminologische Vorlieben. Zudem lassen sie die revolutionstheoretischen und ebenso die revolutionspraktischen Probleme erkennen, die dem Konzept der „sozialistischen Orientierung" eigen sind. Verkörpert sie lediglich eine eher unverbindliche „Orientierung" auf den Sozialismus oder stellt sie einen (nichtkapitalistischen) Entwicklungsweg dar, der wohl in mehreren Stufen aber ohne weitere revolutionäre Umbrüche schließlich in den Sozialismus mündet? Was unterscheidet sozialistische Orientierung von sozialdemokratischen Konzepten oder von solchen Varianten eines „afrikanischen Sozialismus", wie sie etwa Leopold Senghor repräsentierte? Und welches sind auf der anderen Seite die Gemeinsamkeiten und Differenzen mit den sozialistischen Wegen, die in der Mongolei, in Vietnam oder in Kuba beschritten wurden?

Es ist dem Marxismus-Leninismus bis heute nicht gelungen, diese Fragen schlüssig zu beantworten. Ebenso wenig vermochte er es, die „sozialistische Orientierung" zwischen Kapitalismus und Sozialismus einvernehmlich zu verorten. Verwundern kann dies allerdings nicht. Der Versuch, die „sozialistische Orientierung" revolutionstheoretisch einzuordnen und zu bewerten, bedeutet, sich gleichsam zwischen Skylla und Charybdis zu bewegen. Wird „sozialistische Orientierung" als konsequenter Entwicklungsweg begriffen, auf dem wie in den sozialistischen Anfangsjahren der Mongolei oder Kubas bereits wichtige sozialistische Ziele verwirklicht werden, könnte dies leicht zu einer Überschätzung ihrer Möglichkeiten und Fähigkeiten führen. Ein hohes Engagement und kostspielige Investitionen von seiten der sozialistischen Industriestaaten wären ebenso die Folge wie eine nachhaltige Erschütterung des marxistisch-leninistischen Selbstverständnisses, wenn ein solches Land sich vom Sozialismus ab- und dem Kapitalismus zuwendet. Wenn auf der anderen Seite „sozialistische Orientierung" lediglich als weitgehend unverbindliche „Orientierung" angesehen wird, die wenig bis nichts mit den sozialistischen Vorbildern gemein hat, würden die Chancen, die sich dem sozialistischen Lager in einigen Entwicklungsländern mit ihr auftun, durchaus unterschätzt.

Beide Positionen klangen bereits in der oben zitierten Diskussion der Frage an, ob „sozialistische Orientierung" und „nichtkapitalistischer Entwicklungsweg" begrifflich unterschieden oder synonym gehandhabt werden sollen. Und beide Positionen haben offene Kritiker gefunden. So wandte sich etwa der sowjetische ZK-Funktionär R. A. Uljanowski mit aller Deutlichkeit gegen eine Gleichsetzung von „sozialistischer Orientierung" und „sozialistischer Revolution":

> „In den in der Literatur anzutreffenden Vorstellungen von der sozialistischen Orientierung wird diese mitunter dem Sozialismus gleichgesetzt. Das ist eine voreilige Schlußfolgerung, die zur Idealisierung der nationalen Demokratie, zum Übersehen ihrer inneren Widersprüchlichkeit, zur unkritischen Haltung gegenüber pseudorevolutionären Phrasen sowie zum Verwischen der Grenze zwischen dem subjektiv interpretierten und dem wissenschaftlichen Sozialismus führt. Und als unvermeidliche Folge dessen führte jeder Mißerfolg auf dem schwierigen Weg der sozialistischen Orientierung zu einer ungerechtfertigten Negierung des revolutionären Potentials der nationalen Demokratie und zu Zweifeln an der Möglichkeit vorbereitender Schritte zum Sozialismus unter ihrer Leitung. Solchen Vorstellungen liegt die Unkenntnis der spezifischen Natur der sozialistischen Orientierung als einer eigenständigen vorsozialistischen Übergangsetappe in der Geschichte der Entwicklungsländer zugrunde."[134]

Daß „sozialistische Orientierung" lediglich eine unverbindliche Orientierung auf den Sozialismus bedeute, hat in der gleichen Weise Widerspruch geweckt. In diesem Sinne kritisierte etwa Gerhard Brehme, Entwicklungsländer-Spezialist an der Universität Leipzig:

> „Es hat im Kreise der marxistisch-leninistischen Theoretiker in jüngster Zeit Stimmen gegeben, die die Formel von der ‚sozialistischen Orientierung‘, was das Sozialistische dabei betrifft, eben nur als eine Orientierung, eine Absichtserklärung von Führungskräften, als Ausdruck bestenfalls politischer Intention interpretiert haben, da die im Rahmen der sozialistischen Orientierung tatsächlich vor sich gehenden Veränderungen den allgemein-demokratischen Rahmen nicht sprengen, ja zugleich, wie die Praxis zeigt, eine Reihe bürgerlich-reformistischer, prokapitalistischer Elemente und Tendenzen freisetzen. Diese Neigung, die Entwicklung mit sozialistischer Orientierung historisch abzuwerten, hat ihren Hintergrund sicher auch in der positiven Erfahrung des Übergangs einer Reihe von Ländern zu einer höheren Etappe einer solchen Entwicklung. Aber die Erfahrungen der sechziger und siebziger Jahre, auch die negativen, stützen m. E. eine solche Auffassung nicht. Es handelt sich bei der nationaldemokratischen Revolution mit sozialistischer Orientierung um wirkliche progressive Veränderungen materieller wie politisch-ideologischer Verhältnisse, um nichtkapitalistische Entwicklung, die ihren bestimmenden Tendenzen nach nicht kapitalistisch ist und insofern antikapitalistische, prosozialistische Tendenzen freisetzt. Sozialistische Orientierung kann schwerlich, wie es in den revolutionsvergleichenden und -theoretischen Untersuchungen überwiegend geschieht, als eine eigenständige, neue Variante demokratischer Revolution eingeschätzt werden, wenn man ihr diese Qualität echter Entwicklung mit sozialistischer Tendenz abspricht.“[135]

Dem gleichen Muster folgt die Diskussion darüber, was die „sozialistische Orientierung“ heute mit erfolgreichen Revolutionen der Vergangenheit, namentlich in den mittelasiatischen Sowjetrepubliken und in der Mongolei verbindet. Dort wurde, wie Lenin 1920 auf dem II. Kongreß der Kommunistischen Internationale programmatisch verlauten ließ, der Kapitalismus im klassischen Sinne „umgangen“: durch die Schaffung kommunistischer Parteien sowie einer Rätediktatur und durch die Unterstützung der Sowjetmacht, die tatsächlich „mit allen verfügbaren Mitteln“ – vornehmlich militärischen – zur Hilfe eilte.[136] Auch hier hat Uljanowski im Unterschied zu jenen Theoretikern, die heute wie damals die gleichen revolutionären Aufgaben – und Chancen – sehen, erhebliche Vorbehalte:

> „Für die MVR und die Sowjetrepubliken Mittelasiens kann man sagen, daß bei den sozialistischen Umgestaltungen die entscheidenden Elemente der Hegemonie des Proletariats in ihrem internationalen Aspekt gegeben waren. Die Hilfe der Sowjetunion schuf in Verbindung mit der Existenz marxistischer Parteien in der MVR und den mittelasiatischen Republiken wichtige politisch-ökonomische Voraussetzungen für den Aufbau des Sozialismus. In Asien und Afrika sind diese Voraussetzungen – direkte staatliche Einheit der vom Kolonialjoch befreiten Länder, die sich für den Sozialismus entschieden haben, mit den Ländern des siegreichen Sozialismus in Europa – nicht gegeben, und daher dürften die in der marxistischen Literatur zuweilen anzutreffenden Versuche, die gegenwärtigen Bedingungen der nichtkapitalistischen Entwicklung von Ländern Asiens und Afrikas mit den Erfahrungen der MVR und der mittelasiatischen Republiken zu identifizieren, ungerechtfertigt sein.“[137]

Die beiden kontroversen Positionen sind nicht mit Notwendigkeit unvereinbar. Sie lassen lediglich das theoretische Dilemma aufscheinen, in dem sich die „sozialistische Orientierung“ befindet. Diese ist weder kapitalistisch, noch schon sozialistisch, enthält aber Elemente von beiden, was jedoch auch nicht bedeuten darf, sie als sozialdemokratischen „Dritten Weg“ zu begreifen. Doch dürfte sich die aufgezeigte Kontroverse darin kaum erschöpfen. Vielmehr scheint sie mit unterschiedlichen Präferenzen einherzugehen, die nicht nur theoretische, sondern wohl auch revolutionspraktische Konsequenzen haben. Je sozialistischer die „sozialistische Orientierung“ per definitionem ist, um so höher ist offenbar die Erwartung, daß sie nahtlos zum „Aufbau des Sozialismus“

hinführt. Bleibt sie jedoch lediglich eine Orientierung, ist es durchaus offen, ob das angestrebte Ziel erreicht wird. Hier stehen sich erkennbar revolutionärer Optimismus und eine deutlich skeptischere Haltung gegenüber.

Allerdings bedeutet dies nicht, daß zwei deutlich abgrenzbare politische Linien aufeinanderträfen, die ihre Vorstellungen in den Beziehungen der DDR zu den „sozialistisch orientierten" Entwicklungsländern zur Geltung bringen wollen. Dahin lassen sich die unterschiedlichen, bisweilen fluktuierenden Analysen und programmatischen Aussagen kaum verdichten. So sind ganz andere Diskussionsfronten zu erkennen, wenn etwa die Frage debattiert wird, ob und wie die Arbeiterklasse im Übergang von der „sozialistischen Orientierung" zum „Aufbau des Sozialismus" ihre führende Rolle wahrnehmen kann. Im marxistisch-leninistischen Selbstverständnis ist dies eine conditio sine qua non jeder Revolution, die als sozialistisch gilt; in der Abgrenzung (und Verknüpfung mit) der „sozialistischen Orientierung" und revolutionspraktisch wirft dies jedoch beträchtliche Probleme auf, die recht unterschiedlich bearbeitet werden.[138]

Offensichtlich scheint indes, daß sowohl die optimistische als auch die skeptische Variante nicht unwesentlich von den jeweiligen Hoffnungen und Erwartungen beeinflußt werden, die mit den erkennbaren Revolutions-Konjunkturen in der DDR einhergehen. So konnte Mitte der siebziger Jahre nach den Erfolgen in Afrika und Südost-Asien die Erwartung reifen, daß der Sozialismus weltweit auf dem Vormarsch sei, ohne daß die eingeleiteten protosozialistischen Entwicklungen allzu kritisch beäugt worden wären. Auf den revolutionären Aufschwung, der jede Skepsis leicht als Defätismus erscheinen ließ, folgten jedoch Stagnation und Abschwung, und mit ihnen gewannen skeptischere Stimmen an Gewicht. So wird heute ganz offen eingestanden:

> „Gegenüber Diskussionen früherer Jahre zur sozialistischen Orientierung zeigte sich ein betont sachlicher Realismus in der Beurteilung dessen, was kurzfristig und längerfristig erreichbar ist, sowie eine ausgeprägtere Problemsicht."[139]

Doch nicht nur theoretisch, auch praktisch birgt die „sozialistische Orientierung" nicht wenige Schwierigkeiten. Da die politischen Führer der meisten dieser Entwicklungsländer alles andere als Vasallen des sozialistischen Lagers sind, sondern in bisweilen ausgesprochen nationalistischer Prägung ihren Interessen Geltung zu verschaffen suchen, sieht sich die DDR mit einem vertrauten Problem konfrontiert: Auch im Umgang mit diesen ihr prinzipiell verbundenen Ländern muß sie das strukturelle Spannungsverhältnis zwischen revolutionärer und diplomatischer Außenpolitik lösen, dem sich die sozialistischen Staaten seit Angebinn ausgesetzt sehen. Eine forcierte Durchsetzung des traditionellen marxistisch-leninistischen Revolutionsmodells im Lichte der eigenen Erfahrungen muß notwendig zu Differenzen mit den führenden „revolutionär-demokratischen" Kräften führen. Diese bekennen sich zwar zum Sozialismus, verbinden damit gegenwärtig aber zumeist sehr eigene Vorstellungen. Daher sind sich die sozialistischen Staaten ihrer Zuverlässigkeit keineswegs sicher, doch wird die Chance, sie zügig revolutionär zu beseitigen und durch linientreue marxistisch-leninistische Kräfte zu ersetzen, ebenfalls überwiegend skeptisch beurteilt.[140]

Solange die sozialistischen Staaten eine vertrauensvolle Zusammenarbeit mit den „sozialistisch orientierten" Entwicklungsländern für möglich halten, werden sie folglich die führende politische Rolle der nichtproletarischen „revolutionären Demokraten" akzeptieren – trotz aller Rückschläge, Mißerfolge und kostspieligen Fehlinvestitionen, die im Einzelfall auftreten mögen oder bereits aufgetreten sind. Ihre Hoffnungen ruhen daher ganz auf der Perspektive, im Zuge einer langfristig angelegten und schrittweise realisierten Transformation, stabile, will heißen sozialistische, innere Verhältnisse zu schaffen, um darauf ein dauerhaftes Bündnis zu gründen. Das ist nur möglich, wenn das eigene Revolutionsmodell offen konzipiert und flexibel angewandt, der Marxismus-Leninismus mithin – wie es im Sprachgebrauch der DDR heißt – „schöpferisch weiterentwickelt" wird.

Dem trägt die marxistisch-leninistische Diskussion der sozialistischen Staaten in mehrfacher Hinsicht Rechnung. So besteht weitgehend Einigkeit, daß die revolutionären Errungenschaften der „sozialistischen Orientierung" keineswegs „unumkehrbar" sind. Die Frage „Wer – Wen", von Ulbricht zu einer Raison d'être der DDR befördert, ist in den Entwicklungsländern mit „sozialistischer Orientierung" noch keineswegs entschieden.[141] Damit entfällt die ideologische Verpflichtung zur „brüderlichen Hilfe" und kann Rückschlägen relativ gelassen begegnet werden.

Die Offenheit und Unbestimmtheit der „sozialistischen Orientierung", die zwar den Sozialismus im Blick, aber keineswegs einen festen Weg im Programm hat, stellte mehrfach und besonders deutlich Uljanowski heraus. In einem Beitrag für das SED-Parteiorgan „Einheit" wandte er sich darüber hinaus gar gegen „Versuche, in die Konzeption der nichtkapitalistischen Entwicklung eine Klarheit hineinzulegen, die es in der Wirklichkeit noch nicht gibt" – eine Feststellung, die er auch auf die Schriftgelehrten des Marxismus-Leninismus bezog:

> „Das Bestreben, in den Begriff der nichtkapitalistischen Entwicklung vom rein theoretischen, formal-logischen Standpunkt aus ‚logische Klarheit hineinzubringen', führt unweigerlich zu seiner Liquidierung, in der sich alle Kritiker dieser Konzeption von links und von rechts im Grunde vereinigen."[142]

Für den Marxismus-Leninismus, der gemeinhin beansprucht, alle Gesetze der Menschheitsentwicklung erkannt zu haben, ist dies fraglos eine sehr ungewöhnliche Feststellung, obwohl sie der gesellschaftlichen Realität in den „sozialistisch orientierten" Entwicklungsländern wie der eigenen Ideologiegeschichte weit näher kommt, als alle ex officio verkündeten Lehren. Dies darf allerdings nicht darüber hinwegtäuschen, daß innerhalb der sozialistischen Staaten und namentlich der DDR durchaus konkrete Vorstellungen und Pläne erarbeitet wurden, die sicherstellen sollen, daß die „sozialistisch orientierten" Länder am Ende ihres Weges schließlich doch den Sozialismus erreichen. Sie werden im Anschluß an die Vorstellung jener Entwicklungsländer, die in der DDR als „sozialistisch orientiert" gelten, näher beleuchtet.

4.2.2. Welche Länder gehen den Weg mit „sozialistischer Orientierung"?

So offen, unspezifisch und flexibel sich die „sozialistische Orientierung" als Weg zum Sozialismus darstellt, so wenig vermag die marxistisch-leninistische Wissenschaft zuverlässig anzugeben, ob und wann ein Land der Dritten Welt als „sozialistisch orientiert" zu gelten hat. Welchen Einfluß müssen die marxistisch-leninistischen Kräfte haben, welches Gewicht wird dem privaten, welches dem staatlichen Wirtschaftssektor eingeräumt, wie intensiv müssen die Beziehungen zu den sozialistischen Staaten sein? All dies kann schlüssig kaum beantwortet werden. Es ist letztlich bloßer Dezisionismus, nicht aber eine wissenschaftlich begründete Entscheidung, wenn einzelnen Entwicklungsländern jenes Prädikat verliehen wird, das die Sympathie und Unterstützung der sozialistischen Staaten verheißt.

Wie willkürlich das Prädikat der „sozialistischen Orientierung" verliehen wird, lassen bereits die abweichenden Gesamtzahlen erkennen – die offenbar aus diesem Grund nur selten genannt werden. Mal ist es „ein reichliches Dutzend"[143], dann werden 15 „sozialistisch orientierte" Entwicklungsländer ausgemacht[144], andere wollen 21 festgestellt haben[145], und ein besonders optimistischer sowjetischer Wissenschaftler zählte gar 40, wobei er allerdings die abtrünnigen Länder mitrechnete.[146] Überwiegend gehen die marxistisch-leninistischen Theoretiker der sozialistischen Staaten heute davon aus, daß etwa zwanzig Länder der Dritten Welt einen Entwicklungsweg mit „sozialistischer Orientierung" eingeschlagen haben.[147] Vor zehn Jahren war es noch etwa die Hälfte gewesen.[148] Und zu Beginn der sechziger Jahre, als das kommunistische Parteienkonzil in Moskau den Ländern der Dritten Welt erstmals die Perspektive eines „nichtkapitalistischen Entwicklungsweges" wies, beschränkte sich dies auf eine Handvoll Staaten.[149] Gewiß ein beeindruckender Zuwachs, auch wenn im Verlauf der vergangenen zwei Jahrzehnte sehr wechselvolle Erfahrungen gesammelt wurden.

Folgende Entwicklungsländer, die kaum einmal zusammenhängend aufgeführt werden[150], gelten zu Beginn der achtziger Jahre in der DDR allgemein als „sozialistisch orientiert":

in Afrika:
    Algerien (seit 1962/63)
    Angola (seit 1975/76)
    Äthiopien (seit 1975)
    Benin (seit 1974)
    Guinea (seit 1962)
    Guinea-Bissau (seit 1975)
    Kapverden (seit 1975)
    VR Kongo (seit 1963)
    Madagaskar (seit 1976)
    Mosambik (seit 1975)
    Sao Tomé und Principe (seit 1975)
    Tansania (seit 1967)

in Asien:
    Afghanistan (seit 1978)
    Burma (seit 1962)
    Irak (seit 1968)
    VDR Jemen (seit 1969)
    Syrien (seit 1966)

in Lateinamerika: Nikaragua (seit 1980).

Über diese 18 „sozialistisch orientierten" Länder in Afrika, Asien und Lateinamerika besteht in der marxistisch-leninistischen Diskussion heute weithin Konsens; allein die Datierung erfolgt unterschiedlich.[151] Kein Einvernehmen konnte bisher bei der Zuordnung von zwei weiteren Ländern, Libyen und Sambia, erzielt werden. Gleichwohl deuten sich Tendenzen an. So scheint Libyen trotz der verbreiteten Skepsis, auf die der „islamische Sozialismus" Muammar al-Ghaddafis in Osteuropa trifft, eher den „sozialistisch orientierten" Ländern zugerechnet zu werden.[152] Für Sambia hingegen machen sich ungeachtet der antikapitalistischen Rhetorik von Kenneth Kaunda nur wenige stark.[153]

Umstürze, Verstaatlichungen sowie die Proklamierung eigenständiger sozialistischer Wege, wie sie im Verlauf der siebziger Jahre z. B. in Guyana, Surinam, Seychellen sowie jüngst in Obervolta/Burkina Faso erfolgten, veranlaßten die DDR bisher nicht, auch diese Länder mit dem Prädikat der „sozialistischen Orientierung" zu versehen.[154] Das gleiche gilt umgekehrt für jene Entwicklungsländer, die heute bereits ein qualitativ „höheres" Stadium erreicht und begonnen haben, den Sozialismus aufzubauen. Laos und Kampuchea etwa wurden nie ausdrücklich der „sozialistischen Orientierung" zugerechnet. Vielmehr definierte der Marxismus-Leninismus den Sieg der Volksbefreiungskräfte 1975 in beiden Ländern als Beginn einer „volksdemokratischen Revolution".[155] Ihr folgte in Laos alsbald der „Aufbau des Sozialismus", nicht jedoch in Kampuchea: Die tiefgreifenden Differenzen mit dem Pol-Pot-Regime bewirkten, daß nach Auffassung der DDR-Theoretiker dort bis zur vietnamesischen Invasion die Entwicklungsrichtung „nicht eindeutig zu fixieren" gewesen sei.[156]

Allein Kuba galt kurze Zeit als Musterbeispiel eines Landes, das unter Führung von Vertretern der „revolutionären nationalen Demokratie und der fortschrittlichen Intelligenz" einen „nichtkapitalistischen Entwicklungsweg" eingeschlagen hatte.[157] Seit Mitte 1961 jedoch, als Castro den „Aufbau des Sozialismus" proklamierte, wird Kuba als sozialistisches Land betrachtet – dem sozialistischen Selbstverständnis anderer Entwicklungsländer ist die DDR nie so bruchlos gefolgt.[158]

Eine Aufzählung der Entwicklungsländer, die heute der „sozialistischen Orientierung" zugerechnet werden, wäre unvollständig, würden jene unterschlagen, die diesen Weg nur zeitweilig beschritten haben. Die Liste der Länder, die den Weg der „sozialistischen Orientierung" „abgebrochen", „unterbrochen" und „eingefroren" haben oder ihm aus anderen Gründen untreu wurden, ist beachtlich:[159]

Ägypten (1962-1974/75)
Ghana (1961-1966)
Grenada (1979-1983)
Indonesien (1961-1965)
Mali (1962-1968)
Somalia (1969-1978)
Sudan (1969-1971/72).

Daneben gab es im Verlauf der letzten 20 Jahre eine ganze Reihe von Ländern, denen vorübergehend Aufmerksamkeit zuteil wurde. Zwar zählten sie nie zweifelsfrei zur Gruppe der „sozialistisch orientierten" Staaten, doch wurden, wie 1965 etwa bei Kenia und Ceylon, „mehr oder weniger starke Faktoren" ausgemacht, die „in Richtung auf eine nichtkapitalistische Entwicklung wirksam" wurden.[160] Doch waren die Faktoren zu schwach, um eine „sozialistische Orientierung" herbeizuführen. Anders verhält es sich in jenen Ländern, die den „nichtkapitalistischen Entwicklungsweg" bereits beschritten, dann aber abgebrochen haben. Zwar fallen dem Kurswechsel zahlreiche revolutionäre Errungenschaften und zumeist auch die freundschaftlichen Beziehungen mit den sozialistischen Staaten zum Opfer. Ein wesentlicher Teil des Erreichten bleibe jedoch – darauf weisen die DDR-Theoretiker einhellig hin – erhalten und wird als Grundlage für mögliche weitere revolutionäre Veränderungen begriffen.[161]

4.2.3. Elemente der „sozialistischen Orientierung"

In der DDR wurden während der sechziger und siebziger Jahre umfangreiche und detaillierte Vorstellungen erarbeitet, die den Entwicklungsländern als Richtlinie für deren Orientierung auf den Sozialismus dienen sollen. Sie sind schrittweise in allen politischen, gesellschaftlichen und ökonomischen Sphären durchzusetzen und sollen als revolutionäre Errungenschaften den Übergang zum Sozialismus sicherstellen. Im Vordergrund stehen dabei:

„ – Übergang der Macht in die Hände fortschrittlicher Kräfte, die der Bourgeoisie und feudalen Elementen das Monopol der politischen Macht entreißen bzw. verwehren und im Interesse breiter Volksmassen handeln; Schaffung eines revolutionär-demokratischen Staates, eines neuen Staatsapparates;

– Untergrabung bzw. Brechung der ökonomischen Vorherrschaft des Imperialismus, insbesondere der neokolonialistischen Positionen der internationalen Monopole;

– Bildung eines staatlichen und eines genossenschaftlichen Sektors der Wirtschaft und Sicherung ihrer vorrangigen Entwicklung;

– staatliche Regulierung des privatkapitalistischen Sektors und wirksame Kontrolle über ausländisches Kapital;

– Entwicklung der allseitigen Zusammenarbeit mit den sozialistischen Staaten;

– tiefgreifende soziale und kulturelle Umgestaltungen im Interesse und unter Teilnahme der Volksmassen (Agrarreformen, Beseitigung des Analphabetentums, Gleichberechtigung der Frau, Arbeits- und Sozialgesetzgebung); ständiger Kampf gegen Korruption;

– Kampf gegen die Ideologie des Imperialismus und des Sozialreformismus, für die Durchsetzung der revolutionär-demokratischen Ideen, die historisch mit dem weltweiten Befreiungskampf der Völker, mit der Theorie und den Erfahrungen des wissenschaftlichen Sozialismus verbunden sind."[162]

In dieser Übersicht ist das vollständige Programm der Umgestaltungen enthalten, die in den Augen der sozialistischen Staaten unerläßlich sind. Nur wenn sie zügig und konsequent durchgesetzt werden, kann die „nichtkapitalistische Entwicklung" stabilisiert und schließlich der Übergang zum Sozialismus eingeleitet werden. Es steht allerdings außer Frage, daß dieser Weg mit zahlreichen Hindernissen und Problemen gepflastert ist. Sie behindern die Transformation, zwingen zu Kompromissen und führen nicht selten zu Rückschlägen, denen die „sozialistische Orientierung" schließlich vollständig zum Opfer fallen kann.

In der DDR wird ein ganzes Bündel von „Widersprüchen" ausgemacht, die im Verlauf der Umgestaltungen auftreten und sich krisenhaft zuspitzen können. Auf einen Nenner gebracht, resultieren sie aus der fehlenden oder mangelnden Kongruenz der europäisch-rational geprägten politischen Zielvorstellungen der „sozialistischen Orientierung" und den daran gemessen unzulänglichen objektiven Bedingungen in der Dritten Welt, die ihrer Realisierung im Wege stehen. Ein geringes sozialökonomisches Niveau, Analphabetismus, autochthone Werte und indigene Sozialstrukturen mit paternalistischen Bindungen und Stammesloyalitäten treffen auf ein „sozialistisch orientiertes" Transformationsprogramm, das fernab davon in der Tradition des aufklärerischen, abstrakten Denkens steht und seine Ausprägung in den industriellen Klassenkämpfen des 19. und 20. Jahrhunderts vor dem Hintergrund gänzlich andersartiger sozialökonomischer Verhältnisse erhalten hat.[163] Überlagert wird dies von Machtkämpfen, die in ähnlicher Gestalt auch in den europäischen Revolutionen anzutreffen waren, und von der Tatsache, daß alle Entwicklungsländer unverändert in ein dichtes Geflecht ökonomischer, politischer und kultureller Beziehungen mit den westlichen Industriestaaten einbezogen sind.[164]

Angesichts der Schwierigkeiten und Rückschläge, die im Prozeß der „sozialistischen Orientierung" zu verzeichnen waren, haben die marxistisch-leninistischen Theoretiker eine Reihe von „negativen Lehren" formuliert. Sie verweisen auf drei Gruppen von Faktoren, die besondere Schwierigkeiten bereitet hätten, und denen künftig verstärkt Rechnung zu tragen sei:

> „1. Starke Abhängigkeit von der kapitalistischen Weltwirtschaft, von ihren Märkten und Krediten, jahrhundertelange Rückständigkeit, niedriger Entwicklungsstand der Produktivkräfte, Monokultur der Wirtschaft, subversive Tätigkeit der ausländischen und einheimischen Reaktion, die nicht rechtzeitig abgewehrt wurde.
>
> 2. Spezifische Widersprüchlichkeit des nichtkapitalistischen Weges unter den gegenwärtigen Bedingungen, die mit der klassenmäßigen und politischen Instabilität der kleinbürgerlichen Demokratie, die dem Druck großbürgerlicher und neokolonialistischer Schichten ausgesetzt ist, sowie mit großen Möglichkeiten für privates Unternehmertum und ausländisches Kapital verbunden ist, Korruption größten Ausmaßes, Entstehung einer aktiven Neokompradoren- und bürokratischen Bourgeoisie.
>
> 3. Das Fehlen einer starken Partei der Vorhut, subjektivistische Fehler der Leitung – Verkündung von Entwicklungsaufgaben ohne Berücksichtigung der inneren wirtschaftlichen und Kadermöglichkeiten, chauvinistische Stimmungen, Unfähigkeit und die Weigerung, eine Zusammenarbeit zwischen den revolutionären Demokraten, Kommunisten und anderen antiimperialistischen und fortschrittlichen Kräften in Gang zu bringen."[165]

Unter Berücksichtigung dieser negativen Erfahrungen und unter Berücksichtigung vor allem auch der positiven Erfahrungen, die in der Sowjetunion und den anderen sozialistischen Staaten im Zuge ihrer revolutionären Veränderungen gesammelt wurden, suchen die marxistisch-leninistischen Theoretiker Prinzipientreue und Flexibilität in der Wahl der Methoden miteinander zu kombinieren. Die strategische Zielsetzung – Erringung stabiler politischer Machtpositionen durch revolutionäre Kräfte, die schrittweise mit dem Marxismus-Leninismus vertraut zu machen und in eine marxistisch-leninistische Avantgarde-Partei einzugliedern sind, sowie die allmähliche Transformation der sozialökonomischen Basis – steht nicht zur Disposition. Die taktische Umsetzung muß hingegen den spezifischen Verhältnissen in der Dritten Welt angepaßt werden. Das schließt ein radikales, überstürztes Vorgehen aus. Darauf hat in einem Beitrag für das SED-Parteiorgan „Einheit" besonders prägnant wiederum Uljanowski hingewiesen. Seine Prämisse lautet: „Der Sozialismus ist eine relativ ferne Perspektive, die Rückständigkeit aber die tagtägliche Realität." Daher habe zu gelten:

> „Ungenügende Erfahrungen sowie die Reize der Schnelligkeit und des Radikalismus führen zuweilen zu übereilten Entschlüssen und politischen Deklarationen, die auf den ersten Blick höchst revolutionär anmuten mögen, sich aber in Wirklichkeit als schädlich erweisen und sich rächen, weil ihnen das Bestreben zugrunde liegt, eine noch nicht durchlaufene, aber notwendige Etappe der historischen Entwicklung zu überspringen. Die Versuche, auf diese Weise die Widersprüche der nichtkapitalistischen Entwicklung zu lösen, führen zu nichts Gutem. Das hat Asien ebenso erfahren wie Afrika. Hiervon ausgehend haben sich viele weitblickende nationale Demokraten mit einem gesunden Mißtrauen gegenüber allerlei Projekten gewappnet, die ebenso radikal wie irreal sind und in der Regel durch linksradikale Kräfte von außen aufgedrängt werden. Der nichtkapitalistischen Entwicklung sind Widersprüche immanent und sie können gelöst werden, doch gewiß nicht durch ein Dekretieren von oben, sondern durch sorgfältige, ruhige, konstruktive Arbeit in dem Maße, wie die politischen und ökonomischen Voraussetzungen für den Übergang zu einer neuen Etappe der revolutionären Entwicklung heranreifen."[166]

Was daraus für die Erringung und Stabilisierung der politischen Macht sowie für die Umwandlung der sozialökonomischen Basis im Detail folgt und wie vor diesem Hintergrund die Praxis in den „sozialistisch orientierten" Entwicklungsländern beurteilt wird, soll im folgenden umrissen werden.

4.2.3.1. Parteien und Staatsmacht in den Ländern mit „sozialistischer Orientierung"

Im marxistisch-leninistischen Transformationskonzept verkörpert die „sozialistische Orientierung" einen Entwicklungsweg, der den Interessen breiter Kreise der Bevölkerung entsprechen soll. Ihre politische Grundlage bildet daher eine weit gefaßte „*antiimperialistische Einheitsfront"*. Sie umschließt neben der Arbeiterklasse (soweit bereits vorhanden) und maßgeblichen Teilen der Bauernschaft das städtische Kleinbürgertum, das Halbproletariat, die Intelligenz und jene Kräfte der einheimischen Bourgeoisie, die bereit sind, die angestrebten politischen und sozialen Änderungen mitzutragen. Die führende Rolle oder auch „Hegemonie" in der Einheitsfront fällt zum gegenwärtigen Zeitpunkt noch überwiegend den „national"- bzw. „revolutionär-demokratischen" Kräften zu, die zumeist aus der zivilen Intelligenz und dem Militär stammen. Kern und konsequentester Teil der gemeinsamen Front bilden indes die Arbeiterklasse und die werktätigen Bauern, deren Zusammenarbeit in der DDR als unerläßliche Bedingung für das Gelingen der „sozialistischen Orientierung" gilt.[167]

Die Einheitsfront wird allerdings von den aufgeführten Klassen und Schichten nicht unmittelbar gebildet. Vielmehr beruht sie auf Vereinbarungen politischer Parteien und gesellschaftlicher Organisationen, die in der DDR jeweils als Interessenvertreter der Arbeiterklasse, der Bauern, der Zwischenschichten und der liberalen Bourgeoisie begriffen werden. Gleichwohl kann sich das Bündnis nach Auffassung der marxistisch-leninistischen Theoretiker auf Vereinbarungen allein nicht stützen; es bedarf der Ergänzung „von unten":

> „Die Erfahrungen der sozialistisch orientierten Länder bekräftigen die Notwendigkeit, die Einheitsfront ,von oben' mit der ,von unten' zu verbinden. Die Einheitsfront kann sich nicht auf Kontakte und Abmachungen zwischen einzelnen politischen Parteien oder gar nur deren Leitungen beschränken. Ihre historische Aufgabe vermag sie nur in dem Maße zu erfüllen, wie sie über den Rahmen von Kontakten und Vereinbarungen zwischen den Leitungen politischer Parteien und Organisationen hinauswächst und sich zu einer Zusammenarbeit gesellschaftlich aktiv handelnder werktätiger Massen, d.h. zu einem Klassenbündnis entwickelt."[168]

Was mit der Einheit „von unten" gemeint ist, haben mehr als 60 Jahre kommunistischer Parteigeschichte namentlich in Deutschland hinlänglich demonstriert. Mit Blick auf die Entwicklungsländer soll sie vor allem der Arbeiterklasse zugute kommen und sicherstellen, daß deren vermeintliche Avantgarden, die kommunistischen und marxistisch-leninistischen Parteien, ungehindert wirken und die „Ideologie der Arbeiterklasse", den Marxismus-Leninismus, in allen Schichten des Volkes verbreiten können. Nur so kann nach Auffassung der DDR die „sozialistische Orientierung" ihr Ziel, den Aufbau des Sozialismus, erreichen. Daß sich auf diesem Weg die Gestalt der Einheitsfront verändern muß, wird nicht verschwiegen.

Als breites Bündnis nahezu aller Klassen und Schichten entspricht die „antiimperialistische Einheitsfront" weitgehend jenem Bündnis, das in der kommunistischen Bewegung seit 1960 als Träger der „nationaldemokratischen Revolution" angesehen wird. Mit seiner Hilfe kann wohl der bereits damals anvisierte „nichtkapitalistische Entwicklungsweg" eingeleitet, können erste sozialökonomische Umgestaltungen und wenig umstrittene „antiimperialistische" Maßnahmen vollzogen werden. Tiefgreifende Veränderungen, wie sie im weiteren Verlauf der „sozialistischen Orientierung" geplant sind, finden hingegen kaum mehr die Zustimmung aller politischer Kräfte. Es ist daher in der DDR unstrittig, daß sich im Zuge der angestrebten Transformationen die Basis der Einheitsfront verengt, bürgerliche Bündnispartner ausgeschlossen werden und die Führung schrittweise an die Arbeiterklasse, in Sonderheit die marxistisch-leninistischen Kräfte sowie die Kommunisten, übergehen muß.[169]

Damit vollzieht sich nach dem Übergang von der antikolonialen Bewegung zur „nationaldemokratischen Revolution" die zweite Metamorphose der „nationalen Befreiung" der Entwicklungsländer, die im marxistisch-leninistischen Verständnis erst abgeschlossen ist, wenn der Aufbau des Sozialismus beginnt. Dies kann – wie bereits mehrfach betont – per definitionem nur unter Führung der Arbeiterklasse und ihrer Avantgarde erfolgen, was wiederum voraussetzt, daß sich beide herausbilden und zu einem schlagkräftigen politischen Faktor werden können. Daß dies auch in den „sozialistisch orientierten" Entwicklungsländern nicht ohne Probleme verläuft, ist den DDR-Theoretikern bewußt:

> „Die Einheitsfront in sozialistisch orientierten Ländern vermag ihrer Funktion letztlich nur in dem Maße gerecht zu werden, wie sie der Arbeiterklasse Möglichkeiten zur Entfaltung und klassenmäßigen Formierung einräumt und ihr hilft, die Hegemonie im Bündnis zu übernehmen. Bestrebungen nichtproletarischer Führungskräfte, die antiimperialistische Einheitsfront auszunutzen, um die Entwicklung der Arbeiterklasse zu einer selbständigen Kraft zu verhindern und die Herausbildung marxistisch-leninistischer Parteien unmöglich zu machen bzw. sie ihrer politisch-ideologischen und organisatorischen Selbständigkeit zu berauben, stehen im Widerspruch zu den objektiven Gesetzmäßigkeiten und schaden schließlich allen revolutionären Kräften."[170]

Auch wenn die „antiimperialistische Einheitsfront" in ihrer Gesamtheit als Träger der „sozialistischen Orientierung" gilt, vollzieht sich folglich innerhalb ihrer Grenzen ein permanenter Kampf um die Leitlinien der Politik, den maßgeblichen Einfluß und schließlich die führende Position. Da dieser Kampf auch gegen die Kommunisten entschieden werden kann, fordern die Theoretiker der sozialistischen Staaten taktische Zurückhaltung und ein behutsames Vorgehen. Besonders prononciert formulierte dies ein weiteres Mal R. A. Uljanowski:

> „Man kann versuchen, mit einem Schlag alle potentiellen Gegner des Sozialismus zu beseitigen, alle nationalbürgerlichen Elemente zu Reaktionären zu erklären und die alleinige Macht der Werktätigen auszurufen. Doch das würde eine Reihe Weggefährten von der nationaldemokratischen Entwicklung abstoßen, die nicht Anhänger des Sozialismus, wohl aber Verbündete der progressiven Kräfte in der gegenwärtigen Etappe des antiimperialistischen Kampfes und der allgemeindemokratischen Umgestaltungen sind. Das würde diese Weggefährten in das Lager der Konterrevolution stoßen und die Front des Antiimperialismus und des sozialen Fortschritts schwächen. Der Weg der nichtkapitalistischen Entwicklung erfordert, diese Extreme zu vermeiden, das Nebeneinander widersprüchlicher Tendenzen bewußt zuzulassen und deren Entwicklung zu kontrollieren, die progressiven sozialen Kräfte politisch zu konsolidieren und innerhalb derselben die Rolle der werktätigen Massen, die Rolle der Arbeiterklasse ständig zu erhöhen."[171]

Doch dürfen taktische Kompromisse nach Auffassung der marxistisch-leninistischen Theoretiker nicht dazu führen, daß die strategische Zielsetzung aus dem Blick gerät. Die Arbeiterklasse und mehr noch die kommunistischen Parteien sind und bleiben die Hoffnungsträger der sozialistischen Staaten in der Dritten Welt, deren Einfluß bis hin zur führenden Position schrittweise auszubauen ist. In Abstimmung mit den örtlichen

Gegebenheiten werden eine Reihe von Forderungen postuliert, die den marxistisch-leninistischen Kräften den Weg ebnen sollen.

Dort, wo bereits seit geraumer Zeit kommunistische Parteien existieren, soll deren Selbständigkeit gewahrt bleiben und eine ungehinderte Entfaltung ihrer politischen Aktivitäten sichergestellt werden. Das gilt heute vor allem für die beiden arabischen Staaten Irak und Syrien, wo die Kommunisten in der Vergangenheit zahlreiche leidvolle Erfahrungen machen mußten, die sich bis in die jüngste Zeit fortsetzten. Ungeachtet der außenpolitischen Kooperation mit dem sozialistischen Lager haben die Baath-Parteien beider Staaten – nach marxistisch-leninistischen Kriterien sind dies „revolutionäre Demokraten" – den Kommunisten abwechselnd eine begrenzte politische Mitwirkung gestattet oder sie blutig verfolgt – im Irak letztmals Ende der siebziger Jahre.[172]

Wichtiger aber noch sind jene vorwiegend afrikanischen Entwicklungsländer mit „sozialistischer Orientierung", wo keine kommunistischen Organisationen anzutreffen sind. Auch dort sollen *marxistisch-leninistische Parteien* geschaffen werden. Allerdings vollzieht sich dies in einem längeren Prozeß, denn es ist ihnen aufgegeben, sich unter Einschluß der „revolutionären Demokraten" aus der Einheitsfront heraus und nicht neben ihr zu formieren. Erster und für die Machtsicherung unerläßlicher Schritt sei dabei die Bildung „revolutionär-demokratischer Avantgarde-Parteien", die sich auf die progressiven Teile der Einheitsfront stützen sollen:

> „Wie die Erfahrung bestätigt, verlangt das Voranschreiten auf dem Weg der sozialistisch orientierten Entwicklung nicht nur eine den neuen Klassenfronten entsprechende veränderte soziale *Zusammensetzung* der Einheitsfront zugunsten des werktätigen Elements, sondern auch eine den neuen Aufgaben gemäße *Form* der Einheit. Die Formierung revolutionär-demokratischer Avantgarde-Parteien als Kern und Führungskraft der Einheit und die Schaffung bzw. Stärkung von organisatorisch selbständigen, politisch-ideologisch eng mit den Parteien verbundenen Massenorganisationen wird deshalb immer dringlicher."[173]

Die „revolutionär-demokratische Avantgarde" – nicht selten einzige Partei und daher mit den ihr angeschlossenen „Massenorganisationen" zugleich auch Verkörperung der „Einheitsfront" – soll schrittweise zu einer „marxistisch-leninistischen" Partei transformiert bzw. ausgebaut werden. Neben der Verankerung des Marxismus-Leninismus als verbindlicher Ideologie setzt dies „die Stärkung des proletarischen Kerns der Partei, die marxistisch-leninistische Schulung der Mitglieder, die Durchsetzung marxistisch-leninistischer Organisationsprinzipien und die Herausbildung von Kadern, insbesondere für die mittlere und untere Leitungsebene, die befähigt sind, die Linie der Partei massenwirksam umzusetzen", voraus.[174]

Die Umwandlung der „revolutionär-demokratischen" in marxistisch-leninistische Parteien ist unterschiedlich weit fortgeschritten. Die größten Erfolge sind in Angola und Mosambik zu verzeichnen, wo nach der Unabhängigkeit die führenden Parteien aus den Befreiungsbewegungen MPLA und FRELIMO heraus bereits im Zeichen des Marxismus-Leninismus gegründet wurden. Dort existieren seit einigen Jahren Kaderparteien, die allerdings wenig mehr als 20.000 Mitglieder aufweisen. Im Süd-Jemen, in Äthiopien, aber auch in den Volksrepubliken Kongo und Benin sind nach Auffassung der DDR-Beobachter ähnliche Prozesse zu verzeichnen.[175] Nicht jedoch in Guinea, Tansania oder Algerien. Zwar bekennen sich auch dort die „revolutionären Demokraten" zum Sozialismus; doch gilt dieser in der DDR als „nichtproletarischer" oder „nichtmarxistischer", keinesfalls aber als „wissenschaftlicher Sozialismus" im Sinne des Marxismus-Leninismus. Er ist ethisch begründet, lehnt nicht selten den Klassenkampf ab und strebt unter Einschluß traditioneller Werte und Sozialgebilde ein harmonisches Zusammenleben aller Gruppen und Schichten des Volkes an. Für einen Transformationsprozeß, wie er den DDR-Theoretikern vorschwebt, ist dieser „afrikanische Sozialismus" nur begrenzt zu nutzen.[176]

Die DDR bemüht sich seit geraumer Zeit um die personelle und ideologische Verankerung des Marxismus-Leninismus in den progressiven Parteien der Dritten Welt. Bereits 1967 reiste das Politbüro-Mitglied Hermann Matern nach Ägypten, um führende Kader der „Arabischen Sozialistischen Union", der damaligen Regierungspartei des Landes, über den rechten Weg zum Sozialismus aufzuklären.[177] Gleichwohl blieben die Erfolge begrenzt. Seit geraumer Zeit wird daher ein „größerer Realismus" gefordert und darauf hingewiesen, daß die Schwierigkeiten, mit denen die führenden „revolutionären Demokraten" in ihren Ländern konfrontiert sind, nicht übersehen werden dürfen.[178] Die Durchsetzung marxistisch-leninistischer Prinzipien in den Parteien dort müsse deshalb in einem „langwierigen Prozeß" erfolgen, bei dem „Ungeduld nur schaden kann".[179] In die gleiche Richtung zielt ein weiteres Mal der sowjetische Parteivertreter Uljanowski:

> „Der Aufbau einer echt avantgardistischen Partei, die zum Marxismus-Leninismus tendiert und unter den Bedingungen einer nachkolonialen, aber in sozialökonomischer Hinsicht immer noch außerordentlich rückständigen Gesellschaft arbeitet, ist ein außerordentlich komplizierter Prozeß. Er darf nicht auf die Billigung und Verkündung eines Programms im Sinne des wissenschaftlichen Sozialismus beschränkt werden, was angesichts des hohen Ansehens und des Einflusses der wichtigsten marxistisch-leninistischen Leitsätze gar nicht schwerfallen dürfte. Weitaus schwieriger ist es, alle Glieder der Partei mit dem wissenschaftlichen Sozialismus richtig vertraut zu machen, ihn zur Grundlage der praktischen Tätigkeit zu machen und eine soziale und politisch-ideologische Organisationsstruktur der avantgardistischen Partei zu schaffen, die der Aufgabe entspricht, die Mehrheit der Volksmassen in Richtung auf den Sozialismus voranzubringen."[180]

An der Treue gegenüber den grundlegenden Prinzipien und Zielen der sozialistischen Staaten ändert dies allerdings nichts. Wohl soll behutsam und taktisch flexibel vorgegangen werden; die Bildung klassenbewußter und kampferprobter marxistisch-leninistischer Kaderparteien gilt jedoch als unverzichtbar:

> „Die revolutionär-demokratischen Parteien können allgemeindemokratische Aufgaben lösen und einem mehr oder minder großen Teil der Erfordernisse der nichtkapitalistischen Entwicklung gerecht werden. In ihren Reihen können sich früher oder später marxistisch-leninistische Elemente herausbilden. Aber diese Parteien müssen in einer bestimmten Etappe der national-demokratischen Revolution zur Verkörperung des Klassenbündnisses des Proletariats mit der Bauernschaft werden, d. h. sich in proletarische Parteien verwandeln, wenn sie in der Lage sein wollen, konsequent sozialistische Veränderungen durchzuführen und den Übergang des Landes zum Sozialismus zu leiten. Nur eine marxistisch-leninistische Partei ist in der Lage, diese historische Aufgabe zu bewältigen."[181]

Neben der „antiimperialistischen Einheitsfront" und der „revolutionär-demokratischen Avantgarde" richten die marxistisch-leninistischen Theoretiker ihr Augenmerk vor allem auf die *Staatsmacht*. Sie gilt ihnen als „Haupthebel bei der Überwindung der Rückständigkeit, bei der Umgestaltung der gesellschaftlichen Verhältnisse und bei der Beschleunigung der historischen Entwicklung".[182] Und sie gilt ihnen als „ein Hauptfeld der Unterstützung der sozialistischen Länder".[183] Charakteristischer Grundzug ist das eng instrumentelle Verhältnis zur staatlichen Macht, mit deren Hilfe die politischen

Zielvorstellungen durchgesetzt werden sollen, die in der führenden Partei und der Einheitsfront beschlossen wurden. Das hat Folgen für das Staatsverständnis sowie die Ausgestaltung der Staatsmacht und für die Beziehungen zwischen Staat und Gesellschaft.

Zwar soll der Staat in den Ländern mit „sozialistischer Orientierung" die Interessen aller Klassen und Schichten vertreten, die in der „antiimperialistischen Einheitsfront" zusammengeschlossen sind. Er soll, wie 1960 festgelegt, ein Staat der „nationalen Demokratie" sein.[184] Die Staatsmacht indes liegt in den Händen jener „revolutionär-demokratischen Kräfte", denen mit Beginn einer „sozialistischen Orientierung" die führende politische Rolle zufällt. Andere Klassen und Schichten, namentlich die Arbeiterklasse und die ihr verbundenen politischen Organisationen, werden sehr zum Mißfallen der DDR-Theoretiker überwiegend von den Schaltstellen der Macht ferngehalten.[185] Mehr noch haben die „revolutionären Demokraten" allzuoft autoritäre Regimes errichtet, „Regime der persönlichen Macht", die keine Demokratie kennen und nicht selten auf den „Messianismus" einzelner Führungspersonen zugeschnitten sind.[186]

Da im Verlauf der „sozialistischen Orientierung" tiefgreifende soziale Veränderungen eingeleitet und gegen mögliche Gegner durchgesetzt werden sollen, hat der Marxismus-Leninismus keine prinzipiellen Einwände gegen autoritäre Herrschaftssysteme. Das gilt auch dann, wenn sie von nichtkommunistischen Kräften errichtet wurden:

> „Die nationalen Demokraten können jenen Weg der Demokratisierung, der ihnen von den bürgerlichen Politikern aufgedrängt wird – den Weg einer unkontrollierten Erweiterung der politischen Freiheiten, der Zulassung einer Opposition – nicht beschreiten, denn das hieße die revolutionären Perspektiven einer fetischisierten Position opfern. Für die am weitesten fortgeschrittene Gruppe der Entwicklungsländer ist die revolutionäre Auffassung des Demokratismus charakteristisch."[187]

Der „revolutionäre Demokratismus" – er hat in den autoritären Herrschaftsordnungen des „demokratischen Zentralismus" marxistisch-leninistischer Provenienz seine reinste Ausprägung erfahren – verweist auf die Instrumentalisierung des Staates. Ein autoritärer Staat ist dann gerechtfertigt und gar „objektiv notwendig", wenn er dazu beiträgt, die klassenspezifischen Ziele zu realisieren; nicht aber, wenn er „subjektiven Bestrebungen" der kleinbürgerlichen Führungskräfte dient:[188]

> „Dabei zeigt sich in einigen Fällen, daß die neuen herrschenden Klassenkräfte nach der Beseitigung des Machtmonopols der Bourgeoisie bemüht sind, sukzessive ihr eigenes Machtmonopol zu errichten. Dieser Umstand führt solange nicht zum Abbruch der Revolution, wie die Staatsgewalt effektiv im Interesse aller an der Weiterführung der revolutionären Umgestaltung interessierten sozialen Klassen und Schichten wirkt. Mit dem Voranschreiten der Revolution gilt es jedoch stabilere Grundlagen der Machtausübung durch die Erhöhung des Einflusses der werktätigen Klassen und Schichten, insbesondere der Arbeiterklasse, zu schaffen."[189]

Damit gerät ein weiteres Kernproblem in den Blick. Ebenso wie sich im weiteren Verlauf der „sozialistischen Orientierung" die „revolutionär-demokratische" in eine „marxistisch-leninistische" Avantgarde verwandeln muß, ist es nach Auffassung der DDR-Theoretiker unerläßlich, daß die marxistisch-leninistischen Kräfte einen wachsenden Einfluß auf die Staatsgeschäfte ausüben. „Demokratisierung", wie von ihnen gefordert, meint folglich – in Gestalt ihrer Organisationen – die Einbeziehung der Arbeiter und Bauern in die Ausübung der Macht, meint aber nicht die Schaffung einer parlamentarischen Demokratie:

> „Die Schaffung stabiler Grundlagen der Machtausübung durch die Erhöhung des Einflusses der werktätigen Klassen und Schichten wird immer dringender zu einem objektiven Erforder-

nis der Revolution. Dieser komplizierte Prozeß der progressiven Machtteilung, der keineswegs gleichbedeutend ist mit der Übernahme der gesellschaftlichen Führung durch das Proletariat, kann auf den verschiedenen Ebenen der staatlichen Machtausübung zu unterschiedlichen Zeitpunkten einsetzen, muß aber schließlich die Integrierung aller Teile des Machtmechanismus in den einheitlichen Prozeß der revolutionären Umgestaltung bewirken."[190]

Vielmehr geht es um die schrittweise Durchdringung des gesamten politischen, militärischen und ökonomischen Machtapparates mit marxistisch-leninistischen Kräften, ohne den autoritären Mechanismus in Frage zu stellen:

> „Zunehmende Bedeutung für die Einbeziehung der Massen in die Ausübung der Macht erlangen Bewegungen zur Verbesserung der Arbeitsorganisation, zur Steigerung der Produktion und zur Festigung der proletarischen Disziplin, die Bildung von Organen der Arbeitermitbestimmung in den Betrieben, Ausschüssen der Volkskontrolle, die Erweiterung der Rechte der Gewerkschaften, die Heranbildung von fähigen Leitungskadern aus den Reihen der Arbeiterklasse und der armen Bauernschaft, die Stärkung des proletarischen und kleinbäuerlichen Elements im Offizierskorps der bewaffneten Organe, der Aufbau von Arbeiter- und Bauernmilizen sowie die Erhöhung des Einflusses der armen Bauern und Landarbeiter in den landwirtschaftlichen Genossenschaften."

Hier liegt, wie derselbe Autor, Helmut Nimschowski von der Universität Leipzig, beklagt, heute selbst in jenen Ländern noch vieles im argen, die als besonders konsequent gelten:

> „Die Rolle der Volksmassen in der nationalen Befreiungsbewegung kann man nicht primär an imposanten Massenszenen und Zustimmungserklärungen messen. Auch ist die Existenz zahlenmäßig starker Parteien und Massenorganisationen wie auch die formale Repräsentanz von ‚Arbeitern‘ und ‚Bauern‘ in den Parlamenten nicht unbedingt ein Kriterium für Einfluß und Wirksamkeit der Werktätigen. Entscheidender Gradmesser bleibt das aktive, bewußte und selbständige Handeln der werktätigen Massen und ihrer revolutionären Vorhut bei der Verwirklichung der gesellschaftlichen Umgestaltungen."[191]

Ein besonderes Augenmerk schenken die DDR-Wissenschaftler dem wohl bedeutsamsten Machtfaktor in den Entwicklungsländern, der *Armee*. Ihre Einschätzung ist ambivalent. Auf der einen Seite folgern sie aus den bisherigen Erfahrungen, daß fortschrittliche Militärs beim Übergang zur „sozialistischen Orientierung" eine „hervorragende Rolle" spielen können und daß sie mehr noch „nicht nur als Instrument des militärischen Schutzes der Revolution, sondern auch als politischer Faktor" auftreten können. Auf der anderen Seite verkennen sie nicht die Gefahr, daß die Armee von „antisozialistischen Kräften für konterrevolutionäre Ziele ausgenutzt" werden kann. Diese Gefahr ist in ihren Augen um so größer, je mehr die „revolutionären Demokraten" ihre Herrschaft allein auf den Staatsapparat und das Militär gründen, nicht aber auf die „politische Mobilisierung der werktätigen Massen" und eine Avantgarde-Partei.[192] Es ist folglich ein kategorischer Imperativ der marxistisch-leninistischen Revolutionstheorie, daß die „sozialistische Orientierung" nur dann erfolgreich durchschritten werden kann, wenn das Militär in den revolutionären Prozeß integriert, von Arbeiter- und Bauernmilizen flankiert und von linientreuen Kräften dirigiert wird.[193]

Abschließend sei auf einen weiteren Imperativ hingewiesen, der kaum weniger bedeutsam ist. Er zieht sich wie ein roter Faden durch die Revolutionstheorie des Marxismus-Leninismus:

> „Ohne die Existenz der Sowjetunion, ohne die riesige, durch nichts zu ersetzende politische, moralische und materielle Unterstützung, die die Sowjetunion den Völkern erweist, die gegen den Imperialismus kämpfen, sind der Durchbruch zur nichtkapitalistischen Entwicklung und

deren Erfolg auch heute undenkbar. Dies in seiner vollen Tragweite zu erkennen und in der praktischen Politik anzuwenden, ist für revolutionäre Führungskräfte sozialistisch orientierter Länder deshalb unabdingbar."[194]

Nicht nur, daß der reale Sozialismus schlicht als *"äußere Bedingung* für eine sozialistisch orientierte Entwicklung bislang ökonomisch rückständiger Länder" begriffen wird.Mehr noch wird ganz praktisch auf seine wachsenden Fähigkeiten hingewiesen, revolutionäre Errungenschaften weltweit zu verteidigen – wie die Erfahrungen in Afghanistan lehren, bisweilen auch mit militärischen Mitteln:

> "Wie die Praxis zeigt, ist die Kraft des realen Sozialismus zum Schutz dieser revolutionären Entwicklungen vor imperialistischer Konterrevolution größer geworden und der Imperialismus nicht mehr in der Lage, in jedem Falle die progressiven Regime sofort mit militärischen Mitteln zu liquidieren. Unter dem Zwang der Ereignisse und in Korrelation mit den inneren Kräften kann also der internationale Faktor Sozialismus zeitweilig durchaus auch eine ganz *entscheidende* Rolle spielen."[195]

Die wirtschaftspolitischen Leitlinien für die „sozialistische Orientierung" lassen jedoch erkennen, daß dies, wenn das ökonomische Leistungsvermögen gefordert ist, so ernst nicht gemeint sein kann. Im Außenhandel und der Entwicklungshilfe nämlich werden auch die „sozialistisch orientierten" Entwicklungsländer vor allem auf die westlichen Industriestaaten verwiesen.

4.2.3.2. Fortschritt und Entwicklung

Auf der Grundlage stabiler politischer Machtverhältnisse und angeführt von einer kampfstarken „revolutionär-demokratischen" Avantgarde sollen in den Entwicklungsländern mit „sozialistischer Orientierung" tiefgreifende sozialökonomische Umgestaltungen eingeleitet werden. Im Vordergrund stehen dabei die Kontrolle und schrittweise Verdrängung der transnationalen Unternehmen aus den Schlüsselpositionen der Wirtschaft, die Einschränkung und Regulierung des einheimischen privaten Wirtschaftssektors, die Schaffung staatlicher Betriebe und deren Ausweitung zum beherrschenden Faktor im Wirtschaftsleben, die Durchsetzung einer zentralen Planung, Agrarreformen mit dem Ziel, feudale Produktionsverhältnisse zu beseitigen und dort wie auch im Handwerk genossenschaftliche Produktionsgemeinschaften oder Staatsfarmen zu bilden und nicht zuletzt die Ausweitung der Wirtschaftsbeziehungen mit den sozialistischen Staaten. Ziel ist eine „revolutionäre Veränderung der Produktionsverhältnisse", die im weiteren Verlauf der „sozialistischen Orientierung" zunehmend einen sozialistischen Charakter annehmen sollen.[196]

Die sozialökonomischen Umgestaltungen erweisen sich in der Praxis jedoch als kaum weniger schwierig und kompliziert als die Transformation des politischen Herrschaftssystems. Zahlreiche konkurrierende Aufgaben sind zu bewältigen. So sollen die in- und ausländischen Privatbetriebe zurückgedrängt, zugleich aber eine wirtschaftliche Entwicklung vorangetrieben werden, die ohne deren Mitwirkung kaum denkbar erscheint. So ist beabsichtigt, die „sozialistisch orientierten" Entwicklungsländer aus dem System der kapitalistischen Weltwirtschaft zu lösen und der „internationalen sozialistischen Arbeitsteilung" einzugliedern, doch bleiben sie existentiell auf die Exporterlöse aus den westlichen Industriestaaten angewiesen.

Gefordert ist daher „eine wissenschaftlich begründete politisch-ökonomische Entwicklungskonzeption sowie eine konkret-ökonomische Begründung der Wege, Formen und Methoden", mit deren Hilfe der schwierige Prozeß der sozialökonomischen Umgestaltungen erfolgreich vollzogen werden kann. Dabei kommt ein historischer Abschnitt aus der Frühgeschichte der Sowjetunion zu neuen Ehren: die „Neue Ökonomische Politik" (NEP). Sie bestimmte von den frühen zwanziger Jahren bis zur Verkündung des ersten Fünfjahrplanes im Jahre 1928 die Wirtschaftspolitik der Sowjetregierung. Ihr Grundgedanke bestand darin, den nationalen und internationalen Kapitalismus umfassend für den Wiederaufbau der sowjetischen Wirtschaft zu nutzen. Wenn auch die damals gesammelten Erfahrungen „nicht mechanisch auf die befreiten Länder übertragen" werden dürften, so seien die Erfolge dieser Wirtschaftspolitik doch richtungweisend:

> „Im Ergebnis der konsequenten Durchführung dieser sozialökonomischen Maßnahmen (vielleicht ausgenommen die Konzessionen, die keine großen Ausmaße annahmen) wurde in der UdSSR in historisch kurzer Zeit die Volkswirtschaft wiederhergestellt, das erforderliche Kapital akkumuliert und die ökonomischen Voraussetzungen für die sozialistische Industrialisierung und die Kollektivierung der Landwirtschaft geschaffen."[197]

Tatsächlich stehen die Entwicklungsländer mit „sozialistischer Orientierung" heute vor vergleichbaren Problemen. Sie müssen entscheiden, auf welche Weise die privaten kapitalistischen Betriebe zugleich genutzt und in ihrer Entfaltung eingeschränkt werden können, und sie müssen ihr Verhältnis zur Weltwirtschaft bestimmen, die unverändert nicht von den sozialistischen, sondern von den westlichen Industriestaaten dominiert wird.

Für die nationale Wirtschaftspolitik der „sozialistisch orientierten" Entwicklungsländer ist ohne Zweifel der *staatliche Sektor*, dessen Verhältnis zum privaten Kapital sowie die Reichweite der Kontrollmaßnahmen und das Tempo der Nationalisierungen am bedeutsamsten. Da in diesen Ländern nicht kommunistische, sondern „revolutionär-demokratische" Kräfte die Machtpositionen innehaben, bereitet den marxistisch-leninistischen Theoretikern bereits die Charakterisierung und Ausgestaltung des staatlichen Sektors erhebliche Probleme.

Das beginnt mit seiner Definition. Für einige Theoretiker, die dem Weg der „sozialistischen Orientierung" eher offen gegenüberstehen, verkörpert er schlicht einen „Staatskapitalismus". Andere hingegen, die dazu neigen, die „sozialistische Orientierung" als Etappe eines geschlossenen revolutionären Prozesses zum Sozialismus zu begreifen, betonen seinen „sozialistischen" Charakter. In einer Synthese schließlich wird die Auffassung vertreten, daß er weder das eine noch das andere und auch kein Produktionsverhältnis sui generis darstelle, sondern ein typisches Übergangsphänomen verkörpere:

> „Bekanntlich bilden die Eigentumsverhältnisse die grundlegenden Produktionsverhältnisse. In Anwendung auf die Periode der sozialistischen Orientierung bedeutet das, daß sich die nationalisierten und die neu errichteten Betriebe des staatlichen Sektors schon nicht mehr auf Privateigentum an den Produktionsmitteln gründen. Gleichzeitig sind sie aber auch noch kein gesellschaftliches Eigentum, das bekanntlich völlige Gleichheit aller Mitglieder der Gesellschaft in ihrem Verhältnis zu den Produktionsmitteln und die Herrschaft von Beziehungen der Zusammenarbeit und gegenseitigen Hilfe zwischen ihnen voraussetzt. Das Staatseigentum nimmt folglich in der Etappe der sozialistischen Orientierung noch keinen gesellschaftlichen Charakter an, sondern erst im Sozialismus."[198]

Ein „Staatskapitalismus" herrsche in den Ländern mit „sozialistischer Orientierung" allein schon deswegen nicht, weil die führenden „revolutionär-demokratischen" Kräfte den staatlichen Sektor nicht zur Stärkung der kapitalistischen Produktionsweise nutzen, sondern ihn im Gegenteil als Keimzelle des Sozialismus begreifen. Gleichwohl birgt die Ausdehnung der staatlichen Aktivitäten im Wirtschaftsleben Risiken. Mit ihr entsteht ein Heer von Beamten, Angestellten und Funktionären, die aus dem Kleinbürgertum hervorgehen, führende Positionen bekleiden und häufig den Kern einer „bürokratischen Bourgeoisie" bilden. Sie jedoch gefährde akut den Fortgang des revolutionären Prozesses:

> „Während sich die progressiven und revolutionären Vertreter der Intelligenz als Sachwalter der Produktionsmittel und der Entwicklung der Produktivkräfte im Interesse der mit ihnen objektiv verbündeten Werktätigen verstehen, tritt die bürokratische Bourgeoisie immer mehr als parasitärer Ausbeuter, als eine Art übergeordneter Besitzer, der vor allem im staatlichen Sektor, aber auch in anderen Sektoren der Wirtschaft existierenden Produktionsmittel auf. Sie entwickelt sich zu einer bourgeoisen Schicht, die die Produktivkräfte des Landes als ihr korporatives Eigentum kontrolliert."[199]

Ein Blick nach Syrien, den sozialistischen Staaten vermeintlich besonders zugetan, mag die Befürchtungen der marxistisch-leninistischen Theoretiker verdeutlichen. Im Unterschied zum außenpolitischen Kurs wird die innenpolitische Entwicklung dort seit einigen Jahren mit erheblicher Beunruhigung registriert. Es sei eine „bürokratische Bourgeoisie" entstanden, die im Bündnis mit der wachsenden „parasitären Bourgeoisie" (Wucherkapital, Zwischenhändler und Makler) sowie dem erstarkten kapitalistischen Großgrundbesitz alle Anstrengungen unternehme, das Land von seinem sozialistischen Kurs abzubringen. Daß dies nicht ohne Erfolg geschehe, zeige die „Stagnation des revolutionären Prozesses", die sich seit der zweiten Hälfte der siebziger Jahre immer deutlicher abzeichne. Die kommunistische Bewegung hat daher die Losung ausgegeben, intensiv „für die Rückkehr Syriens auf den Weg des gesellschaftlichen Fortschritts" zu kämpfen.[200] Ähnliche Probleme werden in Algerien gesehen, wo dank der „bürokratischen Bourgeoisie" heute ebenfalls „die sozialistische Orientierung gefährdet" sei.[201]

Für die DDR-Theoretiker folgt daraus, daß erhebliche Anstrengungen unternommen werden müssen, um im Sinne des „revolutionären Demokratismus" den Einfluß der marxistisch-leninistischen Kräfte auf den staatlichen Wirtschaftsbereich zu stärken. Dies um so mehr, als die „bürokratisch-bourgeoisen Tendenzen" keine beliebigen, sondern „gesetzmäßige Erscheinungen unter den Verhältnissen der ökonomischen Abhängigkeit und sozialen Rückständigkeit und Deformation" auch in den Ländern mit „sozialistischer Orientierung" seien.[202]

Mehr noch als durch die „bürokratische Bourgeoisie" wird die „sozialistische Orientierung" in den Augen der marxistisch-leninistischen Revolutionsstrategen jedoch durch den privaten Sektor im Wirtschaftsleben der Entwicklungsländer gefährdet. Einige fordern daher seine zügige Beseitigung.[203] Überwiegend wird jedoch die Auffassung vertreten, daß im Interesse des wirtschaftlichen Fortschritts auf private Initiative nicht verzichtet werden könne, ja, „daß die Positionen des Privatkapitals nicht nur erhalten, sondern in bestimmten Grenzen sogar erweitert und gefestigt werden" müßten.[204] Entscheidend sei dessen wirksame Kontrolle durch die „revolutionären Demokraten":

> „Konkret muß die Frage so lauten: Sind die revolutionären Kräfte ökonomisch und politisch stark genug, um das Privatkapital im Interesse des sozialen Fortschritts zu nutzen? Wenn das Volk die Macht fest in den Händen hat, die Werktätigen große Aktivität entwickeln, ein mäch-

tiger gesellschaftlicher Sektor besteht und sich feste Beziehungen zur sozialistischen Welt herausgebildet haben, kann man wahrscheinlich in diesem oder jenem Grade das Privatunternehmertum zulassen unter der Bedingung einer systematischen Kontrolle seiner Tätigkeit durch Ausnutzung ökonomischer Hebel (Banken, Preise, Steuern, Kredite usw.) sowie durch planmäßig-administrative Regulierung."[205]

Tatsächlich ist selbst in jenen „sozialistisch orientierten" Entwicklungsländern, die sich wie Angola, Mosambik oder die Volksdemokratische Republik Jemen den sozialistischen Staaten besonders eng verbunden fühlen, die private Wirtschaft prominent vertreten. Zwar wurden nach der Machtübernahme durch die revolutionären Kräfte umfangreiche Nationalisierungen eingeleitet. Im Handel, im Handwerk, in der Landwirtschaft und selbst in der Industrie besteht jedoch unverändert ein breiter privater Sektor, der allerdings staatlicher Kontrolle und Wirtschaftsplanung unterworfen ist.[206]

Wie gewichtig dieser in- und ausländische private Sektor im Wirtschaftsleben der „sozialistisch orientierten" Entwicklungsländer unverändert ist und wie gering der Anteil des staatlichen Bereichs läßt die folgende Übersicht erkennen. Sie wurde 1983 in der DDR publiziert und weist den Anteil von vier „sozialökonomischen Sektoren" am Bruttoinlandsprodukt in einer Reihe „sozialistisch orientierter" Entwicklungsländer aus. An der Spitze stehen zwei Staaten, Laos und Kampuchea, die bereits dem „sozialistischen Weltsystem" zugerechnet werden. Auf sie folgen drei Gruppen „sozialistisch orientierter" Entwicklungsländer, denen sich die DDR mit nach unten abnehmender Intensität verbunden fühlt. Den Schluß bilden drei Länder unterschiedlichen Entwicklungsniveaus, die einen kapitalistischen Weg beschreiten, sowie als Maßstab die kapitalistischen Industriestaaten des Westens (*Tabelle 1*).[207]

Tabelle 1

Anteil der „sozialökonomischen Sektoren" am Bruttoinlandsprodukt ausgewählter Entwicklungsländer (in %)

	Ausländischer Sektor	Einheimischer privatkapitalist. Sektor	Staatlicher Sektor*	Vorkapitalistischer Sektor
Laos	unter 10 %	unter 10 %	25 - 35 %	über 50 %
Kampuchea	unter 10 %	unter 10 %	25 - 35 %	über 50 %
Angola	20 - 30 %	unter 10 %	25 - 35 %	25 - 35 %
Mosambik	20 - 30 %	unter 10 %	25 - 35 %	35 - 50 %
Kongo	30 - 40 %	unter 10 %	25 - 35 %	25 - 35 %
Algerien	unter 10 %	unter 10 %	50 - 70 %	15 - 25 %
Syrien	unter 10 %	10 - 20 %	35 - 50 %	25 - 35 %
Guinea	20 - 30 %	unter 10 %	25 - 35 %	35 - 50 %
Tansania	10 - 20 %	unter 10 %	25 - 35 %	über 50 %
Indien	unter 10 %	20 - 30 %	15 - 25 %	35 - 50 %
Marokko	20 - 30 %	20 - 30 %	15 - 25 %	25 - 35 %
Nepal	10 - 20 %	10 - 20 %	15 - 25 %	über 50 %
Westliche Industriestaaten	ca.13 %	ca. 60 %	ca. 17 %	ca. 10 %

* einschließlich der staatlichen Administration u. ä.

144

Die Tabelle zeigt, daß es bisher kaum signifikante Unterschiede zwischen den beiden „sozialistischen", den „sozialistisch orientierten" und jenen Entwicklungsländern gibt, die sich auf einem kapitalistischen Weg befinden. Allein Syrien und Algerien weisen einen deutlich größeren staatlichen Wirtschaftssektor auf – und sie gelten in der DDR dank der wachsenden „bürokratischen Bourgeoisie" zunehmend als unsichere Anhänger der „sozialistischen Orientierung". Wichtiger als die politische Entwicklungsrichtung dürfte daher das wirtschaftliche Entwicklungsniveau sein, denn mit Ausnahme Algeriens verfügen alle Länder über einen breiten Bereich der (vorkapitalistischen) Subsistenzproduktion, der – vornehmlich in der Landwirtschaft – kaum am Wirtschaftsleben partizipiert. Den gleichen Befund ergibt die Aufteilung der Erwerbstätigen: Zwischen 65 und mehr als 80 % der Erwerbstätigen konzentrieren sich unverändert auf jene „vorkapitalistischen" Wirtschaftssektoren, die sich außerhalb der Marktproduktion befinden.[208] Sie gilt es, ungeachtet der Entwicklungsrichtung zuerst zu beseitigen.

Allein die Verteilung der handwerklichen und industriellen Produktion läßt signifikante systemspezifische Unterschiede erkennen. Hier vereinigt der staatliche Sektor in Laos und Kampuchea sowie in Algerien und Syrien bereits etwas mehr und in Angola, Mosambik, Guinea und Tansania etwas weniger als 50 % auf sich. In den kapitalistisch orientierten Entwicklungsländern sind es dagegen nur etwa 15 bis 25 %, bei einem deutlich höheren Anteil in- und ausländischer privater Unternehmen.[209] Gleichwohl ist auch dieser Anteil überraschend gering. Da die Industrie den eigentlichen modernen Sektor der Entwicklungsgesellschaften verkörpert und zudem häufig erst nach Erringung der nationalen Unabhängigkeit und nach der Machtübernahme durch die revolutionären Kräfte industrielle Kapazitäten geschaffen wurden, hätten hier die sozialistischen Zielvorstellungen weit stärker zum Tragen kommen müssen. Offenbar ist, soll die wirtschaftliche Rückständigkeit zügig überwunden werden, private Initiative auf absehbare Zeit tatsächlich unverzichtbar – die programmatischen Aussagen der DDR-Entwicklungstheoretiker hatten dies bereits erkennen lassen.

Dabei ist namentlich an die *transnationalen Unternehmen* gedacht, die in den meisten „sozialistisch orientierten" Entwicklungsländern ohnehin stärker vertreten sind als das einheimische Kapital. Bisher sollten sie aus diesen Ländern überwiegend ferngehalten werden. Heute wird den regierenden „revolutionären Demokraten" dagegen angeraten, daß es „unter Umständen für die Revolution besser sein (kann), in Kooperation mit dem Auslandskapital zu arbeiten, als alleiniger Besitzer unrentabler Staatsbetriebe zu sein. Weder eine undifferenzierte Förderung noch eine undifferenzierte Einschränkung des Auslandskapitals allein sind günstig."[210]

Ungeachtet dessen machen die DDR-Wissenschaftler jedoch keinen Hehl aus ihrer prinzipiellen Ablehnung kapitalistischer Privatunternehmen in den „sozialistisch orientierten" Ländern. Gemischte Wirtschaften können für sie nur eine vorübergehende Konzession an ökonomische Erfordernisse sein. Als dauerhafte Einrichtung sind sie undenkbar, da von den privaten Betrieben „eine nicht zu unterschätzende Gefahr" für den Erfolg der „sozialistischen Orientierung" ausgehe.[211] Über die Kontrolle und die Regulierung durch ökonomische und administrative Lenkungsinstrumente hinaus streben sie nach eigenem Vorbild eine allmähliche Verdrängung des privaten durch den staatlichen Sektor an. Das Verhältnis dieser beiden Sektoren zueinander fungiert daher als wichtiger Maßstab für die Konsequenz, mit der die „revolutionären Demokraten" den Weg der „sozialistischen Orientierung" beschreiten:

„Mit der Etablierung des staatlichen Sektors hört der Privatsektor, wie bereits erwähnt, keineswegs auf zu bestehen. Und dabei wird er nicht nur von der kleinen Warenwirtschaft repräsentiert, sondern von ganz modernen kapitalistischen Wirtschaftsformen. Unter diesen Umständen wird das Wechselverhältnis zwischen der Entwicklung des staatlichen Sektors und der der privatwirtschaftlichen Sektoren entscheidend. Falls letztere sich schneller entwickeln und falls ihr Wachstum nicht der Aufgabe der Erweiterung und Festigung des staatlichen Sektors untergeordnet ist, führt die Multisektoralität zu Widersprüchen, deren Entfaltung die sozialistische Orientierung vereiteln kann. Aber auch bei ‚normaler‘ Koexistenz des staatlichen, insbesondere des ‚Übergangs‘sektors mit privatkapitalistischen Sektoren aufgrund der ständigen Reproduktion kapitalistischer Verhältnisse entstehen Widersprüche, die einen stark negativen Einfluß auf den staatlichen Sektor ausüben.“[212]

Das Verhältnis zwischen dem staatlichen und privaten Sektor wirft die Frage nach Umfang und Tempo der *Nationalisierungen* auf. Nicht nur die Gefahr, im Klassenkampf Machtpositionen einzubüßen, mehr noch elementare wirtschaftliche Erfordernisse lassen es den sozialistischen Theoretikern geraten erscheinen, Nationalisierungen behutsam einzuleiten. Zum einen wird die private Initiative für den Aufbau der Wirtschaft benötigt, zum anderen lehren die Erfahrungen der europäischen Revolutionen, daß Eingriffen in die Eigentumsverhältnisse zumeist Wirtschaftskrisen, Versorgungsprobleme und nicht selten auch eine Verelendung breiter Bevölkerungskreise folgen. Insbesondere für Uljanowski ist daher ein zurückhaltendes, auf die aktuellen Verhältnisse abgestimmtes Vorgehen unerläßlich:

„Es ist leicht, der privaten Initiative, dem privaten Sektor, der nationalen Bourgeoisie als solchen einen kompromißlosen Kampf anzusagen und eine umfassende Nationalisierung bis zum Einzelhandel vorzunehmen. Doch bei schwacher ökonomischer Basis, bei ungenügender Erfahrung in der staatlichen Leitung der Wirtschaft und bei akutem Kadermangel führt das zur Schrumpfung der Produktion, zur Störung elementarer Verbindungen zwischen Stadt und Dorf sowie zwischen dem jeweiligen Land und dem Weltmarkt, was zu einem Hindernis nicht nur für die Entwicklung des Sozialismus, sondern für die Entwicklung überhaupt wird. Unvorbereitete Verstaatlichung und schlecht geplanter Bau neuer Betriebe lassen verlustbringende, unrentable Betriebe entstehen, die eine Bürde für die nationale Wirtschaft sind. Es kommt also darauf an, einerseits das richtige Verhältnis zwischen dem staatlichen und dem privaten Sektor zu finden und andererseits den ökonomischen Nutzeffekt der primären Formen der gesellschaftlichen Produktion ständig zu erhöhen.“[213]

Nicht immer wurden die sozialökonomischen Umgestaltungen mit der notwendigen Sorgfalt vorbereitet und im Einklang mit den örtlichen Bedingungen durchgeführt. Der ehemalige Direktor des Orient-Instituts an der Sowjetischen Akademie der Wissenschaften, Jewgeni Primakov, verweist auf ein prominentes Beispiel fehlerhafter und überstürzter Maßnahmen, das die Weltpolitik seit Beginn der achtziger Jahre bewegt, Afghanistan:

„Bezeichnend ist in dieser Hinsicht die Praxis, die in der ersten Etappe der Aprilrevolution in Afghanistan geübt wurde. So wichtig die Agrarreform für die Entwicklung des revolutionären Prozesses auch war, wurde sie doch ohne Berücksichtigung der realen Wirklichkeit durchgeführt. Sie wurde als allumfassender, für das ganze Land verbindlicher Akt verkündet. Dabei wurde nicht in Betracht gezogen, daß die Klassendifferenzierung in weiten Teilen des Landes – den sog. Stammesgebieten – noch keinerlei merkliche Entwicklung erfahren hatte und der Appell an die ‚unteren Schichten‘ sich unter diesen Bedingungen als wirkungslos erweisen mußte. Gleichzeitig rief dieser Appell eine unerwünschte Reaktion der Oberschicht hervor, die ihre gesamte Machtfülle über die Stämme behalten hatte. In der Form, in der sie verkündet worden war, trug die Agrarreform auch der Spezifik der augenblicklichen Situation nicht Rechnung, die in der Notwendigkeit der Einheit des Landes im Kampf gegen die äußere Konterrevolution bestand. Sie war auch in materiell-technischer Hinsicht schlecht vorbereitet: Dem Bauern wurde zwar der Boden übergeben, aber der Staat war noch nicht in der Lage, ihn auch mit Wasser, Saatgut und Zugvieh zu versorgen, d. h. mit all dem, was der Bauer früher für die Überlassung des größeren Teils seiner Ernte (worin zweifellos eine zügellose Ausbeutung bestand) vom Gutsbesitzer erhalten hatte.

Unter der Führung von B. Karmal wurden in der zweiten Etappe der Revolution die notwendigen Maßnahmen ergriffen, um diese linksradikalen Überspitzungen nicht nur bei der Agrarreform, sondern auch auf anderen Gebieten der sozialökonomischen Politik zu korrigieren."[214]

Selten zuvor wurde das Scheitern der April-Revolution des Jahres 1978 und ihrer beiden wichtigsten Exponenten, Nur Mohammed Taraki und Hafizullah Amin, in der marxistisch-leninistischen Publizistik so offen eingestanden. Gleichwohl ist die Glaubwürdigkeit der Kritik begrenzt. Sie wurde erst laut, als der Widerstand in Afghanistan die revolutionäre Führung ernsthaft gefährdete und sich die sowjetische Regierung veranlaßt sah, zur „solidarischen Hilfe" zu schreiten. Zwar sucht das neue Regime unter Babrak Karmal seither eine Verständigung mit den Widerstandsgruppen, machte namentlich in Religion und Erziehung zahlreiche Zugeständnisse. Auch verlangsamte es das Tempo der sozialökonomischen Umgestaltungen. Es kann jedoch kaum bezweifelt werden, daß der radikale Kurs der frühen Jahre spätestens dann zum marxistisch-leninistischen Vorbild für den revolutionären Prozeß in der Dritten Welt erklärt worden wäre, hätten Taraki und Amin den Widerstand – und sei es mit brutaler Repression – ohne sowjetische Militärhilfe überwunden. Vor der Intervention nämlich sahen auch DDR-Beobachter die Lage in Afghanistan weit positiver. Damals vollzog sich die Bodenreform „im Interesse der werktätigen Bauern und unter deren aktiver Mitwirkung", festigte sie gar die „Massenbasis der neuen revolutionären Machtorgane".[215] Nicht zum erstenmal wird hier sichtbar, wie die marxistisch-leninistische Revolutionstheorie von der Praxis überholt wird.

Die im Verlauf der „sozialistischen Orientierung" angestrebten sozialökonomischen Umgestaltungen tangieren nicht nur die nationalen Produktions- und Eigentumsverhältnisse. In Gestalt der transnationalen Konzerne, die nationalisiert oder staatlicher Kontrolle unterworfen werden sollen, sowie des Außenhandels und der Entwicklungshilfe stehen auch die Wirtschaftsbeziehungen mit den westlichen Industriestaaten und damit die Einbindung in das *Weltwirtschaftssystem* zur Disposition. Allerdings sind hier bislang wenig Veränderungen zu verzeichnen: Gemessen an den innenpolitischen Umgestaltungen, weisen die außenwirtschaftlichen Beziehungen der meisten „sozialistisch orientierten" Entwicklungsländer eine bemerkenswerte Konstanz auf.

Ungeachtet der Bemühungen, einseitige Abhängigkeiten zu reduzieren und die Zusammenarbeit mit den RGW-Staaten zu erweitern, sind die Länder mit „sozialistischer Orientierung" bis heute ein fester Bestandteil des von den westlichen Industriestaaten geprägten Systems der Weltwirtschaft. Das gilt nicht nur für prominente OPEC-Mitglieder wie Algerien, Irak oder Libyen, sondern ebenso für jene kleine Gruppe revolutionärer Länder, zu denen die sozialistischen Staaten besonders enge Beziehungen geknüpft haben. So ließ zum Beispiel Angola auch nach dem Sieg der MPLA seine neben Kaffee wichtigsten Exportgüter ausschließlich von westlichen Betrieben fördern und vermarkten: Erdöl durch die nordamerikanische „Cabinda Gulf Oil Company", Diamanten durch die von der südafrikanischen De Beers-Gruppe beherrschte gemischte Gesellschaft „Diamang" und Eisenerz durch eine Tochterfirma der österreichischen „Vöest-Alpine". Nicht viel anders ist es in der Volksrepublik Mosambik. Ende der siebziger Jahre waren ihre bedeutsamsten Handelspartner beim Import der Irak (Erdöl), Südafrika und die DDR, beim Export die USA, Portugal und die Niederlande.[216]

Daß die „sozialistisch orientierten" Länder der Dritten Welt auch geraume Zeit, nachdem sie den neuen Entwicklungsweg begonnen haben, noch fest in die kapitalistisch geprägte Weltwirtschaft eingebunden sind, weckt in der marxistisch-leninistischen Entwicklungstheorie zwiespältige Gefühle. Einerseits wird nicht verkannt, daß ökonomische Zwänge (Nutzung ausländischer Kapazitäten für den Wirtschaftsaufbau, Zufluß von Exporterlösen, Import wichtiger Güter, finanzielle Unterstützung durch Anleihen und Entwicklungshilfe) ein längeres Verbleiben im System der Weltwirtschaft erforderlich machen; angesichts ihrer begrenzten Leistungsfähigkeit und ihres marginalen Anteils am Welthandel kann sich die internationale „sozialistische Arbeitsteilung" auf absehbare Zeit nicht als Alternative anbieten. Andererseits muß befürchtet werden, daß die Risiken für einen Erfolg der „sozialistischen Orientierung" um so größer werden, je dichter die wirtschaftlichen Verflechtungen mit den westlichen Industriestaaten geknüpft sind.[217]

Es ist für die DDR-Theoretiker daher keine Frage, daß die „sozialistische Orientierung" „in der Perspektive gesetzmäßig zum Ausbruch der davon betroffenen Entwicklungsländer aus der kapitalistischen Weltwirtschaft" führen muß.[218] Bis zum Beginn der siebziger Jahre gingen sie noch ein gutes Stück weiter: Damals wurde nicht nur perspektivisch erwartet, daß der „nichtkapitalistische Entwicklungsweg" in ein Ausscheren aus dem kapitalistischen Weltmarkt münde; vielmehr galt dies als aktuelle Forderung, der die Außenpolitik eines jeden revolutionären Landes zu folgen hatte. Nicht den „falschen", allein den „wirklichen Freunden" und „Verbündeten" sollten sich die Entwicklungsländer zuwenden:

> „Daraus ergibt sich: Wenn Unterentwicklung und Rückständigkeit als Quelle der Armut in Asien, Afrika und Lateinamerika eine Folge vor allem der kolonialen imperialistischen Ausbeutung sind, dann kann dieses Problem niemals durch Verstärkung der Zusammenarbeit mit ebendiesen Ausbeutern gelöst werden. Vielmehr ist seine Lösung nur dann möglich, wenn die direkten und indirekten Formen der Beherrschung dieser Länder durch den Imperialismus bekämpft und weitestgehend abgebaut werden."[219]

Die Forderungen der Entwicklungsländer nach Schaffung einer Neuen Weltwirtschaftsordnung, von den sozialistischen Staaten mit der Hoffnung verknüpft, den Einfluß der westlichen Industriestaaten beschränken zu können, aber auch die Einsicht in das begrenzte ökonomische Leistungsvermögen der RGW-Mitglieder, haben augenscheinlich dazu beigetragen, daß heute flexibler argumentiert wird. An die Stelle der tagespolitischen Forderung trat eine langfristig konzipierte Erwartung, die dann eingelöst werden kann, wenn die Industrialisierung und die revolutionären Veränderungen weit fortgeschritten sind.

Heute wird den ökonomischen Erfordernissen ein größeres Gewicht eingeräumt und, da „keine spektakulären Sofortlösungen" denkbar sind,[220] den Entwicklungsländern im allgemeinen und ihren „sozialistisch orientierten" Protagonisten im besonderen anheimgestellt, ihre wirtschaftlichen Beziehungen mit den westlichen Industriestaaten beizubehalten oder gar auszubauen:

> „Man kann sich jedoch schwer vorstellen, daß sich die befreiten Länder gegenwärtig gänzlich von der kapitalistischen Welt lösen können. Wie die Erfahrungen zeigen, werden die traditionellen ökonomischen und kulturellen Beziehungen in modifizierter Form noch eine mehr oder

weniger lange Zeit erhalten bleiben. Gegenseitige Beziehungen mit kapitalistischen Ländern sind offensichtlich in diesen oder jenen Formen notwendig, die zweckmäßigerweise durch das Prisma des staatlichen oder des gemischten Eigentums gesehen werden sollten."[221]

Die Außenhandelsbeziehungen, insbesondere wenn sie durch staatliche oder gemischte Gesellschaften unter der Kontrolle eines nationalen Außenhandelsmonopols abgewikkelt werden, treffen bei den DDR-Theoretikern auf die geringsten Vorbehalte. Doch auch die technologischen Fähigkeiten und die Fertigungskapazitäten ausländischer Betriebe und selbst die Angebote für eine Entwicklungshilfe aus den westlichen Industriestaaten sollen genutzt werden. Letztere jedoch nur, wenn Hilfe ohne Diskriminierungen vergeben wird, Strukturveränderungen unterstützt und zur Stärkung der ökonomischen Leistungsfähigkeit beiträgt.[222]

Uljanowski bekennt in ungewöhnlicher Offenheit, daß die sozialistischen Staaten allein, wiewohl deren Existenz – wie ein zentrales marxistisch-leninistisches Axiom ausweist – Grundbedingung jeden gesellschaftlichen Fortschritts in der Welt sei, von den Ansprüchen der Entwicklungsländer überfordert wären:

> „Die nationale Befreiungsbewegung hat derart globale Ausmaße angenommen, daß die entwickelten Länder des Sozialismus ökonomisch nicht imstande sind, den Dutzenden von Ländern, die sich von der kolonialen und halbkolonialen Abhängigkeit befreit haben, die gesamte zur wirtschaftlichen Rekonstruktion erforderliche Hilfe zu leisten."[223]

Doch fühlen sich die sozialistischen Industriestaaten nicht nur von den Wünschen aller Entwicklungsländer, die hier angesprochen sind, überfordert. Mehr noch sehen sie sich offenkundig außerstande, selbst die Ansprüche der wenigen Anhänger einer „sozialistischen Orientierung" zu befriedigen – mit zuweilen unangenehmen Konsequenzen, was jedoch augenscheinlich in Kauf genommen wird. Auch dies wird relativ offen eingestanden:

> „Zugleich werden jedoch gerade im Bereich der ökonomischen Zusammenarbeit die Möglichkeiten und Grenzen der sozialistischen Staaten deutlich. Diese durchaus erklärbare Situation ist realistisch einzuschätzen, zumal die Führungskräfte der Länder mit sozialistischem Entwicklungsweg auf eine Erweiterung der ökonomischen Beziehungen bis hin zu ihrer Mitgliedschaft im RGW drängen. In diesem Bereich können sich durchaus bestimmte Widersprüche entwickeln. Die ökonomische Problematik bildet nicht zuletzt deshalb einen neuralgischen Punkt, weil sie unmittelbar die aus der noch immer existenten Abhängigkeit vom Imperialismus erwachsenden Probleme dieser neuen Staaten tangiert."[224]

Die Lebensfähigkeit Kubas und Vietnams konnte dank vereinter und höchst kostspieliger Anstrengungen der sozialistischen Staaten über einen langen Zeitraum sichergestellt werden. Ein ähnlich aufwendiges Engagement ist in anderen Ländern offenbar nicht beabsichtigt. So wurde etwa der Antrag Mosambiks, ebenfalls in den Rat für Gegenseitige Wirtschaftshilfe aufgenommen zu werden, abgelehnt. Zumindest der DDR dürfte dies schwergefallen sein, avancierte Mosambik nach 1975 doch zur ersten Adresse ihrer Entwicklungspolitik in Afrika. Es ist offensichtlich, daß die wachsende Einsicht in ökonomische Notwendigkeiten auf seiten der sozialistischen Staaten praktisch wie theoretisch deren Bereitschaft gefördert hat, die tiefgreifenden Probleme der „sozialistisch orientierten" Entwicklungsländer nicht allein auf den traditionellen ideologisch geprägten Pfaden, sondern pragmatisch unter Berücksichtigung der in langen Jahren gewachsenen Beziehungen zu den westlichen Industriestaaten lösen zu helfen.

4.2.4. Differenzierungen: Der „sozialistische Entwicklungsweg"

Es liegt in der Logik der „sozialistischen Orientierung", die in der Theorie bewußt offen und weit gefaßt ist, daß sie recht unterschiedliche Entwicklungsländer umschließt. Das sozialökonomische Niveau und die Konsequenz, mit der die „revolutionären Demokraten" soziale Umgestaltungen vorantreiben, weichen zu sehr voneinander ab, als daß von einem gänzlich homogenen Entwicklungsweg gesprochen werden könnte. Hinzu kommt, daß einige Länder bereits vor 20 Jahren, andere hingegen erst in jüngster Zeit Kurs auf den Sozialismus genommen haben.

In den sozialistischen Staaten wurde schon frühzeitig auf die Heterogenität der „sozialistischen Orientierung" aufmerksam gemacht.[225] Sie fand bei der Analyse einzelner Entwicklungsländer Berücksichtigung, stellte jedoch das Konzept der „sozialistischen Orientierung" nicht grundsätzlich in Frage. Dies unterstrich vor wenigen Jahren erneut der ehemalige Generalsekretär der KPdSU, Leonid Breshnew, als er in seinem Bericht an den XXVI. Parteitag ausführte:

> „Die Entwicklung dieser Länder auf dem fortschrittlichen Wege verläuft natürlich nicht gleichartig, sie verläuft unter komplizierten Bedingungen. Aber die Hauptrichtungen sind *ähnlich*."[226]

Seit dem Ende der siebziger Jahre werden in der marxistisch-leninistischen Diskussion jedoch zunehmend Stimmen laut, die den Differenzierungen innerhalb der Gruppe „sozialistisch orientierter" Länder ein größeres Gewicht einräumen – ein Gewicht, das tendenziell über das Konzept der „sozialistischen Orientierung" hinausweist. Sie nehmen in einigen Entwicklungsländern eine *neue Qualität* des revolutionären Prozesses wahr, der diese deutlich von den übrigen abhebt. Als Kriterien gelten dabei:

> „Was eine Klassifizierung der sozialistisch orientierten Entwicklungsländer betrifft – eine Notwendigkeit, die sich gerade gegenwärtig wachsend stellt –, so müßte sie vor allem die politische und ideologische Position der Führungskräfte in diesen Ländern, die Verwurzelung und Ausstrahlung der progressiven Entwicklung in und auf die werktätigen Massen, den Grad der Einbeziehung der verschiedenen Klassen und Schichten in die fortschrittliche Bewegung, den Umfang und die Stabilität des diese Entwicklung fundierenden Staatssektors, die Bedeutung des genossenschaftlichen Sektors, den Charakter der ökonomischen und politischen Beziehungen zum Imperialismus und insbesondere die Tiefe und die Ausdehnung des Bündnisses mit dem Weltsozialismus berücksichtigen."[227]

Unter Berücksichtigung der aufgeführten Kriterien kommt eine Gruppe von im allgemeinen vier Ländern den marxistisch-leninistischen Zielvorstellungen und dem Aufbau des Sozialismus am nächsten: das Sozialistische Äthiopien, die Volksrepubliken Angola und Mosambik und die Volksdemokratische Republik Jemen. Diese vier Länder, die mit einer Ausnahme erst vor wenigen Jahren den Weg der „sozialistischen Orientierung" eingeschlagen haben, konnten nach Auffassung der DDR-Theoretiker die größten Fortschritte verzeichnen. Sie stehen im Mittelpunkt der Aufmerksamkeit, wenngleich von Zeit zu Zeit auch andere Länder – die Volksdemokratien Kongo und Benin sowie die Demokratischen Republiken Afghanistan und Madagaskar und bisweilen auch Nikaragua – hinzugefügt werden.[228]

Folgende charakteristische Merkmale verleihen den genannten Ländern in der DDR-Literatur eine herausragende Stellung, die es ungeachtet gradueller Unterschiede rechtfertige, sie zu einer besonderen Gruppe zusammenzufassen:

„ – die Orientierung der Führungskräfte auf den Marxismus-Leninismus als die Ideologie, die als einzige wissenschaftliche Grundlage für den Aufbau des Sozialismus in diesen Staaten betrachtet wird;

– die Existenz und das Wirken von Vorhutparteien als den entscheidenden Instrumenten zum Aufbau der sozialistischen Gesellschaft;

– der Prozeß einer stärkeren Orientierung auf die Arbeiterklasse, deren Rolle im gesellschaftlichen, politischen und wirtschaftlichen Leben dieser Länder allmählich erhöht werden soll;

– das Streben der Führungskräfte nach einer tiefverwurzelten Verankerung der sozialistischen Entwicklung in den Volksmassen, auf die sie sich bei der Durchsetzung ihrer Politik immer stärker zu stützen suchen;

– die klare Orientierung dieser Staaten auf eine feste Zusammenarbeit mit der sozialistischen Staatengemeinschaft."[229]

Die Anerkennung des Marxismus-Leninismus, die Schaffung von Vorhutparteien, die Stärkung der Arbeiterklasse sowie deren Mitwirkung im politischen Leben und die intensive Zusammenarbeit mit den sozialistischen Staaten gelten in der marxistisch-leninistischen Revolutionstheorie wie bereits mehrfach erwähnt als unverzichtbare Voraussetzungen für den allmählichen Übergang zum Sozialismus. Es ist in der DDR unstrittig, daß Äthiopien, Angola, Mosambik und die VDR Jemen hier Fortschritte zu verzeichnen haben, die sie deutlich von den übrigen „sozialistisch orientierten" Ländern abheben. Unübersehbare Differenzen entzündeten sich jedoch an der Frage, was daraus für die marxistisch-leninistische Revolutionstheorie zu folgern sei, ob die genannten Länder noch der „sozialistisch orientierten" Gruppierung zugerechnet werden könnten oder ob sich dort gar ein neuer Revolutionstyp abzeichne. Da diese Kontroverse für die weitere Entwicklung der marxistisch-leninistischen Revolutionstheorie und damit potentiell auch für das künftige Selbstverständnis der DDR-Entwicklungspolitik bedeutsam ist, soll sie ein wenig ausführlicher nachgezeichnet werden.

Schwierig und kontrovers gestaltete sich bereits das Problem, ob und wie die genannten Länder terminologisch zusammengefaßt und von der traditionellen „sozialistischen Orientierung" abgegrenzt werden sollten. Das Selbstverständnis der politischen Führungen in Äthiopien, Angola, Mosambik und Süd-Jemen ging von Anbeginn deutlich über die bloße Orientierung auf den Sozialismus hinaus: Sie attestieren ihren Ländern bereits heute eine „volksdemokratische" und „sozialistische" Qualität. Allerdings stehen sie damit keineswegs allein, denn auch andere „sozialistisch orientierte" Entwicklungsländer negieren souverän die sophistischen Differenzierungen des Marxismus-Leninismus und etikettieren sich ebenso.

Gleichwohl hat die SED-Führung, offenbar die durch Freundschaftsverträge besiegelten exklusiven Beziehungen im Blick, entschieden: Äthiopien, Angola, Mosambik und der Süd-Jemen gelten nicht mehr nur als „sozialistisch orientiert", sie beschreiten bereits einen „sozialistischen Entwicklungsweg" – ein Prädikat, das der Marxismus-Leninismus in der Vergangenheit lediglich den Volksdemokratien in Osteuropa und Asien zukommen lassen wollte. Die DDR-Wissenschaft ist dem, wenn auch zögernd, gefolgt:

„Bekanntlich hat sich seit einigen Jahren in den politischen Dokumenten und in der wissenschaftlichen Literatur einiger sozialistischer Länder, so auch der DDR, für die gesellschaftliche Entwicklung einiger der hier betrachteten Länder der Terminus „sozialistischer Entwicklungsweg" eingebürgert. Dieser Vorgang hatte zunächst eine gewisse terminologische Unsicherheit zur Folge, schien es doch nicht ganz klar, ob es sich – wie ehedem beim Übergang vom

Terminus „nichtkapitalistische Entwicklung" zur „sozialistischen Orientierung" – mehr um einen Terminologiewechsel handelt, der aus bestimmten Bedürfnissen der politischen Praxis erwächst, oder um die Bezeichnung eines neuen Begriffs, der neue Erscheinungen der objektiven Realität erfassen soll."[230]

Die politisch veranlaßte begriffliche Klarheit hat jedoch keineswegs die inhaltlichen Differenzen beseitigen können, denn wie der „sozialistische Entwicklungsweg" revolutionstheoretisch zu bewerten ist, wird in der DDR unverändert kontrovers debattiert. Dabei stehen sich neben einer Reihe vermittelnder Auffassungen deutlich erkennbar eine eher skeptisch-analytische und eine eher optimistisch-programmatische Position gegenüber. Für die revolutionären Optimisten, deren bipolar geprägtes Weltbild auf konsequente sozialistische Umgestaltungen in der Dritten Welt drängt und Flexibilität oder gar Abweichungen vom marxistisch-leninistischen Grundmodell kaum zuläßt, ist seit geraumer Zeit unstrittig, daß diese Länder bereits in die Etappe der „volksdemokratischen Revolution" eingetreten sind und ohne jeden Zweifel einen „sozialistischen Entwicklungsweg" eingeschlagen haben:

> „Doch in den hier behandelten Ländern ist es nicht mehr einfach eine Orientierung auf den Sozialismus, sondern neben der Durchsetzung von allgemein-demokratischen Umgestaltungen beginnt schon eine sozialistische Entwicklung, d. h. ein sozialistischer Aufbau, natürlich unter ungewöhnlichen Bedingungen: der noch vorhandenen Verhaftung dieser Länder im kapitalistischen Weltwirtschaftssystem (in dieser Spezifik scheint der Hauptunterschied z. B. zwischen Mocambique einerseits und Laos oder Kampuchea andererseits zu liegen)."[231]

Auf der anderen Seite stehen jene Entwicklungstheoretiker, die der Dritten Welt ein gewisses Maß an Eigenständigkeit zubilligen und daher eine bruchlose Übertragung der eigenen revolutionären Modelle und Erfahrungen ablehnen. Sie sind wesentlich zurückhaltender. Zwar konzedieren auch sie, daß die genannten vier Länder als „entwikkeltere Stufe" der „sozialistischen Orientierung" aus dieser herausgetreten seien und „zu Recht" mit dem Etikett „sozialistischer Entwicklungsweg" versehen werden. Zugleich aber machen sie deutlich, daß es sich hierbei um „nicht einheitlich interpretierte Begriffe" handele.[232] Tatsächlich verlassen sie den offenen und flexiblen Rahmen der „sozialistischen Orientierung" über verbale Konzessionen hinaus nicht. So gruppieren sie etwa „die Länder mit sozialistischer Orientierung je nach der Konsequenz der revolutionär-demokratischen Veränderungen in ihrer realen Politik",[233] unterscheiden einen „national-revolutionären Typ (z. B. Algerien, Syrien)" und einen „revolutionärdemokratischen Typ (VDR Jemen, Angola, Mocambique, VR Kongo, Äthiopien u. a.)"[234] oder nehmen „zwei Grundtypen des Auftretens von revolutionärem Demokratismus" wahr:

> „Der eine verkörpert hinsichtlich des vertretenen sozialen Ideals mehr *vorproletarischen* Inhalt (Idee der Vergesellschaftung / Prinzip des gesellschaftlichen Eigentums) und in der Ideologie *sozialistischen* Gehalt (wenn auch nicht- bzw. vormarxistischen); er hat eine größere Potenz zum Übergang auf proletarisch-sozialistische Positionen. Der andere Typ verkörpert beim sozialen Ideal mehr *kleinbürgerlich-bäuerlichen* Inhalt (Idee der ausgleichenden Umverteilung / Festigung des individuellen Besitzes) und ideologisch einen lediglich sozialistisch bezeichneten *Egalitarismus*; er hat deshalb eine geringere Potenz zur Evolution auf eine proletarisch-sozialistische Position."[235]

Allenfalls sind sie bereit, „volksdemokratische Tendenzen" zu konzedieren, mit denen „eine weitere Vertiefung der Entwicklung in sozialistischer Richtung möglich wurde".[236] Für sie steht folglich außer Frage, daß ungeachtet aller revolutionärer Errungenschaften und Fortschritte auch in Äthiopien, Angola, Mosambik und der VDR Jemen noch offen ist, ob in ferner Zukunft tatsächlich mit dem Aufbau des Sozialismus begonnen werden kann. Der revolutionäre Prozeß sei auch dort keineswegs irreversibel:

> „Es wäre dennoch verfrüht, die Resultate der Veränderungen als irreversibel zu begreifen und die – zweifellos großen – Errungenschaften der national-demokratischen Revolution, vor allem bezüglich der Stellung und Rolle der Arbeiterklasse, der Formierung einer Avantgardepartei, die sich am Marxismus-Leninismus orientiert, und der Konsolidierung der national-demokratischen Staatsmacht in ihrem Ausmaß zu überschätzen und Qualitäten, die sich tendenziell herausbilden, als bereits real existierend zu sehen."[237]

Genau dies aber behaupten jene Theoretiker, die den „sozialistischen Entwicklungsweg" als erste Stufe im Aufbau des Sozialismus wahrnehmen. In kaum mehr zu überbietender Polemik wendet sich daher ein Beitrag der DDR-Zeitschrift „Deutsche Außenpolitik" gegen den revolutionären Skeptizismus, der mit Blick auf die Volksdemokratische Republik Jemen im obigen Zitat anklang:

> „Die Jemenitische Sozialistische Partei hat sich die Aufgabe gestellt, den Marxismus-Leninismus schöpferisch auf die konkreten Landesbedingungen anzuwenden. Jeder unter ihrer Führung errungene Erfolg bei der ökonomischen und politischen Stabilisierung des Landes verringert die Hoffnungen imperialistischer und reaktionärer Kräfte, daß der sozialistische Entwicklungsweg noch nicht den Sieg des Sozialismus bedeutet und eine rückläufige Entwicklung möglich sein könnte."[238]

Für eine „Volksdemokratie" und den „Aufbau des Sozialismus" ist konstitutiv, daß sie nicht mehr umzukehren sind – es sei denn durch eine Konterrevolution. Dies zu verhindern und den weiteren ungestörten Weg zum Sozialismus sicherzustellen ist jedoch die vornehmste „internationalistische" Pflicht der sozialistischen Staaten. Ihr ideologisches Selbstverständnis verpflichtet zur „brüderlichen Hilfe", da der Abstieg von einer Gesellschaftsformation höherer Stufe – dem Sozialismus – auf eine niedere – den Kapitalismus – im marxistisch-leninistischen Denken nicht vorgesehen ist. Würde diese Hilfe ausbleiben, wären gravierende Konsequenzen für die Legitimation des eigenen autoritären Herrschaftssystems zu erwarten.

Die These, daß in einer Reihe von ehedem „sozialistisch orientierten" Entwicklungsländern analog zu den europäischen „Volksdemokratien" und zu Ländern wie der Mongolei oder Vietnam bereits ein „sozialistischer Entwicklungsweg" begonnen wurde, setzte – sollte sie in diesem Sinne allgemein politisch akzeptiert werden – die sozialistischen Staaten folglich unter einen erheblichen Handlungszwang. Er birgt beträchtliche Risiken für den Weltfrieden, da vor einem solchen Hintergrund Krisen in den neuen „Volksdemokratien" unkontrolliert politisch und militärisch eskalieren müßten. Das Konzept der „sozialistischen Orientierung", dem dank seiner Offenheit die Abkehr einzelner Länder theoretisch und praktisch inhärent ist, kennt einen solchen ideologisch begründeten Handlungszwang der sozialistischen Staaten hingegen nicht. All dies kann einen orthodoxen Revolutionsstrategen wie Horst Lehfeld von der Parteihochschule der SED – einer Hochburg des Dogmatismus in der DDR – jedoch nicht daran hindern, die neuen „Volksdemokratien" als „Bruderländer" zu begrüßen und bei ihnen „den Prozeß des allmählichen Wachsens des Weltsozialismus in die Breite" zu registrieren.[239]

Es stellt sich die Frage, wie es möglich ist, daß die marxistisch-leninistischen Theoretiker bei der Analyse der Revolutionsprozesse in Äthiopien, Angola, Mosambik und dem Süd-Jemen zu derart unterschiedlichen Ergebnissen gelangen können. Gemeinsamer Ausgangspunkt sind augenscheinlich die folgenden „Garantien" für den endgültigen Sieg einer Revolution in der Dritten Welt:

„Hierbei ist es außerordentlich kompliziert, einen Zeitpunkt für die innere Unumkehrbarkeit der revolutionär-demokratischen Macht auszumachen, deren sichere Garantie ganz offenkundig in der Schaffung einer Avantgarde-Partei der Werktätigen, dem Hinüberwachsen der nationaldemokratischen Macht in die revolutionär-demokratische Diktatur des Proletariats und der Bauernschaft und danach in die sozialistische Staatsmacht, der Herstellung dauerhafter Beziehungen zum Weltsozialismus, der Überwindung der ökonomischen Abhängigkeit von den imperialistischen Ländern und vom kapitalistischen Weltwirtschaftssystem als Ganzem der Stärkung der führenden Rolle der Volksmassen bei der Bestimmung der staatlichen Politik begründet ist. Mit anderen Worten, die Garantie für die Unumkehrbarkeit der Entwicklung des Staates mit sozialistischer Orientierung steht in unlösbarem Zusammenhang mit der fortschreitenden Entwicklung der nationaldemokratischen Revolution, mit ihrer ständigen Vertiefung."[240]

Nach Auffassung der Skeptiker sind diese Bedingungen bisher nirgendwo erfüllt. Was sich in ihren Augen lediglich ansatzweise feststellen läßt und als Tendenz abzeichnet, gilt den Optimisten dagegen bereits als Realität oder bricht sich doch mit Vehemenz Bahn. So vertreten sie etwa die These, daß sich in einem Land wie Mosambik „seit Jahren Prozesse des Übergangs und der Herausbildung eines Staates sozialistischen Typs" vollziehen.[241] Auf der anderen Seite heißt es hingegen einschränkend, daß es auch dort „verfrüht" sei, „den Übergang zur sozialistischen Staatlichkeit als aktuelle Tagesaufgabe zu betrachten".[242] Und gleichsam vermittelnd weist ein besonders virtuoser sowjetischer Autor darauf hin, daß in den genannten Ländern „ein reifer, entwickelter Staat sozialistischer Orientierung", ein „volksdemokratischer Staat", existiere, der „sich an der Schwelle des Hinüberwachsens in den sozialistischen Staat" befinde. Er sei „sein unmittelbarer Vorgänger, wobei dieser Prozeß historisch gesehen langwierig ist".[243]

Ähnlich unterschiedlich fällt die Bewertung der Avantgarden „MPLA-Partei der Arbeit Angolas", „FRELIMO-Partei" und der „Jemenitischen Sozialistischen Partei" aus, die sich ausdrücklich dem Marxismus-Leninismus verschrieben haben. Zwar stimmen alle Theoretiker überein, daß die Bemühungen der „revolutionären Demokraten" um die Schaffung einer marxistisch-leninistischen Avantgarde zu begrüßen sind. Unter Hinweis auf ein prominentes Zitat Lenins und unverkennbar mit Blick auf die revolutionären Optimisten verweisen die einen jedoch darauf, daß dies sehr viel mehr als bloße Absichtserklärungen verlange:

„Es hieße, das Neue und die Größe des Formierungsprozesses marxistisch-leninistischer Parteien in afrikanischen und asiatischen Ländern mit sozialistischer Orientierung herabmindern, wollte man auch nur eines seiner Probleme und Schwierigkeiten verkleinern. Von aktuellem Wert ist der Hinweis Lenins, daß es mit der bloßen Umbenennung bestehender oder der Namensgebung sich neu formierender politischer Organisationen nicht getan ist. In einem Gespräch mit Vertretern der damaligen Mongolischen Volkspartei im Jahre 1921 sagte er: ‚Ein einfacher Wechsel des Aushängeschildes ist schädlich und gefährlich.'"[244]

Lehfeld indes will diese Einschränkung nicht gelten lassen. Er hat „eigentlich keinerlei Zweifel am Charakter dieser Parteien" und beklagt zudem eine vermeintlich mißbräuchliche Handhabung des oben bemühten Lenin-Zitats:

„Nicht selten wird im Zusammenhang mit der Frage nach dem Charakter der avantgardistischen Parteien Afrikas der so bedeutsame und wesentliche Hinweis W. I. Lenins zitiert, den er im Jahre 1921 der mongolischen Delegation mit auf den Weg gab. Er warnte die Freunde damals vor einem ‚einfachen Wechsel des Aushängeschildes'. Sein Hinweis hatte volle Berechtigung, und er ist auch heute von aktueller Bedeutung, weil es tatsächlich nicht lediglich darum geht, das ‚Aushängeschild' zu verändern. Ein einfaches Übertragen dieses Leninschen Gedankens auf die Fragen und Probleme, vor denen die avantgardistischen Parteien gegenwärtig stehen, würde jedoch der marxistisch-leninistischen Methodologie widersprechen. Schließlich geht es heute nicht um die Entwicklung der Mitglieder dieser Parteien aus ‚nomadisierenden Hirten in eine proletarische Masse‘, sondern es geht um die Verbindung der Arbeiterklasse mit den Ideen des wissenschaftlichen Sozialismus, es geht bei den genannten Parteien darum, wie sie immer stärker zum tatsächlichen Hegemon der sich entwickelnden Arbeiterklasse werden und wie es ihnen gelingt, das Bündnis mit den Bauern herzustellen und im Interesse der volksdemokratischen Macht zu verwirklichen."[245]

Für ihn hat eine Avantgarde-Partei bereits dann als marxistisch-leninistisch zu gelten, wenn sie sich zur Ideologie der Arbeiterklasse und zum proletarischen Internationalismus bekennt, nach den Prinzipien des demokratischen Zentralismus aufgebaut werden soll und „eine den konkreten Verhältnissen des Landes angepaßte Strategie und Taktik" entwickelt. Da die führenden Parteien der neuen „Volksdemokratien" diese Bedingungen erfüllen, zählt er sie schon heute „zur großen, ständig wachsenden Kraft der kommunistischen Weltbewegung".[246] Kritiker weisen darauf hin, daß man die aufgeführten „günstigen Voraussetzungen, die im wesentlichen im subjektiven Bereich liegen, aber nicht von den objektiven Bedingungen lösen" darf, denn „diese sind oft äußerst ungünstig und wirken hemmend auf die Nutzung der günstigen subjektiven Voraussetzungen ein".[247] Offenbar folgen sie jenem weiteren Leninschen Grundsatz, der immer dann Raum greift, wenn es revolutionären Optimismus zu zügeln gilt: „Der Marxismus steht auf dem Boden der Tatsachen und nicht der Möglichkeiten."[248]

Abschließend bleibt zu diskutieren, wie es sich die marxistisch-leninistischen Theoretiker erklären, daß die größten Fortschritte auf dem Weg der „sozialistischen Orientierung" nicht von Entwicklungsländern erreicht wurden, die den revolutionären Prozeß bereits in den sechziger Jahren begannen, sondern von jenen, die weit später, Mitte der siebziger Jahre, Kurs auf den Sozialismus nahmen. Einige SED-Theoretiker verweisen hier auf die spezifische – und damit wohl auch einmalige – Situation, die den Revolutionen in Äthiopien, Angola und Mosambik zügig zum Durchbruch verhalf. Sie nennen insbesondere die ungewöhnliche Reife des „subjektiven Faktors", will heißen die Radikalität der „revolutionären Demokraten" im Militär und in den Befreiungsbewegungen, eine außergewöhnliche Zuspitzung der „für die betreffenden Länder entwicklungsbestimmenden Widersprüche" – im Südlichen Afrika die Kriege gegen den portugiesischen Kolonialismus – und „eine besonders günstige Situation in der revolutionären Weltbewegung und in der internationalen Arena", die im Verlauf der siebziger Jahre generell den „antiimperialistischen Optimismus" der SED beflügelte.[249]

Dem steht eine Analyse gegenüber, die weniger auf das ideale, tendenziell einmalige Zusammenspiel mehrerer Faktoren abhebt, sondern eine „Gesetzmäßigkeit" postuliert. Danach konnte die „sozialistische Orientierung" in den siebziger Jahren deshalb konsequenter sein und zügig zur Errichtung einer „volksdemokratischen Macht" übergehen, weil sie sich im Schatten „der unumkehrbaren Veränderung des internationalen Kräfteverhältnisses zugunsten des Sozialismus" vollzog.[250] Wird diese Begründung konsequent fortgedacht, kann der Übergang zum Sozialismus in der Dritten Welt künftig nur noch in den Formen erfolgen, die in Äthiopien, Angola, Mosambik und der VDR Jemen praktisch demonstriert werden. Das ursprüngliche Konzept einer bewußt offengehaltenen „sozialistischen Orientierung" wäre dann obsolet.

In der Tat hat es den Anschein, daß – ungeachtet der Haltung zum „sozialistischen Entwicklungsweg" – die Perspektiven und Potenzen der traditionellen „sozialistischen Orientierung" in der DDR zusehends skeptischer beurteilt werden. Namentlich jenen Entwicklungsländern, die im Verlauf der sechziger Jahre „nationaldemokratische" oder „revolutionär-demokratische" Veränderungen einleiteten, wird heute kaum mehr zugetraut, daß sie je den Sozialismus erreichen. Diese „erste Generation" der „sozialistischen Orientierung" – „was sowohl chronologisch wie qualitativ gemeint ist" – hatte anfangs zwar „in der Regel bemerkenswerte Veränderungen der gesellschaftlichen Verhältnisse bewirkt". Doch konnte der „antiimperialistisch-demokratische Rahmen" nicht überschritten werden und beginnen sich mehr noch die „Möglichkeiten revolutionärer Fortschritte in diesem Rahmen zu erschöpfen", gibt es „Tendenzen der Stagnation", wächst mithin die „Gefahr einer regressiven Tendenzwende".[251]

Pointierter noch charakterisieren zwei prominente sowjetische Wissenschaftler, die Professoren Maidanek und Mirski, die gegenwärtige Situation in zahlreichen „sozialistisch orientierten" Entwicklungsländern. In ihren Augen ist die Revolution dort „auf einer bestimmten Etappe ‚stecken geblieben' ":

> „Hier entstand ein besonderes, dem Staatskapitalismus verwandtes System, in dessen Rahmen unter Beibehaltung der führenden Rolle des staatlichen Sektors für die Entwicklung kapitalistischer Produktionsverhältnisse (vor allem in der Landwirtschaft, im Handel und Dienstleistungsgewerbe) breite Entwicklungsmöglichkeiten gegeben sind. Obwohl die allgemeine Orientierung auf den Sozialismus in diesen Ländern erhalten bleibt, kann die reale Entwicklung auf diesem Weg sich nur dann verwirklichen lassen, wenn eine grundlegende Umgruppierung der Klassenkräfte erfolgt."[252]

Danach kann erst ein neuerlicher revolutionärer Schub den Weg zum Sozialismus öffnen. Selbständig seien die „kleinbürgerlichen und nichtproletarischen Führungskräfte" hingegen nicht in der Lage, eine „Evolution der revolutionären Demokratie in Richtung des wissenschaftlichen Sozialismus" zu vollziehen und „zur Bildung avantgardistischer Parteien und zur Schaffung eines volksdemokratischen Staates" zu gelangen. Dies aber war bisher die theoretische conditio sine qua non der „sozialistischen Orientierung".[253] Im Lichte der neueren Entwicklung konzentrieren sich daher alle Hoffnungen auf die progressive „zweite Ländergruppe" oder auch „zweite Generation", auf jene Entwicklungsländer mithin, die sich im Verlauf der siebziger Jahre auf den Weg zum Sozialismus begaben.

Daß die „sozialistische Orientierung" höchst unterschiedliche Länder vereint, ja, daß ihr mit dem Irak, wo „die Revolution degeneriert",[254] mit Syrien und Algerien, wo sie „stagniert" oder „gefährdet" ist,[255] sowie mit Burma und Guinea, wo sozialistische Tendenzen kaum mehr zu erkennen sind, auch solche zugerechnet werden, die dieses Prädikat kaum verdienen, ist nicht zu bezweifeln. Es hat jedoch den Anschein, daß es erst einer neuen, konsequenteren Formierung sozialistischer Protagonisten in der Dritten Welt bedurfte, um das begrenzte Potential der „Gründergeneration" sichtbar zu machen. Ob die neue Generation aber tatsächlich über mehr sozialistische Potenzen verfügt, wird – wie wir gesehen haben – durchaus unterschiedlich beurteilt.

Eingedenk der Tatsache, daß revolutionstheoretische Überlegungen nicht zum ersten Mal fehlschlagen, bleiben einige Analytiker in der DDR auch mit Blick auf den „sozialistischen Entwicklungsweg" skeptisch. So galt noch während der siebziger Jahre die „sozialistische Orientierung" in ihrer Gesamtheit als Königsweg der Dritten Welt zum Sozialismus und im Jahrzehnt davor grassierte gar die Überzeugung, daß der nationalen Befreiung vom Kolonialismus gleichsam automatisch die soziale Befreiung folgen müsse. Daher sehen sie sich veranlaßt, die bisherigen Erfolge des „sozialistischen Entwicklungsweges" zu relativieren, seine fortdauernde Gefährdung zu betonen und darauf hinzuweisen, daß er sich in den konkreten Fällen dank einer temporären und tendenziell einmaligen Kombination von Wirkungsfaktoren durchsetzen konnte. Die Erfolgsaussichten für sozialistische Veränderungen sind in ihren Augen auch dort keineswegs gesichert.

Nicht so für jene DDR-Theoretiker, deren revolutionärer Optimismus durch die „zweite Generation" der „sozialistischen Orientierung" um so mehr beflügelt wurde, als ihnen der Abschied von der ersten leichter fiel. Für konsequente Marxisten-Leninisten mußte es ohnehin ein Dorn im Auge sein, wie in Gestalt der „sozialistischen Orientierung" das Bemühen der Dritten Welt um Eigenständigkeit hofiert und ein flexibler, offener und langfristig kalkulierter Weg zum Sozialismus propagiert wurde.[256] Gerade darin unterschied die „sozialistische Orientierung" sich fundamental von der Forderung aus den frühen fünfziger Jahren, unmittelbar zur Errichtung von „Volksdemokratien" überzugehen.

Wenn einige optimistische Revolutionsstrategen nunmehr zu dem Ergebnis gelangen, die „sozialistische Orientierung" habe im Unterschied zu den „volksdemokratischen Revolutionen" Äthiopiens, Angolas, Mosambiks und der VDR Jemen keine sozialistische Erfolgsperspektive mehr, könnte die ideologisch-programmatische Antwort durchaus in einer Rückbesinnung auf die revolutionstheoretischen Postulate gesucht werden, die der Vergangenheit angehörten. Dies wäre eine äußerst fragwürdige Option. Sie läge jedoch in der Logik einer ideologischen Selbstverpflichtung, die es den sozialistischen Staaten auferlegt, Theorie und Politik vor allem an dem Ziel zu messen, ob sie zum globalen Erfolg des Sozialismus beitragen.

Auch wenn dogmatische Vertreter auf eine grundlegende Revision der marxistisch-leninistischen Revolutionstheorie drängen mögen, stehen dem doch gravierende Hindernisse entgegen. Die sozialistischen Staaten können im Interesse ihrer ökonomischen Bedürfnisse und mit Blick auf ihre internationale Stellung immer weniger darauf verzichten, mit möglichst vielen Ländern aus der Dritten Welt zu kooperieren. Die einigenden „antiimperialistischen" Ziele setzen revolutionären Veränderungen jedoch enge Grenzen. Auch hat das Scheitern des radikalen „volksdemokratischen" Kurses der frühen fünfziger Jahre unzweideutig erwiesen, daß die Hoffnung auf schnelle sozialistische Revolutionen in der Dritten Welt, aus denen zuverlässige Bündnispartner hervorgehen könnten, keinerlei reale Grundlage hat. Daran hat sich bis heute wenig geändert.

Temporäre Erfolge in einer kleinen Gruppe von Staaten, deren Entwicklungsweg keineswegs endgültig festgeschrieben ist,[257] sollten daher nicht zu voreiligen Schlußfolgerungen verleiten. Sie beruhten auf einer für den revolutionären Prozeß idealen Kombination von Wirkungsfaktoren, die kaum beliebig wiederholbar erscheint – nicht jedoch auf der „unumkehrbaren Veränderung des internationalen Kräfteverhältnisses zugunsten des Sozialismus". Folglich kann die durchaus begründete Skepsis, die der „sozialistischen Orientierung" als zuverlässigem Weg zum Sozialismus entgegengebracht wird, nicht in einer Rückkehr in die Vergangenheit bestehen, sondern allein darin, diesen Weg von der für die Bewertung konstitutiven Bindung an sein eigentliches Ziel – die sozialistische Revolution nach sowjetischem Vorbild – zu lösen. Nicht die Annäherung an dieses Ziel, sondern der konkrete Beitrag, den die „sozialistische Orientierung" zur Überwindung der Unterentwicklung zu leisten vermag, hat als Maßstab der Erfolgskontrolle zu dienen.

D. Entwicklungspolitische Praxis der DDR: Ziele, Instrumente, Felder, Daten

Die entwicklungstheoretischen Aussagen der DDR, die im vorhergehenden Kapitel ausführlich nachgezeichnet wurden, lassen erkennen, welche grundlegenden Ziele die Partei- und Staatsführung in Ost-Berlin mit ihren Beziehungen zur Dritten Welt verfolgt. Die marxistisch-leninistische Entwicklungstheorie tritt uns vor allem als Revolutionstheorie gegenüber, umschließt neben der revolutionären Strategie und Taktik aber auch Aussagen über die Einordnung der DDR in das System der internationalen Beziehungen. Sie begnügt sich nicht mit einer bloßen Analyse der Probleme in der Dritten Welt, sondern ist praxisorientiert, gibt Anleitungen für konkretes Handeln.

Im folgenden soll die konkrete Ausgestaltung der DDR-Entwicklungspolitik dargestellt werden. Zu untersuchen ist, ob und wie die grundlegenden entwicklungs- und revolutionstheoretischen Ziele in der politischen und ökonomischen Praxis ebenso wie in der Entwicklungshilfe, der militärischen Kooperation und der kulturellen Auslandsarbeit umgesetzt werden. Dies geschieht mit Hilfe verfügbarer Daten, der vertiefenden Betrachtung einzelner ausgewähler Aktivitäten und einer Darstellung der operativen Leitlinien, die der entwicklungspolitischen Praxis der DDR zugrundeliegen. Zugleich schließt dies historische Exkurse ein, die Entwicklungstendenzen sowie Kontinuität und Brüche sichtbar machen.

Eine Anmerkung zum Sprachgebrauch: Wenn hier und im folgenden von ,,Entwicklungspolitik" die Rede ist, so folgt dies vor allem einer Sprachregelung, wie sie in den westlichen Industriestaaten anzutreffen ist. Der Terminus ,,Entwicklungspolitik" soll das gesamte Feld der Außen- und Außenwirtschaftspolitik gegenüber der Dritten Welt sowie die Entwicklungshilfe umfassen. Er ist in der DDR weniger gebräuchlich, umschreibt den Gegenstand aber ebenso eindeutig wie DDR-typische Wortungetüme vom Muster der ,,Beziehungen zu den national befreiten Staaten Asiens, Afrikas und Lateinamerikas". Sind Begriffe hingegen ideologisch besetzt, so findet dies gesondert Berücksichtigung. ,,Entwicklungshilfe" etwa wird in der DDR nahezu ausschließlich den westlichen Industriestaaten zugeschrieben und gilt im Unterschied zur eigenen ,,sozialistischen Hilfe" als ,,imperialistisch".[1]

1. Die politischen Beziehungen der DDR zur Dritten Welt

1.1. *Die DDR in der Dritten Welt: Etappen ihrer Südpolitik*

1.1.1. Zögernder Beginn (1946-1954)

Der „gemeinsame antiimperialistische Kampf" sowie die „solidarische Unterstützung" der nationalen Befreiungsbewegung gelten als immerwährende Grundprinzipien der Außenpolitik des zweiten deutschen Staates, die tatkräftige Solidarität mit der nationalen Befreiungsbewegung als „Herzenssache" eines jeden Bürgers in der DDR.[2] Am Ende des Zweiten Weltkrieges war davon allerdings ungeachtet der universellen Geltung, die diese Prinzipien in der marxistisch-leninistischen Programmatik heute beanspruchen, nichts zu spüren. Darin unterschied sich die SED nur wenig von den politischen Parteien der damaligen westlichen Besatzungszonen. Ohne koloniale Bindungen, durch den politischen, wirtschaftlichen und gesellschaftlichen Wiederaufbau des eigenen Landes in hohem Maße beansprucht und bis in die fünfziger Jahre ohne eigene Souveränität, blieben die Kolonien und wenigen unabhängigen Staaten der südlichen Hemisphäre für die Bundesrepublik und länger noch für die DDR weithin eine quantité négligeable.

Erst geraume Zeit nach dem Ende des Krieges nahm die SED überhaupt wahr, daß es jenseits der europäischen Grenzen Völker und Nationen gab, die im Zuge der Kriegsereignisse nicht weniger in Bewegung geraten waren als die abendländischen Nationen der Ersten und Zweiten Welt. Während der vierziger Jahre fanden Kolonialismus wie Antikolonialismus weder auf den Parteitagen noch in der Bildungsarbeit der SED mehr als sporadische Beachtung.

Rückblickend versucht die SED diese Zurückhaltung damit zu rechtfertigen, daß den Parteimitgliedern nach zwölf Jahren nationalsozialistischer Gewaltherrschaft ein „klares, marxistisch-leninistisches Verhältnis zur kolonialen Frage" fehlte, es folglich einer „langfristigen" Aufklärung bedurfte, und daß die Parteiführung „auf Grund der objektiven und subjektiven Gegebenheiten anderen Aufgaben in der ideologischen und praktisch-politischen Arbeit den Vorrang einräumen" mußte. Der Aufbau einer „antifaschistisch-demokratischen" und letztlich „volksdemokratischen" Ordnung in der Sowjetischen Besatzungszone genoß absolute Priorität. Auch diese wenig „internationalistische" Schwerpunktsetzung findet eine ausdrückliche Rechtfertigung, hätten doch nach dem Krieg „bloße Verlautbarungen das berechtigte Mißtrauen der demokratischen Weltöffentlichkeit gegenüber den ‚deutschen Zuständen' eher verstärken als abbauen" können, so daß es in erster Linie galt, „durch *unumstößliche Tatsachen*, durch die *konkrete Tat*, den Beweis anzutreten, daß unter der Führung der in der SED vereinten Arbeiterklasse etwas völlig Neues ‚aus den Ruinen auferstanden' war".[3]

Nicht nur der Wiederaufbau setzte Grenzen. Anfangs schien Rücksicht auch auf die westlichen Signatarstaaten des Potsdamer Abkommens geboten, denn mit Beginn des Kalten Krieges zwischen Ost und West legte die SED ihre Scheu vor „bloßen Verlautbarungen" ab und bekannte sich offen zur „antiimperialistischen Solidarität". Anläßlich der ersten Parteikonferenz im Januar 1949 – einem Meilenstein im Prozeß der Mitte 1948 eingeleiteten Transformation der SED zu einer marxistisch-leninistischen Kaderpartei „neuen Typs" – solidarisierte sie sich erstmals konkret und uneingeschränkt mit dem „Befreiungskampf der Völker Chinas und Indonesiens" und sandte der Kommunistischen Partei Chinas eine Grußadresse.[4] Doch galt diese Solidarisierung weniger den politisch und sozial außerordentlich heterogenen nationalen Befreiungsbewegungen in den Kolonien. Vielmehr lag ihr das Bekenntnis zum kommunistischen Modell der Volksdemokratie zugrunde, das mit Beginn des Kalten Krieges in Osteuropa und einigen ostasiatischen Staaten gewaltsam durchgesetzt wurde. Die Solidarisierung mit der siegreichen Volksbefreiungsarmee Mao Tse-tungs und anderen kommunistischen Widerstandsbewegungen in Asien diente so der Konsolidierung des eigenen Blocks, sollte dessen Schlagkraft und Ausstrahlung verdeutlichen.

Von einer Öffnung gegenüber den Entwicklungsländern konnte keine Rede sein. Die SED unterstrich lediglich, daß auch sie der sowjetischen Doktrin des Kalten Krieges, der „Zwei-Lager-Theorie" folgte, mit deren Hilfe die Blockbildung vorangetrieben und ideologisch untermauert werden sollte. Als Antwort auf die „Truman-Doktrin" der Vereinigten Staaten, in der eine globale Eindämmung des Kommunismus gefordert wurde, war sie im September 1947 anläßlich der Gründungskonferenz des „Kommunistischen Informationsbüros" (Kominform) von Andrej Shdanov verkündet worden. Darin teilte er die Welt in zwei große Lager: ein „imperialistisches und antidemokratisches" unter Führung der USA sowie ein „antiimperialistisches und demokratisches Lager", das die Sowjetunion anführe. Nahezu alle Kolonien, namentlich aber „die Länder des Nahen Ostens und Südamerikas und China", wo damals noch die Kuomintang Chiang Kai-sheks regierte, rechnete er dem „imperialistischen Lager" zu, so daß dem „antiimperialistischen" lediglich jene Länder der Dritten Welt verblieben, in denen unter kommunistischer Führung schlagkräftige Widerstandsgruppen aktiv waren: Vietnam und Indonesien sowie als „Sympathisanten" Indien, Ägypten und Syrien.[5]

Zwar öffnete die global angelegte „Zwei-Lager-Doktrin" den Blick auf die Entwicklungsländer und provozierte eine Solidarisierung mit all jenen Kräften, die den sowjetischen sozialökonomischen und politischen Zielvorstellungen nacheiferten. Zugleich aber setzte sie dem Engagement in der Dritten Welt Schranken. Sie wurden sichtbar, als die Führung der DDR nach der Staatsgründung im Oktober 1949 allen Regierungen die Aufnahme diplomatischer Beziehungen vorschlug, denn im Zeichen der Blockkonfrontation mochte kein unabhängiges Land der südlichen Hemisphäre die DDR anerkennen. Dazu erklärten sich allein die befreundeten Volksrepubliken China, Korea, Vietnam und die Mongolei bereit. Korea und Vietnam waren es folglich auch, denen zuerst nicht nur verbale, sondern praktische Solidarität und „brüderliche Hilfe" zuteil wurde. Nach 1950, dem Beginn des Krieges gegen Süd-Korea, und nach 1953, als der vietnamesische Krieg gegen die französische Kolonialmacht dem Höhepunkt zustrebte, schickte die DDR mehrere unentgeltliche Lieferungen mit Maschinen, Ausrüstungen, Medikamenten und medizinischen Geräten in beide Länder.[6]

Allerdings begriff selbst die DDR ihre Unterstützung der nordkoreanischen und vietnamesischen Regierung weniger als Beitrag zur nationalen Befreiung, denn zur Konsolidierung des in Europa und Asien neu entstandenen volksdemokratischen Blocks:

> „Mit ihrer Solidarität trug die DDR dazu bei, die brüderlichen Beziehungen zu diesen volksdemokratischen Staaten und die Einheit aller Glieder der sozialistischen Gemeinschaft in Europa und Asien zu festigen."[7]

Anderen Befreiungskräften zeigte sie sich im Einklang mit ihren Bündnispartnern und der kommunistischen Bewegung weit weniger aufgeschlossen. Der Sturz des ägyptischen Königs Faruk 1952, die Enteignung der Anglo-Iranian Oil Company durch die

Regierung Mossadegh im Iran 1953, der Beginn des Kolonialkrieges in Algerien 1954 sowie der erste bewaffnete Aufstand Fidel Castros 1953 in Kuba galten ihr ebenso als Werk „imperialistischer Marionetten", wie sie dies Nehru, Nkrumah, Sukarno und anderen prominenten Staatsmännern der Dritten Welt nachsagte.[8]

Am Beginn der fünfziger Jahre nahm die DDR die Probleme der Dritten Welt und die antikolonialen Bewegungen ausschließlich durch die Brille der Ost-West-Konfrontation und des Kalten Krieges wahr. Um politische und ideologische Abweichungen im eigenen Block zu verhindern, forderte sie eine allumfassende Linientreue. Zugleich aber verleitete die stalinistische Orthodoxie zu einem ausgesprochen unrealistischen revolutionären Optimismus. Er wies bürgerlichen Befreiungsbewegungen in der Dritten Welt lediglich die Funktion zu, die unabhängigen Staaten für den „Imperialismus" retten zu wollen, da sie eine Zuspitzung der Widersprüche verhinderten, um so das „revolutionäre Potential zu schwächen" und den vermeintlich schlagkräftigen kommunistischen Widerstandsgruppen den Weg zu verbauen.[9]

Bereits in den frühen fünfziger Jahren erwies sich jedoch, daß die kommunistisch geführten Widerstandsbewegungen in Asien zu schwach waren, um volksdemokratische Revolutionen einzuleiten. Vielmehr stabilisierten sich die bürgerlichen Regierungen in Burma, Indien, Indonesien und den Philippinen, von einer Hegemonie der Arbeiterklasse sowie der Kommunisten im Befreiungskampf konnte keine Rede sein. Zugleich trieb der aggressive Kurs des sozialistischen Lagers viele der jungen Staaten in die Arme der USA, die in jenen Jahren begannen, um die Sowjetunion und ihre Verbündeten einen Sicherheits- und Bündnisring zu bilden. Dieser schloß Militärstützpunkte ein und reichte bald von Nordafrika über die Türkei, den Nahen Osten bis nach Asien.

Im Zuge dieser Entwicklungen begann sich die DDR gemeinsam mit ihren Verbündeten von der bis dahin verbindlichen Wahrnehmung der Dritten Welt zu lösen. Erste Regierungsabkommen über den Waren- und Zahlungsverkehr, die 1953 mit Ägypten und dem Libanon, 1954 mit Indien und Indonesien sowie 1955 mit Burma und dem Sudan abgeschlossen wurden, zeugten von den Bemühungen der DDR, nunmehr auch mit den bürgerlich geführten Staaten der Dritten Welt in Kontakt zu treten. Die traditionellen deutsch-lateinamerikanischen Beziehungen nutzend, schloß sie 1954 und 1955 ähnliche Abkommen mit Uruguay, Argentinien, Kolumbien und Chile, die allerdings nicht zwischen den Regierungen, sondern den Staatsbanken und Außenhandelsinstitutionen der beteiligten Länder vereinbart wurden.[10] Zur gleichen Zeit – im Jahre 1953 – fand sich auch die Sowjetunion bereit, mit Indien als erstem nicht-sozialistischen Land der Dritten Welt ein langfristiges Handelsabkommen zu treffen.[11] Die eigentliche Öffnung gegenüber der Dritten Welt vollzog sich jedoch erst im Zuge der Konferenz von Colombo 1954 und mehr noch der Bandung-Konferenz im darauffolgenden Jahr.

1.1.2. Die DDR entdeckt die Dritte Welt (1955-1960)

Colombo und Bandung – ein eher kleines Treffen der Ministerpräsidenten Indiens, Indonesiens, Burmas, Pakistans und Ceylons das eine, eine große afro-asiatische Konferenz unter Einschluß Ägyptens und der Volksrepublik China die andere – leiteten Mitte der fünfziger Jahre einen weitreichenden Kurswechsel der sozialistischen Staaten ein. Mit diesen beiden Konferenzen begannen die Entwicklungsländer, sich als eigenständige Kraft zwischen den beiden Blöcken zu formieren. Sie können als eigentliche Geburtsstunde der Bewegung der Blockfreien angesehen werden, auch wenn deren Gründungstreffen erst geraume Zeit später, im September 1961 in Belgrad stattfand. Beide Konferenzen sprachen sich für eine umgehende Beseitigung des Kolonialismus und ein Verbot aller Massenvernichtungsmittel aus. In Anlehnung an die „5 Prinzipien" (pantscha schila), die 1954 im Abkommen zwischen China und Indien über Tibet vereinbart wurden, formulierte die Konferenz in Bandung zudem 10 Koexistenzprinzipien, auf deren Grundlage alle Länder ihre gegenseitigen Beziehungen gestalten sollten.[12]

Gemessen am Bipolarismus des Kalten Krieges mußte den sozialistischen Staaten die Vorstellung der Entwicklungsländer, sich als dritte Kraft zwischen den Blöcken formieren zu können, eigentlich als Sakrileg erscheinen. Nicht so Mitte der fünfziger Jahre. Nachdem die sozialistischen Staaten ihre Überlebensfähigkeit unter Beweis gestellt und der volksdemokratische Block sich formiert hatte, konnten die Sowjetunion und ihre Verbündeten sich nach außen flexibler zeigen. Sie begannen in Europa wie in der Dritten Welt eine Politik der Entspannung und Koexistenz, die der Sowjetunion vor allem auch dazu dienen sollte, den amerikanischen Bündnisring um ihr Territorium zu durchbrechen. Die Reise Chruschtschows nach Indien und Nehrus Besuch der Sowjetunion schufen dafür die praktischen, das Programm der „friedlichen Koexistenz" und die Neubewertung der „nationalen Bourgeoisie" in den Entwicklungsländern, wie sie 1956 auf dem XX. Parteitag der KPdSU vorgenommen wurde, die ideologischen Voraussetzungen.[13]

Schon 1954, im Anschluß an die Konferenz von Colombo, hatte die DDR den beteiligten Ministerpräsidenten, die ihr kurz zuvor noch als „Agenten des Imperialismus" erschienen waren, nachgesagt, sie hätten sich zu „Sprechern ihrer Völker gemacht".[14] Die Konferenz von Bandung nahm sie gar als „gewaltigen Beitrag der Völker Asiens und Afrikas zur Sicherung des Friedens in der ganzen Welt" und als Ereignis wahr, das in seiner „Bedeutung und Auswirkung auf die internationale Lage gar nicht überschätzt werden" könne. In ihren Augen erwies sich dort, „daß diese bisher abhängigen und kolonialen Länder nicht zu den Kräften der imperialistischen Kriegstreiber gehören, sondern als aktive antiimperialistische Kräfte einen wichtigen Beitrag zur Sache des Friedens leisten".[15]

Erst Mitte der fünfziger Jahre, nachdem die sozialistischen Staaten einen weitgehenden außenpolitischen Kurswechsel vollzogen hatten, kann im eigentlichen Sinne von einer Öffnung der DDR gegenüber den Entwicklungsländern gesprochen werden. Nun fühlte sie sich nicht mehr allein den asiatischen Volksdemokratien ihrer Couleur verbunden, sondern dehnte ihre „antiimperialistische Solidarität" auf alle politischen Kräfte in den Entwicklungsländern aus, die sich um ein Ende des Kolonialismus und um nationale Unabhängigkeit bemühten. Sie war sich im Einklang mit ihren Bündnispartnern bewußt geworden, daß die „Bandung-Staaten" eine wichtige weltpolitische Rolle spielten, die es im eigenen Interesse zu nutzen, nicht länger aber revolutionär zu beseitigen galt. Zu nutzen waren sie in der Auseinandersetzung mit den westlichen Industriestaaten, dem fortdauernden Hauptgegner des sozialistischen Lagers. Allein die Forderungen nach Beseitigung des Kolonialismus und der ausländischen Militärstützpunkte mußten, auch wenn sie von Politikern vorgetragen wurden, die „keine Marxisten" waren, den „Imperialismus schwächen" und folglich – ganz im Sinne des Nullsummen-Kalküls – den Sozialismus stärken. Darin sah die DDR „eine feste Grundlage für breite freundschaftliche Beziehungen und für eine enge Zusammenarbeit", der sie „eine große Perspektive zum Nutzen und Vorteil beider Seiten" einräumte.[16]

Tatsächlich baute die DDR ihre Beziehungen zu den Entwicklungsländern in der zweiten Hälfte der fünfziger Jahre zügig aus. Nach zögerndem Beginn im Jahre 1953 hatte sie 1958 bereits 15 langfristige Handels- und Zahlungsabkommen mit afrikanischen und asiatischen Staaten abgeschlossen. Erste Handelsvertretungen, denen bald weitere folgten, konnte die DDR 1954 in Kairo und Bombay einrichten. 1959 traf sie mit Ägypten eine Vereinbarung über die Schaffung von Generalkonsulaten, die im darauffolgenden Jahr auch in Burma und Indonesien errichtet wurden. In diesen Zeitraum fielen zudem die ersten offiziellen Reisen von Regierungsdelegationen aus der DDR. Im Herbst 1955 und im Frühjahr 1956 besuchte der Stellvertretende Ministerpräsident Heinrich Rau Indien, Ägypten, Libanon, Sudan und Syrien. Ihm folgte der Ministerpräsident Otto Grotewohl, der im November 1959 Ägypten, dem Irak und Indien einen Besuch abstattete.[17]

Mit diesen Reisen brachte die DDR „die Solidarität des deutschen Arbeiter- und Bauern-Staates mit dem gerechten antiimperialistischen Kampf der asiatischen, arabischen und afrikanischen Völker" zum Ausdruck.[18] Den Bekundungen schlossen sich erste Schritte praktischer Solidarität an, die über den Rahmen der asiatischen Volksdemokratien hinausgingen. So entsandte die DDR im Anschluß an den Suez-Krieg von 1956 Lotsen nach Ägypten, die den Betrieb des Kanals sicherstellen sollten, und sagte dem Land finanzielle Unterstützung zu. Guinea, 1958 unabhängig geworden, erhielt von der DDR Hilfslieferungen für sein Bildungssystem.[19] Unterstützung wurde gegen Ende des Jahrzehnts auch der algerischen Befreiungsfront FLN zuteil. Neben medizinischer Hilfe für Verwundete übergab die DDR Solidaritätsgüter im Wert von 12 Millionen Mark.[20]

Je dichter die Bande zu den Entwicklungsländern wurden, und je mehr sich die DDR dort engagierte, um so stärker wuchs das Bedürfnis, die Aktivitäten im eigenen Land zu koordinieren (die parallel verlaufende Entwicklung in der Bundesrepublik wird in Kapitel E dargestellt). Vor diesem Hintergrund entstanden im Übergang zu den sechziger Jahren in der DDR zahlreiche Freundschaftsgesellschaften, die sich einer Pflege der Beziehungen zu den Partnerländern annahmen und 1961 in der „Liga für Völkerfreundschaft" zusammengefaßt wurden.[21] Die Sammlung und Koordinierung der „solidarischen Hilfe" oblag fortan dem 1960 gegründeten „Komitee für die Solidarität mit den Völkern Afrikas", aus dem 1964 in Erweiterung des Geltungsbereichs das „Afro-asiatische Solidaritätskomitee der DDR" hervorging.[22]

Vor dem „Afrikanischen Jahr" 1960, als 17 Staaten des Kontinents ihre Unabhängigkeit erlangten, lagen die regionalen Schwerpunkte des DDR-Engagements unverkennbar im Nahen Osten sowie in Asien und dort wiederum in den „klassischen Bandung-Staaten" Ägypten, Indien, Burma und Indonesien. Als Initiatoren der Blockfreiheit zeigten sie sich den Bemühungen der DDR um Kontakte und Kooperation aufgeschlossener als die meisten anderen Länder der Dritten Welt. Sehr zum Mißfallen der DDR mochten jedoch auch sie sich nicht bereitfinden, den zweiten deutschen Staat ebenso anzuerkennen wie die Bundesrepublik, mit der sie bereits geraume Zeit diplomatische Beziehungen pflegten. Die Gründe waren unterschiedlich: Ägypten befürchtete eine engere Kooperation der Bundesrepublik mit Israel, für Burma war Europa weit entfernt, Indonesien wollte die Vereinigten Staaten nicht provozieren und Indien den richtigen Zeitpunkt abwarten – so das in der DDR rapportierte Echo auf ihre Bemühungen.[23]

Tatsächlich war es die „Hallstein-Doktrin", deren Wirkung sich abzuzeichnen begann. 1955 nach der Aufnahme diplomatischer Beziehungen zwischen der Bundesrepublik Deutschland und der Sowjetunion verkündet, verkörperte sie den Alleinvertretungsanspruch der Bundesregierung für ganz Deutschland. Allen Ländern, die nach sowjetischem Vorbild die DDR anerkennen und Botschafter mit beiden deutschen Staaten austauschen wollten, wurde der Abbruch der diplomatischen Beziehungen sowie der wirtschaftlichen und entwicklungspolitischen Zusammenarbeit angedroht.[24]

Zwar stieß die DDR nach dem eigenen Kurswechsel damit auf neue, diesmal äußere Schranken, die ihr das Engagement in der Dritten Welt erschwerten. Am Ende der fünfziger Jahre hoffte sie indes noch, diese Hürden zügig überwinden zu können. So behauptete sie, „niemanden zur Aufnahme diplomatischer Beziehungen" drängen zu müssen und zeigte sich „überzeugt, daß die Normalisierung der Beziehungen mit allen friedliebenden Staaten unvermeidlich kommen wird, so wie auf die Nacht der Tag folgt".[25] Doch erwies sich diese Hoffnung als trügerisch und wenig später sah sich die DDR-Führung veranlaßt, den Kampf gegen die „Hallstein-Doktrin" und für die völkerrechtliche Anerkennung zum Hauptinhalt ihrer Südpolitik zu machen.

1.1.3. Der „Kampf gegen die Alleinvertretungsanmaßung": Entwicklungsländer und Deutschlandpolitik (1961-1970)

Sowohl in Europa als auch in der Dritten Welt stieß die DDR gegen Ende der fünfziger Jahre unübersehbar an die Grenzen ihrer außenpolitischen Bewegungsfähigkeit – Grenzen, die ihr von der bundesdeutschen Hallstein-Doktrin gezogen wurden. Mochte sie ursprünglich noch gehofft haben, mit Hilfe des sowjetischen Berlin-Ultimatums aus dem Jahre 1958 einen Friedensvertrag für beide deutsche Staaten und ihre internationale Anerkennung erreichen zu können, mußte sie bald erkennen, daß auch dieser Weg keinen Erfolg versprach. Nach anfänglichen Unsicherheiten zeigten sich die westlichen Alliierten unter dem Druck der Bundesregierung zu keinen Konzessionen bereit. Der Bau der Berliner Mauer am 13. August 1961 verdeutlichte unübersehbar, daß die Bemühungen, Berlin als Hebel für die völkerrechtliche Anerkennung der DDR zu nutzen, gescheitert waren. Die DDR begann, ihre Aktivitäten zusehends in die Dritte Welt zu verlagern, wo sie in heftiger Auseinandersetzung mit der Bundesrepublik versuchte, einzelne Länder zur Aufnahme diplomatischer Beziehungen zu bewegen. Bis 1969, als Kambodscha eine erste Anerkennungswelle auslöste, blieb allerdings auch dieser Weg erfolglos. Für die DDR muß dies um so enttäuschender gewesen sein, als im Zuge der rasch fortschreitenden Dekolonisierung zahlreiche unabhängige Staaten entstanden, die wohl Beziehungen mit der Sowjetunion und ihren osteuropäischen Verbündeten sowie mit der Bundesrepublik aufnahmen, die DDR jedoch mieden. Es kann daher nicht verwundern, daß der deutschlandpolitische „Sonderkonflikt" eine ganze Dekade die Entwicklungspolitik der DDR prägte.

Den Kerngedanken und grundlegende Argumentationslinien dieser Politik legte Walter Ulbricht, Staatsratsvorsitzender und Erster Sekretär der SED, am 26. September 1960 in einer Rede vor dem Diplomatischen Korps in der DDR dar:

> „Die beiden grundverschiedenen Traditionen in der Geschichte Deutschlands werden auch in der Einstellung der beiden deutschen Staaten zur antikolonialen Befreiungsbewegung, zu den Nationalstaaten Lateinamerikas und zu den jungen Nationalstaaten Asiens und Afrikas offen-

bar ... Die westdeutschen Militaristen und Imperialisten – in engster Gemeinschaft mit dem Monopolkapital der USA – möchten das Rad der Geschichte zurückdrehen, die um ihre Freiheit ringenden Völker Afrikas, Asiens und Lateinamerikas an die Kette legen und die jungen Nationalstaaten im Zeichen des Neokolonialismus wieder in imperialistische Botmäßigkeit zwingen. Das sind die schlechtesten Traditionen der deutschen Kolonialherren und Militaristen, die im Westen Deutschlands wieder die Politik beeinflussen und immer mehr beherrschen.

Die Deutsche Demokratische Republik verfolgt eine andere Tradition des deutschen Volkes im Verhältnis zu den Ländern und Völkern, die unter kolonialer Unterdrückung schmachten und ihren nationalen Befreiungskampf führen, nämlich die Tradition der deutschen Arbeiterklasse, der deutschen Humanisten, die immer die koloniale Unterdrückung und Ausbeutung verachteten und bekämpften, die immer das heilige Recht der kolonial unterdrückten Völker auf Freiheit, Menschenwürde und ein nationalstaatlich selbständiges glückliches Leben aller Völker verfochten. Fußend auf dieser guten humanistischen deutschen Tradition fördert die Deutsche Demokratische Republik nach Kräften überall und zu jedem Zeitpunkt die jungen Nationalstaaten und die um Freiheit und Recht kämpfenden Völker."[26]

Solidarität mit allen Kräften, die für nationale Unabhängigkeit in der Dritten Welt stritten, und harte Konfrontation mit dem „westdeutschen Neokolonialismus" galten der DDR in dieser Kombination fortan als Schlüsselelemente ihrer Südpolitik, der als Ziel die „Entwicklung von normalen Beziehungen zu den jungen Staaten" zugrunde lag.[27] Dabei scheute sie nicht davor zurück, sich „die Aufgabe des Vorpostens im Kampf gegen den westdeutschen Neokolonialismus" zuzuschreiben, dessen vornehmste Aufgabe es sei, den Entwicklungsländern die von dort ausgehenden „Gefahren bewußt" zu machen:

„Auf Schritt und Tritt verfolgt die DDR die neokolonialistischen Bestrebungen der westdeutschen Imperialisten, warnt die Völker und ruft sie zu gemeinsamen Abwehrmaßnahmen auf."[28]

In der Folgezeit ließ die DDR kaum eine Gelegenheit ungenutzt, um die Entwicklungsländer mit ihrem Anliegen vertraut zu machen. So entsandte der Staatsrat 1961 im Vorfeld der Belgrader Konferenz blockfreier Staaten und nach dem Bau der Berliner Mauer eine Reihe von Sonderbotschaftern, die dem Anerkennungsbegehren sowie den deutschlandpolitischen Plänen der DDR Nachdruck verleihen und den Mauerbau erklären sollten. Der Konferenzverlauf stimmte die DDR optimistisch, bezeugte er doch, daß „die Deutschlandfrage und das West-Berlin-Problem eindeutig in den Vordergrund des Weltinteresses gerückt" seien.[29] Allerdings konnte das im Zuge des Mauerbaus vorübergehend gewachsene Interesse der Dritten Welt am Konflikt der beiden deutschen Staaten weder den Prestigeverlust der DDR verbergen, noch darüber hinwegtäuschen, daß den meisten Entwicklungsländern die „quérelles allemandes" unverändert lediglich als interner deutscher „Familienstreit" erschienen.

Auch in den folgenden Jahren konnte die DDR daher kaum Fortschritte erzielen. Über den Ausbau der wirtschaftlichen und wissenschaftlich-technischen Kooperation hinaus vermochte sie nur in zwei weiteren Ländern – Syrien und Jemen – Generalkonsulate zu errichten.[30] Ihr Anerkennungsbegehren jedoch verhallte weitgehend ungehört oder blieb auf kurzlebige Erfolge beschränkt. Die Ankündigung etwa, mit Guinea diplomatische Beziehungen aufnehmen zu wollen, scheiterte in letzter Minute unter dem Druck der Bundesregierung. Ihr fiel auch ein weiterer, bereits fest vereinbarter Botschafteraustausch zum Opfer. Für wenige Monate konnte die DDR sich 1964 nach einem Militärputsch offizieller diplomatischer Beziehungen zu Sansibar erfreuen. Als aber Mitte des Jahres der Zusammenschluß mit Tanganjika zur „Vereinigten Republik von Tansania" erfolgte, mußte sie – trotz heftiger Interventionen ihres Vertreters – erleben, daß die Botschaft in ein Generalkonsulat zurückgestuft wurde.[31]

Selbst der spektakulärste Erfolg, die 1965 im Zeichen tiefgehender Verstimmungen zwischen Bonn und Kairo durchgeführte Reise Walter Ulbrichts nach Ägypten, endete zwar mit einer Reihe kostspieliger Verträge, nicht aber mit dem erhofften Botschafteraustausch.[32] Bis zum Ende des Jahrzehnts mußte die DDR damit leben, daß sie sich mit zahlreichen politischen Kräften der Dritten Welt im „Antiimperialismus" vereint wußte, und daß sie zu einer Reihe von Staaten „teilweise umfangreiche De-facto-Beziehungen" aufbauen konnte, die Anerkennung jedoch unterblieb, was sie zu der pessimistischen Feststellung veranlaßte:

> „Es besteht also eine Diskrepanz zwischen der Übereinstimmung oder Analogie der Auffassungen der DDR und einer Vielzahl afro-asiatischer Staaten, zwischen dem Bestehen freundschaftlicher faktischer Beziehungen und ihrer äußeren, juristischen Form."[33]

Die Bundesrepublik hatte die DDR mit der Hallstein-Doktrin in einen „unrealistischen Wettbewerb" gedrängt, den diese ökonomisch und entwicklungspolitisch überhaupt nicht gewinnen konnte.[34] Er trieb sie aber um so tiefer in die ideologischen Schützengräben – mit zum Teil skurrilen Erscheinungsformen. Da die Bundesrepublik in der Dritten Welt als Land ohne koloniale Vergangenheit auftreten konnte, auf den Einsatz „klassischer Instrumente der Kolonialpolitik" wie etwa den Erwerb von Bergbaukonzessionen verzichtete und ihre Entwicklungshilfe kaum mit Auflagen verknüpfte, gelang es ihr, auch politische Reputation zu erwerben. Für die DDR war dies Anlaß zu besonderen Anstrengungen. Ungeachtet mahnender Stimmen, „ob bei uns in der DDR die Gefahr des westdeutschen Neokolonialismus nicht mitunter überschätzt werde", mühte sich die offizielle Propaganda, den Entwicklungsländern eine besondere, die ihrer „neokolonialistischen" Bündnispartner noch übersteigende „Aggressivität und Gefährlichkeit" der Bundesrepublik nachzuweisen. Doch warf dies nicht nur praktische, sondern erhebliche theoretische Probleme auf. So war mit Hilfe der gängigen Leninschen Imperialismustheorie die vermeintliche „besondere Gefährlichkeit" der Bundesrepublik kaum zu erklären, ja mehr noch mußte deren konsequente Anwendung bei der Analyse der Bonner Entwicklungspolitik unweigerlich „zur Verniedlichung des westdeutschen Imperialismus" führen. Und da nicht sein konnte was nicht sein durfte, wandten sich die DDR-Theoretiker gegen eine „dogmatische Auslegung" der Leninschen Theorie und drehten ihre Beweisführung schlicht um: Da die Bundesrepublik eben nicht als imperialistischer Staat im Leninschen Sinne auftrat, wurde dies als besonders hinterhältiger Versuch gewertet, die „raubgierigen Pläne und Maßnahmen besser zu tarnen und zu verschleiern".[35] Deutlicher konnte der deutsche „Sonderkonflikt", konnte die rein machtpolitische Auseinandersetzung um die Anerkennung der DDR kaum zum Ausdruck gebracht werden.

Die Bemühungen der DDR um internationale Anerkennung prägten nicht minder ihr Verhältnis zur neuen kommunistischen Strategie gegenüber den Entwicklungsländern, die 1960 auf einer Beratung der kommunistischen Parteien in Moskau festgelegt worden war. Nach der Abkehr vom volksdemokratischen Kurs hatten diese sich Mitte der fünfziger Jahre den Entwicklungsländern geöffnet und sie als „antiimperialistische" Partner undifferenziert der gemeinsamen „Zone des Friedens" zugerechnet. Verfrüht, wie sich in den folgenden Jahren herausstellen sollte, denn es gelang den sozialistischen Staaten entgegen ihren Erwartungen weder ein festes Bündnis zu schaffen, noch in den Entwicklungsländern stabilen Einfluß zu gewinnen. Vielmehr wurden die Kommunisten zahlreicher „Bandung-Staaten" unterdrückt und nicht selten blutig verfolgt. Auch sah sich das sozialistische Lager nicht imstande, die Ende der fünfziger Jahre beschleunigte Dekolonisierung Afrikas in seinem Sinne zu beeinflussen, denn dort etablierten sich, zumeist auf friedlichem Wege, stabile westlich orientierte Regierungen. Schließlich konnte immer weniger übersehen werden, daß die antiimperialistische Rhetorik der Blockfreien nur begrenzt in praktische Schritte mündete.

Daraus folgerten die sozialistischen Staaten – unter dem Druck auch der chinesischen Kommunisten, die für eine Rückkehr zur Linie der frühen fünfziger Jahre plädierten –, daß der sozialökonomischen Entwicklung und den sozialistischen Zielen in der Dritten Welt eine größere Aufmerksamkeit gewidmet werden müsse. Nicht mehr nur Solidarität und Verbundenheit, sondern ein „festes Bündnis des sozialistischen Weltsystems und der internationalen revolutionären Arbeiterbewegung mit der nationalen Befreiungsbewegung", für das es innere Voraussetzungen bei den Entwicklungsländern zu schaffen galt, schien den sozialistischen Staaten geboten. Folglich sprachen sie sich für eine gezielte Förderung jener Länder aus, die einen „nationaldemokratischen" Kurs und einen „nichtkapitalistischen Entwicklungsweg" begonnen hatten.[36] In diesem Konzept hatten die wenige Jahre zuvor noch gelobten, jetzt jedoch heftig kritisierten „krampfhaften Versuche" der „jugoslawischen Revisionisten", „einen ‚dritten Block' zu schaffen und die jungen Staaten Asiens und Afrikas auch ihren natürlichen Verbündeten, den sozialistischen Ländern, entgegenzustellen", keinen Platz mehr.[37] Zwar suchten die sozialistischen Staaten weiterhin die Kooperation mit allen blockfreien Nationen, verbanden dies jedoch mit einer sozialen, gesellschaftspolitisch orientierten Strategie, die im Interesse stabiler Beziehungen schrittweise auf innere Veränderungen der Entwicklungsländer hinwirken sollte.

In Übereinstimmung mit ihren Bündnispartnern schloß sich die DDR dieser neuen Strategie an und beteiligte sich an deren Umsetzung. So ließ sie 1961, zwei Jahre nach der Machtübernahme Fidel Castros, dem „nichtkapitalistischen" Kuba Unterstützung im Wert von 4 Millionen Mark zufliessen, die das im gleichen Jahr gegründete „Komitee für Solidarität mit dem kubanischen Volk" unter dem Vorsitz des Schriftstellers Ludwig Renn in der DDR bereitstellte.[38] Weit umfangreicher noch war die „brüderliche Hilfe", die unter der Parole „Hände weg von Vietnam!" etwa ab Mitte der sechziger Jahre diesem sozialistischen Land zur Verfügung gestellt wurde. Mit ihr suchte die DDR zu unterstreichen, daß die „friedliebenden sozialistischen Staaten" bereit waren, „nicht mit Worten und Massendemonstrationen allein, sondern mit handgreiflichen Taten" den „USA-Aggressoren" entgegenzutreten.[39]

Im Interesse ihrer Anerkennung sah sich die DDR jedoch veranlaßt, über die parteikommunistische Strategie hinaus normale Beziehungen mit allen Staaten anzubahnen, ohne diese durch revolutionäre Ziele zu gefährden. Solidarität mit ihrem Anliegen suchte sie in jenen Jahren nicht durch eine dezidiert „antiimperialistische" und sozialrevolutionäre Attitüde zu gewinnen, sondern durch das Anerbieten, helfen und gleichberechtigte, für beide Seiten vorteilhafte Beziehungen aufnehmen zu wollen. Dies vereinte sie in gewisser Hinsicht mit der Bundesrepublik, die ihre ordnungspolitischen Präferenzen ebenfalls zugunsten ihrer deutschlandpolitischen Ziele zurückstellte (vgl. Kapitel E). Zwar konzentrierte die DDR ihre Bemühungen auf „nichtkapitalistische" Entwicklungsländer wie Ägypten, Kuba, Algerien, Guinea, Mali und bis Mitte der sechziger Jahre auch Ghana und Indonesien, da diese ihrem Anerkennungsbegehren besonders aufgeschlossen schienen. Im Zuge sozialökonomischer und politischer Veränderungen verschoben sich folglich die regionalen Schwerpunkte ihres entwicklungspolitischen Engagements ein wenig. Zugleich aber weitete sie ihre Aktivitäten gezielt aus und suchte Kontakt auch mit dezidiert westlich orientierten Staaten. In ihrer Folge stiegen neben Ägypten und Indien Länder wie Brasilien und die Türkei, mit denen sie vor allem Wirtschaftskontakte herzustellen vermochte, zu den bedeutendsten Handelspartnern der DDR in der Dritten Welt auf.[40]

Bis zum Ende der sechziger Jahre folgte die Entwicklungspolitik der DDR weitgehend ihren deutschlandpolitischen Zielen. Sie verliehen ihr auch dann besondere Akzente, wenn sich die sozialistischen Staaten, wie etwa nach dem israelisch-arabischen Juni-Krieg 1967, gezielt um „eine einheitliche Plattform" bemühten.[41] Eine Änderung zeichnete sich erst ab, als 1969 und 1970 insgesamt 14 Staaten die DDR diplomatisch anerkannten. Nachdem es ihr gelungen war, die Hallstein-Doktrin zu überwinden, gewann ihre Südpolitik ein neues Profil – ein Profil, das weit stärker vom „Antiimperialismus" und sozialrevolutionären Zielen geprägt war.

1.1.4. Die Entspannung und das internationale Kräfteverhältnis: Positionsgewinne in den siebziger Jahren (1971-1979)

Die Einleitung des Entspannungsprozesses in Europa und darauf folgend die internationale Anerkennung der DDR veränderten zu Beginn der siebziger Jahre die Rahmenbedingungen der Außen- und Entwicklungspolitik des zweiten deutschen Staates grundlegend. Die Handlungsfreiheit der DDR wuchs. Ihrer Südpolitik eröffneten sich „neue Möglichkeiten", aber auch „wachsende Aufgaben".[42]

In den beiden zurückliegenden Jahrzehnten hatten die Industriestaaten des Ostens wie des Westens die politische Rolle und die Probleme der Entwicklungsländer nahezu ausschließlich durch die Brille des Konfliktes zwischen den beiden Blöcken wahrgenommen. Das galt im besonderen für die DDR, deren Anerkennungsbegehren bewirkte, daß ihre Entwicklungspolitik kaum mehr als ein Teilbereich der Deutschlandpolitik blieb. Der Beginn der Entspannung und eine wachsende Kooperation im Norden schufen neue Voraussetzungen. Sie trugen dazu bei, daß die Entwicklungsländer ihre Anliegen selbständiger und nachhaltiger vertreten konnten, und „daß es mit Aussicht auf Ergebnisse möglich wurde, die ‚Entwicklung' in der ‚Dritten Welt' als globale Aufgabe der gesamten Menschheit ernsthaft zum Gegenstand einer breiten internationalen Diskussion und weltweiter Bemühungen werden zu lassen".[43]

Die Entspannung ließ in beiden deutschen Staaten die Überzeugung reifen, daß der Frieden langfristig nur dann gesichert werden konnte, wenn es gelingen würde, die vielfältigen Probleme der Dritten Welt zu lösen. Diese Übereinstimmung konnte allerdings nicht verbergen, daß Mittel und Wege in Ost und West ganz unterschiedlich beurteilt wurden. Zwar forderte die DDR im Einklang mit ihren Bündnispartnern, die Entspannung „weltweit auszudehnen und dabei die auf dem europäischen Kontinent gesammelten Erfahrungen zu nutzen".[44] Eine entwicklungspolitische Kooperation mit dem Westen nach europäischem Muster suchte sie hingegen nicht. Vielmehr galt ihr als „Grundvoraussetzung" für Entspannung und Entwicklung in der Dritten Welt „die Beseitigung der Reste ‚klassisch'-kolonialer und rassistischer Fremdherrschaft und die Zurückdrängung des Neokolonialismus". Nur so könne ein dauerhafter „*demokratischer Frieden*", ein Frieden mithin, der marxistisch-leninistischen Ordnungsprinzipien folgt, erreicht werden.[45]

Erst eine Veränderung des „internationalen Kräfteverhältnisses" zugunsten des Sozialismus hatte nach Auffassung der DDR die westlichen Staaten veranlaßt, sich zur Entspannung bereitzufinden. Es lag daher in der Logik dieser Überzeugung, wenn sich die DDR am Beginn der siebziger Jahre bemühte, die Entspannung im Norden mit dem „antiimperialistischen Kampf" im Süden zu verbinden. Auf diese Weise sollte das globale Kräfteverhältnis weiter zugunsten des Sozialismus verändert, die Entspannung im Sinne der DDR gefestigt werden. Daß „der Kampf um die endgültige Beseitigung aller Formen kolonialistischer und rassistischer Unterdrückung und Ausbeutung sowie das Streben nach Festigung des Friedens, nach Ausdehnung der Entspannung und Gewährleistung des sozialen Fortschritts" keine problemlose „Einheit" bilden, daß Entspannung und ein fortdauernder „Antiimperialismus" Widersprüche sein könnten, wies sie weit von sich:

> „Im Gegenteil, der Prozeß der internationalen Entspannung begünstigt die Kräfte, die für nationale und soziale Befreiung kämpfen. Die Entspannung erweitert die Möglichkeiten der nationalen Befreiungsbewegung bei der Abwehr imperialistischen Drucks, bei der Ausnutzung ihres wachsenden politischen Potentials und der Durchsetzung gerechter Bedingungen im Handel und anderer Maßnahmen zur Überwindung der Kluft im wirtschaftlichen und kulturellen Entwicklungsniveau. Versuche, die friedliche Koexistenz als eine Art sozialen Status quo zu interpretieren, sind nicht nur gefährlich, sondern auch irreal."[46]

In der DDR-Entwicklungspolitik war das Interesse an einer Veränderung des „sozialen Status quo" besonders ausgeprägt und trat deutlicher hervor als bei vielen ihrer Bündnispartner. Nicht nur, daß sie am Beginn der siebziger Jahre ihre neu gewonnene Handlungsfreiheit unter Beweis stellen wollte, nachdem sie sich im vorhergehenden Jahrzehnt darauf beschränken mußte, um diplomatische Anerkennung nachzusuchen. In doppelter Weise trug der europäische Entspannungsprozeß selbst dazu bei, daß die DDR ihrer Südpolitik dezidiert „antiimperialistische" Akzente verlieh, die abermals einen zunehmenden Gegensatz zur Bundesrepublik entstehen ließen (vgl. Kapitel E). Zum einen sah sie sich in besonderem Maße zu ideologischer Abgrenzung veranlaßt, da die Einleitung der Entspannung den Systemgegensatz zwischen Ost und West zu verwischen drohte, dessen konstitutive Bedeutung für das Selbstverständnis der SED-Führung kaum überschätzt werden kann.[47] Gerade die Dritte Welt aber bot sich aufgrund der dort herrschenden politischen Instabilität an, um den praktischen Beweis für die vermeintliche Überlegenheit des Sozialismus anzutreten. Zum anderen mußten die sozialistischen Staaten Befürchtungen aus dem Kreis der blockfreien Entwicklungsländer entgegentreten. Dort wurde, ähnlich wie zu Beginn der sechziger Jahre von chinesischer Seite, vereinzelt gemutmaßt, die Entspannung beruhe auf einem „Komplott der Supermächte", beschränke sich auf die nördliche Halbkugel und komme der Dritten Welt nicht zugute, sondern behindere dort den revolutionären Fortschritt.[48]

Nicht zuletzt das überraschend starke Engagement der DDR in Angola, wo sie nächst der Sowjetunion und Kuba am meisten zum Sieg der MPLA beitrug, sollte unterstreichen, daß sie keineswegs bereit war, den „Antiimperialismus" der Entspannung zu opfern. Im Gegenteil:

> „Das Beispiel Angola veranschaulicht, was Verteidigung und Weiterführung der Entspannung konkret heißt: einmal entschlossene und erfolgreiche Abwehr der imperialistischen militärischen Intervention und danach zum anderen Aufnahme der Volksrepublik Angola in die UNO, wobei sich der Hauptanstifter der Aggression, die USA, auf die Position der Stimmenthaltung zurückziehen mußte."[49]

Als „überzeugender Beweis für die gewachsenen Möglichkeiten des gemeinsamen Vorgehens des Weltsozialismus und der nationalen Befreiungsbewegung" kommt dem Angola-Engagement eine zentrale, für die Entwicklungspolitik der DDR in den siebziger Jahren charakteristische Bedeutung zu.[50] Dort wie auch in anderen Regionen der Dritten Welt trug sie besonders aktiv dazu bei, das „antiimperialistische Bündnis" mit der „nationalen Befreiungsbewegung" auszubauen und das globale Kräfteverhältnis weiter zugunsten des Sozialismus zu verändern. Dabei ließ sie sich, deutlicher als in den Jahren zuvor, von den grundlegenden programmatischen Zielen leiten, die auf der Beratung kommunistischer Parteien 1960 festgelegt worden waren und mit Blick auf die Politik der kommunistischen Bewegung im Entspannungsprozeß auf dem letzten weltweiten Parteientreffen im März 1969 eine neuerliche, konkrete Handlungsanweisungen einschließende Bestätigung gefunden hatten. Priorität wurde dort der Unterstützung des vietnamesischen Volkes eingeräumt, doch sollte Hilfe namentlich auch den „Patrioten von Angola, Mocambique, Guinea-Bissau, Zimbabwe, Namibia (Südwestafrika) und Südafrika" zuteil werden.[51]

Wie schon in den sechziger Jahren ließ die DDR den überwiegenden Teil ihrer Solidarität und Hilfsmaßnahmen Vietnam zukommen. Sie wurden auch nach der Wiedervereinigung beider Landesteile im Jahre 1975 fortgeführt. Damals beschlossen das SED-Politbüro und der Ministerrat der DDR, alle in den Jahren zuvor erbrachten Leistungen und Kredite in eine „unentgeltliche Hilfe" umzuwandeln.[52] Einen Eindruck vom Umfang der Unterstützung für Vietnam vermitteln die Anstrengungen des FDGB, der von 1965 bis zum Ende der siebziger Jahre allein 525 Millionen Mark bereitgestellt haben soll.[53]

Nachdem 1970 die Unidad Popular unter Salvador Allende die Regierung übernahm, fand auch Chile die Aufmerksamkeit der DDR. Als erstes südamerikanisches Land, das nach einer Reihe offizieller Kontakte am 16. März 1971 die Aufnahme diplomatischer Beziehungen vereinbarte, wurde Chile eine bevorzugte Förderung zuteil. So erreichte innerhalb weniger Jahre der Handelsverkehr eine beachtliche Höhe und mehr noch erhielt Chile nach den Maßstäben der DDR umfangreiche Solidaritätsleistungen. Sie stiegen von 1,55 Millionen Mark 1970, als Geschenke für das Gesundheits- und Bildungswesen sowie für die Opfer einer Erdbebenkatastrophe zur Verfügung gestellt wurden, auf 47 Millionen Mark im Jahre 1973.[54]

Einen neuen bedeutsamen Schwerpunkt der DDR-Aktivitäten in der Dritten Welt schuf der Befreiungskampf im Südlichen Afrika. Zwar hatte die DDR schon seit Beginn der sechziger Jahre die dort operierenden Befreiungsorganisationen politisch und moralisch unterstützt. Doch erst im Übergang zu den siebziger Jahren traten in nennenswertem Umfang „materielle Solidaritätsleistungen" sowie eine engere Koordination und Abstimmung der Aktivitäten hinzu. Dies galt namentlich für die angolanische MPLA, die FRELIMO aus Mosambik, die Afrikanische Unabhängigkeitspartei Guineas und der Kapverdischen Inseln (PAIGC), die Afrikanische Volksunion ZAPU, die unter Leitung von Joshua Nkomo in Süd-Rhodesien/Zimbabwe operierte, die Südwestafrikanische Volksorganisation (SWAPO), den Afrikanischen Nationalkongreß (ANC) und nicht zuletzt für die PLO, zu der die DDR als einer der ersten sozialistischen Staaten offiziell Kontakt aufnahm.

Die Solidarität vollzog sich in vielfältigen Formen. Sie umfaßte neben der Lieferung von Medikamenten, Textilien und Verpflegung die Entsendung von Ärzten und Lehrkräften, die medizinische Behandlung verwundeter Guerilla-Kämpfer in der DDR, den

Druck und Vertrieb von Schulbüchern und Zeitschriften wie etwa der ANC-Publikation „The African Communist" und nicht zuletzt umfaßte sie militärische Unterstützung, zu der die Lieferung von Fahrzeugen und leichten Waffen ebenso gehörte wie die Entsendung militärischer Ausbilder. Auch war die DDR einer der ersten europäischen Staaten, denen die führenden Vertreter der afrikanischen Befreiungsorganisationen offizielle Besuche abstatteten. Samora Machel (FRELIMO), Agostinho Neto (MPLA) und Amilcar Cabral (PAIGC) weilten zwischen 1971 und 1974 je zweimal in der DDR. Sie nahmen am VIII. Parteitag der SED teil, studierten die „Errungenschaften" des real existierenden Sozialismus, tauschten Erfahrungen aus, unterzeichneten eine Reihe von Vereinbarungen, die auch eine Kooperation der SED mit den Befreiungsorganisationen vorsahen, und eröffneten offizielle Vertretungen in Ost-Berlin.[55]

Bis auf Zimbabwe, wo nicht die der DDR verbundene ZAPU, sondern eine konkurrierende Organisation, die ZANU unter Robert Mugabe, die Macht übernahm, erwies sich das DDR-Engagement als weitsichtig und erfolgreich. Als die portugiesischen Kolonien ihre Unabhängigkeit erlangten, wandten sich die neuen Machthaber sogleich jenen Staaten zu, die ihnen während des Befreiungskampfes sowie im Falle Angolas während des kurzen Bürgerkrieges zur Seite gestanden hatten. Tatsächlich sind Angola und Mosambik der DDR bis heute eng verbunden. Beide haben Freundschaftsverträge mit ihr abgeschlossen – ein Privileg, das sich zuvor allein auf die sozialistischen Staaten beschränkte.

Als Mitte der siebziger Jahre die portugiesischen Kolonien ihre Unabhängigkeit erlangten und sich gemeinsam den sozialistischen Staaten zuwandten, der Indochina-Krieg mit einem Erfolg des vietnamesischen Nordens sowie der Pathet Lao und der Roten Khmer zu Ende ging, und zudem der äthiopische Kaiser Haile Selassie durch eine antifeudale Militär-Junta gestürzt wurde, konnte die DDR gemeinsam mit ihren Verbündeten Erfolge verzeichnen, die wenige Jahre zuvor kaum denkbar erschienen. Auch wenn sie daran nur begrenzt mitgewirkt hatte, die revolutionären Kräfte im Südlichen Afrika, in Äthiopien und Indochina zweifellos auch ohne sie – kaum jedoch ohne die sowjetische und kubanische Hilfe – erfolgreich gewesen wären, fand sie sich doch auf der Seite der Sieger, konnte auf frühzeitige Solidarität und Unterstützung verweisen und sich so eine privilegierte Position sichern.

Mit Blick auf den Systemkonflikt und das „internationale Kräfteverhältnis" leiteten die Erfolge Mitte der siebziger Jahre eine Phase des „antiimperialistischen Optimismus" ein, der durch die Verschärfung des Nord-Süd-Konfliktes noch zusätzlich Nahrung erhielt. „Strategische" oder, wie Erich Honecker es ausdrückte, „historische Niederlagen" konnten dem „Imperialismus" in Afrika und Indochina zugefügt werden.[56] Insbesondere Afrika, „dessen Völker einen bedeutenden Beitrag zum Fortschritt der Menschheit und zur weiteren Veränderung des internationalen Kräfteverhältnisses leisten", wurde zu einem „Zentrum großer Klassenauseinandersetzungen" erklärt, wo der Sozialismus immer bessere Kampfbedingungen vorfinde.[57] „Tiefgreifende fortschrittliche Veränderungen", Ausdruck einer gesetzmäßigen „sozialen Vertiefung" des Befreiungskampfes, der allmählich vom „nationalen" in einen „sozialen" Kampf „gegen die Ausbeutungsverhältnisse überhaupt" hinüberwachse, ließen nach Auffassung der DDR erkennen, daß der „Imperialismus" weiter in die Defensive gedrängt werden konnte und „seine einstmals beherrschende Stellung im Weltgeschehen für immer verloren hat".[58]

Die Mitte der siebziger Jahre errungenen Erfolge schienen der DDR recht zu geben, daß ungeachtet der Entspannung im Norden gemeinsame Anstrengungen Fortschritte im „antiimperialistischen Kampf" ermöglichen und die Position des Sozialismus in der Dritten Welt stärken können. Es war indes weniger eine offensive revolutionäre Politik, der die DDR ihre Erfolge verdankte. Eine solche ließe sich eher Kuba nachsagen, das vor allem in den sechziger Jahren seine Revolution zu exportieren trachtete und mit der von Castro und Guevara propagierten Guerilla-Konzeption deutlichen Widerspruch der sozialistischen Staaten provozierte.[59] Wohl aber engagierte sie sich überall dort, wo einzelne westliche Staaten, wie Portugal und die USA, und mit ihnen das westliche Bündnis in seiner Gesamtheit Positionen inne hatten, die nicht länger zu halten waren.

Im Sinne ihrer auch die Entspannung überdauernden Fixierung auf den bipolaren Systemkonflikt war es folglich nur konsequent, daß die DDR vor allem im Kampf gegen die Apartheid und die Reste des Kolonialismus, „Brennpunkte der weltweiten Auseinandersetzung der Kräfte des Friedens, der Demokratie, des Sozialismus mit den Kräften des Imperialismus", Partei ergriff.[60] Weil sie sich dabei im Einklang mit den Blockfreien, der Organisation für Afrikanische Einheit (OAU), den meisten Entwicklungsländern und großen Teilen der Weltöffentlichkeit wußte, konnte dies ihre Reputation nach langen Jahren der Isolation nur erhöhen. Darüber vergaß sie jedoch, daß die Übereinstimmung mit dieser internationalen Öffentlichkeit nur vorübergehend sein konnte und lediglich der nationalen Unabhängigkeit sowie der Beseitigung des Rassismus, keineswegs aber den sozialökonomischen Transformationsvorstellungen der DDR galt. Als diese in der zweiten Hälfte der siebziger Jahre an Gewicht gewannen, in Afghanistan gar mit militärischer Gewalt durchgesetzt wurden, zerbrach die gemeinsame „antiimperialistische" Front. Hinzu kam, daß nunmehr die westlichen Staaten, voran die USA, begannen, auf die sozialistischen Positionsgewinne in der Dritten Welt zu reagieren. Nach Jahren des „antiimperialistischen Optimismus" gerieten daher die sozialistischen Staaten zunehmend in die Defensive.

1.1.5. Afghanistan und die Folgen: Ohne Frieden keine Entwicklung (seit 1980)

Wachsende wirtschaftliche Probleme, eine Verschärfung der internationalen Spannungen, rapide steigende Kosten eines beschleunigten Rüstungswettlaufs, zunehmende Forderungen der Dritten Welt nach wirksamer Entwicklungshilfe auch der sozialistischen Staaten, verbunden mit deutlicher Kritik am politischen Kurs des Ostens, wie er in Afghanistan zutage trat, eine Reihe neuer, überwiegend jedoch wenig zuverlässiger Verbündeter unter den Entwicklungsländern, deren Unterstützung erhebliche Ressourcen absorbierte – am Beginn der achtziger Jahre sah sich die DDR mit Problemen konfrontiert, die sie veranlaßten, ihre Entwicklungspolitik zu überdenken. Der „antiimperialistische Optimismus" des vergangenen Jahrzehnts, der Hoffnungen geweckt hatte, das globale Kräfteverhältnis werde sich unaufhörlich zugunsten des Sozialismus ändern, war verflogen, die erst jüngst erworbene internationale Reputation des zweiten deutschen Staates schien gefährdet. Es kann daher nicht verwundern, daß seither zunehmend und auch öffentlich „die besorgte Frage gestellt wird, ob bei realistischer Betrachtung Optimismus noch am Platze sei" – im politischen Establishment der DDR am Beginn der achtziger Jahre offenbar eine weit verbreitete Erscheinung. Zwar ist unstrittig, daß der in historischen Epochen argumentierende Optimismus der Klassiker des Marxismus-Leninismus „auch unter den neuen, schwierigen und sogar bedrohlichen Bedingungen realistischer Betrachtungsweise standhält", der Sozialismus sich folglich nicht im Niedergang befindet. Ebenso unstrittig ist seither aber auch, daß dieser Optimismus „Realismus" voraussetzt, daß die DDR bei der Verwirklichung ihrer Ziele kontinuierlicher und langsamer vorgehen muß.[61]

In welchem Ausmaß der neue Realismus auch die Entwicklungspolitik der DDR erfaßt hat, läßt ein Vergleich der außenpolitischen Aufgaben erkennen, wie sie 1976 vom IX. und 1981 vom X. Parteitag der SED festgelegt wurden. Anläßlich des IX. Parteitags nannte die SED die „antiimperialistische Solidarität mit allen um ihre nationale und soziale Befreiung kämpfenden Völker" noch als zweitwichtigste außenpolitische Aufgabe und verstand darunter: „Aktive Unterstützung für die progressiven und revolutionären Kräfte der Welt im Geiste des proletarischen Internationalismus."[62] 1981, auf dem X. Parteitag hingegen, rückte sie nach der „Sicherung des Friedens" auf den dritten Platz und wurde zudem inhaltlich grundlegend anders gefaßt: „Entwicklung einer vielseitigen Zusammenarbeit mit den Staaten Afrikas, Asiens und Lateinamerikas. Unterstützung des Kampfes um eine neue internationale Wirtschaftsordnung auf der Grundlage der Gleichberechtigung."[63]

Mit den Festlegungen des X. Parteitages besann sich die SED politischer Prioritäten, die sie bereits 1963 im ersten Programm der Partei verankert hatte. Auch damals stand, mit Blick auf die internationale Anerkennung der DDR, die „gleichberechtigte Zusammenarbeit" im Vordergrund ihrer Entwicklungspolitik:

> „Die Sozialistische Einheitspartei Deutschlands tritt für die gleichberechtigte Zusammenarbeit der Deutschen Demokratischen Republik mit den Völkern Asiens, Afrikas und Lateinamerikas ein, die um die Festigung ihrer staatlichen und die Erringung ihrer vollen ökonomischen Unabhängigkeit kämpfen. Sie unterstützt die Neutralitätspolitik der jungen Nationalstaaten und erweist ihnen darin solidarische Hilfe."[64]

Sollten damals normale diplomatische Beziehungen angeknüpft werden, so dient die „Festigung der Staatenbeziehungen, vor allem mit den nichtpaktgebundenen Staaten" am Beginn der achtziger Jahre dem neuen Hauptziel der DDR-Außenpolitik: „der Erhaltung des Weltfriedens".[65] Im Zuge der wachsenden internationalen Spannungen wurde die Sicherung des Friedens zur alles überlagernden Aufgabe, der sich die DDR ebenso intensiv annahm wie in den Jahren zuvor dem „antiimperialistischen Kampf" und der Veränderung des globalen Kräfteverhältnisses.

Den „Kampf um den Frieden", die „Lebensfrage unserer Zeit", begreift sie keineswegs nur als europäische Aufgabe. Vielmehr hält die DDR den „feste(n) Zusammenschluß und das aktive, koordinierte Wirken aller dem Frieden verpflichteten Kräfte" für erforderlich.[66] Sie begann, in der Dritten Welt für die sicherheits- und abrüstungspolitischen Ziele des Warschauer Paktes zu werben und sucht seither im engen „Zusammenwirken" mit den Entwicklungsländern eine gemeinsame Front gegen die „Konfrontationspolitik" vornehmlich der USA aufzubauen.[67] Zugleich zeigt sie sich bereit, auch an der Lösung regionaler Konflikte mitzuwirken. Die Wiederherstellung des Status quo ante, die Wiederbelebung der Ost-West-Kooperation, und weniger die entwicklungspolitischen Ziele der Dritten Welt sowie der „gesellschaftliche Fortschritt" im Sinne des Marxismus-Leninismus stehen seither im Mittelpunkt der DDR-Entwicklungspolitik:

„Um die Welt zu verändern und die Ursachen für Kriege für immer zu beseitigen, muß sie vor ihrem Untergang in einem nuklearen Inferno bewahrt werden. Der Sicherung des Friedens kommt deshalb oberste Priorität zu, sie ist zur wichtigsten Aufgabe der friedliebenden Menschheit geworden. Wenn die Frage Krieg oder Frieden gleichbedeutend geworden ist mit der Frage Sein oder Nichtsein, ist die Erhaltung des Weltfriedens heute mehr denn je die notwendige Bedingung für den weiteren gesellschaftlichen Fortschritt."[68]

Und zu den verstärkten entwicklungspolitischen Forderungen aus der Dritten Welt merken DDR-Theoretiker an:

„Nur aus einer Haltung heraus, die den Frieden als höchstes Gut respektiert, können Überlegungen angestellt und Maßnahmen ergriffen werden, um Armut, Hunger, vermeidbare Krankheiten und Analphabetentum aus dem Leben der Menschheit zu verbannen."[69]

Wie in den sechziger Jahren auf den Kernbereich ihrer Sicherheitsinteressen verwiesen, die internationale Anerkennung damals, Sicherheit und Entspannung in Europa heute, sucht die DDR Kontakt und Kooperation mit den Entwicklungsländern und weniger gesellschaftliche Veränderungen. Doch während sie dies in den sechziger Jahren in harter Konfrontation mit der Bundesrepublik tat, sieht sie sich heute in einer „Verantwortungsgemeinschaft" beider Staaten zur Sicherung des Friedens, der Kooperation und der Abrüstung. Dabei ist ihr – durchaus im Unterschied zu den siebziger Jahren – bewußt, daß „in der Welt von heute jeder sogenannte regionale Konflikt nicht nur die Länder der betreffenden Region bedroht, sondern zugleich den Weltfrieden als Ganzes gefährdet", daß jeder Krieg, „wenngleich in unterschiedlichem Ausmaß, eine Bedrohung für alle Erdbewohner" darstellt.[70]

In Anbetracht der Erfahrungen aus den siebziger Jahren werden hier Ansätze sichtbar, die dazu beitragen könnten, künftig eine Zuspitzung der internationalen Lage, wie sie heute zu verzeichnen ist, zu verhindern. Zwar wurde in der DDR schon frühzeitig ein „dialektischer Wechselprozeß" wahrgenommen, „demzufolge die Entwicklung in Europa wiederum nicht unwesentlich von der in anderen Kontinenten beeinflußt wird".[71] Auch sprach sich die Partei- und Staatsführung der DDR bereits zu Beginn der siebziger Jahre und ähnlich wie die Bundesregierung für eine „Unteilbarkeit des Friedens" aus.[72] Was daraus zu folgen habe, wurde damals jedoch gänzlich verschieden beurteilt. Beide Seiten warfen einander vor, die Entspannung nicht als „ein Ganzes" begreifen und sie „begrenzen" zu wollen.[73] Mit Blick auf die Ereignisse in Angola und Afghanistan wandte sich die Bundesregierung gegen die Errichtung von „Einflußsphären" der sozialistischen Staaten in der Dritten Welt, die sie als „Belastung der weltweiten Entspannungspolitik" begriff.[74] Die DDR hingegen warf dem Westen vor, die Entspannung „möglichst auf Europa beschränken, den Staaten Asiens, Afrikas und Lateinamerikas gegenüber aber ihre neokolonialistischen Beziehungen festigen und jeden Widerstand dagegen möglichst ungestört unterdrücken zu wollen".[75]

Es ist zu erwarten, daß die divergierenden Grundpositionen, die hier sichtbar werden, bestehen bleiben. Sie sind der fortdauernden Konkurrenz zwischen Sozialismus und Kapitalismus geschuldet, für die es keine prinzipielle Auflösung, wohl aber Verkehrsformen zu finden gilt, die eine krisenhafte Eskalation verhindern. Während der siebziger Jahre sah sich die DDR ungeachtet der europäischen Entspannung veranlaßt, eine für sie günstige internationale Lage auszunutzen und offensiv gegen den westlichen „Kolonialismus und Neokolonialismus" vorzugehen. Am Beginn des neuen Jahrzehnts scheint sie auf das Spannungsverhältnis zwischen Entspannung im Norden und „Antiimperialismus" im Süden sensibler zu reagieren. Daraus können neue Perspektiven erwachsen. Wenn beide Seiten Selbstbestimmung, Eigenständigkeit und Unabhängigkeit der Dritten Welt ernst nehmen und auf die Errichtung von Einflußsphären verzichten, ist es denkbar, daß die Konkurrenz zwischen den Systemen künftig auch dort in Bahnen gelenkt werden kann, die dazu beitragen, daß Spannungen abgebaut und die tiefgreifenden Probleme der Entwicklungsländer überwunden werden.

1.2. Grundzüge der DDR-Südpolitik

Der Rückblick auf die Beziehungen der DDR mit den Entwicklungsländern hat in Ansätzen bereits deutlich werden lassen, welche politischen Ziele sie in der Dritten Welt verfolgt, auf welche Weise sie diese durchzusetzen trachtet und welcher Instrumente sie sich dabei bedient. Im folgenden soll der Versuch unternommen werden, *systematisch* einige grundlegende Merkmale herauszuarbeiten, die für die Südpolitik der DDR in den siebziger Jahren charakteristisch waren und diese voraussichtlich auch künftig prägen werden.

1.2.1. Ziele, operative Leitlinien und Instrumente

Die Außenpolitik eines jeden Staates hat zuallererst die Aufgabe, äußere Bedingungen für die ungestörte eigene Entwicklung zu schaffen. Sie dient der „Selbstbehauptung einer Nation im internationalen Kräftespiel",[76] oder so wie auch die Innenpolitik der „Erhaltung eines bestimmten gesellschaftlichen Systems durch die von diesem beauftragte, delegierte oder geduldete Führung".[77] Das gilt auch für die DDR, wo Außen- und Innenpolitik als „Einheit von steter Stärkung des sozialistischen Staates und der Gewährleistung seiner äußeren Sicherheit als Voraussetzung für die erfolgreiche Gestaltung der sozialistischen Gesellschaft" begriffen werden.[78]

Zugleich aber attestiert die DDR ihrer Außenpolitik einen „revolutionären Charakter". Er komme darin zum Ausdruck, daß die DDR „den Imperialismus an der Entfesselung eines neuen Aggressionskrieges" hindere und „eine weitere Veränderung des internationalen Kräfteverhältnisses im Einklang mit den historischen Gesetzmäßigkeiten" fördere.[79] Damit ist sie revolutionär im Sinne der Stärkung des staatlich verfaßten Sozialismus, was – solange der Systemkonflikt zwischen Ost und West sowie die Nullsummenkalkulation ihr Selbstverständnis prägen – notwendig zu Lasten des staatlich verfaßten Kapitalismus gehen muß. Sie ist aber nicht revolutionär im Sinne der Bereitschaft, zugunsten weltweiter sozialistischer Ziele den eigenen Staat zu gefährden. Solche Vorstellungen wurden nach der Oktoberrevolution in der bolschewistischen Linken diskutiert und sie liegen Trotzkis Konzept der „permanenten Revolution" zugrunde. Seit Stalin 1925 den „Aufbau des Sozialismus in einem Lande" verkündete, haben sie im marxistisch-leninistischen Denken keinen Platz mehr.[80] Diesen Unterschied gilt es zu beachten, denn je stärker das revolutionäre Selbstverständnis auf die staatliche Selbsterhaltung gerichtet ist, um so enger sind die Grenzen seiner praktischen Realisierung, um so größer wird das Gewicht der Diplomatie im außenpolitischen Verkehr.

1.2.1.1. Grundlegende Ziele der DDR-Südpolitik

„Zentrale Achse der internationalen Entwicklung und damit auch das bestimmende Element der internationalen Beziehungen in der Welt" ist nach Auffassung der DDR die „Auseinandersetzung zwischen Sozialismus und Imperialismus", der „Gegensatz der beiden Gesellschaftssysteme".[81] Angesichts eines solchen bipolar geprägten Selbstverständnisses ergeben sich für die DDR-Südpolitik zwei Konsequenzen. Zum einen werden die Entwicklungsländer immer unter der Perspektive wahrgenommen, wie sie in den Systemkonflikt einzuordnen sind und welche Bedeutung sie damit für das Kräfteverhältnis zwischen den beiden staatlich verfaßten Systemen in Ost und West haben. Auch wenn die DDR den komplexen Bedürfnissen der Entwicklungsländer Rechnung tragen muß, bleibt dies, bei möglichen Akzentverschiebungen im Einzelfall, cum grano salis funktional auf den Ost-West-Konflikt bezogen. Tatsächlich besteht kaum ein Zweifel, daß die Dritte Welt „immer mehr in die intersystemare Auseinandersetzung hineingezogen" wird – ein nach Auffassung der DDR objektiver Prozeß, der sich ungeachtet der in jüngster Zeit verstärkt vorgetragenen Beteuerung vollzieht, wonach es die sozialistischen Staaten „konsequent" ablehnen, „den Entwicklungsländern Konflikte der Ost-West-Beziehungen ,überzustülpen'".[82]

Auf der anderen Seite bringt es die Konzentration auf den Ost-West-Konflikt mit sich, daß dem Kernbereich der Systemkonkurrenz, den unmittelbaren Beziehungen zwischen den beiden Bündnissen NATO und WVO, im Gesamtkonzept der DDR-Außenpolitik Priorität eingeräumt wird.So hat erst die Entlastung vom deutschen „Sonderkonflikt" es der DDR ermöglicht, sich in der Dritten Welt aktiv zu engagieren, während die Verschärfung der Spannungen zwischen Ost und West sie in jüngster Zeit zu einer Rückbesinnung auf ihre originären Sicherheitsinteressen veranlaßte.

In den Systemkonflikt als maßgeblichem Handlungsrahmen der Außenpolitik eingebunden, läßt sich die DDR bei der Ausgestaltung ihrer Südpolitik von folgenden „Hauptzielen" leiten:

a) Seit geraumer Zeit gilt die „solidarische Unterstützung des nationalen und sozialen Befreiungskampfes der Völker gegen Imperialismus, Kolonialismus, Rassismus und Neokolonialismus" als Hauptaufgabe der DDR-Südpolitik. Sie folgt dem Prinzip der „antiimperialistischen Solidarität", das die Beziehungen zur nationalen Befreiungsbewegung prägt und in der DDR Verfassungsrang hat. Angestrebt wird ein politisches Bündnis gegen den „Imperialismus", wobei sich die DDR ungeachtet divergierender politischer Ziele immer dann als Partner anzubieten trachtet, wenn nationale und soziale Bewegungen sowie Entwicklungsländer sich prinzipiell oder in einzelnen Fragen gegen die westlichen Industriestaaten wenden. Das gilt für Namibia, Südafrika, den Nahen Osten, die Karibik ebenso wie für die Forderungen der Entwicklungsländer nach einer Neuen Weltwirtschaftsordnung.

b) Eine große Bedeutung mißt die DDR auch der „Festigung der Staatenbeziehungen, vor allem mit den nichtpaktgebundenen Ländern, und (der) Vertiefung der internationalen Zusammenarbeit" bei. In der Regel gelten hier die Prinzipien der „friedlichen Koexistenz", da die Bereitschaft zur Aufnahme von Beziehungen nicht nur von der DDR, sondern auch von den Entwicklungsländern abhängt. Es handelt sich folglich um einen „wechselseitigen Prozeß", der keineswegs von vornherein eine „antiimperialistische" Komponente einschließt. In den sechziger Jahren suchte die DDR auf diese Weise ihre internationale Anerkennung voranzutreiben, im darauffolgenden Jahrzehnt gelang es ihr, diplomatische Beziehungen zur überwiegenden Mehrheit der Entwicklungsländer herzustellen und heute bemüht sie sich, mit deren Hilfe „das Ringen um Frieden, Sicherheit, Rüstungsbegrenzung und Abrüstung" zu „Hauptaufgaben der gesamten internationalen Beziehungen" zu machen.

c) Im Verlauf der siebziger Jahre trat als weiteres die „Vertiefung der brüderlichen Zusammenarbeit mit den Ländern sozialistischer Entwicklung" hinzu. In den Beziehungen zu dieser Staatengruppe, die vor allem Äthiopien, Angola, Mosambik, den Süd-Jemen und wohl auch Afghanistan umfaßt, gewinnen immer mehr die Prinzipien des „proletarischen Internationalismus" an Geltung. Auch wenn die genannten Entwicklungsländer noch nicht sozialistisch sind, die Frage „Wer-Wen" folglich noch nicht entschieden ist, bemüht sich die DDR unter Einsatz erheblicher Kräfte, deren Kurs zu festigen, um sie auf längere Sicht dem „sozialistischen Weltsystem" einzugliedern. Zu ihnen sind die Kontakte besonders intensiv.

d) Im Zuge der wachsenden binnen- und weltwirtschaftlichen Probleme gewinnt zudem die „Festigung der Außenhandels- und Außenwirtschaftsbeziehungen auf der Basis des gegenseitigen Vorteils" eine immer größere, mitunter eigenständige Bedeutung bei der Ausgestaltung der DDR-Südpolitik.[83]

Die deklarierten „Hauptziele" lassen nur begrenzt erkennen, wie die DDR ihre Südpolitik konkret ausgestaltet und wo Prioritäten liegen. Vielmehr eröffnen sie einen breiten Handlungsspielraum. In Verbindung mit der bisherigen politischen Praxis werden gleichwohl einige Grundlinien sichtbar. Zwei wesentliche Antriebskräfte scheinen das Engagement der DDR in der Dritten Welt zu bestimmen: einmal das Bedürfnis, politisch und ökonomisch global präsent zu sein, und sei es in noch so geringem Umfang; andererseits die Bereitschaft, Kontakte und Beziehungen zu nutzen, um die Position des Sozialismus zu stärken. Weniger das Interesse der DDR, mit allen Staaten der Dritten Welt „unabhängig von deren gesellschaftlicher und staatlicher Ordnung" normale Beziehungen zu pflegen,[84] wohl aber ihr dezidierter „Antiimperialismus" verleihen ihrer Südpolitik spezifische Akzente. Der „Antiimperialismus", typisch für junge politische Mächte, die aus Revolutionen hervorgegangen sind und ihre internationale Stellung nicht in Kooperation, sondern in Konfrontation mit den etablierten Kräften zu befestigen trachten, schafft ein orientierendes Bewertungsraster, wirft zugleich aber eine Reihe praktischer Probleme auf. Deren Lösung läßt Triebkräfte, Prioritäten und Grenzen der DDR-Südpolitik deutlicher hervortreten.

Wenig Schwierigkeiten hat die DDR, wenn die Staatenbeziehungen und der „Antiimperialismus" sich decken. In besonders hohem Maße ist das bei den „sozialistisch orientierten" Entwicklungsländern der Fall, denen sie sich daher besonders verbunden fühlt. Aber auch ihr starkes „antiimperialistisches" Engagement im Südlichen Afrika, wie es während der siebziger Jahre zutage trat, konnte die staatlichen Beziehungen der DDR zu den Entwicklungsländern befördern, da der Befreiungskampf dort in der Weltöffentlichkeit mit erheblicher Sympathie verfolgt wurde.

Schwieriger wird es, wenn sich nicht mehr nur der Westen, sondern auch der Osten mit dem Vorwurf des „Imperialismus" auseinandersetzen muß. So geschah es nach der sowjetischen Invasion in Afghanistan, die von den meisten Entwicklungsländern ebenso verurteilt wurde wie die abwehrende Reaktion der sozialistischen Staaten auf Forderungen nach einer wirksamen Hilfe für die Dritten Welt (dazu ausführlicher Kapitel F). Insbesondere die Sowjetunion gilt seither in weiten Teilen der südlichen Hemisphäre als „imperialistische Supermacht" und wird zusehends mit den USA gleichgesetzt. Hier werden die Grenzen des sozialistischen „Antiimperialismus" sichtbar, der den Entwicklungsländern notwendig äußerlich bleibt, da er zu sehr mit eigenen Interessen verwoben ist, die wohl flexibel vorgetragen werden können, letztlich aber nicht zur Disposition stehen.

Erhebliche Probleme bereitet es der DDR auch, wenn die Staatenbeziehungen und Anforderungen des „Antiimperialismus" nicht mehr in Deckung zu bringen sind. Das gilt für alle jene Entwicklungsländer, in denen Bewegungen nationaler Minderheiten oder progressive bzw. kommunistische Organisationen aktiv sind und – zumeist blutig – unterdrückt werden. Hier hat sich die DDR in der Vergangenheit überwiegend für den Ausbau der staatlichen Beziehungen entschieden und nicht selten ausgesprochen freundschaftliche Regierungskontakte gepflegt. So ließ sie weder ihre Beziehungen zu Ägypten, Syrien und Irak durch die Tatsache beeinträchtigen, daß dort Kommunisten blutig verfolgt wurden, noch scheute sie davor zurück, dem Schah von Persien Avancen zu machen, obwohl dieser der Tudeh-Partei seines Landes das gleiche Schicksal bereitete. Auch nahm sie bisher von den blutigen Ereignissen im indischen Assam und Punjab nahezu keine Notiz. Und selbst zu lateinamerikanischen Militärdiktaturen pflegte sie intensive Kontakte.[85]

Nicht zuletzt sieht sich die DDR zu Entscheidungen genötigt, wenn in der Dritten Welt Kräfte aufeinandertreffen, die ihr gleichermaßen „antiimperialistisch" verbunden sind. Hier ist der Konflikt zwischen Äthiopien und der Eritreischen Befreiungsfront sowie zwischen Äthiopien und Somalia ebenso charakteristisch wie der nicht minder blutige Konflikt zwischen Syrien und der Palästinensischen Befreiungsorganisation Jasser Arafats; und auch der Krieg zwischen Iran und Irak kann hier eingeordnet werden. In den beiden letztgenannten Konflikten haben die sozialistischen Staaten bisher nicht Partei ergriffen. Anders am Horn von Afrika: Als sich in Äthiopien der Sieg marxistisch-leninistischer Kräfte abzeichnete, wandten sich die sozialistischen Staaten alsbald dem neuen, gemessen an Somalia und Eritrea weit gewichtigeren Partner zu. Machtpolitisch mag dies plausibel sein, „antiimperialistisch" ist die Entscheidung jedoch nur insoweit, als die sozialistischen Staaten seither über einen scheinbar zuverlässigen Verbündeten verfügen, der zweifellos bedeutsamer ist als seine Vorgänger.[86]

Vor dem Hintergrund der deklarierten Hauptziele läßt der praktische Umgang mit den hier nur angedeuteten Zielkonflikten grundlegende Merkmale des politischen Engagements der DDR in der Dritten Welt erkennen. Priorität haben enge, freundschaftliche Beziehungen zwischen den sozialistischen Staaten und einzelnen Entwicklungsländern. Im Idealfall wird ein festes Bündnis angestrebt. Dort wo dies nicht erreichbar ist, genießen reguläre staatliche Beziehungen Vorrang. Insbesondere wenn das innere Kräfteverhältnis unübersichtlich ist, werden diese nicht zugunsten der häufig nur ideologisch, nicht aber machtpolitisch gebotenen Solidarität mit sozialen und politischen Bewegungen geopfert. Strukturierendes Prinzip ist der Ost-West-Konflikt. Politische Präsenz und zuverlässige, vorzugsweise gewichtige Verbündete sollen dazu beitragen, die Position der sozialistischen gegenüber den kapitalistischen Industriestaaten zu stärken und schrittweise das Kräfteverhältnis im internationalen System zu verändern.

Die pragmatische und primär auf die regierenden Eliten zielende Handhabung des „Antiimperialismus" der DDR könnte den Eindruck erwecken, als sei die Auseinandersetzung zwischen Ost und West in der Dritten Welt ein bloßer Machtkonflikt. Tatsächlich aber reicht sie weiter. Ihr eigentlicher Charakter als Systemkonflikt, dem unterschiedliche ordnungspolitische und sozialökonomische Zielvorstellungen zugrunde liegen, wird spätestens in dem Bemühen der sozialistischen Staaten sichtbar, mit einzelnen Entwicklungsländern ein stabiles „antiimperialistisches" Bündnis zu bilden. Zuverlässige Verbündete – daran lassen sie keinen Zweifel – sind auf Dauer nur zu gewinnen, wenn deren politisches und soziales System dem eigenen sozialistischen weitgehend entspricht. Die operativen Leitlinien lassen erkennen, daß die DDR diesem Grundsatz bei der Ausgestaltung ihrer Südpolitik sehr wohl Rechnung trägt.

1.2.1.2. Operative Leitlinien und Instrumente der DDR-Südpolitik

Während die DDR an ihren grundlegenden Zielen keinen Zweifel läßt, ja mehr noch diese ausführlich darlegt und erörtert, finden deren Umsetzung und die operativen Leitlinien der Südpolitik weit weniger publizistische Resonanz. Auf welche Weise sie ihren programmatischen Zielen in der Dritten Welt Geltung verschaffen will, und welche Methoden sie zu welchem Zweck anwendet, läßt die DDR weitgehend im dunkeln. Nur dies vermag jedoch über die Ernsthaftigkeit und den Stellenwert einzelner Ziele Aufschluß zu geben. Vor dem Hintergrund praktischer Erfahrungen und einiger weniger theoretischer Beiträge zur außen- und entwicklungspolitischen Diskussion in der DDR soll daher im folgenden der Versuch unternommen werden, sowohl das operative Konzept als auch die Bedeutung der wichtigsten Instrumente der DDR-Südpolitik zu umreißen.

Grundsätzlich strebt die DDR mit der „nationalen Befreiungsbewegung" bzw. den Staaten Asiens, Afrikas und Lateinamerikas ein breites, gegen die westlichen Industriestaaten gerichtetes und damit „antiimperialistisches" Bündnis an (dazu ausführlich Kapitel C). Da dies jedoch sehr unterschiedliche Kräfte vereint, muß sie sich mit der Frage auseinandersetzen, wie ein solches Bündnis konkret ausgestaltet werden soll. Ihr ist wenig daran gelegen, wenn sich Entwicklungsländer nur aus pragmatischen und egoistischen Gründen an die sozialistischen Staaten wenden und um Kooperation und Unterstützung nachsuchen:

> „Nicht wenige Entwicklungsländer ließen sich – ähnlich wie Ägypten – in Beziehungen, die sie zu sozialistischen Staaten aufnahmen bzw. unterhalten, zunächst – und sie tun das teilweise noch heute – von pragmatisch-taktischen Gesichtspunkten leiten, was leicht zu Schwankungen führt und rückläufige Entwicklungen möglich macht. Sie suchten und suchen in Durchsetzung ihrer Interessen gegenüber imperialistischen Staaten und teilweise auch gegenüber anderen Entwicklungsländern einfach Unterstützung, wobei ihnen im Grunde gleichgültig ist, woher diese kommt; sie wenden sich häufig sozialistischen Ländern nicht aus Sympathie für den Sozialismus und auch nicht aus Einsicht in gemeinsame Interessen, sondern einfach deshalb zu, weil diese Länder – für alle sichtbar – objektiv mit dem Imperialismus konfrontiert sind und von ihrer proletarisch-internationalistischen Position aus eine Politik betreiben, die sich für eigene Belange nutzen läßt."[87]

Zwar verschließt die DDR sich solchen Ansinnen nicht grundsätzlich, kann es auch gar nicht, da ihre Beziehungen in nicht geringem Umfang auf eben diesen „pragmatisch-taktischen Gesichtspunkten" und egoistischen Zielen der Entwicklungsländer beruhen. Doch ist sie daran interessiert, über punktuelle Kooperationen hinaus zu einem „strategischen Bündnis" oder zu einer „strategischen Zusammenarbeit" zu gelangen. Nur so könne, gestützt auf grundlegende Gemeinsamkeiten, die sich anfangs im „Antiimperialismus", später „in der revolutionären Neugestaltung der Gesellschaft" äußern, eine „gewisse Stabilisierung der Bündnisbeziehungen" erreicht werden.[88] Langfristig stabil kann danach ein Bündnis nur sein, wenn sich die politischen und sozialen Systeme der Partner völlig gleichen, wenn sozialistische Staaten kooperieren.

Von wenigen Ausnahmen wie Kuba und Vietnam abgesehen, hat der „real existierende Sozialismus" in der Dritten Welt allerdings noch nicht Fuß gefaßt. Mehr als eine „sozialistische Orientierung" können selbst solche Entwicklungsländer nicht vorweisen, die bereits ein „strategisches Bündnis" mit den sozialistischen Industriestaaten eingegangen sind. In diesen wie in anderen Ländern konkurrieren „Stabilisierungs- und Instabilitätsfaktoren", die entweder auf eine engere Kooperation oder auf eine Trennung vom sozialistischen Lager hinwirken. Ziel der DDR ist es, von außen – durch „eine internationale ‚Anreicherung' der inneren Faktoren" – auf die Entwicklungsländer einzuwirken, damit dort jene Faktoren gestärkt werden, die das gemeinsame Bündnis stabilieren.[89] Dies erfordert erhebliche politische, wirtschaftliche und soziale Anstrengungen und zudem ein differenziertes Vorgehen.

Je nachdem wie weit die Entwicklungsländer vom sozialistischen Modell der DDR entfernt sind, variiert diese ihre Bündnisstrategie:

> „Unter Beachtung der Interessenlage des Sozialismus und des Wirkungsgrades der außenpolitisch relevanten inneren und äußeren Faktoren kann der Sozialismus eine komplexe, das heißt alle grundlegenden Fragen des gesellschaftlichen Lebens umfassende oder eine partielle, nur auf bestimmte Bereiche ausgerichtete Bündnisstrategie realisieren."[90]

In der „partiellen Bündnisstrategie", die vornehmlich den „kapitalistisch orientierten" Entwicklungsländern gilt, dominieren augenscheinlich die regulären staatlichen und ökonomischen Beziehungen. Das schließt Kontakte zwischen gesellschaftlichen Organisationen nicht aus. Doch dienen solche Kontakte, wie sie etwa zwischen der SED, der Nationalen Front der DDR, der FDJ oder dem FDGB und ihren nichtkommunistischen Partnerorganisationen in Mexiko, Indien, Sambia, Nigeria und anderen Ländern bestehen, offenbar weniger der Propagierung innenpolitischer Transformationskonzepte als vielmehr flankierend einer Stabilisierung der beiderseitigen Beziehungen. Auch insoweit bleiben sie „partiell".

Anders bei der „komplexen Bündnisstrategie". Sie richtet sich an „sozialistisch orientierte" Entwicklungsländer und wird im Abschluß von *Freundschaftsverträgen* sichtbar. Solche Verträge hat die DDR in den sechziger und siebziger Jahren je zweimal mit ihren Partnern im Warschauer Pakt abgeschlossen. Freundschaftsverträge mit „sozialistischen" und „sozialistisch orientierten" Entwicklungsländern sind dagegen erst seit Ende der siebziger Jahre zu verzeichnen:

Mongolei (6.5.1977)
Vietnam (4.12.1977)
Angola (19.2.1979)
Mosambik (24.2.1979)
Äthiopien (15.11.1979)
VDR Jemen (17.11.1979)
Kampuchea (18.3.1980)
Kuba (31.5.1980)
Afghanistan (21.5.1982)
Laos (22.9.1982)
DVR Korea (1.6.1984).[91]

Freundschaftsverträge sind allerdings weniger Instrument als Ausdruck besonders intensiver Beziehungen und weitgehender Übereinstimmungen. Das entscheidende Element der „komplexen Bündnisstrategie" stellen nach Auffassung der SED hingegen die von ihr angebahnten *Parteienbeziehungen* dar. Sie verkörpern die „ideologische Komponente" und sollen garantieren, daß die politischen Beziehungen ihre Geltung als „Drehachse für die Stabilität und Entwicklungsmöglichkeiten der Gesamtbeziehungen" erhalten können:

> „Der politische Inhalt aller Teilbeziehungen und die Dominanz des unmittelbaren politischen Faktors führt zu einer starken Verkettung aller Einzelbeziehungen, worauf letztlich die hohe Effektivität der Gesamtbeziehungen beruht. Als grundlegende Aufgabe ergibt sich folglich die Potenzierung des politischen Gehalts aller Teilbeziehungen."[92]

Die „Potenzierung des politischen Gehalts" aber verfolgt das Ziel, die Entwicklungsländer schrittweise an das sozialistische Grundmodell heranzuführen. In den Augen der SED ist dies unverzichtbar. Während die westlichen Industriestaaten, den Entwicklungsländern durch vielfältige Kanäle und Fäden nach Ende des Kolonialismus vor allem ökonomisch verbunden, auf die normative Kraft faktischer Beziehungen und Abhängigkeiten vertrauen und ihre politischen Ordnungsvorstellungen flexibel präsentieren können, glaubt die DDR, den Imperativen ihres Systems explizit Geltung verschaffen zu müssen. Tatsächlich können sozialistische Staaten Loyalität und Bündnistreue nach innen wie außen nur durch bewußte, ideologisch legitimierte und zumeist repressiv eingeforderte politische Entscheidungen herstellen. Andere, Gesellschaft und Bündnis einigende Kräfte existieren im realen Sozialismus nicht. Der systemspezifisch herausragende politische Gehalt der Beziehungen macht die DDR wie die Sowjetunion gegenüber Kurswechseln ihrer Partner in der Dritten Welt besonders verwundbar. Beiden Staaten ist es daher in der Vergangenheit kaum gelungen, langfristige Bündnistreue zu erzielen, es sei denn sie konnten eine sozialistische Transformation durchsetzen und militärisch absichern. Die wechselhaften Beziehungen zu den arabischen Staaten und namentlich die Abkehr Ägyptens sind hier nur ein, angesichts erheblicher Investitionen aber um so eindrucksvolleres Beispiel.

Dort wo eine „komplexe Bündnisstrategie" möglich ist, haben die Parteienbeziehungen daher eine zentrale Bedeutung. Als spezifischer Form etatistisch koordinierter transnationaler Politik, die nicht den Regeln des diplomatischen Verkehrs unterworfen ist, fällt ihnen die Aufgabe zu, alle Teilbereiche der Beziehungen im Sinne der sozialistischen Umgestaltung zu durchdringen und die Koordination außenpolitischer Aktivitäten voranzutreiben. Die Beziehungen mit den führenden „revolutionär-demokratischen Parteien" der „sozialistisch orientierten" Entwicklungsländer umfassen gemeinsame Beratungen, den Austausch von Studiendelegationen, die wechselseitige Teilnahme an wissenschaftlichen Veranstaltungen, die Ausbildung von Parteikadern, die Entsendung von Lehrkräften und nicht zuletzt materielle Unterstützung beim Parteiaufbau. Mit ihrer Hilfe sollen die Erfahrungen des „sozialistischen Aufbaus" in der DDR vermittelt, eine weitere Annäherung der „revolutionären Demokraten" an den „wissenschaftlichen Sozialismus" gefördert und die gegenseitige Unterstützung im „antiimperialistischen Kampf" sichergestellt werden.[93]

Den ersten Kontakt zu einer nicht-kommunistischen regierenden Partei der Dritten Welt konnte die SED im September 1959 herstellen, als eine Delegation dem V. Parteitag der „Demokratischen Partei Guineas" beiwohnte. In den sechziger Jahren traten Kontakte mit der „Sudanesischen Union" von Mali, der „Volkskongreß-Partei" Ghanas, den Baath-Parteien in Syrien und Irak, der „Arabischen Sozialistischen Union" Ägyptens und der „Politischen Organisation Nationale Front" der VDR Jemen hinzu. Den bisherigen Höhepunkt erreichte die SED am Beginn der achtziger Jahre. Anläßlich des X. Parteitages im Jahre 1981 konnte sie nicht weniger als 33 Delegationen „befreundeter Parteien und Bewegungen" begrüßen, und mit 20 dieser Organisationen hat die SED vertragliche Vereinbarungen und Arbeitsprotokolle zur Regelung der Zusammenarbeit unterzeichnet.[94]

Dienten die Parteienbeziehungen vor der internationalen Anerkennung der DDR neben Aktivitäten der Freundschaftsgesellschaften vor allem dem begrenzten Ziel, die Hallstein-Doktrin zu durchbrechen, so ist deren Bedeutung heute als Instrument sozialistischer Transformation und mit Blick auf die Harmonisierung innen- und außenpolitischer Standpunkte weit größer. Zwar ist sich die SED der Schwierigkeiten und Differenzen, die im Verlauf der Kooperation auftreten und sie behindern können, durchaus bewußt. Selbst bei einer Reihe „sozialistisch orientierter" Länder wie Algerien, Irak, Syrien, Burma und Tansania kann kaum die „komplexe", sondern lediglich die „partielle Bündnisstrategie" Anwendung finden, da sie einen konsequenten Kurs der Blockfreiheit verfolgen und ein exklusives Bündnis mit den sozialistischen Staaten ablehnen. Im Verhältnis zu jener kleinen Zahl von Entwicklungsländern jedoch, die ihr durch Freundschaftsverträge verbunden ist, gelten die Parteienbeziehungen als „das Herzstück der Zusammenarbeit".[95] Nach Auffassung der SED stellen sie sicher, daß es mit diesen Ländern „zu einem Aktionsbündnis im echten Sinne des Wortes" kommt, auch wenn dies bisher in der Realität allenfalls embryonal entwickelt ist.[96]

Transnationale, über staatliche Kontakte hinausgehende Politik ist heute ein Grundphänomen der internationalen Beziehungen.[97] Auch westliche Parteien, Kirchen, Unternehmen und Verbände unterhalten vielfältige Kontakte mit Partnerorganisationen in der Dritten Welt. Im Unterschied zur DDR stellen diese jedoch ein Ensemble ganz unterschiedlicher Beziehungsgeflechte dar, denen überwiegend partikulare und nicht selten konträre Ziele zugrunde liegen. Dagegen sind internationale Kontakte der SED ein integraler Bestandteil des operativen Konzeptes der DDR-Außenpolitik, das auf der „führenden Rolle" der marxistisch-leninistischen Parteien in den sozialistischen Staaten beruht. Während die politischen und diplomatischen Beziehungen den Rahmen sowie Inhalt und Richtung der Zusammenarbeit mit den meisten Entwicklungsländern bestimmen, lassen die Parteienbeziehungen den spezifischen Charakter des Bündnisses und der im Ansatz „brüderlichen Beziehungen" mit einigen jener Länder hervortreten, die in der DDR als „sozialistisch orientiert" gelten. Sie sind das entscheidende Instrument bei der Errichtung stabiler Einflußsphären der sozialistischen Staaten, dem langfristigen Hauptziel, das auch die Südpolitik der DDR maßgeblich prägt.

1.2.2. Südpolitik im Bündnis

In der westlichen Diskussion wird nahezu einhellig die Auffassung vertreten, daß die DDR in der Dritten Welt die gleichen politischen Ziele verfolge wie die Sowjetunion und zwischen der Entwicklungspolitik beider Staaten kaum ein Unterschied festzustellen sei. Die DDR suche „im Auftrag oder in Abstimmung mit der Sowjetunion in der Dritten Welt Einfluß zu gewinnen",[98] unterstütze die sowjetische Strategie[99] oder trete als „faithful agent" bzw. als „Interessenagent" auf, dem „eine besondere Rolle im außenpolitischen Kalkül der Sowjetunion zugeschrieben werden" kann.[100] Dabei bleibt zumeist offen, wie diese Abstimmung erfolgt, ob sich die DDR lediglich sowjetischen Plänen und Wünschen unterordnet, oder ob eine Koinzidenz vorliegt, die aus eigenständigen Entscheidungen der DDR-Führung resultiert.[101]

Da Inhalt und Verlauf der Entscheidungsprozesse innerhalb des Warschauer Paktes nahezu völlig unbekannt sind, ist es außerordentlich schwierig, zuverlässige Aussagen über die Koordination oder mögliche Differenzen in der Südpolitik der sozialistischen Staaten zu machen. Nur ein detaillierter Vergleich ihrer entwicklungspolitischen Aktivitäten könnte erste Aufschlüsse vermitteln. Er würde eine Verständigung über Indikatoren der Eigenständigkeit und Abhängigkeit voraussetzen und sollte nicht nur die Sowjetunion, sondern auch die kleineren Bündnispartner erfassen, die als Einflußfaktor der DDR-Entwicklungspolitik bisher nahezu keine Aufmerksamkeit erfahren haben. Einige systematische Überlegungen scheinen trotzdem möglich. Dies um so mehr, als die sozialistischen Staaten in der Dritten Welt nach außen nur selten gemeinsam auftreten. Kollektive Initiativen beschränken sich weitgehend auf internationale Konferenzen sowie Tagungen der UNO und ihrer Sonderorganisationen. Darüber hinaus dominieren die bilateralen Kontakte.

Daß die DDR und die Sowjetunion als sozialistische Staaten gleichgerichtete Grundinteressen haben, die sie getrennt oder gemeinsam im internationalen System durchzusetzen trachten, ist evident. Gleiches gilt für die Bundesrepublik Deutschland und die Vereinigten Staaten. Hinzu kommt, daß es in Osteuropa kaum einen Staat gibt, dessen Führung angesichts der exponierten und labilen sicherheitspolitischen Lage ähnlich auf Kooperation und Einvernehmen mit der sowjetischen Hegemonialmacht angewiesen ist wie die DDR. Würde die Partei- und Staatsführung der DDR einen offenen Konflikt mit der Sowjetunion wagen, könnte sie Gefahr laufen, ihre eigene Existenz zu gefährden und sich selbst die Grundlagen ihrer Herrschaft zu entziehen.[102] Auch hier gibt es gewisse Ähnlichkeiten mit der Bundesrepublik, deren sicherheitspolitische Situation sie ebenfalls weit stärker als die meisten ihrer Bündnispartner auf eine Kooperation mit den Vereinigten Staaten angewiesen sein läßt.

Übereinstimmende ideologische Grundlagen und strategische Ziele sowie die sicherheitspolitische Abhängigkeit der DDR von der Sowjetunion bilden den Rahmen, innerhalb dessen sich die Entwicklungspolitik der DDR entfalten kann. Auch wenn dieser Rahmen enger gesteckt ist als bei den meisten ihrer Bündnispartner, dürfte kaum zu bezweifeln sein, daß es der DDR möglich ist, ihn eigenständig auszufüllen. Die Jahre der Kommunistischen Internationale und ihres Ausläufers, des Kommunistischen Informationsbüros, sind seit geraumer Zeit vorüber, die Sowjetunion wohl noch Zentrum der kommunistischen Bewegung und Staatenwelt, aber nicht mehr die Schaltzentrale Josef Stalins, an der vorbei eigene politische Regungen nur um den Preis der Exkommunizierung (und nicht selten der physischen Vernichtung) möglich waren. Größere Eigenständigkeit bedeutet aber auch, daß die DDR im Unterschied zu früheren Jahren für ihr politisches Tun und Unterlassen unmittelbar verantwortlich gemacht werden kann. Das gilt insbesondere für die Südpolitik, die einen größeren Spielraum eröffnet als die europäische Politik, wo eine enge Abstimmung mit der Sowjetunion angesichts der unmittelbaren sicherheitspolitischen Implikationen unerläßlich ist.

Die Fähigkeit zu eigenständigen Entscheidungen vorausgesetzt, bieten sich der DDR prinzipiell zwei Wege an. Sie kann – in Antizipation sowjetischer Interessen und Ziele – eine Südpolitik verfolgen, die nicht nur die Position des Sozialismus in der Dritten Welt stärkt, sondern bewußt die sowjetische Außenpolitik flankiert und absichert oder eine „Schrittmacherrolle" übernimmt.[103] Eine solche Linie würde zweifellos die Position der DDR im Warschauer Pakt festigen, sie zugleich aber von den Erfolgen und Niederlagen der sowjetischen Südpolitik abhängig machen. Letztere sind nicht selten ein Ergebnis der weitverbreiteten Skepsis und Antipathie, der die beiden Supermächte gleichermaßen in der Dritten Welt begegnen. Um ihr zu entgehen, kann die DDR auch einen Kurs einschlagen, der ihr Gewicht als europäische Mittelmacht gezielt zur Geltung bringt. Sie würde sich so aus dem Windschatten der Sowjetunion lösen, könnte ihre Außenbeziehungen verstetigen, liefe jedoch Gefahr, sich mit skeptischen Reaktionen ihrer Vormacht auseinandersetzen zu müssen. Unmittelbare Interessen der Sowjetunion wären hier nur befriedigt, würde sich die DDR als deren „Türöffner" betätigen; einer solchen Absicht setzt das Mißtrauen der Entwicklungsländer jedoch enge Grenzen.

Die aufgezeigten Alternativen schließen sich keineswegs notwendig aus. Vielmehr lassen sich in der DDR-Südpolitik Indizien für beide Linien finden. Den Zielen des Warschauer Paktes kam ohne Zweifel zugute, daß sich die DDR weit sichtbarer als die meisten ihrer Partner in Angola, Mosambik und Äthiopien engagierte. Da auch der Politische Beratende Ausschuß des Bündnisses seine Mitglieder 1976 und 1978 zweimal aufforderte, diese Länder gezielt und bevorzugt zu unterstützen, konnte sich die DDR hier als Vollstrecker kollektiver politischer Ziele profilieren.[104] Weniger der Bündnisstrategie dürften dagegen die Kontakte der DDR zu Kuwait, den Philippinen und Mexiko verpflichtet sein. Diesen drei Entwicklungsländern stattete Erich Honecker 1977, 1981 und 1982 Besuche ab, was um so bemerkenswerter ist, als der Generalsekretär der SED sich bis dahin zumeist auf „sozialistische" oder „sozialistisch orientierte" Staaten beschränkt hatte. Bis hin zu den Militärs gibt es mit Mexiko zudem einen regen Delegationsaustausch. Der Sowjetunion stehen die genannten Länder, teils aus Rücksicht auf die Vereinigten Staaten, teils als Verfechter eines konsequenten Non-Alignment, das die Supermächte eher meidet, dagegen distanziert gegenüber.

Beiden Alternativen scheint die DDR so temperiert nachzugehen, daß manifeste Konflikte mit der Sowjetunion ausgeschlossen sein dürften. Abweichungen von der südpolitischen Generallinie der sozialistischen Staaten, wie sie für Rumänien charakteristisch sind, das einen dezidiert autonomen Kurs eingeschlagen hat, sind in der DDR kaum denkbar. Gleichwohl sollte die Fähigkeit, eigenständig außenpolitische Ziele definieren und realisieren zu können, nicht nur an der Bereitschaft zum Konflikt gemessen werden. Selbst dort, wo die Partei- und Staatsführung der DDR sich als besonders getreuer Vollstrecker der kollektiven Wünsche ihrer Partner erweisen sollte, kann sie sehr wohl eigene Interessen verfolgen, die objektiven Bedingungen wie ihrer exponierten Lage im Ost-West-Konflikt und ihrer sicherheitspolitischen Abhängigkeit von der Sowjetunion entspringen. Zwar hebt gerade die DDR immer wieder die „abgestimmte und koordinierte Außenpolitik der Staaten der sozialistischen Gemeinschaft" hervor – was allerdings, je intensiver es geschieht, auch das Gegenteil beweisen kann –, doch schließt dies einen Spielraum für eigene Aktivitäten nicht aus.[105] So wurden während der sechziger Jahre, als die DDR intensiv für ihre Anerkennung stritt, ebenso eigene Akzente sichtbar wie in den regionalen Schwerpunkten ihrer Südpolitik.

1.2.3. Regionale Schwerpunkte

Präferenzen und regionale Schwerpunktbildungen sind, wenn sie nicht von außen aufgezwungen werden, grundlegende Elemente einer jeden Außenpolitik. Auch wenn prinzipiell die Bereitschaft besteht, mit allen Staaten der Welt Kontakte zu pflegen, bewirken geostrategische und ökonomische Interessen, ideologisch-politische Affinitäten oder Differenzen sowie historische, kulturelle und ethnische Bindungen doch, daß einigen Staaten mit mehr, anderen mit weniger Sympathie begegnet wird, und daß die Beziehungen einen unterschiedlichen Grad der Intensität erreichen. Allerdings können Schwerpunkte nicht einseitig festgelegt werden, denn sie setzen voraus, daß sich auch der anvisierte Partner zur Kooperation bereit findet. Welche regionalen Schwerpunkte das Gesicht der DDR-Südpolitik prägen, soll daher im folgenden anhand der wechselseitigen Sympathiebekundungen, des Ausmaßes und der Tiefe der politischen Verflechtung sowie der Bereitschaft zur Solidarität und Hilfe erörtert werden.

Im Unterschied zur Sowjetunion hat die DDR in der Dritten Welt keine originären geostrategischen Interessen, wenn man einmal davon absieht, daß auch sie sich dem Ziel verpflichtet weiß, auf eine Veränderung des internationalen Kräfteverhältnisses hinzuwirken. Die Sowjetunion hingegen teilt mit zahlreichen Entwicklungsländern eine viele tausend Kilometer lange Grenze und sie bemüht sich, als zweite Supermacht ebenso wie die Vereinigten Staaten militärisch weltweit präsent zu sein. Beides hat strategische Implikationen. Im Interesse der globalen Präsenz sieht sich die Sowjetunion veranlaßt, mit den USA um militärisch-strategische Schlüsselstellungen zu ringen. Zugleich sucht sie ein Netz von Stützpunkten zu errichten, das für weitgreifende Operationen unerläßlich ist. Mit Blick auf die Sicherung ihrer Grenzen sieht sie sich zudem genötigt, einen erheblichen Teil ihrer Aufmerksamkeit den südlichen Nachbarn zu widmen. Das begann bereits wenige Jahre nach der Oktoberrevolution, als die sowjetische Regierung mit der Türkei, dem Iran und Afghanistan ihre ersten außereuropäischen Verträge abschloß.[106] Seit Mitte der fünfziger Jahre setzt sich dies in Gestalt der intensiven Beziehungen zu Indien fort und kulminierte jüngst in der sowjetischen Afghanistan-Invasion, die unverhohlen auch mit einer angeblichen Gefährdung der Südgrenze begründet wurde.[107]

Auch wenn in der DDR-Literatur mitunter betont wird, daß gerade „diesem Bereich erhöhte Bedeutung für die Sicherung der günstigsten äußeren Bedingungen des sozialistischen und kommunistischen Aufbaus in den sozialistischen Ländern und damit für die Perspektiven des gesamten weltrevolutionären Prozesses" zukomme, so ist doch nicht zu erkennen, daß sie den an die Sowjetunion grenzenden Entwicklungsländern eine bevorzugte Förderung zuteil werden ließe.[108] Allein Indien und Vietnam sind seit Jahren prominente Partner der DDR in der Dritten Welt. Jedoch aus anderen Gründen: Vietnam als sozialistischer „Bruderstaat" und langjähriger Empfänger weltweiter Solidarität; Indien, weil es sich als führendes Mitglied der Blockfreien bereits in den fünfziger Jahren bereit fand, mit der DDR Kontakt aufzunehmen. Indien ist seither das einzige nicht-kommunistische Entwicklungsland, das stetig gute und rege Beziehungen mit der DDR unterhält. Die Beziehungen mit anderen Partnern weisen dagegen weit weniger Kontinuität auf. Vielmehr ist es ein typisches Merkmal der DDR-Südpolitik, daß sich die regionalen Schwerpunkte ihres Engagements mehrfach verschoben haben.

In den fünfziger Jahren waren die Hauptadressaten der DDR-Politik neben den asiatischen Volksdemokratien Ägypten, Indien und mit Abstand Indonesien, Burma, der Irak und Syrien. In den sechziger Jahren traten nach dem Sturz des Batista-Regimes Kuba sowie mit Erlangung ihrer Unabhängigkeit einige afrikanische Staaten wie Algerien, Ghana, Guinea, Mali, Tansania und Sudan hinzu. Mit Ausnahme Indiens waren dies alles Staaten, die sozialistischer Programmatik aufgeschlossen gegenüberstanden. Zwar suchte die DDR im Interesse ihrer internationalen Anerkennung Kontakt auch zu solchen Entwicklungsländern, die ihr politisch nicht nahe standen, konnte jedoch trotz zahlreicher Vorstöße kaum Erfolge erzielen. Hatte sich schon zuvor der Schwerpunkt des DDR-Engagements ein wenig nach Afrika verlagert, so gewann dieser Kontinent im Verlauf der siebziger Jahre eindeutig Priorität. Im Zuge sozialrevolutionärer Veränderungen und der Beseitigung des letzten gewichtigen, des portugiesischen Kolonialregimes, wandte sich die DDR insbesondere vier Staaten zu: Angola, Äthiopien und Mosambik sowie gegenüber dem Horn von Afrika der Volksdemokratischen Republik Jemen. Neben den sozialistischen zählen diese vier und namentlich Mosambik bis heute zu den engsten Partnern in der Dritten Welt. Die Chance, nach der Anerkennung ihre Beziehungen zu diversifizieren, nutzte die DDR über die Aufnahme diplomatischer Beziehungen hinaus hingegen kaum. Erst gegen Ende der siebziger Jahre intensivierte sie die Zusammenarbeit mit solchen Entwicklungsländern, die ihr nicht wie die oben genannten politisch eng verbunden waren.

Es fällt auf, daß die Schwerpunkte der DDR-Südpolitik in der Vergangenheit zumeist dort lagen, wo die Partner politische und ideologische Affinitäten aufwiesen.[109] Ähnliche sozialistische Überzeugungen und Ziele begründeten Beziehungen, ließen sie aber auch scheitern. Kurswechsel in Ägypten und Mali, Umstürze in Ghana und Indonesien bewirkten, daß sich die DDR weitgehend zurückziehen mußte. Der Versuch hingegen, traditionelle historische und kulturelle Beziehungen, wie sie zwischen Deutschland und Lateinamerika sowie den arabischen Staaten seit Generationen bestanden, zu nutzen, scheiterten früh an der Systemgrenze. Nicht viel anders erging es den ökonomischen Beziehungen, deren politischer Ertrag ebenfalls gering blieb.

Sicherlich wurde die DDR anfänglich von außen, durch die bundesdeutsche Hallstein-Doktrin, genötigt, mit nur wenigen ihr politisch nahestehenden Entwicklungsländern zu kooperieren. Während der siebziger Jahre indes betrieb sie gezielt eine „antiimperialistische" Politisierung ihrer Südbeziehungen und konzentrierte ihre begrenzten Ressourcen auf „progressive" Staaten. Die zwiespältigen Ergebnisse dieses politischen Kurses regten im Übergang zu den achtziger Jahren offenbar Überlegungen an, denen eine neue Orientierung folgen könnte. Erste Indizien sind bereits sichtbar: So büßte der „Antiimperialismus" als Movens ihrer Südpolitik augenscheinlich an Dynamik ein, denn in Afghanistan hat sich die DDR sowohl vor als auch nach der sowjetischen Invasion auffallend zurückgehalten.[110] Es ist denkbar, daß sie künftig mit Blick auch auf die Kooperation zwischen Ost und West ihrer Südpolitik weniger ideologische Elemente verleiht, die Beziehungen diversifiziert und einen Kurs einschlägt, der eigenständig den Handlungsspielraum, die Reputation und das Gewicht einer europäischen Mittelmacht zur Geltung bringt.

2. Militärpolitik und militärisches Engagement der DDR in der Dritten Welt

Seit 1945 wurden in der Dritten Welt annähernd 150 Kriege, größere bewaffnete Auseinandersetzungen und Bürgerkriege ausgetragen. Politische Instabilität sowie tiefgreifende soziale und wirtschaftliche Probleme haben dazu geführt, daß die Anwendung militärischer Gewalt in der südlichen Hemisphäre heute tägliche, blutige Realität ist. Kriege und bewaffnete Konflikte verbreiten aber nicht nur Tod, Elend und Verwüstungen, sie entziehen den Entwicklungsländern auch in erheblichem Umfang dringend benötigte Ressourcen. Rüstungsreichtum und militärpolitische Dynamik auf der einen, wirtschaftliche Armut und entwicklungspolitische Stagnation auf der anderen Seite kennzeichnen gemeinsam die aktuelle Lage in der Dritten Welt.

Ohne die Mitwirkung der Industriestaaten des Ostens wie des Westens wäre diese Situation kaum denkbar. Sie stellen den Entwicklungsländern den überwiegenden Teil des vermeintlich benötigten militärischen Gerätes zur Verfügung. Sie ergreifen in kriegerischen Konflikten Partei, lassen den Gegnern Unterstützung zukommen und haben sich in der Vergangenheit nicht selten zum direkten Einsatz militärischer Kräfte bereit gefunden. An dem Ziel gemessen, zu Stabilität, Entwicklung und Fortschritt in der Dritten Welt beitragen zu wollen, ist eine solche Praxis in hohem Maße fragwürdig. Gleichwohl ist nicht zu erkennen, daß der militärischen Komponente in den Beziehungen zwischen Nord und Süd künftig weniger Bedeutung eingeräumt werden würde. Im Gegenteil.

Die DDR geht wie ihre Bündnispartner im sozialistischen Lager davon aus, daß die Anwendung bewaffneter Gewalt in absehbarer Zeit nicht aus den internationalen Beziehungen hinwegzudenken ist. Zwar glorifiziert sie Gewaltanwendung und militärische Auseinandersetzungen nicht, doch läßt sie mit Blick auf die Dritte Welt keinen Zweifel daran, daß diese „eine spezifische Kampfform in der gegenwärtigen Etappe des nationalen Befreiungskampfes der Völker Afrikas und Asiens" darstellen.[111] Dem „antiimperialistischen Befreiungskampf" aber fühlt sich die DDR, gleichgültig ob er mit friedlichen oder kriegerischen Mitteln ausgefochten wird, solidarisch verbunden. Ihm läßt sie politische und militärische Unterstützung zukommen, wobei es im Grundsatz unerheblich ist, ob sich der Kampf offensiv gegen die bestehenden Verhältnisse in der Dritten Welt richtet oder defensiv als „Verteidigung revolutionärer Errungenschaften" einzelner Entwicklungsländer begriffen wird.

2.1. Die DDR und der bewaffnete Befreiungskampf

„Nationale Befreiungskriege" als „schärfste Form der nationalen Befreiungsbewegung" werden von der Sowjetischen Militärenzyklopädie wie folgt definiert:

> „Nationale Befreiungskriege sind Kriege der Völker von kolonialen, abhängigen oder vom Kolonialjoch befreiten Ländern gegen die Kolonialmacht und die innere Reaktion, um die staatliche Souveränität zu erkämpfen oder zu verteidigen und eine freie, unabhängige Entwicklung zu sichern."[112]

Als „nationale Befreiungskriege" haben danach sowohl die antikolonialen Kriege in Algerien, Angola und Mosambik, die Bürgerkriege in Vietnam, Laos, Kampuchea und Zentralamerika als auch der gemeinsam von Indien und der ostbengalischen Awami-Liga gegen Pakistan geführte Krieg zu gelten, aus dem 1971 ein neuer Staat, Bangladesh, hervorging. Der bewaffnete Kampf muslimischer Widerstandsgruppen gegen die sowjetische Besatzungsmacht und das von ihr importierte Regime Babrak Karmals in Afghanistan kann in den Augen der sozialistischen Staaten hingegen ebenso wenig ein „Befreiungskrieg" sein wie der Kampf der eritreischen Unabhängigkeitsbewegung gegen die äthiopische Zentralregierung. Da sich beide gegen „sozialistisch orientierte" Regimes richten, die eng mit der Sowjetunion befreundet sind, ermangelt es ihnen an Prädikaten, die einen bewaffneten Konflikt erst zum „nationalen Befreiungskrieg" qualifizieren:

„Die Gesetz- und Rechtmäßigkeit von nationalen Befreiungskriegen ist begründet in ihren edlen, erhabenen Zielen sowie darin, daß sie sich ausschließlich gegen das ganze auf bewaffnete Gewalt gestützte imperialistische Unterdrückungssystem richten. Gerade deshalb sind die nationalen Befreiungskriege eine Reaktion auf die von den Imperialisten betriebene Politik der nationalen und sozialen Unterdrückung, gleichgültig, ob es sich um Kriege souveräner Nationalstaaten handelt, die Objekt einer bewaffneten Aggression des Imperialismus geworden sind, oder um Aufstände, wenn Völker zu den Waffen greifen, nachdem alle möglichen friedlichen Methoden des Kampfes gegen die Kolonialmächte und die sie unterstützende innere Reaktion ausgeschöpft worden sind."[113]

Auch hier wird, wie so oft, das bipolare Grundmuster sichtbar, das die Wahrnehmung der Dritten Welt und in erheblichem Umfang auch das entwicklungspolitische Engagement der sozialistischen Staaten strukturiert. „Nationale Befreiungskriege" sind ein Beitrag zur Veränderung des internationalen Kräfteverhältnisses und erheischen schon deshalb die Unterstützung der sozialistischen Staaten. Daran änderte grundsätzlich auch die Entspannung im Norden nichts, da die friedliche Koexistenz nicht „auf die Beziehungen zwischen Unterdrückern und Unterdrückten, zwischen Kolonialisten und den Opfern der kolonialen Unterjochung" anzuwenden ist, denn sie widerspricht „nicht dem Recht der unterdrückten Völker, im Kampf um ihre Befreiung die Mittel anzuwenden, die sie für notwendig erachten, den bewaffneten oder nichtbewaffneten Weg zu beschreiten".[114]

Nicht nur die politische und wirtschaftliche, sondern auch die militärische Unterstützung der nationalen Befreiungsbewegung begreifen die sozialistischen Staaten und mit ihnen die DDR als „internationalistische Pflicht". Sie heben allerdings hervor, daß sie keinen „Export der Revolution" beabsichtigen, sondern lediglich den „Imperialismus" daran hindern wollen, „die Konterrevolution mit bewaffneter Hand zu exportieren". Auch enthält die Rechtfertigung ihres militärischen Engagements in der Dritten Welt ideologische Sicherungen, die verhindern sollen, daß die sozialistischen Staaten jeder beliebigen „Befreiungsbewegung" beistehen müssen, wenn diese bewaffnete Auseinandersetzungen beginnt. Militärische Hilfe wollen sie nur „auf Bitten der rechtmäßigen Regierungen der befreiten Staaten oder der nationalen Befreiungsbewegungen" erweisen und „immer unter sorgfältiger Beachtung der konkreten Klassenkampfbedingungen, unter Berücksichtigung aller Faktoren, insbesondere des Reifegrades der objektiven und subjektiven Bedingungen der revolutionären Bewegung".[115]

Die Partei- und Staatsführer der sozialistischen Staaten sind alles andere als Anhänger jener militaristischen Revolutionsmythologien, wie sie in der „Theorie des Volkskrieges" Mao Tse-tungs, der Konzeption eines „Guerilla-Fokus" von Regis Debray und Ernesto Che Guevara, der Stadtguerilla-Strategie von Carlos Marighela oder der kathartischen Idealisierung von Befreiungskriegen bei Frantz Fanon zum Ausdruck kommen. Konzeptionen, die bewaffneten Auseinandersetzungen die Priorität einräumen und – ganz im Sinne eines „Exports der Revolution" – die bedingungslose Solidarisierung aller revolutionären Kräfte einklagen, haben sie immer und nicht selten heftig kritisiert.[116] Autonome und autochthone Revolutionsmodelle der Dritten Welt mit eigener Dynamik sind den sozialistischen Staaten grundsätzlich suspekt, da sie diese kaum oder überhaupt nicht beeinflussen und kontrollieren können. Wem und wann militärische Unterstützung zuteil wird, entscheiden allein sie – nach Kriterien, die weniger mit nationaler und sozialer Befreiung in der Dritten Welt, dagegen viel mit dem Kräfteverhältnis zwischen Ost und West zu tun haben. Die marxistisch-leninistische Theorie des Befreiungskrieges muß daher den Spielraum garantieren, damit die sozialistischen

Staaten flexibel sein und unter pragmatischen sowie machtpolitischen Gesichtspunkten bewaffnete Befreiungskämpfe in der Dritten Welt gutheißen oder ablehnen, militärische Unterstützung zusagen oder verweigern können.

Nur wenn eine Reihe von Bedingungen erfüllt ist, halten die DDR und ihre Verbündeten den bewaffneten Kampf für gerechtfertigt und zeigen sich bereit, ihn zu unterstützen:

> „Die objektiven Gesetze des revolutionären bewaffneten Kampfes schließen Abenteurertum und Spontaneität aus, die ihren deutlichsten Ausdruck im kleinbürgerlichen ‚Revoluzzertum‘ finden. Der bewaffnete Kampf ist die komplizierteste und verantwortungsvollste Form des Klassenkampfes. Daher muß dem bewaffneten Aufstand eine gründliche sozialökonomische und politische Analyse der Lage im Lande sowie eine allseitige Berücksichtigung der internationalen Faktoren, die eine ständig wachsende Rolle spielen, vorangehen."[117]

Konkret heißt dies, daß ein bewaffneter Befreiungskampf erst begonnen werden soll, wenn das Kräfteverhältnis zwischen den Bürgerkriegsparteien Aussicht auf Erfolg verspricht. Dabei ist strittig, ob ein ungefähres Gleichgewicht der Kräfte bestehen muß, oder ob der Kampf auch bei erheblicher Unterlegenheit erfolgreich geführt werden kann. Weniger kontrovers werden hingegen die Methoden des Kampfes beurteilt: In der ersten Phase können sich die Aufständischen auf einen Partisanenkrieg beschränken; um siegreich zu sein, muß dieser jedoch in einen „regulären Bewegungskrieg" übergehen, der schließlich das ganze Land erfaßt.[118] Als weitere wichtige Bedingung für den bewaffneten Kampf gilt, daß dieser über eine breite Basis in der ländlichen und städtischen Bevölkerung verfügt und mit intensiver politischer Aufklärungsarbeit verbunden wird. Rebellenverbände dürfen nicht isoliert und in der Erwartung operieren, die bewaffneten Auseinandersetzungen würden gleichsam automatisch eine Solidarisierung breiter Bevölkerungskreise bewirken. Vielmehr müssen militärische Handlungen aus dem „Klassenkampf" hervorgehen und eng mit dessen politischen und sozialen Formen abgestimmt sein. Schließlich sind die Aufständischen gehalten, um internationale Anerkennung sowie um politische und materielle Unterstützung durch eine möglichst große Zahl von Staaten nachzusuchen.

Sind diese Konditionen erfüllt, finden „progressive" politische Organisationen und ihre bewaffneten Verbände in der Dritten Welt zumeist die Anerkennung der sozialistischen Staaten. Ob und in welchem Umfang ihnen sodann Unterstützung zuteil wird, hängt jedoch von weiteren Faktoren ab. Besteht etwa die akute Gefahr politischer oder gar militärischer Verwicklungen mit den USA und anderen westlichen Staaten, so scheinen die Sowjetunion und die DDR ein offenes Engagement eher zu vermeiden. Ein Beispiel ist Zentralamerika. Zwar ließen die sozialistischen Staaten dem Guerilla-Kampf der FSLN in Nikaragua ebenso wie heute der FMLN in El Salvador politische und moralische Unterstützung angedeihen – eine offene militärische Hilfe für den bewaffneten Kampf im „Hinterhof" der USA scheuten sie indes. Wenn überhaupt ließen sie den Rebellenverbänden Waffen und militärisch nutzbares Gerät über andere Länder der Dritten Welt zufließen. Unter günstigeren internationalen Bedingungen wäre ihr Engagement fraglos größer.[119]

Als die DDR am Beginn der siebziger Jahre beschloß, den Befreiungsbewegungen im Südlichen Afrika über die bis dahin gewährte politische und moralische Unterstützung hinaus auch militärisch beizustehen, lag dem eine scheinbar ideale Kombination von Einflußfaktoren zugrunde. Mögliche westliche Vorbehalte glaubte sie durch die Entspannung und den Umstand neutralisiert, daß sich schließlich auch die Sowjetunion zu einer Verständigung mit den Vereinigten Staaten bereitgefunden hatte, als diese noch in Vietnam Krieg führten. Die Befreiungsorganisationen MPLA, FRELIMO, PAIGC und ZAPU hatten die Anerkennung der Organisation für Afrikanische Einheit (OAU) sowie zahlreicher Entwicklungsländer gefunden. Zudem kontrollierten sie in Angola, Mosambik und Guinea-Bissau bereits große Landesteile. In Anbetracht der moralischen Diskreditierung des portugiesischen Kolonialismus schien es folglich nur eine Frage der Zeit, wann sie ihren Kampf erfolgreich abschließen würden. Die am Beginn der siebziger Jahre ausgesprochene Anerkennung und Unterstützung der PLO schien aus ähnlichen Gründen gerechtfertigt.

In der Anfangsphase mußten sich die antikolonialen Bewegungen des Südlichen Afrika dagegen ganz auf die Unterstützung sympathisierender Staaten der Dritten Welt verlassen. So wurden die Guerilla-Kämpfer der MPLA, der FRELIMO, der PAIGC und der ZAPU während der sechziger Jahre in Algerien, Tansania, Kongo, Ghana und Sambia geschult und ausgerüstet.[120] Dies geschah bereits damals mit kubanischer Unterstützung und unter der Anleitung Che Guevaras, was augenscheinlich dazu beitrug, daß etwa bei der FRELIMO „Erscheinungen der Überbetonung der bewaffneten Form des antikolonialen Befreiungskampfes" zu verzeichnen waren, wie rückblickend in der DDR kritisch vermerkt wurde.[121]

Mochte in den siebziger Jahren die politische und militärische Unterstützung „nationaler Befreiungsbewegungen" durch die sozialistischen Staaten erhebliche Aufmerksamkeit wecken, so messen diese doch der Zusammenarbeit mit regulären Armeen einzelner Entwicklungsländer eine weit größere Bedeutung zu. Ihnen fließt der ganz überwiegende Teil der Rüstungsgüter zu und mit einigen von ihnen hat auch die Nationale Volksarmee der DDR intensive Kontakte angebahnt.

2.2. Die militärische Verteidigung „revolutionärer Errungenschaften" in der Dritten Welt

Ihr theoretisches und praktisches Hauptaugenmerk richten die sozialistischen Staaten und insbesondere die DDR neben den „sozialistischen Bruderländern" Vietnam und Kuba auf jene Länder der Dritten Welt, die einen Entwicklungsweg mit „sozialistischer Orientierung" eingeschlagen haben. Im Vordergrund stehen dabei die ehemaligen portugiesischen Kolonien Angola und Mosambik sowie Äthiopien und die Volksdemokratische Republik Jemen. Sie haben im Anschluß an nationale Befreiungskämpfe, nach dem Erfolg aufständischer bewaffneter Bürgerkriegsverbände oder im Zuge schlichter Militärputsche tiefgreifende soziale Veränderungen eingeleitet, die es nicht zuletzt militärisch abzusichern gilt. Getreu der Leninschen Lehre, daß „eine Revolution nur dann etwas wert (ist), wenn sie sich zu verteidigen versteht", verweisen die sozialistischen Staaten auf die überragende Bedeutung einer zuverlässigen und schlagkräftigen Armee, der die Aufgabe zufalle, nach innen und außen den Bestand der „revolutionären Errungenschaften" zu garantieren.[122]

Innen- wie außenpolitisch ist den Armeen der „sozialistisch orientierten" Entwicklungsländer eine defensive und eine offensive Funktion zugewiesen. Nach innen haben sie vor allem für „eine entschlossene bewaffnete Unterdrückung der konterrevolutionären Kräfte" und der „inneren Reaktion" Sorge zu tragen;[123] doch sollen sie im Sinne einer „sozialen Vertiefung" der Entwicklung auch „aktiv an der Lösung gesellschaftspolitischer, wirtschaftlicher und kultureller Schwerpunktaufgaben (Durchführung der Bodenreform, Ausbau der Infrastruktur, Überwindung des Analphabetentums usw.)" mitwirken.[124] Ihre äußere Hauptaufgabe besteht in der Abwehr solcher „bewaffneter Aggressionen, die entweder von den imperialistischen Staaten selbst oder von reaktionären proimperialistischen Regimes ausgehen".[125] Offensiv gehört darüber hinaus „zur Wahrnehmung der äußeren Funktion militärische Hilfe für jene Völker, die noch um ihre staatliche Selbständigkeit kämpfen oder ihre progressive Entwicklung gegenüber der inneren und äußeren Konterrevolution verteidigen müssen".[126]

Angesichts seiner hohen über Erfolg und Mißerfolg des eingeschlagenen Entwicklungsweges entscheidenden Bedeutung gilt den sozialistischen Militärtheoretikern der „bewaffnete Schutz der Errungenschaften" als eine „Hauptfunktion der jungen Staatsmacht in den sozialistisch orientierten Nationalstaaten".[127] Zahlreiche charakteristische Probleme der Dritten Welt – niedriges Entwicklungsniveau, weit verbreiteter Analphabetismus, kaum entfaltete moderne Sozial- und Wirtschaftsstrukturen, fehlende militärtechnische und -ökonomische Kenntnisse und Voraussetzungen – lassen den Aufbau zuverlässiger Armeen jedoch ausgesprochen schwierig geraten. Auf der anderen Seite tragen gerade diese Faktoren dazu bei, daß dem Militär und in Sonderheit den Offizierskorps in den meisten Entwicklungsländern eine erhebliche politische Bedeutung zufällt. Mehr noch wird es in die Lage versetzt, „sich zu einer verhältnismäßig selbständigen politischen Kraft zu entwickeln", die „Ausgangspunkt für eine revolutionäre, antikapitalistische Orientierung" sein kann, aber auch „für Handlungen gegensätzlichen Charakters" offen ist.[128] Die sozialistische Militärwissenschaft hat daher Kriterien für eine Transformation der Armeen entwickelt, die sicherstellen sollen, „daß die bewaffneten Organe zuverlässige Machtinstrumente der revolutionär-demokratischen Führungskräfte" in den Ländern mit „sozialistischer Orientierung" und eine wesentliche Triebkraft des revolutionären Prozesses werden.[129] Sie machen zugleich sichtbar, in welche Richtung die sozialistischen Staaten auf die Regierungen und Armeen der Entwicklungsländer einzuwirken trachten.

Zusammengefaßt haben die revolutionär-demokratischen Kräfte der Entwicklungsländer mit Blick auf die Armee folgende politische und soziale Aufgaben zu lösen:

„1. Unterbindung von Bestrebungen bourgeoiser und rechter kleinbürgerlicher, bürokratischer Elemente, die Streitkräfte als privilegierte, vom Volke isolierte, angeblich ‚über den Klassen' stehende professionelle Institution und Elite zu erhalten oder in eine solche zu verwandeln, sie von den politischen Organisationen der revolutionären Kräfte abzuschirmen und ihrer Kontrolle zu entziehen.

2. Entwicklung der Armeen zu Volksarmeen bzw. deren weitere Profilierung durch Erhöhung des proletarischen und bäuerlichen Elements im Offizierskorps, Heranbildung und Stärkung einer von revolutionären Ideen durchdrungenen militärischen Führung; Säuberung der Armee von Gegnern der sozialistisch orientierten Entwicklung.

3. Erhöhung des politischen Bewußtseins der Soldaten und Offiziere durch ihre Erziehung entsprechend dem von der Partei- und Staatsführung beschlossenen Programm antiimperialistisch-demokratischer, sozialistisch orientierter Umgestaltungen; entschiedene Bekämpfung antisozialistischer Ideologien vor allem des Antikommunismus und Antisowjetismus.

4. Festigung der Beziehungen der Armeeangehörigen zu den Arbeitern und Bauern.

5. Festigung der Einheit der Armee auf der Basis des Programms der Revolution, Konsolidierung der Armee als Nationalarmee; entschiedene Bekämpfung regionalistischer, tribalistischer und separatistischer Tendenzen; Erhöhung der Wachsamkeit gegenüber Bestrebun-

gen des Imperialismus und der inneren Reaktion, Widersprüche zwischen einzelnen ethnischen und religiösen Gruppen zur Spaltung der Armee auszunutzen und zu reaktionären Zwecken zu mißbrauchen."[130]

Die Ausbildung von Armeeangehörigen aus der Dritten Welt an den Militärakademien sozialistischer Länder soll neben militärtechnischen Kenntnissen vor allem auch diese Grundprinzipien der marxistisch-leninistischen Militärtheorie vermitteln. Zwar konzentrieren sie sich dabei auf die Staaten mit „sozialistischer Orientierung", da jedoch Kontakte auch zu den Streitkräften „kapitalistischer" Entwicklungsländer bestehen, ist davon auszugehen, daß auch ihnen solche und ähnliche Forderungen nahegebracht werden. Den sozialistischen Staaten ist wenig an reaktionären Militärputschen, um so mehr aber an einem „Antiimperialismus" der kapitalistischen Länder in der Dritten Welt gelegen, der sich im Zeichen des Nord-Süd-Konfliktes mit den westlichen Industriestaaten entfaltet. Allein deshalb scheinen sie in der Einwirkung auf die Armeen auch dieser Länder eine aktuelle politische Aufgabe zu sehen.

Mit Blick auf die starke Stellung, die die Streitkräfte gerade in den Ländern mit „sozialistischer Orientierung" bekleiden, ist es ein besonderes Anliegen der sozialistischen Politiker und Militärs, den marxistisch-leninistischen Imperativ der führenden Rolle einer „revolutionär-demokratischen" Partei herauszustellen, den diese auch gegenüber den Streitkräften zur Geltung bringen müsse. Nur sie könne die politische Kontrolle gewährleisten und verhindern, daß sich in der Armee eigenständige und potentiell konterrevolutionäre Tendenzen anbahnen. Militärregierungen oder eine „Militärdiktatur", die zeitweise in Äthiopien diagnostiziert wurde,[131] akzeptieren die sozialistischen Strategen lediglich als „Übergangsphase auf dem Wege der sozialistischen Entwicklung". Sie sind optimistisch, daß ihnen die „revolutionären Demokraten" darin folgen:

„Versuche, gewissermaßen ‚alles mit der Armee zu machen' und die vielfältigen gesellschaftlichen Prozesse hauptsächlich nach militärischem Führungsmuster zu lenken, wurden durch das Leben selbst korrigiert. Damit schärfte sich mehr und mehr auch der Blick für die Notwendigkeit und die Möglichkeiten, innere oder äußere Konfliktsituationen politisch zu lösen."[132]

Ob die fortdauernde Existenz quasi-militärischer Regimes in einer Reihe von Ländern mit „sozialistischer Orientierung"diesen Optimismus rechtfertigen, erscheint fraglich. Da die sozialistischen Staaten im Sinne des geschichtsmächtigen sowjetischen Vorbilds ihr politisches System ebenfalls weitgehend militärischen Ordnungsprinzipien entlehnt haben, bestehen systemspezifische Affinitäten, die bei einer Fortführung der „sozialistisch orientierten" Umgestaltungen eher eine Stärkung des militärischen Faktors erwarten lassen. Dazu trägt auch bei, daß sich die Sowjetunion wie die DDR mit Vehemenz dagegen wehren, wenn in befreundeten Entwicklungsländern Pläne erörtert werden, auf ein stehendes Heer zu verzichten und die Verteidigung allein mit leicht bewaffneten Miliz- oder Partisanenkräften zu organisieren. Zwar halten auch sie flankierende Miliz-Verbände für erforderlich, entscheidend seien aber „reguläre, mit moderner sozialistischer Militärtechnik ausgerüstete Streitkräfte", die unter „straffer Einzelleitung" und „eiserner militärischer Disziplin" stehen.[133] Sie wollen die eigenen militärischen Organisations- und Ausrüstungsprinzipien übertragen und fordern die Entwicklungsländer auf, diese als „Erfahrungsquelle" zu nutzen, da es sich „um die in militärtechnischer Hinsicht fortgeschrittensten Erfahrungen des Aufbaus von Streitkräften handelt".[134] Wenn dies in unterentwickelten Gesellschaften durchgesetzt werden soll, ist eine umfassende Militarisierung die natürliche Folge. Miliz-Verbände entsprechen den spezifischen Bedingungen in der Dritten Welt dagegen weit besser – und sie sind eindeutig defensiv orientiert.

Ob, wie Armeeangehörige der sozialistischen Staaten behaupten, der Verzicht auf reguläre Streitkräfte und Versuche einiger Entwicklungsländer, „den Schutz des Landes ausschließlich durch ein Milizsystem zu gewährleisten", tatsächlich gescheitert sind, sei dahingestellt.[135] Die Forderung nach regulären und modern ausgerüsteten Streitkräften hat indes über die bereits skizzierten Begleiterscheinungen hinaus für die Entwicklungsländer zwei höchst negative Konsequenzen. Sie werden auf militärische Strategien und die Ausrüstung mit Großwaffensystemen festgelegt, die der nördlichen Hemisphäre entstammen, den militärtechnischen, personellen und zumeist auch geographisch-klimatischen Bedingungen der Dritten Welt hingegen kaum entsprechen und – wie praktische Erfahrungen gezeigt haben – häufig nur begrenzt verwendbar sind. Hinzu kommt, daß eine solche Struktur der Streitkräfte enorme und weit größere Ressourcen verschlingt als die Ausrüstung mit leichten Infanteriewaffen, wie sie bei Miliz-Verbänden üblich ist.

Für die sozialistischen Staaten ist dagegen der Nutzen erheblich größer. Zahlungskräftigen Kunden können sie modernes Militärgerät zur Verfügung stellen, das als Handelsware zur Einnahme von Devisen verhilft. Anderen Interessenten können sie Waffensysteme liefern, die in Europa veraltet sind, in der Dritten Welt jedoch durchaus noch verwendbar erscheinen.[136] Importiertes Kriegsgerät macht zudem Ausbildungsmaßnahmen erforderlich, die wiederum zur politischen und ideologischen Beeinflussung genutzt werden können. Kurzum: Die Schaffung regulärer mit Panzern, Raketen, Flugzeugen sowie anderen Großwaffen ausgerüsteter Armeen macht die Entwicklungsländer militärisch und in der Folge auch ökonomisch und politisch von den sozialistischen Staaten abhängig. Ihrer direkten Einflußnahme sowie politischen Pressionen sind Tür und Tor geöffnet.

Vor diesem Hintergrund wird plausibel, wenn in der DDR Grundsätze der Milizoder Territorialverteidigung als politische Leitlinie auch deshalb der Ablehnung verfallen, da dies mit dem Ziel propagiert werde, „die fortschrittlich orientierten jungen Nationalstaaten Afrikas und Asiens möglichst auf militärischem Gebiet von ihrem wichtigsten Verbündeten, dem real existierenden Sozialismus, zu trennen".[137] In der Tat benötigen die Entwicklungsländer eine Verteidigungskonzeption, die auf ihren eigenen Kräften basiert und weitgehend ohne äußere Hilfe verwirklicht werden kann.[138] Sie benötigen ein solches, defensiv orientiertes Konzept auch, weil die Vergeudung von Ressourcen und regionale Rüstungswettläufe erheblich zu wirtschaftlichen und sozialen Krisen und damit zu politischer Instabilität in der Dritten Welt beitragen. Langfristig liegen deren Stabilität und Entwicklung aber weit mehr auch im Interesse der Industriestaaten als kurzfristige, dem Ost-West-Konflikt verpflichtete militärstrategische oder ökonomische Vorteile, die ihnen aus Waffengeschäften zufließen können. Es hat den Anschein, als gewinne diese Erkenntnis in der DDR zunehmend an Boden, wenngleich das militärische Engagement einer Reihe von sozialistischen Staaten in der Dritten Welt davon bislang eher unberührt geblieben ist.[139]

2.3. Das militärische Engagement der DDR in der Dritten Welt: Daten, Fakten, Spekulationen

Im Unterschied zur Sowjetunion und Kuba, die aus ihrem militärischen Engagement in der Dritten Welt keinerlei Hehl machen, findet die Beteiligung der DDR im eigenen Land nur eine spärliche publizistische Resonanz. Während in der sowjetischen Literatur die militärische Unterstützung der nationalen Befreiungsbewegung „durch die sozialistischen Bruderländer zu einem ständig wirkenden Faktor der Weltpolitik" stilisiert und herausgestellt wird, daß diese „immer größere Bedeutung" gewinne und „jedes kolonialistische Kriegsabenteuer des Imperialismus schließlich zur Perspektivlosigkeit" verurteile, sind vergleichbare Stimmen in der DDR nur selten anzutreffen.[140] Dort dominieren zurückhaltende Hinweise wie jene des stellvertretenden DDR-Außenministers Klaus Willerding, der zum militärischen Engagement der DDR in Ländern der Dritten Welt lediglich anmerkte: „Auf Wunsch einiger von ihnen entwickelte sich auch die Zusammenarbeit im militärischen Bereich."[141] Gemeinsam ist der Sowjetunion und der DDR wiederum, daß beide über die Details ihrer Aktivitäten nahezu keine Auskunft geben.

Die publizistische Zurückhaltung der DDR kann mehrere Gründe haben. So wird nach zwei Weltkriegen bis auf den heutigen Tag in der Weltöffentlichkeit aufmerksam und kritisch registriert, wenn deutsche Waffen und Soldaten in den Krisenzonen der südlichen Kontinente Verwendung finden. Auch mag die exponierte und wenig stabile Lage der DDR an der Nahtstelle des Ost-West-Konfliktes eine mögliche Begeisterung für militärische Abenteuer eingrenzen. Schließlich kann die geringe publizistische Resonanz als Indikator dafür gewertet werden, daß die DDR militärischen Fragen in ihren Beziehungen zur Dritten Welt tatsächlich nur wenig Gewicht einräumt. Eine kritische Anmerkung des Ost-Berliner Ökonomen und Hochschullehrers Karl-Heinz Domdey mag darauf hindeuten, daß in der DDR zumindest diskutiert wird, ob eine militärische Unterstützung der Entwicklungsländer unverzichtbar und welche relative Bedeutung ihr beizumessen ist:

> „Zweifellos besaß und besitzt dabei die militärische Solidarität, Hilfe und Zusammenarbeit eine große Bedeutung. Gleichzeitig dürfen aber auch nicht die Ansätze gegenseitiger wirtschaftlicher Unterstützung und Kooperation unterbewertet werden."[142]

Daß die DDR sich bis auf den heutigen Tag in der Dritten Welt militärisch engagiert, ist unstrittig. Nationale Befreiungsbewegungen, die am ideologischen Selbstverständnis der DDR-Führung anknüpfen und „antiimperialistische Solidarität" einklagen, sowie instabile „sozialistische" und „sozialistisch orientierte" Entwicklungsländer, die ohne Hilfe von außen zusammenbrechen würden, haben die DDR mehr als einmal vor die Wahl gestellt, den eigenen deklaratorischen Zielen zu folgen und militärische Unterstützung zu gewähren oder diese zu versagen. Erschwerend kommt hinzu, daß gerade „sozialistische" und „sozialistisch orientierte" Entwicklungsländer in außergewöhnlich großem Umfang militärische Konflikte mit ihren Nachbarn haben: in Ostasien Vietnam und Kampuchea, im Mittleren Osten Afghanistan, im Nahen Osten Syrien, der Irak und Libyen, am Horn von Afrika Äthiopien, im Südlichen Afrika Angola und Mosambik und in Zentralamerika Nikaragua. Wenn zudem das militärische Engagement Tansanias in Uganda, die Unterstützung der POLISARIO durch Algerien, die jemenitischen Verbände in Äthiopien (zuvor unterstützte die VDR Jemen die Aufständischen im Oman/Dhofar-Bürgerkrieg und trug selbst einen kurzlebigen Krieg mit dem Nord-

Jemen aus), der latente Bürgerkrieg in Burma und nicht zuletzt das umfangreiche Engagement Kubas Berücksichtigung finden, bleibt kaum ein größeres, der DDR freundschaftlich verbundenes Land der Dritten Welt, das keine militärischen Verwicklungen aufweist – aus welchen Gründen auch immer. Daß eine solche Situation die europäischen sozialistischen Staaten nicht unberührt lassen kann, liegt auf der Hand. Im Zuge wachsender Anforderungen hat sich offenkundig auch die DDR zu einem militärischen Engagement in der Dritten Welt bereitgefunden. Seit wann, in welchem Umfang und auf welche Weise sie dies tut, ist allerdings nur schwer zuverlässig abzuklären.

Die Kriege in Korea und Vietnam am Beginn der fünfziger Jahre sowie der algerische Krieg gegen die französische Kolonialmacht am Ende des Jahrzehnts boten der DDR erstmals Gelegenheit, in bewaffneten Auseinandersetzungen ihre Solidarität unter Beweis zu stellen. Ob sie dabei über die Beseitigung von Kriegsfolgen und medizinische Assistenz hinaus – im Algerien-Krieg wurde die bis heute währende Tradition begründet, verwundete Kombattanten der Guerilla-Verbände in der DDR ärztlich zu behandeln – auch militärische Unterstützung gewährte, ist allerdings nicht bekannt.[143] Erste Hinweise auf militärische Hilfe sind, wenngleich ohne Konkretisierung, aus den sechziger Jahren zu verzeichnen, als die DDR Ägypten, Tansania, Guinea und Nord-Vietnam Kriegsgerät zur Verfügung gestellt haben soll.[144] Am Beginn der siebziger Jahre verdichteten sich die Hinweise auf ein militärisches Engagement der DDR in der Dritten Welt. Mehrere westliche Beobachter verwiesen auf Waffenlieferungen, Ausbildungshilfe und militärische Berater der DDR, die vornehmlich den Befreiungsbewegungen im Südlichen Afrika und der Palästinensischen Befreiungsorganisation PLO, aber auch befreundeten Staaten wie etwa der Volksrepublik Kongo zugute gekommen sein sollen.[145] Nach dem Zerfall des portugiesischen Kolonialreiches und im Zuge des äthiopisch-somalischen Krieges scheint sich dieses Engagement erheblich ausgeweitet zu haben. Wenn heute militärische Aktivitäten der DDR in der Dritten Welt erörtert werden, so gilt die Aufmerksamkeit vor allem dieser Mitte der siebziger Jahre eingeleiteten Phase.

Nach eigenen Angaben umfaßt die militärische Zusammenarbeit der sozialistischen Staaten mit den Entwicklungsländern vornehmlich die folgenden Formen:

„ – Lieferung von Waffen und Militärtechnik,
 – Ausbildung von Militärkadern,
 – Hilfe beim Aufbau von Betrieben der Verteidigungsindustrie,
 – Gewährung von Lizenzen zur Herstellung von Erzeugnissen für die Landesverteidigung sowie
 – Hilfe beim Aufbau der Armee und bei der Gefechtsausbildung der Truppen."

Hinzu kommt „die zeitweilige Anwesenheit von Truppenkontingenten einzelner sozialistischer Staaten in einigen befreiten Ländern".[146]

Mit annähernd 90 % ist die Sowjetunion unter den sozialistischen Staaten unbestritten der Hauptlieferant von militärischem Gerät für die Dritte Welt. Ihr folgen in weitem Abstand die Tschechoslowakei, die bereits seit den zwanziger Jahren über eine leistungsfähige Waffenproduktion verfügt, und Polen. Beiden Ländern ist der Waffenexport offenkundig eine wichtige Einnahmequelle für Devisen. Waffenlieferungen der DDR, die kaum eigene Rüstungskapazitäten besitzt, fallen dagegen quantitativ nur wenig ins Gewicht.[147] In ihrer Antwort auf eine parlamentarische Anfrage der CDU/CSU-Bundestagsfraktion über die Aktivitäten der DDR in Afrika verwies darauf 1980 auch die damalige Bundesregierung:

„Die Waffenlieferungen der DDR in afrikanische Staaten sind gering und erfolgen nur im Rahmen der ‚Arbeitsteilung' des Warschauer Paktes."[148]

Waffenlieferungen in die Dritte Welt haben Vertreter der DDR erstmals 1979 offen eingestanden. So berichtete Verteidigungsminister Heinz Hoffmann im Anschluß an eine Afrika-Reise, daß er in einem Ausbildungslager der äthiopischen Volksmiliz „Tausende Söhne der ehemaligen Sklaven und landlosen Bauern mit der Maschinenpistole und dem Stahlhelm aus der DDR den Sturmangriff üben" sah.[149] Im gleichen Jahr machte auch Erich Honecker darauf aufmerksam, daß die DDR Äthiopien nicht nur mit „Brot", sondern auch mit „Waffen" zur Seite stehe.[150] Allem Anschein nach stellte die DDR den Entwicklungsländern in der Vergangenheit ausschließlich leichte Waffen, Stahlhelme, Uniformen, Fahrzeuge und andere militärisch nutzbare Ausrüstungen wie optische und elektronische Geräte, nicht aber schwere Waffensysteme wie Panzer, Artillerie oder gar Flugzeuge zur Verfügung.[151] Eine Ausnahme scheinen nur jene 3 Schnell- und 4 Patrouillenboote zu bilden, die – amerikanischen Quellen zufolge – in den siebziger Jahren nach Tansania geliefert wurden.[152] Bei einer solchen Exportstruktur ist es nahezu unmöglich, zuverlässig den Umfang der Lieferungen zu bestimmen. Ob die DDR unter Einschluß der Ausbildungs- und Beratungsaktivitäten tatsächlich 200 Millionen Mark pro Jahr aufwendet, erscheint fraglich und muß um so mehr bezweifelt werden, als sie grundsätzlich bemüht ist, sich ihre Leistungen so weit wie möglich vergüten zu lassen.[153]

Wie schwierig es ist, zuverlässige Angaben zu machen, lassen die jährlichen Berichte über den internationalen Waffenhandel und die weltweiten Militärausgaben der US-Abrüstungsbehörde (ACDA) erkennen (*Tabelle 2*). Sie kam mit Blick auf den gesam-

Tabelle 2

Rüstungsexport der DDR (in Millionen US-$)

Jahr	laufende Preise	konstante Preise Basis: 1976	laufende Preise	konstante Preise Basis: 1977	laufende Preise	konstante Preise Basis: 1981	laufende Preise	konstante Preise Basis: 1982
1968	10	16						
1968	10	15	10	16				
1970	10	15	10	15				
1971	5	7	5	7				
1972	10	13	50	70	50	97		
1973	130	164	50	66	50	92	50	98
1974	110	127	40	48	40	67	40	72
1975	100	105	50	55	50	77	50	82
1976	10	10	20	21	20	29	20	31
1977	90	85	90	90	90	124	90	133
1978			60	55	60	77	60	82
1979					40	47	40	50
1980					110	120	120	139
1981					120	120	120	127
1982					140	132	150	150
1983							130	124

ten Waffenexport der DDR – angesichts des geringen Umfangs wurden hier die Empfänger nicht gesondert ausgewiesen – zu ganz unterschiedlichen Ergebnissen.[154]

Es bleibt wohl nur der Tatbestand zu registrieren, daß die DDR Waffen in die Dritte Welt liefert, ohne daß deren eher geringer Umfang und die Empfänger präzise zu bestimmen wären. Ohnehin nimmt die Ausbildungs- und Beratungstätigkeit innerhalb des militärischen Hilfsprogramms der DDR für die Dritte Welt einen erkennbar wichtigeren Platz ein. Von der Sowjetunion abgesehen scheint sie hier mit ihren osteuropäischen Verbündeten konkurrieren zu können.[155] Diese Aktivitäten vor allem hatten westliche Beobachter im Blick, als sie der DDR zumindest in Afrika, einem Hauptadressaten ihres militärischen Engagements, die bei weitem aktivste Rolle zuschrieben.[156]

Armeeangehörige vornehmlich „sozialistisch orientierter" Entwicklungsländer werden seit Mitte der siebziger Jahre kontinuierlich an den Militärakademien der DDR ausgebildet. Bekannt wurde die Teilnahme von Offizieren aus Angola, Mosambik, der Volksrepublik Kongo und Äthiopien.[157] Genaue Daten sind jedoch nicht verfügbar.[158] Auch scheint die Entsendung militärischer Berater der DDR relativ bedeutsamer zu sein. Sie sind in zahlreichen Entwicklungsländern vertreten. Allerdings läßt sich auch deren Zahl nur schwer bestimmen. Während die DDR aus naheliegenden Gründen völlig darauf verzichtet, Angaben über die Präsenz ihrer Militärs in der Dritten Welt zu machen, lassen westliche Schätzungen eine beachtliche Spannweite erkennen. Danach sollen am Beginn der achtziger Jahre allein in Afrika zwischen 1.180 und 3.500 bis 5.500 Militärexperten aus der DDR vertreten gewesen sein.[159] Weiter noch gehen andere Spekulationen, die in der Dritten Welt insgesamt bis zu 30.000 Offiziere, Soldaten und militärische Berater der DDR wahrgenommen haben wollen.[160] In *Tabelle 3* ist die militärische Präsenz der DDR in der Dritten Welt nach Kontinenten, Regionen und Ländern aufgeschlüsselt. Berücksichtigung fanden solche Quellen, die ein Gesamtbild der DDR-Präsenz in der Dritten Welt zu rekonstruieren versuchen; Einzelangaben wurden nicht aufgenommen.[161] Auch hier lassen sich erhebliche Unterschiede feststellen. Dabei ist zu berücksichtigen, daß einige Angaben nur die militärischen, andere dagegen militärische und zivile Berater gemeinsam ausweisen, was die Differenzen jedoch keineswegs erklärt.

Auf den ersten Blick fällt auf, daß die Berechnungen der Pentagon-Studie den Zahlenangaben aus der DDR am nächsten kommen. So teilte das Parteiorgan „Einheit" mit, daß 1979 2.200 Experten der DDR in Entwicklungsländern eingesetzt waren.[169] Das U.S.-Verteidigungsministerium errechnete 1981 insgesamt 2.225 Berater, die jedoch – ob als Militär- oder als Zivilpersonen – ausschließlich militärisch bedeutsame Aufgaben wahrnahmen. Welche der zahlreichen angebotenen Daten zutreffend sind, muß auch hier offenbleiben. Es ist aber nicht von der Hand zu weisen, daß die DDR in einzelnen ihr zumeist eng verbundenen Entwicklungsländern in nicht geringem Umfang militärische Berater-Tätigkeiten ausüben läßt. Daß sie darüber hinaus wie die Kubaner in Angola und Äthiopien reguläre Kampfverbände stationiert und im äthiopisch-somalischen Krieg auch eingesetzt hat, ist wenig wahrscheinlich und mehrfach offiziell dementiert worden.[170]

Waffenlieferungen und militärische Ausbildung sowie Beratung läßt die DDR nahezu ausschließlich „sozialistischen" und befreundeten „sozialistisch orientierten" Entwicklungsländern sowie ihr verbundenen „nationalen Befreiungsbewegungen" zukommen. Mit ihnen hat sie Verträge über eine militärische Kooperation abgeschlossen,

Tabelle 3 DDR-Militärexperten in der Dritten Welt

Erfassungszeitraum/Erscheinungsjahr	Military Balance[162]		Sivard-Studie[163]		Dolezal[164]	Pentagon-Studie[165]	Der Spiegel[166]	Nawrocki[167]	Löwis of Menar[168]
	1983/84	1982/83	1983	1982	1983	1981	1980	1979	1977-1980
Afrika	1875	1575	2620	3075	3000	1525	2720	weit mehr als 5180	
Algerien	250	250	250	250	m.P.*	250	250	1200	m.P.
Angola	450	450	450	450	m.P.	450	1000	2500	m.P.
Äthiopien	550	250	250	550		550	300	mehrere tausend	2000
Benin					m.P.				
Guinea	125	125	120	125	m.P.	125		m.P.	m.P.
Guinea-Bissau					m.P.			m.P.	
VR Kongo			750		m.P.	15	20		
Libyen	400	400	400	1600	m.P.		400	450	m.P.
Madagaskar			400						
Mali			300			20			
Mosambik	100	100	100	100	m.P.	100	600	mehrere hundert	3000/430 NVA
Nigeria					m.P.			1030	m.P.
Sambia					m.P.		150		150
Tansania					m.P.	15			m.P.
Naher Osten	445	695	590	715		700		mehr als 2950	
Irak	160	160	160	180		160		950	
Nord-Jemen						5			
Süd-Jemen	75	325	320	325	m.P.	325		2000	
Syrien	210	210	210	210		210		m.P.	
Summe	2320	2270	3310	3790		2225		weit mehr als 8130	

* m.P.: militärische Präsenz, aber ohne Zahlenangaben

die mit Mosambik sogar im Freundschaftsvertrag verankert wurde. Gleichwohl bestehen Kontakte auch zu Streitkräften solcher Länder, die nach Einschätzung der DDR einen „kapitalistischen Entwicklungsweg" eingeschlagen haben. So soll sie ihren Botschaften in Ägypten, Marokko und Indien Militärattachés beigegeben haben, deren Aufgabe nach den diplomatischen Gepflogenheiten „in der Herstellung und Pflege der Verbindungen zwischen den Streitkräften des Entsendestaates und des Empfangsstaates" besteht.[171] Darüber hinaus wurde in der Vergangenheit mit Ländern wie Nigeria, Sambia, dem Nord-Jemen, Mexiko, Peru und Indien ein reger wechselseitiger Besuchsverkehr hochrangiger Militärdelegationen gepflegt.

Im Verlauf der siebziger Jahre hat nicht nur das politische, sondern auch das militärische Engagement der DDR in der Dritten Welt eine beträchtliche Ausweitung erfahren. Sie lieferte Waffen und Ausrüstungen, entsandte Experten der Nationalen Volksarmee und lud Armeeangehörige aus den Entwicklungsländern zur Aus- und Fortbildung in die DDR ein. Sie beschränkte sich nicht länger auf die Beseitigung von Kriegsfolgen, sondern trug dazu bei, die Kampfkraft der mit den sozialistischen Staaten verbündeten Streitkräfte aus der Dritten Welt zu stärken. Zwar sind die entwicklungspolitischen Aktivitäten der DDR offenbar quantitativ und qualitativ um einiges bedeutsamer als ihr militärisches Engagement. Auch hat sie bislang nicht oder allenfalls am Rande den Kriegshandlungen ihrer Partner beigewohnt, wenngleich ihre militärische Präsenz in Krisen- und Spannungsregionen besonders auffallend ist. All dies kann jedoch nicht verbergen, daß Waffenlieferungen und Berater auch der DDR die Probleme der Entwicklungsländer nicht lösen helfen, sondern verschärfen. Wie andere Industriestaaten entzieht die DDR der Dritten Welt dringend benötigte Ressourcen, treibt die Militarisierung der Entwicklungsgesellschaften voran und nährt so die friedensgefährdende Illusion, daß regionale Konflikte militärisch gelöst werden können.

Gemeinsam ist beiden deutschen Staaten, daß sie militärischen Aktivitäten in der Dritten Welt weniger Bedeutung beimessen als ihre Bündnispartner. Beide haben sich erst spät und in geringem Umfang engagiert, sind aber heute mit Waffen und Beratern in der südlichen Hemisphäre präsent. Doch kann diese Übereinstimmung einen wesentlichen Unterschied zwischen beiden Staaten nicht verbergen: Während die Bundesrepublik mit der Dritten Welt einen vornehmlich kommerziell motivierten Waffenhandel betreibt und in der Vergangenheit Spannungsregionen bewußt gemieden hat, konzentriert sich das militärische Engagement der DDR auf eben diese Konfliktzonen. Ihre „antiimperialistischen" politischen Ziele lassen sie zur militärisch aktiven Konfliktpartei werden – ein Kurs der DDR-Führung, der nicht nur gefährliche Verwicklungen heraufbeschwören kann, sondern Zweifel auch an der Glaubwürdigkeit ihrer Friedenspolitik wecken muß.

3. Entwicklungshilfe und wissenschaftlich-technische Zusammenarbeit

Die Beziehungen zwischen den Staaten des Nordens und den Staaten des Südens können sich nicht in politischen, militärischen und wirtschaftlichen Kontakten erschöpfen. Angesichts tiefgreifender Entwicklungsdefizite, angesichts von Armut, Unterernährung, Hungersnöten und Naturkatastrophen in der Dritten Welt sind alle Industriestaaten verpflichtet, die Entwicklungsländer bei der Beseitigung ihrer wirtschaftlichen und sozialen Probleme zu unterstützen. Das gilt auch für die DDR, die der Entwicklungshilfe – ohne allerdings diesen, den westlichen Industriestaaten vorbehaltenen Begriff zu gebrauchen – in der Gestaltung ihrer Südpolitik einen wichtigen Platz einräumt.

„Sozialistische Hilfe" auf der einen und „Entwicklungshilfe" auf der anderen Seite beanspruchen gleichermaßen, nicht nur karitativ zur Linderung der Not, sondern mehr noch dazu beitragen zu wollen, daß auch die südliche Hemisphäre im Zuge eines längeren Entwicklungsprozesses das wirtschaftliche und soziale Niveau des industrialisierten Nordens erreichen kann. Wird Hilfe aber nicht nur punktuell gewährt, ist die Ausarbeitung von Entwicklungsstrategien unerläßlich. Aus ihnen geht hervor, welche Wege beschritten, welche Mittel eingesetzt werden sollen und in welchem Umfang Unterstützung zu gewähren ist. Solche Entwicklungsstrategien sind in den westlichen Industriestaaten seit geraumer Zeit Gegenstand intensiver Diskussionen. Zwar sind vergleichbare Debatten in der DDR nicht festzustellen, doch existieren auch dort Zielvorstellungen und strategische Überlegungen, denen die Hilfsmaßnahmen des zweiten deutschen Staates offenkundig folgen.

3.1. Zielvorstellungen, Entwicklungsstrategie und Grundsätze der DDR-Hilfe für die Dritte Welt

„Das industriell entwickeltere Land zeigt dem minder entwickelten nur das Bild der eigenen Zukunft."[172] In diesem ursprünglich auf England und Deutschland bezogenen Satz von Karl Marx aus dem Vorwort zum „Kapital" ist komprimiert das Selbstverständnis eingefangen, mit dem die Partei- und Staatsführung der DDR den Ländern der Dritten Welt begegnet. Es steht für sie außer Frage, daß im Ergebnis eines kürzeren oder längeren Prozesses auch die Entwicklungsländer das sozialökonomische Niveau der sozialistischen Industriestaaten erreichen sowie deren ordnungspolitische Vorstellungen übernehmen, daß der „real existierende Sozialismus" der Dritten Welt „das Bild der eigenen Zukunft" demonstriert.

Angesichts des riesigen Entwicklungsrückstandes der südlichen Hemisphäre und in Anbetracht der Tatsache, daß der Sozialismus dort bisher kaum, der Kapitalismus hingegen in erheblichem Umfang Fuß zu fassen vermochte, erscheint eine solche Erwartung recht verwegen. Auf der anderen Seite wiesen heutige Industriestaaten wie die Sowjetunion, Bulgarien und Polen ursprünglich ebenfalls ein ausgesprochen niedriges sozialökonomisches Niveau auf. Zudem umschließt das „sozialistische Weltsystem" mit der Mongolei, Kuba, Vietnam, Laos und Kampuchea eine Reihe von Staaten, die bis heute als Entwicklungsländer zu gelten haben. Deren gemeinsame Fortschritte lassen nach Auffassung der DDR den Schluß zu, daß die Überwindung der Unterentwicklung auf sozialistischem Weg keineswegs nur eine ferne Perspektive, sondern eine aktuelle und realistische Aufgabe darstellt – wenn nur die politischen, sozialen und wirtschaftlichen Erfahrungen der sozialistischen Länder ausgewertet und genutzt werden:

> „Die bekannte Losung ‚Von der Sowjetunion lernen heißt siegen lernen' ist auch für die progressiven Kräfte in Entwicklungsländern eine praktikable Losung bei der Überwindung ihrer sozialökonomischen Probleme."[173]

Im Sinne dieses Grundsatzes ist den Entwicklungsländern aufgegeben, die folgenden konkreten Maßnahmen einzuleiten:

„Die realistische Bestimmung der Ziele des ‚Entwicklungsprozesses' in der ‚Dritten Welt' kann nicht anders als auf der Grundlage der dort konkret gegebenen historischen, ökonomischen, sozialstrukturellen, politischen u. a. gesellschaftlichen Bedingungen, einschließlich deren welt-politischer und weltwirtschaftlicher Bezüge, erfolgen. Das aber führt zu dem Schluß, daß sie identisch sind mit Festigung der nationalen Unabhängigkeit, Überwindung der kolonialen Rückständigkeit und ökonomischer Befreiung vom Imperialismus, tiefgreifenden sozialökonomischen Umgestaltungen, raschem und ausgewogenem Wachstum der Produktivkräfte und grundlegender Positionsveränderung in der internationalen Arbeitsteilung, sozialem Fortschritt und Hebung des Lebensstandards der breiten Massen des Volkes."[174]

Danach können Maßnahmen, die zur Hebung des Lebensstandards der Bevölkerung und zur Steigerung der wirtschaftlichen Leistungsfähigkeit der Dritten Welt beitragen sollen, nur dann sinnvoll und erfolgversprechend realisiert werden, wenn sie mit weit-reichenden gesellschaftlichen Umgestaltungen einhergehen. Zwar fehlen nach Auffassung der DDR in der südlichen Hemisphäre die Voraussetzungen für eine sofortige sozialistische Revolution, möglich und unverzichtbar aber ist ein „nichtkapitalistischer Entwicklungsweg", ein Weg mit „sozialistischer Orientierung". Er verkörpert das Entwicklungsprogramm der DDR und folgt den marxistisch-leninistischen „allgemein-gültigen Gesetzmäßigkeiten",[175] die unter den spezifischen Bedingungen in der Dritten Welt modifiziert zur Geltung gelangen können. Seine theoretische Begründung und Ausarbeitung ist ausführlich im Kapitel C dargelegt.

„Sozialistische Orientierung" heißt, daß die Entwicklungsländer nach dem Vorbild der Sowjetunion und der DDR tiefgreifende politisch-administrative, gesellschaftliche und wirtschaftliche Veränderungen vornehmen, die den Weg zum Sozialismus eröff-nen. Sie sollen eine revolutionäre „Avantgarde"-Partei schaffen, eine zuverlässige, „demokratisch-zentralistische" Staatsmacht aufbauen, Agrarreformen einleiten sowie die Schlüsselbereiche der Wirtschaft einer konsequenten staatlichen Kontrolle unter-werfen und im weiteren Verlauf in Nationaleigentum überführen.[176] Mit diesen Umge-staltungen seien die Voraussetzungen geschaffen, die es den Entwicklungsländern er-lauben, eine leistungsfähige, genossenschaftlich produzierende Landwirtschaft und eine moderne Großindustrie aufzubauen, die den Binnenmarkt versorgen und auf dem Weltmarkt konkurrieren kann.

Zwar ist der DDR bewußt, daß die Entwicklungsländer mit einer Aufgabe von „wahrhaft gigantischen Dimensionen" konfrontiert sind, wollen sie Rückständigkeit, Hunger, Unwissenheit und Massenarmut beseitigen.[177] Zugleich aber reduziert sie die Probleme erheblich: Haben die Länder der Dritten Welt erst einen „nichtkapitalisti-schen Entwicklungsweg" eingeschlagen und die erforderlichen sozialökonomischen Umgestaltungen vollzogen, steht einer umfassenden Industrialisierung, landwirtschaft-licher Großproduktion und der Hebung des Lebensstandards prinzipiell nichts mehr im Wege.

Das Entwicklungsprogramm der DDR erweckt den Eindruck, als handele es sich um eine sozialistische Variante jener Stratifikationskonzepte, denen auf westlicher Seite etwa das klassische Stadienmodell von W. W. Rostow entsprechen würde.[178] Wie dieser nimmt die DDR – Ausdruck ihres universellen Fortschritts- und Modernisierungsver-ständnisses – ein Kontinuum der Entwicklung wahr, das bei der traditionellen Gesell-schaft beginnt und im Zeitalter der industriellen Arbeitsteilung und des Massenkon-sums endet. Doch während Rostow ein selbsttragendes kapitalistisches Wachstum er-wartet, beginnt die Phase des „take-off" bei der DDR, wenn jene inneren Umgestal-tungen vollzogen sind, die den „nichtkapitalistischen Entwicklungsweg" kennzeichnen.

Antisozialistisch das eine, antikapitalistisch das andere, sind beide Entwicklungsmodelle in der Erwartung vereint, daß sich auch die Dritte Welt zum Wohle aller ungehindert modernisieren und wirtschaftlich entfalten kann, wenn sie nur einer der beiden alternativen sozialökonomischen Zielvorstellungen und Produktionsweisen folgt.

Wirtschaftliches Wachstum allein aber, dies wurde im Verlauf der siebziger Jahre deutlich, löst die Probleme der Entwicklungsländer kaum. Trotz zum Teil beachtlicher Steigerungen des Bruttosozialproduktes nahmen Armut, Hunger und Elend zu, unterblieb eine selbsttragende Entwicklung und reiften mehr noch tiefgreifende ökonomische und ökologische Krisen heran. Daraufhin begannen die westlichen Industriestaaten, im Einklang mit multinationalen Organisationen wie dem Genfer Internationalen Arbeitsamt (ILO) ihre Entwicklungsstrategien zu überdenken. Lange Zeit hatten sie ausschließlich der Modernisierung und quantitativem Wachstum vertraut, hatten sie Entwicklungshilfe gezielt den dynamischen Wirtschaftssektoren zufließen lassen. Mitte der siebziger Jahre änderten sich die Prioritäten. Angesichts der negativen Erfahrungen rückte nunmehr die Bekämpfung der Armut in den Mittelpunkt der entwicklungspolitischen Anstrengungen. Eine integrierte ländliche Entwicklung, lange Jahre zugunsten der Industrie vernachlässigt, und die Befriedigung der Grundbedürfnisse Ernährung, Gesundheit, Bildung, Wohnung und Arbeit sollten auch den stagnierenden und rückständigen Bereichen der Entwicklungsgesellschaften eine tragfähige Perspektive eröffnen (dazu ausführlicher Kapitel A und E).

Die Reaktionen in der DDR fielen zögernd, zwiespältig und kontrovers aus. Einhellig wurde jede Verantwortung für die unzulänglichen Ergebnisse der Ersten und Zweiten UN-Entwicklungsdekade abgelehnt und erneut darauf verwiesen, daß allein tiefgreifende gesellschaftliche Umgestaltungen, nicht aber ein kapitalistischer Entwicklungsweg die Probleme der Dritten Welt zu lösen vermögen. Insoweit sah die DDR ihr Entwicklungsmodell nicht tangiert. Eine integrierte ländliche Entwicklung und die Befriedigung von Grundbedürfnissen als weltweit neue entwicklungspolitische Prioritäten konnten sie indes nicht unberührt lassen, da sie das traditionelle, auf den Staat und die modernen industriellen Sektoren ausgerichtete Fortschrittsverständnis der DDR in Frage stellten. Das Echo darauf gestaltete sich unterschiedlich. Einige Entwicklungstheoretiker verwarfen die Strategie zur Befriedigung von Grundbedürfnissen als „eine ‚rückwärts schauende‘, den Gesetzmäßigkeiten der Entwicklung der Produktivkräfte entgegengesetzte und mit dem Hauch der ökonomischen Romantik verbundene, reaktionäre Strömung des Neokolonialismus, die auf die Verewigung der ökonomischen und wissenschaftlich-technischen Rückständigkeit der ökonomisch schwachentwickelten Länder und die Festigung ihrer abhängigen Stellung in der neokolonialen internationalen Arbeitsteilung abzielt". Sie sei „objektiv gegen den Kampf der antiimperialistisch-demokratischen Kräfte" gerichtet, da sie den Aufbau einer „maschinellen Großindustrie und eines modernen geschlossenen Reproduktionsprozesses" zugunsten einer „einseitigen und begrenzten Orientierung auf die Entwicklung des Landesinneren, des Dorfes und der Landwirtschaft im Zusammenhang mit der Förderung des kleinen Familienbetriebes und dem Einsatz einfacher, unkomplizierter, arbeitsintensiver Technologien" vernachlässige.[179]

Andere urteilten weit weniger rigoros. Vielmehr hoben sie die „Notwendigkeit" hervor, „möglichst rasch und wirksam etwas zur Hebung der Lebenslage der Armen und der Ärmsten zu tun" und begrüßten die Grundbedürfnis-Strategie, die als Anregung „von großem Wert" sein könne.[180] Zugleich forderten sie, „eigene Strategien zu entwickeln bzw. weiterzuentwickeln und anzubieten", die der Befriedigung von Grundbedürfnissen als Voraussetzung für wirtschaftliche Entwicklung Rechnung tragen, ließen allerdings keinen Zweifel daran, daß dies nur im Rahmen einer „sozialistischen Orientierung" zu verwirklichen sei.[181]

Es ist denkbar, daß die unterschiedliche Bewertung der Grundbedürfnis-Strategie auch auf die Gestaltung der DDR-Hilfsmaßnahmen für die Dritte Welt abzielt, die wohl langfristigen Entwicklungszielen folgt, zugleich aber auf den effektiven Einsatz begrenzter Mittel angewiesen ist. Dies um so mehr, als auch die sozialistischen Staaten es – gleich auf welchem Weg – für „heute noch völlig unmöglich" erachten, in einem überschaubaren Zeitraum die drei Hauptziele, „nämlich Beschleunigung des Wirtschaftswachstums, Erhöhung des Beschäftigungsgrades und gleichmäßigere Verteilung der Ergebnisse der Entwicklung auf alle Mitglieder der Gesellschaft" gemeinsam zu erreichen.[182] Gleichwohl lassen sie übereinstimmend keinen Zweifel, daß prinzipiell der „entscheidende Ansatzpunkt" für Fortschritt und Entwicklung in der Dritten Welt, „die revolutionäre Umgestaltung der Gesamtgesellschaft" und „entscheidende Voraussetzung zur Überwindung der überkommenen Rückständigkeit" die „eigene Industrialisierung" sei.[183]

Erst in jüngster Zeit und vor dem Hintergrund bedrückender Hungersnöte, die im besonderen „sozialistisch orientierte" Entwicklungsländer wie Äthiopien und Mosambik trafen, waren abweichende Stimmen zu vernehmen. So verwiesen einige DDR-Entwicklungsökonomen darauf, daß die „Agrar- und Ernährungsfrage zu einem Schlüsselproblem des sozialistischen Weges geworden" sei und folgerten daraus, daß „die wirtschaftliche Hauptaufgabe der ersten Etappe des Übergangsprozesses in ökonomisch schwachentwickelten Ländern in der Freisetzung zunächst vorrangig agrarorientierter interner wirtschaftlicher Wachstumsimpulse" bestehe.[184] Gemessen an dem vielstimmigen Chor der Befürworter einer raschen Industrialisierung konnten sich solche Stimmen bisher jedoch kaum Gehör verschaffen.

Das sozialrevolutionäre, zugleich aber vornehmlich etatistisch und auf die Stärkung der industriellen Leistungsfähigkeit ausgerichtete Entwicklungsmodell der DDR hat Konsequenzen für die Ausgestaltung und die Empfänger ihrer Hilfe. Als „sozialistische Hilfe" ist sie Bestandteil ihrer spezifischen Transformationsvorstellungen und soll in erster Linie jenen Entwicklungsländern zugute kommen, die Unterstützung von außen mit sozialökonomischen Umgestaltungen im Inneren verbinden – getreu dem Grundsatz, daß „keine noch so umfangreiche äußere Hilfe ... diese eigenen Anstrengungen ersetzen" kann.[185] Sie ist „Hilfe von Freunden gegen den gemeinsamen Feind", ist „Ausdruck gemeinsamer antiimperialistischer Bestrebungen".[186] Es kann daher nicht verwundern, daß die DDR ihre „ökonomischen, politischen, kulturellen und anderen Hilfeleistungen" gezielt auf jene Länder konzentriert, die einen Entwicklungsweg mit „sozialistischer Orientierung" beschreiten.[187] Dort kann sie eine „komplexe Bündnisstrategie" anwenden, die alle gesellschaftlichen Sphären und die Bereitschaft umschließt, „auf der Grundlage der Klassensolidarität" sogar dann Unterstützung zu gewähren, „wenn sie den Spendern keinen Vorteil bietet, und diese die entsprechenden Mittel ihrer eigenen Volkswirtschaft entziehen müssen".[188]

Die Bereitschaft, unentgeltlich Hilfe zu leisten, ist keineswegs selbstverständlich. Vielmehr vertritt die DDR die Auffassung, daß die Zusammenarbeit mit der Dritten Welt grundsätzlich für beide Seiten vorteilhaft sein müsse. Sowohl ökonomisch als mehr noch politisch dürfe Hilfe und Solidarität „keine Einbahnstraße" darstellen.[189]

Auch macht die DDR keinen Hehl daraus, daß ihre „Möglichkeiten natürlich nicht unbegrenzt sind". Als „westlichster Vorposten des sozialistischen Weltsystems in Europa" müsse sie „den Hauptteil ihrer Mittel für die innere Entwicklung" verwenden, „damit im Wettbewerb der beiden Weltsysteme ein entscheidender Beitrag geleistet und der Sieg des Sozialismus über den Kapitalismus im Weltmaßstab gewährleistet wird".[190] Für die Entwicklungsländer, die wohl auch, aber in weit geringerem Umfang zur Veränderung des globalen Kräfteverhältnisses beitragen können, bleibt nur ein geringer Rest.

Die begrenzte Bereitschaft, Entwicklungsländer auch ohne eigenen Vorteil zu unterstützen, und mehr noch die integrale Verbindung von äußerer Hilfe und innerem Umgestaltungen bewirkten, daß die DDR den wachsenden Forderungen nach umfassender und wirksamer Hilfe für alle Staaten der Dritten Welt im Einklang mit ihren Bündnispartnern bislang ablehnend begegnete. Dies machte sie am Beginn der Zweiten UN-Entwicklungsdekade deutlich, als sie sich offiziell der Leitlinie widersetzte, daß alle Industriestaaten den Entwicklungsländern jährlich Unterstützung im Umfang von 0,7 % ihres Bruttosozialproduktes gewähren sollten.[191] Ungeachtet massiver Kritik, die vor allem 1979 auf der V. Welthandelskonferenz in Manila laut wurde, hält sie an dieser Position bis heute fest. Die Bekanntgabe eigener Daten über Hilfeleistungen der DDR – sie erfolgte erstmals 1982 – läßt jedoch erkennen, daß entgegen den offiziellen Bekundungen in der Praxis eine zunehmend flexiblere Haltung eingenommen wird.

Nach Auffassung der DDR sind nicht die sozialistischen Staaten, wohl aber der „Kolonialismus" und „Neokolonialismus" für die Probleme der Entwicklungsländer verantwortlich. Daher seien nicht sie, sondern die westlichen Industriestaaten aufgefordert, zur Überwindung der von ihnen angerichteten Schäden beizutragen. Eine Verpflichtung aller entwickelter Staaten zur Hilfe lehnt die DDR ab. Anläßlich der IV. Welthandelskonferenz, die 1976 in Nairobi stattfand, führte sie dazu gemeinsam mit anderen Staaten des RGW aus:

> „Es liegt jedoch auf der Hand, daß sowohl historisch als auch im Lichte der Gegenwart die Verantwortung für die schwere Lage der Entwicklungsländer voll und ganz bei den imperialistischen Mächten und ihren Monopolen liegt, die nicht gleichberechtigte und abhängige Lage der Entwicklungsländer Asiens, Afrikas und Lateinamerikas zu erhalten und zu festigen und ihnen die Lasten der Krise und der Inflation aufzubürden. Daher lehnen die sozialistischen Länder mit voller Berechtigung jegliche Konzeptionen ab, die in der Frage der Verantwortung für die Rückständigkeit und die gegenwärtigen Probleme der Entwicklungsländer ein gleiches Herangehen an die sozialistischen Länder und an die imperialistischen Staaten vorhaben."[192]

Auch wenn in der Vergangenheit mehrfach darauf hingewiesen wurde, daß die Probleme der Entwicklungsländer heute Dimensionen aufwiesen, „die sie in den Rang globaler Menschheitsprobleme erheben",[193] und ungeachtet der gelegentlich geäußerten Ansicht, daß dies „koordinierte Anstrengungen aller Völker notwendig" mache, hält die Partei- und Staatsführung der DDR bis heute prinzipiell an ihrer offiziell verkündeten Position fest.[194]

Es ist kaum zu erwarten, daß sich diese Haltung der DDR in absehbarer Zeit ändern wird. Ihre Hilfe für ausgewählte Entwicklungsländer ist primär „als solidarischer und freiwilliger Beitrag zu deren Kampf gegen Abhängigkeit und Ausbeutung" gedacht.[195] Sie ist ein politisches Instrument. Äußere Einwirkungen, die ihren Absichten zuwiderlaufen, wird sie daher auch künftig abwehren. Hinzu treten ökonomische Restriktionen. Angesichts ihres begrenzten Leistungsvermögens mußte die DDR selbst „sozialistisch orientierten" Entwicklungsländern nahelegen, Entwicklungshilfe westlicher Industriestaaten anzunehmen – und dies, obwohl ihrer Wahrnehmung nach eine solche Hilfe nur den Zweck verfolge, „die Entwicklungsländer auszubeuten und in Abhängigkeit zu halten" und deren Bemühungen um „ökonomische Selbständigkeit und sozialen Fortschritt ernsthaft" zu behindern.[196] Da sie schon in der Vergangenheit bereit war, solche Risiken zu akzeptieren, ist kaum zu erwarten, daß sie im Zeichen wachsender wirtschaftlicher Probleme ihre Hilfeleistungen künftig wesentlich erweitern wird.

3.2. Umfang und regionale Verteilung der DDR-Leistungen

Anläßlich der 37. Sitzungsperiode der UN-Vollversammlung legte die DDR zum ersten Mal in ihrer Geschichte offizielle Angaben über ihre Hilfeleistungen vor. Danach stellte sie den Entwicklungsländern und nationalen Befreiungsbewegungen 1981 Güter und finanzielle Leistungen in einem Umfang von 1.529,7 Millionen Mark zur Verfügung. Dies entspreche 0,78 % ihres 1981 erwirtschafteten Nationaleinkommens.[197] Im darauffolgenden Jahr gab sie auch die Daten für 1982 bekannt. Auf der VI. Welthandelskonferenz, die 1983 in Belgrad stattfand, teilte der Minister für Außenhandel, Horst Sölle, mit, daß die DDR 1982 dem gleichen Empfängerkreis Hilfe im Umfang von 1.587,7 Millionen Mark zukommen ließ, was einer – wenn auch geringen – Steigerung auf 0,79 % ihres produzierten Nationaleinkommens entspreche.[198] Die Daten für 1983, wie sie das DDR-Außenministerium der 39. UN-Vollversammlung mitteilte, lauten: 1.662,4 Millionen Mark, was einem gleichbleibenden Anteil von 0,79 % des produzierten Nationaleinkommens und einer nominellen Steigerung um 5 % gleichkomme. Und 1984 waren es 1,8 Milliarden Mark, ein Anteil von 0,82 % des produzierten Nationaleinkommens.[199]

Die offiziellen Angaben lassen erkennen, daß auch die DDR die von den Vereinten Nationen im Rahmen der Zweiten Entwicklungsdekade festgelegte Schlüsselzahl, wonach die Industriestaaten den Entwicklungsländern öffentliche Unterstützung im Umfang von 0,7 % ihres Bruttosozialproduktes zur Verfügung stellen sollen, nicht erreicht. Das ihren Berechnungen zugrunde gelegte „produzierte Nationaleinkommen" stellt eine deutlich geringere Bezugsgröße dar: Ohne Einbeziehung der Dienstleistungen umfaßt es nur etwa 2/3 des jeweiligen „Bruttosozialproduktes". Danach würde der Anteil ihrer offiziell verkündeten Hilfeleistungen dem der Bundesrepublik entsprechen, deren Entwicklungshilfe 1982 0,48 % ihres Bruttosozialproduktes erreichte.[200]

Nach der Sowjetunion, die dem Wirtschafts- und Sozialrat der Vereinten Nationen im Juni 1982 ebenfalls offizielle Angaben unterbreitete, war die DDR das erste RGW-Mitglied, das Rechenschaft über seine Hilfeleistungen ablegte.[201] Diese Bereitschaft ist zweifellos zu begrüßen und könnte den Schluß erlauben, daß sie behutsam von ihrer starren Haltung abrückt, wonach allein den westlichen Industriestaaten aufgegeben sei, zur Überwindung der Unterentwicklung beizutragen. Gleichwohl bleiben auch nach Bekanntgabe der offiziellen Daten noch zahlreiche Fragen offen, die einen Vergleich der DDR-Leistungen mit westlicher Entwicklungshilfe ebenso erschweren wie eine sinnvolle Diskussion über den Umfang und den Charakter ihrer Anstrengungen. Darauf hat in einer ersten Stellungnahme auch das UNCTAD-Sekretariat hingewiesen:

„On the basis of this information alone, it is not possible to make a meaningful comparison with the performance of DAC member countries or with that of other States members of CMEA. The data referred to in the preceding paragraph do not make it clear whether the components of the assistance programmes are comparable to those of other developed donor countries and whether the terms and conditions are consistent with internationally agreed norms established by the General Assembly in the International Development Strategy."[202]

Ungeklärt ist insbesondere, welche Berechnungsmethoden angewandt wurden, um die angegebenen Daten zu bestimmen. Die DDR macht dazu keinerlei Angaben, doch ist nicht auszuschließen, daß sie weit großzügiger verfährt als die westlichen Industriestaaten. Klagen der Entwicklungsländer, wonach die sozialistischen Staaten deutlicher zwischen „Hilfe" und „ökonomischer Unterstützung" unterscheiden sollten, legen den Schluß nahe, daß auch die kaum verifizierbare Preisgestaltung in den regulären Wirtschaftsbeziehungen Berücksichtigung fand. Darauf deutet nicht zuletzt die sowjetische Stellungnahme des Jahres 1982 hin. Darin rechnete sie ihrer Hilfe nicht nur Kredite und Zuschüsse, sondern günstige Verrechnungsbedingungen bei der Vergütung für die technische Unterstützung durch sowjetische Experten, bei der Ausbildung einheimischer Fachkräfte, bei der Lieferung von Ausrüstungen und Technologie und „im Bereich des Außenhandels" hinzu.[203]

Erst transparente Berechnungsgrundlagen, die den Stellenwert der ökonomischen Beziehungen sowie die Konditionen der wissenschaftlich-technischen Hilfe und der Kredite verdeutlichen, würden es erlauben, den beträchtlichen Differenzen nachzugehen, die zwischen den offiziellen Angaben der DDR und den Daten der OECD, die als einzige internationale Institution in der Vergangenheit kontinuierlich über Hilfeleistungen des RGW berichtet hat, bestehen. Nach Abzug der Rückvergütungen gibt sie für die vergangenen Jahre folgende Netto-Auszahlungen der DDR an (in US-$):[204]

1970	81 Millionen	
1975	79 Millionen	
1980	170 Millionen	0,15 % des Bruttosozialproduktes
1981	203 Millionen	0,16 % des Bruttosozialproduktes
1982	196 Millionen	0,15 % des Bruttosozialproduktes
1983	161 Millionen	0,12 % des Bruttosozialproduktes

Die offiziellen Angaben der DDR sind dagegen weit höher, was kaum damit zu erklären ist, daß sie offensichtlich von den Hilfszusagen (ohne Berücksichtigung der Rückvergütungen) ausgeht. Nach Umrechnungen des UNCTAD-Sekretariats belaufen sie sich für 1981 auf 456,8 Millionen US-$.[205] Dem würde 1982 bei gleichbleibenden Kursen ein Betrag von 474 Millionen US-$, 1983 von 496,5 Millionen US-$ und 1984 von 537 Millionen US-$ entsprechen. Auch nach Angaben der OECD ist die DDR jedoch nächst der Sowjetunion der großzügigste Geber im sozialistischen Lager. Sie stelle allein zwischen 25 und 50 % aller Hilfeleistungen der kleineren europäischen RGW-Staaten zur Verfügung, liege jedoch weit hinter den Leistungen der westlichen Industriestaaten zurück.

Die Berechnungen der OECD beruhen auf den gleichen Kriterien, nach denen auch die westlichen Industriestaaten, im Entwicklungshilfe-Ausschuß (DAC) der OECD zusammengeschlossen, den Umfang ihrer mit öffentlichen – nicht privaten – Mitteln bestrittenen Hilfe (ODA) ermitteln. Danach gelten als Entwicklungshilfe nur nicht rückzahlbare Zuschüsse, Kredite, wenn der darin enthaltene Geschenkanteil mindestens 25 % aufweist, und technische Unterstützung, die nur einen sehr kleinen Kreditanteil beinhalten darf und im Regelfall kostenlos gewährt werden soll. Zu den Empfängern rechnet die OECD alle Entwicklungsländer, einschließlich der südeuropäischen Staaten Griechenland, Jugoslawien, Portugal, Türkei und Spanien sowie jener Gruppe, die in der DDR nicht mehr zu den Entwicklungsländern, sondern zum „sozialistischen Weltsystem" gezählt wird (Kampuchea, DVR Korea, Kuba, Laos, Vietnam und seit 1984 auch die Mongolei).[206] Es hat aber den Anschein, daß trotz dieser Unterscheidung die DDR bei Bekanntgabe ihrer Daten ebenfalls die genannten „sozialistischen" Entwicklungsländer einbezogen hat.

Die deutlichen Unterschiede zwischen den offiziellen Angaben der DDR und den Berechnungen der OECD sind keineswegs nur mit den restriktiven DAC-Kriterien für öffentliche Entwicklungshilfe zu erklären.[207] Kaum weniger wichtig und Anlaß für eine Reihe späterer Korrekturen war in der Vergangenheit das Problem, zuverlässige Informationen zu erhalten. Auch die OECD ist eigenen Angaben zufolge auf Pressemeldungen, offizielle Verlautbarungen der RGW-Staaten und vereinzelte Hinweise aus dem Kreis der Empfänger östlicher Entwicklungshilfe angewiesen. Da nach ihren Angaben bis zu 90 % der gesamten RGW-Hilfe allein den „sozialistischen" Entwicklungsländern Vietnam, Kuba, Mongolei, Kampuchea, Laos und Nord-Korea zufließen, können diese Informationen nur lückenhaft sein.[208] Bis heute tut die DDR wenig, um die Informationsdefizite zu beheben. Nur sporadisch und auffallend willkürlich berichtet sie über Aktivitäten in einzelnen Ländern. Für jeden Beobachter ist es daher ausgesprochen schwierig, über selektive Eindrücke hinaus ein zuverlässiges und geschlossenes Bild ihrer Praxis zu gewinnen.

Ungeachtet der lückenhaften Informationen kann kaum ein Zweifel bestehen, daß die Hilfe der DDR im Unterschied zur Bundesrepublik konzentriert nur wenigen Entwicklungsländern zugute kommt. Sie betrachtet – wie mehrfach erwähnt – Unterstützung von außen primär als Instrument, das befreundeten politischen Kräften in der Dritten Welt helfen soll, politische und gesellschaftliche Veränderungen in ihren Ländern voranzutreiben. Es ist daher nur konsequent, wenn „sozialistische" Entwicklungsländer und vor allem Vietnam an der Spitze der Empfänger stehen. Doch scheint gerade die DDR auch solchen Ländern erhebliche Aufmerksamkeit zu schenken, in denen aus ihrer Sicht die Frage „Wer-Wen" noch nicht entschieden ist, es folglich erheblicher Anstrengungen bedarf, damit diese den von ihnen eingeschlagenen „sozialistischen Entwicklungsweg" nicht verlassen. Das gilt insbesondere für Angola, Mosambik, Äthiopien und den Süd-Jemen, wo die DDR ebenfalls in nicht geringem Umfang engagiert ist. Anderen „sozialistisch orientierten" und mehr noch „kapitalistischen" Entwicklungsländern fließt dagegen nur spärliche Hilfe zu.

Der Anteil einzelner Länder am Hilfsprogramm der DDR ist allerdings kaum exakt zu bestimmen. Es fehlen nicht nur Daten über die entsandten Experten oder die Ausbildungshilfe. Auch ist nahezu völlig unbekannt, welche Konditionen im Einzelfall vereinbart wurden. So können Fachkräfte auf Kosten der DDR, ebenso aber auch zu Lasten einzelner Entwicklungsländer eingesetzt werden. Die ausgewiesene Gesamtzahl gibt darüber keinen Aufschluß. Das gleiche gilt für berufliche Fortbildungsmaßnahmen und Praktika in der DDR oder in einem Entwicklungsland. Dies erklärt etwa, warum die OECD die Entwicklungshilfe der RGW-Staaten zwar niedrig bemißt, die Zahl der entsandten Experten dagegen ausgesprochen hoch ansetzt. Danach erbrachten die europäischen RGW-Staaten – mit Ausnahme der Sowjetunion – 1981 Netto-Leistungen in einem Umfang von 570 Millionen US-$. 1982 sank diese Zahl auf 557 Millionen US-$. Die Zahl der in Entwicklungsländern eingesetzten Fachkräfte soll dagegen rapide angestiegen sein: von 25.650 im Jahre 1981 auf 54.600 im darauffolgenden Jahr – nach Angaben der OECD eine wichtige Einnahmequelle für Devisen, die insbesondere von jenen RGW-Staaten genutzt werde, die erhebliche Zahlungsbilanzprobleme aufweisen.[209] Für die DDR wurden keine separaten Daten genannt; unterschiedliche westliche Schätzungen beziehen sich vor allem auf Militärpersonal sowie zivile Berater mit verwandten Funktionen und sind in *Tabelle 3* aufgeführt.

Die DDR selbst hat zur Präsenz ihrer Fachkräfte in der Dritten Welt sowie zur Ausbildungshilfe und den „Solidaritätsleistungen" eine Reihe verstreuter Hinweise gegeben, die vorsichtige Rückschlüsse auf regionale Schwerpunkte erlauben.[210]

1) Ihren Angaben zufolge entsandte sie zwischen 1970 und 1980 insgesamt 15.000 Spezialisten in die Dritte Welt. Bis Ende 1982 stieg diese Zahl auf annähernd 20.000 und bis Ende 1983 auf über 20.800. Nach einer geringeren Anzahl in der ersten Hälfte des Jahrzehnts – von 1971 bis 1974 sollen es zusammen nur 2.600 gewesen sein[211] – wurde augenscheinlich gegen Ende der siebziger Jahre mit 2.200 Experten allein 1979 ein vorläufiger Höhepunkt erreicht. Wie sich die Gesamtzahl seit Beginn der achtziger Jahre entwickelt hat, ist nicht zu ermitteln, da sich der UN-Botschafter der DDR bei Bekanntgabe seiner Daten auf den dürftigen Hinweis beschränkte, daß 1981 954 (und 1983 abermals 793 von der DDR finanzierte) Fachkräfte in den Entwicklungsländern ihre Arbeit neu aufnahmen. All diese Experten wurden auf der Grundlage zwischenstaatlicher Vereinbarungen oder anläßlich der Errichtung von Industriebetrieben eingesetzt, wobei eigenen Angaben zufolge „ein hoher Prozentsatz der Spezialisten im Rahmen des Anlagenexports tätig war".[212] Da dieser überwiegend kommerziell abgewickelt wird, dürfte der Anteil der unentgeltlich eingesetzten Entwicklungshelfer eher gering sein.

2) Zur beruflichen Aus- und Weiterbildung von Staatsangehörigen aus der Dritten Welt in der DDR liegen mehrere, unterschiedliche Zeiträume umfassende Zahlen vor. Danach sollen zwischen 1970 und 1980 insgesamt 39.000 Fachkräfte in der DDR ausgebildet worden sein, eine Zahl, die bis Ende 1981 auf etwa 50.000, im Verlauf des Jahres 1982 auf mehr als 54.000 und bis Ende 1983 auf über 60.500 Absolventen gestiegen ist. Das Staatssekretariat für Berufsbildung nennt dagegen Anfang 1982 für die zurückliegenden 10 Jahre nur 40.000.[213] Noch unübersichtlicher sind die verfügbaren Angaben für einzelne Jahre.[214] In den Genuß von Fortbildungsmaßnahmen in den Entwicklungsländern kamen zwischen 1970 und 1980 insgesamt 55.000 Kräfte, wobei es wiederum 1979 allein fast die Hälfte, 23.000, gewesen sein sollen.

3) Zu den Absolventen einer Hoch- und Fachschule in der DDR liegen ebenfalls verschiedene Daten vor. So haben zwischen 1970 und 1980 insgesamt 10.000, bis Ende 1981 etwa 13.000, bis 1982 14.500 und bis Ende 1983 16.050 Studenten aus der Dritten Welt ihr Studium in der DDR abgeschlossen, womit sich die Gesamtzahl zwischen 1951 und 1983 auf annähernd 20.000 erhöhte.[215] Daraus wird ersichtlich, daß in den fünfziger und sechziger Jahren nur wenige, in den beiden letzten Jahrzehnten dagegen eine kontinuierlich steigende Zahl von Studenten aus den Entwicklungsländern die höheren Bildungseinrichtungen der DDR besuchte. Detaillierte Angaben sind im Abschnitt 3.4.2.5. aufgeführt.

4) Die unentgeltliche „solidarische Hilfe", die vom Solidaritätskomitee der DDR zur Verfügung gestellt wird, belief sich zwischen 1970 und 1980 auf insgesamt 1,4 Milliarden Mark und erreichte im Zeitraum von 1976 bis 1981 allein 1 Milliarde Mark.[216] In den vergangenen Jahren sind es jährlich zumeist 200 Millionen Mark gewesen, die dem Solidaritätskomitee für seine Arbeit zur Verfügung standen. Nähere Angaben im Abschnitt 3.3.1.

Die DDR macht nur wenige und nur sehr verstreute Angaben, wie sich diese globalen Daten auf einzelne Entwicklungsländer verteilen. Wenn im folgenden trotzdem versucht werden soll, eine Zuordnung vorzunehmen, so kann dies nur mit erheblichem Vorbehalt und ohne exakte Quantifizierungen geschehen. Hinzu kommt, daß im Regelfall unbekannt ist, ob die Leistungen als Geschenk oder im Rahmen von Kredit- und kommerziellen Vereinbarungen erbracht wurden, was – gemessen an den DAC-Entwicklungshilfe-Kriterien – die Proportionen zwischen einzelnen Ländern wiederum erheblich verschieben kann.

Unangefochten an der Spitze liegt *Vietnam*. Im Verlauf der siebziger und frühen achtziger Jahre empfing allein dieses Land zwischen 20 und 30 % aller DDR-Hilfeleistungen. Auf Grundlage einer Regierungsvereinbarung vom 22. Oktober 1973 wurden bis 1983 allein 10.000 Vietnamesen in der DDR beruflich ausgebildet, was einem Anteil von etwa 25 % aller Fortbildungsmaßnahmen entspricht.[217] Von insgesamt 20.000 Studenten aus der Dritten Welt, die in der DDR bis 1983 ein Studium absolvierten, kamen mehr als 3.700 aus Vietnam – ein Anteil von annähernd 20 %.[218] Allein im Rahmen eines Programms zur Errichtung von mehr als 100 Handwerksbetrieben – ein Geschenk des DDR-Solidaritätskomitees – weilten seit 1972 weit über 500 Fachkräfte aus der DDR in Vietnam. Wird das erhebliche personelle Engagement bei der Errichtung von über 30 Industriebetrieben, dem Wiederaufbau der Stadt Vinh, der Schaffung einer medizinischen Versorgung, der Kultivierung von Kaffee-Plantagen und nicht zuletzt im Bildungswesen Vietnams hinzugerechnet, summiert sich auch dies auf deutlich über 20 %.[219]

Noch augenfälliger ist der Anteil Vietnams an den Solidaritätsleistungen der DDR. Bis 1982 wurden dem Land unentgeltlich Leistungen und Güter im Wert von 2 Milliarden Mark zur Verfügung gestellt; davon entfielen auf den Zeitraum bis 1973 allein 1,5 Milliarden. Damals beschloß die Partei- und Staatsführung der DDR, alle bis dahin gewährten Kredite in eine unentgeltliche Hilfe umzuwandeln – ein Privileg, das neben Vietnam anläßlich des 50. Jahrestages ihrer „Volksrevolution" bisher augenscheinlich nur der Mongolei widerfahren ist.[220] Daher dürfte die ausgewiesene solidarische Unterstützung Vietnams bis 1973 neben den Leistungen des Solidaritätskomitees, die von vornherein unentgeltlich gewährt werden, auch die staatliche Hilfe der DDR umfassen. Die seither aufgewandte Summe von 500 Millionen Mark scheint hingegen vom Solidaritätskomitee allein zu stammen. So veranlaßte etwa im Zuge des chinesischen Angriffs auf Vietnam die Partei- und Staatsführung der DDR, daß auf diese Weise 265 Millionen Mark als Soforthilfe bereitgestellt werden sollten.[221] Weitere 43 Millionen Mark beanspruchte bis 1980 das Handwerksprogramm, während 25 Millionen Mark für den Bau des Orthopädietechnischen Zentrums Ba Vi bereitgestellt wurden.[222] Insgesamt entfielen daher etwa 35 % aller Leistungen des Solidaritätskomitees auf Vietnam.[223] Dieser Anteil ist um so gewichtiger, als das Komitee die bedeutsamste Institution der DDR ist, die unentgeltliche Hilfe bereitstellt.

Die beiden sozialistischen Nachbarländer Vietnams, *Laos* und *Kampuchea*, haben bisher weit weniger Unterstützung empfangen, weisen allerdings auch eine um vieles geringere Bevölkerungszahl auf. Die Hilfeleistungen scheinen sich im Verlauf der letzten Jahre auf knapp 10 % des gesamten Aufwandes zu summieren. Zwar erhielt Kampuchea unmittelbar nach dem Sturz des Pol-Pot-Regimes Solidaritätshilfen im Umfang von 50 Millionen Mark, was einem Anteil von etwa 10 % der 1979 und 1980 verfügbaren Summe entsprach. In der Folgezeit wurden jedoch keine größeren Beträge bekannt.[224] Eine unbekannte, aber kaum sehr große Zahl von DDR-Experten arbeitet vornehmlich im Gesundheits- und Bildungswesen beider Länder, bei der Schaffung von Fernmeldeeinrichtungen sowie dem Aufbau landwirtschaftlicher und industrieller Betriebe. Gemessen an Vietnam scheint die Ausbildungshilfe ebenfalls nicht sehr umfangreich zu sein. Auf Grundlage vertraglicher Vereinbarungen, die 1983 erneuert wurden, begannen im August 1977 erstmals 100 laotische Jugendliche in der DDR eine mehrjährige Lehre, so daß 1979 bereits 362 anwesend waren.[225] Ein ähnlicher Vertrag wurde 1980 mit Kampuchea abgeschlossen, worauf etwa 90 Angehörige dieses Landes in der DDR eine Lehre aufnahmen.[226] Die Zahl der laotischen Studenten an den Hochschulen der DDR belief sich 1982 auf über 170 (etwa 3,5 % aller Studenten aus der Dritten Welt), die kampuchanischer Nationalität auf 300, was einem Anteil von über 6 % entspricht.[227]

Sehr wenig ist über die Unterstützung bekannt, die in der Vergangenheit *Kuba* und der *Mongolei* gewährt wurde. Als Mitglieder des Rates für Gegenseitige Wirtschaftshilfe dürften sie jedoch auf der Prioritätenskala der DDR ebenfalls weit oben rangieren. Mehr noch wird ihnen seit der 30. Ratstagung des RGW, die 1976 in Ost-Berlin stattfand, eine Reihe von Vergünstigungen gewährt, in deren Genuß andere Entwicklungsländer nicht gelangen.[228] In der Landwirtschaft, der Industrie, dem Gesundheitswesen und der Ausbildung haben beide Länder umfangreiche Hilfe der DDR erhalten, die augenscheinlich zu einem beträchtlichen Teil innerhalb des RGW koordiniert wurde. Herausragende Projekte in der Mongolei waren die Errichtung der Staatsdruckerei, der Teppichfabrik „Wilhelm Pieck", eines Fleisch- und Konservenkombinats, der Aufbau einer Reihe von Landwirtschaftszentren und die gemeinsame Erkundung von Zink- und Wolfram-Lagerstätten.[229]

In Kuba zeichnet die DDR für die Errichtung von mehr als 50 Industrieprojekten verantwortlich, darunter das größte Zementwerk des Landes, eine Großdruckerei, eine Brauerei, ein Keramikwerk, ein Textilkombinat sowie der Anbau und die industrielle Verarbeitung von Zuckerrohr und Zitrusfrüchten.[230] Im Rahmen dieser und anderer Projekte entsandte die DDR von 1970 bis 1980 insgesamt 650 Experten nach Kuba, von denen sich 1979 über 200 und damit 9 % aller DDR-Berater im Land aufhielten. Im gleichen Jahr schlossen insgesamt 360 Kubaner in der DDR eine mehrjährige Berufs- und Hochschulausbildung ab, was einem Anteil von etwa 5 % entspricht.[231] Seit 1971 sollen zudem jährlich 50 Kubaner ein Hochschulstudium in der DDR aufgenommen haben.[232] Leistungen des Solidaritätskomitees im Umfang von mehreren Millionen Mark hat Kuba ausgenscheinlich nur zu Beginn der sechziger Jahre erhalten.

Die verfügbaren Daten lassen den vorsichtigen Schluß zu, daß allein die „sozialistischen" Entwicklungsländer Vietnam, Laos, Kampuchea, Mongolei und Kuba (Nord-Korea fand hier aufgrund seiner, ähnlich Jugoslawien, exponierten Stellung innerhalb des „sozialistischen Weltsystems" keine Berücksichtigung) mindestens 50 % aller Hilfeleistungen der DDR für die Dritte Welt auf sich vereinen. Eine weitere wichtige Empfänger-Gruppe bilden jene Entwicklungsländer, die in besonders konsequenter Weise einen Weg mit „sozialistischer Orientierung" beschreiten und der DDR durch Freundschaftsverträge verbunden sind. Dazu zählen in erster Linie *Angola, Mosambik, Äthiopien* und die *Volksdemokratische Republik Jemen*, mit einem gewissen Abstand aber auch *Afghanistan*. Ihnen sowie den Unabhängigkeitsbewegungen SWAPO (Namibia) und ANC (Südafrika), die von Angola und Mosambik aus operieren und dort Flüchtlingslager eingerichtet haben, sowie der PLO fließt ebenfalls ein erheblicher Anteil der DDR-Hilfe zu.

Daß die genannten Länder und Bewegungen neben den „sozialistischen" Partnern der DDR bevorzugte Empfänger von Unterstützung sind, lassen besonders deutlich die Leistungen des Solidaritätskomitees erkennen, wenngleich diese nicht jedes Jahr in gleicher Höhe gewährt wurden. So erhielt allein Angola von 1975 bis 1979 unentgeltlich Waren und Dienstleistungen in einem Gesamtumfang von 150 Millionen Mark, was einem Anteil von etwa 15 % der verfügbaren Mittel des Solidaritätskomitees entsprach.[233] Für die anderen Länder ließen sich folgende Solidaritätsleistungen ermitteln: Mosambik in den Jahren 1979 und 1980 insgesamt 40 Millionen Mark (ca. 8 %), Äthiopien von 1977 bis 1980 zusammen 45 Millionen Mark (ca. 6 %), der Süd-Jemen 1977 10 Millionen Mark (ca. 5 %) und 1981 erneut 7 Millionen Mark (ca. 3,5 %), Afghanistan 1981 und 1982 insgesamt 21 Millionen Mark (ca. 5 %).[234] Den Befreiungsbewegungen SWAPO, ANC und ZAPU sollen allein 1978 40 Millionen Mark (ca. 20 %) zugeflossen sein, und seit Beginn der achtziger Jahre soll die Hilfe für den ANC allein jährlich 5 Millionen Mark betragen.[235] Anläßlich der Hungerkatastrophen stellte die DDR 1984 abermals hohe Beträge als Soforthilfe zur Verfügung. So gingen Solidaritätshilfen in Höhe von 10,7 Millionen Mark (ca. 5 %) nach Angola, 37,7 Millionen Mark (ca. 19 %) kamen Mosambik zugute und Äthiopien erhielt Lieferungen in einem Umfang von 20 Millionen Mark (ca. 10 %).[236]

Die personelle Hilfe, in nicht geringem Umfang aus den Mitteln des Solidaritätskomitees bestritten, läßt die gleiche Konzentration erkennen. Nach Angaben der DDR waren 1977 insgesamt 500 und 1978 bereits 850 Experten in Afrika eingesetzt.[237] Zwar wird keine Zuordnung auf die afrikanischen Länder vorgenommen, Angaben aus anderen Jahren lassen jedoch Rückschlüsse zu. So seien 1979 in Angola „Hunderte" von DDR-Fachkräften im Einsatz gewesen, wobei hier die FDJ-„Brigaden der Freundschaft" mit zeitweilig 140 Mitgliedern besonders ins Gewicht fallen.[238] Das gleiche gilt für Mosambik: Dort seien 1982 allein im Kohlerevier Moatize „Hunderte von DDR-Spezialisten der verschiedensten Berufe" beschäftigt gewesen. Neben Bergleuten nennt die DDR Geologen, Ärzte und eine FDJ-Brigade, zu der 1981 eine weitere treten sollte.[239] Da die dort geförderte Kohle in die DDR exportiert werden soll, ist davon auszugehen, daß nur ein Teil der Experten unentgeltlich in Moatize arbeitet – auch wenn Anschläge der in Mosambik operierenden Guerilla-Organisation MNR eine Verschiffung seit 1983 weitgehend verhindert haben. Für die übrigen Länder fehlen vergleichbare Zahlenangaben, doch ist auch dort von einer größeren Präsenz auszugehen. So seien etwa zwischen 1977 und 1982 allein im äthiopischen Hochschulwesen 100 Experten des Ministeriums für Hoch- und Fachschulwesen der DDR tätig gewesen. Und anläßlich des Bürgerkrieges im Süd-Jemen gab die DDR 1986 an, daß mehr als 224 Bürger ihres Landes – „vorwiegend Frauen und Kinder" – evakuiert worden seien, während eine ungenannte Zahl im Lande verblieb.[240]

Konkrete Angaben zur Ausbildungshilfe hat die DDR vor allem für Mosambik publiziert; mit den anderen Ländern hat sie jedoch ebenfalls vertragliche Abmachungen getroffen. Danach entfielen von 2.000 afrikanischen Staatsangehörigen, die 1983 zur beruflichen Ausbildung in der DDR weilten,[241] annähernd 40 % auf Mosambik (darunter 41 Forstlehrlinge, 100 Fleischerlehrlinge, 65 Waggonbauer, 146 Automechaniker, 50 Agrarlehrlinge, 300 Bergleute, 19 Matrosen, 30 Betonfacharbeiter und weitere 26 Praktikanten).[242] Von 1975 bis 1985 erhielten insgesamt 5.000 Lehrlinge aus Mosambik eine Berufsausbildung in der DDR, was einem Anteil von mindestens 10 % entsprechen dürfte.[243]

Auffallende Anstrengungen unternimmt die DDR auch bei der beruflichen Ausbildung junger Namibier aus angolanischen Flüchtlingslagern. 1981 beendeten 100 ihre Lehre in der DDR und wurden sogleich durch 90 weitere sowie 30 Angehörige des südafrikanischen ANC abgelöst.[244] Insgesamt sollen zwischen 1971 und 1984 rund 1.000 junge Namibier in der DDR eine Berufs-, Fach- oder Hochschulausbildung erhalten haben. Ihre Ausbildung wird offensichtlich vom Solidaritätskomitee finanziert, auf dessen Kosten – wiederum eigenen Angaben zufolge – Ende 1979 insgesamt 750 Angehörige von „Befreiungsorganisationen" in der DDR eine Fortbildung oder ein Studium absolvierten.[245] Studentenzahlen wurden für Äthiopien veröffentlicht. Danach studierten zwischen 1977 und 1982 insgesamt 400 Äthiopier in der DDR. Auf den Süd-Jemen entfielen zwischen 1970 und 1985 insgesamt 600 Studenten.[246] Relativ hoch ist ferner der Anteil palästinensischer Studenten, von denen 1982 insgesamt 200 in der DDR ein Studium absolvierten.[247]

In Anbetracht der lückenhaften Daten ist es ohne Extrapolationen kaum möglich, den Gesamtumfang der DDR-Hilfe für Angola, Mosambik, Äthiopien, Süd-Jemen, Afghanistan und die Befreiungsbewegungen im Südlichen Afrika zu bestimmen. Vorsichtige Schätzungen lassen den Schluß zu, daß sie seit Mitte der siebziger Jahre regelmäßig einen Anteil von 30 bis 40 % aller Hilfeleistungen erhielten. Nach den „sozialistischen" Entwicklungsländern gehören sie damit zu den Hauptempfängern der DDR-Hilfe für die Dritte Welt. Diese weist folglich eine außerordentlich hohe Konzentration auf: 80 bis 90 % der gesamten Unterstützung entfallen auf nur 10 der DDR besonders verbundene „sozialistische" oder „sozialistisch orientierte" Entwicklungsländer. Zwar sind sie infolge lang andauernder Kriege, wirtschaftlicher Zerrüttung und gravierender Dürre-Katastrophen in besonders hohem Maße auf Beistand von außen angewiesen, doch gilt dies ähnlich auch für zahlreiche andere Länder der Dritten Welt.[248] Ihnen verbleibt jedoch nur ein geringer Rest von kaum mehr als 10 bis 20 % der DDR-Hilfe.

Ein nicht geringer Anteil der restlichen Unterstützung floß kleinen Entwicklungsländern zu, die der DDR ebenfalls als „sozialistisch orientiert" gelten, in der Gesamtabrechnung aber kaum zu Buche schlagen. Es waren dies in den vergangenen Jahren vornehmlich *Benin*, *Guinea-Bissau*, die *Volksrepublik Kongo*, die *Kapverdischen Inseln*, *Sao Tomé und Principe* sowie bis zur amerikanischen Intervention *Grenada*. Auch diese Länder wurden vom Solidaritätskomitee mit unentgeltlicher Hilfe bedacht, es sind oder waren dort DDR-Experten eingesetzt, die sich der medizinischen Versorgung, der Ausbildung, der Landwirtschaft oder handwerklichen Aufgaben widmeten, und es wurden ihnen Ausbildungs- und Studienplätze in der DDR zur Verfügung gestellt. Ein Beispiel: 1978 absolvierten 300 Planungs- und Wirtschaftsfachleute aus Benin ein mehrwöchiges Praktikum in der DDR.[249]

Größer scheint der Anteil *Nikaraguas* zu sein. Seit dem Sieg der Sandinistas Ende 1979 hat die DDR diesem mittelamerikanischen Land mehrere Solidaritätslieferungen mit Medikamenten, Kleidung, Schulheften und -büchern, Schulkabinetten, Zelten und Ausrüstungen zukommen lassen, verwundete Angehörige der FSLN-Streitkräfte in der DDR medizinisch versorgt und Experten entsandt.[250] Hinzu kommt die Wirtschaftshilfe: Westlichen Quellen zufolge soll die DDR bis März 1985 Kredite in einem Gesamtumfang von 200 Millionen US-$ gewährt haben, die zum Kauf von Maschinen und Konsumgütern dienten.[251] Recht umfangreiche Dimensionen hat in jüngster Zeit offenbar auch die Ausbildungshilfe erreicht. So wurden 1983 Kader der sandinistischen Jugend an der Jugendhochschule der FDJ ausgebildete und im gleichen Jahr waren etwa 200 Studenten an Hochschulen der DDR immatrikuliert – ein Anteil von fast 4 %.[252]

Personelle Unterstützung bei Entwicklungsprojekten und Ausbildungshilfe läßt die DDR einer Reihe weiterer Länder zukommen. Doch handelt es sich entweder nur um vereinzelte, zudem quantitativ wenig bedeutsame Aktivitäten oder um solche, die offenbar auf kommerzieller Grundlage vereinbart wurden. *Sambia* etwa wurde beim Aufbau einer landwirtschaftlichen Musterfarm unterstützt (1982 mit 6 DDR-Experten und 30 sambischen Agrarlehrlingen in der DDR).[253] Hinzu treten Maßnahmen zur Berufsausbildung in der DDR, die bis 1985 insgesamt 880 Facharbeitern aus Sambia zugute gekommen sein sollen.[254] In *Libyen* war neben arabischen, indischen, pakistanischen und Fachkräften anderer Länder 1982 eine Gruppe von 100 Ärzten und Krankenschwestern im Einsatz.[255] Aus *Syrien* ist vor allem das Programm zur Errichtung von bisher 5 Zementwerken bemerkenswert, in dessen Rahmen 1984 120 DDR-Fachkräfte eingesetzt waren und insgesamt 236 Syrern eine Ausbildung in der DDR gewährt wurde. Hinzu kommen – augenscheinlich im Rahmen eines speziellen Programms – 600 Doktoranden, die 1985 in der DDR weilten.[256] Anläßlich der Errichtung einer Armaturenfabrik in Berrouaghia sowie einer Stahl- und Graugußgießerei in Tiaret weilten zahlreiche DDR-Experten in *Algerien* (so in Tiaret noch Anfang 1984 allein 380 Monteure und andere Spezialisten). Beide Projekte waren mit umfangreichen Ausbildungsmaßnahmen verknüpft: Für das Armaturenwerk wurden bis 1977 350 Facharbeiter sowie 180 Hoch- und Fachschüler, für die Gießerei bis zum Beginn der achtziger Jahre 200 Fachkräfte in der DDR ausgebildet.[257] Diese Projekte sind ebenso kommerzieller Natur wie die Beschäftigung algerischer Facharbeiter in der DDR, die im April 1974 vereinbart und Mitte der achtziger Jahre abgeschlossen wurde. 6.150 Algerier nahmen daraufhin seit 1974 in der DDR eine Tätigkeit auf. Von ihnen wurden 250 zu Meistern, 3.700 zu Facharbeitern und 2.200 zu ,,Teilfacharbeitern'' ausgebildet.[258] Diese Zahlen haben sicherlich Eingang in die DDR-Statistiken gefunden, auch wenn von Ausbildungshilfe im eigentlichen Sinne nur begrenzt gesprochen werden kann, da die Kosten der Ausbildung durch die langjährige Bereitstellung der Arbeitskraft aufgewogen wurden und die algerische Regierung darin tatsächlich wohl eher eine Arbeitsbeschaffungsmaßnahme sah.

Die vorstehenden Hinweise können nicht alle Hilfsaktivitäten der DDR in der Dritten Welt erfassen. Sie vermitteln aber einen Eindruck und lassen vor allen Dingen den Schluß zu, daß sie diese in hohem Maße auf nur wenige, freundschaftlich verbundene Länder konzentriert. Seit Beginn der sechziger Jahre hat die DDR ihre Hilfe nach solchen regionalen Schwerpunkten vergeben. Allerdings wurde sie damals nicht wenig durch die bundesdeutsche Hallstein-Doktrin eingeschränkt, die ihr den Zugang zu vielen Staaten versperrte. Auch standen mit Ägypten, Algerien, Ghana, Guinea, Mali und Tansania andere Entwicklungsländer im Mittelpunkt ihrer Bemühungen. Daß weitgehend neue Länder deren Platz eingenommen haben, zeigt, daß die gezielten Bemühungen der DDR keineswegs immer von Erfolg gekrönt waren und ebensowenig einen erfolgreichen „sozialistischen Entwicklungsweg" sicherstellen können.

Im Unterschied zur Bundesrepublik begreift die DDR ihre Hilfe unmittelbar als politisches Instrument. Daher konzentriert sie sich nicht nur auf wenige Länder, sondern wickelt ihre Unterstützung auch vornehmlich bilateral ab. Multilaterale von den Vereinten Nationen und ihren Unterorganisationen koordinierte Aktivitäten sind kaum zu verzeichnen, da sie einen politisch motivierten gezielten Einsatz der Hilfeleistungen erschweren. Auch hat es den Anschein, daß die DDR vornehmlich solche Programme der UNO, des UN-Entwicklungsprogramms, der UNICEF und anderer Unterorganisationen unterstützt, die befreundeten Entwicklungsländern zugute kommen.[259] Den Vereinten Nationen und ihren Organisationen läßt die DDR zudem meist nur den regulären Pflichtbeitrag zukommen – dies, obwohl auch Entwicklungsprogramme des RGW aus Mitteln der UNO finanziert werden. So waren 1977 von insgesamt 27.000 RGW-Spezialisten 327 auf Kosten der UNO eingesetzt, und von 41.000 Studenten und Praktikanten bezogen 153 UN-Entwicklungsstipendien. Zwar erschien den sozialistischen Staaten dieser Anteil mit Recht sehr gering, doch sollten „die Möglichkeiten der UNO-Entwicklungsprogramme für die Förderung progressiver Entwicklungen in Entwicklungsländern" nicht unterschätzt, sondern verstärkt genutzt werden, zumal schon von 1977 bis 1981 etwa 15 % der UNO-Mittel „sozialistisch orientierten" Entwicklungsländern zugeflossen seien.[260] Ohne höhere Eigenbeträge wird dies jedoch kaum möglich sein.

3.3. Träger der DDR-Hilfeleistungen

In der DDR gibt es keine dem Bundesministerium für wirtschaftliche Zusammenarbeit vergleichbare staatliche Institution, der die Koordinierung der Hilfeleistungen für die Dritte Welt obliegt. Diese Aufgabe müssen sich eine ganze Reihe von Ministerien teilen. Es sind dies in erster Linie die Ministerien für Auswärtige Angelegenheiten, für Außenhandel und Nationale Verteidigung, sowie die beiden Ministerien für Volksbildung und für Hoch- und Fachschulwesen. Unmittelbare Verhandlungen mit den Entwicklungsländern führen darüber hinaus die Industrieministerien, das Ministerium für Land-, Forst- und Nahrungsgüterwirtschaft sowie das Ministerium für Gesundheitswesen. Auch wenn alle Ministerien der zentralen Leitung durch die SED und deren ZK-Apparat unterstehen, muß eine solche Kompetenzvielfalt zu Überschneidungen, Koordinations- und Abstimmungsproblemen führen. Eine konsistente Entwicklungsstrategie, die Bedürfnisse und Anforderungen der Dritten Welt ernst nimmt und mit den eigenen Möglichkeiten abzustimmen sucht, ist in einem solchen institutionellen Gefüge kaum zu verwirklichen. Dies haben nicht zuletzt die Erfahrungen in der Bundesrepublik erkennen lassen (vgl. Kapitel E).

Organisation und Durchführung der Hilfe für die Dritte Welt ist nicht nur Aufgabe staatlicher Einrichtungen, wenngleich diese den Hauptteil der Aktivitäten bestreiten, sondern vor allem auch gesellschaftlicher Organisationen der DDR. Angesichts der geschilderten Kompetenzvielfalt im Staatsapparat und vor dem Hintergrund der politischen Ziele kommt ihnen augenscheinlich eine besondere Bedeutung zu. An ihrer Spitze stehen das Solidaritätskomitee und die FDJ, die unter Anleitung der Partei- und Staatsführung sowie in Ausführung ihrer Beschlüsse einen wesentlichen Teil der DDR-Hilfsaktivitäten bestreiten. Hinzu treten das Deutsche Rote Kreuz, dem vornehmlich humanitäre Aufgaben zufallen, sowie die beiden Kirchen der DDR, die unabhängig vom Staat und trotz ihrer begrenzten Mittel die Not der Dritten Welt zu lindern versuchen.

3.3.1. Das Solidaritätskomitee der DDR

Das Solidaritätskomitee ist die einzige Institution der DDR, die sich ausschließlich der Dritten Welt annimmt. Zugleich ist es der bedeutsamste Geber unentgeltlicher Hilfe. Das Komitee ist in zahlreichen Ländern aktiv geworden, hat humanitäre Soforthilfe geleistet, umfangreiche und vielfältige Materiallieferungen bereitgestellt und Ausbildungsstipendien gestiftet – nicht aber Kredite oder finanzielle Geschenke. Es „koordiniert die Solidaritätsaktionen der gesellschaftlichen Organisationen, Institutionen und der Bürger der DDR".[261]

Seine heutige institutionelle Gestalt hat das Solidaritätskomitee erst relativ spät gefunden; Vorläufer reichen bis in die frühen fünfziger Jahre zurück. Anläßlich des Korea-Krieges wurde im September 1950 beim Nationalrat der Nationalen Front der „Korea-Hilfsausschuß" gegründet. Er hatte eine doppelte Aufgabe: Zum einen sollte er die Hilfsaktionen koordinieren – von 1950 bis 1953 insgesamt 16 Millionen Mark – und zum anderen war er in gesamtdeutscher Perspektive damit betraut, den Nachweis zu erbringen, „daß der USA-Imperialismus der gemeinsame Feind des koreanischen und deutschen Volkes ist, daß das, was in Korea geschah, schon in ähnlichen Varianten für die DDR vorbereitet wurde".[262]

Etwa ein Jahr nach dem Ende des Korea-Krieges, am 11. November 1954, konstituierte sich der Hilfsausschuß als „Solidaritätsausschuß für Korea und Vietnam" neu und führte die 1950 begonnene Arbeit bis 1957, als er seine Tätigkeit einstellte, fort. Erst das „Afrikanische Jahr" 1960 veranlaßte die DDR zu neuerlichen Gründungsaktivitäten. Am 22. Juli 1960 konstituierte sich, ebenfalls beim Nationalrat der Nationalen Front, das „DDR-Komitee für Solidarität mit den Völkern Afrikas" – die Keimzelle des heutigen Solidaritätskomitees. Ihm trat 1961 das „Komitee für die Solidarität mit Kuba" zur Seite. 1964 erfolgte eine weitere Neuorganisation: In Anbetracht des beginnenden Vietnam-Krieges erweiterte das Komitee seinen Geltungsbereich, wurde in „Afro-asiatisches Solidaritätskomitee der DDR" umbenannt und zugleich „als selbständige Institution gesellschaftlichen Charakters" von seiner Bindung an den Nationalrat der Nationalen Front befreit. Die beherrschende Stellung der Vietnam-Solidarität jener Jahre fand in der Gründung eines neuen „Vietnam-Ausschusses", die am 20. Juli 1965 – diesmal innerhalb des Komitees – vollzogen wurde, ihren Ausdruck. 1973, im Zuge der Chile-Solidarität, erfolgte die vorläufig letzte Umbenennung in „Solidaritätskomitee der DDR", das seither für Afrika, Asien und Lateinamerika gleichermaßen zuständig ist.[263]

Das Präsidium des Solidaritätskomitees setzt sich aus Vertretern der Parteien und Organisationen, die in der Nationalen Front vereint sind, sowie einzelnen Persönlichkeiten des öffentlichen Lebens der DDR zusammen. Präsident ist Kurt Seibt, ein früherer KPD-Funktionär und seit 1967 Vorsitzender der Zentralen Revisionskommission der SED. Generalsekretär war bis Anfang 1982 Kurt Krüger, der als Botschafter nach Afghanistan wechselte, seither ist es Achim Reichardt. Seit März 1974 ist das Solidaritätskomitee gemeinsam mit den Partnerorganisationen aus Ungarn, Polen, Bulgarien und der ČSSR assoziiertes Mitglied der „Organisation für Afro-asiatische Völkersolidarität" (AAPSO), die über 80 – seit der Abkehr Chinas vorwiegend sowjetfreundliche – afro-asiatische Solidaritätskomitees sowie Befreiungsbewegungen umfaßt.

Dem Solidaritätskomitee stehen umfangreiche Finanzmittel zur Verfügung. Von 1970 bis 1979 sollen es insgesamt 1,4 Milliarden Mark und von 1976 bis 1981 wiederum 1 Milliarde Mark gewesen sein.[264] Folgende jährliche Angaben wurden publiziert:[265]

1978	1979	1980	1981
ca. 200 Mio Mark	über 300 Mio Mark	ca. 200 Mio Mark	über 200 Mio Mark

1982	1983	1984	1985
über 207 Mio Mark	nahezu 200 Mio Mark	etwa 200 Mio Mark	über 210 Mio Mark

Eigenen Angaben zufolge wurde 1979 mit etwa 300 Millionen Mark eine Höhe wie „noch nie zuvor" erreicht.[266] An den offiziellen Daten gemessen umfaßten die Solidaritätsleistungen 1981 und 1982 jeweils 13 % der gesamten DDR-Hilfeleistungen, werden die OECD-Angaben zugrunde gelegt, summiert sich dies auf immerhin 29 % im Jahre 1981, 32 % im darauffolgenden Jahr und 37 % im Jahre 1983.[267]

Die Mittel des Solidaritätskomitees werden nicht aus dem Steueraufkommen der DDR, sondern durch Spenden bereitgestellt. An der Spitze stehen die Gewerkschaften des FDGB, deren Mitglieder jährlich etwa die Hälfte der verfügbaren Summe bestreiten. Sie stellen „Monat für Monat freiwillig eine bestimmte Summe für Solidaritätszwecke" zur Verfügung.[268] Dies geschieht in Form von Solidaritätsmarken, die im Regelfall gemeinsam mit den Beitragsmarken zu erwerben sind. Eigenen Angaben zufolge machen davon über 90 % der Gewerkschaftsmitglieder – mehr oder weniger freiwillig – Gebrauch.[269] Das Spendenaufkommen erhöhte sich von 55,3 Millionen Mark (1972) über 123,4 Millionen Mark (1976) auf 165,5 Millionen Mark (1982), sank dann 1983 jedoch auf nur mehr 160,3 Millionen Mark.[270] Insgesamt stellten die Gewerkschaften zwischen 1972 und 1977 497,3 Millionen Mark, seit ihrer Gründung sogar 2,2 Milliarden Mark für Solidaritätsleistungen zur Verfügung.[271] Dem Solidaritätskomitee flossen davon in den achtziger Jahren regelmäßig 100 Millionen Mark zu.[272] Weitere Spender sind die FDJ, der DFD, die NVA, die Thälmann-Pioniere, die Vereinigung der gegenseitigen Bauernhilfe, der Kulturbund, landwirtschaftliche und Konsumgenossenschaften, Handwerker, Schulen, Kindergärten, der Nationalrat der Nationalen Front, Parteien, Zeitungen und „kirchliche Kreise".[273] Möglich sind auch direkte Spenden auf das „Solidaritätskonto 444 bei der Staatsbank der DDR".[274]

Das Spektrum der Empfänger ist relativ eng, der Charakter der Hilfe hingegen recht weit. Die Unterstützung des Solidaritätskomitees kommt nahezu ausschließlich verbündeten oder befreundeten Entwicklungsländern und Befreiungsbewegungen zugute. Zu den Hauptempfängern zählten in der Vergangenheit die Staaten Indochinas, Kuba, Algerien, die ehemaligen portugiesischen Kolonien in Afrika, Äthiopien, VDR Jemen, Afghanistan und jüngst Nikaragua sowie die PLO, die SWAPO, die ZAPU und der Afrikanische Nationalkongreß. Ihnen ließ das Solidaritätskomitee humanitäre Hilfe, entwicklungspolitisch bedeutsame Unterstützung und „antiimperialistische" Solidaritätsleistungen im engeren Sinne zukommen.

Zur humanitären Hilfe sind Solidaritätslieferungen zu rechnen, bei denen das Komitee im Zuge von Naturkatastrophen oder zur Versorgung von Flüchtlingslagern Medikamente, medizinisches und anderes Gerät, Verpflegung, Kleidung sowie Notunterkünfte zur Verfügung stellte. Ein Drittel der verfügbaren Solidaritätsmittel sei in den letzten Jahren dafür aufgewendet worden.[275] Auch die Bereitstellung von Ferienplätzen für palästinensische oder mosambikanische Kinder in der DDR sowie die Versendung von Kindergeschenken mit Spielsachen und Kleidung – häufig in Kooperation mit dem UNICEF-Nationalkomitee der DDR – ist hier einzuordnen.[276]

Ein nicht geringer Teil der Solidaritätsleistungen ist von entwicklungspolitischer Relevanz und heute – im Unterschied zu früheren Jahren – stärker „in die langfristigen staatlichen Pläne der Zusammenarbeit eingebunden."[277] So wurde aus Mitteln des Solidaritätskomitees die Errichtung von Handwerksbetrieben, Reparaturstützpunkten für Kraftfahrzeuge und Traktoren, Druckereien, Kultur- und Sozialzentren, Kinderheimen, Krankenhäusern sowie von Berufsausbildungsstätten finanziert. Dabei leisteten die FDJ-„Brigaden der Freundschaft" Unterstützung, denen häufig der Aufbau und Betrieb oblag. Hinzu kommt die Lieferung von Schulmaterialien wie Heften, Schreibgeräten und Schulbüchern, die in der DDR gedruckt wurden. Mit beträchtlichen Mitteln – am Beginn der achtziger Jahre soll es bereits die Hälfte der verfügbaren Gesamtsumme gewesen sein – finanziert das Solidaritätskomitee zudem das Studium und die berufliche Aus- und Fortbildung von Bürgern befreundeter Länder aus der Dritten Welt. 1979/80 sollen allein 750 Mitglieder von Befreiungsorganisationen Stipendien des Solidaritätskomitees bezogen haben.[278]

Materielle „antiimperialistische Solidarität" wurde auf verschiedene Weise gewährt. Von erheblicher Bedeutung ist die medizinische Versorgung verwundeter Guerilla-Kämpfer und Angehöriger regulärer Streitkräfte in der DDR. Sie begann im algerischen Bürgerkrieg und kam von 1970 bis 1983 insgesamt 4.400 Patienten zugute.[279] Das Solidaritätskomitee finanziert zudem eine Reihe von Publikationen, die in der Öffentlichkeitsarbeit einzelner „antiimperialistischer Organisationen" Verwendung finden. Neben Periodika wie der Zeitschrift „The African Communist" oder „Sechaba" des ANC ist hier etwa die englische Ausgabe des Buches „Namibia" zu nennen, das in einer Auflage von 5.000 Exemplaren vertrieben wurde.[280] Aber auch 100.000 Exemplare des „Kommunistischen Manifestes", 1981 durch die FDJ der Sandinistischen Jugend Nikaraguas zugegangen, könnten über das Komitee abgerechnet worden sein.[281] Es ist nicht auszuschließen, daß auch die Lieferung militärischen Geräts auf Kosten des Solidaritätskomitees erfolgte, denn – so der ehemalige Generalsekretär, Kurt Krüger, – im Befreiungskampf gilt: „Jede Etappe hat die ihr gemäße Form der Solidarität."[282] Daher auch sah sich das Solidaritätskomitee genötigt, 1973 nach dem Putsch in Chile den Aufenthalt von 1.500 Emigranten in der DDR zu finanzieren.[283]

Innerhalb der DDR entfaltet das Solidaritätskomitee zahlreiche eigenständige Aktivitäten. Solidaritätstage, Solidaritätswochen und selbst Solidaritätsmonate – so etwa der Dezember 1983 anläßlich der Solidaritätsaktion „Dem Frieden die Freiheit" –, in deren Verlauf Solidaritätsmeetings und Solidaritätssammlungen zugunsten einzelner Länder oder Befreiungsbewegungen, mitunter auch zugunsten der Völker ganzer Kontinente abgehalten werden, fallen überwiegend in die Zuständigkeit des Solidaritätskomitees.[284] Nach außen scheint es sich hingegen auf die Bereitstellung jener Mittel zu beschränken, die von der Partei- und Staatsführung der DDR ihren Partnern vertraglich zugesichert werden. Zwar unterhält das Komitee direkte Kontakte mit den Empfängern in der Dritten Welt, finanziell wirksame Verpflichtungen scheint es jedoch kaum einzugehen. Dies obliegt ebenso wie die Abwicklung der Hilfsmaßnahmen den zuständigen Institutionen in der Partei und der staatlichen Verwaltung. Auch wenn vom Solidaritätskomitee umfangreiche Mittel bereitgestellt und zunehmend entwicklungspolitisch eingesetzt werden, bleibt es folglich ein ausführendes Organ, dessen Hauptaufgabe die Beschaffung und weniger die Verwendung finanzieller Ressourcen für die Unterstützung befreundeter politischer Kräfte in der Dritten Welt ist. An die Stelle einer zentralen staatlichen Instanz, die mit entwicklungspolitischen Aufgaben betraut wäre, vermag es daher kaum zu treten.

3.3.2. Die FDJ-„Brigaden der Freundschaft"

Die FDJ zählt zu den entwicklungspolitisch aktivsten gesellschaftlichen Organisationen der DDR. Sie unterhält Kontakte zu den Jugendorganisationen zahlreicher Länder der Dritten Welt, bildet Jugendfunktionäre aus, organisiert Solidaritätsbewegungen, -veranstaltungen und -sammlungen und sie betreut die nach ihr benannten „Brigaden der Freundschaft". Kaum eine gesellschaftliche oder staatliche Einrichtung der DDR entsendet eine ähnlich große Zahl von Helfern wie die FDJ, deren Freundschaftsbrigaden heute zusammen etwa 300 Mitglieder umfassen.

1964 geschaffen, können die FDJ-Brigaden auf ein prominentes, wenn auch verleugnetes Vorbild blicken: das 1961 von John F. Kennedy ins Leben gerufene Peace Corps der Vereinigten Staaten von Amerika. Zwar war das Peace Corps weit umfangreicher – schon im Verlauf des ersten Jahres nach seiner Gründung konnte es 5.110 und in seiner Blütezeit, Mitte der sechziger Jahre, über 14.000 freiwillige Helfer in die Dritte Welt entsenden.[285] Es ließ sich aber von den gleichen offiziell verkündeten Zielen leiten, denen zu folgen auch die FDJ-Brigaden beanspruchen. Beide sollten von Anbeginn dem Frieden und der Freundschaft dienen, bedürftigen Ländern ihre Arbeitskraft zur Verfügung stellen und zum besseren gegenseitigen Verständnis zwischen ihren Staaten und der Dritten Welt beitragen.[286] Peace Corps wie FDJ-Brigaden entsenden daher nicht nur Entwicklungshelfer, sondern wirken auch als „Botschafter" ihrer Länder.

Beide Organisationen haben einen nicht geringen wechselseitigen Argwohn hervorgerufen. So galt schon 1961 dem damaligen DDR-Außenminister Lothar Bolz das Peace Corps als „Offensiv-Korps der imperialistischen Ideologie, das sie zur Irreführung der Völker ‚Friedens-Korps' nennen".[287] Ähnlich rigoros urteilten manche westliche Beobachter über die FDJ-Brigaden:

> „In Wirklichkeit sind die Mitglieder dieser Blauhemdbrigade jedoch Militärspezialisten, die in Uniformen der FDJ militärische Probleme in der Dritten Welt im Sinne des Marxismus-Leninismus lösen. Sie gehören der Volksarmee, dem Staatssicherheitsdienst, der Volkspolizei und der ‚Gesellschaft für Sport und Technik' an. Sie wurden in Sonderlehrgängen auf ihre Aufgabe vorbereitet."[288]

Beide Urteile sagen viel über die wechselseitigen Wahrnehmungsprobleme im Ost-West-Konflikt, wenig aber über das Peace Corps und die Freundschaftsbrigaden aus.

Zwar organisieren die FDJ-Brigaden im Rahmen ihres Einsatzes auch Vorträge über Grundfragen des Marxismus-Leninismus und über den realen Sozialismus in der DDR. Auch wird kein Zweifel daran gelassen, daß in ihnen nur Mitglieder der FDJ wirken sollen, „die durch ihre aktive Tätigkeit im Jugendverband über Erfahrungen in der politischen Arbeit verfügen, die sich im Marxismus-Leninismus auskennen und in der Lage sind, unter komplizierten Bedingungen standhaft die Politik der SED und unseres Staates zu vertreten".[289] Vor allem aber haben sie entwicklungspolitische Aufgaben zu bewältigen. Sie werden beim Aufbau und der Betreuung von Zentren für die Berufsausbildung eingesetzt, arbeiten in Reparaturbetrieben, in denen LKW, Traktoren und Mähdrescher aus der DDR gewartet werden, sind bei der Errichtung von Industrieprojekten engagiert und helfen bei der Ernte. Sie sollen – meist für die Dauer eines Jahres – praktische Arbeit vor Ort leisten. Unmittelbar politische Aufgaben, namentlich die Ausbildung von Funktionären und die Unterstützung beim Aufbau marxistisch-leninistischer Jugendverbände, nimmt das FDJ-Sekretariat im direkten Kontakt selbst wahr.

Die ersten beiden Brigaden wurden 1964 nach Algerien und Mali entsandt. Insgesamt waren seither 55 Brigaden mit zusammen 4.000 Mitgliedern in 22 Ländern eingesetzt.[290] Am Beginn der achtziger Jahre sollen regelmäßig 17 Brigaden in neun der DDR meist freundschaftlich verbundenen Ländern eingesetzt gewesen sein.[291] Anläßlich des zwanzigjährigen Jubiläums der Brigaden im Jahre 1984 publizierte die DDR-Presse erstmals zusammenhängend die aktuellen Einsatzorte. Sie sind in *Tabelle 4* aufgeführt.[292]

Tabelle 4

Einsatzorte der FDJ-„Brigaden der Freundschaft"

Einsatzland	Aufgabe		Beginn der Tätigkeit
Angola	Betreuung von	Luanda	1977
Angola	Reparaturstützpunkten	Kwanza-Norte	1977
Angola	für DDR-LKW W 50	Kwanza-Sul	1977
Angola	und Landmaschinen in:	Uige	1977
Angola[293]	Bau einer Berufsschule und Berufsausbildung in Cabinda		1984
Äthiopien[294]	Errichtung des Karl-Marx-Denkmals in Addis Abeba		1979
Äthiopien[295]	mehrmontige Hilfe bei der Ernte		1980
Guinea[296]	Berufsausbildung in Ratoma		1967
Guinea-Bissau[297]	Berufsausbildung in Bra		1976
Mosambik	Berufsausbildung in Moatize		1978
Mosambik[298]	mehrmonatige Hilfe bei der Ernte		1977
VDR Jemen	Berufsausbildung in Al-Kod		1976
Laos	Ausbildungshilfe an einer technischen Schule in Vientiane		1981
Kuba	Mitarbeit im Zementwerk von Cienfuegos		1980
Kuba[299]	Bau einer Brauerei in Camagüey		1984
Nikaragua	Bau eines Berufsausbildungszentrums und Unterricht in Jinotepe		1983
Nikaragua[300]	Aufbau eines Krankenhauses in Managua		1984

Weitere Einsatzländer der FDJ-Brigaden waren in der Vergangenheit Algerien (1964-1982), Mali (1964-1979), Vietnam (1976), Sao Tomé und Principe (1979),

Tansania, Somalia und Grenada, wo bis zur amerikanischen Intervention 1983 für kurze Zeit ebenfalls eine kleine sechsköpfige Brigade weilte.[301]

DDR-Außenminister Oskar Fischer gelten die FDJ-Freundschaftsbrigaden als „Symbol des proletarischen Internationalismus in Aktion".[302] Tatsächlich leisten sie nicht nur praktische, entwicklungspolitisch bedeutsame Arbeit, sondern treten auch als Botschafter ihres Landes und seines marxistisch-leninistischen politischen Systems auf. Insoweit verkörpern sie idealtypisch Ziel und Anspruch der „sozialistischen Hilfe", wie sie von der DDR verstanden wird – eine Hilfe, die nicht nur wirtschaftlichen und sozialen Fortschritt in der Dritten Welt, sondern mehr noch tiefgreifende gesellschaftliche Veränderungen befördern soll.

3.3.3. Das Deutsche Rote Kreuz der DDR

Den überwiegenden Teil der humanitären Hilfe für die Dritte Welt leistet neben dem Solidaritätskomitee das Rote Kreuz der DDR. Von insgesamt 64.493.225 Mark, die von der DDR zwischen 1970 und 1979 für Sofortmaßnahmen zur Verfügung gestellt wurden, entfielen auf das Rote Kreuz 35.743.300 Mark, was einem Anteil von 55 % der Gesamtsumme entspricht.[303] Damit wurden Hilfssendungen finanziert, um die nationalen Partnerorganisationen bei der Überwindung von Naturkatastrophen, aber auch der Folgen bewaffneter Konflikte zu unterstützen.[304] 27 solcher Hilfssendungen mit Medikamenten, Kleidung und Notunterkünften stellte das Rote Kreuz allein 1983 zur Verfügung; weitere 27 Sendungen waren es 1984 und 28 Sendungen im Jahre 1985.[305]

Ähnlich wie das Solidaritätskomitee finanziert das Rote Kreuz seine Hilfe offiziell ausschließlich durch Spenden, die allerdings weniger von den gesellschaftlichen „Massenorganisationen", sondern zu einem nicht geringen Teil auch von der Evangelischen Kirche stammen, die aus der Kollekte „Brot für die Welt" regelmäßig Mittel zur Verfügung stellt.[306] Zudem beschränkt es seine Leistungen im Unterschied zum Solidaritätskomitee nicht nur auf befreundete „sozialistisch orientierte" Entwicklungsländer, wenngleich diese auch hier bevorzugte Empfänger zu sein scheinen. Es ist denkbar, daß eine Arbeitsteilung zwischen dem Komitee, das seine Solidaritätsleistungen gezielt nach politischen Kriterien vergibt, und dem DRK, dem ausschließlich humanitäre Aufgaben obliegen, besteht.

Im Mittelpunkt der Aktivitäten des Roten Kreuzes steht augenscheinlich die humanitäre Soforthilfe, doch hat es sich auch bereit gefunden, einzelne Projekte kontinuierlich zu unterstützen. Ein Beispiel ist das Albert-Schweitzer-Hospital in Lambarene (Gabun). Seine Förderung durch bis 1984 insgesamt 43 Hilfssendungen geht auf das Jahr 1960 zurück, als der heutige Vorsitzende der Ost-CDU, Gerald Götting, bei dem Versuch, die diplomatische Isolierung der DDR zu durchbrechen, auch Lambarene einen Besuch abstattete.[307] Die Gründung eines „Albert-Schweitzer-Komitees" beim Präsidium des DRK im Jahre 1963 und 1984 die Errichtung eines Albert-Schweitzer-Museums in Weimar lassen erkennen, daß diesem Projekt unverändert erhebliche Bedeutung beigemessen wird.

3.3.4. Die Kirchen in der DDR

Im Unterschied zum Solidaritätskomitee und zum Roten Kreuz kann bei den Kirchen kaum von einer Instrumentalisierung ihrer entwicklungspolitischen Aktivitäten durch die Partei- und Staatsführung der DDR gesprochen werden. Zwar ist ihnen in Anbetracht ihrer geringen finanziellen Möglichkeiten verwehrt, sich in der Dritten Welt ähnlich umfangreich zu engagieren, wie dies die beiden Kirchen der Bundesrepublik tun. Im Sinne ihres christlichen Selbstverständnisses und Auftrages haben sie sich jedoch schon früh der Not in den Entwicklungsländern zugewandt und dazu alle Möglichkeiten ausgeschöpft, die ihnen das sozialistische System der DDR einzuräumen bereit war. Das gilt im besonderen für die Evangelische Kirche, die in der DDR weit größer als die katholische ist.

Ein besonderes Anliegen der Kirche ist es, die Sensibilität der DDR-Bevölkerung für die Probleme der Dritten Welt zu wecken. Für sie steht außer Frage, daß die reichen Industriestaaten des Nordens ihren Lebensstandard zu einem erheblichen Teil den Entwicklungsländern verdanken und für deren Armut zumindest mitverantwortlich sind. In ihren Augen ist es daher eine Aufgabe aller, keineswegs nur der westlichen Industriestaaten, der Dritten Welt bei der Überwindung ihrer Nöte wirksam zu helfen. In Gottesdiensten, Vorträgen und kirchlichen Publikationen wurde dieser Standpunkt, der den Auffassungen der SED erkennbar widerspricht, immer wieder bekräftigt.[308] Auf der anderen Seite wandte sich vor allem die Evangelische Kirche ebenso engagiert gegen die Tätigkeit der transnationalen Konzerne in der Dritten Welt und gegen den Rassismus im Südlichen Afrika, worin sie mit der Partei- und Staatsführung weit stärker übereinstimmte. Als erste Kirche innerhalb des Warschauer Paktes hat sie sich bereits im Januar 1971 in einem Beschluß der Konferenz der DDR-Kirchenleitungen einstimmig hinter das Programm des Weltkirchenrates zur Bekämpfung des Rassismus gestellt. Während in der Bundesrepublik über das Antirassismus-Programm heftig gestritten wurde, rief die Evangelische Kirche der DDR in ihren Gemeinden bereits zu Spenden für soziale Projekte auf, mit denen die Befreiungsbewegungen im Südlichen Afrika und vor allem in Mosambik unterstützt werden sollten.[309]

Solche ad hoc durchgeführten Sammlungen sind nur ein Weg, auf dem die Kirchen der DDR trotz erheblicher eigener finanzieller Probleme der Dritten Welt über die Bildungsarbeit, Information und Aufklärung hinaus praktisch beistehen wollen. Daneben gibt es eine Reihe kleinerer Aktionen. So überreichte etwa der Ökumenische Jugenddienst dem nikaraguanischen Kulturminister Ernesto Cardenal anläßlich seines DDR-Besuchs im April 1982 eine symbolische Spende von 90.000 Mark, mit der zwei Lehrkabinette in Nikaragua ausgestattet werden sollten.[310] Am bedeutendsten ist ohne Zweifel die jährlich durchgeführte Aktion „Brot für die Welt", die regelmäßig Spendenbeträge in Millionenhöhe erbringt. Die mit ihnen finanzierten Hilfssendungen werden entweder direkt oder in Zusammenarbeit mit dem Roten Kreuz der DDR den Empfängern überbracht.[311] Ein Beispiel: Im November 1984 ließ die Evangelische Kirche 20 Tonnen Nahrungsmittel mit einer DDR-Sondermaschine nach Äthiopien transportieren, die dort Kinderernährungszentren des Lutherischen Weltdienstes zugute kamen. Finanziert wurde diese Lieferung aus Spenden in Höhe von über 1 Million Mark, die 1984 der Aktion „Brot für die Welt" anläßlich der Äthiopien-Hilfe zuflossen.[312] Es muß allerdings festgehalten werden, daß auch die Evangelische Kirche in der DDR erst in jüngster Zeit ernsthafte Bemühungen unternimmt, die alte (und 1983 in Vancouver erneuerte) Forderung des Weltkirchenrates zu erfüllen, nach der alle Kirchen 2 % ihrer regulären Mittel für Leistungen der Entwicklungshilfe bereitstellen sollen.

Generell fällt auf, daß ein nicht geringer Teil der kirchlichen Hilfeleistungen Entwicklungsländern zugute kommt, die wie Vietnam, Afghanistan, Nikaragua oder Mosambik der DDR politisch eng verbunden sind. Zu den Kirchen dieser Länder unterhält die Evangelische Kirche der DDR partnerschaftliche Beziehungen, in die sie ihre Erfahrungen als Glaubensgemeinschaft im Sozialismus einzubringen sucht. Intensiver noch sind die langjährigen Kontakte mit Partnerkirchen in Tansania, Indien und Papua-Neuguinea. Sie reichen bis zu personeller Assistenz. Nachdem 1959 letztmals ein Dozent nach Indien entsandt werden konnte, litt die Evangelische Kirche 25 Jahre unter einem „unfreiwilligen Moratorium". Erst 1986 gestattete die DDR erneut, daß mehrere kirchliche Mitarbeiter zum Einsatz nach Tansania, Sambia und Indien reisten, wo sie in Projekten der Dorfentwicklung und bei medizinischen Vorhaben ihrer kirchlichen Partner arbeiten.

Das entwicklungspolitische Engagement insbesondere der Evangelischen Kirche macht deutlich, daß es durchaus Berührungspunkte und sogar eine begrenzte Kooperation mit der Partei- und Staatsführung der DDR gibt. Letztere beschränkt sich keineswegs auf das Rote Kreuz. Diskutiert wird auch eine Zusammenarbeit mit dem Solidaritätskomitee und als Beispiel für einen wissenschaftlichen Gedankenaustausch sei hier nur ein Arbeitskreis an der Universität Rostock angeführt, in dem Mitarbeiter der Sektionen Lateinamerika-Wissenschaften und Theologie gemeinsam über die Rolle der Kirchen in Lateinamerika sprechen. Auch wenn die Kooperation dort an ihre Grenze stößt, wo grundlegende politische Ziele der DDR-Führung berührt werden, so läßt es die in den achtziger Jahren offenbarte Flexibilität beider Seiten keineswegs mehr ausgeschlossen erscheinen, daß künftig auch von der Kirche Impulse für die offizielle Entwicklungspolitik der DDR ausgehen können.

3.4. Schwerpunkte der DDR-Hilfeleistungen

Die Entwicklungshilfe der Bundesrepublik weist zwei Bestandteile, die finanzielle und die technische Hilfe bzw. Zusammenarbeit auf. Die finanzielle Zusammenarbeit, auch Kapitalhilfe genannt, soll Entwicklungsländer vor allem bei der Realisierung landwirtschaftlicher und industrieller, aber auch solcher Projekte unterstützen, die einer Verbesserung ihrer wirtschaftlichen und sozialen Infrastruktur dienen. Sie wird überwiegend in Form günstiger Kredite gewährt. Anders dagegen die technische Hilfe. Sie erfolgt zumeist als unentgeltlicher Beitrag und dient – durch die Entsendung von Beratern, durch Ausbildungshilfe und durch Sachleistungen – vornehmlich der wirtschaftlichen und sozialen Integration besonders rückständiger Regionen.[313] Zwar kennt die DDR-Hilfe eine solche Unterscheidung nicht – sie differenziert lediglich zwischen der „wissenschaftlich-technischen" und der „kulturell-wissenschaftlichen Zusammenarbeit" –, doch soll sie im Interesse einer systematischen Darstellung ihrer Aktivitäten im folgenden Anwendung finden.

3.4.1. Die finanzielle Hilfe der DDR

Sowohl in den offiziellen Angaben der DDR über ihre Hilfeleistungen als auch in den Berechnungen der OECD wird keine Unterscheidung zwischen nichtrückzahlbaren Zuschüssen und Krediten gemacht. Zweifellos wird ein nicht geringer Teil der Unterstützung für die Dritte Welt unentgeltlich gewährt. Dies gilt vornehmlich für die technische Hilfe, wie die Leistungen des Solidaritätskomitees, die Soforthilfe des Roten

Kreuzes, aber auch für die FDJ-Brigaden, die akademische Ausbildungshilfe und einen Teil der beruflichen Aus- und Fortbildungsmaßnahmen. Kreditfinanzierungen finden vor allem in zwei Bereichen Anwendung: bei der Errichtung von Industriebetrieben sowie der Lieferung von Ausrüstungen und technischen Geräten.

Über den Umfang der im Verlauf der letzten Jahre von der DDR gewährten Kredite liegen nur wenige Daten vor. Auch hier bedient sich die SED-Führung einer ausgesprochen restriktiven Informationspolitik, die augenscheinlich auch die Empfänger zur Diskretion verpflichtet. Das Forschungsinstitut der Friedrich-Ebert-Stiftung hat sich der Mühe unterzogen, über einen längeren Zeitraum die spärlichen Informationen über DDR-Kredite zusammenzutragen. In *Tabelle 5* sind die *Kreditzusagen* für alle Entwicklungsländer erfaßt, mit Ausnahme jener, die von der DDR dem „sozialistischen Weltsystem" zugerechnet werden (Jugoslawien, Kampuchea, DVR Korea, Kuba, Laos, Mongolei, Vietnam). Ihnen fließt jedoch der überwiegende Teil der Hilfeleistungen zu.[314]

Tabelle 5

Kredite der DDR an Entwicklungsländer (Zusagen in Millionen US-$)

1954-1969	1970	1975	1976	1977	1978	1979	1980
577,3	264,1	159	110	235	390	242	201,5

Zum Teil überschreiten die vorliegenden Angaben deutlich den Gesamtumfang der DDR-Hilfeleistungen, wie er von der OECD errechnet wurde. Das mag daher rühren, daß nicht nur langfristige Regierungskredite, sondern auch kommerzielle Handelskredite erfaßt wurden, die nach den Kriterien des „Development Assistance Committee" der OECD nicht als öffentliche Entwicklungshilfe zu werten sind. Langfristige Regierungskredite, die meist im Zusammenhang mit Industrieprojekten der DDR gewährt werden, haben in der Regel eine Verzinsung von 2,5 bis 3 % im Jahr, eine Laufzeit von 8 bis 13 Jahren und können häufig durch Exportgüter des Empfängerlandes oder Produkte aus den neu errichteten Industriebetrieben getilgt werden.[315] Es hat den Anschein, als seien die Kreditbedingungen im Verlauf der vergangenen Jahre gelockert worden.[316] Im Unterschied zu den Regierungskrediten weisen die Handelskredite eine höhere Verzinsung (2,5 bis 6 % pro Jahr) und mit 1 bis 8 Jahren eine deutlich kürzere Laufzeit auf.[317]

Die vorliegenden Daten erfassen nur die Kreditzusagen und machen keine Angaben, in welcher Höhe diese tatsächlich in Anspruch genommen wurden. Westliche Schätzungen – sie gehen zumeist von kaum der Hälfte des Gesamtbetrages aus –, aber auch eigene Klagen lassen erkennen, daß die Kreditauslastung deutlich unter den Zusagen verbleibt.[318] Dies, mehr aber noch die konsequente Bindung der Kreditzusagen an eigene, von ihr betreute Vorhaben unterscheidet die DDR-Kapitalhilfe deutlich von der bundesdeutschen. Eine finanzielle Unterstützung nationaler Projekte oder gar von Entwicklungsprogrammen einzelner Länder der Dritten Welt ohne Bindung an eigene Lieferungen ist in der Bundesrepublik durchaus üblich, für die DDR hingegen nicht vorstellbar. Zwar werden - wie in Kapitel E näher ausgeführt - auch die bundesdeutschen Kredite ganz überwiegend für Einkäufe in der Bundesrepublik genutzt, die DDR jedoch stößt mit ihrer finanziellen Hilfe an die Grenzen ihres Wirtschaftssystems: Ihre eigene Währung ist nicht frei konvertierbar und ihre begrenzten Devisen-Vorräte benötigt sie in erste Linie für eigene Vorhaben.

3.4.2. Sektoren der technischen Hilfe

Technische Hilfe oder – wie es die DDR offiziell nennt – die „wissenschaftlich-technische Zusammenarbeit" umfaßt dem eigenen Verständnis zufolge „den internationalen Austausch wissenschaftlicher, technischer und ökonomischer Kenntnisse, Erfahrungen und Leistungen sowie die Aus- und Weiterbildung von Kadern durch Ausnutzung der Vorteile der internationalen Arbeitsteilung auf ökonomischem, wissenschaftlichem und technischem Gebiet".[319] Dabei haben ökonomische Vorhaben Priorität, doch schließt die „wissenschaftlich-technische" im Verein mit der „kulturell-wissenschaftlichen Zusammenarbeit" auch die staatliche Verwaltung, das Gesundheitswesen, die Medien und den Sport ein.[320] Mit Blick auf die grundlegenden Ziele und die praktische Ausgestaltung sollen im folgenden die Sektoren der technischen Hilfe durch die DDR vorgestellt werden. Angesichts des spärlichen Informationsflusses weisen die quantitativen Angaben jedoch auch hier nolens volens Lücken auf.

3.4.2.1. Politisch-administrative Unterstützung

Der politisch-administrativen Unterstützung ausgewählter Entwicklungsländer kommt innerhalb der DDR-Hilfeleistungen zentrale Bedeutung zu, auch wenn ihr Umfang im Vergleich zur wirtschaftlichen Assistenz eher gering ist. In ihr manifestiert sich deutlicher als überall sonst die bereits von Lenin postulierte „untrennbare Einheit" zwischen „‚planmäßiger Propaganda' und ‚Hilfe mit allen Mitteln'", die eine „progressive Entwicklung" in der Dritten Welt sicherstellen soll.[321] Welche konkreten Maßnahmen die DDR für erforderlich hält, läßt das Revolutions- und Transformationskonzept der „sozialistischen Orientierung" erkennen, in dem die „allgemeingültigen Gesetzmäßigkeiten" der marxistisch-leninistisch gewendeten sozialistischen Revolution mit Blick auf die spezifischen Bedingungen in der Dritten Welt gebündelt sind.[322]

Zwei Begriffe, Etatismus und Zentralismus, umreißen die grundlegende Orientierung. Gefordert wird ein zentralistischer Staat, dessen Apparat fest in der Hand „revolutionär-demokratischer Kräfte" und mit allen erforderlichen Instrumenten zur Unterdrückung möglicher Gegner der „progressiven" Entwicklung ausgestattet zu sein hat. Die politische Führung obliegt einer revolutionären Avantgarde in Gestalt einer marxistisch-leninistisch orientierten Kaderpartei, die ihren Führungsanspruch mit Hilfe gesellschaftlicher Massenorganisationen wie Gewerkschaften, Jugend-, Bauern- und Frauenverbänden durchsetzen soll.

Abgesehen von „sozialistischen" Entwicklungsländern wie Kuba und Vietnam ist all dies bislang erst in Ansätzen verwirklicht. Da nach Auffassung der DDR jedoch eine revolutionäre Staatsmacht sowie marxistisch-leninistische Parteien und Massenorganisationen Grundbedingung für eine erfolgreiche „progressive" Entwicklung und diese wiederum Grundbedingung für freundschaftliche Beziehungen zum Sozialismus, sprich eine Ausdehnung der sozialistischen Einflußsphäre, ist, unternimmt sie umfangreiche Anstrengungen, um ihren politischen Zielvorstellungen Geltung zu verschaffen.

Im Mittelpunkt der politisch-administrativen DDR-Bemühungen steht die Vermittlung der eigenen revolutionären „Erfahrungen", in Sonderheit jener, die im Verlauf der „antifaschistisch-demokratischen und sozialistischen Umwälzung" unmittelbar nach dem Zweiten Weltkrieg gesammelt wurden.[323] Sie beschränkt sich keineswegs auf den Austausch von Meinungen und Standpunkten oder das Studium des sozialistischen Systems in der DDR. Vielmehr schließt die Erfahrungsvermittlung eine Reihe höchst praktischer Aktivitäten ein, die arbeitsteilig von Vertretern des Staatsapparates, der SED, der Gewerkschaften, der FDJ und anderer gesellschaftlicher Organisationen der DDR wahrgenommen werden.

Über Details und den Umfang der personellen und materiellen politisch-administrativen Unterstützung ist relativ wenig bekannt. Den spärlich fließenden Informationen aus der DDR ist jedoch zu entnehmen, daß vor allem die SED, der FDGB und die FDJ recht intensive Kontakte zu einer Reihe von Partnerorganisationen in der Dritten Welt pflegen. So hatte die SED bis zum Beginn der achtziger Jahre mit über 20 Parteien Vereinbarungen und Arbeitsprotokolle unterzeichnet, in denen die Zusammenarbeit geregelt ist. Vereinbart wurden regelmäßige Konsultationen, der Austausch von Studiendelegationen, Informationen und Druckerzeugnissen, die Aus- und Weiterbildung von Parteifunktionären in der DDR und nicht zuletzt die Entsendung von Gastlektoren, die Lehraufgaben an den nationalen Parteischulen wahrnehmen.[324]

Besondere Anstrengungen unternimmt die SED in jenen Ländern, wo die führenden Einheitsparteien bereits marxistisch-leninistische Züge tragen. Dies gilt im besonderen für Afghanistan, Angola, VDR Jemen, Mosambik, aber auch für die Volksrepubliken Kongo und Benin sowie Äthiopien, wo nach anfänglichem Zögern der regierenden Militärs der Parteiaufbau nunmehr ebenfalls vorangetrieben wird. Vornehmlich an den Parteischulen dieser Länder sind Gastlektoren der SED eingesetzt, die Grundfragen des Marxismus-Leninismus und des sozialistischen Aufbaus lehren und vor allem ihnen werden Studienplätze an den Parteischulen der DDR zur Verfügung gestellt. Doch gilt dies auch für andere „sozialistisch orientierte" Parteien und nicht zuletzt für oppositionelle „Bruderparteien" aus der „kommunistischen Weltbewegung". Sowohl an der SED-Parteihochschule „Karl Marx", die über ein eigenes „Institut zur Ausbildung von Kadern der Bruderparteien" verfügt, als auch an den Bezirksparteischulen der SED absolvieren Studenten aus vielen Ländern der Dritten Welt ein zum Teil mehrjähriges Studium.[325]

Ähnliche Aktivitäten entfalteten, finanziert mit einem Teil der von ihnen bereitgestellten Solidaritätsmittel, der FDGB und die FDJ. Auch sie stellen an ihren Bildungseinrichtungen, der Hochschule des FDGB „Fritz Heckert", der Jugendhochschule „Wilhelm Pieck" sowie den Ausbildungsstätten der Pionierorganisation „Ernst Thälmann", Studienplätze zur Verfügung, wo Funktionäre befreundeter Organisationen in mehrjährigen oder mehrmonatigen Kursen eine Ausbildung absolvieren können. Die Gewerkschaften begannen damit bereits im Mai 1959. Vornehmlich für Gewerkschaftsfunktionäre aus „Ländern sozialistischer Entwicklung" bieten sie Dreijahreslehrgänge an, die mit dem Diplom eines Gesellschaftswissenschaftlers abgeschlossen werden. 1982/83 traten Zehnmonatslehrgänge hinzu, die vor allem der Ausbildung von „Propagandisten und Leitungskadern" dienen, und seit geraumer Zeit werden darüber hinaus viermonatige Speziallehrgänge angeboten, die sich „einem bestimmten Gebiet des gewerkschaftlichen Kampfes" widmen. Insgesamt absolvierten bis 1985 über 3000 Gewerkschafter aus 86 Ländern die Kurse der Bernauer Gewerkschaftshochschule.[326]

Bis 1971 studierten 820 Funktionäre aus 48 Ländern der Dritten Welt an der Gewerkschaftshochschule und zwischen den beiden Kongressen 1972 und 1977 waren es insgesamt (unter Einschluß der sozialistischen Staaten) weitere 943.[327] Vor allem der FDGB entsendet zudem Lektoren und Berater, die befreundete Organisationen beim Aufbau marxistisch-leninistischer Gewerkschaften unterstützen sollen. Hinzu tritt der unmittelbare Erfahrungsaustausch in Gestalt gemeinsamer Konferenzen sowie durch den Austausch von Studiendelegationen und Bildungsmaterialien – eine Form der Zusammenarbeit, die „teilweise anfangs unterschätzt" wurde, mit Blick auf die gewachsene Zahl befreundeter Entwicklungsländer jedoch zunehmend an Bedeutung gewinnt.[328]

Die Übertragung eigener Erfahrungen und Zielvorstellungen beschränkt sich keineswegs auf befreundete Parteien und gesellschaftliche Organisationen, sondern schließt auch den Staatsapparat und die Regierungsgeschäfte in den befreundeten „sozialistisch orientierten" Ländern ein. Durch Berater und Ausbildungshilfe wird der Aufbau einer effizienten zentralen Verwaltung unterstützt, ohne die eine sozialökonomische Transformation im Sinne des Marxismus-Leninismus kaum zu verwirklichen ist. Als Berater wirken vornehmlich Juristen und Ökonomen. Sie helfen bei der Organisation der Verwaltung, der Schaffung einer zentralen Wirtschaftsplanung und informieren über Grundfragen des Staatsaufbaus.[329] Westliche Quellen haben darüber hinaus mehrfach darauf hingewiesen, daß in zahlreichen afrikanischen, asiatischen und lateinamerikanischen Ländern Fachkräfte des Ost-Berliner Ministeriums für Staatssicherheit eingesetzt sind, die beim Aufbau von Polizei- und Sicherheitskräften mitwirken.[330] Beispielhaft für die Ausbildungshilfe der DDR im Bereich der staatlichen Verwaltung ist die Tätigkeit des 1968 in Weimar gegründeten „Instituts für Kommunalpolitik". Dort können Kommunalpolitiker aus der Dritten Welt – Gouverneure, Bürgermeister, Abgeordnete, Mitarbeiter zentraler Staatsorgane – vierwöchige Seminare absolvieren, in denen sie mit Grundfragen sozialistischer Stadt- und Gemeindepolitik vertraut gemacht werden.[331] Ein weiteres Beispiel sind die vierwöchigen Lehrgänge zu Problemen der Demographie und Bevölkerungsstatistik, die an der Sektion Wirtschaftswissenschaften der Humboldt-Universität in Ost-Berlin durchgeführt werden.[332]

Symbolisch zwar, als Markstein der politischen Verbundenheit aber demonstrativ wirksam, ist eine andere Form der Unterstützung. So ließ es sich Erich Honecker anläßlich seines Äthiopien-Besuches im November 1979 nicht nehmen, in Addis Abeba den Grundstein für das erste Karl-Marx-Denkmal auf afrikanischem Boden zu legen, das 1984 von einer FDJ-Brigade fertiggestellt wurde.[333] Doch nicht nur dies. Wo immer der Generalsekretär und andere Funktionäre der SED auf Reisen in befreundete Entwicklungsländer Station machten, hinterließen sie Büsten, Reliefs, Bilder und Wandteppiche, die den vermeintlichen Ahnherren der SED, Karl Marx, Friedrich Engels, W. I. Lenin sowie dem ehemaligen „Führer des deutschen Proletariats", Ernst Thälmann, gewidmet waren – getreu einer Tradition der säkularen Ikonenanbetung, die der orthodoxe Priesterseminarist Josef Stalin der kommunistischen Bewegung hinterließ.

Die politisch-administrative Hilfe ist integraler Bestandteil der „komplexen Bündnisstrategie". Aufgrund ihrer etatistischen und zentralistischen Orientierung setzt sie ein enges politisches Einvernehmen voraus und kommt daher nahezu ausschließlich den kommunistischen „Bruderparteien" oder jenen „sozialistisch orientierten" Ländern aus der Dritten Welt zugute, die der DDR besonders eng verbunden sind. Davon sind andere Sektoren der technischen Hilfe, wenngleich auch sie keineswegs unpolitisch sind, in erkennbar geringerem Umfang betroffen.

3.4.2.2. Beiträge zur industriellen Entwicklung

Es gehört zu den grundlegenden Glaubenssätzen der DDR-Entwicklungsdoktrin, daß nur eine umfassende Industrialisierung die Länder der Dritten Welt aus ihrer derzeitigen Lage zu befreien vermag. Für die DDR steht außer Frage, daß der wissenschaftlich-technische Fortschritt als universeller und „unumkehrbarer, objektiver naturgeschichtlicher Prozeß" anzusehen ist, der sich „vom Willen und Wunsch der einzelnen Menschen unabhängig" entfaltet, daß folglich die Zukunft der „neuen Technik" gehört und daß die Länder der Dritten Welt letztlich „die Hauptrichtungen der wissenschaftlich-technischen Revolution der entwickelten Länder" wiederholen werden.[334] Ungeachtet solcher prinzipieller Bekenntnisse hat die konkrete Ausgestaltung einer Industrialisierungsstrategie für die Dritte Welt in der Vergangenheit jedoch manche Modifikationen erfahren.

Bis zum Ende der sechziger Jahre ließ sich die DDR uneingeschränkt von den eigenen für die Dritte Welt beispielhaften Erfahrungen leiten. „Absolute Vorrangigkeit" hatte der rasche Aufbau einer Schwerindustrie sowie einer modernen maschinellen Großproduktion, mit deren Hilfe die Entwicklungsländer zügig das wirtschaftliche Niveau der Industriestaaten erreichen sollten.[335] Andere Konzepte, die der Landwirtschaft, dem Handwerk sowie kleinen und mittleren, arbeitsintensiv produzierenden Betrieben der Leichtindustrie Priorität einräumten, wertete sie in heftiger Polemik als Versuch, die Länder der Dritten Welt auf merkantilistische Produktionsweisen beschränken und in neokolonialistischer Abhängigkeit halten zu wollen.[336]

Heute indes wird in der DDR differenzierter geurteilt. Eigene und mehr noch die skeptisch stimmenden Erfahrungen in der Dritten Welt ließen sie offenbar ein wenig vom ungebremst optimistischen Industrialismus der vergangenen Jahrzehnte abrücken. Ungeachtet der zum Teil beachtlichen industriellen Fortschritte in einer Reihe von Entwicklungsländern hatten sich während der siebziger Jahre deren Probleme verschärft. Unterbeschäftigung und Massenarmut nahmen zu, die Landwirtschaft – wichtige innere Finanzierungsquelle ehrgeiziger Industrieprojekte – stagnierte, was immer mehr Menschen zur Flucht in die Städte trieb, und schließlich verschärften sich die Zahlungsbilanzprobleme bis hin zu einer akuten Verschuldungskrise gerade jener Länder, die auf dem Weg der Industrialisierung die größten Erfolge verzeichnen konnten. Diese unzulänglichen Ergebnisse der traditionellen Industrialisierungsstrategien konnte auch die DDR nicht übersehen. Sie modifizierte ihr Konzept, zeigte sich jedoch nicht bereit,weitergehenden Vorstellungen,wie sie auch von den Entwicklungsländern formuliert wurden, zu folgen. Im Sinne der Grundbedürfnis-Strategie stellten sie Ende der siebziger Jahre die Priorität industrieller Großprojekte zunehmend in Frage und forderten ergänzend die Schaffung arbeitsintensiver und energiesparender Betriebe, die den regionalen ländlichen Gegebenheiten angepaßt, vornehmlich zur Überwindung von Unterbeschäftigung und Armut beitragen sollten.[337]

In den Augen der DDR hatten weniger die Industrialisierungskonzepte, denn die kapitalistischen Rahmenbedingungen, unter denen sie realisiert werden mußten, versagt. Unter sozialistischen Auspizien sah sie daher keinen Anlaß, völlig auf die Errichtung moderner Großbetriebe zu verzichten. Zugleich konzedierte sie jedoch, daß die einseitigen Prioritäten vergangener Jahre verfehlt seien, daß beides, Schwer- und Leichtindustrie, arbeits- und kapitalintensive Technik ebenso wie einheimisch entwickelte sowie adaptierte ausländische Technologiekomponenten, importsubstituierende, für den Binnenmarkt produzierende und exportorientierte Betriebe ihren angemessenen Platz haben müßten.[338] Nur so könnten die drei Hauptziele Wirtschaftswachstum, Beschäftigung und gleichmäßigere Einkommensverteilung gemeinsam erreicht werden – in einem Zeitraum allerdings, dessen Ende noch keineswegs abzusehen sei.

Gleichwohl setzt auch die aktuelle Industrialisierungsstrategie der DDR Prioritäten; sie sieht den Aufbau „optimal reproduktionsfähiger Komplexe" in der Dritten Welt vor, die eng miteinander verflochten als „dynamisches Zentrum" schrittweise ein selbsttragendes ökonomisches Wachstum ermöglichen sollen. Integraler Bestandteil dieser Komplexe sind schwerindustrielle Zweige, in denen Arbeitsmittel und Ersatzteile für weitere Investitionen hergestellt werden können. Mit welchen Zweigen und welcher technischen Ausstattung zu beginnen sei, habe sich allerdings nach den örtlichen Bedingungen zu richten. In einigen Entwicklungsländern könnte sich die Industrialisierung exportorientiert auf einheimische Bodenschätze oder landwirtschaftliche Produkte, auch um den Preis einer Vertiefung der Monokulturen und der Abhängigkeit vom Weltmarkt, stützen. Andere, die bereits über aufnahmefähige Binnenmärkte verfügen, könnten eine Strategie der importsubstituierenden und eher arbeitsintensiven Industrialisierung einleiten. Wieder andere, vornehmlich kleine und rohstoffarme Länder, müßten den Aufbau solcher Komplexe mit regionalen Integrationsmaßnahmen kombinieren, um sich Kapital und Märkte zu erschließen.[339]

Im Unterschied zu den fünfziger und sechziger Jahren trägt die DDR folglich den regionalen Ressourcen, nationalen Spezifika und weltwirtschaftlichen Anforderungen verstärkt und differenziert Rechnung. Das traditionelle Effektivitätskriterium, nach dem sich Investitionen lediglich daran orientieren sollten, daß mit ihnen im Interesse der Produktivität ein Maximum an menschlicher Arbeit eingespart wird, gilt für die aktuelle Industrialisierungsstrategie der DDR nicht mehr uneingeschränkt. Grundlegende Prämisse für alle Entwicklungsländer bleibt jedoch, daß letztlich nur eine zentrale Planung, staatliche Initiative und „gesellschaftliches Eigentum" an den Produktionsmitteln Erfolge sichern können.

Inwieweit die Zielvorstellungen ihrer Industrialisierungsstrategie praktische Bedeutung für die Entwicklungspolitik der DDR haben, lassen die Projekte erkennen, die mit ihrer Hilfe in der Dritten Welt verwirklicht wurden, wenngleich diese naturgemäß auch Anforderungen der Entwicklungsländer reflektieren, folglich ihr Konzept nicht in reiner Form widerspiegeln. Eigenen Angaben zufolge konzentriert sich die DDR „vor allem auf die produktiven Bereiche der nationalen Wirtschaften in den jungen Staaten", namentlich die Erschließung und Verarbeitung mineralischer Rohstoffe und die Errichtung von Agrar-Komplexen. Zugleich ist sie bemüht, den staatlichen Sektor bevorzugt zu fördern – dies, obwohl Staatsbetriebe in allen Entwicklungsländern, kapitalistischen wie sozialistisch orientierten, die geringste Produktivität, Rentabilität und Auslastung ihrer Kapazitäten aufweisen. Politische Gründe - Vertiefung der Kooperation mit den sozialistischen Staaten und Zurückdrängung der transnationalen Unternehmen – lassen ihr solche Prioritäten jedoch ungeachtet der ökonomischen Probleme geraten erscheinen.[340] Auch in anderer Hinsicht scheinen vergleichbare politische Überlegungen bis heute ihre Industrialisierungsstrategie zu beeinflussen. Nach wie vor mißt die DDR modernen Betrieben hohe Bedeutung zu, da erst großindustrielle Fertigungen ein schlagkräftiges Proletariat entstehen lassen, das in ihren Augen als soziale Basis des „sozialistischen Entwicklungsweges" unentbehrlich ist.

Insgesamt hat die DDR während der siebziger Jahre in den Entwicklungsländern 650 Objekte fertiggestellt. Es waren dies allerdings nicht nur industrielle, sondern ebenso

Projekte in der Landwirtschaft, dem Handwerk und der Infrastruktur.[341] Zu den Industrievorhaben zählen metallverarbeitende Betriebe in Algerien, Indien, Iran, Mosambik und Nigeria, Zementwerke in Syrien, VDR Jemen, Iran, Irak, Indien, Kuba, Angola und Äthiopien, Textilfabriken in Ägypten, Äthiopien, Kuba, Mosambik und Tansania, Druckereien in Kuba, der Mongolei, Guinea, Tansania und zahlreichen weiteren Staaten, ein „Plastverarbeitungswerk" in Guinea-Bissau und die Erschließung von Phosphat-Vorkommen in Tunesien sowie die Steinkohleförderung in Mosambik.[342] Komplette Industrieanlagen hat die DDR in der Vergangenheit nur in geringer Zahl oder in Kooperation mit westlichen Unternehmen sowie Partnern des RGW errichtet, da ihr allein zumeist die technischen, personellen und finanziellen Kapazitäten fehlten. Wohl aber hat sie, geleitet auch von eigenen Importerwartungen, in beträchtlichem Umfang Maschinen und kleinere Produktionslinien geliefert.[343]

Die größeren Projekte, namentlich jene in den Ländern mit „sozialistischer Orientierung", sind überwiegend mit wissenschaftlich-technischer Beratung durch DDR-Fachkräfte sowie mit beruflichen Aus- und Fortbildungsmaßnahmen für künftige Werksangehörige verknüpft. So wurden etwa anläßlich einer Armaturenfabrik, die von der DDR Ende der siebziger Jahre im algerischen Berrouaghia errichtet wurde, 350 Facharbeiter und 180 Hoch- und Fachschüler ausgebildet.[344] Doch reichen industrielle Beratung und Ausbildungshilfe weit über einzelne Projekte hinaus. Mit zahlreichen Entwicklungsländern schloß die DDR langfristige Abkommen zur wissenschaftlich-technischen Zusammenarbeit (29 Abkommen mit 26 Ländern) sowie zur ökonomischen, wissenschaftlichen und industriellen Kooperation (26 Abkommen mit 23 Ländern).[345] Beispielhaft für eine solche industriell bedeutsame Kooperation ist die gemeinsam mit Indien vorangetriebene Entwicklung der Kernenergie und Kernphysik, bei der auf indischer Seite das Atomforschungszentrum Trombay beteiligt ist.[346]

In einer Reihe vornehmlich „sozialistisch orientierter" Entwicklungsländer sind zudem Wirtschaftsspezialisten der DDR eingesetzt, um beratend bei der Schaffung eines Systems der zentralen ökonomischen Planung zu helfen. Es ist auch in der DDR ein offenes Geheimnis, daß hier selbst in jenen Ländern, die als besonders konsequente Verfechter der „sozialistischen Orientierung" auftreten, noch ein weiter Weg zurückzulegen ist. Vielfach geht es daher am Beginn, wie Erfahrungen aus Angola illustrieren, um die „Klärung einfachster Fragen":

> „Zunächst ging es um die Beseitigung der unter den Massen der Werktätigen weit verbreiteten Vorstellung, daß das Ende des Kolonialismus weniger Arbeit bedeute, um die Vertiefung des Verständnisses, daß Unabhängigkeit und sozialökonomische Entwicklung im Interesse der Werktätigen eigene Verantwortung und höhere Arbeitsleistungen erfordern."[347]

Das gleiche Ziel, Wirtschaftsfunktionäre und Wissenschaftler aus der Dritten Welt mit Inhalt und Methoden der sozialistischen Wirtschafts- und Industrieplanung vertraut zu machen, verfolgen die Sommerseminare der Hochschule für Ökonomie „Bruno Leuschner" in Berlin-Karlshorst. Sie werden seit 1964, dem Jahr der Gründung des Hochschulinstituts „Ökonomik der Entwicklungsländer", jährlich durchgeführt und haben eine Dauer von zwei bis drei Wochen. Von 1964 bis 1976 nahmen an den Kursen insgesamt 450 Experten aus 25 Entwicklungsländern teil, bis 1983 sollen es weit über 600 aus insgesamt 40 Nationen gewesen sein.[348] Seit 1976 finden an derselben Hochschule darüber hinaus Trainingskurse statt, die gemeinsam mit der UN-Organisation für industrielle Entwicklung (UNIDO) durchgeführt werden. Sie widmen sich ausschließlich der Industrieplanung, sollen den Teilnehmern theoretisch und praktisch die

Erfahrungen der DDR vor Augen führen und werden bei vierwöchiger Dauer von jeweils 20 bis 30 Teilnehmern besucht.[349]

Industrielle Projekte erfordern einen beträchtlichen finanziellen, technischen und personellen Aufwand. Auch binden sie einen erheblichen Teil der beruflichen Ausbildungshilfe und der entsandten Experten aus der DDR. Da zahlreiche dieser Projekte jedoch kommerziell abgewickelt werden, ist die quantitative Bedeutung der industriellen Kooperation innerhalb der DDR-Entwicklungshilfe kaum abzuschätzen. Nicht zu übersehen sind hingegen die Zielsetzungen ihrer Industrialisierungsstrategie, die von den Eckpfeilern Aufbau einer zentralen Planung, Stärkung des staatlichen Sektors und Schaffung moderner Produktionskomplexe, in denen verschiedene Fertigungstechniken und Verarbeitungsstufen vereint sind, getragen wird.

3.4.2.3. Landwirtschaft und Handwerk

Zwei Kardinalfragen stehen im Mittelpunkt der Diskussionen um die Entwicklung der Landwirtschaft in der Dritten Welt: Wie soll zum einen die landwirtschaftliche Produktion organisiert und betrieben werden und welche Bedeutung ist ihr – so die zweite Frage – innerhalb der gesamtwirtschaftlichen Entwicklung beizumessen. Die Strategien einer Befriedigung von Grundbedürfnissen und einer integrierten ländlichen Entwicklung, die im Verlauf der siebziger Jahre Eingang in die westliche Entwicklungsdoktrin gefunden haben,setzen deutliche Prioritäten. Vorrang muß die Förderung der Landwirtschaft haben, die nicht einfach nach dem Vorbild der Industriestaaten umgestaltet werden, sondern sowohl organisatorisch als auch technisch auf den spezifischen Traditionen und Bedingungen der Entwicklungsländer fußen soll. Gefordert wird zudem die Schaffung ländlicher Handwerksbetriebe, die einfache – angepaßte – landwirtschaftliche Geräte herstellen und warten sollen. Ziel ist, daß auf diese Weise die unkontrollierte Landflucht gebremst und ein allmählicher, kontrollierter Übergang von der bis heute in vielen Entwicklungsländern dominierenden landwirtschaftlichen Subsistenz- zur Marktproduktion erfolgt.

In der DDR galten dagegen auch in den siebziger Jahren noch andere Prioritäten. Sie forderte eine zügige sozialistische Umgestaltung der Landwirtschaft. Staatsbetriebe und große landwirtschaftliche Produktionsgenossenschaften sollten, ausgestattet mit moderner Technik sowie unter massivem Einsatz von Kunstdünger und Schädlingsbekämpfungsmitteln, die Versorgung sowohl der nationalen als auch der Exportmärkte sicherstellen. Zudem hatte die industrielle Entwicklung Vorrang, was erheblichen Einfluß auf die Verteilung der Investitionsmittel und die Preisgestaltung der landwirtschaftlichen Produkte ausüben mußte. So sollten die Einkommen der Landwirte gezielt niedrig gehalten werden, um jene Finanzierungsmittel zu gewinnen, mit denen industrielle Vorhaben realisiert und einige wenige Großfarmen modernisiert werden konnten. Angola und Mosambik, aber auch die Volksrepublik Benin und Algerien sind Beispiele einer solchen wirtschaftspolitischen „sozialistischen Orientierung".[350]

Auf diese Weise trug die DDR dazu bei, die Mängel der „grünen Revolution", wie sie - westlichen Vorbildern folgend - während der sechziger Jahre in weiten Teilen der Dritten Welt vorangetrieben wurde, fortzuschreiben. Die „grünen Revolutionen" hatten jedoch gravierende soziale und ökonomische Konsequenzen. Ihre sozialen Kosten bestanden in einer massiven Freisetzung von Arbeitskräften, die weit über das beabsichtigte und volkswirtschaftlich sinnvolle Maß hinausging, sowie in einer wachsenden

Verarmung der ländlichen Regionen. Ihre ökonomischen Folgen zeigten sich in steigenden Nahrungsmittelimporten statt der erhofften Exporte, da der finanzielle Anreiz für eine Steigerung der Produktion ausblieb, in geringerer Arbeitsproduktivität, da für die Anwendung moderner Technik nahezu alle Voraussetzungen fehlten, in einer Vertiefung der Monokulturen und schließlich in einer zunehmenden Bodenerosion. Vor dem Hintergrund dieser Erfahrungen sowie neuer Prioritäten und darauf fußender, im Sinne der integrierten ländlichen Entwicklung formulierter Anforderungen aus der Dritten Welt hat nunmehr offenbar auch die DDR - wie zaghaft und verspätet auch immer - ihre landwirtschaftliche Entwicklungsstrategie ein wenig modifiziert. „Kleinbürgerlichen Überspitzungen", die DDR-Wissenschaftler mit einem kritischen Blick auf Algerien heute registrieren, soll nicht länger gefolgt werden.[351]

In der Erkenntnis, daß bis auf den heutigen Tag die ganz überwiegende Mehrheit der Bevölkerung aus den Entwicklungsländern in ländlichen Regionen und von der Agrarproduktion lebt, ist die DDR augenscheinlich bereit, dieser innerhalb ihrer Wirtschaftsstrategie eine höhere Bedeutung beizumessen. Heute dürfte kaum mehr ein Zweifel bestehen, daß – wie es ein prominenter DDR-Experte formulierte – „die Lösung der Agrar- und Ernährungsfrage zu einem Schlüsselproblem in den Ländern der sozialistischen Orientierung geworden ist".[352] Dies um so mehr, als von der jüngsten Hungerkatastrophe in Afrika mit Mosambik und Äthiopien auch zwei eng befreundete Länder mit „sozialistischem Entwicklungsweg" in einer Weise betroffen wurden, die neben den klimatischen Problemen namentlich in Mosambik das Scheitern der bislang praktizierten Agrarpolitik sichtbar machte.[353]

Auch wenn aus ihrer Sicht sozialökonomische Umgestaltungen unerläßlich sind, so hat es doch den Anschein, als wolle die DDR künftig das Tempo der Agrarreformen bremsen, die landwirtschaftliche Großproduktion auf nur einige Güter beschränken, Familienbetriebe nicht länger ignorieren und sich zudem technisch weniger aufwendigen Produktionsmethoden öffnen. Dies lassen die folgenden auf der zentralen Konferenz der DDR-Entwicklungsländer-Wissenschaftler zum Karl-Marx-Jahr 1983 getroffenen Feststellungen zur Wirtschaftsstrategie und namentlich zur Agrarpolitik erkennen:

> „Es erweist sich direkt als schädlich, sich nur neuen Produktionsformen zuzuwenden und bereits existierende außerhalb der Schwerpunkte der Wirtschaftsstrategie zu belassen. Noch stärker als bisher komme es bei der Vermittlung von Erfahrungen der sozialistischen Länder darauf an, die konkreten Bedingungen in den einzelnen afro-asiatischen Ländern zu berücksichtigen."[354]

Angesprochen sind jene bislang dominierenden Erfahrungen, die von der Sowjetunion im Verlauf der dreißiger Jahre gemacht wurden. Damals hatte Josef Stalin mit rigorosen und brutalen Methoden die Kollektivierung der sowjetischen Landwirtschaft vorangetrieben. Sein Ziel war, die Groß- und Mittelbauern (Kulaken) ihrer wirtschaftlichen Basis zu berauben und weitere Mittel für den eingeleiteten raschen Aufbau der Schwerindustrie zu gewinnen – Strategien, die im Verlauf der fünfziger Jahre weithin auch die Wirtschaftspolitik der osteuropäischen Staaten und der DDR prägten. Wenn sie mit Blick auf die Dritte Welt heute relativiert werden, so kann dies nur bedeuten, daß erneut an der zwischen 1924 und 1928 geübten Praxis angeknüpft werden soll, als die sowjetische Agrarpolitik unter dem Einfluß des von Stalin wenige Jahre später hingerichteten Nikolai Bucharin der privaten Initiative breiten Raum gewährte. Tatsächlich betonen DDR-Theoretiker in jüngster Zeit verstärkt, daß sowohl in der Landwirtschaft als auch im Handwerk und in der Industrie „die Freiräume für die kleine Waren-produktion und für die einheimischen kapitalistischen Wirtschaftssektoren sinnvoll nutzbar zu machen" sind.[355]

In der entwicklungspolitischen Praxis der DDR scheint Hilfe für die Landwirtschaft, durchaus im Unterschied zu anderen RGW-Staaten, in der Vergangenheit nicht die ihr zustehende zentrale Bedeutung genossen zu haben. Nach Berichten der Fried-rich-Ebert-Stiftung hatte sie bis Ende 1975 insgesamt nur 37 Agrarprojekte abgewik-kelt oder geplant. Bei dieser Zahl, hinter der sich vornehmlich Musterfarmen, Ausbil-dungszentren und Bewässerungsprojekte verbergen, ist allerdings zu beachten, daß die „sozialistischen" Entwicklungsländer nicht erfaßt sind.[356] Sie aber haben ein besonde-res Gewicht. Das gilt insbesondere für Vietnam, wo die DDR technische und materielle Unterstützung bei der Anlage von Kaffee-, Kautschuk- und Kartoffel-Plantagen ge-währte, Pflanzenzucht- und Schweinemaststationen aufbaute und bei Aufforstungen behilflich war.[357] Ein herausragendes Entwicklungsprojekt ist zudem das Handwerks-programm der DDR in Vietnam. Von 1973 bis 1984 errichtete sie insgesamt 109 städti-sche und ländliche Handwerksbetriebe, von denen etwa 40 als Produktions- und 60 als Reparaturwerkstätten dienen. Dort sind nahezu alle Sparten vertreten, von der Holzverarbeitung über Schneidereien bis zur Reparatur von Radio- und Fernsehgerä-ten, Uhren, Nähmaschinen, Zweirädern oder Elektrogeräten.[358] In weit kleinerem Umfang hat die DDR solche Werkstätten auch in anderen Entwicklungsländern errich-tet. Dabei sind Reparaturstützpunkte für LKW, Traktoren und Mähdrescher, die von der DDR in größerer Zahl nach Angola, Mosambik, Äthiopien, Madagaskar und Nika-ragua geliefert wurden, von besonderem Gewicht.[359] Zu erwähnen sind des weiteren industrielle Anlagen zur Verarbeitung von Agrarprodukten sowie Getreide-, Öl- und Reismühlen, die von der DDR in beträchtlicher Zahl (bis zum Ende der siebziger Jahre insgesamt 80) geliefert und installiert wurden.[360]

Neben Agrarfachleuten und Technikern, die in unbekannter Zahl bei der Durchfüh-rung einzelner Projekte eingesetzt sind, spielt namentlich in der Landwirtschaft und im Handwerk die personelle Assistenz durch FDJ-„Brigaden der Freundschaft" eine große Rolle. Ihnen obliegt sowohl in den Reparaturstützpunkten als auch im Ernteein-satz die Betreuung jener technischen Geräte, für die einheimische Fachkräfte nicht zur Verfügung stehen.[361] Für Beratungs- und Planungsaufgaben hat die DDR darüber hin-aus eigens eine Consulting-Firma gegründet: Agro-Consult in Dresden. Sie bietet Kon-zepte für die Landerschließung, den Bau von Farmen, die Verarbeitung von Getreide und Milch sowie für die Produktion von Kindernahrung und Getränken an.[362]

Auch in der Landwirtschaft nimmt neben der personellen und technischen Unter-stützung die Ausbildungshilfe der DDR einen wichtigen Platz ein. Sie wird vornehmlich durch den Exportbetrieb VEB Interagrarkooperation Leipzig-Markkleeberg vermit-telt.[363] Eine akademische Ausbildung zum Diplom-Agraringenieur können Studenten aus der Dritten Welt seit 1960 am „Institut für Tropische Landwirtschaft" der Leipzi-ger Universität absolvieren. Bis 1980 schlossen insgesamt 212 Studenten ein fünfjähri-ges Grundstudium ab, 99 erwarben den Doktorgrad, 7 den Grad eines „Doktors der Wissenschaften", der nach sowjetischem Vorbild die frühere Habilitation abgelöst hat, und 245 Teilnehmer absolvierten ein Postgraduiertenstudium. Eigene Forschungen, auch in den beiden kubanischen und äthiopischen Außenstellen, die Vorbereitung von DDR-Fachkräften für ihren Einsatz in der Dritten Welt und die regelmäßige Veran-staltung von internationalen Sommerseminaren, die sich den Problemen der tropischen und subtropischen Landwirtschaft annehmen (zwischen ihrer Einführung 1965 und 1980 fanden insgesamt 5 Seminare mit jeweils annähernd 100 Teilnehmern statt), runden das Arbeitsprogramm des Instituts ab.[364]

Größer noch ist die Zahl der Praktiker aus der Dritten Welt, die an der Agrar-Ingenieur-Schule in Altenburg oder am Weiterbildungszentrum Zschortau des Ministeriums für Land-, Forst- und Nahrungsgüterwirtschaft eine berufliche Aus- oder Fortbildung absolvieren. Während die Schule in Altenburg bis 1982 über 500 Studenten und Praktikanten aus 47 Ländern durchliefen, nahmen an den bis dahin organisierten 31 Drei-Monats-Lehrgängen in Zschortau, die sich vor allem mit der Planung und Leitung von Agrarbetrieben befassen, insgesamt 800 Fachkräfte aus 25 Entwicklungsländern teil.[365] Aber auch andere Landwirtschaftsschulen, wie jene der Vereinigung der gegenseitigen Bauernhilfe in Teutschenthal, wo zwischen 1961 und 1985 mehr als 1600 Agrarspezialisten eine Ausbildung erhielten, oder jene in Triptis, haben sich in der Vergangenheit an der Ausbildung von Agrarfachkräften aus der Dritten Welt beteiligt.[366]

Hinzu treten schließlich noch zehnmonatige Lehrgänge, die im Auftrag der UNESCO und des UNEP (UN-Umweltprogramm) von der Technischen Universität Dresden veranstaltet werden. 1984 fand bereits der 7. Kurs statt, an dem Umweltspezialisten aus 15 Ländern teilnahmen und Probleme der Bodenbewirtschaftung, des Wasserhaushaltes sowie allgemein der Ökologie diskutierten.[367]

Im Unterschied zu den Projekten und zur personellen Assistenz in der Dritten Welt scheint die landwirtschaftliche Ausbildungshilfe der DDR recht umfangreich zu sein. Gleichwohl kann natürlich auch sie, gemessen an der großen Bedeutung dieses Wirtschaftssektors in den Entwicklungsländern, den Anforderungen kaum genügen.

3.4.2.4. Ausbau der Infrastruktur

Ohne ein gut ausgebautes Verkehrs- und Kommunikationsnetz ist wirtschaftliche Entwicklung undenkbar. Weder kann der nationale Markt mit Gütern versorgt noch der Export organisiert werden. In den meisten Entwicklungsländern sind die Einrichtungen der Infrastruktur völlig unzulänglich. Weite Landesteile sind nahezu unerschlossen und können nur mit Spezialfahrzeugen erreicht werden. In vielen Ländern sind bis heute die Verkehrswege allein auf die Exportbedürfnisse der früheren Kolonialmächte zugeschnitten: Eisenbahnen und Straßen verbinden einige wenige Bergbaugebiete und Plantagen im Landesinneren mit den Häfen an der Küste, so daß sie für die Entwicklung einer nationalen Wirtschaft kaum zu nutzen sind.

Aus diesen Gründen beteiligte sich die DDR schon frühzeitig am Auf- und Ausbau von Transport- und Kommunikationseinrichtungen. Im Mittelpunkt stand dabei die Lieferung von IFA-LKW des Typs W 50. Allein 10.000 exportierte sie zwischen 1976 und 1985 nach Angola, weitere 1.000 nach Madagaskar und Mosambik, 800 nach Nikaragua. Empfänger waren aber auch Kuba, Vietnam, Äthiopien, Grenada, VDR Jemen, Irak, der Iran des Schah, wo die LKW in der Armee Verwendung fanden, sowie eine Reihe weiterer Entwicklungsländer.[368] Auch wenn ein großer Teil der Exporte auf kommerzieller Grundlage abgewickelt wurde, müssen die Zahlen doch überraschen, da in der DDR selbst ein ausgeprägter LKW-Mangel zu verzeichnen ist.[369] Hinzu kommt, daß gerade die Hauptabnehmer nur über eine sehr begrenzte Zahlungsfähigkeit verfügen und zudem mit der Schaffung eines Reparaturnetzes erhebliche Folgekosten und

Folgeprobleme anfallen, die bislang offenbar nur unzulänglich gelöst werden konnten. So forcierte die DDR erst in jüngster Zeit den Ausbau von Reparaturstützpunkten, aber immer noch verfügt etwa Angola, der Hauptabnehmer von IFA-LKW in der Dritten Welt, nur in zehn von insgesamt 18 Provinzen über häufig nur begrenzt leistungsfähige Werkstätten.[370] Ein wirtschaftlicher Gewinn ist daher wohl kaum zu veranschlagen. An Straßenbaumaßnahmen, Voraussetzung für den sinnvollen Einsatz von Fahrzeugen, beteiligt sich die DDR offenbar nur in geringem Umfang. Zu erwähnen wäre der Bau von drei Brücken und eines Straßentunnels in der VDR Jemen.[371]

Ein weiterer Schwerpunkt war in der Vergangenheit die Lieferung von Hafenkränen nach Ägypten, Irak und Syrien sowie nach Angola, Äthiopien, (im Hafen Assab wurden bis 1984 insgesamt 18 Kräne installiert), Bangladesh, Kuwait, Libanon, Mexiko, Mosambik und in großem Umfang auch nach Brasilien (bis Ende 1983 lieferte sie insgesamt 251 Kräne dorthin).[372] Ihr Interesse an der Schiffahrt unterstrich die DDR darüber hinaus durch die Bereitstellung von Lotsen. Schon 1956 hatte sie nach der Verstaatlichung der Suez-Kanal-Gesellschaft durch Ägypten Lotsen angeboten. Diese kamen jedoch erst 1976 und an einem anderen Ort, den angolanischen Häfen Luanda und Lobito, zum Einsatz, wo nach dem Abzug der portugiesischen Fachkräfte eine akute Notlage entstanden war.[373]

Nicht zu vergessen ist schließlich die Unterstützung der DDR beim Ausbau des Eisenbahnwesens in einer Reihe von Entwicklungsländern. So sind zahlreiche DDR-Fachkräfte in Mosambik engagiert, als Techniker in der Maschinenfabrik „Cometal", die Eisenbahnwaggons herstellt, und um die von der Guerilla-Organisation MNR zerstörten Schienenwege zu reparieren, auf denen die Steinkohle aus Moatize zur Küste transportiert werden soll – auch zur Verschiffung in die DDR.[374] Die Lieferung von Eisenbahnwagen sowie die Installierung von Signaleinrichtungen namentlich in Syrien, Irak, Ägypten aber auch in Uganda unterstreichen, daß die DDR hier ebenfalls recht aktiv ist.[375] Das gleiche gilt für den Aufbau regionaler Telefon- und Kommunikationsnetze, die im Verlauf der letzten Jahre eine wachsende Aufmerksamkeit erfahren haben.[376]

3.4.2.5. Bildungs- und Ausbildungshilfe der DDR

In der Entwicklungspolitik beider deutscher Staaten, der DDR wie früher schon der Bundesrepublik, nimmt die Ausbildungshilfe einen prominenten Platz ein. Zwar ist Bildung nicht unmittelbar produktiv und wertschaffend, doch steht außer Frage, daß ohne gut ausgebildete Fachkräfte und ohne ein leistungsfähiges Ausbildungssystem in der Dritten Welt ein selbsttragender Entwicklungsprozeß undenkbar ist. Bildung vermittelt nicht nur notwendige Kenntnisse und Fähigkeiten, sie trägt vor allem auch zur Entfaltung der menschlichen Persönlichkeit bei – und sie vermag politische Grundeinstellungen zu prägen. In gewisser Hinsicht konstituiert erst sie eine moderne Gesellschaft. Ohne flankierende Ausbildungshilfe kann wirtschaftliche Unterstützung daher nicht zum Erfolg führen, so daß Ausgaben für die Bildung durchaus als „produktive Investitionen" zu begreifen sind.[377]

Die Situation des Bildungswesens in den Entwicklungsländern hinterläßt zwiespältige Eindrücke. Auf der einen Seite ist es in den letzten Jahren nicht gelungen, den verbreiteten Analphabetismus nennenswert abzubauen. Namentlich in den am wenigsten entwickelten Ländern der Dritten Welt (LLDC) beträgt die Analphabetenquote unverändert deutlich über 70 %. Dies wirft ein Schlaglicht auf das unzulängliche „Bildungsklima", aber auch auf den Ausbau der Primarschulen und grundlegender Bildungsangebote, der in ländlichen Regionen kaum Fortschritte machte. Auf der anderen Seite zeichnet sich in einer ganzen Reihe von Staaten bereits eine Akademiker-Arbeitslosigkeit ab – ein Ergebnis des nicht selten raschen Ausbaus der Universitäten und der mangelnden Abstimmung zwischen dem Bildungssektor und dem Arbeitsmarkt. Schließlich sollte nicht vergessen werden, daß Bildungsangebote, Bildungsinhalte und didaktische Verfahren, vielfach aus der kolonialen Epoche fortgeschrieben, weder den Anforderungen industrieller Gesellschaften von heute noch den spezifischen Bedingungen in der Dritten Welt und dem Bedürfnis der Entwicklungsländer nach nationaler und kultureller Identität entsprechen.

Angesichts dieser Situation gelangte die DDR zu der Auffassung, daß nicht Bildung um jeden Preis nach dem rein quantitativen Prinzip „Je mehr, desto besser" geboten sei, sondern eine proportionale Entwicklung des Bildungs- und des Wirtschaftssektors. Ihren Vorstellungen zufolge müssen die Entwicklungsländer eine Bildungsplanung verwirklichen, die den Ausbau des Erziehungssystems quantitativ und qualitativ optimal mit den Anforderungen der Wirtschaft koordiniert. Qualitativ geht es um die Neufassung der Bildungsinhalte, die Einführung des polytechnischen Unterrichts und eine Verbindung des Unterrichts mit „produktiver, körperlicher Arbeit". Nicht weniger von den eigenen Erfahrungen inspiriert, propagieren DDR-Fachleute zur Lösung der quantitativen Probleme eine integrierte Wirtschafts- und Sozialplanung, auch wenn kaum ein Zweifel besteht, daß sie in der Dritten Welt gegenwärtig nicht zu verwirklichen ist, folglich nur „erste Schritte" getan werden können.[378] Gleichwohl sieht die DDR hier mit Verweis auf die Unwägbarkeiten des kapitalistischen Wirtschaftssystems, das sich planender Eingriffe entziehe, einen weiteren wichtigen Ansatzpunkt, um den Entwicklungsländern die Notwendigkeit tiefgreifender sozialökonomischer Umgestaltungen vor Augen zu führen.

Die postulierte enge Verbindung zwischen Bildungs- und Wirtschaftsplanung hat erhebliche praktische Auswirkungen für die Ausbildungshilfe der DDR, die weithin ihren wirtschaftspolitischen Zielvorstellungen und Prioritäten folgt. So konzentriert sich die DDR vornehmlich auf den weiterführenden schulischen und universitären Sektor des Bildungswesens und hier wiederum auf die industriell-technischen Fertigkeiten. Der agrarfachlichen Ausbildung hat sie dagegen ebenso wie dem Ausbau der Primarschulen und der Überwindung des Analphabetismus weit weniger Aufmerksamkeit geschenkt, ohne dies allerdings völlig zu vernachlässigen.[379]

Die größten Anstrengungen unternahm die DDR ohne Zweifel bei der beruflichen Aus- und Fortbildung von Lehrlingen aus der Dritten Welt im Heimatland oder in der DDR.[380] Dies geschah überwiegend im Zusammenhang mit industriellen Entwicklungsprojekten oder der Lieferung von Maschinen und Fahrzeugen. Jedoch hat sie einzelnen Ländern auch unabhängig davon Ausbildungskapazitäten zur Verfügung gestellt, die intensiv genutzt wurden. So sandte etwa Vietnam auf Grundlage einer Regierungsvereinbarung zwischen 1973 und 1983 insgesamt 10.000 Lehrlinge zu einer dreijährigen Berufsausbildung in die DDR.[381] Von Bedeutung ist darüber hinaus der Bau und die Ausrüstung von Zentren der Berufsausbildung, die in der Vergangenheit – zumeist unter personeller Mitwirkung der FDJ-Brigaden – vornehmlich in befreundeten Ländern wie Kuba, Nikaragua, Äthiopien oder Mosambik entstanden.

Recht umfangreich scheint zudem ihr Engagement im universitären Sektor. Dies gilt einmal für die Tätigkeit von DDR-Experten in der Dritten Welt, auch wenn deren Gesamtzahl nicht bekannt ist. Ein Beispiel: 1984 waren auf Grundlage eines Kulturabkommens allein in Äthiopien 49 Dozenten und Lektoren an den Universitäten und höheren Bildungseinrichtungen des Landes beschäftigt. Von ihnen unterrichteten 21 an den natur- und gesellschaftswissenschaftlichen Fakultäten sowie am Lektorat für Deutsche Sprache der Universität Addis Abeba, 20 weitere an der medizinischen Fakultät in Gondar, 4 Naturwissenschaftler in Asmara und 6 Agrarspezialisten in Allmara.[382] Allgemeine Hinweise lassen den Schluß zu, daß, wenngleich in geringerer Zahl, Hochschullehrer aus der DDR auch in den universitären Einrichtungen anderer befreundeter Entwicklungsländer eingesetzt sind.[383] Wichtiger aber noch ist die Bereitstellung von Studienplätzen für ausländische Studenten in der DDR. Sie wird in Abkommen über die „kulturell-wissenschaftliche Zusammenarbeit" geregelt, während die Berufsausbildung den „wissenschaftlich-technischen" Vereinbarungen vorbehalten ist.[384] Nach den verfügbaren Angaben des Statistischen Jahrbuches der UNESCO hat sich ihre Zahl im Verlauf der siebziger Jahre wie in *Tabelle 6* dargestellt entwickelt.[385]

Leider hat die DDR im Unterschied zu anderen osteuropäischen Staaten der UNESCO lediglich Daten über die kontinentale, nicht aber die nationale Herkunft der ausländischen Studenten zur Verfügung gestellt, so daß regionale Schwerpunkte ihrer Ausbildungshilfe nur begrenzt nachzuzeichnen sind. Ganz überwiegend aber stammen die ausländischen Studenten in der DDR aus befreundeten oder verbündeten Entwicklungsländern, denen auch hier – wie immer wieder betont wird – eine besondere Unterstützung zuteil werden soll.[386] Sie studieren, so ist älteren Daten zu entnehmen, zumeist naturwissenschaftlich-technische Fächer (67 %), gefolgt von geisteswissenschaftlichen (19 %) und medizinischen Disziplinen (13 %).[387]

Das Ausländerstudium in der DDR leiteten gemeinsam mit 102 nordkoreanischen 11 nigerianische Studenten ein, die sich im Jahre 1951 als „Söhne streikender Bergarbeiter" mit finanzieller Unterstützung des FDGB an der Arbeiter- und Bauernfakultät der Leipziger Universität immatrikulierten.[388] Danach stieg die Zahl der Studenten aus der Dritten Welt rasch an. Im Studienjahr 1960/61 waren bereits 1.130 immatrikuliert, und im Verlauf der folgenden 20 Jahre vervierfachte sich ihre Zahl auf annähernd 4.400 Studenten im Jahre 1980.[389] Alle Studenten erhalten ein monatliches Stipendium, das überwiegend von der DDR-Regierung, namentlich bei Angehörigen von Befreiungsorganisationen (SWAPO, ANC, PLO) aber auch vom Solidaritätskomitee bereitgestellt wird. Zudem beteiligt sich die DDR an einem gemeinsamen Stipendienfonds des RGW, der 1973 eingerichtet wurde, und zu Beginn der achtziger Jahre 2.350 Studenten ein Studium in einem der Mitgliedsländer ermöglichte.[390] Studienplätze auf „Selbstzahlerbasis" vergibt die DDR erst seit 1982.[391]

Vor Eintritt in die Universität müssen alle ausländischen Studenten einen zehnmonatigen Vorbereitungskurs am „Herder-Institut" in Leipzig, der „Vorstudienanstalt für ausländische Studierende in der DDR und Stätte zur Förderung deutscher Sprachkenntnisse im Ausland", absolvieren. Ziel ist, die künftigen Studenten mit der deutschen Sprache vertraut zu machen und sie zu befähigen, „dem akademischen Unterricht an den Hoch- und Fachschulen unter den Bedingungen eines modernen, hochentwickelten Hochschulwesens" folgen zu können.[392]

Die Tätigkeit des Herder-Instituts beschränkt sich allerdings nicht auf die studienvorbereitenden Deutschkurse. Vielmehr bietet das Institut darüber hinaus seit 1966 postgraduale Ferienkurse an, in denen Germanisten und Deutschlehrer ihre pädagogi-

Tabelle 6

Ausländische Studenten an den Hochschulen der DDR

	1972	%*	1973	%	1974	%	1975	%	1976	%	1977	%	1978	%	1979	%	1980**	1981	%
Gesamt	4591		4524		4864		5386		5351		5736		6641		6607			7411	
Europa	1218	27	1479	33	1588	33	1715	32	1757	33	1879	33	2377	36	2328	35		2295	31
UdSSR	o.A.		436	10	425	9	388	7	334	6	344	6	449	7	456	7		466	6
Dritte Welt	2911	63	2609	58	2846	59	3282	61	3259	61	3512	61	3814	57	3822	58		4650	62
Afrika	808	28	759	29	869	31	922	28	924	28	994	28	1129	30	1204	32		1445	31
Nord- und Mittelamerika	84	3	96	4	104	4	132	4	170	5	257	7	319	8	354	9		530	11
Südamerika	135	5	121	5	115	4	276	8	278	9	343	10	383	10	347	9		298	6
Asien	1884	65	1633	63	1758	62	1952	59	1887	58	1917	55	1983	52	1917	50		2377	51

* Errechnet und auf- bzw. abgerundet. Die Prozentangaben für die Studenten aus der Dritten Welt, Europa und UdSSR beziehen sich auf die Gesamtzahl der ausländischen Studenten, die für Afrika, Amerika und Asien auf die Gesamtzahl der Studenten aus den Entwicklungsländern.

** Daten nicht angegeben.

schen und ihre Sprachkenntnisse erweitern können. An den 23 bis zum Beginn der achtziger Jahre durchgeführten Kursen nahmen insgesamt 2.250 ausländische Deutschlehrer teil.[393] Ähnliche Sommerkurse führen seit 1959 zahlreiche Bildungsstätten der DDR durch. Sie wenden sich mit jeweils unterschiedlicher Ausrichtung an Germanisten, Deutschlehrer, Übersetzer, Sprachwissenschaftler und Studenten. 1984 fanden insgesamt 14 Lehrgänge statt, die von 1.600 Teilnehmern besucht wurden, von denen etwa die Hälfte aus westlichen Ländern und aus Ländern der Dritten Welt kam.[394]

Die internationalen Ferienkurse werden in der DDR nicht zuletzt als Beitrag gewertet, mit dem sie die Ausbildung von Lehrkräften aus der Dritten Welt unterstützt. Eigene Experten scheint sie dagegen nur in geringem Umfang zu entsenden – einschließlich der Hochschulen waren 1979 lediglich 100 Fachkräfte in der Dritten Welt eingesetzt.[395] Die Angebote in der Lehrer-Fortbildung sind indes recht vielfältig. So hat die Pädagogische Hochschule „N. K. Krupskaja" in Halle 1978 eigens eine Abteilung „Lehrerbildung für junge Nationalstaaten" eingerichtet, in der Jahres- und Kurzlehrgänge über pädagogische, psychologische und organisatorische Probleme des Bildungswesens in der Dritten Welt durchgeführt werden. An diesen Kursen nahmen bis 1985 242 „ausländische Kader, vorwiegend aus jungen Nationalstaaten", teil.[396] Ähnliche zehnmonatige „Qualifizierungskurse" für Schulfunktionäre bietet darüber hinaus das Potsdamer „Institut für Leitung und Organisation des Volksbildungswesens" an.[397] Hinzu treten dreimonatige Lehrgänge für „Berufsbildungspädagogen", die seit 1980 am „Institut für Berufspädagogik" in Magdeburg veranstaltet werden.[398] Auch wenn pädagogische und technische Fragen im Mittelpunkt stehen, integraler Bestandteil all dieser Weiterbildungsangebote sind naturgemäß auch Grundfragen des Marxismus-Leninismus – wohl wissend, daß die Aus- und Weiterbildung ein vorzügliches Medium zum Transport ideologischer und politischer Grundeinstellungen darstellt. Gleichwohl sollte der Erfolg dieser Bemühungen nicht überschätzt werden. Desillusionierende Erfahrungen am Studienort in den sozialistischen Ländern, die Konfrontation mit dem „alltäglichen Rassismus" und einer völlig anderen, häufig abweisenden Lebenswelt haben manchen Absolventen nicht als überzeugten Marxisten-Leninisten, sondern im Gegenteil als überzeugten Antikommunisten zurückkehren lassen – wie umgekehrt auf westlicher Seite auch.

Neben der Aus- und Fortbildung von Lehrkräften unterstützt die DDR den Ausbau des Schulwesens in der Dritten Welt vor allem durch materielle Spenden, die – häufig vom Solidaritätskomitee finanziert – ebenfalls überwiegend befreundeten Entwicklungsländern zugute kommen. Sie umfassen Schulbücher, Hefte, Bleistifte, Einrichtungsgegenstände und Lehrkabinette.

Zu erwähnen bleibt ein allerdings ausgesprochen ungewöhnliches Schulprojekt, das die DDR erst in jüngster Zeit begonnen hat: Im September 1982 eröffnete sie in Staßfurth eine „Schule der Freundschaft", in der 900 Kinder aus Mosambik eine mehrjährige Schul- und Berufsausbildung erhalten.[399] Es ist dies die erste Bildungseinrichtung der DDR für ausländische Schüler überhaupt, denn im Unterschied zur Bundesrepublik verfügte sie bisher auch in der Dritten Welt nicht über eigene, von ihr betreute Schulen. Ob, wie westliche Beobachter vermuten, auf diese Weise „eine zuverlässige gesellschaftliche Führungsschicht in den sozialistischen Ländern Afrikas" herangebildet werden soll, sei dahingestellt.[400] Fraglos aber ist ein solches Projekt in mehrfacher Hinsicht höchst problematisch. Einmal muß es erhebliche psychische Belastungen auslösen, wenn Kinder, aus ihrem vertrauten familiären und sozialen Umfeld herausgerissen, Tausende Kilometer entfernt in einem ihnen zutiefst fremden Land ausgebildet werden. Ob höhere Effizienz einen solchen Preis rechtfertigt, muß um so mehr bezweifelt werden, als diese Kinder darüber hinaus schrittweise ihrem Heimatland entfremdet und kaum in die Lage versetzt werden, sich mit der eigenen Kultur, Geschichte und Wirklichkeit zu identifizieren. Kulturelle Identität aber kann sich nicht in einer marxistisch-leninistisch gewendeten Identität auf (proletarischer) Klassenbasis erschöpfen, wie sie offenbar der DDR vorschwebt.[401] Diese ist per definitionem internationalistisch und damit das genaue Gegenteil dessen, was die Entwicklungsländer nach langjährigen, leidvollen Erfahrungen nicht ohne Grund zunehmend einklagen: daß die Industriestaaten die historisch gewachsene und vielfältig ausgeprägte gesamtgesellschaftliche kulturelle Identität der Nationen in der Dritten Welt respektieren und fördern, nicht aber untergraben sollen. Die ,,Schule der Freundschaft'' macht deutlich, daß die DDR-Ausbildungshilfe wohl ökonomischen und politischen Effizienzkriterien, kaum aber dieser grundlegenden Forderung aus der Dritten Welt zu folgen bereit ist. Gleichwohl scheinen die Ausbildungsangebote der DDR für eine Reihe von Entwicklungsländern attraktiv zu sein – nicht zuletzt ,,auch unter ökonomischen Aspekten'', wie freimütig eingeräumt wird.[402]

3.4.2.6. Medien und Journalismus

Nicht eben häufig beruft sich die DDR auf den ,,Klassenfeind'', doch können die Worte, in einem der spärlichen Berichte über DDR-Medienhilfe für die Dritte Welt einem britischen Zeitungskönig in den Mund gelegt, durchaus Geltung auch für sie beanspruchen:

> ,,Weißt du, diese Afrikaner haben keine Vorstellung von Journalismus. Sie haben überhaupt keine Ahnung. Und falls nicht jemand hinkommt und sie's lehrt, werden es andere Leute, die wir nicht so gerne haben, tun, und zwar in einer Weise, die wir ganz und gar nicht mögen.''[403]

Wohl wissend, welche hohe politische Bedeutung die Medien und der Journalismus heute auch in der Dritten Welt haben, engagierte sich die DDR schon frühzeitig. Technische Unterstützung für den Rundfunk, Informationsaustausch mit den Nachrichtenagenturen und Ausbildungshilfe für Journalisten – drei Felder der Hilfe für die Dritte Welt, in denen die DDR seit über 20 Jahren aktiv ist.

Am bedeutendsten ist ohne Zweifel die journalistische Ausbildungshilfe. Sie folgt einer grundlegenden Maxime des Journalismus in den sozialistischen Staaten:

> ,,Da es unser höchstes Ziel ist, zur Heran- und Weiterbildung von Journalisten beizutragen, die klug und aufrichtig ihrem Volk dienen, wirken wir darauf hin, daß die Journalisten sich mühen, die wahren Interessen ihres Volkes zu erkennen, und selbst den Volksmassen fest verbunden sind.''[404]

Um dieses Ziel zu erreichen, hat die DDR bereits 1963 eine ,,Schule der Solidarität'' gegründet. Sie ist dem Internationalen Institut für Journalistik ,,Werner Lamberz'' des Journalistenverbandes der DDR angegliedert. Die Schule bietet Lehrgänge an, die bis 1979 von mehr als 400 Teilnehmern aus 39 afrikanischen und asiatischen Ländern, bis 1982 von insgesamt 550 aus 45 Entwicklungsländern und bis September 1983 gar von 700 Absolventen aus 51 Ländern besucht worden sein sollen.[405] In der Regel dauern die Lehrgänge ein halbes Jahr; ihnen schließt sich ein mehrwöchiges Betriebspraktikum bei den DDR-Medien an.[406] Auf dem Lehrplan stehen keineswegs nur die bereits angesprochenen Grundthemen, etwa über das Wesen der Pressefreiheit im sozialistischen Verständnis oder die Relation zwischen Objektivität und Parteilichkeit, sondern ebenso praktische Fragen des journalistischen Handwerks wie Redigieren, Formulieren, Gestalten oder Photographieren.

Die Kursteilnahme ausländischer Journalisten wird zwischen dem Journalistenverband der DDR und seinen Partnern in der Dritten Welt vertraglich vereinbart. Anfallende Kosten werden – eigenen Angaben zufolge – aus Solidaritätsmitteln der DDR-Journalisten bestritten, doch dürften in Anbetracht des Umfanges auch staatliche Mittel Verwendung finden.[407] Jüngst abgeschlossene Verträge mit den Verbänden Nigerias, Kuwaits und Ghanas zeigen, daß sich die DDR hier keineswegs allein auf befreundete Entwicklungsländer beschränkt.[408] Hinzu tritt eine geringe Zahl von UNESCO-Stipendiaten.

Um einen größeren Teilnehmerkreis zu erreichen, wurden gegen Ende der siebziger Jahre die Bemühungen verstärkt, vor Ort in den Ländern der Dritten Welt Fortbildungskurse durchzuführen. Unter Anleitung der Abteilung Auslandsstudium am Internationalen Institut für Journalistik entsendet die DDR fachkundige Journalisten, die bis Mitte 1983 insgesamt 2.400 Kursteilnehmer in der Dritten Welt unterrichten konnten.[409]

Zahlreiche Verträge der DDR-Nachrichtenagentur ADN mit Partneragenturen aus der Dritten Welt, in denen vornehmlich der Informationsaustausch geregelt ist,[410] sowie die materielle Unterstützung einiger Länder beim Ausbau ihrer Rundfunk- und Sendeeinrichtungen runden das Bild der DDR-Hilfe im Medienbereich ab.[411]

3.4.2.7. Gesundheitswesen und medizinische Hilfe

Ähnlich wie das Bildungssystem ist eine gut funktionierende Gesundheitsversorgung unverzichtbare Voraussetzung für sozialen Fortschritt, wirtschaftliche Entwicklung und eine Steigerung der unverändert geringen Arbeitsproduktivität in der Dritten Welt. Tatsächlich prägen jedoch unverändert mangelnde Hygiene, Seuchen und Epidemien, Mangelkrankheiten, verursacht durch Fehl- oder Unterernährung, fehlende medizinische Grundversorgung namentlich in den ländlichen Regionen sowie eine völlig unzureichende Zahl von Ärzten, Krankenschwestern, medizinischen Geräten und Medikamenten bis auf den heutigen Tag das Bild. Angesichts dieser unbefriedigenden Situation nimmt die medizinische Hilfe innerhalb der DDR-Entwicklungshilfe einen wichtigen Platz ein, wenngleich sie erst im Verlauf der siebziger Jahre über punktuelle Aktivitäten hinaus zu einer systematischen Förderung des Gesundheitswesens gelangte – auch hier vornehmlich in jenen Ländern der Dritten Welt, die ihr freundschaftlich verbunden sind.

Vorrangiges Ziel ihrer medizinischen Hilfe ist, eigenen Angaben zufolge, die Schaffung nationaler Gesundheitsdienste, mit deren Hilfe eine ,,medizinische Grundbetreuung" für alle Mitglieder der Gesellschaft sichergestellt werden soll. In Anlehnung an die Weltgesundheitsorganisation versteht sie unter medizinischer Grundbetreuung eine gesundheitliche Versorgung, ,,die den Einzelpersonen und Familien in der Gemeinschaft mit für diese annehmbaren Mitteln, durch ihre umfassende Mitwirkung und mit einem für die Gemeinschaft und das Leben erschwinglichen Aufwand allgemein zugänglich ist". Im Sinne dieser Maxime soll die medizinische Hilfe der DDR nicht nur individuell Gesundheit erhalten und wiederherstellen. Sie sei darüber hinaus auch als „Beitrag zur Selbsthilfe" zu verstehen – ein Beitrag, der differenziert nach den Wünschen und Möglichkeiten der Entwicklungsländer, aber stets auch „in proportionalem Einklang" mit der ökonomischen Entwicklung gewährt werde.[412] Als Schwerpunkte werden die „Fürsorge für Mutter und Kind, die Verbesserung kommunalhygienischer Bedingungen, insbesondere auf dem Lande, die Ausrottung und Eindämmung übertragbarer Krankheiten durch landesweite Impfprogramme" genannt.[413]

Die Praxis indes folgt den deklarierten Zielen nur begrenzt. Im Verlauf der siebziger Jahre haben sich drei Hauptbereiche der Assistenz durch die DDR herauskristallisiert, die nicht nur als medizinische Hilfe im engen Sinne, sondern auch als Beitrag zu einer umfassenden, präventive Maßnahmen einschließenden primären Gesundheitsversorgung verstanden werden: die medizinische Katastrophen- und Soforthilfe, personelle und materielle Unterstützung sowie die Betreuung einzelner Projekte beim Aufbau nationaler Gesundheitsdienste in der Dritten Welt und schließlich die medizinische Spezialbehandlung, vornehmlich von Kombattanten bewaffneter Verbände, in der DDR. Gewichtiger als in anderen Sektoren der technischen Hilfe ist hier das Engagement des Solidaritätskomitees. Zwischen 50 % (1971) und 16 % (1980) seiner verfügbaren Mittel stellte das Komitee für medizinische Hilfeleistungen zur Verfügung, womit es 60 % aller „solidarischen Leistungen" der DDR im Gesundheitswesen bestritt.[414] Dies signalisiert, daß sich der Empfängerkreis auch hier vornehmlich auf befreundete Entwicklungsländer beschränkt.[415]

Für eine langfristig anzustrebende medizinische Selbstversorgung der Entwicklungsländer hat neben präventiven Maßnahmen der Aufbau nationaler Gesundheitsdienste einschließlich der Förderung traditioneller Heilverfahren besonderes Gewicht. Hier hat sich die DDR anfangs nur punktuell, seit den siebziger Jahren auf der Grundlage von 11 Gesundheitsabkommen (bis 1983) systematischer materiell und personell engagiert. Neben einigen Programmen zur Seuchenbekämpfung und der Schwangerenvorsorge – wie etwa in Nikaragua – sind vor allem größere Projekte zu erwähnen.[416] So hat sie mit einem Aufwand von 20 bis 25 Millionen Mark in Ba Vi / Vietnam ein Orthopädie-Technisches Zentrum errichtet sowie in Hanoi mit 15 Millionen Mark das ehemalige Krankenhaus Viet-Duc wiederhergestellt und zu einem chirurgischen Zentrum mit Lehrkapazitäten ausgebaut. Indien erhielt die Ausrüstung für ein Kinder-Rehabilitations- und ein Tuberkulose-Untersuchungszentrum, Sao Tomé und Principe für 1,5 Millionen Mark eine Geburtshilfe-Station, in Angola half die DDR beim Aufbau und Betrieb des Zentrums für Physiotherapie und Rehabilitation in Luanda und in der nikaraguanischen Hauptstadt Managua errichtete sie für 8 Millionen Mark das mobile Krankenhaus „Karl Marx" mit 12 großen Zelten, in dem 1985 80 Mediziner und Techniker aus der DDR arbeiteten.[417] Bedeutsamer noch scheint die personelle Unterstützung. Zwischen 1978 und 1983 weilten insgesamt 519 medizinische Fachkräfte in 16 Ländern der Dritten Welt, wo sie zu einem erheblichen Teil in der Ausbildung tätig waren. In den Genuß einer Aus- und Weiterbildung innerhalb der DDR kommen zudem jährlich 150 Ärzte und 150 mittlere medizinische Fachkräfte, letztere vornehmlich an der medizinischen Schule in Quedlinburg.[418]

Eine für die DDR besonders charakteristische Form der Hilfe ist die kostenlose ärztliche Versorgung von Staatsangehörigen aus der Dritten Welt in Krankenhäusern des zweiten deutschen Staates. Zumeist handelt es sich um Angehörige von Streitkräften befreundeter Entwicklungsländer oder Befreiungsorganisationen. Finanziert wird diese Hilfe ausschließlich vom Solidaritätskomitee. Begonnen wurde sie im Algerienkrieg, kam seither annähernd 4.400 Patienten zugute und hält bis heute unvermindert an.[419] Vielfach ist die Heilbehandlung mit einer anschließenden Berufsausbildung kombiniert. Allein 1982 befanden sich insgesamt 300 Angehörige der PLO und der SWAPO sowie aus Nikaragua, Angola, Afghanistan und Äthiopien zur ärztlichen Behandlung in der DDR.[420] Im Jahr zuvor waren es sogar über 500 gewesen.[421]

3.4.2.8. Sporthilfe

Auch wenn die Förderung des Sports und insbesondere des Spitzensports kaum zu den dringenden Erfordernissen des Entwicklungsprozesses in der Dritten Welt gerechnet werden kann – auf diesem Gebiet erwies sich die DDR in den vergangenen Jahren tatsächlich als Großmacht. Eigene Initiativen und Anforderungen der Entwicklungsländer haben sie veranlaßt, der Sporthilfe breiten Raum zu gewähren. Ohne die eminente Bedeutung, die in der DDR der Förderung des Sports eingeräumt wird, und ohne ihre nicht zu leugnenden Erfolge wäre dies kaum denkbar. Der Sport ist, mehr oder weniger explizit formuliert, ein Bestandteil der Systemauseinandersetzung; sportliche Spitzenleistungen sollen die Leistungsfähigkeit des sozialistischen Gesellschaftssystems in der DDR unter Beweis stellen.[422] Es ist daher nur konsequent, wenn der Sportförderung innerhalb der DDR-Entwicklungshilfe, die gleichfalls als Feld der Systemkonkurrenz gilt, ein besonderes Gewicht eingeräumt wird.

In der Tat ist die materielle und personelle Unterstützung, die die DDR beim Ausbau des Breiten- und des Spitzensports in der Dritten Welt gewährt, umfangreich. Zentrale Ausbildungsstätte für Sportler und Trainer aus der Dritten Welt ist die 1950 in Leipzig gegründete „Deutsche Hochschule für Körperkultur" (DHfK). Bis 1984 erhielten an ihr insgesamt 1.800 Studenten aus 86 Ländern eine Aus- und Weiterbildung.[423] Neben dem regulären Studium gibt es eine Reihe postgradualer Angebote für Trainer und Hochschulabsolventen, die vom 1972 gegründeten Institut für Ausländerstudium an der DHfK organisiert werden. Zu ihnen gehören achtmonatige Internationale Trainerkurse, die zwischen 1964 und 1980 von 1.050 Trainern aus über 50 Staaten absolviert wurden, sowie ein sechzehnmonatiges Zusatzstudium und eine drei- bis vierjährige Aspirantur, von denen bis 1980 400 Sportkader aus über 40 Ländern Gebrauch machten.[424] Die Zahlen verdeutlichen, daß die Ausbildungshilfe der DDR im Sport ihren Anstrengungen im Bildungs- und Gesundheitswesen sowie im Journalismus durchaus gleichkommt.

Personelle Unterstützung leistet die DDR darüber hinaus in den Entwicklungsländern. Zwischen 1976 und 1980 waren insgesamt 98 Trainer und Experten in 19 Ländern eingesetzt, so daß sich deren Gesamtzahl auf über 200 summierte.[425] Hinzu tritt die materielle Hilfe beim Ausbau des nationalen Sportwesens, über deren Umfang allerdings kaum Informationen vorliegen. Ein Beispiel: Bis Ende 1981 schenkte die DDR Mosambik 1.100 Bälle und 100 Disken – auch hier mit Unterstützung des Solidaritätskomitees.[426]

Grundlage der personellen und materiellen Sporthilfe sind in der Regel vertragliche Abmachungen, die zwischen dem Deutschen Turn- und Sportbund der DDR und nationalen Sportorganisationen, aber auch supranationalen Einrichtungen wie dem Obersten Afrikanischen Sportrat abgeschlossen werden. Dabei fällt auf, daß die DDR ihre Hilfe zwar auch hier bevorzugt verbündeten und befreundeten Entwicklungsländern zukommen läßt, eingedenk ihres sportlichen Renommees aber gezielt auch darüber hinaus Kontakte anzubahnen sucht. So hat sie erst 1984 eine Sportvereinbarung mit Kuwait unterzeichnet, intensive Beziehungen unterhält sie zudem mit Indien, Kamerun, Mexiko, Mali, Sri Lanka und Tunesien.[427]

Ein wenig von der regulären Sporthilfe abgehoben ist das Engagement der DDR in einem anderen Bereich – der Förderung des Militärsports. Da das Militär im Sport der sozialistischen Länder eine ebenso bedeutsame Rolle spielt wie umgekehrt der Sport beim Militär, kann es nicht verwundern, daß dies auf die sportliche Unterstützung zumindest jener Entwicklungsländer ausstrahlt, zu denen die DDR besonders intensive Beziehungen pflegt. Koordinierendes Organ ist das multilaterale „Sportkomitee der befreundeten Armeen" mit Sitz in Moskau. Ursprünglich im März 1958 zur Koordination der militärischen Sportaktivitäten im Warschauer Pakt gegründet, gehören ihm heute insgesamt 16 Staaten an. Sie sind im Detail nicht bekannt, doch dürften es neben den sieben Mitgliedern des Warschauer Paktes, Armeen aus dem Kreis der verbündeten „sozialistischen" Entwicklungsländer (Mongolei, Nord-Korea, Vietnam, Kuba, Laos, Kampuchea) und jener eng befreundeten Staaten, die einen „sozialistischen Entwicklungsweg" beschreiten (Afghanistan, Angola, Äthiopien, VDR Jemen, Mosambik), sein. Bekannt wurde zudem die Aufnahme der Syrischen Armee.[428]

Das Sportkomitee organisiert in vierjährigem Rhythmus Sommer- und Winterspartakiaden der Armeesportler und koordiniert Hilfestellungen für das Militär in der Dritten Welt. So trainierte auf Grundlage einer Vereinbarung der beiden Armeen 1983 etwa ein DDR-Fußballtrainer in Mosambik die Armeemannschaft „Matchedje", die dort – mehr oder weniger erfolgreich – in der zweiten Fußballiga ihr Glück versuchte.[429] Solche Aktivitäten aber liegen bereits im Grenzbereich zwischen wissenschaftlich-technischer Hilfe zugunsten wirtschaftlicher und sozialer Entwicklung und einem politisch-militärisch motivierten Engagement in der Dritten Welt.

4. Handel und industrielle Kooperation mit der Dritten Welt

Entwicklungshilfe, so bedeutsam sie im Einzelfall ist, vermag allein kaum die Probleme der Dritten Welt zu lösen. Wichtiger noch sind Handel, Wirtschaftskooperation und die Vertiefung einer für beide Seiten vorteilhaften Arbeitsteilung. Davon vor allem versprechen sich die Entwicklungsländer wirksame Impulse für wirtschaftlichen und sozialen Fortschritt und für die Beseitigung ihrer tiefgreifenden Entwicklungsdefizite. Die Formeln „Aid by Trade" und, pointierter noch, „Handel statt Hilfe", seit der Ersten Welthandelskonferenz 1964 in Genf immer wieder vorgetragen, verleihen dieser Grundorientierung lebhaft Ausdruck.

Sollen die Wirtschaftsbeziehungen aber dem Anspruch, wirksam zur Entwicklung der Dritten Welt beizutragen, gerecht werden, sind eine Reihe von Bedingungen zu gewährleisten. Der Warenaustausch darf sich nicht auf wenige bereits fortgeschrittene Entwicklungsländer beschränken, sondern muß alle einbeziehen. Den Entwicklungsländern müssen stabile Exporterlöse zufließen und sie müssen in die Lage versetzt werden, ihr Warenangebot zu diversifizieren sowie einen Industrialisierungsprozeß einzuleiten. Darauf fußend könnte das Bruttosozialprodukt ebenso wie der Lebensstandard aller Bevölkerungsschichten erhöht und die Konkurrenzfähigkeit der Entwicklungsländer auf dem Weltmarkt gesichert werden.

Die DDR erweckt den Eindruck, als folge auch ihre Entwicklungspolitik diesen Prämissen. Nicht nur, daß sie den Begriff „Entwicklungshilfe" ablehnt; die von ihr gewährte „sozialistische Hilfe" ist mehr noch integraler Bestandteil der Wirtschaftsbeziehungen, die sie mit der Dritten Welt anbahnt. Sie umfassen den traditionellen Außenhandel, neuere Kooperationsformen und die wissenschaftlich-technische Zusammenarbeit. Theoretisch sind in diesem Konzept die Hilfestellungen der DDR ganz auf die Förderung der wirtschaftlichen Leistungsfähigkeit der Entwicklungsländer und die Stärkung ihrer Position auf dem Weltmarkt ausgerichtet. Dies um so mehr, als sie sich zu den „Prinzipien der souveränen Gleichheit, der Nichteinmischung, Nichtdiskriminierung und des gegenseitigen Vorteils, der Anerkennung des Rechts der vollen Souveränität über Naturreichtümer" ebenso bekennt, wie sie „von tiefer Solidarität gegenüber dem Kampf der Völker gegen Kolonialismus, Neokolonialismus, Rassismus und Apartheid geprägt" sei.[430]

In der praktischen Ausgestaltung ihrer Wirtschaftsbeziehungen und der darin eingebetteten Hilfeleistungen klafft zwischen Hilfe und Handel jedoch eine – mit Blick auf Theorie und Anspruch – paradoxe Lücke. Während die DDR Hilfeleistungen nach politischen Kriterien vornehmlich befreundeten Ländern zukommen läßt und darüber hinaus deren Umfang und Modalitäten kaum transparent macht, ist ihr Außenhandel ganz von ökonomischen Interessen getragen, den Interessen eines hochentwickelten, rohstoffabhängigen Industriestaates.

4.1. Entwicklung, Umfang und regionale Schwerpunkte des Außenhandels mit der Dritten Welt

Erst spät, Mitte der fünfziger Jahre, vermochte die DDR nennenswerte Wirtschaftskontakte mit den Entwicklungsländern herzustellen. Zwar hatte sie sich bereits anläßlich ihrer Gründung im Oktober 1949 bereit erklärt, mit allen Staaten diplomatische und ökonomische Beziehungen pflegen zu wollen, Erfolge waren jedoch kaum zu verzeichnen.[431] Der Kalte Krieg zwischen Ost und West, die Fortexistenz großer Kolonialreiche, die zahlreiche Länder der südlichen Hemisphäre dem westlichen Staatensystem eingliederte, und nicht zuletzt das Autarkiestreben des sozialistischen Blocks setzten ihren Absichten enge äußere und innere Grenzen.

Erst 1953, als sie mit Ägypten und Libanon Regierungsvereinbarungen über den Zahlungs- und Warenverkehr abschloß, begann sich die DDR der Dritten Welt zuzuwenden.[432] Ähnliche Verträge mit Indien, Indonesien, Burma und Sudan folgten. Damit erschloß sich die DDR über den Kreis ihrer Verbündeten hinaus einige der wichtigsten Entwicklungsländer. Tatsächlich stieg der Handel mit diesen sowie einigen lateinamerikanischen Staaten daraufhin schnell an. Betrug er zwischen 1949 und 1953 lediglich 234,8 Millionen Valuta-Mark, so erreichte er 1954 bereits 137,5 und 1955 gar 303,5 Millionen Mark.[433] Gleichwohl blieb der Warenaustausch begrenzt. Zum einen maß die DDR bis Ende der sechziger Jahre dem Handel mit der Dritten Welt nicht jene Bedeutung bei, wie sie es heute tut. Der Außenhandel war lange Zeit „ein kompensierender Faktor zur Deckung von Defiziten und zur Realisierung von Überschüssen" – so ein führender DDR-Ökonom.[434] Zum anderen litt sie unter politischen Restriktionen. Zwar suchte sie gezielt, mit Hilfe der ökonomischen Beziehungen ihre diplomatische Isolation zu durchbrechen, konnte dabei jedoch nur begrenzte Erfolge aufweisen:

Auch unterhalb der offiziellen staatlichen Ebene zeigte die Hallstein-Doktrin der Bundesrepublik Wirkungen.[435] Das änderte sich erst im Verlauf der siebziger Jahre.

In *Tabelle 7* und *Schaubild 3* wird sichtbar, wie sich der Außenhandel der DDR auf einzelne Regionen – die europäischen RGW-Staaten, die westlichen Industrienationen und die Entwicklungsländer – von 1955 bis 1984 verteilt. Zur Einteilung sei angemerkt, daß im Unterschied zur DDR-Statistik zur Gruppe der „Entwicklungsländer" im Sinne der DAC-Kriterien der OECD alle Staaten der südlichen Hemisphäre einschließlich der „sozialistischen" Entwicklungsländer und der südeuropäischen Staaten Griechenland, Portugal, Spanien, Türkei und Zypern gerechnet wurden. Aus systematischen Gründen treten, über die OECD-Einteilung hinaus, in den folgenden Statistiken auch die VR China, die sich selbst der Dritten Welt zurechnet, die DVR Korea und die Volksrepublik Mongolei hinzu.[436]

Die Übersicht läßt erkennen, daß der Warenverkehr mit den Entwicklungsländern im Außenhandel der DDR nur eine untergeordnete Rolle spielt. Konnte er 1960 noch 11,4 % auf sich vereinen, so sank sein Anteil bis 1970 auf nur mehr 8,4 % – ein Rückgang, der nicht zuletzt auf das sinkende Handelsvolumen mit der Volksrepublik China zurückzuführen ist. Nur im Verlauf der siebziger Jahre konnte er überproportionale Zuwächse verzeichnen, doch dürften diese wesentlich auf Preissteigerungen bei den Rohstoffimporten zurückzuführen sein.[437] Damit hat der Entwicklungsländer-Handel für die DDR eine erkennbar geringere Bedeutung als für die meisten ihrer europäischen RGW-Verbündeten und eine deutlich geringere als auch für die Bundesrepublik.[438]

Wie hoch der Anteil einzelner Kontinente und Länder am Handel der DDR mit den Entwicklungsländern ist, kann *Tabelle 8* entnommen werden. Sie erfaßt, ebenfalls von 1955 bis 1984, den Warenverkehr mit jenen Entwicklungsländern, die im Statistischen Jahrbuch der DDR verzeichnet sind.[439]

Zwei für den Handel der DDR mit den Entwicklungsländern charakteristische Merkmale sind nicht zu übersehen: ein hoher Grad der Konzentration auf nur wenige Partner und ein auffallend diskontinuierlicher Verlauf des Warenverkehrs mit den meisten Entwicklungsländern. So hat die DDR 1960 mit den 5 wichtigsten Partnern 78 % und mit den 10 wichtigsten gar 88,7 % ihres Südhandels abgewickelt. Zwar zeichnete sich bis 1981 eine gewisse Diversifizierung ab, doch vereinten in diesem Jahr immerhin die führenden fünf Staaten noch 52,1 % und die wichtigsten zehn 71,9 % des Warenverkehrs auf sich. Seither ist zudem eine erneute Konzentration auf wenige Hauptpartner zu verzeichnen. Eine genaue Übersicht, die auch die Länder namentlich aufführt, ist in *Tabelle 9* enthalten.

Offenbar hat die Konzentration auf nur wenige Entwicklungsländer ebenso wie der diskontinuierliche Verlauf des Handels sowohl politische als auch ökonomische Gründe. Zwar betont die DDR, daß sie Wirtschaftsbeziehungen zu allen Staaten, „unabhängig von deren gesellschaftlicher und staatlicher Ordnung", herzustellen bereit ist.[440] Zugleich bekennt sie sich aber im Zeichen der „politischen und wirtschaftlichen Schwäche" der Entwicklungsländer zur Konzentration auf wenige Staaten. Im Mittelpunkt stehen dabei solche, die einen Weg mit „sozialistischer Orientierung" beschreiten und jene kapitalistischen Länder der Dritten Welt, „die eine vorteilhafte Handelspolitik betreiben oder ökonomische Voraussetzungen für den Ausbau arbeitsteiliger Beziehungen" aufweisen.[441]

Tabelle 7

Außenhandelsumsatz der DDR nach Ländergruppen

	1955	%	1960	%	1965	%	1970	%	1975	%	1980	%	1981	%	1982	%	1983	%	1984	%
Gesamthandel	9.803,5		18.487,4		24.693,2		39.597,4		74.393,6		120.100,8		132.926,9		145.109,3		160.423,7		173.902,5	
Europäische RGW-Länder	6.255,5	63,8	12.457,9	67,4	17.057,8	69,0	26.537,2	67,0	48.503,1	65,2	73.654,6	61,3	82.314,6	61,9	89.494,2	62,7	97.872,9	61,0	106.791,0	61,4
davon: UdSSR	3.751,1	38,3	7.907,4	42,8	10.565,7	42,8	15.484,5	39,1	26.539,4	35,7	42.608,8	35,3	49.888,3	37,5	55.164,3	38,0	60.821,3	37,9	67.107,8	38,6
kapital. Industriestaaten[1]	2.220,1	22,6	3.609,7	19,5	4.723,2	19,1	8.296,5	20,9	16.566,6	22,3	28.657,3	23,9	31.598,2	23,8	33.096,5	22,8	38.909,3	24,3	40.401,9	23,2
davon: Bundesrepublik[2]	1.070,2	10,9	1.911,4	10,3	2.341,7	9,5	4.050,0	10,2	6.474,6	8,7	10.077,3	8,4	11.047,2	8,3	12.527,4	8,6	13.559,6	8,5	13.791,6	7,9
Entwicklungsländer[3]	1.070,7	10,9	2.116,1	11,4	2.330,4	9,4	3.319,1	8,4	6.572,4	8,8	13.015,4	10,8	12.277,6	9,2	13.935,9	9,6	14.646,1	9,1	15.018,9	8,6

[1] OECD-Staaten ohne Griechenland, Portugal, Spanien, Türkei.

[2] incl. West-Berlin.

[3] alle Entwicklungsländer gemäß den DAC-Kriterien zuzüglich der VR China, DVR Korea und Mongolei, nicht aber Albanien.

Angaben in Millionen Valuta-Mark der DDR* (1955: Millionen Rubel) nach der Methode Käufer-, Verkäuferland und zu jeweiligen Preisen. Die Prozentangaben sind errechnet.

* Die Valuta-Mark ist eine 1959 eingeführte Recheneinheit für den Außenhandel der DDR und ist nicht mit der innerhalb des Landes verwandten Mark der DDR identisch. Ihre Relation zum Transfer-Rubel – der Verrechnungseinheit im RGW-internen Handel – ist auf 1 : 4,667 festgelegt, so daß sich für 1983 gemäß den offiziellen Kursen des Rubels rechnerisch für 1 Valuta-Mark 0,71 DM ergeben.

Quelle: Statistisches Jahrbuch der DDR, verschiedene Jahrgänge.

Schaubild 3

Außenhandelsumsatz der DDR nach Ländergruppen (Anteile)

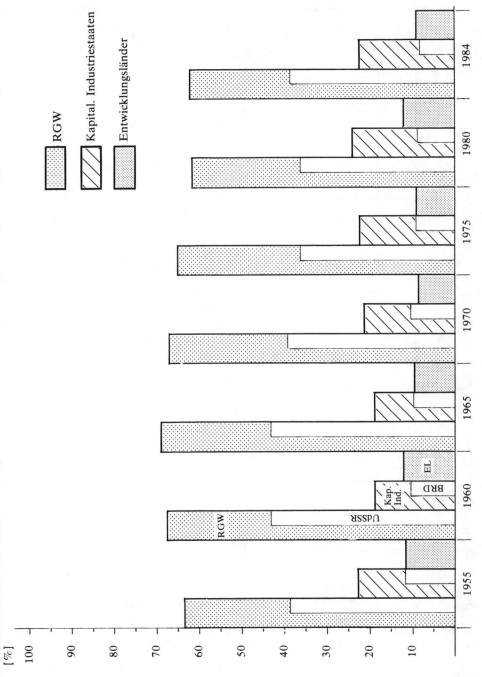

Tabelle 8 Außenhandelsumsatz der DDR mit Entwicklungsländern: Afrika

	1955	%	1960	%	1965	%	1970	%	1975	%	1976	%	1977	%
AFRIKA	46,7	4,4	334,1	15,8	358,9	15,4	497,4	15,0	843,5	12,8	882,4	11,6	1.441,9	16,1
Ägypten	43,6	4,1	261,7	12,4	234,9	10,1	389,7	11,8	639,6	9,7	559,2	7,4	546,3	6,1
Algerien	o.A.	–	0,4	–	1,7	0,1	23,1	0,7	72,9	1,1	120,3	1,6	101,3	1,1
Angola	o.A.	–	.	–	.	–	.	–	.	–	.	–	236,0	2,6
Äthiopien	0,2	–	0,3	–	0,4	–	0,6	–	0,2	–	0,2	–	278,2	3,1
Ghana	.	–	7,0	0,3	53,0	2,3	2,2	0,1	13,7	0,2	9,1	0,1	17,7	0,2
Guinea	.	–	38,4	1,8	18,9	0,8	o.A.	–	o.A.	–	o.A.	–	o.A.	–
VR Kongo	o.A.	–	2,8	0,1	0,2	–	0,3	–	0,1	–	8,0	0,1	3,8	–
Libyen	o.A.	–	0,5	–	3,2	0,1	6,4	0,2	12,1	0,2	63,3	0,8	84,8	0,9
Marokko	.	–	10,7	0,5	9,6	0,4	20,3	0,6	48,6	0,7	37,6	0,5	47,1	0,5
Mosambik	o.A.	–	.	–	.	–	.	–	.	–	.	–	24,9	0,3
Nigeria	o.A.	–	0,9	–	13,4	0,6	12,9	0,4	3,3	0,1	19,4	0,3	19,3	0,2
Sudan	2,9	0,3	11,1	0,5	9,9	0,4	25,0	0,8	33,3	0,5	47,7	0,6	51,3	0,6
Tansania	o.A.	–	.	–	2,0	0,1	6,6	0,2	6,3	0,1	2,2	–	2,0	–
Tunesien	o.A.	–	0,3	–	11,7	0,5	10,3	0,3	13,4	0,2	15,4	0,2	29,2	0,3

Angaben in Millionen Valuta-Mark der DDR (1955: Millionen Rubel) nach der Methode Käufer-, Verkäuferland und zu laufenden Preisen. Die Prozentangaben – sie beziehen sich auf den Handel der DDR mit allen Entwicklungsländern – wurden errechnet. Erfaßt wurden alle Entwicklungsländer, die im Statistischen Jahrbuch der DDR 1983, S. 237, ausgewiesen sind, zuzüglich Burma, Chile, Guinea aus früheren Ausgaben.
Quelle: Statistisches Jahrbuch der DDR, verschiedene Jahrgänge.

Tabelle 8 Außenhandelsumsatz der DDR mit Entwicklungsländern: Afrika (Fortsetzung)

	1978	%	1979	%	1980	%	1981	%	1982	%	1983	%	1984	%
AFRIKA	1.635,7	16,7	1.607,4	15,2	2.328,0	17,9	1.941,5	15,8	2.179,5	15,6	1.726,7	11,8	2.338,7	15,6
Ägypten	442,2	4,5	520,7	4,9	306,8	2,4	295,0	2,4	342,7	2,5	334,2	2,3	650,4	4,3
Algerien	324,0	3,3	247,4	2,3	538,9	4,1	249,7	2,0	463,7	3,3	308,9	2,1	296,9	2,0
Angola	233,7	2,4	311,6	2,9	275,0	2,1	198,5	1,6	264,3	1,9	255,2	1,7	797,8	5,3
Äthiopien	316,5	3,2	63,3	0,6	132,3	1,0	62,4	0,5	129,1	0,9	193,9	1,3	93,7	0,6
Ghana	15,5	0,2	4,7	–	49,5	0,4	46,4	0,4	74,7	0,5	115,7	0,8	112,5	0,8
Guinea	o.A.	–	o.A.	–	o.A.	–	o.A.	–	o.A.	–	o.A.	–	o.A.	–
VR Kongo	1,0	–	0,4	–	3,6	–	14,2	0,1	28,6	0,2	11,9	0,1	6,8	0,1
Libyen	13,3	0,1	54,7	0,5	502,0	3,9	494,7	4,0	260,4	1,9	126,8	0,9	93,0	0,6
Marokko	71,2	0,7	52,0	0,5	61,4	0,5	39,5	0,3	38,6	0,3	48,5	0,3	38,3	0,3
Mosambik	130,5	1,3	227,3	2,1	274,5	2,1	368,0	3,0	411,8	3,0	222,7	1,5	109,0	0,7
Nigeria	14,4	0,2	31,3	0,3	47,5	0,4	148,3	1,2	137,9	1,0	14,6	0,1	9,5	0,1
Sudan	46,1	0,5	42,5	0,4	26,7	0,2	6,2	–	16,0	0,1	79,3	0,5	96,8	0,7
Tansania	2,0	–	7,4	0,1	49,1	0,4	3,5	–	2,6	–	2,4	–	2,9	–
Tunesien	25,3	0,3	44,1	0,4	60,7	0,5	15,1	0,1	9,1	0,1	12,6	0,1	31,1	0,2

Tabelle 8 Außenhandelsumsatz der DDR mit Entwicklungsländern: Asien

	1955	%	1960	%	1965	%	1970	%	1975	%	1976	%	1977	%
ASIEN	856,7	80,0	1.188,9	56,2	770,8	33,1	1.190,7	35,9	2.662,9	40,5	2.850,9	37,6	2.815,1	31,4
Afghanistan	o.A.	–	·	–	·	–	·	–	·	–	o.A.	–	o.A.	–
Burma	18,5	1,7	7,8	0,4	3,0	0,1	o.A.	–	o.A.	–	o.A.	–	o.A.	–
VR China	736,2	68,8	828,7	39,2	216,4	9,3	327,7	9,9	638,4	9,7	634,0	8,4	783,5	8,7
Indien	18,2	1,7	126,4	6,0	239,3	10,3	276,7	8,3	351,4	5,3	348,1	4,6	339,3	3,8
Indonesien	29,2	2,7	20,7	1,0	77,0	3,3	6,9	0,2	22,2	0,3	28,5	0,4	41,7	0,5
Irak	0,4	–	14,7	0,7	14,7	0,6	48,7	1,5	764,2	11,6	779,0	10,3	595,0	6,6
Iran	8,1	0,8	11,5	0,5	20,9	0,9	27,4	0,8	62,1	0,9	96,9	1,3	120,8	1,3
DVR Korea	30,9	2,9	39,1	1,8	32,7	1,4	133,5	4,0	157,1	2,4	110,2	1,5	85,5	1,0
Kuwait	o.A.	–	0,8	–	2,2	0,1	8,9	0,3	31,0	0,5	39,7	0,5	42,6	0,5
Libanon	3,7	0,3	13,2	0,6	27,1	1,2	32,7	1,0	58,2	0,9	67,9	0,9	35,7	0,4
Malaysia	o.A.	–	·	–	·	–	·	–	22,8	0,3	28,1	0,4	48,4	0,5
Mongolei	·	–	28,4	1,3	44,4	1,9	69,4	2,1	73,8	1,1	68,7	0,9	83,0	0,9
Pakistan	1,1	0,1	1,1	0,1	2,8	0,1	0,5	–	17,4	0,3	30,3	0,4	14,2	0,2
Sri Lanka	0,1	–	6,8	0,3	28,8	1,2	20,5	0,6	28,7	0,4	27,8	0,4	14,1	0,2
Syrien	3,4	0,3	13,9	0,7	15,6	0,7	67,0	2,0	211,1	3,2	348,6	4,6	344,4	3,8
Vietnam	6,9	0,6	75,8	3,6	45,9	2,0	170,8	5,2	224,4	3,4	243,1	3,2	266,9	2,9

Tabelle 8   Außenhandelsumsatz der DDR mit Entwicklungsländern: Asien (Fortsetzung)

	1978	%	1979	%	1980	%	1981	%	1982	%	1983	%	1984	%
ASIEN	3.454,6	35,3	3.560,8	33,6	4.673,3	35,9	3.781,1	30,8	5.479,4	39,3	6.163,3	42,1	5.359,1	35,7
Afghanistan	0,2	–	8,1	0,1	19,1	0,1	38,7	0,3	47,8	0,3	46,6	0,3	43,6	0,3
Burma	o.A.	–	o.A.	–	o.A.	–	o.A.	–	o.A.	–	o.A.	–	o.A.	–
VR China	943,5	9,7	842,2	8,0	869,9	6,7	548,0	4,5	386,6	2,8	378,2	2,6	537,8	3,6
Indien	472,1	4,8	377,6	3,6	443,0	3,4	594,8	4,8	497,7	3,6	610,7	4,2	604,5	4,0
Indonesien	39,9	0,4	65,5	0,6	70,8	0,5	92,5	0,8	40,1	0,3	19,1	0,1	44,0	0,3
Irak	724,7	7,4	912,3	8,6	1.502,4	11,5	712,7	5,8	1.923,7	13,8	1.958,6	13,4	1.195,8	8,0
Iran	159,5	1,6	156,0	1,5	548,2	4,2	608,4	5,0	1.201,5	8,6	1.733,8	11,8	1.710,7	11,4
DVR Korea	134,6	1,4	120,0	1,1	144,6	1,1	157,8	1,3	175,1	1,3	121,7	0,8	174,5	1,2
Kuwait	38,0	0,4	29,3	0,3	35,8	0,3	38,5	0,3	67,1	0,5	33,9	0,2	17,9	0,1
Libanon	55,2	0,6	64,9	0,6	107,7	0,8	124,1	1,0	85,0	0,6	111,5	0,8	84,7	0,6
Malaysia	52,9	0,5	78,7	0,7	84,4	0,6	49,2	0,4	30,0	0,2	20,5	0,1	56,5	0,4
Mongolei	84,0	0,9	92,4	0,9	101,1	0,8	113,4	0,9	118,8	0,9	147,6	1,0	165,1	1,1
Pakistan	11,9	0,1	16,8	0,2	18,6	0,1	14,1	0,1	6,1	–	17,7	0,1	13,4	0,1
Sri Lanka	14,8	0,2	12,8	0,1	16,7	0,1	15,2	0,1	7,7	0,1	3,2	–	5,9	–
Syrien	405,7	4,2	436,6	4,1	388,3	3,0	429,8	3,5	571,9	4,1	651,6	4,5	330,9	2,2
Vietnam	317,6	3,2	347,6	3,3	322,7	2,5	243,9	2,0	320,3	2,3	308,6	2,1	373,8	2,5

Tabelle 8   Außenhandelsumsatz der DDR mit Entwicklungsländern: Lateinamerika, Europa

	1955	%	1960	%	1965	%	1970	%	1975	%	1976	%	1977	%
LATEIN-AMERIKA	29,6	2,8	167,9	8,1	395,3	17,1	856,0	25,8	1.110,3	16,9	1.631,2	21,5	2.020,8	22,5
Argentinien	14,9	1,4	18,9	0,9	11,9	0,5	11,3	0,3	26,4	0,4	47,3	0,6	169,9	1,9
Brasilien	2,2	0,2	101,8	4,8	89,7	3,8	242,5	7,3	263,5	4,0	498,7	6,6	462,9	5,2
Chile	1,5	0,1	1,0	0,1	2,6	0,1	3,7	0,1	o.A.	–	o.A.	–	o.A.	–
Kolumbien	8,8	0,8	13,3	0,6	45,4	1,9	57,6	1,7	40,0	0,6	120,0	1,6	153,1	1,7
Kuba	0,1	–	29,7	1,4	212,0	9,1	480,3	14,5	609,1	9,3	805,0	10,6	958,0	10,7
Mexiko	1,9	0,2	2,8	0,1	3,0	0,1	13,8	0,4	35,8	0,5	33,9	0,4	44,2	0,5
Nikaragua	o.A.	–	.	–	.	–	.	–	.	–	o.A.	–	o.A.	–
Peru	0,2	–	0,4	–	30,7	1,3	50,5	1,5	122,7	1,9	126,3	1,7	232,7	2,6
EUROPA	137,7	12,9	426,2	20,6	808,0	35,0	771,3	23,3	1.968,5	30,0	2.218,7	29,3	2.696,6	30,0
Griechenland	17,8	1,7	23,2	1,1	100,8	4,3	86,1	2,6	182,2	2,8	229,9	3,0	388,8	4,3
Jugoslawien	14,5	1,4	329,4	15,6	584,6	25,1	568,9	17,2	1.557,7	23,7	1.709,0	22,5	2.082,7	23,2
Portugal	1,4	0,1	7,3	0,3	8,0	0,3	6,5	0,2	39,7	0,6	44,5	0,6	22,4	0,2
Spanien	o.A.	–	22,8	1,1	49,3	2,1	25,8	0,8	108,6	1,7	109,9	1,4	88,1	1,0
Türkei	104,0	9,7	43,5	2,1	57,1	2,5	67,3	2,0	74,6	1,1	111,5	1,5	101,2	1,1
Zypern	o.A.	–	.	–	8,2	0,4	16,7	0,5	5,7	0,1	13,9	0,2	13,4	0,1

Tabelle 8 Außenhandelsumsatz der DDR mit Entwicklungsländern: Lateinamerika, Europa (Fortsetzung)

	1978	%	1979	%	1980	%	1981	%	1982	%	1983	%	1984	%
LATEIN-AMERIKA	1.933,3	19,8	2.237,0	23,2	2.457,7	18,9	2.945,5	24,0	2.723,6	19,5	3.121.4	21,3	3.592,8	24,0
Argentinien	148,8	1,5	292,1	2,8	219,0	1,7	238,0	1,9	21,5	0,2	26,4	0,2	191,9	1,3
Brasilien	507,4	5,2	470,9	4,4	599,0	4,6	661,3	5,4	842,7	6,0	840,5	5,7	926,9	6,2
Chile	o.A.	–	o.A.	–	o.A.	–	o.A.	–	o.A.	–	o.A.	–	o.A.	–
Kolumbien	102,2	1,0	167,6	1,6	220,8	1,7	143,1	1,2	148,3	1,1	87,1	0,6	90,3	0,6
Kuba	967,5	9,9	1.027,3	9,7	1.096,8	8,4	1.550,0	12,6	1.430,8	10,3	1.814,4	12,4	2.027,5	13,5
Mexiko	49,6	0,5	87,9	0,8	210,7	1,6	263,1	2,1	147,6	1,1	95,0	0,7	53,1	0,4
Nikaragua	.	–	.	–	77,6	0,6	33,2	0,3	111,0	0,8	175,2	1,2	252,7	1,7
Peru	157,8	1,6	191,2	1,8	33,8	0,3	56,8	0,3	21,7	0,2	82,8	0,6	50,4	0,3
EUROPA	2.751,0	28,1	3.179,3	30,0	3.556,4	27,3	3.609,5	29,4	3.553,4	25,5	3.634,7	24,8	3.728,3	24,8
Griechenland	284,7	2,9	487,8	4,6	346,5	2,7	271,1	2,2	242,7	1,7	270,4	1,9	416,4	2,8
Jugoslawien	2.155,4	22,1	2.324,2	22,0	2.811,7	21,6	2.856,1	23,3	2.950,2	21,2	3.134,1	21,4	3.039,1	20,2
Portugal	27,4	0,3	61,0	0,6	26,8	0,2	29,0	0,2	20,4	0,1	15,4	0,1	8,7	0,1
Spanien	153,1	1,6	144,0	1,4	167,7	1,3	284,9	2,3	165,0	1,2	96,9	0,7	164,8	1,1
Türkei	120,3	1,2	147,7	1,4	168,8	1,3	137,6	1,1	164,9	1,2	100,8	0,7	68,3	0,5
Zypern	10,1	0,1	14,6	0,1	34,9	0,3	30,8	0,3	10,2	0,1	17,1	0,1	31,0	0,2

Tabelle 9

Die fünf und die zehn größten Handelspartner der DDR in der Dritten Welt (Anteile)

	1955	%	1960	%	1965	%	1970	%	1975	%	1976	%	1977	%
1.	VR China	68,8	VR China	39,2	Jugoslawien	25,1	Jugoslawien	17,2	Jugoslawien	23,7	Jugoslawien	22,5	Jugoslawien	23,2
2.	Türkei	9,7	Jugoslawien	15,6	Indien	10,3	Kuba	14,5	Irak	11,6	Kuba	10,6	Kuba	10,7
3.	Ägypten	4,1	Ägypten	12,4	Ägypten	10,1	Ägypten	11,8	Ägypten	9,7	Irak	10,3	VR China	8,7
4.	DVR Korea	2,9	Indien	6,0	VR China	9,3	VR China	9,9	VR China	9,7	VR China	8,4	Irak	6,6
5.	Indonesien	2,7	Brasilien	4,8	Kuba	9,1	Indien	8,3	Kuba	9,3	Ägypten	7,4	Ägypten	6,1
Zwischensumme		88,2		78,0		63,9		61,7		64,0		59,2		55,3
6.	Burma	1,7	Vietnam (N)	3,6	Griechenland	4,3	Brasilien	7,3	Indien	5,3	Brasilien	6,6	Brasilien	5,2
7.	Indien	1,7	Türkei	2,1	Brasilien	3,8	Vietnam (N)	5,2	Brasilien	4,0	Syrien	4,6	Griechenland	4,3
8.	Griechenland	1,7	DVR Korea	1,8	Indonesien	3,3	DVR Korea	4,0	Vietnam	3,4	Indien	4,6	Syrien	3,8
9.	Argentinien	1,4	Guinea	1,8	Türkei	2,5	Griechenland	2,6	Syrien	3,2	Vietnam	3,2	Indien	3,8
10.	Jugoslawien	1,4	Kuba	1,4	Ghana	2,3	Mongolei	2,1	Griechenland	2,8	Griechenland	3,0	Äthiopien	3,1
Endsumme		96,1		88,7		80,1		82,9		82,7		81,2		75,5

	1978	%	1979	%	1980	%	1981	%	1982	%	1983	%	1984	%
1.	Jugoslawien	22,1	Jugoslawien	22,0	Jugoslawien	21,6	Jugoslawien	23,3	Jugoslawien	21,2	Jugoslawien	21,4	Jugoslawien	20,2
2.	Kuba	9,9	Kuba	9,7	Irak	11,5	Kuba	12,6	Irak	13,8	Irak	13,4	Kuba	13,5
3.	VR China	9,7	Irak	8,6	Kuba	8,4	Irak	5,8	Kuba	10,3	Kuba	12,4	Iran	11,4
4.	Irak	7,4	VR China	8,0	VR China	6,7	Brasilien	5,4	Iran	8,6	Iran	11,8	Irak	8,0
5.	Brasilien	5,2	Ägypten	4,9	Brasilien	4,6	Iran	5,0	Brasilien	6,0	Brasilien	5,7	Brasilien	6,2
Zwischensumme		54,3		53,2		52,8		52,1		59,9		64,7		59,3
6.	Indien	4,8	Griechenland	4,6	Iran	4,2	Indien	4,8	Syrien	4,1	Syrien	4,5	Angola	5,3
7.	Ägypten	4,5	Brasilien	4,4	Algerien	4,1	VR China	4,5	Indien	3,6	Indien	4,2	Ägypten	4,3
8.	Syrien	4,2	Syrien	4,1	Libyen	3,9	Libyen	4,0	Algerien	3,3	VR China	3,3	Indien	4,0
9.	Algerien	3,3	Indien	3,6	Indien	3,6	Syrien	3,4	Mosambik	3,0	Ägypten	3,0	VR China	3,6
10.	Vietnam	3,2	Vietnam	3,2	Syrien	3,3	Mosambik	3,0	VR China	2,8	Algerien	2,8	Griechenland	2,8
Endsumme		74,3		73,2		71,4		71,9		76,7		80,4		79,3

Eine Gruppierung der Entwicklungsländer nach politischen und ökonomischen Kriterien läßt erkennen, daß sie dieser programmatischen Maxime tatsächlich folgt. Ein Drittel ihres Handels wickelt sie mit leistungsfähigen kapitalistischen Entwicklungsländern, ein weiteres Drittel mit den beiden bedeutendsten und zugleich betont unabhängigen „sozialistischen" Ländern Jugoslawien und Volksrepublik China und ein letztes Drittel mit jenen Entwicklungsländern ab, die mit ihr verbündet oder ihr zumindest freundschaftlich verbunden sind. *Tabelle 10* gibt im Detail Aufschluß über die Anteile der genannten Gruppierungen. Sie beschränkt sich auf den Zeitraum von 1975 bis 1984, da die Entwicklungsländer mit „sozialistischer Orientierung" in den Jahren zuvor stark fluktuierten und die Kategorie „sozialistischer Entwicklungsweg" erst gegen Ende der siebziger Jahre hinzu trat (vgl. die Abschnitte 4.2.2. und 4.2.4. in Kapitel C sowie zum Handel der Bundesrepublik mit diesen Ländern Kapitel E).

Zwar begründen, wie die Beispiele Afghanistan, Angola, Äthiopien und Mosambik veranschaulichen, freundschaftliche politische Beziehungen einen intensiven Warenaustausch der DDR mit einzelnen Entwicklungsländern – wie umgekehrt ein politischer Bruch ebenfalls auf den Handel ausstrahlt. Kaum weniger wichtig aber ist die ökonomische Leistungsfähigkeit der Partner. Wie anders ist es zu deuten, daß verbündete „sozialistische" Entwicklungsländer wie Laos oder Kampuchea ebenso wie befreundete Staaten, namentlich der Süd-Jemen, Guinea-Bissau, Benin, die Volksrepublik Kongo und Tansania im Statistischen Jahrbuch der DDR überhaupt nicht oder mit marginalen Umsätzen verzeichnet sind. Da die DDR ihre Wirtschaftsbeziehungen nach dem Prinzip des „gegenseitigen Vorteils" gestaltet, sind enge politische Beziehungen allein offenkundig keine ausreichende Basis für eine intensive wirtschaftliche Verflechtung. Die Hilfeleistungen werden im Unterschied dazu weit stärker nach politischen Kriterien vergeben und weisen daher ein deutlich anderes regionales Profil auf (vgl. Abschnitt 3.2.).

Wie bedeutsam die ökonomische Leistungsfähigkeit der Partner ist, läßt *Tabelle 11* erkennen, in der eine Gruppierung der Entwicklungsländer nach ökonomischen Kriterien vorgenommen wurde. Ihr liegt folgende Einteilung zugrunde: auf der einen Seite die am wenigsten entwickelten Länder der Welt (LLDC – nach UNO-Kriterien sind dies heute 36 Länder) sowie jene, die von der internationalen Wirtschaftskrise am härtesten getroffen wurden (MSAC – nach UNO-Kriterien 45 Staaten), und auf der anderen die leistungsfähigen OPEC-Staaten und die „Schwellenländer" (nach den Kriterien des Bundesministeriums für wirtschaftliche Zusammenarbeit insgesamt 29; international verbindliche Einteilungskriterien gibt es hier nicht).

Die Übersicht weist aus, daß auf die LLDC kaum einmal mehr als 3 % des Handels der DDR mit den Entwicklungsländern entfällt, obwohl diese Gruppe immerhin 10 der DDR besonders verbundene Staaten vereint. Höher zwar, aber ebenfalls recht gering ist der Anteil jener Staaten, die von der Wirtschaftskrise am stärksten betroffen sind. Dieser Gruppe, die sich zum Teil mit der vorhergehenden überschneidet, werden 12 mit der DDR befreundete oder verbündete Entwicklungsländer zugerechnet. Sie bestritten im Verlauf der sechziger Jahre etwa 20 % des Handels, doch sank ihr Anteil im darauffolgenden Jahrzehnt, in jener Phase mithin, als die Krise der Weltwirtschaft sich zuspitzte, auf kaum mehr als 10 %. Sehr viel größer ist dagegen die Bedeutung der wirtschaftlich leistungsfähigen Staaten. Im Verlauf der siebziger und frühen achtziger Jahre vereinten sie regelmäßig zwischen 55 und 70 % des DDR-Südhandels auf sich. Geringer war ihr Anteil lediglich während der sechziger Jahre, was sowohl politische als auch

Tabelle 10

Außenhandelsumsatz der DDR mit Entwicklungsländern (nach politischen Kriterien gruppiert)

	1975	%	1976	%	1977	%	1978	%	1979	%	1980	%	1981	%	1982	%	1983	%	1984	%
Gesamthandel mit Entwicklungsländern	6.572,4		7.583,2		8.974,4		9.774,6		10.584,5		13.015,4		12.277,6		13.935,9		14.646,1		15.018,9	
Sozialistische Entwicklungsländer[1]	1.064,4	16,2	1.227,0	16,2	1.393,4	15,5	1.503,7	15,4	1.587,3	15,0	1.665,2	12,8	2.065,1	16,8	2.045,0	14,7	2.392,3	16,3	2.740,9	18,3
Länder mit sozialistischem Entwicklungsweg[2]	0,2	–	0,2	–	539,1	6,0	680,9	7,0	610,3	5,8	700,9	5,4	667,6	5,4	853,0	6,1	718,4	4,9	1.044,1	7,0
Länder mit sozialistischer Orientierung[3]	1.066,8	16,2	1.321,4	17,4	1.131,3	12,6	1.470,7	15,0	1.658,8	15,7	3.061,9	23,5	1.937,8	15,8	3.361,9	24,1	3.235,4	22,1	2.179,0	14,5
Kapitalistische Entwicklungsländer	2.244,9	34,2	2.691,6	35,5	3.044,4	33,9	3.020,4	31,0	3.561,7	33,7	3.905,8	30,0	4.203,0	34,2	4.339,2	31,1	4.787,7	32,7	5.478,1	36,5
VR China/Jugoslawien	2.196,1	33,4	2.343,0	30,9	2.866,2	32,0	3.098,9	31,7	3.166,4	30,0	3.681,6	28,3	3.404,1	27,7	3.336,8	23,9	3.512,3	24,0	3.576,9	23,8

[1] Kampuchea, DVR Korea, Kuba, Laos, Mongolei, Vietnam.
[2] Afghanistan, Angola, Äthiopien, VDR Jemen, Mosambik.
[3] Algerien, Benin, Burma, Guinea, Guinea-Bissau, Irak, Kapverden, VR Kongo, Libyen, Madagaskar, Nikaragua, Sao Tomé und Principe, Syrien, Tansania.
Daten und Anteile nach Tabelle 8 errechnet. Angaben in Millionen Valuta-Mark der DDR.

Tabelle 11

Außenhandelsumsatz der DDR mit Entwicklungsländern (nach dem Entwicklungsniveau gruppiert)

	1960	%	1965	%	1970	%	1975	%	1976	%	1977	%
Gesamthandel mit Entwicklungsländern	2.116,1		2.330,4		3.315,4		6.572,4		7.583,2		8.974,4	
LLDC (36)	11,4	0,5	12,3	0,5	32,2	1,0	39,8	0,6	50,1	0,7	331,5	3,7
MSAC (45)	414,4	19,6	571,1	24,5	721,8	21,8	1.090,6	16,6	1.024,6	13,5	1.288,0	14,4
Schwellenländer (29)	578,5	27,3	971,3	41,7	1.175,7	35,5	2.672,7	40,7	3.378,9	44,6	3.932,6	43,8
OPEC-Staaten (13)	49,5	2,4	133,1	5,8	134,3	4,1	967,8	14,7	1.147,1	15,1	1.005,5	11,2

	1978	%	1979	%	1980	%	1981	%	1982	%	1983	%	1984	%
Gesamthandel mit Entwicklungsländern	9.774,6		10.584,5		13.015,4		12.277,6		13.935,9		14.646,1		15.018,9	
LLDC (36)	364,8	3,7	121,3	1,1	227,2	1,7	110,8	0,9	195,5	1,4	322,2	2,2	237,0	1,6
MSAC (45)	1.451,8	14,9	1.281,2	12,1	1.336,3	10,3	1.444,3	11,8	1.536,2	11,0	1.626,4	11,1	1.732,7	11,5
Schwellenländer (29)	4.319,9	44,2	4.901,9	46,3	5.842,7	44,9	5.673,0	46,2	5.835,9	41,9	5.876,9	40,1	5.953,1	39,6
OPEC-Staaten (13)	1.313,8	13,4	1.496,5	14,1	3.245,6	24,9	2.344,8	19,1	4.094,4	29,4	4.195,7	28,6	3.367,8	22,4

Einbezogen und berechnet wurden, gemäß Tabelle 8, die Anteile für folgende Entwicklungsländer (in Millionen Valuta-Mark der DDR):
LLDC: Afghanistan, Äthiopien, Sudan, Tansania. Insgesamt werden dieser Gruppe 36 Länder zugerechnet.
MSAC: Afghanistan, Ägypten, Äthiopien, Ghana, Indien, Mosambik, Pakistan, Sri Lanka, Sudan, Tansania. Diese Gruppe umfaßt insgesamt 45 Länder.
Schwellenländer: Algerien, Argentinien, Brasilien, Chile, Griechenland, Jugoslawien, Libanon, Malaysia, Mexiko, Nikaragua, Portugal, Spanien, Syrien, Türkei, Tunesien, Zypern. Als Schwellenländer gelten nach der hier verwandten Einteilung des BMZ 29 Staaten.
OPEC: Algerien, Indonesien, Irak, Iran, Kuwait, Libyen, Nigeria. Zur OPEC gehörten im Jahre 13 Länder.

ökonomische Gründe gehabt haben dürfte: Die OPEC-Staaten vermochten ihren Außenhandel erst im Zuge der ersten Ölpreiserhöhung 1973/74 nennenswert zu steigern und die Gruppe der „Schwellenländer" umfaßt eine Reihe von Staaten namentlich in Europa und Lateinamerika, die dezidiert westlich orientiert sind. Mit ihnen konnte die DDR den Warenaustausch erst nach ihrer völkerrechtlichen Anerkennung und nach Beginn der Entspannung zwischen Ost und West ausweiten.

Im Sinne ihrer Maxime, daß der Handel mit den Entwicklungsländern auch für die DDR vorteilhaft sein müsse, konzentriert sie sich folglich kaum anders als die Bundesrepublik vor allem auf fortgeschrittene und leistungsfähige Partner. Wenn diese wie Jugoslawien, Algerien oder der Irak darüber hinaus einen sozialistischen Kurs verfolgen, kann dies nur von Vorteil sein, da die DDR in den marktwirtschaftlich orientierten Ländern der Dritten Welt unverändert mit zahleichen Problemen zu kämpfen hat. Zwar sind im Verlauf der siebziger Jahre außenpolitische Restriktionen in den Hintergrund getreten, unverändert virulent ist hingegen der ökonomische Problemhorizont. So beklagen DDR-Autoren, daß die meisten Entwicklungsländer weiterhin fest in die „kapitalistische internationale Arbeitsteilung" eingebunden seien und mehr als 80 % ihres Handels mit den westlichen Industriestaaten abwickelten. Hinzu träten „unzureichende Kenntnisse" über die wirtschaftlichen Möglichkeiten der DDR und ihrer Verbündeten im RGW, „diskriminierende Praktiken einiger Entwicklungsländer", politische und administrative Barrieren und nicht zuletzt typische ökonomische Defizite der Dritten Welt wie Monokulturen, unzureichende Komplementierungsmöglichkeiten und wachsende Krisenerscheinungen. Doch räumt die DDR auch eigene Versäumnisse ein, die den X. Parteitag der SED 1981 in seiner Direktive für den Fünfjahrplan zu der Forderung veranlaßten, daß sich der DDR-Export stärker den spezifischen Bedingungen der Entwicklungsländer anpassen müsse.[442] Weitreichende Veränderungen und grundlegende Reformen, wie von ungarischer Seite immer wieder angeregt, dürften darauf aber kaum folgen.[443]

Die schwache Konkurrenzposition der DDR auf den internationalen Märkten und mehr noch die ökonomischen Probleme sowie die sozialökonomische und wirtschaftspolitische Orientierung der meisten Entwicklungsländer werden in der DDR als wesentlicher Grund nicht nur für die Konzentration auf wenige Partner, sondern ebenso für den instabilen und diskontinuierlichen Verlauf der Handelsbeziehungen angesehen. Erst wenn die „materielle Basis" der Zusammenarbeit durch den Ausbau des staatlichen Sektors und die Schaffung einer zentralen ökonomischen Planung gestärkt werde, könne sich dies ändern.[444] Ein Blick auf den diskontinuierlichen Verlauf der Zuwachsraten im Handel mit unterschiedlichen, nach solchen sozialökonomischen und politischen Kriterien in *Tabelle 12* sowie *Schaubild 4* gruppierten Entwicklungsländern zeigt, daß diese Erwartung kaum zutrifft. Im Gegenteil.

Nicht nur der Handel mit den Entwicklungsländern in ihrer Gesamtheit, mehr noch gerade der Warenaustausch mit jenen, die einen politischen Kurs der „sozialistischen Orientierung" eingeschlagen haben, weist erhebliche Schwankungen bis hin zu negativen Zuwachsraten auf. Kontinuierlicher gestalteten sich hingegen die Beziehungen zu den „sozialistischen" und – zu den kapitalistischen Entwicklungsländern.

Der diskontinuierliche Verlauf ihres Außenhandels ist weder mit den ökonomischen Sicherheitsinteressen der Entwicklungsländer noch mit der offiziellen These zu vereinbaren, daß gerade die DDR im Unterschied zu den kapitalistischen Industriestaaten ein

Tabelle 12

Zuwachsraten des Außenhandelsumsatzes der DDR mit Entwicklungsländern (Politische Gruppierung) (in %)

	1975 – 1976	1976 – 1977	1977 – 1978	1978 – 1979	1979 – 1980	1980 – 1981	1981 – 1982	1982 – 1983	1983 – 1984
Gesamthandel mit Entwicklungsländern	+ 15,4	+ 18	+ 8,9	+ 8,3	+ 23	− 5,7	+ 13,5	+ 5,1	+ 2,6
Sozialistische Entwicklungsländer	+ 15,3	+ 13,6	+ 7,9	+ 5,6	+ 4,9	+ 24	− 1	+ 17,0	+ 14,6
Länder mit sozialistischem Entwicklungsweg	−	+ 539	+ 26	− 10,4	+ 14,8	− 4,8	+ 27,8	− 15,8	+ 45,3
Länder mit sozialistischer Orientierung	+ 23,9	− 14,4	+ 30	+ 12,8	+ 84,6	− 36,7	+ 73,5	− 3,8	− 32,7
Kapitalistische Entwicklungsländer	+ 19,9	+ 13,1	− 0,8	+ 17,9	+ 9,7	+ 7,6	+ 3,2	+ 10,3	+ 14,4
VR China/ Jugoslawien	+ 6,7	+ 22,3	+ 8,1	+ 2,2	+ 16,3	− 7,5	− 2	+ 5,3	+ 1,8

Auf Grundlage der Angaben in Tabelle 8 und 10 errechnet.

Schaubild 4

Zuwachsraten des Außenhandelsumsatzes der DDR
mit den Entwicklungsländern (Politische Gruppierung)

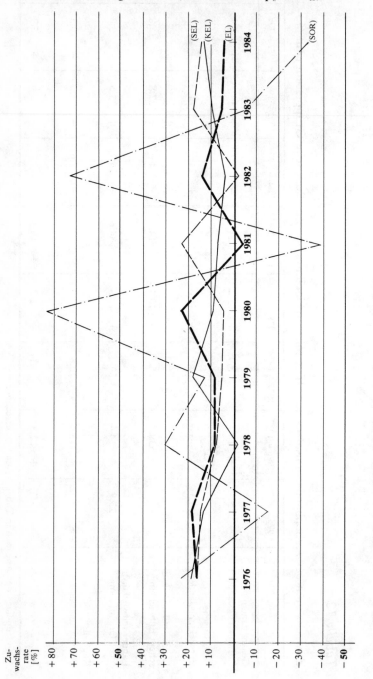

= Gesamthandel mit Entwicklungsländern (EL)
= Handel mit sozialistischen Entwicklungsländern (SEL)
= Handel mit Ländern sozialistischer Orientierung (SOR)
= Handel mit kapitalistischen Entwicklungsländern (KEL)

zuverlässiger und stetiger Partner sei.[445] Auch muß er deshalb erstaunen, als die DDR bevorzugt langfristige, seit Mitte der siebziger Jahre bis zu zehnjährige Handelsverträge abzuschließen sucht und mit zahlreichen ihr nahestehenden Ländern bereits abgeschlossen hat.[446] Augenscheinlich bilden solche vertraglichen Regelungen nur den Rahmen für die jährliche konkrete Festlegung der Warenlisten, in denen die DDR ihre Interessen zur Geltung bringt. Diese und weniger die fehlende „materielle Basis" für gedeihliche Wirtschaftsbeziehungen scheinen ein maßgeblicher Grund für deren diskontinuierliche Entwicklung zu sein.

4.2. Struktur des Warenaustausches

Seit Anbeginn folgt der Warenaustausch der DDR mit den Entwicklungsländern dem traditionellen Muster des Nord-Süd-Handels: Die DDR exportiert überwiegend Fertigprodukte, namentlich Maschinen und technische Ausrüstungen, und bezieht aus der Dritten Welt vor allem Rohstoffe und Nahrungsmittel. Eigenen Angaben zufolge belief sich der Anteil von „Erzeugnissen der metallverarbeitenden Industrie" am Export der DDR in die Dritte Welt während der siebziger Jahre auf „mehr als 70 %".[447] Ähnlich detaillierte Angaben über den Import liegen nicht vor.[448] Überhaupt sind die Angaben der DDR über die Warenstruktur ihres Handels mit den Entwicklungsländern ausgesprochen spärlich. Das Statistische Jahrbuch gibt lediglich ausgewählte Daten bekannt, aus denen Anteile nicht errechnet werden können, und weist seit 1975 nur noch Umsatzzahlen, nicht aber getrennte Daten für Import und Export aus. Hinzu kommt, daß wahlweise Preis- und Mengenangaben folgen.

In *Tabelle 13* ist die Struktur des DDR-Außenhandels in seiner Gesamtheit verzeichnet. Die Gruppierung der Waren folgt der RGW-Nomenklatur, die weniger differenziert ist als die international gebräuchlichen SITC-Kategorien.

Zu erkennen ist die charakteristische Außenhandelsstruktur eines entwickelten Industriestaates, der kaum über eigene Rohstoffquellen verfügt. Im Warenverkehr mit den Entwicklungsländern wird dies in noch höherem Maße sichtbar. Eine westliche Analyse hat, gestützt auf internationale Statistiken, das relative Gewicht einzelner Warengruppen im Handel mit drei der bedeutendsten nichtsozialistischen Partner der DDR in der Dritten Welt errechnet. Es sind dies Ägypten, Indien und Brasilien. *Tabelle 14* weist beim Export der DDR den Anteil der verarbeiteten Güter (SITC-Positionen 5-8) und beim Import aus den genannten Ländern jenen der Rohstoffe und Nahrungsmittel (SITC-Positionen 0-4) aus.[449]

Es ist nicht zu übersehen, daß insbesondere der Import der DDR beträchtliche Unterschiede aufweist. Zwar verfügen alle drei Partner bereits über beachtliche industrielle Kapazitäten, doch nur aus Ägypten und Indien bezieht die DDR in größerem Umfang industrielle Halb- und Fertigprodukte. Bei Ägypten sind es vornehmlich Textilien, Garne und Stoffe (SITC-Position 65 mit einem Anteil von 51,5 % im Jahre 1970 und von 48,5 % im Jahre 1975), während Indien vor allem Lederwaren, namentlich Schuhschäfte (SITC-Position 61 mit einem Anteil von 17,2 %/1970 und 19,2 %/1974) sowie Textilien (SITC-Position 65 mit einem Anteil von 17,4 %/1970 und 14,6 %/1974) und in geringem Umfang auch Erzeugnisse der indischen Maschinenindustrie lieferte.[450]

Tabelle 13

Warenstruktur des Außenhandels der DDR (in %)

Warengruppe	Ausfuhr							Einfuhr						
	1970	1975	1980	1981	1982	1983	1984	1970	1975	1980	1981	1982	1983	1984
Maschinen, Ausrüstungen, Transportmittel	51,7	50,7	51,3	48,9	48,5	47,8	46,9	34,2	30,8	30,8	32,0	32,3	29,9	26,0
Brennstoffe, mineralische Rohstoffe, Metalle	10,1	12,1	14,8	16,8	18,5	17,7	17,5	27,6	30,5	36,7	36,8	39,9	39,6	41,6
Andere Rohstoffe, Halbfabrikate für Industriezwecke, Rohstoffe und Produkte der Nahrungsmittelindustrie	7,4	9,1	6,4	7,5	6,9	7,9	8,3	28,1	22,6	18,9	17,8	16,3	17,8	17,7
Ind. Konsumgüter	20,2	15,6	14,8	14,1	14,2	14,1	15,1	4,5	5,6	5,0	4,9	4,1	4,4	5,7
Chemische Erzeugnisse Düngemittel, Kautschuk, Baumaterialien und andere Waren	10,6	12,5	12,7	12,7	11,9	12,5	12,2	5,6	10,5	8,6	8,5	7,4	8,3	9,0
Summe	100	100	100	100	100	100	100	100	100	100	100	100	100	100

Quelle: Statistisches Jahrbuch der DDR 1983; UNCTAD, TD/B/858 (18.8.1981).

Tabelle 14

Warenstruktur des DDR-Exports und -Imports mit
drei ausgewählten Entwicklungsländern (in %)

	Ägypten		Indien		Brasilien	
	1970	1975	1970	1974	1970	1974
Export der DDR SITC-Positionen 5 – 8	93,7	84,4	99,2	99,5	99	93,9
Import der DDR SITC-Positionen 0 – 4	45,2	47,6	61,5	56,4	97,4	97

Typischer für den Südhandel ist dagegen der Import aus Brasilien. Er konzentriert sich zu über 60 % auf nur ein Produkt: Kaffee. Auch andere Lieferanten können kaum mehr als ein Produkt in der DDR absetzen, sei es Kaffee aus Angola, Äthiopien und Kolumbien, seien es Bananen aus Ekuador oder Zucker und Südfrüchte aus Kuba.[451] Bis auf den heutigen Tag hat diese Handelsstruktur mit der überwiegenden Mehrzahl der Entwicklungsländer Bestand.[452]

Die Entwicklungsländer fordern im Interesse ihrer ökonomischen Sicherheit seit geraumer Zeit eine kontinuierliche, finanziell vorteilhafte Abnahme ihrer traditionellen Exportprodukte sowie eine Unterstützung der Industriestaaten bei ihren Bemühungen, die Palette der Ausfuhrgüter über Rohstoffe und Nahrungsmittel hinaus zu erweitern. Beiden Forderungen wird die DDR ebensowenig gerecht wie die westlichen Industriestaaten (zur Struktur des Außenhandels der Bundesrepublik vgl. Kapitel E). Prinzipiell steht für die Wirtschaftstheoretiker innerhalb des RGW außer Frage, daß die ökonomischen Beziehungen zur Dritten Welt „nur unter Berücksichtigung der Entwicklungsbedürfnisse der sozialistischen Staaten" ausgeweitet werden können.[453] Dabei hat in der DDR das Interesse an gesicherten Rohstoffbezügen neben der Erschließung weiterer Einnahmequellen für konvertierbare Währungen besonderes Gewicht.

Noch 1961 glaubten DDR-Autoren darauf hinweisen zu können, daß die sozialistischen Staaten „keine fremden Rohstoffquellen" benötigten, „da sie selbst ausreichend über eigene verfügen".[454] Tatsächlich bezog die DDR lange Jahre annähernd 90 % ihrer industriell benötigten Rohstoffe aus der Sowjetunion. Im Verlauf der siebziger Jahre sahen sich die RGW-Staaten jedoch, weniger dem eigenen Wunsch denn sowjetischen Forderungen folgend, genötigt, die Dritte Welt verstärkt als Rohstofflieferant in Anspruch zu nehmen. Seither ist auch in der DDR „eine tendenzielle Verlagerung von Rohstoffbezügen" auf die Entwicklungsländer festzustellen – ungeachtet der Wertung, daß dies „nicht ohne Risiko" sei.[455]

Eine solche Verlagerung mag dazu beitragen, daß künftig die DDR als stetiger Abnehmer zumindest solcher Rohstoffe auftritt, die für den Produktionsprozeß benötigt werden. In der Vergangenheit ließ sie sich zumeist spontan von „aktuellen Export- und Importinteressen" leiten,[456] was wesentlich zum diskontinuierlichen Verlauf des

Warenaustausches beitrug. Ob davon allerdings auch die Exporteure von Genußmitteln wie Tee, Kaffee oder Südfrüchten profitieren, muß bezweifelt werden. Da solche Waren keineswegs zu den prioritären Importgütern der DDR zählen, wird sich deren Bezug auch künftig vor allem nach temporär preisgünstigen Angeboten und verfügbaren Devisen richten.

Je stärker die DDR künftig ihre Rohstoffbezüge auf die Dritte Welt verlagern muß, um so geringer wird ihre Bereitschaft sein, darüber hinaus weitere Fertig- und Halbfertigwaren zu beziehen. Umgekehrt werden die Entwicklungsländer sich bemühen, Rohstofflieferungen vermehrt von der gleichzeitigen Abnahme verarbeiteter Güter abhängig zu machen. Schon Ende der siebziger Jahre warfen daher DDR-Theoretiker – entgegen allen bisherigen Aussagen – die Frage auf, ,,ob es richtig ist, einen hohen Anteil der Rohstoffe an den Gesamtexporterlösen eines Landes als negativ zu bewerten".[457] Dem entspricht in der Praxis, daß ungeachtet langjähriger Beteuerungen Halb- und Fertigwaren regelmäßig kaum mehr als 20 % am Import der DDR aus den Entwicklungsländern bestreiten.[458] Nur wenige industriell fortgeschrittene Staaten, die als bevorzugte Kooperationspartner der DDR eine relativ starke Verhandlungsposition bekleiden, weisen einen höheren Anteil auf. Allerdings ist deren Exportpalette ebenfalls recht eng und zudem verkörpern die Fertigwaren einen nur geringen Verarbeitungsgrad – ein kaum zu übersehender Hinweis, wie sich die DDR eine industrielle Kooperation mit der Dritten Welt vorstellt (vgl. Abschnitt 4.4.).

4.3. Bilanzierung und Verrechnungsmethoden

Bei der Verrechnung des Warenaustausches zwischen der DDR und den Entwicklungsländern finden vorwiegend drei Verfahren Anwendung: das Prinzip des Produktentausches (barter-trade) auf der Basis von Clearing-Abkommen, Kompensationsgeschäfte und die freie Abrechnung in konvertierbaren Währungen.

Seit Beginn der sechziger Jahre vollzieht sich der Handel mit der Dritten Welt überwiegend in Gestalt des Clearing-Verfahrens, das in zahlreiche langfristige Handelsverträge der DDR Eingang fand. Es basiert auf zumeist jährlich vereinbarten Warenlisten, in denen festgelegt ist, welche Gütermengen in diesem Zeitraum getauscht werden sollen. Verrechnungseinheiten (Clearing-Units) sind entweder konvertierbare oder aber die Landeswährungen der DDR-Partner in der Dritten Welt. Dabei werden fast immer die auf dem Weltmarkt geltenden Preise zugrunde gelegt. Allein ,,sozialistischen" Entwicklungsländern wie Kuba und Vietnam kommen augenscheinlich besondere, RGW-interne Handelssubventionen in Gestalt verbilligter Maschinen- oder Öllieferungen und zeitweilig über dem Weltmarktniveau liegender Abnahmepreise, etwa für kubanischen Zucker, zugute.[459] Die Clearing-Abkommen sehen in der Regel vor, daß die Bilanz am Ende der Laufzeit ausgeglichen abschließen soll. Gelingt dies nicht, werden verzinste Überziehungskredite (Swing) eingeräumt, die innerhalb bestimmter Fristen durch Warenlieferungen oder nach deren Ablauf monetär in konvertierbarer Währung auszugleichen sind.[460]

Bis in die zweite Hälfte der siebziger Jahre prägte das Clearing-Verfahren weithin den Warenaustausch der sozialistischen Staaten mit der Dritten Welt. Seit einigen Jahren zeigt sich jedoch auch die DDR zurückhaltender. Neue Abkommen werden nur noch in geringer Zahl abgeschlossen und die Clearing-Listen auf jene Importgüter beschränkt, die in der DDR unverzichtbar sind. Eigene Produkte sucht die DDR seither bevorzugt auf der Basis konvertierbarer Währungen zu verkaufen, um so ihre Devisen-bilanz zu verbessern. Diese Form der Verrechnung hat ebenso wie die Kompensations-geschäfte in den vergangenen Jahren an Bedeutung gewonnen. Letztere finden vor al-lem bei größeren Investitionsvorhaben der DDR in Entwicklungsländern Anwendung, deren Kosten durch traditionelle Exportgüter oder Produkte der neugeschaffenen Fa-brikationsanlagen beglichen werden.

Eines der Hauptprobleme und seit der Zweiten Welthandelskonferenz 1968 in Neu-Delhi Anlaß für regelmäßige Klagen der Entwicklungsländer ist die streng bilate-rale Abwicklung des DDR- wie generell des RGW-Südhandels. Sie fordern statt dessen multilaterale Elemente, von denen sie sich mehr Flexibilität und eine gegenseitige Ver-rechnung aktiver und passiver Salden im Handel mit den RGW-Partnern versprechen. Für die DDR war diese Forderung insofern brisant, als sie – anders als etwa die Bundes-republik – im Handel mit den Entwicklungsländern zumeist positive Salden verzeich-nen konnte. Bis 1974 summierten sich diese bei den außereuropäischen und nichtsozia-listischen Ländern der Dritten Welt auf 999,1 Millionen Valuta-Mark.[461] Für die dar-auffolgenden Jahre hat das UNCTAD-Sekretariat folgende Salden errechnet (in Mil-lionen US-$):[462]

1975	1976	1979	1980	1981
– 19	– 226	+ 105	+ 120	+1088

Ursprünglich hatten die RGW-Staaten multilaterale Verrechnungen mit dem Argu-ment abgelehnt, daß zuvor eine solche innerhalb der östlichen Wirtschaftsgemeinschaft eingeführt werden müsse.[463] Das gilt heute nur noch begrenzt.[464] Seither sind jedoch, trotz der erklärten Bereitschaft, multilaterale Formen der Zusammenarbeit mit den Entwicklungsländern ausbauen zu wollen, nur wenig Fortschritte zu verzeichnen. So wurde 1974 bei der „Internationalen Investitionsbank" des RGW ein „Sonderfonds für die Kreditierung von Maßnahmen zur wirtschaftlichen und technischen Unterstützung von Entwicklungsländern" geschaffen, der über ein Kapital von einer Milliarde Trans-fer-Rubeln verfügt.[465] 1975 wurden die bis heute einzigen Verträge des RGW mit zwei Entwicklungsländern, Irak und Mexiko, abgeschlossen, in denen die Bildung gemein-samer Kommissionen und die Projektierung gemeinsamer industrieller Entwicklungs-vorhaben festgelegt wurden.[466] Darüber hinaus wurde 1976 Nichtmitgliedern ermög-licht, sich am Clearing-System der „Internationalen Bank für Wirtschaftliche Zusam-menarbeit" (IBWZ) innerhalb des RGW zu beteiligen.[467] All dies wird von den Ent-wicklungsländern jedoch kaum in Anspruch genommen und hat dem Handel mit ihnen keine wesentlichen neuen Impulse verleihen können. In Anbetracht der hohen positi-ven Salden, die von der DDR am Beginn der achtziger Jahre erwirtschaftet wurden, und die in nicht geringem Umfang mit der Einnahme zusätzlicher Devisen verbunden sein dürften, ist zu bezweifeln, daß sich in naher Zukunft an der bilateralen Abwicklung ih-res Südhandels wesentlich etwas ändern wird.

4.4. Wege zur industriellen Kooperation

Ein industrialisiertes Land wie die DDR kann sich kaum auf den traditionellen Außen-handel beschränken. Seit Mitte der siebziger Jahre sucht die Partei- und Staatsführung der DDR daher verstärkt, ihre Wirtschaftsbeziehungen mit der Dritten Welt um Elemente einer industriellen Kooperation zu erweitern. Ziel ist die Schaffung einer internationalen Arbeitsteilung, in die nicht nur die Partner im RGW und die kapitalistischen Industriestaaten des Westens, sondern schrittweise auch die Entwicklungsländer einbezogen werden sollen. Da diese jedoch nur über begrenzte industrielle Kapazitäten verfügen, muß sich die DDR der Frage stellen, welchen Beitrag sie zum Aufbau neuer Produktionsmöglichkeiten in der Dritten Welt zu leisten gedenkt und wie die Arbeitsteilung konkret beschaffen sein soll, welche Branchen in den Entwicklungsländern aus- und aufgebaut werden und welche in der DDR verbleiben sollen.

Traditionell beansprucht die DDR, industrielle Investitionen „vor allem auf die produktiven Bereiche der nationalen Wirtschaften in den jungen Staaten" sowie auf den staatlichen Sektor konzentrieren zu wollen.[468] Dies entspricht, in gezielter Abgrenzung von westlichen Konzepten, ihren programmatischen Vorstellungen zur sozialökonomischen und industriellen Entwicklung in der Dritten Welt (vgl. Abschnitt 3.4.2.2.). Eigene Interessen jedoch haben in den vergangenen Jahren dazu beigetragen, daß sie ihre Zielvorstellungen modifizierte, zumindest aber sehr weit auszulegen suchte. Je mehr sich die DDR den Entwicklungsländern ökonomisch öffnete, um so spürbarer gewann ihre grundlegende Prämisse, daß die Wirtschaftsbeziehungen für beide Seiten vorteilhaft sein müßten, an Gewicht. Daher fordert sie heute eine Abstimmung, eine „gegenseitige Komplementierung der Volkswirtschaften", womit sie erkennbar von der traditionellen Vorstellung, die Industrialisierung der Entwicklungsländer müsse vornehmlich Importe ersetzen, abrückte und sich jenen Konzepten näherte, die der Dritten Welt in erster Linie eine Erweiterung ihrer Exportkapazitäten anraten.[469]

Kooperationsbeziehungen mit den Entwicklungsländern sollen sich auf jene volkswirtschaftlichen Zweige konzentrieren, „in denen diese jungen Staaten über industrielle oder landwirtschaftliche Rohstoffe, über elementare berufliche Qualifikationen und Produktionserfahrungen verfügen".[470] In diesem Sinne spricht sich die DDR für Produktionsverlagerungen aus. „Arbeitsintensive Produktionen" sind in die Entwicklungsländer „auszulagern".[471] Die DDR hingegen will sich, um „die historisch entstandene starke Zersplitterung der Produktion, die mit kleinen Losgrößen und hohen Kosten der Produktion verbunden ist, zu überwinden", auf solche anspruchsvollen Erzeugnisse konzentrieren, „die mit relativ niedrigem Aufwand hergestellt werden können und sich durch eine niedrige Material- bzw. Importintensität auszeichnen".[472]

Von westlichen Konzepten ist diese Zielsetzung kaum mehr zu unterscheiden. Daher muß sich ihre Kritik an solchen westlichen „neokolonialistischen Industrialisierungsbestrebungen", die den „wirklichen Interessen der Entwicklungsländer" zuwiderlaufen, gegen die DDR selbst wenden. Auch sie ist von dem Bestreben getragen, „das unerschöpfliche Potential billiger, disponibler, schnell ersetzbarer Arbeitskräfte" in der Dritten Welt auszuschöpfen und zugleich ihre „Akkumulationskraft auf die dynamischen, d. h. die von der wissenschaftlich-technischen Revolution in ihrer ganzen Breite erfaßten, durch hohe Arbeitsproduktivität und Kapitalintensität gekennzeichneten Industriezweige" zu konzentrieren. Da aber, der eigenen Wahrnehmung zufolge, gerade von ihnen „die wirksamsten Verflechtungseffekte und Entwicklungsimpulse für die nationale Wirtschaft ausgehen", kann auch der Hinweis auf den vermeintlich ausbeutungsfreien Charakter einer sozialistischen internationalen Arbeitsteilung kaum verbergen, daß die DDR – ihren ökonomischen Interessen folgend – die Entwicklungsländer in die wenig erbauliche Rolle eines abhängigen Juniorpartners verweist.[473]

Zwei Wirtschaftsbereiche finden, ganz nach westlichem Vorbild, bei der Diskussion über Produktionsverlagerungen in der DDR besondere Aufmerksamkeit. Zum einen ist an die Auslagerung textilindustrieller Fertigungen gedacht, um diese räumlich enger mit den Baumwollanbaugebieten zu verbinden.[474] Zum anderen werden seit Beginn der Energiekrise verstärkt Überlegungen angestellt, gezielt Erdöl- und Rohstoffquellen in der Dritten Welt zu erschließen. In Verbindung damit seien vornehmlich „energieintensive Produktionskapazitäten" aufzubauen, um der DDR künftig den Import solcher Fertig- und Halbfertigwaren zu ermöglichen, „die eine relativ hohe Rohstoffkomponente verkörpern". Antrieb ist hier vor allem das gestiegene Interesse der RGW-Staaten und namentlich der DDR an stabilen Rohstoffbezügen, die nur dann gesichert werden können, wenn damit, dem Wunsch der Entwicklungsländer folgend, produktive Investitionen verknüpft sind.[475] Daß in diesem Zusammenhang auch, entgegen früheren Positionen, an die Errichtung von gemischten Gesellschaften (Joint Ventures) unter sozialistischer Beteiligung gedacht und ein flexibleres, „auf die Bedürfnisse und Forderungen der Entwicklungsländer eingehendes Vorgehen" gefordert wird, sollte nicht unerwähnt bleiben.[476]

Während sich die Außenhandelsstruktur der Bundesrepublik im Zuge der industriellen Kooperation mit fortgeschrittenen Schwerpunktländern in der Dritten Welt bereits merklich zugunsten von Halb- und Fertigwaren verschoben hat, befindet sich die DDR – eigenen Wahrnehmungen zufolge – „noch im Anfangsstadium".[477] In nennenswertem Umfang hat sich lediglich die Struktur des Warenaustausches mit Indien und Ägypten verändert. Dorthin exportierte die DDR in den sechziger und siebziger Jahren zahlreiche Textilmaschinen, so daß es ihr möglich wurde, den Import von Rohbaumwolle zugunsten von verarbeiteten Garnen und Geweben zu reduzieren. Ähnliche Perspektiven eröffnet der 1979 abgeschlossene Bau einer Armaturenfabrik im algerischen Berrouaghia.[478]

Ob die DDR bei ihren Bemühungen um industrielle Kooperation mit der Dritten Welt weitere Fortschritte erzielt, wird wesentlich von ihrer Bereitschaft abhängen, den Bedürfnissen und Forderungen der Entwicklungsländer Rechnung zu tragen, sowie von ihrer Fähigkeit, mit ihren technischen Fertigkeiten auf dem Weltmarkt zu konkurrieren.[479] Beides hat sie im Verlauf der siebziger Jahre veranlaßt, auch weitergehende Formen der Zusammenarbeit, wie etwa eine ökonomische Kooperation mit westlichen Industriestaaten in der Dritten Welt, anzustreben.

4.5. Ost-West-Kooperation in der Dritten Welt und die DDR

Die Wirtschaftskooperation zwischen Ost und West in der Dritten Welt ist eine relativ neue Erscheinung. Wohl lassen sich einzelne Projekte bis in die sechziger Jahre zurückverfolgen. So errichteten österreichische und ungarische Unternehmen von 1962 bis 1964 in Indien gemeinsam zwei Wasserkraftwerke.[480] Einen nennenswerten Umfang erreichte diese Form der Ost-West-Süd-Zusammenarbeit unter Einschluß auch der beiden deutschen Staaten jedoch erst in der zweiten Hälfte der siebziger Jahre. Gemeinsame Maßnahmen der Entwicklungshilfe blieben sogar bis auf den heutigen Tag nahezu ausgeschlossen.

Daß eine Kooperation mit westlichen Industriestaaten einschließlich der Bundesrepublik in den Entwicklungsländern nicht schon früher eingeleitet werden konnte, ist vor allem auf die anfängliche Zurückhaltung der DDR zurückzuführen. Während die Bundesregierung im Einklang mit den Vereinigten Staaten bereits während der Großen Koalition Ende der sechziger Jahre den sozialistischen Staaten und insbesondere der DDR eine Zusammenarbeit in der Dritten Welt nahelegte, lehnte diese mit Verweis auf die unveränderlichen Gegensätze zwischen beiden deutschen Staaten sowie zwischen Sozialismus und Imperialismus kategorisch ab. Bei den westlichen Vorschlägen handele es sich um „ein großangelegtes Täuschungsmanöver" des Imperialismus, hinter dem sich „massive, gegen die nationale Befreiungsbewegung gerichtete Interessen auf ökonomischen und politischen Gebieten verbergen", wobei es vor allem darum gehe, „in den Entwicklungsländern Verwirrung und ideologische Desorientierung zu erzeugen".[481]

Im einzelnen sahen Entwicklungstheoretiker der DDR folgende, mit ihrer Position unvereinbare „strategisch-taktische Zielsetzungen" des Imperialismus. Er wolle die Proteste der Entwicklungsländer „gegen die imperialistischen Außenwirtschaftspraktiken" auch gegen den Sozialismus lenken. Durch „einseitige Orientierung auf die Entwicklung der Produktivkräfte" sei er bemüht, sie von der „sozialistischen Entwicklungsperspektive" abzubringen. Auch sei er daran interessiert, „westliche Positionen" in solchen Ländern zu erhalten, in denen die sozialistischen Staaten „einen wachsenden Einfluß besitzen". Und nicht zuletzt wolle er die „ständig zunehmende Hilfe" des Sozialismus für diese Länder in seinem „Profitinteresse" ausnutzen.[482]

Angesichts der unverändert fortbestehenden Systemgegensätze zwischen Ost und West müßten diese Vorbehalte der DDR im Prinzip auch heute gelten. Dies um so mehr, als die Auseinandersetzungen um das Kräfteverhältnis zwischen den beiden Bündnissystemen im Verlauf der siebziger Jahre zunehmend in die Dritte Welt übergriffen. Tatsächlich aber hat die DDR als eines der letzten Mitgliedsländer des RGW ab Mitte der siebziger Jahre ihre Vorbehalte weitgehend zurückgestellt und sich entschlossen, die mit der Dreieckskooperation verbundenen wirtschaftlichen Vorteile für ihr Land zu nutzen.[483]

Genaue Daten über die Gesamtzahl der zwischen Ost und West begonnenen und abgeschlossenen Dreiecksprojekte liegen nicht vor. Nach Angaben aus der DDR dürften gegen Ende der siebziger Jahre annähernd 300 solcher Projekte zwischen den Ländern des RGW und des Westens in Angriff genommen worden sein.[484] Die DDR ist daran bisher nur in geringem Umfang beteiligt. Ihre Hauptpartner im Westen sind Unternehmen aus Österreich, mit denen bis 1980 10 Projekte abgeschlossen werden konnten, und Frankreich, gefolgt von Japan sowie der Bundesrepublik.[485]

Insgesamt schloß die DDR bis 1985 in 10 Entwicklungsländern 13 Projekte ab, an denen 9 westliche Partner beteiligt waren. 5 weitere standen vor der Vollendung und über 35 neue Projekte wurde verhandelt. Dabei handelte es sich überwiegend um Unterlieferungsverträge, aber auch um gemeinsame Konsortien.[486] So errichtete sie gemeinsam mit der österreichischen Firma Vöest-Alpine ein Zellstoffwerk in Kamerun, eine Erdölraffinerie in Mauretanien und eine Raffinerie in der Volksrepublik Kongo. Mit der französischen Creusot-Loire-Gruppe kooperierte sie bei der Errichtung eines Zementwerkes in Algerien und der Ausrüstung von Reparaturwerkstätten für die Erdölindustrie in Mexiko. Mit der Firma Krupp erbaute sie gemeinsam eine Baumwollspinnerei in Äthiopien und das mexikanische VW-Werk in Puebla belieferte sie mit Karosseriepressen.[487] Zahlreiche Anstrengungen unternimmt die DDR darüber hinaus,

um auch finanzkräftige OPEC-Staaten wie Kuwait und fortgeschrittene Entwicklungsländer wie Brasilien, Mexiko und Indien für gemeinsame Projekte in anderen Teilen
der Dritten Welt zu gewinnen.[488]

Zwar werden für die Dreieckskooperation auch politische Motive genannt – Festigung der friedlichen Koexistenz und Umgestaltung der internationalen Wirtschaftsbeziehungen –, entscheidend aber sind die ökonomischen Vorteile. Die DDR glaubt, auf
diese Weise besser die Errungenschaften der internationalen Arbeitsteilung nützen und
sich langfristig stabile Roh- und Brennstoffimporte sichern zu können. Konkret verspricht sie sich von der Kooperation mit westlichen Unternehmen in der Dritten Welt
Projekte in solchen Dimensionen verwirklichen zu können, die ihr eigenes Leistungsvermögen übersteigen. Zugleich erhofft sie sich Zugang zu neuen Finanzierungsquel-
len, westlicher Technologie und solchen Märkten, auf denen sie bisher nicht zu konkurrieren vermochte – auch wenn in der Vergangenheit zumeist sie und weniger ihre westlichen Partner Kooperationsofferten unterbreitete.[489]

Offenbar gilt auch heute noch, daß von den westlichen Unternehmen überwiegend
die hochentwickelte Technologie sowie die technische und wirtschaftliche Projektierung und Beratung zur Verfügung gestellt werden, während sich die sozialistischen Betriebe auf weniger entwickelte Produktionsverfahren sowie die Bauanteile konzentrieren.[490] Um das eigene Gewicht zu stärken, sucht die DDR seit Beginn der achtziger
Jahre verstärkt eine Kooperation in jenen Bereichen, wo sie über ausgeprägte Erfahrungen verfügt, namentlich in der Gewinnung und Verarbeitung von Braunkohle sowie
im Werkzeug- und Textilmaschinenbau, der Ausrüstung von Chemie- und Zementan-
lagen und der Herstellung polygraphischer Maschinen.[491]

Die wirtschaftliche Dreieckskooperation vermag sicherlich nicht die Systemgegensätze zwischen Ost und West aufzuheben. Auch befindet sie sich gegenwärtig „noch in
ihrer Entfaltungsphase" und weist ein relativ geringes Volumen auf.[492] Gleichwohl
schafft sie ein Feld partieller gemeinsamer Interessen zwischen Ost und West, das dazu
beitragen könnte, im Gegensatz der Systeme wurzelnde Konflikte zu vermeiden oder
zu entschärfen.[493] Ob dies gelingt wird wesentlich davon abhängen, in welcher Form die
Interessen der Entwicklungsländer Berücksichtigung finden. Diese hatten sich schon
frühzeitig für eine Ost-West-Süd-Kooperation ausgesprochen, um so ebenfalls von der
Entspannung und der Ausweitung des Ost-West-Handels am Beginn der siebziger
Jahre zu profitieren.[494] Unerläßlich erscheint, daß über den Warenaustausch und industrielle Vorhaben hinaus, Dreiecksprojekte auch in der Entwicklungshilfe Anwendung
finden, was bisher kaum gelungen ist. Es hat jedoch den Anschein, als vollziehe sich hier
in der DDR, die einer entwicklungspolitischen Kooperation der Industriestaaten bislang sehr reserviert gegenüberstand, allmählich ein Wandel. So erklärte unlängst ein
prominenter DDR-Wissenschaftler, Gerhard Scharschmidt, daß künftig auch „bestimmte Projekte im Bildungs- und Sozialbereich" in die Dreieckskooperation „einbezogen" werden könnten, und nannte dies gar ein „objektives Entwicklungserforder-
nis".[495] Wenn es tatsächlich gelingen sollte, neben der ökonomischen auch eine entwicklungspolitische Kooperation der Industriestaaten einzuleiten, wäre dies ein weiterer wichtiger Schritt, um erfolgreich gegen Hunger und Elend in der Dritten Welt vorzugehen.

5. Auswärtige Kulturpolitik in der Dritten Welt

Der Begriff „auswärtige Kulturpolitik" geht auf das Jahr 1912 zurück, als der Historiker Karl Lamprecht ein stärkeres kulturelles Engagement des Deutschen Reiches im Ausland forderte. Ganz allgemein ist mit ihm die Integration der internationalen Kulturbeziehungen in die Außenpolitik oder umgekehrt eine international ausgerichtete Kulturpolitik im Interesse der Außenbeziehungen eines Staates gemeint.[496] Zwar kennt die DDR den Begriff „auswärtige Kulturpolitik" nicht. Vielmehr spricht sie neutraler von den „kulturellen und wissenschaftlichen Auslandsbeziehungen".[497] Gleichwohl steht für sie außer Frage, daß diese ein „untrennbarer Bestandteil ihrer Außenpolitik" sind:[498]

> „Auf der Grundlage der Beschlüsse der SED und der Regierung werden sie mit dem Ziel entwickelt, zur Lösung der außenpolitischen Aufgaben beizutragen und die Gestaltung der entwickelten sozialistischen Gesellschaft besonders durch die Förderung eines schöpferischen geistig-kulturellen Lebens wirkungsvoll zu unterstützen."[499]

Die kulturellen Auslandsbeziehungen der DDR beschränken sich nicht auf das künstlerische, literarische und wissenschaftliche Schaffen, sondern umschließen auch die Bildung, das Gesundheitswesen und den Sport.[500] Ähnlich wie in der Bundesrepublik ergeben sich daher Abgrenzungsprobleme, denn einige der aufgeführten Bereiche werden auch der Entwicklungshilfe sowie der „wissenschaftlich-technischen Zusammenarbeit" zugeordnet. Noch gravierender wären diese, wenn unter „Kultur" ganz allgemein Lebensverhältnisse sowie gesellschaftliche Verhaltensmuster und Grundorientierungen verstanden würden. Gerade in der Dritten Welt haben solche Vorstellungen viel Anklang gefunden, da kaum ein literarisches oder musisches Werk derart tiefgreifende gesellschaftliche und kulturelle Umwälzungen zu bewirken vermochte wie etwa der Import moderner Technik und Maschinen mit all ihren Konsequenzen für das Zusammenleben, Denken und Fühlen der Menschen.[501] Im Sinne einer pragmatischen Eingrenzung wollen wir uns im folgenden vor allem auf die künstlerischen und literarischen Aspekte der kulturellen Zusammenarbeit der DDR mit den Entwicklungsländern beschränken, ohne allerdings in Dezisionismus zu verfallen und ihr umfassenderes Selbstverständnis aus dem Blick zu verlieren. Bildung, Gesundheit, Journalismus und Sport werden dagegen im Kontext der DDR-Hilfsmaßnahmen für die Dritte Welt behandelt (siehe Abschnitt 3.4.2.).

5.1. Ziel, Inhalt und Entwicklung der auswärtigen Kulturpolitik der DDR

Die Entwicklungländer werden nach den Verbündeten der DDR in Osteuropa als wichtigste Adressaten ihrer auswärtigen Kulturpolitik genannt, der mit Blick auf die Dritte Welt prinzipiell folgende Funktion zugewiesen ist:

> „Die kulturellen Auslandsbeziehungen zu den Ländern Afrikas, Asiens und Lateinamerikas – insbesondere zu den Ländern mit sozialistischer Orientierung – werden im Geiste der antiimperialistischen Solidarität entwickelt. Sie dienen dem Ziel, diesen Ländern bei der Bewältigung der kulturellen Folgen des Kolonialismus (insbesondere im Bildungswesen) sowie bei der Erhaltung und Entwicklung der kulturellen Identität zu helfen, das antiimperialistische Bündnis zu stärken und somit das Ansehen der DDR in diesen Ländern zu stärken."[502]

Unverkennbar läßt sie sich auch in ihrem Verhältnis zu den Entwicklungsländern von den drei Grundprinzipien leiten, die ihre Kulturpolitik nach innen und außen prägen: Parteilichkeit, Volksverbundenheit und sozialistischer Ideengehalt. Im Sinne der „Parteilichkeit" sucht sie mittels ihrer kulturpolitischen Aktivitäten das „antiimperialistische Bündnis" zu vertiefen, die „Volksverbundenheit" verpflichte sie zur Hilfe bei der Überwindung des kolonialen Erbes und die „sozialistischen Ideen" leiten die Selbstdarstellung der DDR als eines Staates an, der in seiner kommunistischen Entwicklungsperspektive als beispielhaft auch für die Länder der Dritten Welt gelten soll.[503]

Zwar beansprucht die DDR darüber hinaus, „ sich durch die ständige Aufnahme aller progressiven kulturellen Werte der vergangenen und gegenwärtigen Weltkultur" auch ihrerseits bereichern und entwickeln zu wollen, doch läßt die Einschränkung, „progressive kulturelle Werte" verarbeiten zu wollen, Grenzen erkennen.[504] Da die DDR sich dem Marxismus-Leninismus verpflichtet weiß, einer Doktrin, die universelle Geltung und verbindliche Einsicht in den Ablauf der Geschichte zu haben beansprucht, kann ihre auswärtige Kulturpolitik letztlich nur einseitige Übertragung der eigenen Zielvorstellungen sein. Die Bundesrepublik sucht dies zu vermeiden und strebt, wie die Leitsätze zur auswärtigen Kulturpolitik des Auswärtigen Amtes von 1970 ausweisen, eine wechselseitige Information, Austausch und Zusammenarbeit an.[505] Ungeachtet ihrer prinzipiellen Orientierung haben die kulturellen Auslandsbeziehungen der DDR mit der Dritten Welt im Verlauf ihrer Geschichte jedoch Akzentverschiebungen und einen beträchtlichen Funktionswandel erfahren.

Die Anfänge der auswärtigen Kulturpolitik Ost-Berlins datieren in den fünfziger Jahren. Erste Abkommen und Protokolle über eine Kooperation in der Wissenschaft und Kunst schloß sie 1950 mit der Sowjetunion und einigen osteuropäischen Staaten. Die kulturellen Kontakte zu den westlichen Industrienationen sowie zur Dritten Welt stagnierten hingegen lange Zeit. Noch Mitte der fünfziger Jahre, als sie bereits zahlreiche Wirtschaftsbeziehungen geknüpft hatte, konnte sie über den Kreis ihrer Verbündeten hinaus kein zwischenstaatliches Kulturabkommen aufweisen.[506]

Erst gegen Ende des Jahrzehnts gelang es ihr, die politisch begründete kulturelle Isolation zu durchbrechen. Einem 1956 mit Syrien abgeschlossenen Kulturabkommen folgten bald weitere (Guinea 1958, Irak 1959, Kuba 1961, Benin 1962, Kambodscha und Mali 1964, Ägypten 1965, Algerien 1966, Sudan 1967, Tansania 1968).[507] Mit Blick auf die Hallstein-Doktrin der Bundesrepublik bemühte sie sich intensiv, nicht nur wirtschaftliche, sondern auch kulturelle Kontakte zu den Entwicklungsländern herzustellen, um auf diese Weise der Aufnahme regulärer diplomatischer Beziehungen allmählich näher zu kommen. Folglich waren die kulturellen Verbindungen bis zum Beginn der siebziger Jahre eines der bedeutsamsten Instrumente, mit dessen Hilfe die DDR ihr außenpolitisches Hauptziel, die völkerrechtliche Anerkennung, in der Dritten Welt verfolgte. Doch während die politischen Spannungen zu zahlreichen heftigen Kontroversen zwischen beiden deutschen Staaten führten, blieben die Konflikte im kulturellen Bereich augenscheinlich begrenzt.[508] Mit Blick auf ihre internationale Anerkennung suchte die DDR sich kulturpolitisch offenbar weniger als unversöhnlicher Gegner der Bundesrepublik darzustellen, denn als legitimer zweiter deutscher Staat und, in gesamtdeutscher Perspektive, als eigentlicher Wahrer der humanistischen Traditionen des deutschen Volkes.

Neuen Anforderungen aber auch neuen Entfaltungsmöglichkeiten mußte sich die auswärtige Kulturpolitik der DDR am Beginn der siebziger Jahre stellen. Mit Einleitung des Entspannungsprozesses wies ihr die SED die Aufgabe zu, „die politische und ideologische Offensive des Sozialismus mit allen kulturellen Mitteln zu unterstützen".[509] In der Dritten Welt, wo der Sozialismus sich bevorzugt in der Offensive wähnte, forderte dies zweierlei: eine prononcierte Selbstdarstellung der DDR als sozialistischem Staat und eine verstärkte Abgrenzung von der Bundesrepublik. In den Anfangsjahren der Entspannung überwog ganz offensichtlich die Abgrenzung. Während die Bundesrepublik im Wettbewerb mit der DDR die historischen und kulturellen Gemeinsamkeiten beider deutscher Staaten herauszustellen suchte und die „einheitliche deutsche Kulturnation" propagierte, hielt die DDR dagegen, daß auf deutschem Boden zwei Kulturen entstanden seien, eine „sozialistische deutsche Nationalkultur" in der DDR und eine „imperialistische Unkultur" in der Bundesrepublik. Nach innen und außen vollzog sie einen rigorosen kulturellen Manichäismus, der die Bundesrepublik einer reaktionären Traditionslinie der deutschen Geschichte zuordnete, für die DDR hingegen ausschließlich das progressive kulturelle und historische Erbe reklamierte.

Es hat den Anschein, als habe sich in den vergangenen Jahren abermals eine Akzentverschiebung vollzogen – zugunsten des Bedürfnisses, ein „richtiges und möglichst umfassendes DDR-Bild" zu zeichnen, „das Ansehen der DDR" in der Welt zu erhöhen und „die Wahrheit über den realen Sozialismus in der DDR" zu verbreiten.[510] Die Wiederentdeckung Preußens und die Neubewertung Martin Luthers – „einer der größten Söhne des deutschen Volkes" – signalisieren, daß nunmehr die ganze deutsche Geschichte und ihre kulturellen Leistungen gewürdigt werden.[511] Tatsächlich haben die literarischen und musikalischen Leistungen der deutschen Klassik in der auswärtigen Kulturpolitik der DDR eine weitere Aufwertung erfahren. Auch wenn die Abgrenzung von der Bundesrepublik fortgeführt wird, haben sich damit die Voraussetzungen für einen konstruktiven Wettbewerb zwischen beiden deutschen Staaten, der keineswegs in einen „Kulturkampf" eskalieren muß, entscheidend verbessert.[512]

5.2. Zur Praxis der auswärtigen Kulturpolitik: Akteure und Aktivitäten

Da die internationalen kulturellen Beziehungen integraler Bestandteil der DDR-Außenpolitik sind, obliegt es dem Ministerium für Auswärtige Angelegenheiten in Ost-Berlin, unter Anleitung des ZK-Sekretariats diese Aktivitäten in der Dritten Welt zu koordinieren. Zuständig ist die Abteilung für „kulturelle Auslandsbeziehungen". Doch sind auch eine Reihe weiterer staatlicher Einrichtungen in der auswärtigen Kulturpolitik der DDR aktiv. Das gilt namentlich für das Kulturministerium, dem seit 1968 als konsultatives Gremium ein „Rat für Kultur- und Kunstangelegenheiten" sowie die „Künstler-Agentur der DDR" unterstehen. Letztere allein ist für den Austausch von Künstlern, Gastspielreisen und Tourneen zuständig. Auch das Presseamt beim Vorsitzenden des Ministerrates leistet, etwa durch die Herausgabe des Auslands-Feature-Dienstes „Panorama DDR" einen begrenzten Beitrag zur auswärtigen Kulturpolitik. Das gleiche gilt für den Auslandssender „Radio Berlin International", der wöchentlich 349 Stunden in 11 Sprachen vornehmlich in die Dritte Welt sendet.[513]

Neben den staatlichen Einrichtungen existieren zahlreiche gesellschaftliche Organisationen, die sich ausschließlich, überwiegend oder am Rande der auswärtigen Kulturpolitik widmen. Hier ist in erster Linie die Liga für Völkerfreundschaft zu nennen. Sie wurde am 15. Dezember 1961 gegründet. Präsident ist der CDU-Vorsitzende Gerald Götting, der bereits in den sechziger Jahren für die Anerkennung der DDR werbend oftmals die Entwicklungsländer bereiste. Als Dachorganisation gehören ihr 90 Gesellschaften, Komitees und Organisationen an; neben den Gewerkschaften, der FDJ, dem Turn- und Sportbund, Hochschulen und Außenhandelsorganisationen sind dies vor allem die regionalen und bilateralen Freundschaftsgesellschaften und -komitees. Freundschaftsgesellschaften gibt es mit den arabischen, afrikanischen und lateinamerikanischen Ländern sowie mit Südostasien und Indien. Freundschaftskomitees verbinden die DDR mit Afghanistan, Algerien, Angola, Äthiopien, VR China, Griechenland, Guinea-Bissau, Irak, VDR Jemen, Libyen, Mexiko, Mosambik, Nikaragua, Portugal, Sao Tomé und Principe, Syrien und Zypern.

Die Liga für Völkerfreundschaft ist, ähnlich wie das Solidaritätskomitee bei den Hilfeleistungen, die bedeutendste gesellschaftliche Organisation der DDR, die sich mit der Herstellung und Pflege auswärtiger Kulturbeziehungen befaßt. Bis zum Beginn der siebziger Jahre stand ihre Tätigkeit ganz im Zeichen des Ringens um die völkerrechtliche Anerkennung der DDR. Mittels kultureller Aktivitäten und Informationen über den zweiten deutschen Staat mühten sich namentlich die der Liga zugeordneten Freundschaftsgesellschaften und -komitees, in den Partnerländern ein der DDR wohlgesonnenes Klima und Voraussetzungen für die Aufnahme diplomatischer Beziehungen zu schaffen. Heute fungiert die Liga vornehmlich als Medium für die Selbstdarstellung der DDR im Ausland. Zu diesem Zweck unterhält sie eine monatliche Zeitschrift, „DDR-Revue", die bei einer geschätzten Auflage von 100.000 Exemplaren in 7 Sprachen erscheint. Auch organisiert sie den Austausch von Delegationen, Vortragsreisen, Filmvorführungen, Buchausstellungen, Musik- und Theaterwochen und betreut im Ausland Kultur- und Informationszentren sowie Lesestuben und Clubs, zu denen auch Einrichtungen gehören, in denen ehemalige DDR-Stipendiaten Kontakte pflegen können.[514]

Eine weitere für die auswärtige Kulturpolitik bedeutsame Einrichtung ist die *Gesellschaft „Neue Heimat"*, die „Vereinigung der DDR für Verbindungen mit Bürgern deutscher Herkunft im Ausland". Auch sie gehört der Liga an und ist 1964 aus dem „Arbeitskreis zur Pflege der deutschen Sprache und Kultur im Ausland" hervorgegangen. In der Dritten Welt hält sie vornehmlich Kontakt zu den deutschen Volksgruppen in Lateinamerika. Zu diesem Zweck gibt sie u.a. eine Zeitschrift „Neue Heimat - Journal aus der DDR" heraus.[515] Damit nimmt die DDR Traditionslinien auf: Schon in der Frühzeit der auswärtigen Kulturpolitik stand die Betreuung des ausländischen Deutschtums neben dem Schulwesen im Mittelpunkt, doch nicht in der DDR, sondern im Deutschen Reich imperialer wilhelminischer Prägung.[516]

Eigenständige kulturelle Kontakte unterhalten über die Liga hinaus auch andere gesellschaftliche Organisationen, namentlich der *FDGB*. Er entfaltet nicht nur innerhalb der DDR rege kulturelle Aktivitäten, sondern wird auch im Ausland aktiv, ja bahnte vor der Anerkennung der DDR vielfach sogar erste Kontakte an. Sein Engagement wird dadurch unterstrichen, daß der FDGB-Verlag „Tribüne" in 8 Sprachen eine eigene, für das Ausland bestimmte Zeitschrift herausgibt, die „FDGB-Rundschau".

Nicht zu vergessen sind schließlich jene *Verbände*, in denen die Künstler, Schriftsteller und Schauspieler organisiert sind. Auch sie unterhalten eigene Auslandskontakte. So konnten etwa der Verband Bildender Künstler in der DDR, der Verband der Komponisten und Musikwissenschaftler der DDR sowie der Schriftstellerverband mit einer

Reihe von Partnerorganisationen in der Dritten Welt vertragliche Beziehungen herstellen, in denen neben wechselseitigen Informationen zumeist der Austausch von Studiendelegationen und längere Studienaufenthalte – etwa am Institut für Literatur „Johannes R. Becher" in Leipzig – geregelt sind.[517] Andere *Gesellschaften*, wie die Goethe-, Bach-, Shakespeare-, Händel-, Schumann- und Chopin-Gesellschaften haben als Forum des kulturellen Austausches eine beträchtliche, mit Blick auf die Dritte Welt allerdings eher geringe Bedeutung.

Im Unterschied zur Bundesrepublik, wo neben den staatlichen Einrichtungen ebenfalls zahlreiche gesellschaftliche Organisationen aktiv sind, nicht selten aber ganz unterschiedlichen Konzepten und Zielen folgen, wird die transnationale Kulturpolitik der DDR zentral angeleitet, koordiniert und verwirklicht. Sie ist nicht pluralistisch konzipiert, sondern soll im Ensemble verschiedenster Aktivitäten aller beteiligten Institutionen, Verbände und Gruppen darauf hinwirken, im Ausland ein Bild von der DDR und ihrer Kultur zu vermitteln, wie es die SED-Führung für geboten hält. Ungeachtet dessen bedient sich die DDR-Kulturpolitik der gleichen Instrumente wie die Bundesrepublik: Sie organisiert Konzerte, Theateraufführungen, Ausstellungen und Dichterlesungen, vergibt Stipendien sowie Buchspenden und erteilt Sprachunterricht. Diese kulturellen Aktivitäten konnte sie im Verlauf der siebziger Jahre erheblich ausweiten.

Am Ende der siebziger Jahre unterhielt die DDR mit insgesamt 100 Staaten kulturelle Beziehungen. Mit 53 von ihnen konnten diese auf der Basis von offiziellen Kulturabkommen abgewickelt werden. Konkrete Vorhaben werden zumeist in mehrjährigen Kulturarbeitsplänen festgelegt, wie sie am Beginn der achtziger Jahre etwa mit Indien, Ägypten, VR Kongo, Syrien und Nikaragua abgeschlossen wurden. 1972 gelang ihr zudem die Aufnahme in die UNESCO, nachdem 1955 ein erster Antrag gescheitert war. Seither gehört diese zu jenen UN-Organisationen, denen die DDR besondere Aufmerksamkeit schenkt.

Auch die praktischen Aktivitäten konnten ausgedehnt werden, wenngleich deren Umfang immer noch recht begrenzt ist. So absolvierten DDR-Orchesterensembles 1975 insgesamt 49 Tourneen und bereisten dabei 27 Länder. 1977 gastierten sie bei 40 Konzertreisen in 25 Staaten. Zusammen weilten 1974 etwa 8.000 Künstler aus der DDR in 62 Ländern.[518] 49 Kunstausstellungen veranstaltete die DDR während der beiden Jahre 1975/76 und beteiligte sich darüber hinaus mit 382 Leihgaben an Veranstaltungen im Ausland.[519] Hinzu kommen Wochen der Freundschaft und des kulturellen Austausches, die 1979 in 34 nichtsozialistischen Ländern stattfanden. Ein Beispiel sind die „Tage der Kultur der DDR in Indien" aus dem Jahre 1980, während denen zahlreiche kulturelle Veranstaltungen und Präsentationen stattfanden.[520] Bedeutsam sind darüber hinaus Ausstellungen über die DDR, Filmvorführungen, so etwa des DEFA-Films „Der Dschungelkrieg", der 1983 in einer Khmer-Fassung in Kampuchea uraufgeführt wurde, Buchproduktionen und zahlreiche Buchgeschenke.[521]

Schließlich sei noch erwähnt, daß die DDR auch im kulturellen Bereich Aus- und Fortbildungshilfen gewährt. So fand 1985 bereits der 10. Internationale Sommerkurs für „Kulturpolitik und kulturelle Massenarbeit" statt. Diese Kurse werden vom Ministerium für Kultur organisiert, haben eine Dauer von 4 Wochen und sollen in Lehrveranstaltungen sowie Exkursionen den Teilnehmern, die überwiegend aus befreundeten Entwicklungsländern kommen, Eindrücke über das kulturelle Leben in der DDR verschaffen und einen wechselseitigen Erfahrungsaustausch ermöglichen.[522] 1984 trat erstmals ein internationales Seminar für Denkmalpfleger hinzu, das vom ICO-MOS-Nationalkomitee der DDR für Teilnehmer aus 10 afrikanischen und asiatischen Ländern veranstaltet wurde.[523]

Die aufgeführten Daten lassen nicht erkennen, wie umfangreich das kulturelle Engagement der DDR in der Dritten Welt ist. Spezielle Angaben für die Gruppe der Entwicklungsländer liegen nicht vor, was daher rühren mag, daß deren Anteil nur gering ist.[524] Da die DDR bemüht ist, insbesondere den Künstleraustausch kommerziell abzuwickeln, kann die Dritte Welt hier kaum Priorität genießen.[525] Anders mag es bei Filmvorführungen sowie Buchausstellungen und -geschenken sein, die unmittelbarer an der spezifischen Erfahrungswelt der Menschen in den Entwicklungsländern ansetzen können und zudem in einem direkten Sinne politisch sind. Ob es der DDR bei einem solch geringen Aufwand an kulturellen Aktivitäten in der Dritten Welt tatsächlich gelingt, „das politische Klima zu verbessern, die Völker einander näher zu bringen und gleichzeitig das Ansehen des Sozialismus zu stärken" – all dies erklärte Ziele ihrer kulturellen Auslandsbeziehungen – kann wohl bezweifelt werden.[526]

E. Bundesrepublik Deutschland und die Dritte Welt: Politik zwischen Alleinvertretungsanspruch, Systemkonkurrenz und Koexistenz

1. Die Anfänge der Entwicklungspolitik

In diesem Kapitel ist nicht beabsichtigt, die Politik der Bundesrepublik Deutschland gegenüber der Dritten Welt im allgemeinen darzustellen. Vielmehr soll die Frage behandelt werden, welche Bedeutung dem Ost-West-Konflikt und speziell dem Verhältnis zur DDR als Bestimmungsfaktor der bundesdeutschen Süd-Politik zukommt. Dabei wird zunächst kurz die historische Verknüpfung der Ost-West- und Nord-Süd-Beziehungen nach dem Zweiten Weltkrieg in Gestalt der globalen Eindämmungspolitik der USA angesprochen. Diese globale Eindämmungspolitik hat auch der Entwicklungspolitik der Bundesrepublik von vornherein ihren Stempel aufgedrückt. Gleichwohl ist zu beachten, daß die Verknüpfung mit dem Ost-West-Konflikt immer nur ein Aspekt der Süd-Politik war – neben vielen anderen.

1.1. Der weltpolitische Kontext: Eindämmung und Modernisierung

Die Allianz zwischen den Vereinigten Staaten und der Sowjetunion hatte nur wenige Jahre Bestand. Schon kurz nach dem Zweiten Weltkrieg, nach dem Sieg über das japanische Kaiser- und das deutsche Nazi-Reich zerbrach die ungleiche Koalition. Auch wenn Ereignisse in der ,,Dritten Welt", den Kolonien und unabhängigen Staaten der südlichen Hemisphäre, nur von untergeordneter Bedeutung waren, gewannen sie in der Nachkriegszeit doch rasch an Gewicht. Die Truman-Doktrin, 1947 mit dem Ziel verkündet, die Sowjetunion weltweit eindämmen zu wollen, ist dafür ein beredter Ausdruck.[1] Aber schon 1946 war es zwischen den USA und der Sowjetunion zum Konflikt in einem Land der Dritten Welt gekommen: in Persien, wo die USA Anfang des Jahres auf dem vertraglich festgelegten Rückzug sowjetischer Truppen und auf der Beseitigung politischer Brückenköpfe der Sowjetunion in den Provinzen Aserbaidschan und Kurdistan bestanden.[2] Ein Jahr später wurden dann Griechenland und die Türkei zum Anlaß für die direkte Verknüpfung der Ost-West- und Nord-Süd-Beziehungen in der amerikanischen Nachkriegspolitik. Als die britische Regierung Anfang 1947 erklärte, nicht mehr imstande zu sein, der griechischen Regierung im Kampf gegen die kommunistischen Bürgerkriegstruppen zu helfen, verkündete Präsident Truman im März 1947 ein wirtschaftliches und militärisches Hilfsprogramm für beide Länder. Zugleich wurde die generelle Bereitschaft und Entschlossenheit der Vereinigten Staaten bekundet, ,,die freien Völker der Welt ... bei der Erhaltung ihrer Freiheit" zu unterstützen (Truman-Doktrin).[3]

Die Wirtschaftshilfe, die die Vereinigten Staaten freundlich gesonnenen Ländern im Einklang mit der Truman-Doktrin fortan gewährten, hatte einen Doppelcharakter: Sie war Hilfe für den Wiederaufbau kriegszerstörter und für die Entwicklung rückständiger Gebiete. Zugleich war sie Hilfe zur „ökonomischen Verteidigung" solcher Länder, die durch das sozialistische Lager gefährdet schienen. Zwar erhielt (West-)Europa in Gestalt des Marshall-Planes zunächst den größten Anteil. Doch war dies eher eine Übergangshilfe zur Beseitigung der unmittelbaren Kriegsfolgen. Die Schwierigkeiten des wirtschaftlichen Aufbaus und der „ökonomischen Verteidigung" in der Dritten Welt stellten sich hingegen sehr rasch als ein Strukturproblem heraus, das kaum so schnell gelöst werden konnte, wie sich die weltpolitischen Konflikte in den folgenden Jahren zuspitzten. Nicht zuletzt deshalb war die „ökonomische Verteidigung" von vornherein auch mit militärischer Sicherheitspolitik verknüpft.

Neben der Krisenregion Südosteuropa/Persien ging es bei der amerikanischen Eindämmungspolitik zunächst vor allem um Indochina und Indonesien, Korea und China. Der „Verlust" Chinas im Jahre 1949 durch die Niederlage der von Chiang Kai-shek geleiteten Kuomintang im Bürgerkrieg gegen die Maoisten war ein Ereignis, das in seiner Bedeutung für die amerikanische Politik kaum überschätzt werden kann. Es ließ einen militanten Antikommunismus entstehen, der sowohl die Innenpolitik der Vereinigten Staaten (McCarthyismus) als auch ihre Außenpolitik auf Jahre hinaus prägte. Zugleich trug es entscheidend dazu bei, daß Washington sich 1950 im Rahmen der UNO zu einem massiven militärischen Eingreifen in Korea entschloß, als nordkoreanische Einheiten den südlichen Teil des Landes angriffen. Schon ein Jahr zuvor hatte die US-Administration nahezu den gesamten Nordpazifik von den Aleuten bis Indonesien zur amerikanischen Verteidigungszone erklärt. Als wenig später die französische Kolonialmacht in Indochina gravierende Niederlagen erlitt, sah sich die Eisenhower-Administration 1954 darüber hinaus veranlaßt, die sogenannte „Domino-Theorie" zu formulieren. Sie besagte, daß Niederlagen des Westens in einzelnen Ländern unausweichlich eine Kettenreaktion auslösen würden, die zum Verlust ganzer Regionen an das sozialistische Lager führen müßten. Dem sollte entschlossen begegnet werden. So entstand 1954 im Einklang mit dieser Theorie die Südostasiatische Vertragsorganisation (SEATO), die sich dem Kommunismus in Asien (vor allem in Indochina) entgegenstellen sollte.[4] Ein Jahr später fand sie im Bagdad-Pakt ihre Ergänzung. Er war als Gegengewicht zum arabischen Nationalismus im Nahen Osten konzipiert, der aus amerikanischer Sicht ebenfalls als Vehikel sowjetischer Einflußerweiterung dienen konnte.[5]

Auch in einer Weltregion, die den Vereinigten Staaten am Ende des Zweiten Weltkrieges als weitgehend „sicher" galt, in Lateinamerika, sah sich die amerikanische Nachkriegspolitik zum Handeln veranlaßt. Sie stellte sich die Aufgabe, die während des Krieges geschaffene „allamerikanische Front" gegen den Faschismus in eine „allamerikanische Front" gegen den Kommunismus umzuwandeln. Dies geschah durch den Abschluß des ersten regionalen Sicherheitspaktes der Nachkriegszeit, des Rio-Paktes von 1947, und die Gründung der Organisation Amerikanischer Staaten (OAS) 1948. Beide dienten aus der Sicht der Vereinigten Staaten überwiegend dem Ziel, ein Vordringen des „internationalen Kommunismus" auf dem amerikanischen Kontinent zu verhindern, da dieser mit den Grundwerten des Interamerikanischen Systems unvereinbar sei.

Aber der Versuch, Lateinamerika und die Karibik als homogene, dem Westen verbundene Staatengruppe zu bewahren, scheiterte ähnlich wie die China-Politik. Die Revolution in Kuba von 1959 führte in einem wechselseitigen Eskalationsprozeß von revolutionären Umgestaltungen der kubanischen Regierung und antirevolutionärem Druck der USA zu einem Bruch und zu einer dauerhaften Herausforderung der amerikanischen Vorherrschaft in ihrer Hemisphäre.[6]

Der „Verlust" Kubas und die Befürchtung, daß die kubanische Revolution in andere lateinamerikanische und karibische Staaten exportiert werden könnte, trugen wesentlich dazu bei, daß die Kennedy-Administration im Jahre 1961 die „Allianz für den Fortschritt" verkündete. Sie war das erste umfassende Entwicklungsprogramm für eine Großregion der Dritten Welt. Deutlicher als in der Vergangenheit ließ die „Allianz für den Fortschritt" den Doppelcharakter der amerikanischen Wirtschaftshilfe hervortreten. Sie sollte einer Immunisierung der lateinamerikanischen Staaten gegen revolutionäre Strömungen dienen („ökonomische Verteidigung") und entsprach zugleich dem amerikanischen Interesse an einer wirtschaftlichen Modernisierung Lateinamerikas.[7]

Daß es sich bei der Gründung der „Allianz für den Fortschritt" nicht nur um eine Reaktion auf die kubanische Revolution, also um eine Maßnahme der „ökonomischen Verteidigung" handelte, sondern um ein wirtschaftliches Modernisierungsprogramm ohne Bezug auf den Ost-West-Konflikt, wird häufig übersehen. Tatsächlich hatte jedoch die „Allianz" eine längere Vorgeschichte. Hierzu gehörte die Gründung der ersten regionalen, der Interamerikanischen Entwicklungsbank im Jahre 1960. Sie war das Ergebnis fast zwanzigjähriger Bemühungen der Lateinamerikaner und wurde von einem gemeinsamen Komitee der USA und der südamerikanischen Staaten vorbereitet, das wiederum aus der durch brasilianische Initiative ins Leben gerufenen „Operation Pan Amerika" hervorgegangen war.[8]

Was sich Ende der fünfziger Jahre auf dem amerikanischen Kontinent vollzog, fand seine Entsprechung auf globaler Ebene: Überall in der Dritten Welt schien die politische Grundorientierung der ehemals von den Kolonialmächten kontrollierten Regionen zur Disposition zu stehen. Die Bandung-Konferenz von 1955, die Afro-Asiatischen Solidaritätskonferenzen der folgenden Jahre und die Gründung der Bewegung der Blockfreien auf der Belgrader Konferenz vom September 1961 waren deutliche Hinweise auf die Entschlossenheit der neuen Staaten, eine eigene Position in der Weltpolitik zu finden.[9] Auf diesen Konferenzen wurde Kritik an der bestehenden internationalen Arbeitsteilung artikuliert, und es wurden Forderungen aufgestellt, wie sie sich zum Teil auch in Verlautbarungen der sozialistischen Länder fanden. Zugleich formierten sich nicht nur in Lateinamerika, sondern auch in Afrika und Asien sozialrevolutionäre Bewegungen, die westliche Positionen in der Auseinandersetzung mit dem realen Sozialismus schwächen konnten.[10]

Doch ähnlich wie in Lateinamerika ging es auch weltweit keineswegs nur um den Ost-West-Konflikt, sondern auch und in zunehmendem Maße um Probleme der internationalen Wirtschaftsbeziehungen und der Modernisierung der Entwicklungsländer. Ende der fünfziger und Anfang der sechziger Jahre wurden zahlreiche internationale Einrichtungen geschaffen, die speziell auf die Belange der post-kolonialen Weltwirtschaft und der wirtschaftlichen Entwicklung in der Dritten Welt zugeschnitten waren. Hierzu gehören die Einrichtung der Internationalen Finanzkorporation (IFC, 1956) und der Internationalen Entwicklungsagentur (IDA, 1960) als Tochtergesellschaften der Weltbank; die Umwandlung der für den Wiederaufbau Europas geschaffenen OEEC in die OECD (1960), der die Aufgabe zugewiesen wurde, die westliche Entwicklungshilfe zu koordinieren; die Einrichtung des US-Sonderfonds für Entwicklungsaufgaben im Jahre 1958; vorbereitende Aktivitäten der UN-Wirtschaftskommissionen für Afrika (ECA) und Asien (ECAFE) zur Errichtung von Entwicklungsbanken auch in diesen Regionen der Dritten Welt und schließlich die Schaffung eines Entwicklungsfonds der EWG (1958) zur Förderung der assoziierten Länder und Gebiete. Zugleich kam es Anfang der sechziger Jahre auch in einer Reihe von OECD-Staaten zur Neuorganisation der Entwicklungspolitik mit dem Ziel, die auf verschiedene nationale Einrichtungen verteilten Aktivitäten auszuweiten, zu effektivieren und stärker zu koordinieren.[11]

In all diesen quantitativen wie qualitativen Veränderungen manifestierten sich sowohl die Globalisierung des Ost-West-Konflikts, die sich im Zuge der De-Kolonisierung beschleunigte, als auch die Eigendynamik entwicklungspolitischer Anforderungen, die als neue Dimension der internationalen Beziehungen eigene Problemlösungskapazitäten (in Gestalt neuer Organisationen und vermehrter finanzieller sowie technischer Ressourcen) verlangte. Die Bundesrepublik konnte sich ebenso wie die DDR diesen Entwicklungen nicht entziehen. Beide, durch den Krieg geschwächt und zunächst ganz auf den eigenen Wiederaufbau konzentriert, gingen aber nur zögernd auf sie ein. Dies geschah namentlich in der Bundesrepublik überdies nicht nur aus eigener Einsicht, sondern auch als Zugeständnis an die Erwartungen der Verbündeten und insbesondere der Vereinigten Staaten.

1.2. Das Verhältnis zu den USA und der Ost-West-Konflikt als Bestimmungsfaktoren der frühen Entwicklungspolitik

In der zweiten Hälfte der fünfziger und zu Beginn der sechziger Jahre verstärkte sich das Drängen der Vereinigten Staaten gegenüber der Bundesregierung, durch ein größeres Engagement in der Dritten Welt die amerikanische Globalpolitik stärker zu unterstützen und finanziell zu entlasten. Diese Forderung schien aus amerikanischer Sicht schon deshalb gerechtfertigt, weil von der Bundesrepublik als Empfänger der Marshallplan-Hilfe Aufgeschlossenheit gegenüber Hilfsprogrammen für andere Länder erwartet werden konnte. Da die Bundesrepublik im Verlauf der fünfziger Jahre darüber hinaus beachtliche Devisenreserven hatte bilden können, lag nach Auffassung der Vereinigten Staaten auch aus diesem Grund ein weltweites „Burden-Sharing", eine Lastenteilung zwischen beiden Staaten, nahe.[12] Hinzu kam die Überlegung, daß die Bundesrepublik gegenüber den Entwicklungsländern nicht als Kolonialmacht diskreditiert war und sich deswegen besonders als Mittler zwischen den westlichen Industrieländern und den Entwicklungsländern zu eignen versprach.

Die Bundesregierung zeigte anfangs wenig Begeisterung, den amerikanischen Wünschen nachzukommen. Sie stellte seit 1953 kleinere Beträge aus Mitteln des Marshallplanes für die Entwicklungshilfe zur Verfügung. Diese Mittel wurden 1956 durch Einrichtung eines besonderen Haushaltstitels beim Bundesminister für Wirtschaft auf 3,5 Millionen Mark aufgestockt und durch eine Neuzuweisung an das Auswärtige Amt in Höhe von 50 Millionen DM für die technische Hilfe erweitert.[13] Ein weiterer quantitativer Sprung vollzog sich 1958, als die Bundesregierung der indischen Regierung einen Zwischenfinanzierungskredit in Höhe von 660 Millionen DM gewährte.[14] Den amerikanischen Vorstellungen zufolge sollte die Bundesregierung jedoch über Exportkredite und punktuelle Zwischenfinanzierungen hinaus Kapitalhilfe leisten – und zwar kontinuierlich und in einer Größenordnung von jährlich 3 bis 4 Milliarden DM. Ende 1960 akzeptierte die Bundesregierung nach längeren Auseinandersetzungen im Grundsatz die amerikanischen Vorstellungen. Die Modalitäten der Leistungen blieben jedoch noch weitere zwei Jahre strittig. Erst in der zweiten Hälfte des Jahres 1962 kam es zu einer Einigung, die weitgehend den amerikanischen Wünschen entsprach.[15]

Ende der fünfziger und Anfang der sechziger Jahre wurde zugleich eine Reihe neuer Institutionen für die Entwicklungspolitik der Bundesrepublik geschaffen, so die Deutsche Stiftung für Internationale Entwicklung (DSE) im Jahre 1959,[16] Ende 1960 ein interministerieller Ausschuß für Fragen der Entwicklungspolitik als Koordinierungsgremium der beteiligten Ministerien,[17] im Herbst 1961 das Bundesministerium für wirtschaftliche Zusammenarbeit (BMZ), im gleichen Jahr die Deutsche Entwicklungsgesellschaft (DEG) mit der Aufgabe, deutsche Direktinvestitionen in der Dritten Welt zu fördern,[18] 1963 der Deutsche Entwicklungsdienst (DED), der junge deutsche Experten für Projektarbeiten in die Dritte Welt entsenden sollte, und 1964 das Deutsche Institut für Entwicklungspolitik (DIE), dessen Aufgabe es ist, Hochschulabsolventen als entwicklungspolitische Fachkräfte weiterzubilden.[19]

Diese organisatorischen Maßnahmen wurden wie bereits erwähnt zeitgleich mit vergleichbaren Neuerungen in anderen westlichen Industrieländern durchgeführt, vollzogen sich aber auch, wenngleich in anderer Form, auch in der DDR (vgl. Kapitel B und D). Von besonderer Bedeutung waren hier wiederum die Vereinigten Staaten, wo 1961 die Agency for International Development (AID) und das Peace Corps entstanden. Unter dem Dach der AID wurden die bis dahin auf verschiedene Institutionen verteilten Regierungsaktivitäten zusammengefaßt. Das Peace Corps mobilisierte junge Fachkräfte für den Einsatz in Entwicklungsländern und diente unmittelbar als Vorbild für die Einrichtung des DED in der Bundesrepublik Deutschland – und offenbar auch der FDJ-„Brigaden der Freundschaft" in der DDR.[20]

Es kann mit Blick auf diese organisatorischen Parallelen und die amerikanischen Interessen an einer Unterstützung ihrer Globalpolitik durch die Verbündeten[21] kein Zweifel bestehen, daß für die quantitativen und qualitativen Neuerungen in der Entwicklungspolitik der Bundesrepublik die amerikanische Einflußnahme eine wichtige Rolle spielte. Darauf verwies explizit auch die Sozialdemokratische Bundestagsfraktion, die im Juni 1960 ebenfalls Mittel in der Größenordnung von 3 Milliarden DM für die Entwicklungshilfe gefordert hatte. Da die Bundesregierung dieser Forderung anfangs nicht entsprach, warf die SPD ihr ein Jahr später vor, einen „Eiertanz" aufgeführt zu haben, um der politischen Notwendigkeit erhöhter Entwicklungshilfe zu entgehen, „bis die amerikanische Regierung und der neue Präsident Kennedy in dieser Frage Dampf gemacht" hätten.[22] Das Zögern der Bundesregierung hätte dazu geführt, daß nun gerade die wichtigsten Länder der Dritten Welt die deutsche Entwicklungshilfe nicht als eigenständig, sondern als amerikanisch inspiriert betrachten würden.[23]

Die Entwicklungspolitik der Bundesregierung stellte in ihren Anfängen aber keineswegs nur einen Appendix der Allianzpolitik dar. Auch ist ihre Entstehungsgeschichte nicht einfach als Reflex auf den Ost-West-Konflikt und seinen Verlauf zu begreifen. Zwar spricht einiges für die These, „daß die Entspannungsphasen in der internationalen Politik mit aktiven Phasen der bundesdeutschen Globalpolitik zusammenfallen, während sich Bonn in Spannungsphasen oder gar offenen Krisen außergewöhnlich zurückhaltend verhält".[24] Dennoch lassen sich die ersten Schritte zur Institutionalisierung der Entwicklungspolitik nur sehr bedingt dem Wechselspiel von Spannung und Entspannung im Ost-West-Verhältnis während der fünfziger und der frühen sechziger Jahre zuordnen.

Es trifft zu, daß die erste Aufstockung der Entwicklungshilfe, die Bereitstellung von 50 Millionen DM für technische Hilfe im Jahre 1956, in eine gewisse Entspannung des Ost-West-Verhältnisses nach Stalins Tod und der Beendigung des Korea-Krieges fällt. Auch kann man einen zeitlichen Zusammenhang zwischen dem ersten großen Kredit an ein Entwicklungsland, an Indien im Jahre 1958, und der kurzfristigen Beruhigung des Ost-West-Konfliktes nach dem Suez-Krieg und den Krisen in Polen und Ungarn sehen. Die massive Ausweitung der Hilfeleistungen 1960 fiel dagegen in eine Phase verstärkter Spannungen im Anschluß an die Berlin-Krise von 1958 – und sie bedurfte beträchtlichen amerikanischen Drucks.[25] Ein zweiter Blick auf die qualitativen Sprünge in der Anfangsphase der deutschen Entwicklungspolitik zeigt die ganze Vielschichtigkeit der Faktoren, die hier eine Rolle gespielt haben.

Die Zuweisung von 50 Millionen DM an das Auswärtige Amt im Jahre 1956 ging auf eine Initiative des Bundestages zurück. Von seiten der Regierung gab es keine finanziellen Wünsche dieser Größenordnung. Im Gegenteil: Nachdem die gemeinsame Initiative der Regierungs- und Oppositionsparteien sowohl vom Auswärtigen Ausschuß wie auch vom Außenhandelsausschuß des Bundestages gutgeheißen worden war, meldete die Regierung Bedenken an. Sie argumentierte, daß die geforderte Summe von 50 Millionen DM gar nicht sinnvoll in einem Jahr für Entwicklungszwecke ausgegeben werden könne.[26] Gleichwohl stellte die Regierung im Einklang mit dem politischen Tenor der Bundestagsentschließung nur eine Woche später in einer Erklärung zur Außenpolitik fest, daß die Sowjetunion sich ,,neuerdings besonders intensiv den sogenannten Entwicklungsländern zugewandt" hätte und daher besondere Anstrengungen erforderlich seien, um den Erfolgen des Ostens in der Dritten Welt zu begegnen.[27] Tatsächlich hatten die Sowjetunion und in ihrem Gefolge auch die DDR nach den Konferenzen von Colombo und Bandung Mitte der fünfziger Jahre in der Dritten Welt zahlreiche außenpolitische Aktivitäten entfaltet (vgl. ausführlich Kapitel D).Es zeigte sich somit, daß selbst bei übereinstimmender Lageanalyse auf seiten der Regierung und des Parlaments die Meinungen über den daraus folgenden Handlungsbedarf sichtbar auseinander gingen.

Auch der Refinanzierungskredit, der Indien 1958 für den Bau des Rourkela-Stahlwerks gewährt wurde, hatte weniger mit der Ost-West-Politik, als vielmehr mit der Zahlungsbilanzkrise zu tun, in die das Land 1957 geriet. Da Indien nicht in der Lage war, seine Zahlungsverpflichtungen in Höhe von 1,2 Milliarden DM zu erfüllen, mußten die am Projekt beteiligten deutschen Firmen mit erheblichen Verlusten rechnen.[28] Als verstärkender Faktor für die Kreditgewährung kam hinzu, daß sich der ungebremste Nachkriegsboom in jenen Jahren erstmals ein wenig abschwächte.[29]

Die umfassende Institutionalisierung der Entwicklungspolitik und die Einführung einer ständigen Kapitalhilfe Anfang der sechziger Jahre waren ebenfalls nur begrenzt durch die konkrete Entwicklung des Ost-West-Verhältnisses bestimmt. Hier spielten neben der Zuspitzung der Systemkonkurrenz in der Dritten Welt und der Bündnispolitik im Zusammenhang mit der Berlin-Krise wirtschaftliche Interessen, die Eigendynamik der Entwicklungspolitik und schließlich das ganz besondere deutschlandpolitische Interesse der Bundesrepublik eine wichtige Rolle.

1.3. Die Verflechtung wirtschaftlicher und politischer Interessen beim Ausbau der Entwicklungspolitik

Die globale Containment-Politik der Vereinigten Staaten war eng mit einer Politik der „Offenen Tür" verflochten. Sie zielte darauf ab, analog zur Öffnung Chinas am Ende des 19. Jahrhunderts, ein von politischen Restriktionen befreites Weltwirtschaftssystem zu etablieren und die Entkolonisierung mit einer wirtschaftlichen Öffnung der Entwicklungsländer zu verbinden sowie die besonderen Beschränkungen des Welthandels, die im Gefolge der Weltwirtschaftskrise von 1929 eingeführt worden waren, abzubauen. Die Eindämmungspolitik sollte unter dieser Perspektive nicht nur einer Ausweitung des sowjetischen Einflusses begegnen, sondern zugleich neue politische Beschränkungen des Welthandels verhindern. Umgekehrt war die Politik der „Offenen Tür" auch mit der Erwartung verknüpft, daß durch eine wirtschaftliche und soziokulturelle Durchdringung der jungen Staaten ebenso wie in Europa gleichsam „von unten" eine Orientierung auf den Westen und eine Begrenzung sowjetischer Einflußnahme bewirkt werden könnte.

In diesem Sinne ist von einer unauflöslichen Verflechtung wirtschaftlicher und politischer Motive in der Entwicklungspolitik des Westens auszugehen. In ihrem Selbstverständnis war zwar der Ost-West-Konflikt während der fünfziger und sechziger Jahre allgegenwärtig.[30] Dennoch hat er die westliche Politik keineswegs allein determiniert. Wohl spiegelt sich in der Berufung auf den Ost-West-Konflikt die tatsächliche Systemkonkurrenz zwischen den Blöcken um Einfluß und Ressourcen in der Dritten Welt wider. Sich auf ihn zu berufen, gedieh indes auch zu einem bequemen Mittel, um eigene Interessen im Sinne universaler Bedürfnisse wie Freiheit und Selbstbestimmung auch dort durchzusetzen, wo diese nicht durch die Gegenseite gefährdet waren.[31] Schließlich wurde gerade die Entwicklungshilfe in den westlichen Ländern häufig ganz offensiv als Politik im wirtschaftlichen Eigeninteresse dargestellt.[32] Hier ist allerdings die Frage aufzuwerfen, ob dieser demonstrative Interessenbezug in vielen Fällen nicht vor allem darauf gerichtet war, innenpolitische Widerstände gegen die finanziellen Aufwendungen für die Entwicklungshilfe abzubauen.

Die angedeutete Verflechtung von politischen und wirtschaftlichen Interessen findet sich im Unterschied zur DDR frühzeitig auch in der Entwicklungspolitik der Bundesrepublik. Sichtbar wurde sie in einem bis Ende der sechziger Jahre währenden Kompetenzstreit zwischen dem Auswärtigen Amt und dem Bundesminister für Wirtschaft. Die ersten konzeptionellen Überlegungen zur Entwicklungspolitik wurden im Wirtschaftsministerium angestellt, wo mit Blick auf einen Teilaspekt der Entwicklungspolitik – die technische Hilfe – 1954 folgendes festgestellt wurde:

„Technische Hilfeleistung für weniger entwickelte Gebiete ist durch die großzügigen amerikanischen und internationalen Hilfsprogramme zu einem wesentlichen Mittel langfristiger Handels- und Exportförderungspolitik geworden, ohne daß durch diese eigennützige wirtschaftliche – und (. . .) teilweise auch politische – Zielsetzung der ethische Wert solcher Programme geschmälert würde. Der technische Beistand durch die hochindustrialisierten Länder ist zwangsläufig für die handelspolitische Orientierung der weniger entwickelten Gebiete richtunggebend. (. . .) Für die langfristige Entwicklung des deutschen Außenhandels ist es deshalb bedeutsam, daß die Bundesrepublik stärker als bisher die in der technischen Hilfeleistung liegenden Möglichkeiten nutzt und sich dadurch rechtzeitig den bei ihrer Exportabhängigkeit so wichtigen Platz auf den weniger entwickelten Märkten sichert. Ein Versäumnis in dieser Hinsicht wäre um so unverständlicher, als die deutsche Wirtschaft einerseits die höchsten technischen und wissenschaftlichen Voraussetzungen für eine solche Hilfeleistung mitbringt und andererseits die weniger entwickelten Länder deutscher technischer Hilfeleistung besonders aufgeschlossen gegenüberstehen, weil die Bundesrepublik keinerlei machtpolitischer Interessen verdächtig ist. Form und Zielrichtung eines solchen deutschen technischen Hilfeleistungsprogramms müssen auf die Interessen sowie die finanziellen und personellen Möglichkeiten der deutschen Wirtschaft abgestimmt sein."[33]

Hier wird ein doppeltes wirtschaftliches Eigeninteresse an der Entwicklungshilfe angesprochen: ihr möglicher Beitrag zur Förderung des Exports und ihr Beitrag zu einer dauerhaften Ausrichtung der Außenwirtschaftsbeziehungen der Entwicklungsländer auf die westlichen Industrieländer. Darüber hinaus wird das spezifische Interesse der Bundesrepublik Deutschland als besonders exportabhängiges Land an einer langfristigen Sicherung von Märkten in der Dritten Welt herausgestellt. Aber schon damals stand der Hinweis auf die wirtschaftlichen Eigeninteressen an der Entwicklungspolitik in einem eklatanten Widerspruch zu den aufgewandten Mitteln und zu den Schwierigkeiten, diese zu erhöhen.[34]

Die Aufstockung der Mittel für die Entwicklungshilfe im Jahre 1956 wurde im Bundestag auch mit dem Argument begründet, daß die Bundesrepublik in jenen Länden, in die sie jährlich für zwei Milliarden DM exportiere, „Boden gewinnen" und rivalisierenden Aktivitäten der DDR entgegenwirken müsse. Dies sollte durch Entsendung deutscher Experten geschehen.[35] Es ist unter diesem Gesichtspunkt nicht erstaunlich, daß die gewährten Mittel dem Auswärtigen Amt und nicht dem Bundeswirtschaftsministerium zugewiesen wurden. Letzteres erhielt 1956 lediglich 3,5 Millionen DM für die technische Hilfe.[36] Hierin manifestiert sich zwar grundsätzlich noch kein Vorrang der Außenpolitik gegenüber der Außenwirtschaftspolitik,[37] denn im Auswärtigen Amt sollte der Entwicklungsetat wiederum vom Referat für Grundsatzfragen der Außenwirtschaftsbeziehungen verwaltet werden. Es zeigte sich aber, daß ungeachtet ihrer Außenhandelsabhängigkeit bündnispolitische Rücksichten der Bundesrepublik und ihre Einbindung in den Ost-West-Konflikt neben den wirtschaftlichen Interessen an der Dritten Welt wirksam wurden, und daß mehr noch staatlicher Handlungsbedarf im politischen Bereich offenbar größer schien als in den Wirtschaftsbeziehungen.

Aus der Sicht des Auswärtigen Amtes ging es bei der Exportförderung weniger um die Realisierung einzelwirtschaftlicher Interessen als vielmehr um die Aufrechterhaltung des Geltungsbereiches eigener gesellschaftlicher Ordnungsprinzipien in der Welt und darum, die Entkolonisierung nicht zu einem Prozeß der ordnungspolitischen Abkehr vom Westen werden zu lassen. Darauf suchte die DDR hinzuwirken, deren wirtschaftliche Interessen an der Dritten Welt bis in die siebziger Jahre deutlich hinter ihre außenpolitischen Ziele zurücktraten, und die lange Zeit Handelskontakte mit den Entwicklungsländern primär als Instrument der Außenpolitik begriff. So hieß es in der bereits erwähnten Erklärung der Bundesregierung zur Außenpolitik aus dem Jahre 1956, die vom damaligen Außenminister, Heinrich von Brentano, im Bundestag vorgetragen wurde:

„Die sich anbahnenden Exporterfolge des Ostblocks sind nicht zuletzt auf günstige Zahlungsbedingungen zurückzuführen, die politischen Charakter tragen, Bedingungen, die keine westliche Wirtschaft und auch kein Konsortium anbieten kann. (. . .) Zu den handfesten Angeboten auf finanziellem Gebiet tritt eine rege Tätigkeit auf dem Gebiet der sogenannten technischen Hilfeleistung. Man gewährt den jungen Menschen in diesen Gebieten großzügige Stipendien, die ihnen das sorgenfreie Studium an sowjetischen Hochschulen ermöglichen. Ich möchte aber wiederholen, daß diese wirtschaftliche-technische-finanzielle Hilfe, die man unter dem Begriff der Handelsoffensive zusammenfassen könnte, nur den gegenwärtig am meisten ins Auge springenden Teil einer geplanten und koordinierten Aktion des Sowjetblocks gegenüber der sogenannten Non-Committed-World bildet. Sorgfältig aufeinander abgestimmte und auf den angesprochenen Kreis zugeschnittene Mittel allgemein politischer, psychologischer Art treten hinzu. Ich glaube, wir haben allen Anlaß, diese Dinge mit größter Sorgfalt und Wachsamkeit zu beobachten. (. . .) Bei allem, was wir auf diesem Gebiet tun, sollte nach unserer Ansicht der Grundsatz, daß Aktion besser ist als Reaktion, befolgt werden. (. . .) Mag auch die Befehlswirtschaft des Ostens dank ihrer straffen Leitung vorübergehend Erfolge buchen können – wir sollten doch das Vertrauen haben, daß eine in ihren Grundzügen freie Wirtschafts- und Handelspolitik zu einer besseren, d. h. für beide Teile fruchtbareren Partnerschaft mit den angesprochenen Ländern führen wird. Indessen wird es dazu einiger staatlicher Hilfe bedürfen."[38]

Auf dieser Ebene trafen sich außenwirtschaftliche und außenpolitische Motive. Gleichwohl kam es in der Praxis zwischen dem Auswärtigen Amt und dem Bundesminister für Wirtschaft zu einem Dauerkonflikt, der ebenso durch die Eigendynamik der Ressorts wie durch die Unterschiedlichkeit der konkreten Handlungsmaximen bedingt war, unter denen die beiden Ministerien ihre Politik betrieben. Dies wurde besonders in den sechziger Jahren sichtbar, als das Auswärtige Amt sich in verstärktem Maße um eine deutschlandpolitische Instrumentalisierung der Entwicklungshilfe bemühte.

Die Schwierigkeiten einer klaren Zuordnung der Entwicklungspolitik, die sich im Kompetenzstreit zwischen dem Auswärtigen Amt und dem Wirtschaftsministerium zeigten, wurden im Deutschen Bundestag frühzeitig debattiert und als Hinweis darauf interpretiert, daß es sich bei der Politik gegenüber der Dritten Welt zwar um einen in die Gesamtpolitik eingebetteten, aber in diesem Rahmen eigenständigen oder besonderen Politikbereich handele. So war schon die parlamentarische Initiative zur Aufstockung der Mittel für die Enwicklungshilfe im Jahre 1956 mit dem Vorschlag verbunden, eine zentrale Koordinierungsinstanz für die Entwicklungshilfe zu schaffen.[39] Dieser Vorschlag stand am Anfang einer langwierigen Institutionalisierung der deutschen Entwicklungshilfe, die mit der Gründung des Bundesministeriums für wirtschaftliche Zusammenarbeit 1961 keineswegs abgeschlossen war.

Neben den wirtschaftlichen und außenpolitischen Gründen spielten bei der Einrichtung des Ministeriums vor allem auch innenpolitische Interessen eine Rolle. Bei den Bundestagswahlen 1961 hatten CDU und CSU ihre 1957 gewonnene absolute Mehrheit verloren, und im Zuge der folgenden Koalitionsverhandlungen mit der FDP wurde nicht zuletzt aufgrund des Engagements Walter Scheels die Gründung des neuen Ministeriums für wirtschaftliche Zusammenarbeit (BMZ) beschlossen.[40] Die Schaffung des BMZ beendete aber wegen der unzureichenden Kompetenzen, die ihm anfangs zugewiesen wurden, die Konflikte zwischen dem Auswärtigen Amt und dem Wirtschaftsministerium nicht. Sie bot allerdings die Chance, eine Professionalisierung der Entwicklungspolitik durch die Erstellung und Bündelung eigener Konzepte und Analysen über die Verhältnisse in der Dritten Welt einzuleiten. Zumindest institutionell wurde so der Weg bereitet, um entwicklungspolitischen Entscheidungskriterien gegenüber Beweggründen, die allein im Ost-West-Konflikt wurzelten oder lediglich eigenen wirtschaftlichen Interessen folgten, ein größeres Gewicht zu verleihen. In besonders deutlicher Form machte 1961 der Entwicklungsexperte der SPD im Deutschen Bundestag, Hellmut Kalbitzer, auf die Dringlichkeit dieser Akzentverschiebung aufmerksam. Anläßlich der ersten großen entwicklunggspolitischen Debatte im Bundestag führte er aus:

„Die heutige, für uns wichtige innerdeutsche Auseinandersetzung und die weltideologische Auseinandersetzung werden vom Ost-West-Konflikt beherrscht, wobei beide Seiten die Vorstellung nähren, die Gegenseite könnte durch einen Atomkrieg die Welt unversehens für sich gewinnen. Dieses Trauma auf beiden Seiten, daß die andere Seite plötzlich zur alleinigen Weltmacht würde, verdeckt alle anderen weltpolitischen Entwicklungslinien. Aber verdeckt durch diese bei uns vorherrschende Diskussion über den Ost-West-Konflikt wechselt in Wirklichkeit bereits die Szene, (. . .) Eine neue weltbewegende Kraft tritt auf, nämlich die Parias des industriellen Zeitalters, die Entwicklungsländer. Weil ein großer Krieg, der die Gewichte der Weltpolitik verschieben könnte, infolge des Gleichgewichts des atomaren Schreckens nicht möglich ist, erhalten diese neuen Kräfte, die wir noch nicht ausreichend in unser politisches Kalkül einbeziehen, ein entscheidendes Gewicht.

Die Forderung dieser Länder, deren Bevölkerung den größeren Teil der Menschheit darstellt, nach Gleichberechtigung sowohl in der Weltpolitik als auch in der Weltwirtschaft, kann von uns nicht mehr ignoriert werden. Der Ost-West-Konflikt, der auch unsere heutige Diskussion fast monoman beherrscht, wird noch in diesem Jahrzehnt unmittelbar von einem Nord-Süd-Konflikt abgelöst werden, d.h. von einem Konflikt größten Ausmaßes zwischen den Industrieländern des nördlichen Teils der Erdkugel und den mehr in den Tropen liegenden Entwicklungsländern."[41]

Kalbitzer folgerte, daß sich die westlichen Industriestaaten stärker als bisher auf die wachsende wechselseitige Abhängigkeit zwischen Industrie- und Entwicklungsländern einstellen und sich den daraus folgenden neuen Sicherheitsproblemen stellen müßten. Im Vorgriff auf die 20 Jahre später im Brandt-Bericht[42] ausgeführten Überlegungen zur Interdependenz zwischen Nord und Süd stellte Kalbitzer fest, daß es bei Fortschreibung der damaligen Probleme der Entwicklungsländer zu einer Häufung wirtschaftlicher und damit auch politischer Katastrophen in der Dritten Welt kommen werde. Von solchen Katastrophen könnten die Industriestaaten und insbesondere ein Land wie die Bundesrepublik nicht unberührt bleiben. Hilfe für die Entwicklungsländer sei eben nicht nur eine Frage der Humanität oder eine Frage der weltwirtschaftlichen Integration, sondern auch eine „unmittelbare Frage für unsere zukünftige persönliche und politische Sicherheit". Nicht im großen Krieg zwischen Ost und West lägen die eigentlichen Gefahren für den Frieden, sondern „in dem bis zur Verzweiflung anschwellenden Elend der hungernden Welt im Vergleich zu der Lage in den Industrieländern", zu denen auch die Sowjetunion zu zählen sei.[43]

Zwischen der SPD-Opposition und den damaligen Regierungsparteien bestanden in dieser Frage keine grundsätzlichen Differenzen. So plädierte auch Außenminister von Brentano dafür, in der Dritten Welt nicht nur auf die Aktivitäten des Ostblocks zu reagieren, sondern eigenständig und frei von der Fixierung auf den Ost-West-Konflikt selbst zu agieren. Er lehnte eine Instrumentalisierung der Entwicklungshilfe in der Auseinandersetzung mit dem sozialistischen Lager ab, schränkte jedoch ein, daß man trotzdem die politische Haltung und Entwicklung der Länder beobachten werde, die sich um deutsche Hilfe bemühten.[44] Mit dieser Bemerkung sprach der Außenminister das Interesse der Bundesrepublik an, die Haltung der Entwicklungsländer zur Deutschlandpolitik, konkret zur Anerkennungsforderung der DDR, zu beeinflussen. Wie sich 1966 nach Bildung der Großen Koalition zeigte, war auch die SPD trotz ihrer Betonung der spezifischen Probleme der Entwicklungsländer keineswegs bereit, die Entwicklungspolitik von der Deutschlandpolitik abzukoppeln.

Beide Seiten, die Bundesregierung und die parlamentarische Opposition grenzten die Entwicklungspolitik in den sechziger Jahren allerdings weit mehr gegenüber dem Ost-West-Konflikt ab, als dies in der amerikanischen Administration der Fall war. Zugleich räumten sie der „ökonomischen Sicherheit" im Nord-Süd-Verhältnis einen deutlich höheren Stellenwert ein. Doch fand die Bereitschaft, auf eine Handhabung der

Entwicklungspolitik als Instrument im Ost-West-Konflikt zu verzichten, in deutschlandpolitischen Überlegungen eine enge, überparteilich gezogene Grenze. Auch die Bundesregierung versuchte, in Übereinstimmung mit der Opposition im Parlament, Eindämmungspolitik in der Dritten Welt zu betreiben. Und wenn deren Zielsetzung auch vorrangig und eng begrenzt darauf gerichtet war, eine Aufwertung und Anerkennung der DDR durch andere Staaten zu verhindern, so hatte sie doch zum Ergebnis, daß Entwicklungspolitik in der Praxis der sechziger Jahre viel weniger Eigenständigkeit entfalten konnte, als ihr mit der Gründung eines speziellen Ministeriums im Prinzip zugestanden worden war.

2. Der Alleinvertretungsanspruch in der Politik der Bundesrepublik Deutschland gegenüber den Entwicklungsländern

2.1. Praxis und Probleme der Alleinvertretungspolitik

2.1.1. Die Hallstein-Doktrin

Der Alleinvertretungsanspruch der Bundesrepublik für Deutschland als ganzes bezeichnet in unserem Kontext jenen Bereich der Politik, in dem die Bundesregierung sich speziell mit den Aktivitäten der DDR in der Dritten Welt auseinandersetzte. Die Operationalisierung des Alleinvertretungsanspruchs, seine Umsetzung in eine konkrete politische Strategie, erfolgte in Gestalt der sogenannten Hallstein-Doktrin. Sie besagte, daß die Bundesregierung ungeachtet des 1955 mit der Sowjetunion vereinbarten Austausches von Botschaftern die Aufnahme diplomatischer Beziehungen mit der DDR durch dritte Staaten, mit denen die Bundesrepublik solche unterhielt, als einen „unfreundlichen" Akt ansehen würde, der geeignet sei, die Spaltung Deutschlands zu vertiefen. In einem solchen Fall werde die Bundesregierung „ihre Beziehungen zu den betreffenden Staaten einer Überprüfung unterziehen müssen".[45]

Zwar waren damit die Konsequenzen im einzelnen noch nicht festgelegt. In der Praxis kam es jedoch schon sehr bald zum Abbruch diplomatischer Beziehungen – als 1957 Jugoslawien und 1963 Kuba mit der DDR Botschafter austauschten. Einen gleichsam automatischen Abbruch der diplomatischen Beziehungen hatte Botschafter Wilhelm Grewe, der eigentliche Autor der Hallstein-Doktrin, von Anbeginn als höchst bedenklich bezeichnet, da dies den Handlungsspielraum der Bundesregierung einschränken mußte.[46] Andererseits konnte aber eine solche Drohung geeignet erscheinen, die Schwelle für Annäherungsschritte dritter Staaten an die DDR zu erhöhen.

So lag denn auch der größere Teil des Problems im Vorfeld einer förmlichen Anerkennung der DDR bei der Vielzahl möglicher Beziehungen unterhalb des Austausches von Botschaftern. Das mögliche Handlungsspektrum der Bundesregierung war hier umfangreicher, wobei als Reaktion auf „unfreundliche Akte" der Entwicklungsländer dem Abbruch von Wirtschaftshilfe eine besondere Bedeutung zukam. Aber auch umgekehrt war die Bundesregierung trotz ihrer Beteuerung, Entwicklungshilfe nicht politisch einsetzen zu wollen, bemüht, durch wirtschaftliche Hilfszusagen ein ihren deutschlandpolitischen Zielen günstiges Klima zu schaffen und in einzelnen Staaten, die ihre Beziehungen zur DDR auszubauen drohten, mit zum Teil massiven finanziellen Zusagen die gewünschte Zurückhaltung zu erwirken. Angesichts ihres geringen wirtschaftlichen Leistungsvermögens konnte die DDR dem kaum begegnen.

Gemessen an ihrem Ziel, eine Anerkennung der DDR zu verhindern, war diese Politik zunächst ohne Zweifel erfolgreich, denn bis 1969 folgte kein Land der Dritten Welt dem jugoslawischen und kubanischen Beispiel. Doch konnte nicht verhindert werden, daß eine zunehmende Zahl von Entwicklungsländern im Laufe der sechziger Jahre ihre Beziehungen zur DDR unterhalb der offiziellen Anerkennung ausbaute. Zugleich trug die Verknüpfung der Deutschland- und der Entwicklungspolitik dazu bei, letztere sachfremden Erfolgskriterien zu unterwerfen und sie wirkte einer schon frühzeitig vom BMZ angestrebten Schwerpunktbildung bei den Hilfeleistungen entgegen. Diese wurden in den sechziger Jahren weitgehend nach dem Gießkannenprinzip gewährt, denn sie sollten möglichst viele Staaten erreichen, um so eine Positionsverbesserung der DDR in der Dritten Welt zu verhindern.

2.1.2. Die Probleme einer Verknüpfung von Entwicklungspolitik und Deutschlandpolitik

Die Bundesregierung wollte nicht nur eine diplomatische Anerkennung der DDR, sondern jegliche Aufwertung des zweiten deutschen Staates in der Dritten Welt verhindern. Tatsächlich hatte die DDR im Verlauf der sechziger Jahre eine Reihe von Erfolgen bei der Aufnahme und Erweiterung ihrer Beziehungen zu einzelnen Entwicklungsländern, namentlich im Handel, im Sport, im Kulturaustausch sowie bei der Errichtung von Konsulaten.[47] Angesichts dieser Erfolge erhielt die Politik der Bundesregierung in zunehmendem Maße den Charakter eines Rückzugsgefechts. Zwar konnte die DDR bis 1969 ihr eigentliches Ziel nicht erreichen und mußte darüber hinaus zuweilen erhebliche Demütigungen hinnehmen (vgl. Kapitel D). Die zum Teil hektischen Bemühungen der Bundesrepublik, durch kurzfristige Zusagen von Entwicklungshilfe einen möglichen Durchbruch der DDR zu verhindern, machten jedoch überdeutlich, wie prekär die Lage in der Dritten Welt eingeschätzt wurde. Die Bundesregierung mußte erkennen, daß häufig nicht Freundschaft oder gemeinsame politische Grundwerte über die Anerkennung der DDR entschieden, sondern allein günstige Kreditzusagen oder das Interesse an technischer Hilfe.

Die Bundesregierung gab durch die Fixierung auf ihre deutschlandpolitischen Ziele den Entwicklungsländern einen Hebel an die Hand, mit dessen Hilfe sie versuchen konnten, die beiden deutschen Staaten gegeneinander auszuspielen.[48] Dies trifft allerdings generell auf die Einbeziehung des Ost-West-Konflikts in die Südpolitik zu und ist eine Erfahrung, die nicht nur die Bundesrepublik machen mußte. Dennoch ist zu bezweifeln, daß die Entwicklungsländer in ihrer Gesamtheit von der Einbindung der Entwicklungspolitik in die Systemkonkurrenz zwischen Ost und West und speziell in der Deutschlandpolitik profitiert haben.[49] Die Politisierung der Entwicklungshilfe hat zweifellos dazu beigetragen, ,,befreundete Regierungen" oder ,,unsichere Kantonisten" zu unterstützen, auch wenn dies entwicklungspolitisch kaum geboten schien. Sie hat damit aber nicht nur eine Verzettelung, sondern auch eine Fehlleitung von Entwicklungshilfe bewirkt. Solche Fehlleitungen wären bei einem Verzicht auf eine ost-westpolitische Einbindung der Entwicklungspolitik sicher nicht gänzlich vermieden worden, doch wären sie wohl weniger häufig aufgetreten.

Die Handlungszwänge, in die sich die Bundesregierung begab, führten dazu, daß einzelne Länder eine auffallend hohe Entwicklungshilfe erhielten. Das Auswärtige Amt forcierte dies, indem es freundliches Verhalten – zum Zwecke seiner Verstärkung und im Sinne der Ausstrahlung auf andere Regierungen – gezielt belohnte. So beantragte das Amt zu Beginn des Jahres 1965 Sondermittel in Höhe von knapp einer halben Milliarde DM für Indonesien und Ghana sowie für die arabischen Staaten mit dem Ziel, „befreundete Regierungen" in ihrer freundlichen Haltung gegenüber der Bundesrepublik zu bestärken und andere Regierungen vor einer Infizierung mit der „ägyptischen Krankheit" in Gestalt einer Annäherung an die DDR zu bewahren.[50] Auf der anderen Seite aber blieb es bei der Tendenz, Entwicklungshilfe möglichst breit zu streuen, um – wie oben bereits festgestellt – eine möglichst große Zahl von Staaten für die deutschlandpolitischen Zielsetzungen der Bundesregierung zu gewinnen.

Diese Bemühungen zielten namentlich auf die Bewegung der Blockfreien, wo sich die Anzeichen mehrten, daß die Entwicklungsländer mehr und mehr der These von der Existenz zweier deutscher Staaten zuneigen könnten. In einem Rückblick auf die Entwicklungspolitik der sechziger Jahre resümierte der ehemalige Staatssekretär im BMZ, Karl-Heinz Sohn, wie folgt:

> „Die deutsche Hilfe . . . schien das Bestreben zu haben, möglichst kein Land auszulassen. Vielen wenig zu geben ist indessen ein wenig erfolgreiches Rezept. Obgleich der Deutsche Bundestag unterschiedslos die Ansicht vertreten hatte, die deutsche Entwicklungshilfe ohne Auflagen zu gewähren, setzte sich in der administrativen Praxis diese Meinung über eine lange Zeit hinweg nicht durch. Man gab nach Wohlverhaltensgesichtspunkten und nicht nach der Aufnahmefähigkeit des einzelnen Landes. So konnte es nicht ausbleiben, daß dieser Politik ein durchgreifender Erfolg versagt blieb."[51]

Die Feststellung Karl-Heinz Sohns, Entwicklungshilfe sei nicht nach den Aufnahmekapazitäten der Entwicklungsländer, sondern nach Wohlverhaltenskriterien vergeben worden, faßt den Sachverhalt zusammen, daß die Erfolgskriterien der Entwicklungshilfe zum Teil fremdbestimmt waren. Erkenntnisse über die wirtschaftliche und soziale Lage der Entwicklungsländer spielten bei der Vergabe der Hilfe nicht jene Rolle, die ihnen im Sinne der offiziellen Zielsetzung des BMZ eigentlich hätte zukommen müssen.

Obwohl die Zusammenarbeit mit der Dritten Welt „weniger am entwicklungspolitischen Gesamtnutzen als am außenpolitischen Werbeeffekt" der Entwicklungshilfe interessiert zu sein schien,[52] war die deutschlandpolitisch geleitete Einflußnahme nicht grundsätzlich mit dem Versuch gleichzusetzen, den ordnungspolitischen Entscheidungsspielraum der Entwicklungsländer zwischen kapitalistischen und sozialistischen Entwicklungsmodellen einzuschränken. Das lassen nicht zuletzt die allgemeinen Grundsätze zur Vergabe von Entwicklungshilfe erkennen, die anläßlich der Annäherung zwischen Ägypten und der DDR im Jahre 1965 von der entwicklungspolitischen Abteilung des Auswärtigen Amtes ausgearbeitet wurden. Sie sollten den außenpolitischen Belangen der Bundesrepublik in ihren Beziehungen mit der Dritten Welt Nachdruck verleihen. So wurde angeregt, über die regulären Mittel für die Entwicklungshilfe hinaus einen Sonderfonds für außenpolitische Zwecke zu schaffen, über den im Einzelfall ohne die sonst übliche Projektbindung und Wirtschaftlichkeitsprüfung der Projekte verfügt werden konnte. Eine andere Forderung ging dahin, die allgemeinen Kriterien für die Vergabe von Kapitalhilfe dergestalt zu modifizieren, daß die Leistungen nicht an ordnungspolitische Bedingungen wie die Befolgung marktwirtschaftlicher Grundsätze geknüpft werden sollten. Außerdem sollte darauf verzichtet werden, bei Verhandlungen über Kapitalhilfe zugleich den Abschluß von Investitionsförderungsabkommen (zur Schaffung eines günstigen Investitionsklimas) anzustreben.

Diesen Forderungen lag die Erwartung zugrunde, daß die Entwicklungsländer eher durch Toleranz gegenüber ihren ordnungspolitischen Eigenheiten und Empfindlichkeiten für eine den Interessen der Bundesrepublik folgende Politik gewonnen werden könnten als durch den Versuch, sie auf jene Grundsätze festzulegen, nach denen die Bundesrepublik ihren eigenen Wiederaufbau vollzogen hatte.[53] Aus dem gleichen Grund zeigte sich auch die DDR im Verlauf der sechziger Jahre wesentlich flexibler, als dies ihre konträren ordnungspolitischen Vorstellungen erwarten lassen konnten (vgl. Kapitel D).

Das Bundesministerium für Wirtschaft sah in solchen Überlegungen hingegen den Versuch einer außenpolitischen Usurpation der Entwicklungshilfe, die nur dazu beitragen könne, die Wirtschaft zu verunsichern, Zweifel an bewährten ordnungspolitischen Grundsätzen zu schüren und die ganze Entwicklungshilfe ihrer eigentlichen Aufgabe zu entfremden. Das BMZ selbst war bemüht, seiner prekären Lage im Schnittfeld des Streites zwischen beiden Ressorts entsprechend, eine Mittelposition zu beziehen. Zwar trat der damalige Minister, Walter Scheel, entgegen der Tendenz im Auswärtigen Amt für eine Entpolitisierung der Entwicklungshilfe ein. Zugleich anerkannte er aber grundsätzlich deren außenpolitische Bedeutung und damit die Bedeutung des politischen Wohlverhaltens der Empfängerländer als Kriterium für die Vergabe von Entwicklungshilfe.[54]

Die Vorstellungen des Auswärtigen Amtes waren insofern interessant, als die Verbindung von Entwicklungs- und Außenpolitik konkrete Forderungen nach sich zog, die den Entwicklungsländern entgegenkamen und in den Debatten der siebziger Jahre über eine Neuordnung der Weltwirtschaft eine bedeutsame Rolle spielen sollten. Das gilt sowohl für die Warnung vor einer Überhöhung eigener gesellschaftspolitischer Grundwerte zu einem ordnungspolitischen Dogmatismus, ohne die anders gearteten Bedingungen in den Entwicklungsländern zu berücksichtigen, als auch für die Forderung, die Vergabe von Entwicklungshilfe nicht an eine gleichzeitige Einigung über den Schutz von Auslandsinvestitionen zu knüpfen.

Wenn oben festgestellt wurde, daß die Politik des Auswärtigen Amtes eher am Werbe- und Integrationseffekt der Entwicklungshilfe interessiert schien als an ihrem tatsächlichen Beitrag zur Entwicklung eines Landes, so ist diese Feststellung nunmehr zu präzisieren: Obwohl die Überlegungen des Auswärtigen Amtes vorrangig deutschlandpolitischen und allgemeinen außenpolitischen Gesichtspunkten folgten, waren einige der zentralen Folgerungen nach den Maßstäben der Entwicklungsländer durchaus entwicklungskonform. Allerdings dürfen die regen Aktivitäten des Auswärtigen Amtes nicht darüber hinwegtäuschen, daß das Bundesministerium für Wirtschaft bei den Entscheidungen der Bundesregierung über die Vergabe von Entwicklungshilfe unverändert ein gleichberechtigter Partner blieb und mehr noch gemeinsam mit dem Finanzministerium sogar ein gewichtigeres Wort mitzureden hatte als selbst das BMZ – auch nach dessen Kompetenzerweiterung im Jahre 1964.[55]

Es bleibt abschließend festzuhalten, daß Fehlleistungen der Entwicklungspolitik bei einzelnen Projekten[56] ebenso wie manche programmatische Fehlentscheidung sehr wenig mit dem Ost-West-Konflikt und der deutschlandpolitischen Instrumentalisierung der Entwicklungspolitik zu tun hatten. Das gilt sowohl für die Vernachlässigung der ländlichen Regionen gegenüber den städtischen Wirtschaftssektoren als auch für die Überbetonung industrieller Vorleistungen in der Landwirtschaft im Zuge der „Grünen Revolution" und für das Vertrauen auf den Durchsickereffekt von gesamtwirtschaftlichem Wachstum zu der Masse der armen Bevölkerung. Sie waren überwiegend durch die wirtschaftlichen Eigeninteressen der westlichen Industrieländer, die internen Verhältnisse in den Entwicklungsländern und im Ergebnis beider Komponenten durch die Schwierigkeiten bestimmt, überhaupt eine angemessene Entwicklungsstrategie zu entwerfen und durchzusetzen.

2.2. Das Ende der deutschlandpolitischen Instrumentalisierung der Entwicklungspolitik

Mitte der sechziger Jahre erreichten die Bemühungen des Auswärtigen Amtes um eine außen- und deutschlandpolitische Ausrichtung der Entwicklungspolitik ihren Höhe- und Wendepunkt. In der zweiten Hälfte des Jahrzehnts begannen die langfristigen Erfolgsaussichten des Alleinvertretungsanspruchs immer fragwürdiger zu werden. Zudem gewannen im Zuge der Konjunkturkrise von 1966 wirtschaftliche Erwägungen auch gegenüber den Ländern der Dritten Welt an Gewicht. Dieser Sachverhalt wurde durch die zunehmende Auseinandersetzung zwischen Nord und Süd um weltwirtschaftliche Fragen verstärkt.

Wie bereits erwähnt, standen die Vorschläge aus dem Auswärtigen Amt für eine stärkere Berücksichtigung außenpolitischer Gesichtspunkte bei der Entwicklungspolitik in zeitlichem Zusammenhang mit einer Annäherung zwischen Ägypten und der DDR. Konkret ging es um den Besuch des DDR-Staatsratsvorsitzenden Walter Ulbricht 1965 in Kairo. Auf die Ankündigung dieses Besuchs reagierte Bundeskanzler Ludwig Erhard in einer Rede zur Nahost-Politik der Bundesrepublik im Februar 1965 mit unverhüllter Kritik:

> „Wir haben stets durch Taten bewiesen, wie ernst es uns um die Bewahrung einer alten Freundschaft ist. Darum haben wir ein Recht zu fragen, wie es jetzt um den Beweis der ägyptischen Freundschaft steht. Wer Ulbricht als Staatsoberhaupt eines souveränen Volkes behandelt, paktiert mit den Spaltern der deutschen Nation. Das ist ein feindseliger Akt. (...) Wer in der Welt das Recht der Selbstbestimmung des deutschen Volkes nicht anerkennt, sondern die unrechtmäßigen und unmenschlichen Beziehungen zu jenem Zwangsregime ausdrücklich sanktioniert, muß damit rechnen, daß die Bundesrepublik daraus (...) wirtschaftliche und gegebenenfalls politische Konsequenzen zieht."[57]

Diese Drohung bewirkte jedoch wenig. Ulbricht wurde nicht nur in Kairo empfangen, es wurde zwischen der DDR und Ägypten auch ein Abkommen über wirtschaftliche und technische Zusammenarbeit abgeschlossen. Die von der DDR angestrebte diplomatische Anerkennung indes unterblieb (vgl. hier auch Kapitel D). Der Spielraum der Bundesregierung für Reaktionen war begrenzt: Hätte man die diplomatischen Beziehungen abgebrochen, so wäre die eigene Präsenz in einem Land verloren gegangen, das für die deutsche Nahost-Politik einschließlich des komplizierten Verhältnisses zu Israel von großer Bedeutung war. Wäre die Wirtschaftshilfe eingestellt worden, so bestand die Gefahr, das Interesse Ägyptens an einer Zusammenarbeit mit der DDR noch zu forcieren. Auch hätten, sollte Ägypten durch die Einstellung der Hilfe unmittelbar getroffen werden, bestehende vertragliche Verpflichtungen gebrochen werden müssen. Die Bundesregierung entschied in dieser Lage schließlich, die Kapitalhilfe für Ägypten einzustellen und laufende Projekte im Sinne der vertraglichen Bestimmungen, die eine deutschlandpolitische Wohlverhaltensklausel einschlossen, zu überprüfen. Der Handel mit Ägypten sollte jedoch nicht eingeschränkt werden, desgleichen sollte die Ausbildungshilfe der „Deutschen Stiftung für internationale Entwicklung" weitergeführt werden. Und statt die diplomatischen Beziehungen zu Kairo abzubrechen, sollten sie zu Israel aufgenommen werden.[58]

Diese Maßnahmen waren mehr als nur ein Akt symbolischer Politik; gleichwohl war ihre Wirkung nicht eindeutig. Zwar wurde die DDR auch in den folgenden Jahren weder von Ägypten noch von anderen arabischen Staaten anerkannt. Die Normalisierung der Beziehungen zwischen der Bundesrepublik Deutschland und Israel beantworteten sieben arabische Staaten dagegen mit dem Abbruch der diplomatischen Beziehungen. Auch wenn die Diskussion in der Bundesrepublik über die Durchsetzung des Alleinvertretungsanspruchs nach diesen Ereignissen moderat blieb, so zeigte sich doch die zunehmende Fragwürdigkeit des Versuchs, durch wirtschaftlichen Druck oder wirtschaftliche Versprechungen politisches Wohlverhalten anderer Staaten herbeiführen oder gar erzwingen zu wollen. Es zeichnete sich die Gefahr ab, daß im Zuge einer forcierten Alleinvertretungspolitik die DDR ihre Isolierung überwinden, die Bundesrepublik hingegen in eine solche hineingeraten konnte. Allerdings spielte im Nahen Osten der Versuch, durch die Aufnahme regulärer Beziehungen zu Israel einen Beitrag zur Bewältigung deutsch-jüdischer Vergangenheit leisten zu wollen, eine ganz besondere Rolle. Diese besonderen Umstände mögen ein Grund dafür gewesen sein, daß die Bundesregierung auch nach Bildung der Großen Koalition glaubte, trotz der Entwicklung im Nahen Osten ihre Alleinvertretungspolitik gegenüber der Dritten Welt fortführen zu können.

In der ersten Hälfte des Jahres 1969 brachen dann aber die Dämme. In kurzer Folge nahmen der Irak, Sudan, Syrien, der Süd-Jemen, die Vereinigte Arabische Republik (Ägypten) und Kambodscha diplomatische Beziehungen zur DDR auf. Es folgte im Jahre 1970 die Anerkennung der DDR durch Somalia, die Zentralafrikanische Republik, Algerien, Guinea, Sri Lanka (damals Ceylon) und Chile. Die Bundesregierung reagierte Ende Mai 1969 mit einer Grundsatzerklärung, die den Alleinvertretungsanspruch prinzipiell bekräftigte, zugleich aber festlegte, daß die jeweilige Reaktion auf eine Anerkennung der DDR „gemäß den Interessen des ganzen deutschen Volkes von den gegebenen Umständen" abhängig gemacht werden sollte.[59] Diese Formulierung entsprang offenkundig dem Bemühen, die Kontinuität der Alleinvertretungspolitik gegenüber der Dritten Welt zu wahren, zugleich aber eine größere Flexibilität zu gewinnen. Wie dringlich dies war, zeigte sich, als die Bundesregierung nach der DDR-Anerkennung durch Kambodscha beschloß, die diplomatischen Beziehungen einzufrieren und keine neue Entwicklungshilfe zu gewähren. Darauf brach Kambodscha von sich aus die Beziehungen zur Bundesrepublik ab, verzichtete auf weitere Hilfe und beendete alle laufenden Gemeinschaftsprojekte.[60]

Auch für die sozial-liberale Koalition blieb die Anerkennung der DDR zunächst ein zentrales Problem ihrer Südpolitik – und zwar nicht trotz, sondern wegen der Ende 1969 eingeleiteten neuen Ostpolitik. Allerdings erfuhr das Problem eine entscheidende Wandlung. Nunmehr sollte allein noch verhindert werden, daß die Entwicklungsländer durch die Anerkennung der DDR einer Regelung der innerdeutschen Beziehungen vorgriffen, da dies die Verhandlungsposition der Bundesregierung gegenüber der DDR schwächen mußte. So mag es zwar verwundern, daß auch noch Gegenmaßnahmen ergriffen wurden, als Chile nach der Regierungsübernahme durch die Sozialisten und Kommunisten unter Salvador Allende die DDR anerkannte.[61] Jedoch fielen diese Maßnahmen milde aus, und es war abzusehen, daß die Bundesregierung sich sehr bald mit offiziellen Vertretungen der DDR in anderen Staaten und in den internationalen Organisationen würde arrangieren müssen. Die Unterzeichnung des „Vertrages über die Grundlagen der Beziehungen zwischen der Bundesrepublik Deutschland und der Deutschen Demokratischen Republik" am 21.12.1972 beendete die Politik der Alleinvertretung in der Dritten Welt endgültig.

3. Die Politik gegenüber der Dritten Welt im Zeichen der Entspannung

3.1. Größere Eigenständigkeit der Entwicklungspolitik

Die Politik der Bundesrepublik gegenüber der Dritten Welt war bis zum Beginn der siebziger Jahre vieles zugleich – sie war Außenpolitik und Außenwirtschaftspolitik, sie war Sicherheitspolitik und Deutschlandpolitik, sie war Landwirtschaftspolitik, Verkehrspolitik und auswärtige Kulturpolitik und sie war sogar, was die Situation im Nahen Osten betraf, Politik zur Bewältigung der deutschen Vergangenheit. Aber war sie auch Entwicklungspolitik? Zumindest war sie eine Politik, auf die das Bundesministerium für wirtschaftliche Zusammenarbeit bis in die zweite Hälfte der sechziger Jahre hinein einen vergleichsweise geringen Einfluß hatte. Was das für die Entwicklungshilfe bedeutete, hat Karl-Heinz Sohn in einem Erfahrungsbericht wie folgt resümiert:

> „Das Auswärtige Amt benutzte sie, um der Hallstein-Doktrin Nachdruck zu verleihen; das Wirtschaftsministerium sah in der Kapitalhilfe ein zusätzliches Instrument der Exportfinanzierung. Das Landwirtschaftsministerium wiederum versuchte, Agrarüberschüsse als Entwicklungshilfe loszuwerden (. . .) Das Presse- und Informationsamt der Bundesregierung sah in der Entwicklungshilfe ein vorzügliches Propagandainstrument, um über Rundfunk- und Fernsehprojekte deutsche Politik in der Dritten Welt zu verkaufen. Das Bundesverkehrsministerium wurde dann aktiv, wenn die deutsche Schiffahrt bedroht (. . .) schien."[62]

Gegenüber diesen Aktivitäten einzelner Ressorts kamen die Problemdefinitionen, Prioritätensetzungen und Handlungsvorstellungen des BMZ zunächst kaum zur Geltung. Es mußte sich mit der Koordinierung der Aktivitäten begnügen, die andere Ministerien entfalteten. Die Planung, Durchführung und Kontrolle der Entwicklungshilfe lag nicht in seiner Verantwortung.[63] Im Jahre 1964 erhielt das BMZ zwar die generelle Zuständigkeit für die technische Hilfe und war fortan auch für die Bewirtschaftung der Kapitalhilfe verantwortlich. Zugleich wurde ihm die Kompetenz zur Formulierung allgemeiner Grundsätze und Programme der Entwicklungshilfe zugestanden. Aber erst acht Jahre später wurde dem Ministerium die volle Zuständigkeit für die finanzielle Zusammenarbeit übertragen und damit die Entwicklungshilfe wirklich zugewiesen.

Die Übertragung dieser Kompetenzen an das BMZ und der weitere institutionelle Ausbau der Entwicklungshilfe[64] fanden eine programmatische Ergänzung: Anfang der siebziger Jahre konnte das BMZ eine erste umfassende Konzeption für die entwicklungspolitische Arbeit vorlegen. Mit ihr wurden die Grundsätze der UN-Strategie für die Zweite Entwicklungsdekade zur Richtlinie der deutschen Entwicklungspolitik erhoben.[65] Damit zeichnete sich eine Wende in der Politik der Bundesrepublik Deutschland gegenüber der Dritten Welt ab. Zwar übernahm das BMZ nicht die Federführung der bundesdeutschen Politik gegenüber der Dritten Welt. Die Entwicklungspolitik erhielt aber innerhalb der Gesamtpolitik einen höheren Rang und ein höheres Maß an Eigenständigkeit als ihr bis dahin zugebilligt worden war.

Diese Entwicklung vollzog sich zeitgleich mit der Entspannungspolitik zwischen Ost und West, so daß die Vermutung naheliegt, daß es auch einen ursächlichen Zusammenhang zwischen Entspannung und Neuorientierung der Entwicklungspolitik gegeben habe. Diese Vermutung ist aber nur zum Teil berechtigt. Sie ist berechtigt mit Blick auf die Politik des Auswärtigen Amtes, das die Gesamtbeziehungen zur Dritten Welt in der

Vergangenheit an deutschlandpolitischen Zielsetzungen ausgerichtet hatte. Daß diese Politik in den siebziger Jahren nicht weitergeführt wurde, hing selbstverständlich mit der neuen Ostpolitik und der allgemeinen Entspannung zwischen den Blöcken zusammen.

Die Entspannungspolitik erlaubte, den Problemen der Systemkonkurrenz zwischen Ost und West in der Dritten Welt mit mehr Gelassenheit zu begegnen als zur Zeit des Kalten Krieges. Das erhöhte die Chance, einen klareren Blick für die tatsächlichen Probleme der Entwicklungsländer zu gewinnen und die Einschränkung der eigenen Wahrnehmung durch den Ost-West-Konflikt und die Deutschlandpolitik abzubauen. Im Zeichen der Entspannung schien jene Nullsummen-Perspektive rasch an Bedeutung zu verlieren, die in der Nachkriegszeit die internationale Politik prägte. Sie besagte, daß jeder „Verlust" des Westens in der Dritten Welt mit einem „Gewinn" des Ostens verbunden sei und umgekehrt. Das Moskauer Kommuniqué, anläßlich des Besuchs von US-Präsident Nixon zwischen den Vereinigten Staaten und der Sowjetunion im Jahre 1972 veröffentlicht, schien hier weitere Sicherheit zu bieten, denn beide Seiten kamen überein, ihre Position in der Dritten Welt nicht auf Kosten der anderen ausbauen zu wollen.[66] Die Entspannungspolitik verbesserte so gesehen die Möglichkeiten, dem allseits bekräftigten Recht auf Selbstbestimmung der Entwicklungsländer auf Blockfreiheit und Eigenständigkeit mit größerem Verständnis und weniger Mißtrauen zu begegnen als in der Vergangenheit und damit die schon zehn Jahre zuvor aufgestellte Forderung einzulösen, sich dem Nord-Süd-Konflikt als einer neuen weltpolitischen Herausforderung zu stellen.

Die Aufwertung des BMZ und der Entwicklungspolitik sowie die konzeptionelle Neuorientierung der Entwicklungshilfe sind damit jedoch nicht hinreichend erklärt, zumal die DDR aus dem Beginn der Entspannung ganz andere Konsequenzen für ihre Südpolitik zog (vgl. Kapitel D). Vielmehr müssen weitere Faktoren berücksichtigt werden. Hier sind zunächst die ökonomische Lage der Bundesrepublik und jene weltwirtschaftlichen Veränderungen zu nennen, die sich im Übergang zu den siebziger Jahren vollzogen.[67] Die Wirtschaftskrise von 1966/67 brachte die erste nachhaltige Erschütterung des bis dahin ungebrochenen Fortschrittsoptimismus, der sich in der Bundesrepublik nach dem Wiederaufbau und dem Wirtschaftswunder ausgebreitet hatte. Zugleich mehrten sich die Anzeichen für eine verschärfte Konkurrenz unter den Industriestaaten, die mit einer wachsenden Labilität des Weltwährungssystems (Pfund-Krise, Franc-Krise, Rekorddefizite in der amerikanischen Zahlungsbilanz) einherging. Eine erste wichtige Konsequenz war die Entscheidung der amerikanischen Regierung vom 15. August 1971, die Konvertierbarkeit des Dollars in Gold aufzuheben und eine zehnprozentige Sondersteuer auf amerikanische Importe einzuführen, um die Zahlungsbilanz zu entlasten. Damit wurde faktisch das 1944 in Bretton Woods geschaffene Weltwährungssystem in Frage gestellt und ein Eckpfeiler des Weltwirtschaftssystems zum Wanken gebracht.[68]

Aber auch diese Entwicklung erklärt noch nicht hinreichend die programmatische Neuorientierung und den weiteren Ausbau der Entwicklungshilfe durch die Bundesregierung. Zwar mag es die Hoffnung gegeben haben, daß durch eine verstärkte wirtschaftliche Erschließung der Dritten Welt den Krisentendenzen begegnet werden könnte. Doch war dies nicht entscheidend. Auch wenn sich die Entwicklungshilfe erhöhte und die Direktinvestitionen in der Dritten Welt absolut zunahmen, so darf nicht übersehen werden, daß zur gleichen Zeit der relative Anteil der Entwicklungsländer sowohl am Handel wie an den Auslandsinvestitionen der bundesdeutschen Wirtschaft zurückging.[69]

Allerdings bestand ein indirekter Zusammenhang zwischen dem Ausbau und der Professionalisierung der Entwicklungshilfe sowie den ökonomischen Krisentendenzen. Die weltwirtschaftlichen Erschütterungen trugen dazu bei, daß in den westlichen Industriestaaten gegen Ende der sechziger Jahre zum ersten Mal in der Nachkriegszeit eine Phase des Selbstzweifels einsetzte, der die eigenen wirtschaftlichen und gesellschaftlichen Entwicklungsgrundsätze und mehr noch deren Übertragbarkeit auf die Dritte Welt in Frage stellte. Diese Verunsicherung – sie fand einen lebhaften Ausdruck in der beginnenden Debatte über die Grenzen des Wachstums – führte zu einer gewissen Öffnung der westlichen Politik für die Kritik an der bestehenden internationalen Arbeitsteilung und an der bis dahin praktizierten Entwicklungshilfe. Eine solche Kritik wurde mit wachsendem Selbstbewußtsein sowohl von den Entwicklungsländern als auch von den gesellschaftlichen Protestbewegungen in den westlichen Industrieländern artikuliert. Auch die erste große entwicklungspolitische Bestandsaufnahme des Westens, der 1969 fertiggestellte Pearson-Bericht, verarbeitete die bisherigen Erfahrungen zum Teil in Form einer konstruktiven Selbstkritik.[70] Die sozialistischen Industriestaaten und namentlich die DDR begriffen all dies hingegen als Ausdruck wachsender westlicher Schwäche und als offensichtliche Bestätigung ihrer bisherigen Politik in der Dritten Welt. Für Korrekturen sahen sie folglich keinerlei Anlaß.

So flossen in der Aufwertung der Entwicklungspolitik mehrere Tendenzen zusammen: Als Gegenstück zur Entspannung in Europa die vom Bundestagsabgeordneten Kalbitzer schon 1961 vorausgesagte Verschärfung des Nord-Süd-Konflikts, wirtschaftliche Krisentendenzen in den westlichen Industrieländern und in Verbindung damit ein wachsendes Bewußtsein für nicht beabsichtigte Folgewirkungen der fortschreitenden Industrialisierung sowie schließlich gesellschaftliche Auseinandersetzungen in den Industriestaaten, bei denen die Südpolitik eine erhebliche Rolle spielte. Hinzu kam die Erfahrung mit dem Vietnamkrieg als einem untauglichen, mit hohen menschlichen und materiellen Kosten verbundenen Versuch, Konflikte in der Dritten Welt dem Ost-West-Konflikt zuordnen und militärisch lösen zu wollen.

Entspannung im Ost-West- und wachsende Spannungen im Nord-Süd-Verhältnis trugen dazu bei, daß sich die Bedrohungsvorstellungen nicht wenig wandelten. Die Angst vor einem direkten militärischen Zusammenstoß zwischen Ost und West trat in den Hintergrund, während die Befürchtung Raum gewann, daß die Sicherheit der westlichen Industrieländer nunmehr durch eine Verschärfung des internationalen Verteilungskampfes um knappe Ressourcen gefährdet werden könnte.[71]

Zu der wachsenden Selbstkritik von Vertretern der Entwicklungspolitik gehörte auch die Abkehr vom modernisierungstheoretischen Optimismus der fünfziger und frühen sechziger Jahre, der die Überwindung von Unterentwicklung vor allem als Ergebnis einer Übernahme westlicher Leistungsmotivationen und Werthaltungen durch die Entwicklungsländer wahrnahm. Der neue Entwicklungsminister der Bundesrepublik, Erhard Eppler, erinnerte demgegenüber daran, daß die historische Eingliederung der Dritten Welt in die von den westlichen Industriestaaten dominierte internationale Arbeitsteilung keineswegs nur positive Auswirkungen auf die Entwicklungsländer gehabt habe. In seiner für die entwicklungspolitische Diskussion bedeutsamen Schrift „Wenig Zeit für die Dritte Welt" schrieb er:

„Für die meisten Länder der Dritten Welt stehen am Beginn des Prozesses, den wir Entwicklung nennen, Ereignisse, die mit natürlicher Entfaltung aus eigenem Ansatz nichts zu tun haben: die Vernichtung aller gewachsenen Strukturen, die Zerstörung eines gesellschaftlichen Gleichgewichts. (. . .) Der Eingriff der Europäer bedeutete aber immer zuerst den Bruch einer Entwicklung, die Zerstörung eines Gleichgewichts, die gewaltsame Einfügung in ein System der Weltwirtschaft, und zwar meist in der klar umrissenen Rolle des Rohstofflieferanten."[72]

Solche Überlegungen fanden auch in die entwicklungsstrategische Diskussion der Bundesrepublik Eingang. Das heißt freilich noch nicht, daß sie auch die entwicklungspolitische Praxis grundlegend verändert hätten.

3.2. Umfassende Strategiebildung in der Entwicklungspolitik

Am 11. Februar 1971 verabschiedete die Bundesregierung eine erste entwicklungspolitische Konzeption der Bundesrepublik Deutschland. Ihr zeitlicher Rahmen war durch die von den Vereinten Nationen proklamierte Zweite Entwicklungsdekade bestimmt, die zugleich zur Abrüstungsdekade erklärt worden war. Als sachlicher Bezugspunkt diente die im Oktober 1970 verabschiedete Strategie der Vereinten Nationen für die Zweite Dekade. Die Bundesrepublik Deutschland war als Mitglied des vorbereitenden Ausschusses an der Erarbeitung der UN-Strategie beteiligt gewesen. Ihr eigenes Konzept setzte jedoch eine Reihe anderer Akzente.[73]

In der Präambel des Dokuments der Vereinten Nationen hieß es:

„Die Verantwortung für die Aufbauarbeit in den Entwicklungsländern liegt in erster Linie bei ihnen selbst . . . ; aber auch bei größter Anstrengung wird es ihnen nicht gelingen, die gesteckten Ziele schnell genug zu erreichen, wenn nicht verstärkte finanzielle Leistungen und eine für sie günstigere Wirtschafts- und Handelspolitik von seiten der Industrieländer dazutreten."[74]

Allerdings behandelte die UN-Strategie Eigenanstrengungen der Entwicklungsländer und internationale Hilfsmaßnahmen keineswegs gleichrangig, sondern konzentrierte sich ganz auf die Leistungen der Industrienationen.[75] Dies entsprach weitgehend den Vorstellungen der Entwicklungsländer, die vor allem die internationalen Wirtschaftsbeziehungen und namentlich den Rohstoffhandel zu ihren Gunsten verändern wollten. Insofern korrespondierte die Schwerpunktsetzung der Vereinten Nationen mit der vor allem in Lateinamerika geführten Diskussion über strukturelle Abhängigkeit und ungleiche Wirtschaftsbeziehungen als Ursache für die bestehenden Probleme der Dritten Welt.[76] Anders als viele der Dependencia-Kritiker empfahlen die Vereinten Nationen den Entwicklungsländern aber nicht eine Abkehr vom Weltmarkt. Die Mehrzahl der Empfehlungen mündete vielmehr in eine exportorientierte Strategie, die mit der Maßgabe verknüpft war, die Bedingungen, unter denen sich die Entwicklungsländer verstärkt am Welthandel beteiligen sollten, zu verbessern.

Genannt wurden insbesondere die Sicherung gleichbleibender, lohnender und gerechter Preise im Handel zwischen Rohstoff- und Fertigwarenproduzenten, die Förderung einer Diversifizierung der Produktion und des Exports von Fertigwaren aus den Entwicklungsländern sowie als notwendige Ergänzung der Abbau von tarifären und nicht-tarifären Handelshemmnissen auf seiten der Industrieländer und die Gewährung einseitiger Zollpräferenzen (unter dem Gesichtspunkt, daß das Prinzip der Gegenseitigkeit im internationalen Handel zwischen ungleichen Partnern zur Übervorteilung der Schwächeren führen könne). Gefordert wurde des weiteren eine Strukturanpassung in den Industriestaaten an die exportorientierte Diversifizierung der Produktion in den Entwicklungsländern, der Abbau von Benachteiligungen der Entwicklungsländer im Dienstleistungsverkehr (insbesondere bei der Seeschiffahrt), ein verbesserter Technologietransfer, ein erhöhter realer Kapitaltransfer, die Förderung der Wirtschaftsbeziehungen unter den Entwicklungsländern selbst sowie spezielle Hilfsmaßnahmen für die am wenigsten entwickelten und für die Länder ohne Zugang zum Meer. Im Vergleich zu diesen Forderungen der Vereinten Nationen nahmen sich die Ausführungen zu den gesellschaftlichen und wirtschaftlichen Eigenmaßnahmen der Entwicklungsländer recht bescheiden aus. Sie folgten überdies einem eher technopolitischen Ansatz.[77]

Die Entwicklungspolitische Konzeption der Bundesregierung von 1971 befaßte sich im Unterschied zur UN-Strategie weniger mit der Notwendigkeit einer strukturellen Veränderung der internationalen Arbeitsteilung als vielmehr mit Problemen der Prioritätensetzung und Schwerpunktbildung bei der technischen und finanziellen Zusammenarbeit. Als Ausgangspunkt aller weiteren Überlegungen wurde die Notwendigkeit herausgestellt, die vorhandenen (und zu erweiternden) finanziellen Mittel konzentrierter einzusetzen, Einzelmaßnahmen besser zu koordinieren und zu Programmen zu bündeln.[78] Ferner wurde die Notwendigkeit angesprochen, länderspezifische Gegebenheiten stärker als in der Vergangenheit zu berücksichtigen. Dies bedeutete zum einen, daß „der Entwicklungsstand des Empfängerlandes, sein Aufnahmevermögen für fremdes Kapital und Know-how, seine Entwicklungsaussichten wie die von ihm unternommenen Eigenanstrengungen" in größerem Maße Beachtung finden sollten. Zum anderen sollten die finanziellen Bedingungen der Hilfe den Entwicklungsstand der Empfänger berücksichtigen, also nach den realen Entwicklungsunterschieden differenziert werden.[79]

Die konzentrierte, sektoral und regional koordinierte oder integrierte und nach Lage der Entwicklungsländer differenzierte Hilfe teilte sich in folgende Schwerpunktbereiche: die Bekämpfung von Unterbeschäftigung und Arbeitslosigkeit, die Förderung von den lokalen Bedingungen angepaßten und berufsorientierten Bildungssystemen, eine Strukturverbesserung in ländlichen Regionen, die Ausweitung und Diversifizierung des gewerblichen Sektors, eine Stärkung der Planungs- und Organisationsfähigkeit der Entwicklungsländer (damit war vor allem die Effektivität der öffentlichen Verwaltung gemeint) sowie die Verbesserung der Überlebensbedingungen der breiten Bevölkerungsmehrheit, wobei vor allem an Maßnahmen zur Familienplanung sowie zur Gesundheits- und Ernährungshilfe gedacht war.[80]

In dieser Schwerpunktbildung wie in den erläuternden Ausführungen spiegelten sich die Erfahrungen mit der bisherigen Entwicklungshilfe. Auch wurden vorsichtige Bemühungen erkennbar, aus Fehlern der Vergangenheit zu lernen. Das wird namentlich bei der Landwirtschaft sichtbar, wo die „Grüne Revolution" der sechziger Jahre einer Kritik unterzogen und gefolgert wurde, daß „in vielen Entwicklungsländern ... Förderungsmaßnahmen für den Agrarsektor erst dann voll wirksam (werden können), wenn erfolgversprechende Agrarreformen anlaufen".[81] In diesem Zusammenhang wurde auf die fehlende Kaufkraft der ärmeren Bevölkerungsschichten sowie auf Engpässe bei den vor- und nachgelagerten Sektoren der landwirtschaftlichen Produktion verwiesen. Daraus folgte, daß grundlegende Strukturverbesserungen im ländlichen Raum anzustreben seien und nicht nur Produktivitätssteigerungen in einzelnen Betrieben. Freilich hieß es ganz im Einklang mit der allgemeinen Weltmarktorientierung der

Konzeption, daß beim Ausbau der nachgelagerten Sektoren (Lagerung, Verarbeitung, Vermarktung der Agrargüter) die „Möglichkeiten zum Export landwirtschaftlicher Veredelungs- und Verarbeitungsprodukte besonders zu berücksichtigen" seien – also nicht die Erzeugung von Grundnahrungsmitteln für den eigenen Bedarf.[82] Das Bekenntnis zum Ausbau der vorgelagerten Sektoren wurde mit Blick auf die deutsche Landmaschinenindustrie ebenfalls recht zaghaft formuliert, denn es hieß, daß (nur) „die rationelle Herstellung landwirtschaftlicher Produktionsmittel in den Entwicklungsländern" zu fördern sei.[83] Der Hinweis auf die rationelle Produktion war dabei als vorsorgliche Ablehnung einer protektionistischen Industrialisierungspolitik der Entwicklungsländer in diesem Sektor zu verstehen. Im Förderungsbereich „gewerbliche Wirtschaft" wurde zwar für eine ausgewogene industrielle Struktur plädiert, die auch der Binnenmarktexpansion entgegenkomme. In der Gesamtargumentation dieses Abschnitts stand jedoch ebenfalls die Exportorientierung im Vordergrund. Sie war als Alternative zur Importsubstitution gedacht.

Besonders deutlich wurden die Bemühungen, Konsequenzen aus den bisherigen entwicklungspolitischen Erfahrungen zu ziehen, im Bereich „Gesundheit, Ernährung und Familienplanung". Hier legte sich die Bundesregierung auf eine Gesundheitshilfe fest, die in erster Linie den bedürftigen Gruppen zugute kommen und sich auf die Förderung der Krankheitsverhütung (präventive statt kurative Medizin) konzentrieren sollte. Angesichts der Bevölkerungsexplosion wurde ferner eine stärkere Familienplanung gefordert, auch wenn diese „kein Ersatz für entwicklungspolitische Aktivitäten" sein könne.

In allen Bereichen der Entwicklungshilfe sollten künftig weniger einzelne Projekte als vielmehr umfassende Entwicklungsprogramme finanziert und technisch gefördert werden. Auch sollte die Möglichkeit eröffnet werden, Landeswährungskosten (das sind Projekt-Kosten, die im Entwicklungsland selbst anfallen, im Unterschied zu solchen, die durch Importe verursacht werden) mitzufinanzieren. Dies war ein alter Wunsch der Entwicklungsländer. Des weiteren erklärte sich die Bundesregierung bereit, die (härteren) Zinskonditionen ihrer Kapitalhilfe den Empfehlungen des Entwicklungsausschusses der OECD anzupassen und zielstrebig auf eine Verwirklichung des von der UN-Vollversammlung aufgestellten Grundsatzes hinzuarbeiten, wonach die Industrieländer 0,7 % ihres Bruttosozialproduktes für die staatlich finanzierte Entwicklungshilfe aufwenden sollten.

Die Anmerkungen der deutschen Konzeption zum Außenhandel und zur Ausweitung entwicklungsbezogener Kredite folgten dagegen ganz einer wirtschaftsliberalen Linie: Eine Ausweitung des Warenaustausches durch Öffnung der Märkte in den Industrieländern wurde nachdrücklich befürwortet, Maßnahmen zur Regulierung des Handels zwischen Rohstoff- und Fertigwarenproduzenten fanden jedoch keine Erwähnung; eine Strukturanpassung der Industrieländer an die Erweiterung des gewerblichen Sektors in den Entwicklungsländern wurde bejaht, eine Ausweitung entwicklungsbezogener Kredite über bestehende oder künftig zu schaffende Sonderfazilitäten des Internationalen Währungsfonds hinaus jedoch abgelehnt.

Die Entwicklungspolitische Konzeption von 1971 stellte den Grundsatz auf: „ Die Bundesregierung versucht nicht, den Partnerländern politische sowie gesellschafts- und wirtschaftspolitische Vorstellungen aufzudrängen."[84] Die Konzeption enthielt in der Tat eine Vielzahl von Überlegungen und programmatischen Ausführungen, die gesellschafts- und wirtschaftspolitisch weitgehend neutral formuliert waren.[85] Aber sie war ja auf ein Weltwirtschaftssystem bezogen, das eindeutig durch die westlichen Industrieländer geprägt wurde und weiterhin geprägt wird. Außerdem wurde die Entwicklungspolitik nachdrücklich als Teil der Gesamtpolitik definiert, und sie stand insofern keineswegs außerhalb der ordnungspolitischen Vorstellungen, von denen sich die Politik der Bundesrepublik insgesamt leiten ließ. Schließlich konnte das BMZ auch in den siebziger Jahren nicht als alleiniger oder wichtigster entwicklungspolitischer Akteur auftreten, da die Zuständigkeit für weltwirtschaftliche Fragen unverändert beim Bundesministerium für Wirtschaft verblieb. Der Versuch des BMZ, sich auf diesem Gebiet zu engagieren, führte eher zu einer Anpassung an die Leitlinien des Wirtschaftsministeriums als zu einer stärkeren Berücksichtigung jener Vorstellungen, die von den Entwicklungsländern im Rahmen der Debatte über eine Neuordnung der Weltwirtschaft vorgetragen wurden.

4. Von der „Ökonomisierung" der internationalen Politik zur erneuten Verschärfung des Ost-West-Konflikts

4.1. „Ökonomisierung" der Politik, „wirtschaftliche Entspannung" und Grundbedürfnisstrategie

Nach Verabschiedung der Entwicklungspolitischen Konzeption der Bundesregierung wurde deren Politik gegenüber der Dritten Welt durch zwei eng miteinander verbundene Entwicklungen bestimmt: zum einen durch die Zuspitzung der Nord-Süd-Debatten bis hin zu heftigen Auseinandersetzungen um eine Neuordnung der Weltwirtschaft, zum anderen durch die Ölkrise von 1973/74. Beide gemeinsam bewirkten im Einklang mit der Ost-West-Entspannung eine „Ökonomisierung" der internationalen Beziehungen, in deren Folge ökonomische Bestimmungsfaktoren gegenüber militärischen oder ideologischen aufgewertet wurden. Hierzu hieß es im Weißbuch 1975/76 des Bundesministeriums für Verteidigung:

> „Die Ölkrise zeigt, wie verwundbar die westlichen Industriestaaten inzwischen geworden sind. Das Nord-Süd-Gefälle und die labile innenpolitische Lage in Ländern der Dritten Welt bilden mittlerweile ein Stabilitätsrisiko für das globale Gleichgewicht der Kräfte und damit für die westliche Welt. Dies alles hat klargelegt, daß der politisch-militärische Begriff der Sicherheit wirtschaftliche Aspekte einschließt, und daß Zusammenarbeit mit Entwicklungsländern der Sicherheit dient. Wirtschaftliche Stabilität ist eine Dimension der Sicherheit, die mehr als bisher in den Vordergrund getreten ist."[86]

Obwohl sie vom Öl des Nahen Ostens weit weniger abhingen als die Bundesrepublik, sahen die Vereinigten Staaten das Problem der „ökonomischen Sicherheit" noch pointierter. So stellte der damalige amerikanische Energieminister und vormalige Verteidigungsminister James R. Schlesinger 1978 die These auf, die Sicherung der Erdölfelder im Nahen Osten sei eine noch viel größere Aufgabe als jene, die zur Gründung der NATO geführt habe. 1949/50 sei es um die „einfache Sorge um die physische Sicherheit Westeuropas" gegangen, jetzt aber müsse man „Quellen sichern, die für die Aufrechterhaltung des wirtschaftlichen Wohlstandes der Industrieländer insgesamt unerläßlich" seien.[87]

Im gleichen Maße wie der Ost-West-Konflikt entschärft wurde und Verhandlungen zum Abbau militärischer Gefahren voranschritten, erschien die westliche Sicherheit zunehmend durch nichtmilitärische Faktoren bedroht. Sicherheit wurde immer häufiger in Kategorien der ökonomischen Verwundbarkeit des Westens definiert, verbunden mit der Gefahr einer möglichen Ausnutzung dieser Verwundbarkeit durch die Sowjetunion, aber auch durch die Entwicklungsländer. Neue und bis dahin allein von den Entwicklungsländern verwendete Begriffe fanden Eingang in die politische Sprache: „ökonomische Sicherheit" oder „Versorgungssicherheit" mit volkswirtschaftlich wichtigen, unersetzbaren Rohstoffen.[88]

Diese Wahrnehmungsmuster von einer neuen Qualität der internationalen Politik konnten sich so rasch ausbreiten, weil schon einige Jahre vor der Ölkrise eine Debatte über die Grenzen des industriellen Wachstums (angesichts endlicher Ressourcen) und über die Grenzen der Umweltbelastbarkeit (angesichts der begrenzten Regenerationsfähigkeit von Luft, Wasser und Boden) begonnen hatte. Durch die Anwendung einer knappen Ressource, des Öls, als Waffe im Nahost-Konflikt und darüber hinaus als Drohmittel in den Nord-Süd-Auseinandersetzungen erfuhr diese Debatte nunmehr eine dramatische Wende. Was bis dahin als Risiko der Zukunft diskutiert worden war, erschien nun als Problem der Gegenwart und erzeugte ein Bewußtsein unmittelbarer Gefährdung der eigenen Existenzgrundlagen. Die westlichen Regierungen zeigten sich keineswegs geneigt, diese Gefährdung zu verharmlosen. Vielmehr wurde sie eher dramatisiert. Fühlten sich die Entwicklungsländer durch die Erfolge der Organisation erdölexportierender Länder (OPEC) ermutigt, ihre Forderungen mit größerem Nachdruck zu vertreten, so interpretierten die meisten Regierungen der westlichen Industrieländer gerade diese Verknüpfung als Hinweis auf die Gefährdung ihrer wirtschaftlichen Überlebensfähigkeit. Aus dieser Sicht ging es nicht mehr nur um ordnungspolitische Präferenzen und die Bewahrung bestimmter Vorteile, sondern um nationale Existenzsicherung. Damit konnte der entschiedene Widerstand begründet werden, mit dem die Industriestaaten der erstaunlich einheitlichen Front der Entwicklungsländer entgegentraten. In diesen Widerstand reihte sich – wie im Schlußkapitel ausgeführt werden soll – die Bundesregierung ein.

Gleichwohl waren die Folgerungen, die aus der übereinstimmenden Betonung der sicherheitspolitischen Bedeutung wirtschaftlicher Fragen im Nord-Süd-Verhältnis zu ziehen waren, nicht eindeutig. So konnte die Option verfolgt werden, die Entwicklungshilfe auszuweiten, um mehr zur Behebung der wirtschaftlichen Labilität in der Dritten Welt beizutragen. Man konnte auf die Offensive der Dritten Welt auch mit größerer Kompromißbereitschaft in weltwirtschaftlichen Fragen antworten, um so Konfliktpotential abzubauen. Umgekehrt war es denkbar, den Forderungen der Entwicklungsländer nach einer Neuordnung der Weltwirtschaft entschiedenen Widerstand entgegenzusetzen und eigene Leitvorstellungen zu verteidigen. Die Bundesregierung entschied sich für eine kombinierte Anwendung dieser Optionen. Sie nahm in den Debatten um eine Neuordnung der Weltwirtschaft eine ausgesprochen harte Haltung ein, signalisierte jedoch auch Kompromißbereitschaft; sie betonte ihre ökonomischen Sicherheitsinteressen, bemühte sich aber gleichzeitig, die Entwicklungspolitik im Kanon der Gesamtpolitik aufzuwerten.

Diese Haltung, die den Nord-Süd-Konflikt in einen Nord-Süd-Dialog überführen helfen sollte, stellte der neue Entwicklungsminister, Egon Bahr, unter das Motto der „wirtschaftlichen Entspannung".[89] Sie wurde in den „Thesen von Gymnich" und in der Neufassung der Entwicklungspolitischen Konzeption der Bundesregierung von 1975 verbindlich formuliert.[90] Namentlich in den Thesen von Gymnich wurde auf die Verflechtung der Entwicklungspolitik mit der Wirtschafts- und Außenpolitik hingewiesen und gefordert, konzeptionelle Konsequenzen zu ziehen. Künftig sollte die Entwicklungspolitik verstärkt dazu beitragen, insbesondere die Rohstoffversorgung der Bundesrepublik sicherzustellen und in der Weltwirtschaft günstige ordnungspolitische Rahmenbedingungen zu erhalten, um der Bundesrepublik ein ungestörtes wirtschaftliches Wachstum zu garantieren.[91] Folglich wurden in der Neufassung der Entwicklungspolitischen Konzeption von 1975 die Ausführungen zur Außenhandels- und Währungspolitik im Sinne der bereits 1971 festgeschriebenen liberalen Grundlinie erheblich ausgeweitet. Und obwohl in der Neufassung von 1975 der wachsenden Differenzierung zwischen den Entwicklungsländern Rechnung getragen und eine verstärkte Hilfe für die ärmsten Länder gefordert wurde, bekannte sich die Bundesregierung auch zur Zusammenarbeit mit den reichen Ländern, den OPEC-Mitgliedern, und verwies auf die Notwendigkeit, deren Entwicklungsprozeß, insbesondere durch den Aufbau einer leistungsfähigen Infra- und Industriestruktur, tatkräftig zu unterstützen.[92]

Die Thesen von Gymnich und die Neufassung der Entwicklungspolitischen Konzeption von 1975 verwiesen jedoch schon auf einen anderen Strang der Politik gegenüber den Ländern der Dritten Welt, der zumindest konzeptionell eine zunehmend wichtigere Rolle spielte: die Grundbedürfnisstrategie. Sie geht auf eine vielzitierte Rede des damaligen Präsidenten der Weltbank, Robert S. McNamara, aus dem Jahre 1973 zurück, in der dieser versucht hatte, Lehren aus der wachstumsorientierten Entwicklungspolitik und der Grünen Revolution der sechziger Jahre zu ziehen. Die Grundbedürfnisstrategie sagt in ihrer allgemeinen Zielsetzung – Verbesserung der Lebensbedingungen der armen Bevölkerung – nicht viel anderes als die voraufgegangenen entwicklungspolitischen Konzeptionen auch. Im Unterschied zu diesen wird aber die zunehmende absolute Armut der Dritten Welt als Problem sui generis thematisiert und analysiert sowie die Notwendigkeit betont, gezielt und direkt auf die Lösung dieses Problems hinzuarbeiten, statt zu erwarten, daß es gleichsam automatisch im Zuge gesamtwirtschaftlichen Wachstums beseitigt werden würde.[93] Das offizielle Konzept zur Befriedigung der Grundbedürfnisse verstand sich jedoch von Anbeginn nicht als Alternative zur Wachstumsstrategie, sondern eher als zweite Säule einer Entwicklungspolitik, die über gesamtwirtschaftliches Wachstum in Kombination mit einer gezielten Bekämpfung der absoluten Armut zur Überwindung von Unterentwicklung beitragen soll.[94]

In ihrem Dritten Bericht zur Entwicklungspolitik nahm die Bundesregierung 1977 die internationale Diskussion, die nicht nur durch die Weltbank, sondern auch durch die Welternährungsorganisation (FAO) und vor allem durch das Internationale Arbeitsamt (ILO) forciert wurde,[95] offiziell auf. Allerdings beschränkte sie sich auf die Feststellung, daß sie der grundbedürfnisorientierten Zielrichtung der Entwicklungspolitik zustimme und dieser durch die Richtlinien für die finanzielle und technische Zusammenarbeit Rechnung trage. Darüber hinaus sollten in verstärktem Maße die sozialen Auswirkungen der entwicklungspolitischen Zusammenarbeit geprüft werden.[96] Erst in den folgenden Jahren wurde dann das Grundbedürfniskonzept zum offiziellen Hauptorientierungspunkt der technischen Zusammenarbeit und zu einem zentralen Fokus aller weiteren konzeptionellen Überlegungen.[97]

Die Grundbedürfnisstrategie war ihrerseits jedoch interpretationsbedürftig. Sie konnte als eine Strategie zur Produktivitätssteigerung oder aber als Konzept verstanden werden, das eine höhere Verteilungsgerechtigkeit anstrebte. Im Einklang mit dem von der Weltbank vertretenen Verständnis hieß es 1980 im Vierten Bericht der Bundesregierung zur Entwicklungspolitik: „Das Grundbedürfniskonzept ist produktivitätsorientiert." Gleichwohl soll die Grundbedürfnisstrategie nicht nur einzelne Aspekte des Lebens in absoluter Armut, etwa durch Installierung von Trinkwasseranschlüssen, ins Auge fassen. Vielmehr ist es die Absicht der Bundesregierung, die Lebensverhältnisse im Sinne einer Überwindung jener Bedingungen, die absolute Armut hervorrufen und perpetuieren, nachhaltig zu verändern. Zu diesem Zweck soll die Grundbedürfnisstrategie die Selbsthilfefähigkeit der Armen mobilisieren, und dabei der besonderen Rolle der Frau in den Entwicklungsländern mehr Beachtung schenken. Die Mobilisierung der Fähigkeit zur Selbsthilfe, aber auch das Interesse, dauerhafte Veränderungen und eine Ausstrahlung der entwicklungspolitischen Maßnahmen zu erreichen, schließen eine Partizipation der Zielgruppen an deren Durchführung ein. Damit sind Fragen der kulturellen Identität und des politischen Handlungsspielraums der Zielgruppen angesprochen, die als weitere Gesichtspunkte in die Formulierung der Strategie und die Ausarbeitung von Projekten zur Befriedigung von Grundbedürfnissen eingehen müssen.

Da es um Strukturverbesserungen und nicht allein um punktuelle Eingriffe in das bestehende Elend gehen soll, verlangt der Grundbedürfnisansatz im besonderen eine Integration unterschiedlicher Maßnahmen zu einem entwicklungspolitischen Gesamtpaket, bei dem die Wechselwirkungen zwischen den Einzelmaßnahmen so angelegt sein müssen, daß sie dazu beitragen, die Ziele des Gesamtprogramms zu erreichen. Weitere wichtige Aspekte der Grundbedürnisstrategie waren und sind eine Aufwertung des ländlichen Raumes gegenüber den städtischen Regionen, da sich das Problem der absoluten Armut nach wie vor auf dem Lande konzentriert. Ferner der Übergang von der Agrarentwicklung zur ländlichen Entwicklung, womit der ländliche Raum in seiner Gesamtheit und nicht mehr nur der landwirtschaftliche Einzelbetrieb in den Mittelpunkt entwicklungspolitischer Maßnahmen gerückt wird. Zumindest in der Konzeption der Bundesregierung war und ist die Grundbedürfnisstrategie folglich eine Strategie der integrierten ländlichen Entwicklung.[98]

Die hier angesprochenen beiden Stränge der Entwicklungspolitik – die Grundbedürfnisstrategie und die Politik der „wirtschaftlichen Entspannung" – wurden in den Entwicklungspolitischen Grundlinien der Bundesregierung vom Juli 1980 unter dem Gesichtspunkt der wechselseitigen Abhängigkeit von Industrie- und Entwicklungsländern zusammengefaßt. Damit sollten die wesentlichen Ergebnisse der Nord-Süd-Kommission unter der Leitung von Willy Brandt für die Entwicklungspolitik fruchtbar gemacht werden. Die Grundlinien gerieten jedoch zu einer Art Wunschzettel, in dem mögliche Zielkonflikte und Probleme der Prioritätensetzung genauso wenig beachtet wurden wie konkrete Forderungen des „Brandt-Berichts" zur Reform der Weltwirtschaft, soweit sie den ordnungspolitischen Vorstellungen der Bundesregierung widersprachen.[99]

Unter Berücksichtigung sowohl des „Brandt-Berichts" als auch des Berichts „Global 2000", ferner der Ergebnisse der ersten UN-Sondervollversammlung über Abrüstung und Entwicklung (1979) sowie der Strategie der Vereinten Nationen für die Dritte Entwicklungsdekade[100] wurde die neue Konzeption in überparteilicher Form als Grundorientierung für die Entwicklungspolitik der Bundesrepublik Deutschland festgeschrieben. Dies geschah 1982 in einer gemeinsamen Entschließung der im Bundestag vertretenen Fraktionen.[101] In dieser Entschließung wurden folgende Ziele festgelegt:

die Förderung der Menschenrechte, die Konzentration von Hilfsmaßnahmen auf die ärmsten Bevölkerungsschichten, die Mobilisierung und aktive Beteiligung der betroffenen Bevölkerung am Entwicklungsprozeß sowie eine stärkere Einbeziehung von Überlegungen zur Grundbedürfnisbefriedigung in jegliche Projekt- und Programmplanung und schließlich eine vermehrte Berücksichtigung kultureller Bestimmungsfaktoren sowie sozialer Auswirkungen von Entwicklungsvorhaben. Ferner sollten die humanitäre Hilfe und Nahrungsmittellieferungen in Maßnahmen zur Überwindung der strukturellen Ursachen von akuten Notlagen eingebunden werden. Die Tätigkeit deutscher Unternehmen in der Dritten Welt sollte auf ihre entwicklungspolitische Wirksamkeit hin überprüft und es sollte darauf hingewirkt werden, daß sich die Kreditvergabe des Internationalen Währungsfonds verstärkt an entwicklungspolitischen Notwendigkeiten orientiere. Auch sollte das bis dahin unerreichte Ziel, 0,7 % des Bruttosozialproduktes für die staatliche Entwicklungshilfe aufzuwenden, weiter verfolgt werden. Schließlich wurde generell bekräftigt, daß entwicklungspolitische Notwendigkeiten bei Kollisionen mit anderen politischen Interessen, wie der Agrar- und Handelspolitik, nicht zurückgedrängt werden dürfen.

4.2. Die Südpolitik der Bundesrepublik Deutschland angesichts der erneuten Verschärfung des Ost-West-Konflikts

Die Fortschreibung der Entwicklungspolitischen Konzeption der Bundesregierung erfolgte nach 1975 in einem Zeitraum, in dem sich eine erneute Verschärfung des Ost-West-Konflikts und dessen Verschmelzung mit dem Nord-Süd-Konflikt vollzog. In der DDR und den anderen sozialistischen Staaten war letztlich stets von der Einheit beider Konfliktformationen ausgegangen worden, einer Einheit, die durch die Entspannungspolitik kaum berührt wurde. Im Gegenteil. Die Entspannung – aus Sicht der sozialistischen Staaten vor allem ein Ergebnis des zu ihren Gunsten veränderten internationalen Kräfteverhältnisses – und die Verschärfung der Nord-Süd-Auseinandersetzungen leiteten in der Sowjetunion wie in der DDR eine Phase des „antiimperialistischen Optimismus" ein, die nicht nur die Rhetorik, sondern auch die entwicklungspolitische Praxis dieser Staaten nachhaltig beeinflußte (vgl. Kapitel D). Aus westlicher Sicht war die Entspannung dagegen auch als Ost-West-Arrangement über die Politik gegenüber der Dritten Welt verstanden worden. Keine Seite sollte versuchen, ihre Einflußsphäre auszuweiten und Interessen der anderen Seite in der Dritten Welt zu beeinträchtigen. Im Westen wurde daher das verstärkte Engagement der Sowjetunion und ihrer Verbündeten in Afrika, vor allem in Verbindung mit der Auflösung des portugiesischen Kolonialreiches, die Schaffung eines ganz neuen militärischen Interventionspotentials der Sowjetunion und schließlich die militärische Intervention in Afghanistan als Bruch mit der Entspannungspolitik angesehen.[102]

Sowohl die theoretische als auch die wirtschafts- und entwicklungspolitische Praxis blieben von dieser Enwicklung zunächst unbeeindruckt. Die Stagnation des Nord-Süd-Dialogs und aller Bemühungen der Dritten Welt, diesen in Globalverhandlungen zu überführen, wachsender Protektionismus und verringerte Kompromißbereitschaft der westlichen Industrieländer auf außenwirtschaftlichem Gebiet hatten nichts mit der erneuten Verschärfung des Ost-West-Konflikts zu tun, sondern waren ein Ergebnis zunehmender weltwirtschaftlicher Krisenerscheinungen.

Auch die Aufrüstung in der Dritten Welt, die sich im Verlauf der siebziger Jahre mit Hilfe von Waffenimporten aus den westlichen und östlichen Industrieländern beschleunigte, stand in keinem direkten Zusammenhang mit der Systemkonkurrenz zwischen Kapitalismus und Sozialismus. Vielmehr zeichnete sich gerade der Waffenhandel beider Seiten durch eine auffällige „Ökonomisierung" aus: Angesichts der widersprüchlichen Erfahrungen, die Ost wie West mit dem Versuch gemacht hatten, durch Waffenlieferungen politische Loyalität zu erkaufen, drängte das ökonomische Interesse in den Vordergrund. Waffenproduzenten wie Regierungen hatten das gleichgerichtete Interesse an einer ökonomischen Verwertung der Rüstung – sei es, um Gewinne zu erhöhen oder um Arbeitsplätze zu sichern, sei es, um durch größere Stückzahlen die Kosten der eigenen Beschaffungsprogramme zu senken oder sei es, um Devisen zu verdienen.[103] Wie wenig der Waffenhandel von der konkreten Entwicklung des Ost-West-Konflikts abhing, läßt sich auch daran ablesen, daß er zu Beginn der achtziger Jahre ein wenig von seiner Dynamik einbüßte, obwohl sich gerade zu dieser Zeit die Spannungen zwischen Ost und West erheblich verschärften. Der Grund: Die Entwicklungsländer sahen sich angesichts der zunehmenden Verschuldung nicht mehr in der Lage, im bisherigen Tempo ihre Waffenarsenale aufzustocken.

Auch die mehrere Jahre geführte Diskussion über Rüstungsexporte der Bundesrepublik wurde überwiegend nicht mit ost-west-politischen, sondern mit ökonomischen Argumenten geführt. Das gilt in der gleichen Weise für die 1982 beschlossene Lockerung der restriktiven Exportbestimmungen, die vor allem mit der Sicherung von Arbeitsplätzen in strukturschwachen Branchen und Regionen (Schiffbau) sowie der Erhaltung und Erschließung ziviler Märkte durch die Lieferung von Rüstungsgütern begründet wurde.[104] Ähnlich gering war und ist der Einfluß des Ost-West-Konflikts auf die Haltung der Bundesrepublik und aller westlichen Industrieländer gegenüber Militärregimen in der Dritten Welt. Hier spielen auch und vor allem Überlegungen eine Rolle, die die wirtschaftliche und soziale Stabilität in jenen Ländern und die Kontinuität ihrer ordnungspolitischen Grundorientierung betreffen.[105]

Das Engagement der Sowjetunion und ihrer Verbündeten in Afrika und mehr noch die sowjetische Intervention in Afghanistan führten im Übergang zu den achtziger Jahren indes zu einer sehr kritischen Auseinandersetzung mit der politischen, militärischen und wirtschaftlichen Präsenz des sozialistischen Lagers in der Dritten Welt. Zugleich leisteten sie einer stärkeren Betonung militärischer Machtmittel, vor allem in der Politik der USA gegenüber den Entwicklungsländern, Vorschub.[106] Schon unter Präsident Carter war eine spezielle militärische Eingreiftruppe der Vereinigten Staaten für Einsätze im Nahen Osten (Rapid Deployment Force) gebildet worden. Mit ihrer Hilfe sollte, wie der damalige Verteidigungsminister Harold Brown ausführte, politischen Umwälzungen begegnet werden, die in wirtschaftsstrategisch wichtigen Ländern die ökonomische Sicherheit des Westens gefährden könnten.[107] Nach der sowjetischen Intervention in Afghanistan gewannen darüber hinaus Argumente an Bedeutung, die stärker noch im Ost-West-Konflikt wurzelten. Nun wurde die schnelle Eingreiftruppe auch deshalb für erforderlich gehalten, um möglichen Versuchen der Sowjetunion begegnen zu können, durch militärische Eingriffe in Konflikte der Dritten Welt die ökonomischen Lebensadern des Westens, konkret die Ölversorgung aus dem Nahen Osten, zu zerschneiden.[108]

Solche Bedrohungsvorstellungen, die sich auf eine Gefährdung der westlichen Sicherheit durch Eingriffe der sozialistischen Länder in der Dritten Welt bezogen, fanden nach 1975 auch in der Bundesrepublik einen wachsenden Widerhall. Namentlich CDU und CSU vertraten die Meinung, daß die sozialistischen Staaten die Entspannungspolitik systematisch für eine Ausweitung ihres Einflusses in der Dritten Welt genutzt hätten[109] – eine Meinung übrigens, die sich durchaus auf entsprechende Verlautbarungen aus dem sozialistischen Lager, auch aus der DDR, berufen konnte.[110]

Wachsendes Konfliktpotential und die Ausweitung sozialistischer Einflußsphären in der Dritten Welt führten Anfang der achtziger Jahre zu einer Debatte über eine mögliche Erweiterung des Geltungs- und Aktionsbereiches der NATO.[111] Eine solche Ausweitung hätte besonders die Bundesrepublik berührt, da sich die anderen großen NATO-Staaten in Europa, Frankreich und Großbritannien, ohnehin militärisch in der Dritten Welt engagierten. Nicht zuletzt deshalb wurde die Diskussion über eine mögliche Einbeziehung der Dritten Welt in den Aktionsradius der westlichen Allianz ebenso rasch beendet wie sie aufgekommen war. Es blieb jedoch die Forderung der USA, stärker als in der Vergangenheit die Dritte Welt nicht nur unter dem Gesichtspunkt ökonomischer, sondern auch militärischer Sicherheit wahrzunehmen, die aus amerikanischer Sicht vor allem durch die Politik der sozialistischen Länder gefährdet werde. Dies sollte nach amerikanischen Vorstellungen stärker in den Entscheidungsprozeß über die Südpolitik der Bundesrepublik einbezogen werden.[112] Auch nach Bildung der neuen Regierung aus CDU/CSU und FDP im Oktober 1982 bestand jedoch in Bonn weiterhin eine größere Bereitschaft als in den USA, den eigenständigen Charakter von Konflikten in der Dritten Welt anzuerkennen. Zugleich wurde der Beseitigung der Konfliktursachen Vorrang gegenüber direkten Eingriffen, sei es mit militärischen Mitteln oder mit ökonomischen Sanktionen, eingeräumt.[113]

Es kann generell festgestellt werden, daß sich die Entwicklungspolitik ungeachtet der veränderten welt- und innenpolitischen Rahmenbedingungen nach dem Regierungswechsel vom Oktober 1982 zunächst durch eine relativ große Kontinuität auszeichnete. In der Entwicklungshilfe selbst ist der Spielraum für dramatische Kehrtwendungen ohnehin begrenzt, da ein erheblicher Teil der Mittel durch Verpflichtungsermächtigungen stets für einige Jahre gebunden ist. Gleichwohl bemühte sich die neue Bundesregierung nach dem Regierungswechsel, auch in der Südpolitik neue Akzente zu setzen, die allerdings weniger der neuerlichen Verschärfung des Ost-West-Konflikts folgten. Die Stichworte, unter denen dies geschah, hießen „Entkrampfung" der Entwicklungspolitik, „Entideologisierung" der Nord-Süd-Beziehungen sowie stärkere Berücksichtigung wirtschaftlicher Eigeninteressen der Bundesrepublik bei der aktiven Gestaltung der Beziehungen zur Dritten Welt und insbesondere bei der entwicklungspolitischen Zusammenarbeit.[114]

„Entkrampfung" bezeichnete den Versuch, das Selbstverständnis der Südpolitik mit der tatsächlichen harten Linie der Bundesregierung in Einklang zu bringen, die sie gegenüber den Forderungen der Entwicklungsländer nach durchgreifenden Strukturreformen der Weltwirtschaft schon seit geraumer Zeit verfocht. Entwicklungspolitik sollte mit anderen Worten von ihrem schlechten Gewissen befreit werden, indem die Eigenschuld der Entwicklungsländer am Fortbestehen und an der Verschärfung des Massenelends in der Dritten Welt gegenüber möglichen negativen Auswirkungen der internationalen Arbeitsteilung hervorgehoben wurde. Das eigene Verschulden der Entwicklungsländer ergibt sich in den Worten von Entwicklungsminister Jürgen Warnke daraus, daß die Entwicklungsländer in den zwei oder drei Jahrzehnten seit ihrer Unabhängigkeit „so ziemlich keine Sackgasse und keine Fehlermöglichkeit ausgelassen" hätten, wenn es darum gegangen sei, grundlegende entwicklungspolitische Entscheidungen zu fällen. Dafür aber könnten nicht die westlichen Industriestaaten verantwortlich gemacht werden.[115]

„Entideologisierung" bezeichnete die Absicht, in den Beziehungen zur Dritten Welt neue politische Gesichtspunkte zur Geltung zu bringen. Hierzu gehört die Auffassung, daß vitale Interessen der Bundesrepublik gegenüber ideologischen Präferenzen der Entwicklungsländer (oder von UN-Mehrheiten) offensiver als in der Vergangenheit vertreten werden müßten. „Entideologisierung" bezieht sich ferner auf jene Aspekte der vormaligen sozialliberalen Politik, die als ideologisch und als einseitig verstanden wurden und daher als revisionsbedürftig erschienen. Hier geht es vor allem um Zentralamerika. Ökonomisch ist diese Region für die Bundesrepublik im Vergleich mit anderen Regionen der Dritten Welt kaum von Interesse. Es vollziehen sich dort aber gesellschaftspolitische Auseinandersetzungen, denen gegenüber die sozialliberale Koalition und namentlich die SPD nicht indifferent geblieben waren.[116] In Verbindung mit der Sozialistischen Internationale hatte die SPD vielmehr gesellschaftliche Wandlungsprozesse unterstützt, die sie als notwendige Voraussetzung für eine wirtschaftliche und politische Gesundung der Region begriff. So gewährte die sozialliberale Bundesregierung nach dem Sturz des Diktators Somoza im Jahre 1979 Nikaragua ebenso wie die Vereinigten Staaten Entwicklungshilfe; sie stoppte aber diese Hilfe im Unterschied zu den USA nicht, als der gesellschaftspolitische Kurs der Sandinisten sich radikalisierte. Dagegen wurden die politischen und entwicklungspolitischen Beziehungen zu El Salvador im Zuge des Bürgerkrieges von der Bundesregierung (in diesem Fall aber nicht von den USA) abgebrochen.

Aus Sicht der seit 1982 amtierenden Bundesregierung stellte dies eine ideologische Einseitigkeit dar, die es abzubauen galte. So wurden im Frühjahr 1984 die Beziehungen zu El Salvador wieder aufgenommen, die Wirtschaftshilfe für Nikaragua hingegen eingefroren. Dem Argument, daß damit nicht eine Entideologisierung stattgefunden habe, sondern lediglich eine Umkehrung der ideologischen Zuordnungen, begegnete das Entwicklungsministerium mit dem Hinweis, daß die Wirtschaftshilfe für Nikaragua nicht wegen der politischen Orientierung der Sandinisten eingefroren worden sei. Vielmehr sei dies eine Antwort darauf, daß die Sandinisten gegenüber ihren Nachbarländern eine Destabilisierungspolitik betrieben:

„Wer destabilisiert, der verneint die entscheidende Voraussetzung für Entwicklung, und zwar den Frieden. Wer destabilisiert, wer Gewalt in die Nachbarländer trägt, kann nicht unser Entwicklungspartner sein."[117]

Als Beleg, daß dies und nicht die sozialistische Ausrichtung der Sandinisten entscheidend sei, wurde die unveränderte Bereitschaft der Bundesregierung angeführt, sozialistisch orientierten Staaten in Afrika und Asien Hilfe zukommen zu lassen.

Mit dieser Interpretation machte sich die Bundesregierung weitgehend die Problemsicht zu eigen, mit der die amerikanische Administration unter Präsident Reagan die Konflikte in Zentralamerika zu bewältigen trachtete. Daher stellt sich die Frage, ob die neue Politik gegenüber Zentralamerika nicht in erheblichem Maße durch bündnispolitische Rücksicht auf die Vereinigten Staaten bestimmt wurde. Da eine solche Rücksichtnahme bisher nur dort zu verzeichnen ist, bedeutet dies allerdings nicht, daß die Südpolitik der Bundesrepublik generell zu ihren Anfängen zurückgekehrt wäre, die ja ebenfalls sehr stark durch amerikanische Vorstellungen und Erwartungen geprägt waren. In anderen Weltregionen – insbesondere in Afrika – haben bündnispolitische Erwägungen als Bestimmungsfaktor der Entwicklungspolitik jedenfalls sehr viel weniger Gewicht als in Zentralamerika.

Was die neuen Akzente auf wirtschaftlichem Gebiet betrifft, bleibt festzuhalten, daß das ökonomische Eigeninteresse an der Entwicklungspolitik nach dem Regierungswechsel zwar stärker betont wird, aber zu keiner Zeit geleugnet worden ist.[118] Dem widerspricht nicht, daß die Bundesregierung frühzeitig auf eine formelle Bindung ihrer Kredite an Einkäufe in der Bundesrepublik oder bei deutschen Firmen verzichtete, denn auch ohne Lieferbindung flossen bis zu 80 % der Kredite in Gestalt von Güternachfrage in die Bundesrepublik zurück. Der Verzicht auf die Lieferbindung war dennoch ein wichtiges politisches Signal, da die Bundesregierung damit eine zentrale Forderung der Entwicklungsländer erfüllte. Auch die neue Koalition hat eine formelle Lieferbindung bisher nicht eingeführt. Sie vertritt aber demonstrativ den Standpunkt, daß bundesdeutsche Gelder nicht dazu verwandt werden dürfen, Einkäufe der Entwicklungsländer in anderen Ländern – und womöglich in der Sowjetunion – zu finanzieren. Vielmehr müsse auf das Ziel hingearbeitet werden, für jede Mark Entwicklungshilfe eine Nachfrage nach Gütern aus der Bundesrepublik im Wert von über einer Mark zu erzeugen. Im Fünften Entwicklungspolitischen Bericht heißt es:

> „Die Entwicklungspolitik der Bundesregierung zielt darauf ab, daß die entwicklungspolitisch sinnvolle Verwendung der Mittel auch mit deutschen wirtschaftlichen Interessen in Einklang steht; bei der Auswahl und Durchführung der Vorhaben sollte deshalb in Zukunft auf Beschäftigungswirksamkeit geachtet werden."[119]

Da bisher ohnehin eine faktische Lieferbindung bestanden hat, sind von den Bemühungen um mehr Beschäftigungswirksamkeit der Kreditvergabe kaum neue spürbare Impulse für die deutsche Exportwirtschaft zu erwarten. Die stärkere Betonung wirtschaftlicher Eigeninteressen an der Entwicklungspolitik bedeutet daher keine durchschlagende Wende gegenüber der Politik der siebziger Jahre. Sie führt eher einen Trend fort, der sich bereits seit Mitte des vergangenen Jahrzehnts zunehmend abzeichnete. Es ist allerdings denkbar, daß sich dieser Trend in Richtung auf eine Abwertung all jener Entwicklungsbereiche verstärkt, die mit geringen industriellen Vorleistungen verbunden sind, während solche Bereiche, die hohe, aus der Bundesrepublik zu importierende Vorleistungen verlangen, eine größere Förderung erfahren könnten. Dies wiederum würde in einen unauflösbaren Zielkonflikt zwischen Exportförderung und Grundbedürfnisbefriedigung führen.

Angesichts des begrenzten Handlungsspielraums für neue Weichenstellungen spricht einiges für die These, daß sinnvolle neue Optionen der Entwicklungspolitik eher im operativen als im konzeptionellen Bereich liegen.[120] Dazu gehört seit 1982 eine forcierte Mischfinanzierung, bei der finanzielle Mittel aus dem Etat des Ministeriums für wirtschaftliche Zusammenarbeit gemeinsam mit kommerziellen Krediten aus der Kreditanstalt für Wiederaufbau vergeben werden. Dadurch werden zwar die Ressourcen des BMZ „gestreckt", es erhalten aber kommerzielle Gesichtspunkte bei der Kreditvergabe ein höheres Gewicht. Eine andere Option im operativen Bereich bietet der zuerst in einem Memorandum der EG geforderte Politikdialog zwischen Geber- und Empfängerländern der Entwicklungshilfe. Dieser Dialog soll helfen, die Effektivität der Entwicklungszusammenarbeit zu erhöhen, er könnte aber auch zu einer ordnungspolitischen Offensive der Geber gegenüber den Empfängern genutzt werden.[121]

Was die konzeptionellen Leitlinien betrifft, so gilt unverändert der 1982 gefundene Konsens aller damals im Bundestag vertretenen Parteien. Dieser Konsens war das Ergebnis eines langen Lernprozesses, zu dem auch die Einsicht gehört, daß die politische, wirtschaftliche und soziale Entwicklung in der Dritten Welt nicht einfach den Interessen der Tagespolitik oder der Systemkonkurrenz zwischen Ost und West zugeordnet werden kann. Eine in diesem Sinne kurzatmige oder dichotomische Betrachtungsweise würde an den Realitäten in den Entwicklungsländern vorbeiführen und die ohnehin begrenzte Effektivität der Entwicklungshilfe weiter verringern.

5. Die wirtschaftliche Verflechtung und die Entwicklungszusammenarbeit der Bundesrepublik Deutschland mit den Entwicklungsländern

5.1. Die wirtschaftliche Verflechtung

Für die wirtschaftliche Entwicklung der Bundesrepublik Deutschland hat der Außenhandel von Anbeginn eine wesentliche und beständig wachsende Bedeutung gehabt. Anfang der fünfziger Jahre machten die Exporte rund ein Zehntel des Bruttosozialproduktes der Bundesrepublik aus, Anfang der achtziger Jahre war dieser Anteil auf ungefähr ein Viertel gestiegen.[122] Haupthandelspartner sind die westlichen Industrieländer und insbesondere die EG-Partner. Der Handel mit den Entwicklungsländern stieg zwar ebenfalls, die wirtschaftliche Bedeutung der Dritten Welt für die Bundesrepublik war jedoch – ähnlich wie bei der DDR – erheblichen Schwankungen unterworfen. In der zweiten Hälfte der sechziger Jahre wuchs der Handel mit den Entwicklungsländern deutlich langsamer als der mit den anderen westlichen Industrieländern. Dies änderte sich aufgrund der steigenden Ölpreise und der (Teil-)Industrialisierung einzelner Entwicklungsländer (Schwellenländer) im Verlauf der siebziger Jahre (vgl. *Tabelle 15*). Am Ende des Jahrzehnts wickelte die Bundesrepublik zwischen einem Viertel und einem Fünftel ihres gesamten Außenhandels mit den Entwicklungsländern ab. Angesichts des raschen Verfalls der Rohstoffpreise und der sinkenden Kaufkraft auch der inzwischen hoch verschuldeten Schwellenländer ging der Anteil der Entwicklungsländer am Außenhandel der Bundesrepublik dann wieder zurück – und zwar von 22,4 % im Jahre 1980 auf 17,7 % im Jahre 1984.[123] Trotz seines sinkenden Anteils war der Südhandel etwa viermal so groß wie der Osthandel und immer noch wesentlich höher als sein Anteil bei der DDR.[124]

Rohstoffe gehören immer noch zu den wichtigsten Importgütern aus den Entwicklungsländern. Ihr Anteil bewegte sich in Abhängigkeit von den stark schwankenden Weltmarktpreisen seit Beginn der siebziger Jahre zwischen 50 % und 60 %. Für die Versorgung mit Erdöl, einer Reihe von Metallen, Kautschuk, Jute, Baumwolle und tropischen Genußmitteln ist die Bundesrepublik Deutschland überwiegend oder ganz auf den Import aus Entwicklungsländern angewiesen. Zu den wichtigsten Lieferländern gehören neben den Öl exportierenden Staaten Bangladesh, Brasilien, Chile, die Volksrepublik China, Elfenbeinküste, Guinea, Indien, Indonesien, Kamerun, Kolumbien, Liberia, Malaysia, Panama, Papua-Neuguinea, Sri Lanka und Thailand.[125] *Tabelle 16* weist die Abhängigkeit der Bundesrepublik beim Import wichtiger Rohstoffe detailliert aus.

Tabelle 15 Außenhandel der Bundesrepublik Deutschland mit den Entwicklungsländern (nach Herstellungs- und Verbrauchsländern) (in Milliarden DM)

Jahr	Außenhandel mit allen Entwicklungsländern[1]			Außenhandel mit den außereuropäischen Entwicklungsländern					
				einschließlich OPEC-Länder[2]			ohne OPEC-Länder		
	Ausfuhr	Einfuhr	Saldo[3]	Ausfuhr	Einfuhr	Saldo[3]	Ausfuhr	Einfuhr	Saldo[3]
1960	10,8	10,9	− 0,1	9,0	9,5	− 0,5	7,1	6,6	+ 0,5
1961	11,1	10,9	+ 0,2	9,1	9,4	− 0,3	7,2	6,4	+ 0,8
1962	10,4	11,8	− 1,4	8,2	10,2	− 2,8	6,6	6,8	− 0,2
1963	10,8	12,1	− 1,3	8,4	10,6	− 2,2	6,7	7,1	− 0,4
1964	11,9	13,8	− 1,9	9,2	12,0	− 2,8	7,3	7,7	− 0,4
1965	13,6	15,4	− 1,8	10,3	13,5	− 3,2	8,0	8,8	− 0,8
1966	15,3	16,2	− 0,9	11,2	14,1	− 2,9	8,5	9,1	− 0,6
1967	16,2	15,6	+ 0,6	11,7	13,7	− 2,0	8,9	8,5	+ 0,4
1968	17,7	17,9	− 0,2	12,9	15,6	− 2,7	9,7	9,5	+ 0,2
1969	19,5	20,0	− 0,5	14,0	17,0	− 3,0	10,6	10,7	− 0,1
1970	21,4	21,0	+ 0,4	14,9	17,7	− 2,8	11,4	11,2	+ 0,2
1971	23,4	22,8	+ 0,6	16,3	19,1	− 2,8	12,2	10,9	+ 1,3
1972	24,9	24,2	+ 0,7	17,0	19,6	− 2,6	12,4	11,7	+ 0,7
1973	30,0	29,5	+ 0,5	20,5	23,9	− 3,4	14,5	13,7	+ 0,8
1974	45,1	46,1	− 1,0	32,1	40,2	− 8,1	21,6	16,3	+ 5,3
1975	50,9	43,7	+ 7,2	36,5	36,0	− 0,3	19,6	16,6	+ 3,0
1976	57,0	53,7	+ 3,3	41,7	45,4	− 3,7	21,0	21,0	± 0,0
1977	62,3	56,6	+ 6,2	46,7	48,0	− 1,3	21,8	24,5	− 2,7
1978	62,6	52,9	+ 9,7	47,4	43,6	+ 3,8	22,9	24,3	− 1,4
1979	62,4	64,8	− 2,4	45,0	54,3	− 9,3	25,9	27,3	− 1,4
1980	71,8	83,0	− 11,2	53,7	71,0	− 17,3	30,8	33,5	− 2,7
1981	89,0	83,5	+ 5,5	72,6	73,3	− 0,7	37,8	35,8	+ 2,0
1982	92,5	81,4	+ 11,1	74,5	70,1	+ 4,4	36,4	37,3	− 0,8
1983	80,5	72,4	+ 8,1	69,4	64,9	+ 4,5	37,9	37,6	+ 0,2
1984[4]	81,4	82,1	− 0,7	69,8	72,8	− 2,9	42,0	45,1	− 3,1

[1] Entwicklungsländer nach DAC; ab 1981 jedoch ohne Griechenland (EG-Land); ab 1983: ohne Spanien.
[2] Algerien, Ecuador, Gabun, Indonesien, Irak, Iran, Katar, Libyen, Nigeria, Saudi-Arabien, Venezuela, Vereinigte Arabische Emirate.
[3] Einfuhr- (−) bzw. Ausfuhrüberschuß (+) der Bundesrepublik Deutschland.
[4] Schätzung BMZ für 1984 auf der Basis der Zahlen für Januar-November 1984.
Quelle: BMZ, Sechster Bericht zur Entwicklungspolitik, März 1985, S. 113.

Tabelle 16

Rohstoffimporte der Bundesrepublik Deutschland 1983

Rohstoff	Anteil der Entwicklungsländer am Import (%)	Wichtigste Lieferländer
Kupfererze	66	Papua-Neuguinea, Mexiko, Chile
Rohzinn	88	Bolivien, Peru, Zaire
Eisenerze	59	Brasilien, Kanada, Mauretanien, Australien
Wolfram	76	Kanada, China
Bauxit	62	Guinea, Australien, Brasilien
Niobium, Tantal, Vanadium	12	Kanada, Schweden
Phosphate	45	Tunesien, Südafrika, Israel
Naturkautschuk	85	Malaysia, Indonesien, Singapur
Jute	100	Bangladesh, China, Indien, Burma
Hartfasern (Sisal, Kokos, Agaven)	91	Madagaskar, Sri-Lanka, Tunesien
Baumwolle	71	UdSSR, Türkei, USA, Zimbabwe
Laubrundholz	100	Kamerun, Elfenbeinküste, Burma
Laubschnittholz	94	Malaysia, Singapur, Brasilien
Kaffee	100	El Salvador, Kenia, Tansania
Kakao	100	Elfenbeinküste, Brasilien, Kamerun
Tee	95	Indien, Sri-Lanka, China, Mosambik
Bananen	100	Panama, Costa Rica, Honduras, Ecuador
Erdöl	65	Saudi Arabien, Großbritannien, Nigeria

Quelle: BMZ, Journalisten-Handbuch 1985, S. 202.

Eine steigende Tendenz zeigt der Anteil von Halb- und Fertigwaren an den Einfuhren aus Entwicklungsländern. Er lag zu Beginn der siebziger Jahre unter 15 %, zehn Jahre später bei 20 %. Diese Entwicklung ist vor allem auf die Zunahme der Einfuhr von Enderzeugnissen zurückzuführen. Während ihr Anteil an den Gesamteinfuhren aus den Entwicklungsländern von 9 % im Jahre 1972 auf 16,5 % im Jahre 1981 stieg, fiel der Import von Vorerzeugnissen im gleichen Zeitraum von 5,7 % auf 3,5 %.[126] Unter den Enderzeugnissen nahmen wiederum die Investitionsgüterimporte aus der Dritten Welt überdurchschnittlich zu.[127]

Wie die DDR exportiert die Bundesrepublik Deutschland ganz überwiegend Fertigwaren in die Entwicklungsländer. Dabei entfielen 1982 auf den Stahl-, Maschinen- und Fahrzeugbau sowie die Elektrotechnik und Chemie zusammen über 70 % der Lieferungen. An den Exporten in andere Länder waren diese Branchen nur mit 55 % beteiligt. Auf den Maschinenbau allein entfallen rund 20 % der deutschen Exporte in die Entwicklungsländer und 13-14 % der Lieferungen aller westlichen Industrieländer in die Dritte Welt.[128]

Mit Ausnahme des Jahres 1978 und im Unterschied zur DDR war der Handel der Bundesrepublik mit den außereuropäischen Entwicklungsländern (einschließlich OPEC) zwischen 1960 und 1981 defizitär (vgl. *Tabelle 15*). Ob die positiven Handelsbilanzen der Jahre 1982 und 1983 hier eine Trendveränderung signalisieren, wie das BMZ glaubt, oder ob es sich nur um eine Unterbrechung der alten Entwicklung handelt, ist noch nicht abzusehen.[129]

Trotz der jährlichen Defizite und der steigenden Importe von Fertigwaren, die mit der Inlandsproduktion der Bundesrepublik konkurrieren, hat der Handel mit den Entwicklungsländern einen positiven Beschäftigungseffekt. Im Jahre 1976 arbeiteten 960.000 Erwerbspersonen für Exporte in die Dritte Welt. Durch Importe von Halb- und Fertigwaren gingen zur gleichen Zeit 370.000 Arbeitsplätze verloren. Daraus ergab sich ein positiver Saldo von 590.000 Arbeitsplätzen. Für das Jahr 1982 hatte sich dieser Saldo auf 710.000 Arbeitsplätze erhöht. Hinzu kamen rund 210.000 Arbeitsplätze, die durch die Ausfuhren von Dienstleistungen – vor allem Bauausführungen in den OPEC-Ländern und Transporte – geschaffen wurden.[130] Den größten Beitrag zur Arbeitsplatzbeschaffung durch Warenexporte in die Dritte Welt leistete wiederum der Maschinenbau. Hier wurden 210.000 Arbeitsplätze gesichert, denen der Verlust von nur 15.000 Arbeitsplätzen durch Importe dieser Branche aus der Dritten Welt gegenüberstanden. Bei der Elektrotechnik belief sich der Nettobeschäftigungseffekt auf 113.000 Arbeitsplätze, beim Fahrzeugbau auf 122.000, bei der Metallerzeugung und -verarbeitung auf 77.000 und bei der Chemie auf 67.000. Allein in den Branchen Textil, Ernährung sowie Leder und Bekleidung war der Beschäftigungseffekt negativ, wobei das Leder- und Bekleidungsgewerbe 1982 durch Importe aus der Dritten Welt 110.000 Arbeitsplätze verlor, während durch Exporte dorthin nur 15.000 Arbeitsplätze geschaffen wurden.[131] Im Jahre 1982 beschäftigte die Waren- und Dienstleistungsausfuhr der Bundesrepublik in die Entwicklungsländer direkt oder indirekt rund 1,4 Millionen Menschen. Das waren rund 6 % aller Erwerbstätigen. Damit hatte sich der Anteil jener Beschäftigten, die durch Exporte in die Entwicklungsländer Arbeit gefunden haben, innerhalb von zehn Jahren verdoppelt.[132]

Diese Sachverhalte scheinen die These zu belegen, „daß die industrielle Weltmacht Bundesrepublik Deutschland ohne die Dritte Welt als ihr wirtschaftlicher Ergänzungsraum nicht leben kann"[133]. Das Bundesministerium für wirtschaftliche Zusammenarbeit stellt in seinem Sechsten Bericht zur Entwicklungspolitik daher fest:

„Die Zukunftsaussichten für Wachstum und Beschäftigung in der Bundesrepublik und in den anderen Industrieländern hängen auch davon ab, daß die wirtschaftliche Entwicklung in der Dritten Welt zügig und ausgewogen vorankommt."[134]

Dem ist im Grundsatz zuzustimmen. Allerdings sollte nicht übersehen werden, daß die gesamtwirtschaftliche Bedeutung der Entwicklungsländer für die Bundesrepublik seit Beginn der achtziger Jahre eher ab- als zugenommen hat und daß nur eine relativ kleine Gruppe von Schwerpunktländern für die Wirtschaft der Bundesrepublik existentiell wichtig ist. Dies zeigt sich besonders deutlich bei den Direktinvestitionen im Ausland.

Auf die Entwicklungsländer entfiel zwischen 1965 und 1984 durchschnittlich ein Viertel aller Auslandsinvestitionen der Bundesrepublik Deutschland, mit − wie *Tabelle 17* ausweist − sinkender Tendenz.[135]

Tabelle 17

Direktinvestionen bundesdeutscher Unternehmen in der Dritten Welt
(in % der Gesamtinvestitionen, Fünfjahresdurchschnitte)

1966 − 1970	27 %
1971 − 1975	29 %
1976 − 1980	23 %
1981 − 1984	23 %

Quelle: Siegfried Schulz u. a., Wirtschaftliche Verflechtung der Bundesrepublik Deutschland mit den Entwicklungsländern, Baden-Baden 1980, S. 130; BMZ, Journalisten-Handbuch, S. 203 (eigene Berechnungen).

Diese Direktinvestitionen waren extrem ungleich auf die Dritte Welt verteilt. Das Schwergewicht lag in Lateinamerika. Hier konzentrierte sich Ende der siebziger Jahre die Hälfte der in den Entwicklungsländern getätigten Investitionen deutscher Herkunft. Davon entfiel wiederum die Hälfte allein auf ein Land: Brasilien.[136]

Im Handel wie bei den Direktinvestitionen sind die fortgeschrittenen Entwicklungsländer (Schwellenländer) für die Bundesrepublik wirtschaftlich bei weitem interessanter als die weniger oder die am wenigsten entwickelten Länder (LLDC).[137] Das gilt in der gleichen Weise auch für die DDR. Diese Tatsache wird nur wenig dadurch modifiziert, daß einige Rohstoffe aus armen und ärmsten Entwicklungsländern importiert werden.[138] Der (Teil-) Industrialisierungsprozeß in der Dritten Welt bietet insbesondere der Investitionsgüterindustrie einen wichtigen Markt. Industrialisierung in der Dritten Welt bedeutet aber auch, daß Fertigwaren aus dieser Weltregion verstärkt auf den deutschen Markt drängen. Will sie ihrem Bekenntnis zur weiteren Liberalisierung des Welthandels treu bleiben, kann die Bundesregierung auch in Zeiten struktureller Arbeitslosigkeit auf die vermehrten Warenangebote aus den Entwicklungsländern nicht durch protektionistische Maßnahmen reagieren. Sie muß sich vielmehr auf eine Strukturanpassung der eigenen Wirtschaft einlassen, die es den Entwicklungsländern erlaubt, ihre komparativen Kostenvorteile bei der Erzeugung bestimmter Güter auszunutzen. Eine solche Strukturanpassung ist in den bisher am stärksten betroffenen Branchen (Textil- sowie Leder- und Bekleidungsgewerbe) mit beträchtlicher Verzögerung erfolgt.[139]

Als Fazit läßt sich festhalten, daß es eine wirtschaftliche Verflechtung zwischen der Bundesrepublik Deutschland und den Entwicklungsländern gibt, die für die gesamtwirtschaftliche Entwicklung der Bundesrepublik bedeutsam ist. Diese Aussage ist jedoch wie folgt zu qualifizieren:

1. Es gibt über den Zeitraum vom Beginn der fünfziger Jahre bis zur Gegenwart keine kontinuierliche Bedeutungszunahme der Entwicklungsländer für die Bundesrepublik. Vielmehr ist ihr Stellenwert für die deutsche Wirtschaft erheblichen Schwankungen unterworfen gewesen.
2. Wirtschaftlich wichtig ist nicht die Dritte Welt als ganzes. Die wirtschaftliche Verflechtung konzentriert sich vielmehr auf die Schwellenländer und einige wenige Rohstoff-Lieferanten.
3. Die Rohstoffabhängigkeit der Bundesrepublik hat sich selbst beim Erdöl nicht als absolute Größe herausgestellt; sie ist vielmehr durch Substitution einzelner Produkte und Erschließung neuer Quellen zu einem erheblichen Teil reduzierbar.
4. Die wirtschaftliche Verflechtung mit den Entwicklungsländern ist nicht gleichgewichtig. Zwar hat die Bundesrepublik Deutschland seit Beginn der Ersten Entwicklungsdekade der Vereinten Nationen fast immer mehr aus den Entwicklungsländern importiert als dorthin ausgeführt. Sie hat aber einen erheblich größeren Einfluß auf die wirtschaftlichen Rahmenbedingungen, unter denen sich die Entwicklung der beteiligten Volkswirtschaften vollzieht, als irgendein Entwicklungsland, und sie verfügt als voll industrialisiertes Land über weitaus größere Fähigkeiten, sich den Veränderungen auf dem Weltmarkt anzupassen.

5.2. Die technische und finanzielle Hilfe für die Entwicklungsländer

In der Zeit von 1950 bis 1984 hat die Bundesrepublik Deutschland für die öffentliche Entwicklungszusammenarbeit (ODA) insgesamt fast 95 Milliarden DM aufgewendet. Davon entfielen 68 Milliarden DM auf die bilaterale Zusammenarbeit und 27 Milliarden auf die multilaterale Hilfe über Internationale Organisationen wie die Vereinten Nationen, die Europäische Gemeinschaft, die Weltbankgruppe (Weltbank, IDA, IFC) und regionale Entwicklungsbanken in der Dritten Welt. Sonstige öffentlich geförderte Leistungen in der Gestalt von Krediten der Kreditanstalt für Wiederaufbau, Darlehen der Deutschen Entwicklungsgesellschaft und Refinanzierungen des Bundesministeriums der Finanzen summierten sich auf annähernd 17 Milliarden DM. Die private Entwicklungshilfe der Kirchen, politischen Stiftungen und Verbände belief sich insgesamt auf 9 Milliarden DM. Daneben engagierte sich die Privatwirtschaft mit Direktinvestitionen und anderen Formen des Kapitalverkehrs (Wertpapierinvestitionen, Kredite) mit insgesamt 74 Milliarden DM in den Entwicklungsländern. Die öffentlich garantierten Exportkredite der privaten Wirtschaft betrugen 27 Milliarden DM. Rechnet man kommerzielle Leistungen der Privatwirtschaft über Internationale Organisationen hinzu, so ergibt sich für öffentliche Leistungen und das finanzielle Engagement der Privatwirtschaft der Bundesrepublik in der Zeit von 1950 bis 1984 eine Gesamtsumme von 242 Milliarden DM. Detaillierte Angaben sind in *Tabelle 18* enthalten.

Die absoluten Steigerungsraten der Mittel für die technische und finanzielle Hilfe sind eindrucksvoll. So stiegen die öffentlichen Leistungen (Nettoauszahlungen) von weniger als 1 Milliarde DM im Jahre 1960 auf knapp 3 Milliarden DM im Jahre 1970,

Tabelle 18 Öffentliche Entwicklungszusammenarbeit (ODA) der Bundesrepublik Deutschland, private Hilfe und privatwirtschaftliches Engagement in der Dritten Welt (Nettoleistungen, in Millionen DM)

Leistungsart	1981	1982	1983	1984	1950 – 1984
I. Öffentliche Entwicklungszusammenarbeit (ODA)[1]	**7 192,6**	**7 654,2**	**8 116,3**	**7 916,5**	**94 714,1**
1. Bilateral	5 073,8	5 501,6	5 368,4	5 315,7	67 727,2
a) Zuschüsse	3 050,0	3 226,4	3 252,6	3 569,2	38 093,3
– Technische Zusammenarbeit[2]	1 986,3	2 113,4	2 129,9	2 496,6	24 383,0
– Sonstige Zuschüsse	1 063,7	1 113,0	1 122,7	1 072,6	13 710,3
b) Kredite und sonstige Kapitalleistungen	2 023,8	2 275,2	2 115,8	1 746,5	29 633,9
2. Multilateral	2 118,8	2 152,5	2 747,9	2 600,8	26 986,9
a) Zuschüsse an internationale Organisationen	1 321,1	1 362,5	1 403,3	1 663,3	14 892,9
b) Kapitalanteile/Subskriptionen	792,2	792,9	1 355,3	946,9	11 715,3
c) Kredite	5,5	– 2,9	– 10,7	– 9,4	378,7
II. Sonstige öffentliche Leistungen	**1 511,7**	**1 315,5**	**1 540,8**	**2 830,6**	**16 734,2**
1. Bilateral	1 511,7	1 361,2	1 522,9	2 859,1	14 059,1
a) Kredite der KfW	695,1	1 461,7	1 077,8	1 146,3	8 724,5
b) Refinanzierungen des BMF	765,2	– 118,5	400,5	1 691,7	4 967,2
c) DEG-Darlehen	60,4	18,0	44,6	21,1	367,4
2. Multilateral		– 45,7	17,9	– 28,5	2 675,1
III. Private Entwicklungshilfe[3]	**839,1**	**949,2**	**946,4**	**1 088,1**	**9 353,3**
IV. Private Leistungen zu marktüblichen Bedingungen	**8 740,8**	**6 982,9**	**7 300,4**	**6 680,6**	**120 948,6**
1. Bilateral	7 958,3	6 073,9	6 244,4	5 721,6	101 156,4
a) Investitionen und sonstiger Kapitalverkehr	5 852,8	5 645,6	6 328,4	4 367,0	73 770,5
b) Öffentlich garantierte Exportkredite (100 %)	2 105,5	428,3	– 84,0	1 354,6	27 385,9
2. Multilateral	782,5	909,0	1 056,0	959,0	19 792,2
V. Gesamte Leistungen	**18 284,2**	**16 901,7**	**17 903,9**	**18 515,8**	**241 750,2**

[1] Bi- und multilaterale Zuschüsse sowie Kredite und sonstige Kapitalleistungen zu Vorzugsbedingungen.
[2] Ab 1984 einschließlich Studienplatzkosten für Studenten aus Entwicklungsländern.
[3] Zuschüsse nichtstaatlicher Organisationen (z. B. Kirchen, Verbände, Stiftungen) aus Eigenmitteln und Spenden an Entwicklungsländer.
Quelle: BMZ, Journalisten-Handbuch 1985, S. 54 f.

6,5 Milliarden DM 1980 und 8,1 Milliarden DM 1983. Diese Zahlen sind aber nicht inflationsbereinigt und überzeichnen daher die realen Steigerungen. Auch hat es gemessen am Bruttosozialprodukt (BSP) der Bundesrepublik im Verlauf der beiden ersten UN-Entwicklungsdekaden eine rückläufige Entwicklung gegeben. Der Wert der öffentlichen Leistungen entsprach 1962 0,45 % des BSP, ging 1970 auf 0,32 % zurück, kletterte erst Ende der siebziger Jahre wieder auf 0,40 % und lag 1983 bei 0,49 % des BSP. Das war zwar eine erhebliche Zunahme. Sie blieb jedoch immer noch deutlich hinter dem Ziel, 0,7 % des Bruttosozialprodukts für die öffentliche Hilfe aufzuwenden, zurück.[140]

Der Anteil des Bundesministeriums für wirtschaftliche Zusammenarbeit (Einzelplan 23) am Bundeshaushalt stieg im Verlauf der sechziger Jahre von 0,6 % auf 2,6 %. Nach einem Rückgang in den Jahren 1977 und 1978 erreichte der Anteil erst 1985 wieder 2,6 %.[141]

Im Jahre 1981 erstreckte sich die bilaterale staatliche Entwicklungszusammenarbeit auf 110 Länder – eine unvergleichlich höhere Zahl als bei der DDR. Dabei erhielten die afrikanischen und die asiatischen Entwicklungsländer jeweils etwas weniger als ein Drittel der Hilfeleistungen, die europäischen und lateinamerikanischen Entwicklungsländer je etwa 15 %. Am Anfang der siebziger Jahre hatten die Leistungen noch ein anderes regionales Profil. Damals erhielten die asiatischen Entwicklungsländer fast die Hälfte und die afrikanischen ein Viertel der Mittel, während der Anteil Lateinamerikas mit etwa 15 % um die Hälfte über dem der europäischen Entwicklungsländer lag. Die Verschiebung zugunsten Afrikas hat sich seit 1981 fortgesetzt. Die afrikanischen Länder erhielten 1982 40 % und 1983 50 % aller Neuzusagen. Der Anteil Lateinamerikas an den Neuzusagen soll zwar steigen, lag aber 1981 bei 11,3 %, 1982 nur bei 7 % und 1983 erst bei 8 %.[142] Die – abweichende – regionale Verteilung der Nettoauszahlungen ist *Tabelle 19* zu entnehmen. Die Verschiebungen zugunsten der europäischen Entwicklungsländer ergaben sich Ende der siebziger Jahre vor allem aus der Hilfe für die Türkei.[143]

Die Erhöhung des Anteils an den öffentlichen Mitteln, der den afrikanischen Entwicklungsländern (insbesondere südlich der Sahara) zukommt, ist ein Ergebnis der Bemühungen, die Entwicklungshilfe bis zu einem gewissen Grad auf die ärmeren Entwicklungsländer zu konzentrieren. Der Anteil der am wenigsten entwickelten Länder (LLDC) an den Regierungszusagen für finanzielle und technische Zusammenarbeit hat sich im Zeitraum 1978/79 bis 1982/83 von 22,2 % auf 26,3 % erhöht. Berücksichtigt man ferner alle anderen Entwicklungsländer mit einem Pro-Kopf-Einkommen von weniger als 410 US-Dollar (zum Durchschnittskurs von 1982), so hat die Bundesrepublik im genannten Zeitraum ungefähr die Hälfte ihrer offiziellen Entwicklungshilfe mit den ärmeren Entwicklungsländern abgewickelt.[144]

Der Pro-Kopf-Beitrag für die Bevölkerung in den am wenigsten entwickelten Ländern betrug 1981 DM 6,24, der für alle Entwicklungsländer zusammen dagegen nur DM 2,28.[145] Die Entwicklungszusammenarbeit mit den LLDC erfolgt zudem zu Vorzugsbedingungen, denn seit 1978 erhalten sie nur noch nichtrückzahlbare Zuschüsse. Bei der Finanzierung von Projekten übernimmt die Bundesregierung auch Kosten, die in einheimischer Währung des jeweiligen Landes entstehen, und nicht nur Devisenkosten.[146] Zwanzig LLDC sind aufgrund von Einzelfallprüfungen ihre bis 1978 aufgelaufenen Schulden erlassen worden. Die nach 1973 von wirtschaftlichen Krisen besonders betroffenen Länder (MSAC) erhalten – soweit sie nicht gleichzeitig zur Gruppe der

Tabelle 19 Regionale Verteilung der bilateralen öffentlichen Entwicklungszusammenarbeit (ODA) der Bundesrepublik Deutschland (Nettoauszahlungen in Millionen DM)

Erdteil	Zuschüsse	Kredite und sonstige Kapital- leistungen	Bilaterale ODA insgesamt	Regionaler Anteil in %
Europa				
1981	137,9	634,2	772,1	*16,5*
1982	155,8	155,4	311,2	*6,2*
1983	99,5	90,5	190,0	*3,9*
1950 bis 1983	1 544,9	5 248,0	6 792,9	*12,5*
Afrika				
1981	1 341,8	304,4	1 646,2	*35,2*
1982	1 382,0	813,5	2 195,5	*43,2*
1983	1 416,6	711,7	2 128,3	*43,5*
1950 bis 1983	11 497,4	7 238,8	18 736,2	*34,3*
Amerika				
1981	427,3	327,5	754,8	*16,1*
1982	451,5	240,0	691,5	*13,6*
1983	470,2	171,1	641,3	*13,1*
1950 bis 1983	4 840,0	2 238,9	7 078,9	*13,0*
Asien				
1981	696,6	782,3	1 478,9	*31,6*
1982	774,1	1 085,7	1 859,8	*36,6*
1983	747,4	1 167,8	1 915,2	*39,2*
1950 bis 1983	8 913,7	12 938,9	21 852,6	*40,0*
Ozeanien				
1981	11,5	16,4	27,9	*0,6*
1982	14,6	6,6	21,2	*0,4*
1983	13,0	0,7	13,7	*0,3*
1950 bis 1983	82,3	50,1	132,4	*0,2*

Quelle: BMZ, Sechster Bericht zur Entwicklungspolitik, S. 125.

LLDC gehören – Kredite zu den „weichen" Bedingungen der IDA, das heißt mit einer Laufzeit von fünfzig Jahren bei zehn tilgungsfreien Jahren und einem Zinssatz bzw. einer Bearbeitungsgebühr von 0,75 %. Die Schwellenländer müssen für Kredite aus der staatlichen Entwicklungshilfe der Bundesrepublik dagegen 4,5 % Zinsen zahlen bei einer Laufzeit von nur zwanzig und fünf tilgungsfreien Jahren. Die übrigen Entwicklungsländer zahlen 2 % Zinsen bei einer Laufzeit von dreißig Jahren und zehn Freijahren.[147] Aufgrund dieser Bedingungen belief sich das Zuschußelement der Gesamtzusagen im Rahmen der staatlichen Entwicklungshilfe der Bundesrepublik 1981 auf 85 %.[148]

Die Bundesregierung stellt in ihrem Fünften Bericht zur Entwicklungspolitik, der die Problemsicht aus der Zeit vor und nach dem Regierungswechsel wiedergibt, fest, daß der hohe Rang der öffentlichen Zusammenarbeit mit den ärmeren Entwicklungsländern dem Ziel entspreche, die Armut in der Dritten Welt gezielt zu bekämpfen.[149] Dabei ist allerdings zu berücksichtigen, daß ein nicht unerheblicher Teil der Mittel für die Entwicklungszusammenarbeit mit den ärmeren Ländern die Armen nicht erreicht und daß keineswegs nur in den ärmeren Entwicklungsländern arme Menschen leben. Vielmehr gehört zu den Strukturproblemen der Dritten Welt, daß auch in den meisten der fortgeschrittenen Länder der Unterschied zwischen einer kleinen Zahl Reicher und der Masse der Bevölkerung wächst und darüber hinaus die Zahl der absolut Armen zunimmt. Dies gilt insbesondere für die lateinamerikanischen Schwellenländer, aber etwa auch für die Philippinen und Indonesien. Nun konzentriert sich aber die absolute Armut in den Schwellenländern wie in allen anderen Entwicklungsländern trotz der enormen und völlig ungeordneten Urbanisierung, die sich in der Dritten Welt vollzieht, nach wie vor in den ländlichen Regionen. Daher könnte eine vornehmlich auf diese Regionen zielende Entwicklungszusammenarbeit auch als Beitrag zur gezielten Bekämpfung von Armut betrachtet werden. Tatsächlich hat die Bundesregierung die ländliche Entwicklung neben der Energieversorgung, dem Schutz der natürlichen Ressourcen sowie der Bildung und Ausbildung im Verlauf der siebziger Jahre zum wichtigsten Förderungsbereich ihrer Entwicklungshilfe erklärt. Die Angaben des BMZ über die prozentualen Anteile der Hauptförderungsbereiche, die in *Tabelle 20* aufgeführt sind, deuten entsprechende Verschiebungen an.

Die höchsten Zuweisungen hat stets der Förderungsbereich Infrastruktur erhalten, der auch die Energieerzeugung und -verteilung einschließt. In den Jahren 1950-1980 entfielen auf diesen Sektor durchschnittlich 19 % der Mittel. In der Zeit von 1980-1984 stieg der Anteil auf 28 %, was vor allem auf energiewirtschaftliche Projekte zurückzuführen ist. Den zweiten Rang bekleidet der Bildungssektor. Auf ihn entfielen im langjährigen Durchschnitt 18 % der Leistungen, 1984 waren es 26,4 %. Im Verhältnis von Industrie und Landwirtschaft ist es zu einer Verkehrung der Rangordnung gekommen. Die Industrie der Entwicklungsländer erhielt im langjährigen Durchschnitt knapp 10 % der Mittel, die Landwirtschaft 7 %. 1984 entfielen auf diesen Förderungsbereich mehr als 11 % der Mittel, auf die Industrie jedoch nur noch etwa 5 %.

Diese Zahlen weisen das Gewicht der einzelnen Förderungsschwerpunkte jedoch nur unzureichend aus. Die Bundesregierung selbst merkt an, daß ein beträchtlicher Teil der Beträge für Infrastruktur, Industrie- und Mehrzweckprojekte mittelbar oder unmittelbar der Entwicklung des ländlichen Raumes zugute kommt. Als Beispiele werden Staudämme, Bewässerungsprojekte, Kunstdüngerfabriken, ländliche Verbindungswege und Agroindustrien genannt.[150] Unter Berücksichtigung solcher Überschnei-

Tabelle 20

Aufteilung der bilateralen öffentlichen Entwicklungszusammenarbeit (ODA)
nach Hauptförderbereichen (in % nach Sektoren)

Sektoren	Anteil (in %)	
	1950 – 1984	1984
Wirtschaftsplanung und öffentliche Verwaltung	4,2	6,3
Infrastruktur und öffentliche Versorgungsbetriebe	21,7	27,7
Land- und Forstwirtschaft, Fischerei	8,0	11,3
Industrie, Bergbau, Bauwirtschaft	9,0	5,1
Handel, Banken, Tourismus und sonstige Dienstleistungen	6,3	4,6
Bildung, Ausbildung, Wissenschaft	19,5	26,4
Gesundheitswesen, Bevölkerungsplanung	1,9	2,6
Soziale Infrastruktur, Sozialfürsorge	3,3	2,2
Mehrzweckprojekte	2,5	5,0
Nahrungsmittelhilfe	3,0	4,5
Sonstige (u.a. Waren- und Notstandshilfe)	20,6	4,3

Quelle: BMZ, Entwicklungspolitik, Jahresbericht 1984, S. 46.

dungen ist nach offiziellen Angaben davon auszugehen, daß der ländlichen Entwicklung 1983 rund 23 % der Gesamtmittel zugewiesen wurden, während unmittelbar grundbedürfnisorientierte Vorhaben sogar 32 % erhielten. Auch auf den Sektor Energiegewinnung und -verteilung entfallen nach offiziellen Angaben weitaus höhere Anteile als unter der Rubrik Infrastruktur ausgewiesen werden. Es darf aber nicht übersehen werden, daß solche Zuordnungen letztlich Ermessensfragen sind und nicht selten (z. T. nachträglich) bestimmten entwicklungspolitischen Konzepten subsummiert werden, ohne daß sie diesen in spezifischer Weise entsprechen.[151]

Zur Entwicklungspolitik gehört neben der technischen und finanziellen auch die personelle Zusammenarbeit. Sie umfaßt die Ausbildung und Entsendung von Fachkräften in die Entwicklungsländer sowie auf der anderen Seite die Aus- und Weiterbildung von Fachkräften aus Entwicklungsländern. Ihre Zahl ist in *Tabelle 21* aufgeführt.

Bei den Fachkräften unterscheidet die Bundesregierung
— entsandte Experten, die meist für die GTZ als Berater in Projekten der technischen Zusammenarbeit tätig sind;
— integrierte Fachkräfte, die unmittelbar Arbeitsverträge mit Entwicklungsländern abschließen (sie werden von den Partnerorganisationen vor Ort bezahlt und von diesen mit ihren Aufgaben betraut, GTZ und Deutscher Akademischer Austauschdienst (DAAD) gewähren hier finanzielle Zuschüsse);
— beigeordnete Sachverständige, die auf Kosten der Bundesregierung bei internationalen Organisationen auf eine Tätigkeit als Sachberater in Entwicklungsprojekten vorbereitet werden;
— Entwicklungshelfer, die vom Deutschen Entwicklungsdienst (DED), der Arbeitsgemeinschaft für Entwicklungshilfe (AGEH), der evangelischen Organisation Dienste in Übersee (DÜ), dem Internationalen Christlichen Friedensdienst EIRENE und dem Weltfriedensdienst entsandt werden.
Hinzu kommen Gutachter und Kurzzeitexperten vor allem der GTZ.[152]

Die Aus- und Weiterbildung von Fachkräften aus Entwicklungsländern erfolgt über die Deutsche Stiftung für Internationale Entwicklung (DSE), die Carl-Duisberg-Gesellschaft, die Otto-Benecke-Stiftung und das Zentrum für Internationale Migration und Entwicklung (CIM) bei der GTZ. Hinzu kommen Studienplätze für Studierende aus der Dritten Welt an den Universitäten und Hochschulen der Bundesrepublik. Einem Teil der Hochschulabsolventen, die in ihre Heimatländer zurückkehren, wird von der Bundesrepublik Deutschland eine Reintegrationshilfe gewährt.[153]

Die Abwicklung der staatlichen Entwicklungszusammenarbeit erfolgt in der rechtlichen Trägerschaft und unter der politischen Aufsicht des Bundesministeriums für wirtschaftliche Zusammenarbeit. In seinem Auftrag wird die finanzielle Zusammenarbeit durch die Kreditanstalt für Wiederaufbau (KfW), die technische Zusammenarbeit durch die Deutsche Gesellschaft für Technische Zusammenarbeit (GTZ) und die personelle Zusammenarbeit durch die Deutsche Stiftung für Internationale Entwicklung, den Deutschen Entwicklungsdienst, die Carl-Duisberg-Gesellschaft, die Otto-Benecke-Stiftung sowie den Deutschen Akademischen Austauschdienst durchgeführt. Hinzu kommen die Deutsche Finanzierungsgesellschaft für Beteiligungen in Entwicklungsländern, die insbesondere die Investitionstätigkeit kleinerer Unternehmen fördern soll, und das Goethe-Institut als zentrale Einrichtung der auswärtigen Kulturpolitik.

Im Unterschied zur DDR leisten in der Bundesrepublik zahlreiche private Organisationen Entwicklungshilfe. Sie arbeiten unabhängig von der Regierung, erhalten jedoch

Tabelle 21

Fachkräfte und Stipendiaten im Rahmen der bilateralen Technischen Zusammenarbeit der Bundesrepublik Deutschland

Jahr	Zahl[1] der eingesetzten Fachkräfte		Zahl[1] der geförderten Stipendiaten		
	insgesamt[2]	darunter Entwicklungs-helfer	insgesamt	davon	
				Studenten	Praktikanten[3]
1	2	3	4	5	6
1965	2 960	893	21 077	5 181	15 836
1970	6 344	1 774	32 327	8 018	24 309
1971	6 563	1 724	35 353	7 944	27 409
1972	7 235	1 834	29 311	5 391	23 920
1973	7 117	1 579	30 476	5 523	32 953
1974	6 796	1 548	57 068	5 964	51 104
1975	6 847	1 728	39 388	5 836	33 552
1976	5 729	1 409	27 869	4 789	23 060
1977	6 355	1 513	28 690	4 823	23867
1978	6 470	1 442	31 237	5 114	26 123
1979	5 443	1 508	33 260	5 944	27 316
1980	5 850	1 546	38 414	7 939	30 475
1981	5 903	1 589	36 234	6 990	29 244

[1] Einschließlich Fachkräfte bzw. Stipendiaten aller nichtstaatlichen Organisationen, soweit sie aus Mitteln des Bundes und der Länder gefördert werden. 1965 bis 1980: Gesamtzahl der im Berichtsjahr eingesetzten bzw. geförderten Personen.
[2] Ab 1980 ohne Referenten der Deutschen Stiftung für internationale Entwicklung.
[3] Bis 1975 einschließlich Praktikanten mit einer Ausbildungsdauer unter einem Monat; ab 1976 ohne Praktikanten mit einer Ausbildungsdauer von weniger als einem Monat.
Quelle: BMZ, Fünfter Bericht zur Entwicklungspolitik, S. 154.

öffentliche Zuschüsse. Als Träger dieser nicht-staatlichen Entwicklungszusammenarbeit sind zum einen die kirchlichen Organisationen zu nennen (Brot für die Welt, die Evangelische Zentralstelle für Entwicklungshilfe und Dienste in Übersee im Rahmen der Evangelischen Kirche, Misereor, Deutscher Caritasverband und Arbeitsgemeinschaft für Entwicklungshilfe auf der katholischen Seite). Zum anderen gehören zu ihnen die politischen Stiftungen der SPD (Friedrich-Ebert-Stiftung), der CDU (Konrad-Adenauer-Stiftung), der FDP (Friedrich-Naumann-Stiftung) und der CSU (Hanns-Seidel-Stiftung). Daneben gibt es zahlreiche Organisationen mit freier Mitgliedschaft, die ganz oder teilweise in der Entwicklungshilfe tätig sind. Hierzu zählen das Deutsche Rote Kreuz, der Deutsche Volkshochschulverband, die Deutsche Welthungerhilfe, Terre des Hommes, Medico International, das Kolpingwerk und das Deutsche Aussätzigen Hilfswerk sowie die Andheri-Hilfe. Auch sie werden aus Steuermitteln gefördert.[154]

5.3. Zusammenhänge zwischen Südhandel, Entwicklungszusammenarbeit und Außenpolitik

Die bilaterale Entwicklungszusammenarbeit der Bundesrepublik Deutschland ist, an der Anzahl der betroffenen Länder gemessen, sehr viel breiter gestreut als dies bei der DDR der Fall ist. Ein Blick auf *Schaubild 5*, wo die einzelnen Entwicklungsvorhaben aufgeführt sind, zeigt nach wie vor eine flächendeckende Politik, die praktisch jeden Winkel der Dritten Welt erreicht.

Dennoch hat die Bundesregierung nicht einfach die vielkritisierte Politik nach dem Gießkannenprinzip, die sie in den sechziger Jahren praktizierte, fortgesetzt. Vielmehr konzentriert sich der größere Teil der für die Entwicklungshilfe aufgewandten Mittel auf relativ wenige Länder der Dritten Welt.

Nach Angaben des Bundesministeriums für wirtschaftliche Zusammenarbeit waren die zehn Hauptempfänger der bilateralen, öffentlichen Entwicklungshilfe zwischen 1950 und 1980 in der Reihenfolge ihrer Wichtigkeit: Indien, Türkei, Israel, Pakistan, Ägypten, Indonesien, Bangladesh, Brasilien, Tunesien, Tansania.[155] Auf diese zehn Länder entfielen 40 % der Auszahlungen. Die zwanzig wichtigsten Empfänger erhielten im gleichen Zeitraum rund 50 % der Mittel.[156] Auch in den folgenden Jahren vereinte die Gruppe der zehn Hauptempfänger zwischen 35 und 40 % der gesamten bilateralen Entwicklungshilfe auf sich. Allerdings vollzogen sich innerhalb dieser Gruppe eine Reihe von Änderungen.[157]

In ihrem Sechsten Bericht zur Entwicklungspolitik nennt die Bundesregierung folgende zehn Länder, mit denen sie eine besonders intensive Zusammenarbeit betreibt: Indien, Ägypten, Türkei, Bangladesh, Pakistan, Sudan, Indonesien, Togo, Jordanien, Costa Rica. Die ersten sieben dieser Länder fanden Erwähnung, weil sie 1983/84 die höchsten Entwicklungshilfezusagen erhielten. Anders bei Togo, Jordanien und Costa Rica. Sie erscheinen nicht aufgrund der Höhe der Zusagen in der Liste, sondern weil die Zusammenarbeit mit ihnen „durch günstige wirtschaftliche und entwicklungspolitische Rahmenbedingungen, durch traditionell enge Beziehungen zur Bundesrepublik Deutschland oder durch die besondere regionale Bedeutung dieser Länder geprägt ist".[158] Damit ist noch einmal die Frage aufgeworfen, nach welchen Kriterien die Bundesrepublik ihre Entwicklungszusammenarbeit gestaltet.

Schaubild 5

Regionale Verteilung der Entwicklungsprojekte,
die von der Bundesregierung gefördert werden.

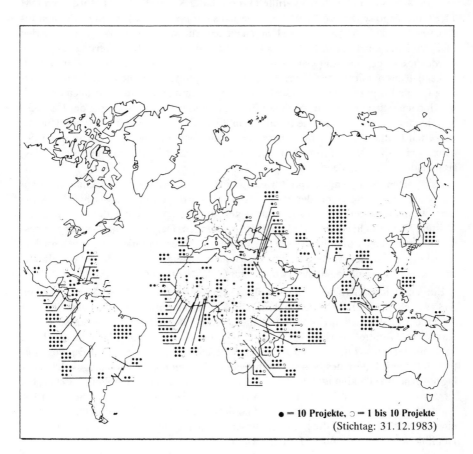

Quelle: BMZ, Entwicklungspolitik, Jahresbericht 1983, S. 35.

Zunächst ist festzuhalten, daß die absolute Höhe der einzelnen Entwicklungsländern zugewiesenen Entwicklungshilfe nicht der Höhe der Pro-Kopf-Aufwendungen entspricht. So kam Indien im Jahre 1983 Entwicklungshilfe in Höhe von DM 0,50 pro Kopf der Bevölkerung zugute und Bangladesh in Höhe von DM 0,95. Costa Rica dagegen erhielt pro Kopf der Bevölkerung DM 6,03, der Sudan DM 8,71, Jordanien DM 11,73 und Togo sogar DM 12,03.[159] Angesichts der hohen Bevölkerungszahlen in Indien und Bangladesh können diese Unterschiede nicht verwundern: Wollte man beiden Ländern Hilfe auch nur in Höhe von DM 5,00 pro Kopf der Bevölkerung gewähren, würde dies die gesamte Entwicklungshilfe der Bundesrepublik aufzehren. Daraus folgt indes, daß aus der absoluten Höhe der Entwicklungshilfe allein nicht auf deren Bedeutung für die Empfängerländer geschlossen werden kann, und daß mehr noch die Aufwendungen selbst keiner am absoluten Bedarf orientierten Rangordnung der Entwicklungsländer folgen. Obwohl die Bundesrepublik der Förderung der am wenigsten entwickelten Länder (LLDC) besondere Bedeutung beimißt, gehören nur drei der genannten Hauptpartner ihrer Entwicklungszusammenarbeit zur Gruppe der LLDC (Bangladesh, Sudan, Togo).

Es ist daher zu fragen, ob und inwieweit die Gewährung von Entwicklungshilfe mit wirtschaftlichen Interessen der Bundesrepublik korrespondiert. Zwischen Entwicklungszusammenarbeit und Außenhandel der Bundesrepublik mit den Ländern der Dritten Welt bestehen keine direkten Entsprechungen. Der Außenhandel der Bundesrepublik mit den Entwicklungsländern ist sehr viel steiler angestiegen als die Entwicklungshilfe, wobei der Anstieg letzterer recht gleichmäßig verlief, während der Handel erheblichen Schwankungen unterworfen war (vgl. *Schaubild 6* sowie Abschnitt 5.1).

Ein Vergleich der regionalen Verteilung von Entwicklungshilfe und Handel zeigt, daß es auch hier – ähnlich wie bei der DDR – keine klaren Entsprechungen gibt. Der Anteil der afrikanischen Entwickungsländer südlich der Sahara, Südasiens sowie der Karibik und Zentralamerikas an der Entwicklungshilfe war Anfang der achtziger Jahre drei- bis viermal so hoch wie der Anteil dieser Länder am Südhandel der Bundesrepublik. Bei den Ländern des Nahen Ostens war die Verteilung dagegen umgekehrt. Hier lag der Anteil am Südhandel der Bundesrepublik drei- bis viermal höher als der Anteil an der Entwicklungshilfe. Und bei den Entwicklungsländern Europas, Südamerikas und Südostasiens war der Anteil am Südhandel der Bundesrepublik ebenfalls zwischen einem Drittel und der Hälfte höher als ihr Anteil an der Entwicklungszusammenarbeit. Detaillierte Angaben sind in *Tabelle 22* enthalten.

Die zehn „am meisten geförderten Länder" hatten 1982 zusammen einen dreimal höheren Anteil an der Entwicklungshilfe als am Handel der Bundesrepublik. 1983 und 1984 lag dieses Verhältnis bei zwei zu eins. Nur bei Costa Rica und Jordanien entsprachen sich die jeweiligen Anteile. Im Falle der Türkei haben sich die Relationen seit Ende der siebziger Jahre stark verschoben. Während der Handel mit der Türkei zu Beginn der achtziger Jahre deutlich anstieg, ging die Entwicklungshilfe nach Abschluß der Türkei-Sonderhilfe, die Ende der siebziger Jahre eingeleitet wurde, zurück (vgl. *Tabelle 23*).

Auch die Rohstoffinteressen der Bundesrepublik schlagen in der Auswahl der „am meisten geförderten Länder" kaum zu Buche. Von den 16 wichtigsten Rohstofflieferanten gehören nur Indien, Bangladesh und Indonesien zur Gruppe der zehn bedeutendsten Partnerstaaten in der Dritten Welt. In noch geringerem Maße entsprechen sich die Direktinvestitionen der deutschen Wirtschaft und die Gewährung von Entwicklungshilfe.[160]

Schaubild 6

Handel der Bundesrepublik Deutschland mit Entwicklungsländern
sowie Umfang der öffentlichen und privaten Entwicklungshilfe-Leistungen*
(in Milliarden DM)

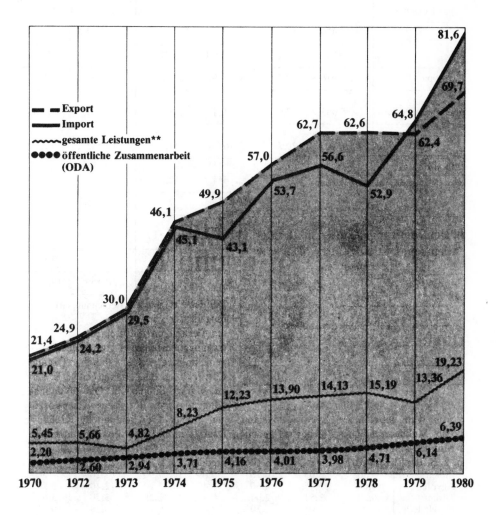

* Ab 1976 revidierte Zahlen infolge des DAC-Beschlusses zur Umstellung des Meldeverfahrens
  bei Schuldscheinen auf Hinterlegungsbasis.
** Bestehend aus: öffentliche Zusammenarbeit (ODA), sonstige öffentliche Leistungen (z.B.
  Kredite der Bundesbank), private Entwicklungshilfe (z.B. der Kirchen) und Leistungen der
  Wirtschaft (z.B. Direktinvestitionen).
Quelle: BMZ, Entwicklungspolitik, Jahresbericht 1980, S. 11.

Tabelle 22

Regionale Verteilung der bilateralen öffentlichen Entwicklungszusammenarbeit (ODA) und des Handels der Bundesrepublik Deutschland mit Entwicklungsländern (in Millionen DM und %).

Regionen	ODA				Handel	
	1950 – 1983		1983		1983	
	DM	%	DM	%	DM	%
Europa	6 916,8	10,7	189,9	3,5	18 482	12,1
Afrika, nördl. der Sahara	5 083	7,9	421	7,9	20 407	13,3
Afrika, südl. der Sahara	13 359	20,7	1670	31,1	14 145	9,2
Mittelamerika, Karibik	1 492	2,3	641	12,0	4 967	3,3
Südamerika	5 372	8,3	417	7,8	19 935	13,0
Naher und Mittlerer Osten	7 935	12,3	358	6,7	38 604	25,2
Südasien	11 617	18,0	814	15,2	5 868	3,8
Ostasien	5 583	8,7	718	13,4	30 169	19,7

Quelle: BMZ, Entwicklungspolitik, Jahresbericht 1983, S. 67-74 (eigene Berechnungen).

Tabelle 23

Bilaterale öffentliche Entwicklungszusammenarbeit (ODA) und Handel der Bundesrepublik Deutschland mit den zehn „am meisten geförderten Ländern" (in %)

Empfänger	ODA				Handel		
	1950 - 83	1982	1983	1984	1982	1983	1984
Indien	8,30	5,05	6,70	5,09	1,90	2,20	2,50
Ägypten	3,60	5,45	4,60	7,43	2,20	2,40	2,80
Türkei	6,20	3,51	2,04	0,95	2,28	3,20	3,60
Bangladesh	2,90	3,65	1,70	2,47	0,10	0,20	0,21
Pakistan	3,20	1,35	0,43	1,85	0,60	0,80	0,81
Sudan	1,70	2,49	3,20	2,55	0,18	0,20	0,27
Indonesien	3,90	6,18	4,10	4,97	1,94	1,60	1,82
Togo	0,90	0,90	0,62	0,60	0,06	0,04	0,07
Jordanien	0,97	0,65	0,68	0,50	0,57	0,39	0,35
Costa Rica	0,30	0,39	0,27	0,29	0,18	0,21	0,24
Summe	31,97	29,62	24,34	26,70	10,00	11,24	12,67

Quelle: BMZ, Entwicklungspolitik, Jahresberichte 1982, 1983, 1984. Zur Länderauswahl siehe BMZ, Sechster Bericht zur Entwicklungspolitik, S. 87.

Aus diesen Sachverhalten läßt sich der Schluß ziehen, daß wirtschaftliche Interessen der Bundesrepublik Deutschland bei der Auswahl der Empfänger ihrer Entwicklungshilfe kaum eine Rolle spielen. Größere Bedeutung scheinen sie hingegen bei der Gestaltung des Modus der Hilfeleistungen zu genießen. So wird seit einigen Jahren durch die rasch zunehmende Mischfinanzierung Entwicklungshilfe mit kommerziellen Krediten kombiniert und es ist ein erklärtes Ziel der Bundesregierung, bei der Förderung von Entwicklungsprojekten stärker auf deren Beschäftigungswirkung in der Bundesrepublik zu achten. Ob dies die Handelsbeziehungen nachhaltig beeinflussen wird, bleibt allerdings abzuwarten.

Wenn aber weder der absolute Bedarf einzelner Entwicklungsländer noch wirtschaftliche Interessen der Bundesrepublik allein den Ausschlag geben, so stellt sich die Frage, inwieweit politische Erwägungen die Vergabe von Entwicklungshilfe beeinflussen oder mit den Wirtschaftsbeziehungen korrelieren. Die Bundesregierung selbst spricht in der Auflistung der ,,zehn am meisten geförderten Länder" von der regionalen Bedeutung einzelner dieser Länder als Kriterium für deren Auswahl. Damit ist nicht zuletzt ihre Bedeutung in den Konfliktzonen des Nahen Ostens und Zentralamerikas gemeint. Es ist im vorhergehenden Abschnitt bereits erörtert worden, daß zumindest in Zentralamerika bündnispolitische Gesichtspunkte die Entwicklungszusammenarbeit wesentlich beeinflußt haben. Dies trifft mit Blick auf den Ost-West-Konflikt in ähnlicher Weise auf die Entwicklungszusammenarbeit mit den Ländern des Nahen und Mittleren Ostens zu. Inwieweit machen sich diese Gesichtspunkte bei der Gewährung von Entwicklungshilfe generell bemerkbar?

Werden die Entwicklungsländer nach politischen Kriterien gruppiert, die den Einteilungen der DDR und der sozialistischen Staaten folgen (sozialistisches Weltsystem, sozialistischer Entwicklungsweg, sozialistische Orientierung, vgl. Kapitel D), so wird sichtbar, daß auch in der Bundesrepublik Gesichtspunkte, die im Ost-West-Konflikt wurzeln, die Vergabe von Entwicklungshilfe beeinflussen – wenngleich in deutlich geringerem Maße und in anderer Form als bei der DDR. So existiert mit jenen Entwicklungsländern, die aus östlicher Sicht zum ,,sozialistischen Weltsystem" zählen (Mongolei, Kuba, Vietnam, Laos, Kampuchea, DVR Korea) keine nennenswerte Entwicklungszusammenarbeit. Während die Bundesregierung für die Mongolei keine Zahlen ausweist, lag der Anteil Kubas, Vietnams, Laos', Nord-Koreas und Kampucheas an der bilateralen Entwicklungshilfe der Bundesrepublik am Beginn der achtziger Jahre zusammen unter 0,1 %. Zwar war der Handel mit diesen Ländern etwas bedeutsamer, erreichte aber ebenfalls kaum ein halbes Prozent des Südhandels der Bundesrepublik.[161] Wichtiger ist allein die Volksrepublik China. Sie erhielt 1983 über 4 % und 1984 3 % der bilateralen öffentlichen Entwicklungshilfe. Chinas Anteil am bundesdeutschen Südhandel lag ebenfalls bei 3 %. *Tabelle 24* weist die Anteile der drei Ländergruppen an der Entwicklungshilfe sowie am Handel der Bundesrepublik aus.

Auf jene Länder, die nach Auffassung der DDR einen ,,sozialistischen Entwicklungsweg" beschreiten (Äthiopien, Angola, Mosambik, VDR Jemen, Afghanistan) entfielen dagegen höhere Anteile. Zwar machte der Handel der Bundesrepublik mit dieser Ländergruppe 1984 ebenfalls nur ein halbes Prozent des gesamten Südhandels aus; ihr Anteil an der Entwicklungshilfe lag dagegen bei annähernd 2 %, wobei in beiden Fällen die Beziehungen zu Äthiopien eine besondere Rolle spielen.

Auch unter anderen Umständen wird man allerdings bei diesen beiden Gruppierungen keine für die Bundesrepublik bedeutsamen Wirtschaftsbeziehungen erwarten kön-

Tabelle 24

Bilaterale öffentliche Entwicklungszusammenarbeit (ODA)
und Handel der Bundesrepublik Deutschland mit nichtmarktwirtschaftlichen
Entwicklungsländern (in Millionen DM und % der gesamten bilateralen ODA
sowie des gesamten Außenhandels mit den Entwicklungsländern)

	Ländergruppen*		
	„Sozialistisches Weltsystem"	„Sozialistischer Entwicklungsweg"	„Sozialistische Orientierung"
ODA			
1950 – 83			
Mio DM	253,304	970,893	3.667,864
%	0,4	1,5	5,7
1982			
Mio DM	4,833	37,675	493,082
%	0,10	0,70	9,00
DM/Kopf	0,05	0,54	3,99
1983			
Mio DM	0,256	29,668	460,798
%	0,01	0,60	8,60
DM/Kopf	> 0,01	0,40	3,60
1984			
Mio DM	0,40	101,70	348,20
%	0,01	1,91	6,60
DM/Kopf	> 0,01	1,36	2,68
Handel			
1982			
Mio DM	266,9	747,8	27.839,6
%	0,2	0,4	16,0
1983			
Mio DM	692,1	816,3	21.349,9
%	0,5	0,5	13,9
1984			
Mio DM	774,9	945,5	20.549,2
%	0,5	0,6	12,6

* Zur Aufteilung der Ländergruppen vgl. Tabelle 10. Jugoslawien und VR China sind nicht erfaßt.
Quelle: BMZ, Jahresbericht 1982, 1983, 1984 (Eigene Berechnungen).

nen. Insofern sagen die geringen Zahlen mehr über die fehlende ökonomische Attraktivität als über den Einfluß ordnungspolitischer Erwägungen aus. Bei der Entwicklungshilfe fällt jedoch auf, daß die Leistungen pro Kopf der Bevölkerung ungewöhnlich niedrig sind und jene vier Länder, die zur Kategorie der LLDC gehören, besonders geringe Anteile aufweisen. Kampuchea und Afghanistan tragen alte Entwicklungsschulden ab, ohne nennenswerte neue Entwicklungsleistungen zu erhalten. Allerdings weisen beide Länder aufgrund bewaffneter Auseinandersetzungen denkbar ungünstige Voraussetzungen für eine erfolgversprechende Entwicklungszusammenarbeit auf. Doch auch der Süd-Jemen erhielt 1983/84 pro Kopf seiner Bevölkerung weniger als 10 Pfennig. Höhere Zuwendungen bekam lediglich Äthiopien, wo die Hilfe pro Kopf der Bevölkerung von DM 0,90 im Jahre 1982 auf DM 2,40 im Jahre 1984 stieg. Angestiegen ist ebenfalls die Pro-Kopf-Leistung für Angola und Mosambik, die allerdings nicht zur Gruppe der LLDC gehören.[162]

Bei den Ländern mit „sozialistischer Orientierung" ergibt sich ein völlig anderes Bild. Es handelt sich hier um eine sehr viel größere Staatengruppe, die zudem ein wesentlich größeres Gewicht als Handelspartner der Bundesrepublik aufweist. Besondere Bedeutung kommt dabei den OPEC-Staaten Algerien, Irak und Libyen zu. Aber auch die Entwicklungshilfe ist von weit größerer Bedeutung als bei den voraufgegangenen beiden Ländergruppen. Wichtig sind hier vor allem die vergleichsweise hohen Leistungen pro Kopf der Bevölkerung. Sie lagen 1984 im Durchschnitt bei DM 7,55 und 1982 sogar bei DM 8,20. Allerdings ist in der ersten Hälfte der achtziger Jahre sowohl der Anteil des Handels dieser Ländergruppe als auch ihr Anteil an der bundesdeutschen Entwicklungshilfe zurückgegangen, wobei die relative Bedeutung der Entwicklungszusammenarbeit noch etwas stärker abnahm. Dies ist vor allem auf das veränderte Verhältnis zu Nikaragua und Syrien zurückzuführen. Die Pro-Kopf-Hilfe für Nikaragua sank von DM 7,30 im Jahre 1982 auf DM 4,22 im Jahre 1984 und wird weiter sinken, da Nikaragua vorläufig keine neuen Zusagen erhält. Der Handel mit Nikaragua blieb dagegen relativ konstant. Das gilt auch für Syrien, wo die Pro-Kopf-Leistungen im Rahmen der Entwicklungszusammenarbeit von DM 7,18 im Jahre 1982 auf DM 1,04 im Jahre 1984 zurückgingen. Umgekehrt verhielt es sich bei der Volksrepublik Kongo. Hier sank der Handel mit der Bundesrepublik absolut und relativ, während sich die Pro-Kopf-Leistungen der Entwicklungshilfe von DM 6,64 im Jahre 1982 auf DM 11,33 im Jahre 1984 fast verdoppelten. Im Falle Guineas erhöhten sich sowohl der Handel wie auch die Pro-Kopf-Aufwendungen.

Die Zahlen zeigen, daß der Haltung, die ein Land im Ost-West-Konflikt einnimmt oder in Auseinandersetzungen, die auf den Ost-West-Konflikt zurückwirken, offenbar ein größeres Gewicht für die Gewährung bundesdeutscher Entwicklungshilfe zukommt als Abweichungen von den ordnungspolitischen Präferenzen der Bundesregierung. Die ordnungspolitische Differenzierung der Dritten Welt spielt trotz ihrer potentiellen Bedeutung für die Systemkonkurrenz zwischen Ost und West bei der Ausgestaltung der bundesdeutschen Beziehungen nur eine zweitrangige Rolle, wobei ihr Einfluß auf die Entwicklungszusammenarbeit größer ist als auf die Wirtschaftsbeziehungen. Selbst in einem politisch so hochsensiblen Spezialbereich des Außenhandels wie dem Waffenhandel spielen ordnungs- und bündnispolitische Überlegungen keine ausschlaggebende Rolle, obwohl sie hier natürlich wichtiger sind als im zivilen Warenverkehr. Dies soll abschließend kurz erläutert werden.

Nach Angaben der US-Rüstungskontroll- und Abrüstungsbehörde (ACDA) exportierte die Bundesrepublik zwischen 1978 und 1982 Rüstungsgüter im Wert von 4,6 Milliarden US-$. Davon entfielen 3,1 Milliarden auf 19 Länder der Dritten Welt, die man nach ihrer Größe, ihrer Bedeutung als Märkte, Rohstofflieferanten und Kapitalanlagegebiete sowie nach ihrer regional- und weltpolitischen Bedeutung als „Schwerpunktländer" der Dritten Welt bezeichnen kann.[163] Hauptempfänger deutscher Rüstungsgüter unter diesen Ländern waren Saudi-Arabien mit Bezügen im Wert von 550 Millionen US-$, die Türkei, die Rüstungsgüter im Wert von 500 Millionen US-$ erhielt, der Iran mit 350 Millionen US-$, Ägpten mit 260 Millionen US-$ und der Irak mit Rüstungsimporten in Höhe von 240 Millionen US-$. Libyen, das man aufgrund seiner regionalpolitischen Bedeutung und als Öllieferant besonders aus Sicht der Bundesrepublik den Schwerpunktländern hinzurechnen könnte, importierte zwischen 1978 und 1982 Rüstungsgüter im Wert von 430 Millionen US-$ aus der Bundesrepublik. Damit bekleidete es nach Saudi-Arabien und der Türkei den dritten Platz, obwohl Libyen im angesprochenen Zeitraum bereits eng mit der Sowjetunion kooperierte. Berücksichtigt man in diesem Zusammenhang noch den Sudan, der Rüstungsgüter für 330 Millionen US-$ erhielt, so bezogen allein diese sieben Länder der Konfliktregion des Nahen und Mittleren Ostens sowie der angrenzenden Gebiete Nordafrikas über die Hälfte aller Rüstungsexporte der Bundesrepublik. Drei der sieben Länder zählen darüber hinaus zu den Hauptempfängern deutscher Entwicklungshilfe: die Türkei, Ägypten und der Sudan; und zwei, Libyen und der Irak, sind aufgrund ihrer „sozialistischen Orientierung" der DDR und den anderen Staaten des „realen Sozialismus" freundschaftlich verbunden.[164]

Die bundesdeutschen Rüstungsexporte verdienen um so mehr Beachtung, als die Bundesregierung in ihrem Fünften Bericht zur Entwicklungspolitik mit aller Deutlichkeit die ökonomischen Belastungen der Entwicklungsländer durch Rüstungsexporte der Industriestaaten, namentlich den Rückgang ihrer Importkapazität für zivile Güter und die Verschärfung ihrer Verschuldung, hervorgehoben hat. Es wird beklagt, daß die Rüstung mit der „Unterhaltung eines kostspieligen unproduktiven Sektors" einhergehe, „mit dem Entzug von Fachkräften aus dem zivilen Bereich", „der Begünstigung der Entwicklung einseitig spezialisierter Technologie" und „der Vernachlässigung breitenwirksamer wirtschaftlicher Entwicklung". Darüber hinaus, so stellte der Fünfte Bericht fest, erhöht ein wachsendes Militärpotential „in vielen Fällen die Konfliktbereitschaft mit der Folge, daß bei kriegerischen Auseinandersetzungen Entwicklungserfolge vernichtet werden und Flüchtlingselend als neue Belastung hinzukommt".[165] Dies unterstreicht, wie dringlich es ist, den Aufrüstungsprozeß der Dritten Welt zu stoppen – was auch für Rüstungsexporte der Bundesrepublik Deutschland eine beträchtliche Herausforderung darstellt.[166]

5.4. Zusammenfassung und Ausblick: Die Beziehungen zur Dritten Welt und der Ost-West-Konflikt

Die wirtschaftliche Verflechtung aller Länder der Welt – mit Ausnahme vielleicht Albaniens – hat seit Ende des Zweiten Weltkrieges erheblich zugenommen. Diese Verflechtung hat sich aber keineswegs gleichmäßig vollzogen. Für die RGW- und die OECD-Staaten ist der Handel innerhalb ihrer Staatengruppe bei weitem wichtiger als der Handel mit anderen Ländern. Während aber im westlichen Außenhandel die Dritte Welt den zweiten, der Handel mit den sozialistischen Industrieländern dagegen erst den dritten Rang bekleidet, hat für die RGW-Staaten der Ost-West-Handel eine weitaus größere Bedeutung als der Handel mit den Entwicklungsländern. Für die Entwicklungsländer wiederum ist der Warenaustausch untereinander bedeutsamer als mit den RGW-Staaten, bleibt aber auf der anderen Seite weit hinter dem Handel mit den OECD-Staaten zurück.

Der Ost-West-Konflikt hat in der unmittelbaren Nachkriegszeit zweifellos zu wichtigen politisch motivierten Umlenkungen der Welthandelsströme geführt. Die rein politischen Beschränkungen des West-Ost-Handels wurden zwar im Verlauf der Entspannung abgebaut. Es zeigte sich jedoch, daß in der Natur der Wirtschaftsbeziehungen selbst Hindernisse für eine schnelle und durchgreifende wirtschaftliche Verflechtung zwischen Ost und West bestehen. Außerdem hat im Zuge der Ost-West-Auseinandersetzungen über die Probleme zwischen Nord und Süd Ende der siebziger Jahre eine erneute Politisierung des West-Ost-Handels eingesetzt. Dies betrifft insbesondere den Technologietransfer. Zwar ist grundsätzlich denkbar, daß die Beschränkungen des West-Ost-Handels auf seiten der OECD-Staaten zusätzliche Anreize geschaffen haben, den Handel mit der Dritten Welt auszubauen. In Zukunft könnte jedoch der gegenteilige Effekt eintreten. So könnten Länder wie Indien, die über gute Wirtschaftsbeziehungen auch zu den RGW-Staaten verfügen, im Handel mit sensibler Technologie auf politisch motivierte Restriktionen treffen, sofern sie nicht sicherzustellen vermögen, daß eine Weiterleitung dieser importierten Technologien in die RGW-Staaten unterbleibt.

Gegenüber einigen Entwicklungsländern ist der Handel auch in der Vergangenheit bereits unmittelbar aus Gründen eingeschränkt worden, die im Ost-West-Konflikt wurzeln. Dies trifft auf China während der fünfziger Jahre, (Nord-)Vietnam und Kuba im Verlauf der sechziger und Afghanistan im gegenwärtigen Jahrzehnt zu. Die Wirtschaftsbeziehungen der Bundesrepublik Deutschland zu den Entwicklungsländern werden aber weniger durch eine Projektion des Ost-West-Konflikts auf die Dritte Welt bestimmt als vielmehr durch deren zunehmende Differenzierung nach Entwicklungsstand und Wirtschaftspotential, ihre Bedeutung als Rohstofflieferanten oder auch als regionale Ordnungsmächte. Jedenfalls sind die Beziehungen der Bundesrepublik zur Dritten Welt generell weit weniger durch gesellschaftspolitische Demarkationslinien bestimmt, als dies bei der DDR der Fall ist. Darüber hinaus hat die Bundesrepublik für zahlreiche Entwicklungsländer, die nicht marktwirtschaftlich organisiert sind, eine erheblich größere wirtschaftliche Bedeutung als die DDR. Daß sie in jenen Ländern, die zum „sozialistischen Weltsystem" gerechnet werden, kaum präsent ist, hat neben gesellschafts- und bündnispolitischen, auch rein wirtschaftliche, entwicklungspolitische oder historische Gründe.

Was für den Handel gilt, trifft grundsätzlich auch für die Entwicklungshilfe zu. Die Bundesrepublik war und ist – in deutlichem Unterschied zur DDR – eher bereit, ordnungspolitische Alternativen zum marktwirtschaftlichen System innerhalb der Entwicklungsländer zu akzeptieren, als weitergehende Modifizierungen der bestehenden Weltwirtschaftsordnung. Umgekehrt formuliert: Im Rahmen der bestehenden Weltwirtschaftsordnung ist die Wirtschaftsordnung einzelner Entwicklungsländer mit Blick auf die Außenhandelsinteressen der Bundesrepublik nur von sekundärer Bedeutung. Während das bestehende Weltwirtschaftssystem Prinzipien folgt, die den ordnungspolitischen Grundsätzen der Bundesrepublik entsprechen, muß sich die DDR auf dem Weltmarkt in einem ihr fremden System behaupten.

Dennoch ist auch die Toleranz der Bundesrepublik gegenüber ordnungspolitisch bedeutsamen Veränderungen in Entwicklungsländern nicht unbegrenzt. Sie endet offenbar dort, wo solche Veränderungen bündnispolitische Interessen berühren wie dies gegenwärtig vor allem in Zentralamerika der Fall ist. Neben solchen Erwägungen haben zudem neue nationale Anliegen in der Südpolitik an Bedeutung gewonnen – so das Interesse, einer Kritik an der Bundesrepublik in internationalen Gremien, insbesondere in den Vereinten Nationen, entgegenzutreten und Anreize zur Zurückhaltung oder zu politischem Wohlverhalten auf seiten der Entwicklungsländer zu schaffen. Hier ist in erster Linie an die Bemühungen der Bundesregierung zu denken, die Kritik an ihrer Südafrika-Politik zurückzuweisen und durch Kooperation mit den benachbarten „Front-Staaten" ihr Interesse an einer substantiellen Konfliktlösung in der Region unter Beweis zu stellen.

Der Ost-West-Konflikt hat die Südpolitik der Bundesrepublik Deutschland im Verlauf ihrer Geschichte unterschiedlich beeinflußt. Vier Phasen lassen sich unterscheiden. Während der fünfziger Jahre herrschte eine eher passive Unterstützung der amerikanischen Containment-Politik vor. In den sechziger Jahren konnte sich eine eigenständige bundesdeutsche Südpolitik entfalten, deren Ost-West-Bezug durch den deutschen „Sonderkonflikt" und den Alleinvertretungsanspruch geprägt war. Die Entspannungspolitik erweiterte im darauffolgenden Jahrzehnt den Handlungsspielraum für eine konzeptionelle Neuorientierung der Entwicklungspolitik und eine Zurückdrängung des Ost-West-Konflikts gegenüber dem Nord-Süd-Konflikt, der sich im Zeichen der weltweiten Auseinandersetzungen über eine Neuordnung der Weltwirtschaft erheblich zuspitzte. In der zweiten Hälfte des Jahrzehnts zeigte sich jedoch, daß die Entspannungspolitik wenig für eine Koexistenz von Ost und West in der Dritten Welt geleistet hatte. Vielmehr trugen die Auseinandersetzungen zwischen Ost und West in der Dritten Welt dazu bei, die Entspannungsansätze gegenüber der Systemkonkurrenz zurückzudrängen.

Es ist allerdings denkbar, daß das außerordentliche Konfliktpotential in der Dritten Welt künftig vermehrte Anreize für Ost und West schaffen könnte, sich über Prioritäten und Inhalte einer globalen Entspannungspolitik zu verständigen. Eine solche Verständigung, die in ein entwicklungspolitisches Zusammenwirken beider Systeme münden könnte, ist von der Bundesregierung der Großen Koalition schon Ende der sechziger Jahre gefordert worden. So schrieb der damalige Bundesminister für wirtschaftliche Zusammenarbeit, Hans-Jürgen Wischnewski, im April 1968: „Den Hilfs- und Aufbaumaßnahmen, die Ingenieure, Landwirte, Ärzte und andere Fachleute aus Leipzig, Rostock oder Erfurt in den Entwicklungsländern leisten, ist aller Erfolg zu wünschen. Denn es kann uns nur freuen, wenn über die unglückliche Trennung hinweg das ganze deutsche Volk entschlossen ist, für die schwere entwicklungspolitische Aufgabe Menschen und Mittel zur Verfügung zu stellen."[167]

F. Blockfreie und Neue Weltwirtschaftsordnung – Trennendes und Gemeinsamkeiten in der Entwicklungspolitik beider deutscher Staaten

Die Dritte Welt ist ein schwieriger Kontrahent und Partner. Das gilt für beide deutsche Staaten. Außen- wie gesellschaftspolitisch, wirtschafts- wie entwicklungspolitisch stellt sie Anforderungen, denen mit einfachen Antworten und Rezepten aus dem Erfahrungszusammenhang des Ost-West-Konflikts und der jeweils eigenen Entwicklung nicht entsprochen werden kann. Zwar ist die Dritte Welt vielgestaltig, vereint politisch und ökonomisch höchst unterschiedliche Staaten. In ihr finden sich alle denkbaren Schattierungen einer „sozialistischen" und „kapitalistischen" Orientierung. Sie umschließt parlamentarische Demokratien, Monarchien, Militärdiktaturen und Diktaturen einer vermeintlich proletarischen Avantgarde; stagnierende Agrargesellschaften stehen neben solchen, in denen die industrielle Arbeitsteilung voranschreitet. Und dennoch: Trotz aller Heterogenität sind die Gemeinsamkeiten nicht zu übersehen.

Gemeinsam ist ihnen die koloniale und halbkoloniale Vergangenheit, ein Abschnitt ihrer Entwicklungsgeschichte, der bei einigen bereits im 19. Jahrhundert endete, bei anderen hingegen erst in jüngster Zeit. Diese Epoche hat sowohl die führenden politischen Kräfte als auch die Wirtschaft, Kultur und das soziale Zusammenleben der Entwicklungsgesellschaften nachhaltig geprägt. Wenn auch mit abnehmender Intensität wirken die kolonialen Erfahrungen bis heute nach. Gemeinsam sind ihnen bei allen Unterschieden im Detail aber auch tiefgreifende Entwicklungsdefizite. Armut, Hunger, Elend, Analphabetismus und soziale Ungerechtigkeiten sind keineswegs vereinzelte Erscheinungen, sondern quer durch die Dritte Welt ein Massenphänomen. Die agrarischen Gesellschaften der häufig so bezeichneten „Vierten Welt" sind davon ebenso betroffen wie die agrarisch-industriellen „Schwellenländer". Und schließlich verbindet die Entwicklungsländer, daß sie in der Weltwirtschaft überwiegend kaum mehr als eine untergeordnete Position bekleiden. Ihr Anteil am Welthandel ist gering, ihre Exporte beschränken sich vielfach auf Rohstoffe und Nahrungsmittel, ihr ökonomisches Leistungsvermögen hängt weitgehend von finanzieller Unterstützung und Lieferungen aus den Industriestaaten ab, und ihr Einfluß auf die weltwirtschaftliche Entwicklung ist minimal mit der Folge, daß sie von Krisen besonders hart betroffen werden.

All dies schafft Konfliktstoff nicht nur im Nord-Süd-Verhältnis, sondern auch unter den Entwicklungsländern selbst. Dennoch haben sie – gemessen an den tatsächlichen Differenzierungsprozessen – in den vergangenen Jahren eine erstaunlich geschlossene Haltung gegenüber den Industriestaaten eingenommen. Umfassende politische, wirtschaftliche und kulturelle Selbstbestimmung sowie eine wirkungsvolle Unterstützung bei der Überwindung ihrer Entwicklungsprobleme sind die gemeinsamen Hauptforderungen der Dritten Welt. Sie richten sich gleichermaßen an die Industriestaaten des Ostens wie des Westens, denen sie in Gestalt der Blockfreien-Bewegung sowie der „Gruppe der 77" als eigenständige, dritte Kraft mit erheblichem politischem Gewicht gegenübertritt.

Angesichts der tiefgreifenden eigenen Probleme muß den Entwicklungsländern der gesellschaftspolitische Systemkonflikt und namentlich die machtpolitische Auseinandersetzung zwischen Ost und West fremd bleiben. Das schließt taktische Bündnisse nicht aus, doch verstehen sie sich ganz überwiegend nicht als Parteigänger der beiden im Lager der Industriestaaten streitenden Kontrahenten. Mehr noch wird, je weiter die Emanzipation von der kolonialen Vergangenheit fortschreitet, das Bedürfnis anwachsen, die eigenen historischen und kulturellen Wurzeln aufzudecken und darauf eine eigenständige Entwicklung zu gründen. Dieser Prozeß hat erst begonnen, doch zeigen die vielfältigen autochthonen Sozialismus-Modelle ebenso wie die nicht minder variantenreichen kapitalistischen Entwicklungswege – fließende Übergänge zwischen beiden eingeschlossen –, daß die Bemühungen um Eigenständigkeit keineswegs vor grundlegenden gesellschafts- und ordnungspolitischen Alternativen zu den in Ost und West vorherrschenden Entwicklungsmodellen haltmachen.

1. Grundzüge der Entwicklungspolitik beider deutscher Staaten – eine Zusammenfassung

Die Entwicklungspolitik der beiden deutschen Staaten, beide Produkte und besonders ausgeprägte Exponenten des Ost-West-Konfliktes, muß sich daran messen lassen, wie sie den grundlegenden Forderungen der Dritten Welt nach Eigenständigkeit, Selbstbestimmung und Entwicklung begegnet.

Alle *Bundesregierungen* haben sich ungeachtet ihrer parteipolitischen Orientierung in unzähligen Verlautbarungen immer wieder zur Notwendigkeit bekannt, eine eigenständige Entwicklung der Dritten Welt zu fördern und das Recht auf Selbstbestimmung nicht nur zu respektieren, sondern aktiv zu unterstützen. Ausgangspunkt war die Annahme einer prinzipiellen Interessenübereinstimmung mit der Dritten Welt. Diese ergab sich zunächst weniger aus einer umfassenden theoretisch angeleiteten Analyse der weltpolitischen Entwicklung und des Ortes der Entwicklungsländer in ihr, als vielmehr aus einer nicht zuletzt tagespolitisch motivierten Interpretation der eigenen, im Zuge des wirtschaftlichen Wiederaufbaus gewonnenen Erfahrungen sowie der Problematik des Selbstbestimmungsrechtes im geteilten Deutschland.

So wurde das Recht auf Selbstbestimmung der Entwicklungsländer während der fünfziger und sechziger Jahre in aller Regel in Verbindung mit der deutschen Teilung und ihrer Überwindung durch die Wiedervereinigung angesprochen. Obwohl in der Dritten Welt das Interesse an einem Ausbau der Beziehungen auch zur DDR zusehends stieg, ging die Bundesregierung davon aus, daß die Verhinderung einer Anerkennung der DDR identisch sei mit der Wahrnehmung des Rechts auf Selbstbestimmung, wie es auch von den Entwicklungsländern gefordert wurde. Ihre Sanktionspolitik begriff sie daher nicht als Zwangsmaßnahme gegen die Entwicklungsländer und als Widerspruch zu deren Recht auf Selbstbestimmung, sondern als Maßnahme zur Abwehr von Einmischungen in die innerdeutschen Angelegenheiten. Im Zuge der neuen Ostpolitik trat diese spezifisch deutsche Problematik jedoch gänzlich in den Hintergrund und wurde seit Mitte der siebziger Jahre nur mehr mit Blick auf die möglichen Aspirationen der sozialistischen Staaten thematisiert. Um ihnen zu begegnen, wird nunmehr vor allem das gemeinsame Interesse der Ersten und Dritten Welt betont, die politische Eigenständigkeit der Entwicklungsländer zu wahren und eine „echte" Blockfreiheit zu ermöglichen.

Auch wirtschaftspolitisch war anfangs eine enge Bindung an eigene Erfahrungen zu verzeichnen. Angesichts der Bedeutung, die der Außenhandel für das ökonomische Wachstum der Bundesrepublik von Anbeginn hatte, verknüpfte die Bundesregierung ihre Entwicklungspolitik mit einer Förderung des eigenen Exportes und interpretierte dies als unmittelbaren Beitrag zum wirtschaftlichen Erstarken der Entwicklungsländer. Darüber hinaus konnte argumentiert werden, daß gerade die Bundesrepublik Deutschland als weltmarktabhängiges Land ein genuines Interesse an der Entwicklung der Dritten Welt haben müsse, weil der Handel mit entwickelten Ländern prinzipiell sehr viel ertragreicher ist als mit weniger oder überhaupt nicht entwickelten Staaten. In den siebziger Jahren wurde ferner auf wachsende nichtmilitärische Friedensgefährdungen verwiesen, so daß der Abbau von Unterentwicklung als notwendige Voraussetzung für die Sicherung eines weltweit dauerhaften Friedens erschien.

Obwohl die Bundesregierungen stets eine weltmarktorientierte Entwicklungsstrategie vertreten haben, sind sie doch zugleich davon ausgegangen, daß Handel und Zusammenarbeit letztlich nur „Hilfe zur Selbsthilfe" sein könnten, da die Überwindung von Unterentwicklung sich nur auf der Basis einer systematischen Mobilisierung eigener Kräfte der Entwicklungsländer vollziehen lasse. Das Bekenntnis zu einer so verstandenen Eigenständigkeit wird unter entwicklungspolitischen Gesichtspunkten auch auf das Recht der Entwicklungsländer bezogen, ihre gesellschaftliche Grundorientierung und ihren Entwicklungsweg selbst zu bestimmen. Dies um so mehr, als – wie 1983 im Fünften Bericht zur Entwicklungspolitik treffend festgestellt wurde – in etlichen Entwicklungsländern „Entwicklungswege der Industrieländer als Vorbild für die eigene wirtschaftliche und soziale Entwicklung an Attraktivität verlieren". Die vielfältigen Nationalismen in der Dritten Welt sowie die verschiedenen Varianten eines arabischen, asiatischen oder afrikanischen Sozialismus werden als politischer Ausdruck der Suche nach einem Weg jenseits von oder zwischen Kapitalismus und realem Sozialismus und zugleich der Suche nach kultureller Identität interpretiert. Und zumindest indirekt wird dafür plädiert, solche Entwicklungen nicht von vornherein und prinzipiell schon deshalb abzulehnen, weil sie „im Widerspruch zu westlichen Wertvorstellungen" stehen können.[1] Im Unterschied zur DDR sind denn auch „dritte Kräfte" und „dritte Wege" theoretisch und praktisch für die Bundesrepublik durchaus verkraftbar. Sie sind oft nicht nur respektiert, sondern mehr noch gezielt gefördert worden. Ein Beispiel ist Tansania, dessen Entwicklungsmodell als Musterfall einer Politik des „dritten Weges" in Gestalt des „afrikanischen Sozialismus" gelten kann. Während der gesamten Zweiten Entwicklungsdekade hat sich dieses „sozialistisch orientierte" Land einer besonderen entwicklungspolitischen Zuwendung von seiten der Bundesrepublik Deutschland und anderer westeuropäischer Staaten erfreut, was keineswegs mit dem Ziel geschah, das Entwicklungskonzept Julius Nyereres zu Fall zu bringen.

Allerdings sind die Grenzen nicht zu übersehen. Den Entwicklungsländern wird zwar eine Festlegung auf einen bestimmten Entwicklungsweg nicht abverlangt, ihr tatsächlicher Handlungsspielraum bei der Wahl eines Entwicklungsweges ist jedoch sehr viel kleiner als die prinzipielle Offenheit gegenüber „dritten Wegen" zu signalisieren scheint. Ihre Grenzen liegen dort, wo elementare Interessen der Bundesrepublik berührt sind. Dies hat nicht zuletzt die Haltung der Bundesregierung in der Diskussion um eine Neue Weltwirtschaftsordnung unter Beweis gestellt, wo sie zwar mit Verweis auf die interdependente weltwirtschaftliche Verflechtung Kompromiß- und Kooperationsbereitschaft betonte, zugleich aber vehement den für sie vorteilhaften freien Welthandel verteidigte.

Die Annahme einer prinzipiellen Interessenübereinstimmung der Bundesrepublik mit der Dritten Welt wurde dadurch gestützt, daß es über die Durchsetzung des Alleinvertretungsanspruches hinaus keiner traditionellen politischen und wirtschaftlichen Machtmittel bedurfte, um die eigenen Ziele und Interessen in der Dritten Welt zu verfolgen. Denn erstens blieben auch nach Ende des Kolonialismus die westlichen Industriestaaten aufgrund ihrer ökonomischen Stärke anders als die sozialistischen Länder weltpolitisch dominant; zweitens konnte darauf vertraut werden, daß unter den gegebenen Verhältnissen in der Dritten Welt die ökonomische Verflechtung und Überzeugungskraft des eigenen Vorbildes zu einer gesellschaftlichen Entwicklung im Einklang mit westlichen Erwartungen und Wertvorstellungen führen würde; und drittens schließlich traten namentlich in den bereits länger entkolonisierten Gebieten (vor allem in Lateinamerika) nicht die westlichen Länder als Störenfriede des Status quo auf, sondern die Staaten des realen Sozialismus.

Unter diesen Umständen konnten mögliche Interessenkonflikte zwischen der Bundesrepublik und den Entwicklungsländern sowie mögliche Zielkonflikte in der Politik der Bundesrepublik weitgehend außer acht bleiben. Daß Deutschlands eigene Kolonialpolitik nur noch eine ferne historische Erinnerung war und der Bundesrepublik als Produkt des verlorenen Zweiten Weltkrieges in der Dritten Welt von vornherein mit weniger Mißtrauen begegnet wurde als jenen Staaten, die aus diesem Krieg als Sieger hervorgegangen waren und der Nachkriegsordnung ihren Stempel aufdrückten, erleichterte ihre Position darüber hinaus erheblich.

Wenn aus der Sicht der Bundesregierung auch keine prinzipiellen Interessenkonflikte mit den Ländern der Dritten Welt bestehen, so folgt daraus keineswegs, daß die konkrete Politik über jeden Zweifel erhaben wäre. Innerhalb der Bundesregierung, zwischen ihr und den entwicklungspolitischen Einrichtungen sowie mit der parlamentarischen Opposition hat es stets Auseinandersetzungen über diese Fragen gegeben. Daher auch ist die seit Beginn der siebziger Jahre geltende Entwicklungspolitische Konzeption der Bundesrepublik Deutschland bis heute laufend fortgeschrieben worden. Dabei wurden neue entwicklungspolitische Leitlinien herausgearbeitet, in denen sich nicht zuletzt die Erfahrungen mit den Fehlern und Mängeln voraufgegangener Ansätze spiegeln. Dies gilt für die Übernahme der Grundbedürfnisstrategie als Reaktion auf die Erfahrungen mit einer rein wachstumsorientierten Politik; für die Aufwertung der Landwirtschaft gegenüber der Industrie als Reaktion auf die Verschärfung innergesellschaftlicher Entwicklungsdisparitäten durch die Bevorzugung der städtisch-industriellen Sektoren; für eine verstärkte Berücksichtigung von umfassenden Entwicklungsprogrammen gegenüber Einzelprojekten als Reaktion auf die Mängel eines rein betriebswirtschaftlichen Rentabilitätsdenkens; für die verstärkte Berücksichtigung der Landeswährungen und einheimischen Güter bei der Durchführung von Entwicklungsprojekten gegenüber Devisenkosten als Reaktion auf den zusätzlichen Verschuldungseffekt von Entwicklungshilfeleistungen, die Importe hervorrufen, obwohl auch lokale Produkte verfügbar wären; und schließlich für die Ausarbeitung eines Konzepts der integrierten ländlichen Entwicklung als Reaktion auf einen mit großen industriellen Vorleistungen arbeitenden produktionstechnischen Ansatz in Gestalt der „Grünen Revolution", die zwar zu einer Produktionssteigerung geführt hat, aber kaum zur Erzeugung von mehr Grundnahrungsmitteln für den lokalen Verbrauch, und die zugleich zur Verelendung eines erheblichen Teiles der ländlichen Bevölkerung beitrug.

Für die *DDR* ist es ungleich schwieriger als für die Bundesrepublik, den politischen und ökonomischen Forderungen der Entwicklungsländer nachzukommen. Allein die

Tatsache, daß nicht sie und ihre osteuropäischen Verbündeten, sondern die westlichen Industriestaaten dem weltweiten politischen und wirtschaftlichen Geschehen ihren Stempel aufdrücken, hat sie es bisher zu verdanken, nicht ebenfalls massiver Kritik aus der Dritten Welt ausgesetzt zu sein. Mehr noch gelang es ihr, gleichsam im Schatten dieser Kritik verbale und in begrenztem Umfang auch praktische „antiimperialistische" Solidarität zu üben. Deren Grenzen liegen dort, wo eigene ökonomische Interessen und das ideologische Selbstverständnis berührt sind, was um so eher sichtbar wird, je intensiver sie sich in der Dritten Welt engagiert.

Für die DDR steht außer Frage, daß der Ost-West-Konflikt, die gesellschafts- und machtpolitische Auseinandersetzung zwischen Kapitalismus und Sozialismus, nicht regional auf die nördliche Hemisphäre und die Industriestaaten begrenzt ist, sondern weltweit das politische Geschehen strukturiert. Auch die Entwicklungsländer sind, ungeachtet ihres Selbstverständnisses als autonome dritte Kraft, in diesen Konflikt einbezogen. Das gilt nach Auffassung der DDR sowohl aktuell als mehr noch auf lange Sicht. Beides hat erhebliche Implikationen für die praktische Ausgestaltung der DDR-Südpolitik.

Zum einen ist sie bestrebt, im Sinne des Marxismus-Leninismus, einer Entwicklungsdoktrin mit universellem Geltungsanspruch, den Sozialismus regional auszudehnen. Bei dem Versuch, weitere sozialistische Einflußsphären zu schaffen, sieht sie sich im Vollzug historischer Gesetzmäßigkeiten, denn es steht für die DDR außer Frage, daß sich letztlich kein Land der Erde der Entscheidung zwischen Kapitalismus und Sozialismus und im weiteren dem Sozialismus nach sowjetischem Vorbild entziehen kann. Auf lange Sicht ist eine gesellschaftspolitisch eigenständige Entwicklung der Dritten Welt für sie nicht denkbar.

Kurz- und mittelfristig gilt dies hingegen nicht mit der gleichen Konsequenz. Solange die Forderung der Entwicklungsländer nach Selbstbestimmung und Eigenständigkeit „antiimperialistisch" gegen die dominanten westlichen Industriestaaten gewendet werden kann, findet sich die DDR zu Zugeständnissen bereit. Auch insoweit prägt folglich der Ost-West-Konflikt ihre Südpolitik: Neben dem Versuch, den Sozialismus regional auszudehnen, ist sie bestrebt, gemeinsam mit den Entwicklungsländern ein „antiimperialistisches Bündnis" zu schaffen, um auf diese Weise das globale Kräfteverhältnis zugunsten des Warschauer Paktes zu verändern.

Zu beachten ist, daß die territoriale Ausweitung des realen Sozialismus und das „antiimperialistische Bündnis" keineswegs identisch sind, sondern in der politischen Praxis einen nur schwer zu steuernden Zielkonflikt verkörpern. Der Antiimperialismus der Entwicklungsländer ist, abgesehen davon, daß er sich vielfach auch gegen die östlichen Industriestaaten wendet, politisch heterogen, instabil und historisch vergänglich. Folglich verlangt das antiimperialistische Bündnis Kompromisse mit den führenden Kräften in der Dritten Welt. Wollte die DDR diese im Sinne ihrer marxistisch-leninistischen Programmatik revolutionär beseitigen, würde sie die Kooperation gefährden, womöglich die Entwicklungländer in das Lager der westlichen Industriestaaten treiben. Andererseits setzen nach Auffassung der DDR stabile, „strategische" Bündnisbeziehungen voraus, daß auch in der Dritten Welt eine sozialistische Transformation eingeleitet wird. Welches der beiden Ziele, sozialistische Transformation und antiimperialistisches Bündnis, in der DDR-Entwicklungspolitik Priorität genießt, hängt sowohl von der konkreten Erfolgsperspektive als auch von den aktuellen außen- und innenpolitischen Interessen der DDR ab. Im Verlauf ihrer Geschichte hat sie recht unterschiedliche Entscheidungen getroffen.

Bis Mitte der fünfziger Jahre war sie gegenüber den Entwicklungsländern zu keinerlei Kompromissen bereit. Die Konsolidierung des eigenen Blocks verlangte von ihr einen konsequenten und konfrontativen Bipolarismus. Antiimperialismus und Sozialismus galten ihr als identisch, eine Kooperation mit anderen, nichtkommunistischen Kräften in der Dritten Welt kam nicht zustande. Anders in der darauffolgenden, bis zum Ende der sechziger Jahre während Phase, als mehr und mehr das Ringen um die völkerrechtliche Anerkennung die DDR-Außenpolitik bestimmte. Wollte sie hier Fortschritte erzielen, mußte sie den Entwicklungsländern entgegenkommen. Der Antiimperialismus, auf die Auseinandersetzung mit der Bundesrepublik verkürzt, gewann Priorität, sozialistische Ziele traten in den Hintergrund.

Mit Beginn der Entspannung erfolgte abermals ein Wandel, der das Gesicht der DDR-Südpolitik im Verlauf der siebziger Jahre prägte. Ihr Kennzeichen war eine prinzipielle antiimperialistische Solidarität namentlich gegenüber dem Versuch der Entwicklungsländer, in Auseinandersetzung mit den westlichen Industriestaaten eine Neue Weltwirtschaftsordnung durchzusetzen, und eine partielle Verschränkung der antiimperialistisch geleiteten außenpolitischen Unterstützung mit sozialistischen gesellschaftspolitischen Zielen. Letzteres war im Schatten des verschärften Nord-Süd-Konfliktes insbesondere im Südlichen Afrika und in Indochina möglich, wo sich die Bürgerkriegsparteien und Befreiungsorganisationen, getragen von der Solidarität vieler Entwicklungsländer, im Zuge langandauernder kriegerischer Auseinandersetzungen zunehmend radikalisiert hatten. Als jedoch die Sowjetunion in Afghanistan praktisch demonstrierte, daß sie entgegen dem antiimperialistischen Imperativ nach Eigenständigkeit und Selbstbestimmung der Dritten Welt eigene sozialistische Ziele auch militärisch durchzusetzen entschlossen ist, geriet auch die DDR in die Defensive. Seither dominiert ähnlich wie in den sechziger Jahren das Bemühen, die Entwicklungsländer für gemeinsame Ziele zu gewinnen. Heute ist es der Kampf für Frieden und Abrüstung, wie ihn sich die sozialistischen Staaten vorstellen. Da dieser Kompromisse auch mit den westlichen Industriestaaten erfordert, wird die vordergründige machtpolitische Auseinandersetzung zwischen Ost und West um die Dritte Welt in der DDR augenscheinlich zurückhaltender bewertet als in der Vergangenheit – allerdings ohne daß dies die gesellschaftspolitischen Grundfragen berührt.

Die programmatischen Ziele lassen ebenso wie die praktische Ausgestaltung erkennen, daß die Wahrnehmung der Entwicklungsländer durch die DDR und ihre Südpolitik letztlich funktional auf die Auseinandersetzung der beiden sozialökonomischen Systeme und damit auf den Ost-West-Konflikt bezogen ist. Das gilt namentlich auch für ihre Hilfeleistungen. Weithin dem eigenen Entwicklungsmodell, den „Erfahrungen" der Sowjetunion und der DDR beim „Aufbau des Sozialismus" folgend, kommen sie ganz überwiegend nur einer kleinen Zahl von befreundeten oder verbündeten Staaten zugute: den „sozialistischen" Entwicklungsländern und jenen, die einen „sozialistischen Entwicklungsweg" beschreiten, sowie in geringem Umfang auch solchen, für die eine „sozialistische Orientierung" charakteristisch ist. Entwicklungshilfe dient damit offenkundig vor allem der materiellen Absicherung territorialer Fortschritte des Sozialismus; sie soll befreundete politische Kräfte in der Dritten Welt bei ihren Bemühungen unterstützen, in ihren Ländern sozialökonomische Transformationen nach dem Fahrplan des Marxismus-Leninismus durchzusetzen. Allerdings nicht unbegrenzt, denn das beschränkte ökonomische Leistungsvermögen der DDR verpflichtet die SED-Führung, über die politischen Interessen hinaus auch den eigenen wirtschaftlichen Vorteil zu wahren. Dieser und weniger politische Ziele oder gar die wirtschaftlichen Interessen der Entwicklungsländer bestimmen vornehmlich ihren Warenaustausch mit der südlichen Hemisphäre, der weithin dem traditionellen Muster des Nord-Süd-Handels folgt (Fertigwaren gegen Rohstoffe).

In welcher Form die politischen und ökonomischen Interessen der DDR und der Bundesrepublik deren Politik in der Dritten Welt prägen, wie tiefgreifend die Differenzen sind oder ob es Annäherungen gibt, sei im folgenden an zwei gleichermaßen aktuellen wie repräsentativen Beispielen illustriert. Es geht um die Haltung beider deutscher Staaten zur Bewegung der Blockfreien und um ihre Rolle in der Diskussion um eine „Neue Weltwirtschaftsordnung"

2. Die Bewegung der Blockfreien in der Südpolitik beider deutscher Staaten

Die Bewegung der Blockfreien, 1961 in Belgrad gegründet, ist das gewichtigste politische Forum, in dem sich die Entwicklungsländer zusammengefunden haben. Seit ihrer letzten Konferenz 1986 in Harare umfaßt sie mehr als 100 Staaten und Organisationen, während es im Jahr der Gründung lediglich 25 waren. Dies unterstreicht die Anziehungskraft und das politische Gewicht der Bewegung, läßt aber auch erkennen, daß das Bedürfnis der Entwicklungsländer, sich unabhängig von den beiden Bündnissen der nördlichen Hemisphäre eigenständig politisch artikulierenund organisieren zu können, im Verlauf der beiden letzten Jahrzehnte erheblich angestiegen ist. Grundlegende programmatische Maxime der Blockfreien ist die „positive Neutralität", eine Neutralität, die sich keineswegs darin erschöpft, den Militärpakten der Industrienationen fernzubleiben, sondern eine aktive weltpolitische Rolle anstrebt.

Beide deutsche Staaten haben sich im Grundsatz stets neutral oder positiv zustimmend zur Bewegung der Blockfreiheit oder – wie es in der DDR heißt – der „Nichtpaktgebundenheit" geäußert. Im Unterschied zur DDR gab es in der Bundesrepublik jedoch bis zum Ende der siebziger Jahre kaum ein größeres Interesse an der Bewegung, und in der Praxis war die Haltung eher reserviert. Von wirklichem Interesse schien für die Bundesregierung anfangs nur, ob die Bewegung der Blockfreien zur Aufwertung der DDR beitragen würde oder nicht.[2] Deren politische Äußerungen zu Fragen des (Neo-)Kolonialismus, Rassismus und der Apartheid-Politik Südafrikas waren dagegen, obwohl ihnen inhaltlich kaum widersprochen werden konnte, für die westlichen Länder eher lästig als beeindruckend. Dies änderte sich nicht, als die Blockfreien sich Anfang der siebziger Jahre auch in der Debatte über eine Neuordnung der Weltwirtschaft zu engagieren begannen.

Erst Ende der siebziger Jahre wuchs im Zusammenhang mit den Bemühungen vor allem Kubas, die Bande zwischen derBlockfreien-Bewegung und dem sozialistischen Lager zu festigen, das Interesse der westlichen Länder und damit auch der Bundesrepublik an. Nunmehr wurden die Blockfreien als potentiell wichtiger Bestimmungsfaktor der weltpolitischen Entwicklung wahrgenommen. Dies drückte sich in einem mit Entschiedenheit vorgetragenen Bekenntnis von Bundesaußenminister Hans-Dietrich Genscher zur Blockfreiheit aus. Im September 1979, am Vorabend der Konferenz von Havanna, die für die kubanische Politik innerhalb der Blockfreien-Bewegung besonders wichtig war, stellte er klar:

„Aus der Sicht der Bundesrepublik sage ich, daß wir daran interessiert sind, daß sich die Idee wirklicher Blockfreiheit durchsetzt. (...) Unsere Politik, über ideologische Gegensätze hinweg auch gemeinsame Interessen zu erkennen und Beiträge zur Sicherung des Friedens, zur Zusammenarbeit, zur Verständigung der Menschen zu finden, ist ganz sicher eine Politik, die in vieler Beziehung das widerspiegelt, was blockfreie Staaten als Grundsatz ihrer Politik definiert haben."[3]

Auch der Generalsekretär der SED, Erich Honecker, hat mehrfach unterstrichen, daß in den Augen der DDR die Blockfreien „zu einem bedeutenden Faktor im internationalen Leben der Völker geworden" sind, „deren positives Wirken für die Lösung der Grundfragen unserer Zeit wir hoch schätzen".[4] Doch sollte diese prinzipielle Übereinstimmung nicht darüber hinwegtäuschen, daß mit den Blockfreien recht unterschiedliche Hoffnungen und Erwartungen verknüpft sind. Sie kommen nur deshalb kaum zur Geltung, weil die Bewegung sehr heterogene politische Kräfte vereint, in denen sich beide deutsche Staaten wiederfinden können. Diese verkörpern gleichsam die beiden entgegengesetzten Pole, über die beide Staaten zu ihrer positiven Gesamteinschätzung der Blockfreien gelangen.

Bereits die Charakterisierung der Blockfreien sowie des „positiven Neutralismus" läßt die unterschiedlichen Ausgangspositionen erkennen. Für die DDR sind die nichtpaktgebundenen Staaten vor allem deshalb eine positive Erscheinung der Weltpolitik, weil sie im Zeichen des Nord-Süd-Konfliktes als „antiimperialistischer" Bündnispartner des Sozialismus fungieren können:

„Die Politik der Nichtpaktgebundenheit kann deshalb als eine spezifische Erscheinung und Äußerung der vielgestaltigen, politisch heterogenen und ideologisch unterschiedlichen antiimperialistischen Bewegungen unter den Bedingungen des sich ständig zugunsten des Sozialismus, der Demokratie und des Friedens verändernden internationalen Kräfteverhältnisses im Ergebnis der weltweiten Klassenauseinandersetzung zwischen Sozialismus und Imperialismus gewertet werden."[5]

„Nur von den Positionen des Antikolonialismus und Antiimperialismus ausgehend" und nur im Zusammenwirken mit dem realen Sozialismus, dem „natürlichen Verbündeten", konnten die Blockfreien nach Auffassung der DDR in der Vergangenheit und können sie künftig Erfolge erringen. Verstünden sie sich hingegen in Verkennung des „Grundwiderspruchs unserer Epoche", des Antagonismus zwischen Kapitalismus und Sozialismus, als „dritte Kraft", wäre ihr Untergang besiegelt. Die Blockfreien würden „auf eine isolierte, verschwommene und zwischen den Fronten der Klassenauseinandersetzung schwankende und damit aktionsunfähige und bedeutungslose Sammlungsbewegung" reduziert.[6]

Hier wird sichtbar, daß das Verhältnis der DDR zu den Blockfreien keineswegs frei von Spannungen ist, denn natürlich verstehen sich diese als „dritte Kraft" zwischen den beiden Blöcken der Industriestaaten. Es kann daher nicht verwundern, daß die DDR-Theoretiker und -Propagandisten viel Mühe verwenden, um die „undifferenzierte" Gleichsetzung von Sozialismus und Kapitalismus, wie sie von zahlreichen Blockfreien vorgenommen wird, zurückzuweisen, um vor „neutralistischen" oder „klassenindifferenten" Positionen zu warnen und die Gefahr zu beschwören, daß „Schwankungen" und „Unsicherheiten" zur „Aufgabe antiimperialistischer Grundpositionen" und schließlich zur „Isolierung" der Bewegung führen müssen.[7] Daß diese Warnungen, die sich wie ein roter Faden durch die Berichterstattung in der DDR ziehen, bislang nicht zu Verstimmungen führten, ist allein dem Umstand zu verdanken, daß der Nord-Süd-

Konflikt in der Vergangenheit weniger die sozialistischen, sondern vornehmlich die unverändert dominanten westlichen Industriestaaten tangierte. Nur aus diesem Grund ist es der DDR möglich, Bedenken zurückzustellen und den weiteren Weg der Blockfreien mit „antiimperialistischen" Hoffnungen zu begleiten.

Was die DDR-Führung gemeinsam mit den anderen sozialistischen Ländern an der Bewegung der Blockfreien irritiert und ein gravierendes Problem für sie darstellt, ist in den Augen der Bundesregierung und ihrer Verbündeten wiederum Grundlage eigener Hoffnungen. Diese Hoffnungen richten sich darauf, daß die Auseinandersetzungen innerhalb der Bewegung über deren Kurs zwischen den Blöcken zu einem Abbau aller anti-westlichen Untertöne und zumindest zu einer „Äquidistanz" von beiden Blöcken, wenn nicht darüber hinaus auch zu einer kritischen Haltung gegenüber dem sozialistischen Lager führen könnten.

Unter diesem Gesichtspunkt war es durchaus keine Beiläufigkeit als Außenminister Genscher in seiner Stellungnahme zur Konferenz von Havanna von „wirklicher Blockfreiheit" sprach. Das Adjektiv sollte signalisieren, daß eine Blockfreien-Bewegung, die eine geringere Distanz zum Osten als zum Westen hält, von der Bundesregierung eben nicht als blockfrei im eigentlichen Sinne akzeptiert werden könne. Allerdings könnte der oben zitierten Äußerung aus Sicht der Dritten Welt auch entnommen werden, daß die Bundesregierung wirkliche Blockfreiheit nur dort erkennt und anerkennt, wo sich deren politische Grundsätze den eigenen annähern. Das jedoch müßte letztlich auf eine Umkehrung der von den sozialistischen Staaten propagierten These hinauslaufen, derzufolge die sozialistischen Länder die „natürlichen Verbündeten" der Blockfreien seien.

Tatsächlich aber ging es anläßlich der Havanna-Konferenz nicht darum, die Blockfreien gleichsam auf die westliche Seite zu ziehen. Die Bundesregierung zeigte sich vielmehr interessiert, daß eine Mehrheitsbildung innerhalb der Bewegung zugunsten der pro-östlichen kubanischen Linie nicht zustande kam. Immerhin hatte sich durch die Neuaufnahme von Angola und Mosambik, von Vietnam und Laos sowie durch die Veränderung der politischen Verhältnisse in anderen Ländern (Äthiopien) innerhalb weniger Jahre eine beachtliche Fraktion gebildet, die sich die am Beginn der siebziger Jahre noch allein von Kuba betriebene Anbindung der Blockfreien-Bewegung an das sozialistische Lager zu eigen machte und mit wachsender Offenheit und Entschiedenheit vertrat.[8]

Diese Bemühungen wurden zwar auf der Havanna-Konferenz nicht völlig abgeschlagen, denn auch das Schlußdokument hob in einer Reihe von Formulierungen die Zusammenarbeit mit den sozialistischen Ländern und „fortschrittlichen Staaten und Kräften" hervor. Für DDR-Kommentatoren war dies Anlaß, die Gipfelkonferenz von Havanna nicht nur mit Blick auf die Teilnehmerzahl, sondern auch „hinsichtlich ihrer inhaltlichen Ergebnisse" als „bisher repräsentativste Konferenz in der Geschichte dieser Bewegung" zu würdigen.[9] Letztlich behielt aber die Linie der Neutralen die Oberhand und es wurde keine über die erwähnte Zusammenarbeit hinausgehende Perspektive einer weiteren Annäherung zwischen den Blockfreien und dem sozialistischen Lager entfaltet.

Ein Triumph war dieses Ergebnis für die DDR folglich nicht. Gemessen an den Erwartungen blieb ihr daher lediglich, aus der halben Niederlage einen halben Sieg zu machen, indem als Erfolg festgehalten wurde, daß es geglückt sei, Schlimmeres zu verhüten. Den „progressiven, demokratischen und besonnenen Kräften" sei es in Havanna gelungen, so hieß es, die Einmischungs- und Spaltungsversuche „imperialistischer und anderer reaktionärer Kreise" zu vereiteln.[10]

Die Verhinderung einer möglichen Spaltung war in der Tat ein bedeutsames, kaum zu überschätzendes Ergebnis der Konferenz. Aus westlicher Sicht und auch aus Sicht der Neutralen war die Spaltungsgefahr jedoch in erster Linie von der kubanischen Politik ausgegangen. Zwar hätte der Westen vermutlich eine Spaltung der Bewegung einer einseitigen Anbindung an das sozialistische Lager vorgezogen, das bedeutet aber keineswegs, daß von westlicher Seite die Spaltung und Auflösung aktiv betrieben worden wären. Vielmehr ist die Wertschätzung der Blockfreien als einer unabhängigen und geschlossenen Bewegung nach der Konferenz von Havanna erheblich gestiegen – nicht zuletzt vor dem Hintergrund der Kontroversen um die sowjetische Intervention in Afghanistan.[11] Letztlich ist in diesen Auseinandersetzungen auch die Fähigkeit der Blockfreien gewachsen, sich tatsächlich als politisch bedeutsame Kraft zwischen den Blöcken zu etablieren. Allerdings hat die Konferenz von Neu-Delhi im Jahre 1983 gezeigt, daß damit noch nicht ihre Fähigkeit gewachsen ist, in den eigenen Reihen bestehende Konflikte einer friedlichen Regelung zuzuführen. Gegenüber dem Krieg zwischen Iran und Irak blieb die Konferenz handlungsunfähig. Ost und West sollten aber ein ernstes Interesse daran entwickeln, die Blockfreien-Bewegung gerade auch unter diesem Gesichtspunkt zu stärken, nicht zuletzt um Situationen vorzubeugen, in denen sie sich selbst zu rivalisierenden Interventionen (mit allen nicht-kalkulierbaren Gefahren) veranlaßt sehen könnten.

3. Für eine Reform der Weltwirtschaft? Grundpositionen beider deutscher Staaten und die Forderungen der Entwicklungsländer

Kaum ein Thema hat die Beziehungen zwischen den Industriestaaten und den Entwicklungsländern im Verlauf der siebziger Jahre stärker geprägt als der Streit um die Neue Weltwirtschaftsordnung. Zwar haben die Staaten der Dritten Welt bereits in den sechziger Jahren Veränderungen in den Wirtschaftsbeziehungen zwischen Nord und Süd angemahnt. Als konzentriertes Reformprogramm präsentierten sie die Forderung nach Schaffung einer Neuen Weltwirtschaftsordnung jedoch erst am Beginn der siebziger Jahre. Wachsende Verbitterung über die unzulänglichen Ergebnisse der bisherigen Entwicklungshilfe und neues Selbstbewußtsein, geboren im Zuge der ersten Energiekrise 1973/74, veranlaßten sie, ihre Ansprüche nunmehr gebündelt und politisch massiver vorzutragen.

Die VI. Sondergeneralversammlung der Vereinten Nationen, auf der im Jahre 1974 eine „Erklärung über die Errichtung einer Neuen Internationalen Wirtschaftsordnung" sowie ein „Aktionsprogramm" verabschiedet wurden, die 29. UN-Generalversammlung, die eine „Charta der wirtschaftlichen Rechte und Pflichten der Staaten" beschloß und die VII. Sondergeneralversammlung im Jahre 1975, auf der eine „Entschließung über Entwicklung und internationale wirtschaftliche Zusammenarbeit" angenommen wurde, sind wichtige Stationen. Sie schufen die Grundlage für eine kaum mehr zu überschauende Zahl von Konferenzen, Tagungen, Foren und Treffen, auf denen um die Neue Weltwirtschaftsordnung gerungen wurde.

Mit der Forderung nach einer Neuen Weltwirtschaftsordnung verbinden die Entwicklungsländer das Ziel, das bestehende weltwirtschaftliche System grundlegend zu reformieren. Es soll ein Rahmenwerk von neuen Verfahren, Regeln und Institutionen geschaffen werden, das gerechtere Beziehungen zwischen den Wirtschaftspartnern sicherstellt und vor allem die Position der Entwicklungsländer stärkt, ihre Entwicklungschancen nachhaltig verbessert. Sie wollen ihre „ökonomische Dekolonisierung" vorantreiben, aus dem internationalen Warenverkehr und der Arbeitsteilung höheren Nutzen ziehen und streben eine größere Mitsprache in den internationalen Wirtschafts- und Finanzinstitutionen an.

In diesem Sinne reklamieren die Entwicklungsländer eine uneingeschränkte Verfügungsgewalt über ihre Naturressourcen sowie das Recht, ausländisches Privatkapital kontrollieren oder verstaatlichen zu können, fordern sie eine Stabilisierung der Erlöse aus ihren Rohstoffexporten, eine Verbesserung des Absatzes von Halb- und Fertigprodukten in den Industriestaaten sowie einen effektiven Technologietransfer von Nord nach Süd, und nicht zuletzt verlangen sie eine erhebliche Ausweitung der finanziellen Hilfe durch die Industriestaaten. Unterstützung beim Ausbau der Kooperation zwischen den Entwicklungsländern sowie eine „Demokratisierung" des Systems der internationalen Währungs- und Kreditinstitutionen schließen den Forderungskatalog ab.

Davon ist bis heute kaum etwas verwirklicht. Die Offensive der Entwicklungsländer, die am Beginn der siebziger Jahre mit viel Euphorie gestartet und mit Hilfe der „Gruppe der 77" erfolgreich koordiniert wurde, ist weitgehend versandet. In den beiden deutschen Staaten hat dies ebenso wie der Vorstoß der Entwicklungsländer selbst unterschiedliche Reaktionen ausgelöst.

Die Bundesrepublik stimmte zwar 1974 in der UNO zusammen mit fünf anderen westlichen Industriestaaten gegen die „Charta der wirtschaftlichen Rechte und Pflichten der Staaten", legte aber großen Wert darauf, nicht den Eindruck zu erzeugen, als lehnte sie die von den Entwicklungsländern eingeleitete Diskussion über eine Neuordnung der Weltwirtschaft von vornherein und pauschal ab. Es fehlte folglich nicht an offiziellen und halboffiziellen Stellungnahmen, in denen diese Diskussion grundsätzlich begrüßt wurde. Bundesaußenminister Hans-Dietrich Genscher traf sogar die kategorische Feststellung:„Die Bundesregierung sagt ein uneingeschränktes ‚Ja' zur Reform des Weltwirtschaftssystems."[12] Und der damalige Entwicklungshilfe-Minister Egon Bahr schrieb, allein schon die Tatsache, daß ein Drittel der Menschheit über 93 % der industriellen Produktion verfüge und zwei Drittel über die restlichen 7 % und daß in jedem Jahr Tausende von Kindern und Erwachsenen an Hunger sterben müßten, rechtfertige die Forderung der Entwicklungsländer, der politischen Unabhängigkeit die wirtschaftliche Selbständigkeit folgen zu lassen.[13]

Tatsächlich jedoch waren solche positiven Äußerungen zur Neuordnung der Weltwirtschaft mit einer Verhandlungspraxis verbunden, die sich anfänglich so rigide gegen zentrale Programmpunkte der Reform wandte, daß sie die Bundesregierung sogar zeitweilig innerhalb der OECD-Staaten zu isolieren drohte.[14] Als besonders exportabhängiges Land und als Anhänger des Leitgedankens „Hilfe durch Handel" vermochte die Bundesrepublik in den Forderungen nach einer Neuordnung der Weltwirtschaft keine Hilfe für die von den Entwicklungsländern eingeleitete Export-Strategie zu erkennen. Vielmehr fürchtete sie, daß jene wirtschaftlichen Grundsätze infrage gestellt würden, denen der Wiederaufstieg der deutschen Wirtschaft in der Nachkriegszeit vor allem zugeschrieben wurde. Mehr noch als andere westliche Industriestaaten glaubte die Bundesrepublik, daß sie wirtschaftlich nur dann überleben könne, wenn es zu keiner

Einschränkung der freien Marktwirtschaft auf internationaler Ebene komme. In der Politik der OPEC-Staaten sah sie bereits Vorboten einer Strategie des ökonomischen Drucks von seiten der Entwicklungsländer, der darauf gerichtet sei, die freie Weltwirtschaft durch einen globalen Wirtschaftsdirigismus zu ersetzen. Und wo den Entwicklungsländern nicht zugetraut wurde, eine solche Strategie tatsächlich zu verwirklichen, da weckte deren „Chaosmacht" Befürchtungen, will heißen, ihre Fähigkeit, durch unbedachte oder destruktive Aktionen das bestehende Weltwirtschaftssystem aus den Angeln zu heben.[15]

Diese Problemsicht ließ ein gravierendes Dilemma entstehen: Gerade weil die beschriebene Gefahr als so groß angesehen wurde, schien entschiedener Widerstand geboten; zugleich aber mußte Kompromißbereitschaft signalisiert werden, weil sonst die Entwicklungsländer geradezu provoziert worden wären, ihre „Chaosmacht" auszuspielen. Die 4. Welthandels- und Entwicklungskonferenz 1976 in Nairobi brachte dieses Dilemma, in dem sich die Bundesregierung wähnte, mit aller Deutlichkeit zum Ausdruck. Die Konferenz kann mit Blick auf die internationale Diplomatie insofern als ein Tiefpunkt in den Beziehungen der Bundesrepublik zur Dritten Welt betrachtet werden.

Zugleich markierte Nairobi einen Wendepunkt, denn mit der grundsätzlichen und einvernehmlich getroffenen Entscheidung, über ein Programm zur Stabilisierung der Rohstofferlöse zu verhandeln, konnte der Weg für die Überleitung der Nord-Süd-Auseinandersetzungen in einen Nord-Süd-Dialog geöffnet werden. Dieser mündete kurz vor der 5. Welthandelskonferenz in einen Kompromiß über das Rohstoffprogramm (vgl. Abschnitt 3.2). 1979 in Manila war der Ton der Nord-Süd- bzw. der West-Süd-Debatten daher sehr viel moderater, und die westlichen Industriestaaten konnten mit Genugtuung zur Kenntnis nehmen, daß nunmehr auch das sozialistische Lager von den Entwicklungsländern in aller Deutlichkeit aufgefordert wurde, ökonomische Hilfe zu leisten. Der damalige Wirtschaftsminister Otto Graf Lambsdorff faßte die Bewertung der Manila-Konferenz aus Sicht der Bundesregierung wie folgt zusammen:

> „Die Zusammenarbeit zwischen Industrie- und Entwicklungsländern macht zwar Fortschritte (...). Aber es ist ein langer und mühseliger Weg, diese Kooperation in Bahnen zu lenken, die nicht durch planwirtschaftlich-dirigistische Wegzeichen gewiesen werden, sondern durch ökonomisch effizientere Voraussetzungen geprägt sind. Und erst vor diesem Hintergrund kann das Ergebnis der Verhandlungen gewürdigt werden. Insgesamt müssen und können wir zufrieden sein."[16]

Im Unterschied zur Bundesrepublik hat die DDR auf die Forderungen der Entwicklungsländer nach einer Neuen Weltwirtschaftsordnung von Anbeginn ausgesprochen positiv, wenn auch keinesweg euphorisch reagiert. Sie nahm sehr genau wahr, daß zahlreiche der konkreten Forderungen ökonomische Implikationen auch für die sozialistischen Staaten haben mußten. Da sie aber in erster Linie die weltwirtschaftlich dominierenden westlichen Industriestaaten tangierten, konnte sie politische Hoffnungen hegen, denn es sei mit der Auseinandersetzung um die Neue Weltwirtschaftsordnung „eine zusätzliche Kampffront der Einschränkung der imperialistischen Herrschaftssphäre entstanden, die die Hauptfront, nämlich den Abfall einzelner Länder vom kapitalistischen Wirtschaftssystem (wie Kuba), die Orientierung auf eine sozialistische Entwicklung ergänzt".[17] Insofern maß die DDR den Forderungen nach einer Neuen Weltwirtschaftsordnung eine begrüßenswerte „antiimperialistische Stoßrichtung" bei, machte jedoch auch deutlich, daß es sich dabei keineswegs um ein „antikapitalistisches Konzept" handele.[18] Zusammenfassend:

„Die sozialistischen Staaten betrachten das in der UNO-Vollversammlung angenommene Programm zur Umgestaltung der internationalen Wirtschaftsbeziehungen und zur Schaffung einer NIWO nüchtern und realistisch. Es ist im Kern ein antiimperialistisches Programm, das sich nicht gegen die kapitalistische Ausbeutung schlechthin richtet, sondern auf die Abschaffung der aus der Kolonialzeit stammenden Strukturen und einseitigen Abhängigkeitsverhältnisse und Ungleichgewichte in den ökonomischen Beziehungen zwischen Entwicklungsländern und kapitalistischen Industrieländern sowie auf die Beseitigung der extremsten Erscheinungen kapitalistischer Ausbeutung und Ausplünderung in den internationalen Wirtschaftsbeziehungen zielt. Das Programm stellt begrenzte und im Rahmen des internationalen Kräfteverhältnisses realisierbare Ziele und Aufgaben, seine Verwirklichung erfordert jedoch den Zusammenschluß und die Unterstützung aller antiimperialistischen progressiven Kräfte in der Welt, in deren vorderster Front die sozialistischen Staaten stehen."[19]

Vorbehaltlos indes unterstützte die DDR die Forderungen der Entwicklungsländer keineswegs. Abgesehen von eigenen Vorstellungen im Detail machte sie deutlich, daß ihre Zustimmung vornehmlich den „fortschrittlichen Aspekten des Programms" sowie den darin enthaltenen „antimonopolistischen" bzw. „progressiven, antiimperialistischen Ziel- und Aufgabenstellungen" galt.[20] Das Leitmotiv der DDR im Verlauf der Diskussion um die Neue Weltwirtschaftsordnung läßt sich folglich auf das Bemühen reduzieren, die systemneutralen auch für sie relevanten Anforderungen zu minimieren, die Differenzen zwischen den westlichen Industriestaaten und den Entwicklungsländern hingegen zu maximieren. Es kann daher nicht verwundern, daß im gleichen Maße wie die Forderungen der Entwicklungsländer an Stoßkraft einbüßten, ihr positives Interesse an der Neuen Weltwirtschaftsordnung schwand. Dies läßt insbesondere die zusehends kritischere Bewertung der vergangenen Welthandelskonferenzen erkennen.

Besonderer Wertschätzung erfreute sich die 4. UNCTAD-Konferenz, auf der 1976 in Nairobi die Konfrontation zwischen den Entwicklungsländern und den westlichen Industriestaaten einen Höhepunkt erreichte. Deren Verlauf stand nicht nur „mehr denn je im Zeichen des Erstarkens des antiimperialistischen Bündnisses zwischen der sozialistischen Staatengemeinschaft und den fortschrittlichen Entwicklungsländern und ihrer wachsenden Einflußnahme auf das Gebiet der internationalen Wirtschafts- und Handelsbeziehungen". Mehr noch unterstrich sie, daß es „an der Zwangsläufigkeit grundlegender Veränderungen der Weltwirtschaftsbeziehungen und der Weltwirtschaftsordnung zuungunsten der Monopole und des Imperialismus ... keinen Zweifel" geben könne.[21]

Kritischer schon war die Beurteilung der 5. UNCTAD-Konferenz, die 1979 in Manila stattfand. Ungeachtet der fortdauernden prinzipiellen Differenzen bemühten sich hier Entwicklungsländer und Industriestaaten, aufeinander zuzugehen. Diese „pragmatische" und „in Einzelfragen stark kompromißlerische" Haltung der Entwicklungsländer, die bei einigen gar „zur Kooperation mit dem Imperialismus" führte, stieß auf deutliche Ablehnung der DDR, ja sie glaubte sogar die „Tendenz einer ‚Entpolitisierung' der UNCTAD-Arbeit" ausmachen zu können.[22] Offenbar wirkte hier nach, daß die „Gruppe der 77" erstmals unverhohlen auch gegen die sozialistischen Staaten Front machte. Im Unterschied zur 4. Konferenz ließ diese Tagung folglich nicht nur die „Möglichkeiten", sondern auch die „Grenzen" für „weitere Aktionen gegen das Monopolkapital" erkennen.[23]

In der Folgezeit wurde die Verhandlungsposition der Entwicklungsländer, deren Hoffnung auf eine der OPEC nachgebildete Kartellpolitik sich längst zerschlagen hatte, durch die Zuspitzung der weltwirtschaftlichen Krisenentwicklung weiter geschwächt.

Für sie blieb daher auf der 6. UNCTAD-Konferenz (Belgrad 1983) letztlich nur noch der Rückzug auf die Forderung von Notmaßnahmen, um wenigstens den wirtschaftlichen Zusammenbruch einzelner Länder oder Ländergruppen zu verhüten. Die Bundesregierung konnte unter diesem Gesichtspunkt trotz restriktiver Verhandlungsleitlinien mit einiger Gelassenheit in die Konferenz gehen.[24]

Das Ergebnis der Belgrader Konferenz war mit Blick auf die Forderungen der Entwicklungsländer äußerst spärlich, konnte aber gerade deshalb von der Bundesrepublik als Erfolg betrachtet werden, da eigene ordnungspolitische Grundpositionen gewahrt und ein Auseinanderbrechen der westlichen Industriestaaten verhindert werden konnte. Für DDR-Beobachter war dies hingegen Anlaß zu ausgesprochen negativen Urteilen. Nicht nur, daß diese Tagung „meist keine konstruktiven Antworten gegeben" habe und zudem bereits begonnene Vorhaben bei der Neuordnung „nicht gebührend weiterverfolgte". Indem die aktuellen Probleme der Weltwirtschaft lediglich mit Blick auf die Entwicklungsländer, nicht aber unter Berücksichtigung der sozialistischen Gemeinschaft abgehandelt wurden, zeigten sich „sogar Rückschritte". Nach Auffassung der DDR hängt es daher „von der sich entwickelnden Kräftekonstellation", sprich einer neuen Offensive des Sozialismus ab, wenn die Schaffung einer Neuen Weltwirtschaftsordnung in Zukunft erfolgreich weiter verfolgt werden soll.[25]

Die prinzipielle Beurteilung des Diskussionsverlaufs um eine Neue Weltwirtschaftsordnung muß den Eindruck erwecken, als hätten die beiden deutschen Staaten keinerlei Berührungspunkte. Daß dies so uneingeschränkt nicht gilt, soll anhand ihrer Haltung zu einigen ausgewählten Problemen verdeutlicht werden. Neben den Grundsätzen der Neuordnung ist dies das Rohstoffprogramm, der Ressourcen-Transfer und die Süd-Süd-Kooperation.

3.1. Grundsätze einer Neuen Weltwirtschaftsordnung

Nahezu keine Übereinstimmung weist die Haltung beider deutscher Staaten zu den grundsätzlichen ordnungspolitischen Zielvorstellungen einer Reform der Weltwirtschaft auf. Hauptziel der Bundesrepublik ist die Aufrechterhaltung der weltwirtschaftlichen Grundsätze und Verfahrensweisen, wie sie im Allgemeinen Zoll- und Handelsabkommen (GATT) sowie in den Statuten des Internationalen Währungsfonds (IWF) und der Weltbank niedergelegt sind. Gegen dirigistische Eingriffe vertritt sie mit Nachdruck und Konsequenz eine weitere Liberalisierung des Welthandels. Dies schließt nicht zuletzt auf seiten der Industrieländer eine wirksame Öffnung der Märkte für Produkte aus den Entwicklungsländern und einen staatlich unterstützten nicht aber gesteuerten Strukturwandel als Anpassung an vermehrte Fertigwarenimporte aus der Dritten Welt ein. Zugleich verwahrt sich die Bundesrepublik gegen weitreichende Beschränkungen, die vor allem den transnationalen Unternehmen auferlegt werden sollen.[26] Zwar lehnt sie nicht grundsätzlich eine gewisse Kontrolle oder das Recht auf Enteignung ab, zugleich aber setzt sie sich auf bi- und multilateraler Ebene für eine Verbesserung des Investitionsklimas in den Entwicklungsländern, eine Bevorzugung gemischter Gesellschaften anstelle von Enteignungen und eine Regulierung der Entschädigungsfragen im Falle einer Enteignung nach internationalem Recht ein.

Die DDR vertritt entgegengesetzte Positionen. Sie strebt eine Weltwirtschaft an, die staatlich reguliert und geplant wird, weil dies dem Funktionsmechanismus ihrer eigenen

Wirtschaft am ehesten entspricht. Folgerichtig wendet sie sich vor allem gegen die spontanen Marktkräfte und die transnationalen Unternehmen, deren Kontrolle und Nationalisierung sie für unerläßlich hält. Nur wenn dies geschehe, sei eine „konsequent demokratische Weltwirtschaftsordnung" zu verwirklichen.[27] Es sind folglich primär sozialistisch orientierte innere Umgestaltungen, die es nach Auffassung der DDR den Entwicklungsländern ermöglichen würden, ihre Position in der Weltwirtschaft zu verbessern.

Auf die Notwendigkeit innerer Veränderungen und eigener Anstrengungen der Entwicklungsländer weist allerdings nicht nur die DDR hin. Auch die Bundesrepublik hat über alle Regierungswechsel hinweg stets die Beseitigung interner Entwicklungshemmnisse und die Mobilisierung der eigenen Kräfte als eigentliche Grundlage für wirtschaftlichen und sozialen Fortschritt in der Dritten Welt betrachtet. Zwar sieht sie in dem Wirken externer Faktoren wie dem Protektionismus der Industrieländer ein Problem, das einer erfolgreichen Eingliederung der Entwicklungsländer in die Weltwirtschaft entgegensteht und dringend der Lösung bedarf; als ebenso wichtig wenn nicht wichtiger werden aber interne Faktoren in den Entwicklungsländern erachtet. Im Gegensatz zur DDR und ihrer Wahrnehmung der Entwicklungshemmnisse geht die Bundesrepublik jedoch aus naheliegenden Gründen nicht davon aus, daß nur eine sozialistische Umgestaltung diese Hemmnisse beseitigen kann. Sie zeigt sich allerdings bereit, solche Versuche zu respektieren.

3.2. *Das integrierte Rohstoffprogramm*

In der Diskussion um die Neue Weltwirtschaftsordnung hat die internationale Rohstoffpolitik besonders breiten Raum eingenommen. Angesichts der überragenden Bedeutung des Rohstoffsektors für die Volkswirtschaften der Entwicklungsländer haben diese hier mit Nachdruck auf einer Neuregelung bestanden. Sie forderten die Schaffung eines „integrierten Rohstoffprogramms", das nach langwierigen Auseinandersetzungen schließlich 1980 in Gestalt eines erheblich reduzierten „Abkommens über die Bildung des Gemeinsamen Rohstoffonds" verwirklicht wurde.[28] Aufschlußreich ist, daß sich im Verlauf dieser Auseinandersetzung beide deutsche Staaten und ihre Verbündeten nicht selten gemeinsam auf der Anklagebank der Entwicklungsländer wiederfanden.

Für die Bundesregierung bildeten die Vorstellungen der Entwicklungsländer zur Schaffung eines integrierten Rohstoffprogramms das Kernproblem der Debatte um eine Neuordnung der Weltwirtschaft. Grundsätzlich stimmte sie der Idee einer Erlösstabilisierung für Rohstoffexporteure zu – und zwar unter dem Gesichtspunkt, daß der „Gefahr einer Konfrontation, die sich abzeichnet, ... durch Bereitschaft zur Kooperation" begegnet werden müsse.[29] Als solche Gefahr galt ihr vor allem, daß die geregelte Rohstoffversorgung der deutschen Wirtschaft und damit die Überlebensfähigkeit der Bundesrepublik als Industrieland beeinträchtigt werden könnte.

Obwohl oder gerade weil aus dieser Sicht existentielle Interessen der Bundesrepublik berührt waren, machte die Bereitschaft der Regierung zur Kooperation vor dem Konzept der Erlösstabilisierung, das die UNCTAD vorgelegt hatte, halt. Für die Bundesregierung war dieses Konzept, das für 18 Rohstoffe gleichzeitig (und insofern integriert) eine Erlösstabilisierung vorsah, mit den Grundsätzen einer freien, marktwirtschaftlich orientierten Weltwirtschaft nicht vereinbar. Anders bei dem im Rahmen des EG-AKP-Abkommens von Lomé 1975 ausgehandelten System zur Stabilisierung von Rohstoffexporterlösen (STABEX). Ihm stimmte sie vorbehaltlos zu. Der Grund: Das STABEX-System sah vor, Verluste im Rohstoffgeschäft von einer bestimmten Größenordnung an durch Ausgleichszahlungen aus einem dafür eingerichteten Fonds zu regulieren. Das integrierte Rohstoffprogramm der UNCTAD zielte hingegen darauf ab, durch die Einrichtung von Ausgleichslagern die Preisbildung zu beeinflussen und insofern in das Marktgeschehen selbst einzugreifen. Hinzu kam die Befürchtung, die Einrichtung einer zentralen Behörde für das integrierte Rohstoffprogramm könnte den Beginn einer Weltwirtschaftsbürokratie darstellen, die von sich aus immer mehr Bereiche der Weltwirtschaft ihren dirigistischen Ambitionen unterwerfen würde.

Die von der Bundesregierung vorgebrachten ordnungspolitischen Bedenken wurden letztlich auch durch den Kompromiß nicht völlig ausgeräumt, der schließlich 1980 im Rahmen des Nord-Süd-Dialogs erzielt wurde. Doch konnte dieser akzeptiert werden, weil er ein sehr viel geringeres Finanzvolumen vorsah als ursprünglich geplant, und weil die Regelung getroffen wurde, daß für jeden Rohstoff ein gesondertes Abkommen abzuschließen sei. Der Kompromiß stellte insofern einen Mittelweg zwischen der Politik traditioneller Rohstoffabkommen und dem ursprünglich vorgesehenen integrierten Ansatz dar. Bei Verabschiedung des Kompromisses war überdies absehbar, daß es in überschaubarer Zeit kaum gelingen würde, eine größere Zahl von Rohstoffabkommen abzuschließen.[30]

Die DDR hat nicht mit der gleichen Schärfe wie die Bundesrepublik die Forderungen der Entwicklungsländer nach einem integrierten Rohstoffprogramm zurückgewiesen, jedoch zahlreiche Einwände erhoben, alternative Vorschläge unterbreitet und sich Verpflichtungen zu entziehen versucht. In ihren Augen verblieb das integrierte Rohstoffprogramm ebenso wie der Rohstoffonds „im Regelmechanismus des gewissen veränderten Bedingungen angepaßten kapitalistischen Marktsystems".[31] Das jedoch wollte die DDR weiter zurückdrängen. Anläßlich der 4.UNCTAD-Konferenz schlug sie daher gemeinsam mit ihren Verbündeten alternativ einen planwirtschaftlich orientierten „neuen Typ internationaler stabilisierender Rohstoffabkommen" vor, in denen – unter Ausschaltung der transnationalen Unternehmen – lang- und mittelfristig Exportquoten sowie Kaufverpflichtungen ebenso festgelegt werden sollten wie Margen für mögliche Preisschwankungen. Internationale Rohstofflager zur Stabilisierung von Angebot und Nachfrage bewertete sie hingegen skeptisch, eine Beteiligung an der geforderten Ausgleichsfinanzierung lehnte sie gar vollständig ab.[32]

Auch wenn die DDR mit ihren Vorschlägen zur Reorganisation der Rohstoffwirtschaft deutlich über die reglementierenden Konzepte der Entwicklungsländer hinausging und hier in diametralen Gegensatz zur Bundesrepublik geriet, sahen sich beide deutschen Staaten in ihrer Reserve gegenüber größeren finanziellen Verpflichtungen sowie einer von ihnen kaum zu beeinflussenden Bürokratie vereint. Zwar anerkannte die DDR den Anspruch der Entwicklungsländer auf Stabilisierung ihrer Exporterlöse und wollte ihnen auch angemessene Preise konzedieren, eine unmittelbare finanzielle Beteiligung am Rohstoffprogramm lehnte sie hingegen bis zum Schluß ab. Selbst dem Gemeinsamen Rohstoffonds stimmte sie 1980 nur unter Vorbehalt zu, da ihre, den finanziellen Anteil der sozialistischen Staaten reduzierenden Vorschläge nicht berücksichtigt worden waren.[33]

3.3. Ressourcen-Transfer

Integraler Bestandteil der Vorstellungen der Entwicklungsländer über eine Neuordnung der Weltwirtschaft war und ist die Forderung nach einer massiven Aufstockung des Ressourcen-Transfers, der finanziellen und materiellen Hilfeleistungen zugunsten der Dritten Welt in Verbindung mit einer Reforn der hier operierenden multilateralen Einrichtungen – des Internationalen Währungsfonds und der Weltbank-Gruppe. Von dieser Doppelforderung – Mittelaufstockung und Demokratisierung des multilateralen Entscheidungsprozesses über währungs- und kreditpolitische Fragen – ist letztlich nur die Mittelaufstockung auf bi- und multilateraler Ebene geblieben. Auch die Einrichtung einer eigenen Bank der Entwicklungsländer (Südbank) scheint kaum Fortschritte zu machen.

Die Forderungen der Entwicklungsländer nach verstärkter Hilfe richten sich in erster Linie an die westlichen Industriestaaten, da sie über die größeren Ressourcen verfügen. Angesprochen sind natürlich aber auch die sozialistischen Industrienationen. Doch zeigt nicht zuletzt die Haltung der DDR, daß diese geneigt sind, Hilfe nur nach dem Prinzip des gegenseitigen Vorteils zu gewähren (was bedeutet, sie dort zu verweigern, wo der eigene Vorteil nicht unmittelbar erkennbar ist). Hinzu kommt, daß die DDR im Einklang mit ihren Verbündeten keinerlei Grund für eine Gleichbehandlung von kapitalistischen und sozialistischen Industriestaaten sieht. Daher hat sie sich immer der seit Beginn der 2. UN-Entwicklungsdekade geltenden Forderung widersetzt, wonach alle „entwickelten" Länder dem Süden jährlich Unterstützung in Höhe von 0,7 % ihres Bruttosozialproduktes gewähren sollen. Da nicht sie, sondern der Kolonialismus und Neokolonialismus für die Nöte der Dritten Welt verantwortlich seien, könne sich der legitime Anspruch auf „Wiedergutmachung" nicht an die sozialistischen, sondern ausschließlich an die kapitalistischen Industriestaaten richten.[34]

Auf Dauer kann eine solche Argumentation kaum überzeugen. Wenn sich die DDR tatsächlich dem Weltfrieden verpflichtet fühlt, muß auch sie daran mitwirken, die Gefahrenquellen zu beseitigen. Die Not der Dritten Welt ist aber ohne jeden Zweifel Ursache zahlreicher Konflikte und Spannungen, die den Frieden auch in der nördlichen Hemisphäre erheblich gefährden. Programme sozialer Umgestaltung helfen, wenn sie nicht materiell abgesichert werden, wenig. Die Hoffnung scheint aber nicht unbegründet, daß die DDR im Unterschied zu den vergangenen Jahren künftig eine weniger restriktive Haltung einnimmt.[35]

Im Gegensatz zur DDR hat sich die Bundesrepublik von Anbeginn zum 0,7 %-Grundsatz bekannt, ohne diesen allerdings bis heute zu erfüllen. Der Anteil der Entwicklungshilfe am Bruttosozialprodukt war während der siebziger Jahre zeitweilig sogar rückläufig. Mit Blick auf kritische Stimmen hat die Bundesregierung jedoch immer wieder darauf hingewiesen, daß der staatliche und private Kapitaltransfer in die Dritte Welt zusammen mehr als 1 % des Bruttosozialproduktes ausmachten, der internationale Standard in dieser Hinsicht folglich sogar übererfüllt werde. Immerhin ist der Entwicklungsetat gerade in den vergangenen Krisenjahren überproportional gewachsen und soll auch weiterhin überproportional ansteigen.

Zudem hat die Bundesrepublik ihre während der sechziger Jahre verglichen mit dem internationalen Standard schlechteren Kreditkonditionen seit geraumer Zeit den OECD-Richtlinien angepaßt. Auch ist sie den Forderungen der Entwicklungsländer einen weiteren Schritt entgegengekommen, als sie den am wenigsten entwickelten Staaten (LLDC) heute nur noch Hilfe ohne Rückzahlungsverpflichtung gewährt. Damit wird ein Beitrag zur Erleichterung der Schuldenlast dieser Länder geleistet, der durch einen – allerdings von Fall zu Fall gesondert auszuhandelnden – Schuldenerlaß ergänzt werden kann.

Diese kompromißbereite Haltung beschränkt sich jedoch auf die ärmsten Entwicklungsländer. Im Grundsatz ist die Bundesregierung stets für die Einhaltung einer hohen Schuldner-Moral nach den Maßstäben des Internationalen Währungsfonds eingetreten. Dem entspricht, daß sie sich mit Entschiedenheit gegen eine Reform des internationalen Institutionengefüges – insbesondere des Währungsfonds – wehrt. Allerdings ist sie 1982 durch den Bundestag einmütig aufgefordert worden, dafür einzutreten, daß bei der Vergabe von IWF-Krediten entwicklungspolitische Notwendigkeiten nicht außer acht gelassen werden.[36]

Zwar hat die Bundesregierung die Einrichtung verschiedener Programme bei IWF und Weltbank zur Ausweitung ihres kreditpolitischen Handlungsspielraums mitgetragen und selbst wesentliche eigene Leistungen zur Durchführung dieser Programme erbracht. Eine Ausweitung der internationalen Liquidität gemäß dem aus Entwicklungsvorhaben sich ergebenden Finanzbedarf („Link") – eine zentrale Forderung der Entwicklungsländer – hat sie jedoch von Anfang an expressis verbis zurückgewiesen.[37]

3.4. Kollektive Eigenständigkeit und die Kooperation zwischen den Entwicklungsländern

In den Auseinandersetzungen um eine Neue Weltwirtschaftsordnung haben die Entwicklungsländer gegenüber den westlichen Industriestaaten ein erstaunliches Maß an Geschlossenheit gezeigt. Erstaunlich war dies nicht nur mit Blick auf die nach Entwicklungsstand und konkreter Problemlage großen Unterschiede zwischen den Ländern der Dritten Welt, sondern auch mit Blick auf die äußerst schwach ausgeprägten Wirtschaftsbeziehungen untereinander. Es gehört daher auch zum Standardrepertoire aller entwicklungspolitischen Debatten, daß ein massiver und systematischer Ausbau der Kooperation zwischen den Entwicklungsländern gefordert wird. Mit Hilfe der Süd-Süd-Kooperation sollen zusätzliche Entwicklungsressourcen mobilisiert und die Abhängigkeit von den Industriestaaten verringert werden.

Dabei ist keineswegs nur an eine rein quantitative Ausweitung der Kooperation, sondern zugleich an die Schaffung einer neuen Qualität von Beziehungen im Sinne der Gleichheit und des wechselseitigen Vorteils aber auch der Solidarität gedacht. Süd-Süd-Kooperation wird unter dieser Perspektive als Politik der „kollektiven Eigenständigkeit" (Collective Self-Reliance) propagiert. Sie kann „zugleich als Strategie und Ideologie" betrachtet werden: „Strategie im Sinne eines Solidaritätspaktes zwischen Ländern der Dritten Welt, der auf eine Reform der Weltwirtschaftsordnung abzielt; Ideologie im Sinne einer Identitätssuche der Entwicklungsländer".[38]

Die Aufwertung bzw. der Ausbau der Süd-Süd-Kooperation in beiderlei Sinn ist im Verhältnis zwischen westlichen Industriestaaten und Entwicklungsländern nie sonderlich umstritten gewesen. Im Gegenteil: Sie bildet das Herzstück des allerdings nicht sehr großen Bereichs der Nord-Süd-Politik, in dem ein verhältnismäßig verläßlicher Konsens herrscht.

Auch die Bundesregierung trägt diesen Konsens mit. So heißt es in den Entwicklungspolitischen Grundlinien von 1980:

„Die deutsche Entwicklungspolitik unterstützt die wirtschaftliche Zuammenarbeit der Entwicklungsländer untereinander. Regionale und Gemeinschaftsvorhaben, die mehreren Entwicklungsländern zugute kommen, werden verstärkt gefördert. Der Bedeutung solcher Vorhaben wird durch entsprechend günstige Konditionen Rechnung getragen."[39]

Die Bundesregierung geht davon aus, daß die eigenen wirtschaftlichen Interessen durch verstärkte Kooperation der Entwicklungsländer untereinander nicht beeinträchtigt werden, da diese Kooperation nicht als Versuch der Abkapselung gegenüber den Industriestaaten betrieben wird, sondern auch der Ausweitung des Handels mit den Industrieländern zugute kommen kann. Diese Aussicht sieht sie besonders bei regionalen Integrationsbestrebungen der Entwicklungsländer wie etwa der ASEAN bestätigt.

Aber auch politische Gesichtspunkte spielen in die Befürwortung verstärkter Süd-Süd-Kooperation hinein, denn sie erhöht die Chancen einer eigenständigen Konfliktregelung in der Dritten Welt.[40] Hinter dieser Rollenzuweisung steht natürlich auch die Erwartung, daß eine verstärkte Süd-Süd-Kooperation zur Abgrenzung der Dritten Welt gegenüber dem sozialistischen Lager beitragen könnte. Die ASEAN erfreut sich insofern nicht nur unter wirtschaftlichen, sondern auch und gerade unter politischen Gesichtspunkten als Gegengewicht zur Entwicklung im alten Indochina besonderer Wertschätzung.

Gerade dies aber hat in der DDR Befürchtungen geweckt. Zwar bekennt sich auch die Partei- und Staatsführung des zweiten deutschen Staates zu den Bestrebungen der Entwicklungsländer, ihre Kooperation untereinander auszubauen. Zugleich aber weist sie darauf hin, daß diese nicht zu einer „Abkopplung" der Dritten Welt führen dürfe, da sie „die Gefahr der Isolierung der nationalen Befreiungsbewegungen von den sozialistischen Staaten" in sich berge.[41] Auch befürchtet sie, daß eine Vertiefung der Zusammenarbeit zu neuen Abhängigkeiten führen, daß „Ausbeutung zwischen Entwicklungsländern" entstehen könnte.[42] Und nicht zuletzt läßt die DDR eigene wirtschaftliche Interessen erkennen, indem sie „gegen jede etwaige Form der Diskriminierung der sozialistischen Länder bei diesen Prozessen" Front macht.[43] Folglich ist die DDR auch in dieser für sie politisch nur wenig ergiebigen Frage eher ein passiver Beobachter, der sich mit der Aufgabe begnügt, dort korrigierend einzugreifen, wo eigene Interessen gefährdet erscheinen.

4. Von der Konfrontation zur Kooperation?

1. Die Politik gegenüber der Dritten Welt ist heute mehr denn je Weltpolitik; sie ist „Hohe Politik", eingebettet in Interessenbezüge und Konfliktkonstellationen, die weit entfernt von der alltäglichen Not zu sein scheinen, in der der größere Teil der Bevölkerung des größeren Teils der Entwicklungsländer lebt.

Aber das „Ringen um Afrika" oder um andere Weltregionen, mag es auch von den politischen und sozialen Verhältnissen in den betroffenen Staaten noch so abgehoben sein, hat ganz konkrete Auswirkungen auf die Lebensbedingungen der breiten Bevölkerung – in politischer und ökonomischer Hinsicht. Die Einsicht in die Folgewirkungen des eigenen Handelns für die, die über dieses Handeln nicht mitentscheiden können, sollte deshalb auf seiten der Industrieländer Ausgangspunkt aller Überlegungen zur Gestaltung ihrer „Südpolitik" sein. Das heißt in erster Linie, daß die Überwindung des Elends und nicht der eigene Vorteil in einem Nullsummenspiel, bei dem der Osten zu gewinnen scheint, was der Westen verliert und umgekehrt, zur Maxime des eigenen Handelns erhoben wird.

2. Der Ost-West-Konflikt verliert angesichts des Ausmaßes von Hunger und Elend in der Dritten Welt nicht an Bedeutung für die praktische Politik. In ihm bildet sich die Identität der Gesellschaften beider Seiten ebenso ab wie das Streben, sie zu erhalten. Es wäre daher illusorisch, ein völliges Ausblenden des Ost-West-Konflikts aus der Nord-Süd-Politik zu fordern. Die Erfahrungen der vergangenen beiden Jahrzehnte zeigen jedoch, daß der Ost-West-Konflikt keinen Orientierungsrahmen für die Nord-Süd-Politik bietet, wenn sie die Probleme der Dritten Welt lösen will, statt sie zu verschärfen. Diesen Orientierungsrahmen können nur die Verhältnisse in der Dritten Welt selbst liefern. Eine konstruktive Auseinandersetzung mit diesen Verhältnissen setzt Selbstkritik voraus, das heißt den Versuch, die Einschränkungen des Wahrnehmungsvermögens durch eigene Interessen und die jeweils bevorzugten Weltanschauungen (mit deren Hilfe partikulare Interessen in universale Bedürfnisse umgedeutet werden) zu erkennen und abzubauen. Eine solche Selbstkritik hätte nichts mit schwächendem Selbstzweifel zu tun. Sie wäre vielmehr die Voraussetzung für eine realistische Friedenspolitik.

3. Zu Beginn der siebziger Jahre bestand die Hoffnung, daß es möglich sein werde, die Entspannung in Europa durch eine wechselseitige Verständigung zwischen Ost und West über die Nichteinmischung im Süden ergänzen zu können. Diese Hoffnung haben sich nicht erfüllt. An die Stelle einer Ausstrahlung der Ost-West-Entspannung auf das Nord-Süd-Verhältnis ist eine Verkoppelung und wechselseitige Verschärfung von Nord-Süd- und Ost-West-Konflikt getreten. Aber die reale Bedeutung der politischen Veränderungen in der Dritten Welt für das Kräfteverhältnis zwischen Ost und West ist sehr viel geringer, als die sozialistischen Staaten in der zweiten Hälfte der siebziger Jahre glaubten und als die westlichen Länder seit dem Eingreifen des sozialistischen Lagers in Angola, Mosambik und Äthiopien fürchteten. Obwohl oder gerade weil die Entwicklungsdisparitäten zwischen Nord und Süd sich erhöht haben, ist die Entschlossenheit der Entwicklungsländer zu eigenständigem Handeln sehr viel schneller gewachsen als der Druck, sich dem einen oder anderen Lager anzuschließen.[44] Dies zeigt sich nicht zuletzt darin, daß die Bewegung der Blockfreien trotz äußerst schwieriger politischer und ökonomischer Verhältnisse, in denen sich ihre Mitglieder befinden, die Gefahr einer Spaltung (und damit der vollständigen Integration in den Ost-West-Konflikt) bisher immer abwenden konnte.

4. Die DDR versuchte wie die anderen sozialistischen Staaten während der siebziger Jahre die Politik der Entspannung in Europa mit einer Forcierung „gesetzmäßiger" Veränderungen im Weltkräfteverhältnis zwischen dem Sozialismus östlicher Prägung und dem westlichen Kapitalismus zu verbinden. Sie wollte die Entspannung nutzen, um den eigenen Handlungsspielraum in der Dritten Welt und ihren Einflußbereich zu erweitern. Inzwischen scheint aber auch und gerade der DDR-Führung klar geworden zu sein, daß Entspannung in Europa bei verstärkter „Systemkonkurrenz" in der Dritten Welt nicht möglich ist. Die DDR hat aber die Entspannungspolitik in erster Linie unter dem Gesichtspunkt mitgetragen, den politischen und territorialen Status quo in Europa zu festigen, und weniger unter dem Gesichtspunkt, mehr Handlungsspielraum für eine

offensive Politik gegenüber den Entwicklungsländern zu schaffen. Daher dürfte sie die Beeinträchtigung der Entspannung in Europa durch die Projektion des Ost-West-Konflikts auf die Dritte Welt als Widerspruch zu der optimistischen Lageeinschätzung und zu ihren eigenen Zielsetzungen erfahren, die ihrer Politik in der zweiten Hälfte der siebziger Jahre zugrunde lagen. Schon in dieser Hinsicht gibt es mit Blick auf das eigene Interesse für die DDR Anlaß genug, eine Neubestimmung ihrer Politik in der Dritten Welt vorzunehmen. Hinzu kommt, daß die Veränderungen in der Dritten Welt selbst und in den Beziehungen zwischen dieser und dem Westen sich nicht wie erwartet zum eigenen Vorteil weiterentwickelt haben. Auch dies dürfte dazu zwingen, die eigene Politik zu überdenken.

5. Der Bundesrepublik Deutschland ist ebenfalls daran gelegen, einer weiteren sich wechselseitig verstärkenden Rückkopplung von Ost-West- und Nord-Süd-Konflikt entgegenzuwirken – und zwar sowohl mit Blick auf ihre ökonomischen Interessen in der Dritten Welt wie auch und vor allem mit Blick auf ihre politischen Interessen in Europa. Eine Verschärfung der Lage in der Dritten Welt könnte für die Bundesrepublik unmittelbar zu einem ökonomischen Problem werden – nicht so sehr wegen der Rohstoffversorgung als vielmehr wegen der Labilität des Weltwirtschaftssystems, von dessen Funktionsfähigkeit sie abhängt. Darüber hinaus könnte eine solche Entwicklung in der Dritten Welt über die Verschärfung der Lage in Europa mittelbar zu einer politischen Schwächung der Bundesrepublik im Ost-West-Verhältnis beitragen. Hieraus ergibt sich ein nachhaltiges Interesse an kooperativen Formen der Konfliktbewältigung sowohl im Ost-West- wie auch im Nord-Süd-Verhältnis. Es besteht mit anderen Worten das parteiübergreifende Interesse, Konfliktursachen in der Dritten Welt zu beheben, um die Gefahr abzubauen, daß solche Konflikte über ein rivalisierendes Eingreifen von Ost und West zu einer Verschärfung der Spannungen in Europa führen.

6. Die Verschärfung der internationalen Spannungen am Beginn der achtziger Jahre hat deutlich gemacht, daß beide deutsche Staaten schon aufgrund ihrer Lage im geographischen Zentrum des Ost-West-Konflikts ein im Grundsatz gleiches Interesse daran haben müssen, ihre Südpolitik so zu gestalten, daß sie nicht zu einer weiteren Quelle der Spannungen im Ost-West-Verhältnis wird. In diesem Sinne sind sie an einer Teilbarkeit der Spannungen in der Welt interessiert, aber auch daran, die Spannungen selbst zu reduzieren (und damit der Forderung nach Unteilbarkeit des Friedens gerecht zu werden). Sie haben in Verbindung damit auch ein Interesse, der weiteren Verschärfung einer gleichsam naturwüchsigen Konkurrenz um knappe Wirtschaftsressourcen und einem Raubbau an diesen Ressourcen entgegenzuwirken. Die heute vielfach angesprochene „Verantwortungsgemeinschaft" der beiden deutschen Staaten könnte unter den genannten Gesichtspunkten auch auf die Entwicklungsländer sowie die Politik der beiden Staaten in der Dritten Welt bezogen werden. Wichtig ist in diesem Zusammenhang, daß seit Anfang der siebziger Jahre der zentrale, sich aus der deutschen Teilung ergebende Konflikt zwischen beiden Staaten um die Anerkennung der DDR heute nur noch in der Form eines Streites um die Vertretung Berlins fortbesteht. Hier sollte ein generelles Arrangement möglich sein, damit Verwicklungen wie im Falle Mosambiks und Angolas sich künftig erübrigen.

7. Lageanalysen und Strategien, die auf ihnen aufbauen, werden zwar durch die jeweiligen Interessen und Wahrnehmungsmuster geprägt, nicht aber determiniert. In der DDR wie in der Bundesrepublik spielt hier die Tücke des Objekts eine zentrale Rolle: die Komplexität der Verhältnisse in den Entwicklungsländern sowie die Schwierigkeit,

eigene kurz- und langfristige Interessen auf diese Verhältnisse zu beziehen und aus ihnen nach eigenem Maßstab vernünftige Schlüsse zu ziehen. Insofern besteht ein erheblicher Spielraum für Lernprozesse. Allerdings gibt es bis heute kaum Bereiche der Entwicklungspolitik, in denen solche Lernprozesse zu einer Annäherung der Lageanalysen und der Strategien in Ost und West geführt hätten. Bisher ist lediglich deutlich geworden, daß sich weder die DDR noch die Bundesrepublik in einem Zustand prästabilisierter Harmonie mit der Dritten Welt befinden. Dies betrifft namentlich die seit Beginn der siebziger Jahre geführte Debatte um eine Neuordnung der Weltwirtschaft. Die DDR-Führung mag zunächst gehofft haben, daß sich die Widersprüche zwischen dem Westen und der Dritten Welt einseitig verschärfen würden. Inzwischen ist sie aber für die DDR selbst zu einem Problem geworden, da die Entwicklungsländer sich nicht mehr durch den Verweis auf die kolonialistische Unschuld der sozialistischen Staaten davon abhalten lassen, auch von diesen vermehrte Anpassungsleistungen an den Ressourcenbedarf der Dritten Welt zu fordern. Es ist weder zu erwarten – noch zu hoffen –, daß diese Erfahrung zu einem gemeinsamen Widerstand beider deutscher Staaten gegen die Forderungen der Entwicklungsländer führt.

Wohl aber könnte eine Ernüchterung auf seiten der DDR (mit Blick auf frühere Hoffnungen, daß der Widerspruch zwischen Erster und Dritter Welt sich unaufhörlich verschärfe) und eine Beruhigung auf seiten der Bundesrepublik (mit Blick auf frühere Befürchtungen, daß ihre politische Identität und ökonomische Leistungsfähigkeit auf dem Spiel stehe) dazu beitragen, Kommunikationsmöglichkeiten für die Verständigung über Prioritäten in der Entwicklungspolitik jenseits des Ost-West-Konflikts offen zu halten oder neu zu eröffnen. Ansatzpunkte sind in folgenden Bereichen gegeben:

– bei der Befriedigung von Grundbedürfnissen und dabei vorrangig bei der Sicherstellung einer ausreichenden Ernährung;
– bei der Operationalisierung und Verwirklichung des Konzepts eines „gemeinsamen Erbes der Menschheit" insbesondere mit Blick auf die Ausbeutung natürlicher Ressourcen und den Schutz der Umwelt;
– bei der Forcierung von Rüstungskontrolle und Abrüstung auch unter dem Gesichtspunkt, einer weiteren Militarisierung der Politik im Nord-Süd-Verhältnis vorzubeugen sowie um zusätzliche Entwicklungsressourcen bereitzustellen;
– bei der Förderung regionaler Ansätze der Konfliktregelung innerhalb der Dritten Welt und im Rahmen der Vereinten Nationen unter dem Gesichtspunkt, die Gefahr rivalisierender Eingriffe raumfremder Mächte zu verringern.

Dies wären Beiträge zu einer substantiellen Stabilisierung der Dritten Welt, die beide deutsche Staaten, wenn auch kaum in naher Zukunft, darin vereinen könnten, gemeinsam gegen Hunger und Massenelend vorzugehen.

Anmerkungen

Anmerkungen zur Einleitung

1 Odette Jankowitsch, Karl P. Sauvant (Hg.), The Third World Without Superpowers. The Collected Documents of the Non-Aligned Countries, Dobbs Ferry 1978, Band I, S. 3f.
2 Siehe Khushi M. Khan, Volker Matthies (Hg.), Regionalkonflikte in der Dritten Welt, München etc. 1981; Michael Brzoska, Rüstung und Dritte Welt. Zum Stand der Forschung, München etc. 1981.
3 Weltbank, Weltentwicklungsbericht 1980, S. 43 ff.
4 Alwin Brück, Einführung, in: Bundesministerium für wirtschaftliche Zusammenarbeit, Welternährung (Materialien Nr. 69), Bonn, Dezember 1981, S. 5.
5 Hier eröffnen sich neue Dimensionen nicht-intendierter Folgewirkungen der ,,Grünen Revolution", die noch zu den bisher allgemein kritisierten (z.b. Verstärkung sozialer Ungleichheit) hinzukommen.
6 Zur Verschuldungsproblematik siehe Joachim Betz, Verschuldungskrise der Dritten Welt? in: Aus Politik und Zeitgeschichte B 23/1983, S. 12-20; Hans-Bernd Schäfer (Hg.), Gefährdete Weltfinanzen, Bonn 1980.
7 Vgl. Christian Heimpel, Deutsche Entwicklungspolitik vor der Wende?, in: Aus Politik und Zeitgeschichte B 23/1983, S. 3-11.
8 Lothar Brock, Wechselwirkungen zwischen Ost-West- und Nord-Süd-Konflikt, in: Deutsche Gesellschaft für Friedens- und Konfliktforschung (Hg.), Zur Lage Europas im globalen Spannungsfeld (DGFK-Jahrbuch 1982/83), Baden-Baden 1983, S. 233-258; ders., Entspannungspolitik als globales Problem. Zum Ost-West-Konflikt in der Dritten Welt, in: Hessische Stiftung Friedens- und Konfliktforschung (Hg.), Europa zwischen Kooperation und Konfrontation, Frankfurt/M. 1982, S. 83-102.
9 Zum Differenzierungsprozeß in der Dritten Welt siehe Ulrich Menzel, Der Differenzierungsprozeß in der Dritten Welt und seine Konsequenzen für den Nord-Süd-Konflikt und die Entwicklungstheorie, in: PVS 1/1984, S. 31 ff.
10 Zur bundesdeutschen Literatur über die Entwicklungspolitik der DDR vgl. die Sammelrezension von Hans-Joachim Spanger in: epd-Entwicklungspolitik 10/1983, S. 25 f.
Eigene Vorarbeiten:
Hans-Joachim Spanger, Entspannung, Nord-Süd-Konflikt und die beiden deutschen Staaten, in: DGFK (Hg.), Zur Lage Europas ... (Anm. 8), S. 409-430; ders., Die beiden deutschen Staaten in der Dritten Welt, in: Deutschland Archiv 1/1984, S. 30-50 (Teil I) und 2/1984, S. 150-165 (Teil II); Lothar Brock, Hans-Joachim Spanger, Konflikt und Kooperation. Die beiden deutschen Staaten in der Dritten Welt, in: Die beiden deutschen Staaten im Ost-West-Verhältnis. 15.Tagung zum Stand der DDR-Forschung in der Bundesrepublik Deutschland, Edition Deutschland Archiv, Köln 1982, S. 108-123.

Anmerkungen zu Kapitel A

1 Vgl. Pierre Renouvin, Jean-Baptiste Duroselle, Introduction to the History of International Relations, New York 1964, S. 202-233; Reinhard Rode, Handel und Friede, in: Hilfe plus Handel = Frieden? Die Bundesrepublik in der Dritten Welt (Friedensanalysen, Band 15), Frankfurt 1982, S. 19-45.

2   Admiral von Tirpitz, Erinnerungen, Leipzig 1919, S. 50 f, zitiert nach Michael Neher, Der Imperialismus, Würzburg 1974, S. 56 f.

3   Carl Peters, Gesammelte Schriften, Band 1, München, Berlin 1943, S. 441, zitiert nach Neher (Anm. 2), S. 52.

4   Zitiert nach Hans-Ulrich Wehler, Sozialimperialismus, in: Ders. (Hg.), Imperialismus, Köln, Berlin 1970, S. 87.

5   Vgl. hierzu die materialreichen Schriften von Hans-Ulrich Wehler, vor allem: Bismarck und der Imperialismus, Köln 1969 und: Der Aufstieg des amerikanischen Imperialismus, Göttingen 1974.

6   Vgl. hierzu die Sozialimperialismus-These von Wehler (Anm. 4).

7   Tirpitz, zitiert nach Neher (Anm. 2), S. 57.

8   Vgl. Ludwig Dehio, Gedanken über die deutsche Sendung 1900-1918, in: Wehler (Anm. 4), S. 312; Wolfgang J. Mommsen, Das Zeitalter des Imperialismus, Frankfurt 1969, S. 19.

9   Vgl. Wehler (Anm. 4), S. 263 ff.

10 Gerhard Schatt, Deutschland und Übersee, in: Heinrich Pleticha (Hg.), Deutsche Geschichte, Band 10, Gütersloh 1983, S. 200.

11 Leipziger Volkszeitung 4.12.1899, abgedruckt in: Rosa Luxemburg, Gesammelte Werke, Band I/1, Berlin (O) 1979, S. 642 f. Diese Argumentation zielte nicht darauf ab, das Interesse des Kapitals an der wirtschaftlichen Durchdringung vorkapitalistischer Räume abzustreiten. Dieses Interesse hat Rosa Luxemburg ja gerade betont. Ihr kam es vielmehr darauf an, Argumente gegen eine Politik anzuführen, die neue Rüstungsprogramme durch die vermeintliche Notwendigkeit des Kolonialerwerbs zu begründen versuchte.

12 Hans Werner Kettenbach, Lenins Theorie des Imperialismus, Band I, Köln 1965, S. 75-100.

13 Rudolf Hilferding, Das Finanzkapital, Wien 1923, S. 429.

14 Zustimmend Winfried Baumgart, Der Imperialismus. Idee und Wirklichkeit der englischen und französischen Kolonialexpansion 1880-1914, Wiesbaden 1975.

15 Joseph A. Schumpeter, Zur Soziologie des Imperialismus, in: Ders., Aufsätze zur Soziologie, Tübingen 1953, S. 74.

16 Ibid., S. 123.

17 Ibid., S. 119 f.

18 Ders., Kapitalismus, Sozialismus, Demokratie, Berlin 1946, S. 92.

19 Dabei wandte er sich insbesondere gegen Hilferding (Anm. 13) und Otto Bauer, Die Nationalitätenfrage und die Sozialdemokratie, Wien 1907, 1924 (2. Auflage).

20 Hier gibt es gewisse Parallelen zur Argumentation von Karl Kautsky, siehe Tom Kemp, Theories of Imperialism, London 1967, S. 89; John H. Kautsky, J.A. Schumpeter and K. Kautsky: Parallel Theories of Imperialism, in: Midwest Journal of Political Science 5/1961, S. 101-128.

21 Karl Marx, Friedrich Engels, Werke (MEW), Band 23, Berlin (O) 1970, S. 779.

22 Rosa Luxemburg, Die Akkumulation des Kapitals, Frankfurt 1969 (3. Auflage), S. 423-431.

23 Leipziger Volkszeitung 13.3.1899, abgedruckt in Luxemburg, Gesammelte Werke (Anm. 11), S. 361.

24 Ibid., S. 445.

25 W. I. Lenin, Werke, Band 22, Berlin (O), S. 264.

26 Ibid., S. 271.

27 Ibid., S. 209.

28 Ibid., S. 212.

29 Ibid., S. 213.

30 Hilferding (Anm. 13).

31 W. I. Lenin, Werke, Band 22, S. 218.

32 Ibid., S. 242.

33 Vgl. Hans-Christoph Schröder, Sozialistische Imperialismusdeutungen, Göttingen 1973, S. 48.

34 John Atkinson Hobson, Imperialism. A Study, London 1903; deutsch: Der Imperialismus. Mit einer Einleitung von Hans-Christoph Schröder, Köln 1968. Die weiteren Quellenverweise beziehen sich auf die deutsche Ausgabe.

35 Vgl. ibid., S. 260.
36 W. I. Lenin, Werke, Band 22, S. 245.
37 Ibid., S. 264f.
38 Ibid., S. 264f.
39 Ibid., S. 225.
40 Ibid., S. 281.
41 Ibid., S. 306f.
42 Ibid., Band 23, S. 112ff.
43 Dietrich Geyer, Voraussetzungen sowjetischer Außenpolitik in der Zwischenkriegszeit, in: Ders. (Hg.), Osteuropa, Handbuch, Sowjetunion, Außenpolitik 1917-1955, Köln 1972, S. 23.
44 Vgl. ibid., S. 8, 22.
45 W. I. Lenin, Werke, Band 23, S. 53.
46 Schröder (Anm. 33), S. 78, bezeichnet die Zweite Internationale in dieser Frage als quietistisch. Die deutsche Sozialdemokratie betrachtete die praktizierte Kolonialpolitik ökonomisch als widersinnig und politisch als gefährlich. Andererseits hatte sich aber die mit dem Kolonialismus verbundene Ideologie der zivilisatorischen Mission auch in den Reihen der Sozialdemokratie eingenistet, wie besonders die einschlägigen Äußerungen Eduard Bernsteins zeigten, vgl. Schröder, S. 80.
47 Ibid., S. 32.
48 Werner Hofmann, Ideengeschichte der sozialen Bewegung des 19. und 20. Jahrhunderts, Berlin (W) 1968, S. 230.
49 Zitiert nach Alfred G. Meyer, Lenins Imperialismus-Theorie, in: Wehler (Anm. 4), S. 145.
50 Vgl. Salim Ibrahim, Verena Metze-Mangold, Nichtkapitalistischer Entwicklungsweg. Ideengeschichte und Theorie-Konzept, Köln 1976, S. 24f.; Isaac Deutscher, Trotzki. Der Unbewaffnete Prophet 1921-1929, Stuttgart 1972 (2. Aufl.), S. 306. Zur Haltung Lenins siehe Schröder (Anm. 33), S. 86-93.
51 Der Inder Manabendra Nath Roy argumentierte, daß aufgrund des fortgeschrittenen Klassenbewußtseins der Massen, durch das die fehlende ökonomische Reife der rückständigen Gebiete kompensiert werde, dort eine proletarische Revolution möglich sei und folglich die Kommunisten schon in der laufenden Etappe der sozialen Kämpfe die Führung anzustreben hätten, vgl. M.N. Roy, Revolution und Konterrevolution in China, Berlin 1930, S. 235, 262f.
52 Hofmann (Anm. 48), S. 231.
53 Vgl. hier auch den Zusammenhang mit dem von Lenin energisch betriebenen Anliegen, den „Linksradikalismus" aus der kommunistischen Bewegung zu verdrängen, das heißt in diesem Zusammenhang, die kommunistischen Parteien auf die Notwendigkeit hin zu orientieren, sich mit den fortschrittlichen Kräften in den jeweiligen Ländern zu arrangieren und mit ihnen zusammenzuarbeiten, statt auf eine Abkürzung des revolutionären Prozesses durch direkte (auch militärische) Hilfe von seiten der Sowjetunion zu bauen, vgl. Hofmann (Anm. 48), S. 232.
54 Wolfgang Eichwede, Der Eintritt Sowjetrußlands in die internationale Politik, in: Geyer (Anm. 43), S. 197.
55 Entsendung von Joffe und Maring-Sneevliet, dazu Deutscher (Anm. 50), S. 307f.
56 Eichwede (Anm. 54), S. 202. Die Tätigkeit militärischer Berater ist ausführlich dokumentiert bei Dieter Heinzig, Sowjetische Militärberater bei der Kuomintang 1923-1927, Baden-Baden 1978.
57 Die Moskauer Linie wurde zu dieser Zeit (Herbst 1925) nach dem Tode Lenins (Januar 1924) und Sun Yat-sens (März 1925) bereits von Stalin und Bucharin bestimmt. Zur Darstellung der Entwicklung siehe Eichwede, ibid., S. 203f.; Deutscher (Anm. 50), S. 309-325.
58 Deutscher, ibid., S. 310.
59 Ibid., Eichwede, (Anm. 54), S. 203.
60 Deutscher (Anm. 50), S. 317.
61 Trotzki selbst hatte im März 1926 der sowjetischen Diplomatie in China empfohlen, von der Fortdauer der chinesischen Teilung auszugehen - ungeachtet des Bündnisses mit der nationalen Befreiungsbewegung Kuomintang (vgl. Deutscher (Anm. 50), S. 318). Es spricht ei-

niges dafür, daß hier nationale Wirtschaftsinteressen der Sowjetunion eine wichtige Rolle spielten, daß dem Politbüro die Sicherung des Status quo in der japanisch besetzten Mandschurei wichtiger war als die zügige Lösung der nationalen Frage. Andererseits dürfte das diplomatische Agieren in China auch durch die Befürchtung bestimmt gewesen sein, daß die Westmächte in China intervenieren und damit die eingeleitete soziale Transformation blokkieren könnten (vgl. Eichwede (Anm. 54), S. 206 ff.). Darüber hinaus hat man in der sowjetischen Führung auch die Gefahr gesehen, daß der geplante Nordfeldzug der Kuomintang dazu dienen könnte, die Lösung der nationalen Frage auf Kosten einer Konsolidierung der sozialen Fortschritte in Südchina voranzutreiben. Dazu schrieb Isaac Deutscher: „Die Motive des Politbüros waren gemischt und verwickelt. Es ging ihm um die Mandschurei. Es fürchtete aber auch, daß Chiang Kai-sheks Expedition gegen den Norden die westlichen Mächte zu einer energischer als bisher betriebenen Intervention in China provozieren könnte. Und es hatte den Verdacht, daß Chiang die Expedition als eine Ablenkung von der Revolution plante, als ein Mittel, um die revolutionären Energien des Südens zu absorbieren und zu zerstreuen." Deutscher (Anm. 50), S. 312.

62 Vgl. hierzu Marx' Entwürfe einer Antwort auf die Frage von Vera Sassulitsch nach der Möglichkeit, die russische Dorfgemeinde zu einer Keimzelle der sozialistischen Umgestaltung werden zu lassen. Marx antwortete, daß dies theoretisch denkbar sei, aber vom internationalen Milieu abhinge bzw. davon, daß die russische Revolution zugleich mit einer proletarischen Revolution im Westen einherginge, MEW, Band 19, S. 296, 385.

63 Vgl. Ibrahim, Metze-Mangold (Anm. 50), S. 25. Dazu ausführlich auch Kapitel C.

64 Vgl. ibid., S. 206.

65 Eichwede (Anm. 54), S. 206.

66 Siehe die Beiträge in R. Owen und R. Sutcliffe (eds.), Studies in the Theory of Imperialism, London 1972.

67 William P. Glade, The Latin American Economies, New York etc. 1969, S. 211-247.

68 Hierzu Gilbert Ziebura, Interne Faktoren des französischen Hochimperialismus 1871-1914, in: Wolfgang J. Mommsen (Hg.), Der moderne Imperialismus, Stuttgart 1971, S. 85-139.

69 Vgl. Andrew Mack, Theories of Imperialism, in: Journal of Conflict Resolution 18/3, September 1974, S. 519.

70 Zum Verhältnis der Produktion amerikanischer Firmen in Lateinamerika und Lieferungen der gleichen Branche aus den USA nach Lateinamerika siehe Lothar Brock, Entwicklungsnationalismus und Kompradorenpolitik, Meisenheim 1975, S. 172-174.

71 Hobson (Anm. 34), S. 260.

72 Hobson spricht allerdings auch von einer „Verschwörung bösartiger Kräfte", deren Wirkungsmacht es zu zerstören gelte, ibid., S. 298.

73 Ibid., S. 85-102.

74 Ibid., S. 88.

75 Ibid., S. 92.

76 „Nicht der industrielle Fortschritt erfordert die Erschließung neuer Märkte und Investitionsgebiete, sondern die mangelhafte Verteilung der Konsumkraft. Nur sie verhindert die Absorbierung der Waren und der Kapitalien im Lande selbst." Ibid., S. 96.

77 Ibid., S. 97.

78 W. I. Lenin, Werke, Band 22, S. 292.

79 Ibid., S. 245.

80 Hobson (Anm. 34), S. 302. Dort wird auch die gesellschaftspolitische Integrationsfunktion des Imperialismus erwähnt.

81 Hofmann (Anm. 48), S. 221.

82 Ibid.

83 Michael Kidron, Western Capitalism Since the War, Harmondsworth 1970, S. 10, zitiert nach Schröder (Anm. 33), S. 100.

84 Die Aufarbeitung dieses Sachverhalts im Pearson-Bericht trug mit zur Formulierung der Formel „Hilfe durch Handel" als Entwicklungsstrategie bei, siehe Partners in Development (Report of the Commission on International Development), New York 1969, deutsch: Der Pearson-Bericht, Wien 1969, S. 106-124. Zu neueren Zahlenangaben vgl. Bundesministe-

rium für wirtschaftliche Zusammenarbeit (Hg.), Journalisten-Handbuch, Bonn 1975 ff. (Stichwort „Wirtschaftsbeziehungen").

85 Bericht der Unabhängigen Kommission für Entwicklungsfragen. Das Überleben sichern. Gemeinsame Interessen von Industrie- und Entwicklungsländern, Köln 1980. Die Zitate von Arthur Lewis und Ralf Dahrendorf nach: Entwicklung und Zusammenarbeit 4/1981, S. 4; vgl. hierzu und zum folgenden Rainer Tetzlaff, Die Dritte-Welt-Politik der Bundesrepublik Deutschland zwischen Friedensrhetorik und Realpolitik. Eine Einführung mit politischen Empfehlungen, in: Hilfe plus Handel = Frieden? (Friedensanalysen, Band 15) Frankfurt 1982, S. 49-108.

86 Jean Jacques Servan-Schreiber, Die amerikanische Herausforderung, Hamburg 1970.

87 Vgl. Wolfgang Hager, Westeuropas wirtschaftliche Sicherheit, Bonn 1976; Joseph S. Nye, Kollektive wirtschaftliche Sicherheit, in: Europa Archiv 29/1974, S. 650-664.

88 Siehe Abschnitt 3.3.

89 Marjus Mugglin, Teure Computer holen billige Jobs aus der 3. Welt zurück, in: Tages-Anzeiger 21.2.1984, abgedruckt in: BMZ (Hg.), Entwicklungspolitik. Spiegel der Presse 5/1984, S. 145.

90 J. A. Tarabrin, Evolution im System des Neokolonialismus, in: Neokolonialismus, Neue Erscheinungen, Berlin (O) 1981, S. 9.

91 Klaus Kannapin, Internationale Monopole und Entwicklungsländer, in: ibid., S. 57.

92 „Die befreiten Länder", so wird unter dem Eindruck der Auseinandersetzungen um eine Neuordnung der Weltwirtschaft ganz allgemein behauptet, „treten für die Liquidierung ihrer nichtgleichberechtigten Stellung in der kapitalistischen Weltwirtschaft ein, die ihrer neuen, wachsenden Rolle in der Weltpolitik nicht entspricht". So A. A. Solonitzky, Ökonomische Aspekte der imperialistischen Expansion in die Entwicklungsländer, in: ibid., S. 55.

93 Tarabrin (Anm. 90), S. 10. Zu dieser Problematik ausführlich Kapitel D.

94 Solonitzky (Anm. 92), S. 51.

95 Vgl. z. B. Tarabrin (Anm. 90), S. 29.

96 Vgl. hierzu S. S. Kositzky, Die Expansion des BRD-Neokolonialismus in die soziale Sphäre der befreiten Staaten, in: Neokolonialismus (Anm. 90), S. 133-151.

97 Ibid., S. 137.

98 Ibid., S. 145.

99 Ibid., S. 139.

100 Ibid., S. 147.

101 A. Birjukowa, Europäische Sicherheit und Zusammenarbeit und die Rolle der Arbeiterklasse, in: Walter Fabian (Hg.), Plädoyers für eine Europäische Sicherheitskonferenz, München 1972, S. 50.

102 Hierzu Wolfgang Bärtschi, Hans-Dieter Jacobsen, Kritische Einführung in die Außenhandelstheorie, Reinbek 1976, S. 24-39.

103 Für eine anschauliche Kurzdarstellung siehe ibid., S. 18-23; siehe auch Alfred Schmidt, Internationale Arbeitsteilung und ungleicher Tausch. Kontroversen über den Handel zwischen Industrie- und Entwicklungsländern, Frankfurt, New York 1979.

104 Vgl. Ekkehard Bechler, Internationale Arbeitsteilung und Dritte Welt. Handelsbeziehungen auf Kosten oder im Dienste der Entwicklungsländer, Köln 1976.

105 Karl Marx, Theorien über den Mehrwert, MEW, Band 26/3, S. 101. Zur kritischen Auseinandersetzung mit dem Konzept des ungleichen Tauschs siehe Alfred Schmidt, Ungleicher Tausch, in: Dieter Nohlen, Franz Nuscheler (Hg.), Handbuch der Dritten Welt, Band 1, Hamburg 1982 (Neuauflage), S. 117-132.

106 Bärtschi, Jacobsen (Anm. 102), S. 55-64.

107 Vgl. die kritische Würdigung ibid., S. 65-89; Schmidt (Anm. 105), S. 117-132.

108 Zitiert nach Bärtschi, Jacobsen (Anm. 102), S. 157.

109 Arghiri Emmanuel, L'échange inégal, Paris 1969.

110 Vgl. die zusammenfassenden Darstellungen bei Bärtschi, Jacobsen (Anm. 102); Schmidt (Anm. 105); Manfred Wöhlcke, Peter von Wogau, Waltraut Martens, Die neuere entwicklungstheoretische Diskussion, Frankfurt 1977, S. 29-33.

111 Zur Kritik siehe vor allem Schmidt (Anm. 105), S. 120-129.

112 J.P. Wiles, Ausbeutung, in: Sowjetsystem und demokratische Gesellschaft, Band 1, Freiburg 1966, S. 469; zustimmend Schmidt (Anm. 105), S. 128 f.

113 Zum Abkoppelungs-Ansatz siehe vor allem Dieter Senghaas, Weltwirtschaftsordnung und Entwicklungspolitik. Plädoyer für Dissoziation, Frankfurt 1977. Zur Revision der Abkoppelungs-These wiederum Dieter Senghaas, Von Europa lernen, Frankfurt 1982; Ulrich Menzel, Dieter Senghaas, Autozentrierte Entwicklung im Weltsystem, in: Jochen Blaschke (Hg.), Perspektiven des Weltsystems, Frankfurt 1983, S. 142-188. Zur Strategie der Binnenmarkt-Entwicklung Hartmut Elsenhans, Nord-Süd-Beziehungen, Stuttgart 1984 und ders., Die Überwindung von Unterentwicklung durch Massenproduktion für den Massenbedarf – Weiterentwicklung eines Ansatzes, in: Nohlen, Nuscheler, Handbuch (Anm. 105), S. 152-182.

114 Raúl Prebisch, Für eine bessere Zukunft der Entwicklungsländer, herausgegeben von J.L. Schmidt und Karl-Heinz Domdey, Berlin (O) 1968, S. 19.

115 Vgl. Bechler (Anm. 104), S. 61-79.

116 Katharina Focke, Von Lomé I zu Lomé II, Texte des Berichts und der am 26. September 1980 von der Beratenden Versammlung AKP-EG angenommenen Entschließung, Luxemburg 1980. Zur neuesten Entwicklung vgl. die Kurzdarstellung von Yojana Sharma, Welche Zukunft für Stabex?, in: Entwicklung und Zusammenarbeit 11/1983, S. 6f.; Joachim Betz, Lomé III. Bewahrung des Erreichten und Priorität für die Landwirtschaft, in: Aus Politik und Zeitgeschichte B 27/1985, S. 17-26.

117 Zusammenfassende Darstellung bei Volker Matthies, Neue Weltwirtschaftsordnung. Hintergründe, Positionen, Argumente, Opladen 1980, S. 29-33.

118 Dies ist durch die Lomé-Verträge und die grundsätzliche Einigung auf das Integrierte Rohstoffprogramm im Rahmen der UNCTAD letztlich auf höchster Ebene anerkannt worden.

119 Zur Interdependenz zwischen Entwicklung und Unterentwicklung vgl. Immanuel Wallerstein, Aufstieg und künftiger Niedergang des kapitalistischen Weltsystems, in: Dieter Senghaas (Hg.), Kapitalistische Weltökonomie, Frankfurt 1979, S. 31-67. Kontrovers dazu Hartmut Elsenhans, Nord-Süd-Beziehungen, Stuttgart 1984.

120 Das Überleben sichern (Anm. 85); dies., Hilfe in der Weltkrise. Ein Sofortprogramm, Reinbek 1983.

121 Kritische Würdigung bei Franz Nuscheler, Bankrott der Modernisierungstheorien? in: Nohlen, Nuscheler, Handbuch der Dritten Welt, Band 1, Hamburg 1974 (1. Aufl.), S. 195-207. Zur Konzeption der „Bezugsgesellschaft" siehe Ralf Bendix, Die vergleichende Analyse historischer Wandlungen, in: Wolfgang Zapf (Hg.), Theorien des sozialen Wandels, Köln 1969, S. 177-187. Vgl. auch die dortigen weiteren Beiträge aus modernisierungstheoretischer Sicht.

122 Hierzu vor allem Dieter Senghaas (Hg.), Imperialismus und strukturelle Gewalt. Analysen über abhängige Reproduktion, Frankfurt 1972.

123 Vgl. Wallerstein (Anm. 119) und den von ihm vertretenen „Weltsystem"-Ansatz.

124 Vgl. Senghaas (Anm. 113), S. 277.

125 Vgl. Matthies (Anm. 117); Rainer Jonas, Manfred Tietzel (Hg.), Die Neuordnung der Weltwirtschaft, Bonn 1976. Dazu ausführlich auch Kapitel F.

126 Detlef Schwefel, Grundbedürfnisse und Entwicklungspolitik, Baden-Baden 1978. Zur kritischen Auseinandersetzung mit dem armutsorientierten Konzept der integrierten ländlichen Entwicklung siehe Reinhard Wesel, Das Konzept der „integrierten ländlichen Entwicklung": Neuansatz oder Rhetorik?, Saarbrücken 1982.

Anmerkungen zu Kapitel B

1 Manfred Rexin, Die Entwicklung der Wissenschaftspolitik in der DDR, in: Wissenschaft und Gesellschaft in der DDR, München 1971, S. 82f.; Siegmund Brauner, Gerhard Selter, Manfred Voigt, Die Asien- und Afrikawissenschaften im Dienst des proletarischen Internationalismus, in: Wissenschaftliche Zeitschrift der Karl-Marx-Universität Leipzig, Gesellschafts- und Sprachwissenschaftliche Reihe, 5/1974, S. 410.

2   Abdel Rahim Ahmed Belal, Zur Analyse des Verhältnisses sozialistischer Länder – Ent-
    wicklungsländer am Beispiel der Herausbildung und Entwicklung der Entwicklungsländer-
    wissenschaften der Deutschen Demokratischen Republik (1945-1974), Frankfurt/M.
    1981, S. 241 f, 276; 20 Jahre Afrika-Institut an der Karl-Marx-Universität Leipzig, in: AAL
    1/1981, S. 161.
3   Vgl. dazu in etwas anderem Zusammenhang: Hartmut Schilling, Einige Grundzüge der
    ökonomischen Verhältnisse in den Entwicklungsländern und ihre Behandlung im Hoch-
    schulunterricht auf dem Gebiet der Politischen Ökonomie, in: AAL 5/1982, S. 814.
4   M. Gatzlaff, B. Jäckel, A. Krause, K. Mylius, C. H. Scholz, G. Selter, Südasienwissenschaf-
    ten der Karl-Marx-Universität – Tradition und Aufgaben, in: Wissenschaftliche Zeitschrift
    der Karl-Marx-Universität, Gesellschafts- und Sprachwissenschaftliche Reihe, 2/1975,
    S. 115.
5   Belal (Anm. 2), S. 102, 285 f, 308; 20 Jahre Afrika-Institut . . . (Anm. 2), S. 161; Rektor der
    Karl-Marx-Universität Leipzig (Hg.), Asien, Afrika, Lateinamerika – Bilanz, Berichte,
    Chronik, Zeitraum 1967, Leipzig 1968, S. 443; Walter Markov (Hg.), Lateinamerika zwi-
    schen Emanzipation und Imperialismus (1810-1960), Band 6/7 der Studien zur Kolonialge-
    schichte der nationalen und kolonialen Befreiungsbewegung, Berlin (O) 1961, S. 296 f; Die
    nationale Befreiungsbewegung, Jahresbericht 1963, Wissenschaftliche Zeitschrift der
    Karl-Marx-Universität Leipzig, Gesellschafts- und Sprachwissenschaftliche Reihe, Son-
    derband III, Leipzig 1964, S. 215.
6   Brauner, Selter, Voigt (Anm. 1), S. 411 f.
7   Klaus Mylius, Ergebnisse und Aufgaben der Traditionspflege der Sektion Afrika- und Nah-
    ostwissenschaften der Karl-Marx-Universität Leipzig, in: AAL 5/1979, S. 954.
8   Gerhard Engel, Die Asien-, Afrika- und Lateinamerikawissenschaften an den Universitä-
    ten im dreißigsten Jahr der Deutschen Demokratischen Republik – Gedanken zur Bilanz
    und zu den kommenden Aufgaben, in: AAL 5/1979, S. 775.
9   Die meisten Beiträge wurden später publiziert: Nationaler Befreiungskampf und Neokolo-
    nialismus, Referate und ausgewählte Beiträge, Berlin (O) 1962.
10 Ibid., S. 494.
11 Ibid., S. 490 f.
12 Paul Friedländer, Der deutsche Imperialismus im System des modernen Kolonialismus, in:
    E 3/1961, S. 470 f. Daß diese Sicht der Dinge keineswegs allen Vertretern aus der Dritten
    Welt unmittelbar einleuchtete, macht Belal deutlich, a.a.O. (Anm. 2), S. 112 f. Neben zahl-
    reichen Beiträgen in den SED-Organen und wissenschaftlichen Zeitschriften der DDR
    seien hier nur die wichtigsten Monographien der damaligen Zeit genannt, in denen die
    „Entlarvung des westdeutschen Neokolonialismus" betrieben wurde: Paul Friedländer,
    Hartmut Schilling, Kolonialmacht Westdeutschland, Berlin (O) 1962; Karl-Heinz Domdey,
    Neokolonialismus oder sozialistische Wirtschaftshilfe, Berlin (O) 1962; Horst Kühne, Fa-
    schistische Kolonialideologie und Zweiter Weltkrieg, Berlin (O) 1961; Otto Winzer, Kreuz-
    ritter des Neokolonialismus, Berlin (O) 1961.
13 Engel (Anm. 8), S. 776.
14 Das IPW ging 1972 aus den beiden Einrichtungen „Deutsches Institut für Zeitgeschichte"
    und „Deutsches Wirtschaftsinstitut" hervor und verfügt über 250 bis 300 wissenschaftliche
    Mitarbeiter. Die Entwicklungsländer finden dort bis heute nur wenig Beachtung. Mit Veröf-
    fentlichungen über den „Neokolonialismus" und die Rolle der westlichen Industriestaaten
    in der Dritten Welt sind vor allem drei Mitarbeiter (Dr. Eberhard Czaya, Dr. Thomas Fried-
    länder, Dr. Klaus Kannapin) hervorgetreten; ein DDR-bekannter Südafrika- und Nami-
    bia-Spezialist ist Dr. Alfred Babing.
15 Nach über 30 Jahren wurde diese einzige theoretische DDR-Zeitschrift zur Außenpolitik
    im April 1983 wegen „Papiermangels", wie es inoffiziell hieß, eingestellt.
16 Vgl. Asien, Afrika, Lateinamerika – Bilanz, Berichte, Chronik, Leipzig 1968, S. 583.
17 Brauner, Selter, Voigt (Anm. 1), S. 415.
18 Erhard Hexelschneider, Das Herder-Institut der Karl-Marx-Universität Leipzig, in: DAP
    11/1981, S. 102.
19 Gert Fröhlich, Das Institut für Tropische Landwirtschaft an der Karl-Marx-Universität
    Leipzig, in: DAP 5/1977, S. 99.

20 IZR – eine neue Qualität in der vergleichenden Revolutionsforschung, in: AAL 2/1977, S. 331f. Unterstrichen wird dies auch durch die Gründung einer eigenen Forschungsgruppe „Nationale und soziale Bewegungen in Asien, Afrika und Lateinamerika" innerhalb des IZR, die unter Leitung eines prominenten Leipziger Regionalwissenschaftlers, Prof. Dr. Christian Mährdel, steht, vgl. AAL 3/1983, S. 497.

21 Zwar ist mit der Ende der sechziger Jahre eingeleiteten Schwerpunktbildung an den einzelnen Sektionen eine regionale Diversifizierung der Entwicklungsländer-Wissenschaften angestrebt worden, doch wurde diese nicht bis zur letzten Konsequenz durchgeführt, was der Leipziger Universität angesichts ihres historischen Vorsprungs eine führende Rolle bewahrte. Wohl ist es für die Wissenschaftspolitiker der DDR keine Frage, daß „ungesundem Drang nach lokalem Ausschließlichkeitsanspruch ebenso wie unnützer Doppelarbeit entschieden entgegenzutreten" ist. Ebenso unstrittig ist aber auch, daß „unter Profilierung nicht lokale Konzentration um jeden Preis oder gar Eliminierung leistungsfähiger wissenschaftlicher Einheiten oder der Abbruch historisch gewachsener wissenschaftlicher Traditionen an den einzelnen Universitäten zu verstehen" ist, Günter Barthel, Rüdiger Gaudes, Über die Arbeit des Wissenschaftlichen Beirates für Asien-, Afrika- und Lateinamerikawissenschaften beim Ministerium für Hoch- und Fachschulwesen der DDR, in: AAL 4/1977, S. 665. Vgl. Zur Bedeutung der Südasien-Wissenschaften an der Leipziger Universität auch Gatzlaff, Jäckel u. a. (Anm. 4), S. 121-127. Unverändert auch verfügt die Leipziger Sektion über den größten regionalwissenschaftlichen Lehrkörper. Nach Angaben der Friedrich-Ebert-Stiftung gehörten ihr Mitte der siebziger Jahre 120 wissenschaftliche Mitarbeiter an, während die Berliner Sektion nur über 70 und die Rostocker gar nur über 20 verfügten, vgl. Henrik Bischof, Aufgaben und Organisation der Entwicklungsländerforschung in der DDR, in: Friedrich-Ebert-Stiftung (Hg.), Monatsberichte zur Entwicklungspolitik kommunistischer Staaten, Bonn, Januar 1975, S. 14, 17, 21.

22 Die Große Sozialistische Oktoberrevolution und die Entwicklung der Asien-, Afrika- und Lateinamerikawissenschaften in der DDR, in: AAL 1/1978, S. 141; Nationalkomitee für Asien-, Afrika- und Lateinamerikawissenschaften der Deutschen Demokratischen Republik gegründet, in: AAL 2/1980, S. 235; Asien, Afrika, Lateinamerika 1970 – Bilanz, Berichte, Chronik, Berlin (O) 1970, S. 379f. Dort sind die Aufgaben zusammenfassend so beschrieben:

„– die Einheit von Lehre, Forschung und Erziehung im Fachbereich und die rasche Überführung der Forschungsergebnisse in die Lehre;
– die Kooperation in Forschung, Lehre und Erziehung zwischen den Vertretern der verschiedenen Disziplinen, unabhängig von Instituts-, Fakultäts- und Universitätsgrenzen;
– die Integrierung und wechselseitige Ergänzung der Spezialgebiete auf der Basis interdisziplinärer Forschung;
– die Durchsetzung des Prinzips der Planung in der wissenschaftlichen Arbeit;
– die rationelle Ausnutzung aller wissenschaftlichen Hilfsmittel und materiellen Potenzen zur Erzielung eines optimalen Nutzeffekts der wissenschaftlichen Arbeit;
– die Festigung und Weiterentwicklung der Beziehungen zur internationalen Wissenschaft."

23 Vgl. Georg Rathgen, Aktuell, vielfältig, komplex. Reihe „Studien über Asien, Afrika und Lateinamerika" des Akademie-Verlags – Bilanz, Wertung, Ausblick, in: Börsenblatt für den Deutschen Buchhandel, 20/1984, S. 377f; Belal (Anm. 2), S. 286, 309.

24 Lothar Rathmann, Renate Wünsche, Aus der Arbeit des Zentralen Rates für Asien-, Afrika- und Lateinamerikawissenschaften in der DDR, in: AAL 5/1974, S. 731.

25 Ideologischer Klassenkampf in Entwicklungsländern, in: AAL 4/1982, S. 729 f. Schon im Juni 1981 wurde unter dem Eindruck der auch für die DDR nur schwer zu deutenden Revolution im Iran an der Sektion Afrika- und Nahostwissenschaften der Leipziger Universität eine Arbeitsgruppe „Islam und Gesellschaft" gegründet, die unter der Leitung des neuen Islam-Arbeitskreis-Vorsitzenden Holger Preißler steht, vgl. „Progressive Traditionen interdisziplinärer Zusammenarbeit in den Nordafrika- und Nahostwissenschaften – Historische Leistungen und Gegenwartsaufgaben, in: AAL 6/1981, S. 1117. Am 24. April 1984 trat ein weiterer Arbeitskreis „Philosophie" hinzu, mit dessen Hilfe erreicht werden soll, „daß umfassender und wirksamer als bisher über das philosophische Denken außerhalb Europas in-

formiert wird und die Entwicklungsländer in Diskussionen und Publikationen der DDR-Philosophen stärker beachtet werden", in: DZfPh 7/1984, S. 711 f.

26 Barthel, Gaudes (Anm. 21), S. 660.
27 Nationalkomitee... (Anm. 22), S. 229, 234 f.
28 20 Jahre Afrika-Institut... (Anm. 2), S. 162; Die Große Sozialistische Oktoberrevolution... (Anm. 22), S. 140 f.
29 Die Große Sozialistische Oktoberrevolution ... (Anm. 22), S. 139, 141; Engel (Anm. 8), S. 774 f; Brauner, Selter, Voigt (Anm. 1), S. 417.
30 Vgl. die bisherigen Tagungsberichte, in: AAL 3/1974, 6/1975, 6/1976, 4/1977, 1/1980. Von 1981 bis 1985 sollte sich die Problemkommission insbesondere folgenden Themen zuwenden: „der Kampf um den gesellschaftlichen Entwicklungsweg in den Ländern Asiens, Afrikas und Lateinamerikas; Probleme der sozialistischen Orientierung und ihre Perspektiven; Armee, Gesellschaft und politische Macht in den Entwicklungsländern; religiöse Bewegungen, politischer Kampf und die Einheit der antiimperialistischen Kräfte; politische und ökonomische Zusammenarbeit sozialistischer Staaten und Entwicklungsländer; der Kampf um eine neue internationale Wirtschaftsordnung; Ursachen und Lösungsmöglichkeiten für Konfliktsituationen in Asien, Afrika und Lateinamerika; die Hauptrichtungen der neokolonialistischen Strategie und Taktik der imperialistischen Mächte; Probleme des ideologischen Kampfes in Entwicklungsländern". Problemkommission beriet Grundorientierung ihrer Tätigkeit bis 1985, in: AAL 1/1980, S. 166. Die Schwerpunkte des ersten Fünf-Jahrplanes sind nachzulesen bei Brauner, Selter, Voigt (Anm. 1), S. 418 f.
31 Im Rahmen des ZENTRAAL existierte schon seit Mitte der siebziger Jahre ein Arbeitskreis „Südliches Afrika".
32 Autorenkollektiv unter Leitung von Lothar Rathmann, Grundfragen des antiimperialistischen Kampfes der Völker Asiens, Afrikas und Lateinamerikas in der Gegenwart, Teil I (Studien über Asien, Afrika und Lateinamerika, Band 10, herausgegeben vom ZENTRAAL, Berlin (O) 1974, S. XXIII.
33 Ibid., S. XXIII f.
34 Zentraler Forschungsplan der marxistisch-leninistischen Gesellschaftswissenschaften der DDR 1981 bis 1985, in: E 12/1980, S. 1227.
35 Ibid.
36 Zentraler Forschungsplan der marxistisch-leninistischen Gesellschaftswissenschaften der DDR bis 1975, in: E 2/1972, S. 175 f.
37 Daß es sich hierbei um einen Prozeß gehandelt hat, läßt der zweite Forschungsplan erkennen, der auch inhaltlich zwischen beiden zu verorten ist, vgl. Zentraler Forschungsplan der marxistisch-leninistischen Gesellschaftswissenschaften der DDR 1976-1980, in: E 9/1975, S. 1051.
38 Vgl. Kapitel D.
39 Nationalkomitee... (Anm. 22), S. 233.
40 Vorläufer dieser gemeinsamen Arbeit der Leipziger Sektion Afrika- und Nahostwissenschaften war: Martin Breetzmann, Die Industrialisierung der Entwicklungsländer. Stand, Probleme, Perspektiven, Berlin (O) 1970, 148 S.
41 In einer Rezension wird diese Gemeinschaftsarbeit des Instituts Ökonomik der Entwicklungsländer als „erste umfassende marxistische Analyse zur Rolle der Industrie und der Industrieplanung in Entwicklungsländern" bezeichnet, in: AAL 1/1982, S. 159.
42 Nationalkomitee... (Anm. 22), S. 234.
43 Vgl. z. B. Zwischenbilanz der Forschungsarbeit, in: AAL 5/1978, S. 1005 f; Holger Preißler, Zur Arbeit des Wissenschaftlichen Beirates für Asien-, Afrika- und Lateinamerikawissenschaften beim Ministerium für Hoch- und Fachschulwesen der DDR – Bilanz und Aufgaben nach dem X. Parteitag der SED, in: AAL 5/1981, S. 908 f.
44 Engel (Anm. 8), S. 780.
45 Vgl. Preißler (Anm. 43), S. 904 f; Barthel, Gaudes (Anm. 21), S. 662 f; Brauner, Selter, Voigt (Anm. 1), S. 414 f. Neben dieser Grundstudienrichtung ist an den regionalwissenschaftlichen Sektionen seit Ende der sechziger Jahre separat die „Sprachmittler"-Ausbildung in afrikanischen und asiatischen Sprachen als weiteres Grundstudium angesiedelt.

46 Vgl. die Angaben in den Statistischen Jahrbüchern der DDR. Die Regionalwissenschaften sind dort unter der Rubrik „Philosophisch-historische Wissenschaften, Staats- und Rechtswissenschaften" verzeichnet. Die Gesamtzahl der Studenten in diesen Diziplinen stieg von 6070 im Jahre 1970 auf 9168 im Jahr 1977 und nimmt seither kontinuierlich ab (1984: 7891). Die Zahl der Studenten der Regionalwissenschaften sank 1983 ebenfalls auf 372. Im Statistischen Jahrbuch 1985 sind keine gesonderten Daten mehr für diese Disziplin ausgewiesen.

47 Vgl. Engel (Anm. 8), S. 779; Die Große Sozialistische Oktoberrevolution . . . (Anm. 22), S. 142.

48 Die erste Konferenz fand 1977 in Greifswald statt, die zweite 1979 in Egsdorf bei Berlin (AAL 4/1979, S. 718-720), die dritte 1981 in Windischleuba bei Altenburg in Verantwortung der Leipziger Sektion (AAL 6/1981, S. 1122-1124), die vierte 1983 in Gallentin bei Rostock (AAL 3/1984, S. 554-558).

49 Nationalkomitee . . . (Anm. 22), S. 230.

50 Zwischenbilanz . . . (Anm. 43), S. 1005.

51 Barthel, Gaudes (Anm. 21), S. 659; vgl. auch Brauner, Selter, Voigt (Anm. 1), S. 419.

52 Engel (Anm. 8), S. 775.

53 Ibid.

54 Typisch für die letzte Aufgabe sind etwa die jährlichen Sommerseminare des Instituts Ökonomik der Entwicklungsländer, die sich speziell an Ökonomen aus der Dritten Welt richten und den Meinungsaustausch mit ihnen anregen sollen, vgl. Bernhard Lageman, Internationale Sommerseminare der Hochschule für Ökonomie „Bruno Leuschner", in: DAP 2/1977, S. 76-85.

55 Barthel, Gaudes (Anm. 21), S. 659.

56 In der Reihe „Blickpunkt Weltpolitik" erschienen z. B. Günther Thole, Renate Wünsche, Leninismus und antiimperialistische Befreiungsbewegung heute, Berlin (O) 1970, 91 S.; Paul Friedländer, Gertraud Liebscher, Neokolonialismus ohne Maske, Berlin (O) 1974, 96 S.; Renate Wünsche, Die Nichtpaktgebundenen – eine dritte Kraft? Berlin (O) 1980, 74 S.; Autorenkollektiv, Konfliktherd Naher und Mittlerer Osten, Berlin (O) 1982, 80 S. Bei den „Lehrheften" sind anzuführen: Martin Breetzmann, Peter Stier, Ökonomische Probleme des antiimperialistischen Kampfes der Entwicklungsländer, Berlin (O) 1976, 104 S.; Karl Neelsen, Der Kapitalexport, die ökonomische und territoriale Aufteilung der Welt, Berlin (O) 1977, 93 S.; Hartmut Schilling, Krise und Zerfall des imperialistischen Kolonialsystems, Berlin (O) 1977, 126 S. Zu erwähnen bleiben auch regelmäßig erscheinende Hefte, die sich mit aktuellen politischen Problemen auseinandersetzen, vgl. z.B. Edmund Röhner, Wer bedroht die Golfregion? Berlin (O) 1981, 80 S.; Martin Robbe, Islam – Religion, Gesellschaft, Staat, Berlin (O) 1981, 80 S. Aus der Reihe „Akzent" wären zu nennen: Burchard Brentjes, Libyens Weg durch die Jahrtausende, Leipzig, Jena, Berlin (O) 1982, 128 S.; ders. Bauern, Mullas, Schahinschahs, Leipzig, Jena, Berlin (O) 1982, 128 S.

57 Vgl. hier z.B. einen Band, der in der Reihe „Fakten/Argumente" des Union-Verlages erschien: Martin Robbe, „Dritte Welt" Asyl der Armen? Bemerkungen zum Verständnis und Selbstverständnis der nationalen Befreiungsbewegung, Berlin (O) 1976, 169 S.

58 Schalwa P. Sanakojew, Nikolai I. Kaptschenko, Theorie der Außenpolitik des Sozialismus, Berlin (O) 1979, S. 26 f.

Anmerkungen zu Kapitel C

1 Willi Stoph, Mit guter Bilanz voran auf dem klaren Kurs des VIII. Parteitages, in: ND 7.10.1972.

2 Deutsche Demokratische Republik, Handbuch, Leipzig 1979, S. 291.

3 Schalwa P. Sanakojew, Nikolail I.Kaptschenko, Theorie der Außenpolitik des Sozialismus, Berlin (O) 1979, S. 15, 22.

4 Zitiert nach Isaac Deutscher, Trotzki, Band 1, Stuttgart 1972, S. 311.

5 Oskar Fischer, Sicherung der günstigsten internationalen Bedingungen für den sozialistischen Aufbau – Grundaufgabe der Außenpolitik der DDR, in: DAP 1/1980, S. 7.

6 Institut für Internationale Beziehungen an der Akademie für Staats- und Rechtswissenschaften der DDR (Hg.), Sozialismus und internationale Beziehungen, Berlin (O) 1981, S. 13.

7 Vgl. ibid., S. 73, 76; Sanakojew, Kaptschenko (Anm. 3), S. 78.

8 Vgl. ibid., S. 11, 13.

9 Vgl. Autorenkollektiv unter Leitung von Lothar Rathmann, Grundfragen des antiimperialistischen Kampfes der Völker Asiens, Afrikas und Lateinamerikas in der Gegenwart, Teil I (Studien über Asien, Afrika und Lateinamerika, Band 10, herausgegeben vom ZENTRAAL), Berlin (O) 1974, S. 5-9.

10 Vgl. Georg Krauß, Die chinesische Revolution – ein Sieg des Leninismus, in: E 11/1949, S. 1026; Zum Kampf der nationalen Front Indonesiens, in: E 9/1949, S. 852.

11 Egon Dummer, Emil Langer, Grundtendenzen der nationalen Befreiungsbewegung, in: E 1/1980, S. 9. Diese Definition ist nicht ganz unstrittig. Bis in die jüngste Zeit gibt es Forderungen, Entwicklungsländer und nationale Befreiungsbewegung analytisch zu trennen, vgl. z.B. Probleme der Einheit der antiimperialistischen Kräfte (Konferenzbericht), in: AAL 5/1980, S. 920.

12 Das Verhältnis beider Formen der Solidarität, das Verhältnis des „antiimperialistischen" und „antikapitalistischen" Inhaltes zueinander wird in einem Beitrag der Zeitschrift „Deutsche Außenpolitik" wie folgt beschrieben: „Allerdings berechtigt die Perspektive der völligen Verschmelzung der nationalen Befreiungsbewegung mit den anderen Kräften nicht dazu, sich über den gegenwärtigen vorwiegend antiimperialistischen, allgemeindemokratischen Grundgehalt des Bündnisses hinwegzusetzen und sozialistische Aufgaben in den Vordergrund zu rücken. Dafür sind weder die objektiven noch die subjektiven Bedingungen gegeben. Sie können erst durch die gemeinsamen Anstrengungen zur Bewältigung der dringenden demokratischen, antiimperialistischen Aufgaben hervorgebracht werden". Gerhard Powik, Zur Einheit des revolutionären Weltprozesses, in: DAP 3/1973, S. 529f.

13 So z.B. Martin Robbe, Entwicklungsländer und Weltfrieden, in: AAL 5/1984, S. 790.

14 Vgl. Helmut Mardek, Renate Wünsche, Die Beziehungen der DDR mit der nationalen Befreiungsbewegung und den Staaten Asiens, Afrikas und Lateinamerikas, in: DAP 5/1979, S. 55.

15 Grundfragen. . . (Anm. 9), S. 187.

16 Karen Brutenz, Die befreiten Länder in der Welt von heute, Berlin (O) 1981, S. 8.

17 Vgl. Klaus Ernst, Hartmut Schilling (Hg.), Entwicklungsländer: Sozialökonomische Prozesse und Klassen, Berlin (O) 1981, S. 31, 36.

18 W. L. Tjagunenko, Krieg und Kolonien. Der Einfluß des Zerfalls des Kolonialsystems auf die kriegswirtschaftliche Basis des Imperialismus, Berlin (O) 1959, S. 10.

19 Entwicklungsländer: Sozialökonomische Prozesse. . . (Anm. 17), S. 14.

20 Vgl. zusammenfassend: Klaus Grimm, Theorien der Unterentwicklung und Entwicklungsstrategien, Opladen 1979, S. 23-66. Ausführlicher auch Kapitel A.

21 Entwicklungsländer: Sozialökonomische Prozesse. . . (Anm. 17), S. 19.

22 Karl Marx, Friedrich Engels, Werke (MEW), Band 4, Berlin (O) 1972, S. 466.

23 Ernest Mandel, Marxistische Wirtschaftstheorie, Frankfurt/M. 1970, S. 452. Kritische Anmerkungen dazu in Kapitel A.

24 Grimm (Anm. 20), S. 135.

25 Entwicklungsländer: Sozialökonomische Prozesse. . . (Anm. 17), S. 21-31. Daraus auch das Folgende.

26 Dazu näheres im Abschnitt 4.1.

27 Vgl. Entwicklungsländer: Sozialökonomische Prozesse. . . (Anm. 17), S. 23f.

28 Kritisiert wird an der Dependencia-Theorie, daß diese in Lateinamerika seit dem „merkantilen Kolonialismus" die Durchsetzung der kapitalistischen Produktionsweise diagnostiziert und vor diesem Hintergrund auch die fortdauernde Existenz vorkapitalistischer Produktionsverhältnisse leugne, indem sie die Stellung der Menschen zu den Produktionsmitteln nicht beachte und statt dessen die Bedeutung der Zirkulationssphäre, die für die Einbindung

der rückschrittlichen Sektoren in die kapitalistische Produktionsweise Sorge trägt, verabsolutiere. Besonders kritisch wird die „Propagierung ‚absoluter Lösungen'" vermerkt, so etwa, daß die sozialistische Revolution auf die Tagesordnung gesetzt und nicht dem Proletariat, sondern den marginalisierten Schichten in Stadt und Land sowie den Intellektuellen die Führungsrolle im revolutionären Kampf beigemessen werde. Vgl. Autorenkollektiv unter Leitung von Adalbert Dessau, Lateinamerika im antiimperialistischen Kampf. Probleme eines Kontinents (Studien über Asien, Afrika, Lateinamerika, Band 25, herausgegeben vom ZENTRAAL), Berlin (O) 1978, S. 62f; Steffen Flechsig, Kleinbürgerlich-radikale Kapitalismus-Kritik in Lateinamerika – Ausdruck der Krise des bürgerlichen ökonomischen Denkens, in: AAL 6/1980, S. 1096-1100.

29 Vgl. Bundesministerium für wirtschaftliche Zusammenarbeit (Hg.), Entwicklungspolitik, Jahresbericht 1984, S. 79-86. Zur Gruppe der LLDC werden in Afrika folgende Länder gezählt: Äquatorial-Guinea, Äthiopien, Benin, Botswana, Burundi, Dschibuti, Gambia, Guinea, Guinea-Bissau, Kap Verde, Komoren, Lesotho, Malawi, Mali, Niger, Obervolta, Ruanda, Sao Tomé und Principe, Sierra Leone, Somalia, Sudan, Tansania, Togo, Tschad, Uganda, Zentralafrikanische Republik; in Lateinamerika: Haiti; in Asien: Arabische Republik Jemen (JAR), Demokratische Volksrepublik Jemen (VDRJ), Afghanistan, Bangladesh, Bhutan, Malediven, Nepal, Laos, Samoa. Die Meßgröße für das Bruttosozialprodukt basiert auf den Wechselkursen des US-Dollar von 1971.

30 Helmut Faulwetter, Die am wenigsten entwickelten Länder des kapitalistischen Wirtschaftssystems und ihre Entwicklungsprobleme, in: AAL 3/1976, S. 456 f.

31 Vgl. Hans-Peter Schwarz (Hg.), Handbuch der deutschen Außenpolitik, München, Zürich 1975, S. 723.

32 Grundfragen... (Anm. 9), S. 449.

33 Ibid.

34 Martin Robbe, Die „Dritte Welt": Deutung und Fehldeutung, in: DAP 3/1977, S. 67.

35 Ibid., S. 77.

36 Vgl. Internationale Beratung der kommunistischen und Arbeiterparteien, Moskau 1969, Berlin (O) 1969, S. 33. Zu den Entwicklungswegen ausführlicher Abschnitt 4.

37 Grundfragen... (Anm. 9), S. 445f.

38 N.S. Babinčeva, Zur Frage der Kriterien für eine Typologie der Entwicklungsländer: die verschiedenen Arten des Staatskapitalismus, in: AAL 4/1978, S. 609.

39 Manfred Uschner, Diethelm Weidemann, Zu einigen Grundfragen der antiimperialistisch-demokratischen Befreiungsrevolution in Afrika, Asien und Lateinamerika, in: DAP 4/1970, S. 547.

40 Peter Bathke, Manfred Uschner, Probleme der antiimperialistischen Bewegung der Völker Asiens, Afrikas und Lateinamerikas, in: E 6/1974, S. 682.

41 R. A. Uljanowski, Besonderheiten und Schwierigkeiten der nationaldemokratischen Revolution auf dem nichtkapitalistischen Entwicklungsweg, in: E 6/1970, S. 790f.

42 Vgl. S.I. Tjulpanov, Politische Ökonomie und ihre Anwendung in den Entwicklungsländern, Frankfurt/M. o. J., Moskau 1969, S. 29; vgl. auch Grundfragen... (Anm. 9), Teil II, S. 855-858; Hartmut Schilling, Einige Grundzüge der ökonomischen Verhältnisse in den Entwicklungsländern und ihre Behandlung im Hochschulunterricht auf dem Gebiet der Politischen Ökonomie, in: AAL 5/1982, S. 815 f.

43 Martin Robbe, Ideologischer Klassenkampf in den Entwicklungsländern heute – Gesichtspunkte und Aufgaben seiner Erforschung, in: AAL 3/1982, S. 388 f.

44 Grundfragen... (Anm. 9), S. 454.

45 Vgl. Kapitel D.

46 Reformpolitik und Reformismus in Afrika (Konferenzbericht), in: AAL 1/1983, S. 155. Ungeteilte Zustimmung findet diese Auffassung indes nicht. So wird zur gleichen Zeit an anderer Stelle im Sinne des tradierten marxistisch-leninistischen Verständnisses darauf hingewiesen, daß sich die Entwicklungsländer natürlich nicht „außerhalb und unabhängig des Formationswechsels vom Kapitalismus zum Sozialismus" entwickelten, sondern „sich inmitten dieser globalen Auseinandersetzung der beiden gegensätzlichen sozialpolitischen Systeme" befänden, mithin doch Kampfarenen sind, so in „Karl Marx zum Kolonialismus und zur Solidarität von Arbeiterbewegung und nationaler Befreiungsbewegung um die revolutionäre Neugestaltung der Welt" (Konferenzbericht), in: AAL 5/1983, S. 909.

47 Robbe (Anm. 34), S. 71.
48 Horst Grienig, Aspekte der Gruppierung von Entwicklungsländern, in: AAL 6/1976, S. 881.
49 Helmut Faulwetter, Bernd Wolf, Ein „Entwicklungsstrahl". Quantifizierungsversuch der ökonomischen Entwicklung von Ländern im kapitalistischen Weltwirtschaftssystem, in: AAL 3/1977, S. 374-377; vgl. auch Bernd Wolf, Zum Zusammenhang von sozialökonomischer und ökonomischer Differenzierung und industrieller Entwicklung in den Entwicklungsländern, in: AAL 1/1978, S. 35-51. Berechnungen des Entwicklungsniveaus, die sich allerdings nur auf die Länder mit „kapitalistischem Entwicklungsweg" bezogen, gab es schon früher, vgl. Grundfragen. . . (Anm. 9), Teil II, S. 839-845.
50 Grienig (Anm. 48), S. 883 f. Eine neuere, auf der Basis der „bürgerlichen Nationaleinkommensrechnung" erstellte und die sozialökonomische Struktur der ökonomischen Basis erfassende Untersuchung hat ein Namensvetter des Autors 1983 vorgelegt. Sie schließt sogar „sozialistische" Entwicklungsländer ein, vgl. Reinhard Grienig, Zur sozialökonomischen Struktur der ökonomischen Basis von Entwicklungsländern. Einige quantitative Aspekte, in: AAL 6/1983, S. 969-988.
51 Günther Drefahl, Hartmut Schilling, Die Festigung des Weltfriedens, der Prozeß der internationalen Entspannung und die Problematik der ökonomischen und sozialen Entwicklung in der ehemals kolonialen Welt, in: AAL 5/1976, S. 662.
52 Vgl. Entwicklungspolitik (I), in: Presse- und Informationszentrum des Deutschen Bundestages (Hg.), Zur Sache 4/1974, S. 72, 145 f.
53 Entwicklungsländer: Sozialökonomische Prozesse . . . (Anm. 17), S. 15.
54 W. I. Lenin, Werke, Band 31, Berlin (O) 1970, S. 232.
55 Vgl. ausführlich Kapitel A.
56 W. I. Lenin, Werke, Band 31, Berlin (O) 1970, S. 230 f.
57 Zu den Feinheiten des Gliederungsschemas in der DDR-Geschichte sowie zu einer Besonderheit aus der Ulbricht-Ära vgl. Hans-Joachim Spanger, Die SED und der Sozialdemokratismus. Ideologische Abgrenzung in der DDR, Köln 1982, S. 54, 98, 125.
58 Vgl. im historischen Verlauf vor dem Hintergrund der DDR-Entwicklungspolitik Kapitel D.
59 Vgl. Bürgerliche Revolution – bürgerlich-demokratische Revolution – volksdemokratische Revolution, in: E 7/1954, S. 710 f.
60 Uljanowski (Anm. 41), S. 789. In die gleiche Richtung zielte auch Erich Honecker, Rede auf der Internationalen Wissenschaftlichen Konferenz des ZK der SED „Karl Marx und unsere Zeit – der Kampf um Frieden und sozialen Fortschritt", Berlin (O) 1983, S. 18.
61 Gustav Hertzfeldt, Paul Markowski, Einige Probleme der nationalen Befreiungsbewegung, in: E 10/1960, S. 1589 f.
62 Ibid., S. 1593.
63 Erklärung der Beratung von Vertretern der kommunistischen und Arbeiterparteien, in: E 12/1960, S. 1814.
64 Gustav Hertzfeldt, Jochen Radde, Nationale Demokratie – objektiver Inhalt der gegenwärtigen nationalen Befreiungsbewegung, in: E 11, 12/1961, S. 1757 f.
65 Verschiedentlich wird dieser „proimperialistische" Teil auch als „Kompradorenbourgeoisie" tituliert, um ihn so deutlicher von der einheimischen Bourgeoisie abzugrenzen, die nationale und damit objektiv „antiimperialistische" Interessen verfolge und aus diesem Grund als „nationale Bourgeoisie" in ihrer Gesamtheit eine positivere Wertung erfährt.
66 Erklärung . . . (Anm. 63), S. 1813 f.
67 Vgl. Wolfgang Berner, China in der kommunistischen Weltbewegung, in: Die Außenpolitik Chinas (Schriften des Forschungsinstituts der Deutschen Gesellschaft für Auswärtige Politik), München, Wien 1975, S. 338 f.
68 Uschner, Weidemann (Anm. 39), S. 547; A. I. Sobolev, Das Proletariat der befreiten Länder und der soziale Fortschritt, in: AAL 2/1976, S. 198 f.
69 Sobolev (Anm. 68), S. 199.
70 Sobolev (Anm. 68), S. 199; Manfred Uschner, Enges Bündnis mit dem Weltsozialismus – ausschlaggebender Fortschrittsfaktor für die befreiten Staaten, in: E 3/1972, S. 375.

71 Christian Mährdel, Revolutionen in Asien, Afrika und Lateinamerika: Soziale Dimensionen nationaler Befreiung in unserer Epoche (Referat auf dem VII. Historiker-Kongreß der DDR), in: AAL 2/1983, S. 200.

72 Christian Mährdel, Die Oktoberrevolution, der revolutionäre Weltprozeß und die nationale Befreiungsbewegung: Zur Dialektik der Entwicklung, in: AAL 6/1977, S. 954.

73 Robbe (Anm. 13), S. 792. Aus diesem Grund auch wird es heute verworfen, Indien und andere ähnlich weit kapitalistisch entwickelte Staaten mit dem Etikett der „nationalen Demokratie" zu versehen, vgl. Nationale Befreiung und sozialistische Alternative in Asien, Afrika, Lateinamerika – Historische Erfahrungen und aktuelle Prozesse (Karl-Marx-Konferenz des ZENTRAAL), in: AAL 5/1983, S. 888.

74 Hans Piazza, Die Marxsche Revolutionsauffassung und das Problem der nationalen Befreiungsrevolution, in: AAL 4/1978, S. 595; vgl. auch Jewgenij Primakov, Das Gesetz der ungleichmäßigen Entwicklung und die historischen Geschicke der vom Kolonialismus befreiten Länder (II), in: DAP 5/1981, S. 77.

75 Uschner (Anm. 70), S. 374.

76 Autorenkollektiv unter Leitung von Christian Mährdel, Asien, Afrika, Lateinamerika – Gemeinsam gegen Imperialismus, für sozialen Fortschritt, Berlin (O) 1982, S. 33; vgl. auch Grundfragen . . . (Anm. 9), S. 433; Mährdel (Anm. 72), S. 954f. In eine ähnliche Richtung wies bereits der XXIV. Parteitag der KPdSU 1971: „Die Hauptsache besteht darin, daß der Kampf für die nationale Befreiung in vielen Ländern begonnen hat, praktisch in einen Kampf gegen die Ausbeuterverhältnisse – sowohl die feudalen als auch die kapitalistischen – hinüberzuwachsen", in: XXIV. Parteitag der KPdSU, Dokumente, Moskau 1971, S. 32.

77 Grundfragen . . . (Anm. 9), S. 428f. Auf einer Konferenz von „Regionalwissenschaftlern" des RGW wurden folgende „drei Hauptvarianten" antiimperialistischer Bündnisse unterschieden. Sie verdeutlichen deren wachsende Einengung auf dem Weg zur Hegemonie der Arbeiterklasse: „antiimperialistische nationale Bündnisse, die auch sozial antagonistische Kräfte einschließen; antiimperialistische nationale und demokratische Bündnisse sozial heterogener Kräfte; antiimperialistische Klassenbündnisse zwischen sozial unterschiedlichen, aber nicht antagonistischen Kräften. Es sei notwendig, die Bündnisfrage in den einzelnen Ländern entsprechend dem erreichten Grad der Klassendifferenzierung und dem eingeschlagenen Entwicklungsweg differenziert zu betrachten, um Aufschluß über die realen Bündnismöglichkeiten und die qualitativ unterschiedlichen Aufgaben in der Bündnisfrage zu erhalten." In: Probleme der Einheit . . . (Anm. 11), S. 918.

78 Uschner (Anm. 70), S. 372f.

79 Grundfragen . . . (Anm. 9), S. 433f.

80 Sozialökonomische Differenzierung der Entwicklungsländer – Inhalt und Perspektiven, in: AAL 5/1982, S. 775.

81 Eben dies wird in einer weiteren kritischen Replik angesprochen. Danach befördere die von Faulwetter u. a. vertretene These die alte Vorstellung, „daß der Sozialismus eine Philosophie der Armen geblieben ist, und zwar nicht nur der armen Klassen, sondern auch der armen, der ‚proletarischen' Völker" – „hinreichend als linkssektiererische, trotzkistische Position bekannt", so Gerhard Brehme, Sozialistische Orientierung und sozialistischer Entwicklungsweg in Afrika und Nahost – die Erfahrungen der sechziger und siebziger Jahre (Karl-Marx-Konferenz des ZENTRAAL), in: AAL 5/1983, S. 864. Am Rande sei vermerkt, daß die marxistisch-leninistische Doktrin gerade in den hochentwickelten westlichen Industriestaaten im Unterschied offenbar zu den LLDC kaum mehr an den schnellen Erfolg einer sozialistischen Revolution glaubt. Wie anders ist es zu erklären, daß die kommunistischen Parteien dort „antimonopolistische Bündnisse" ansteuern sollen, die noch breiter angelegt sind als die Einheitsfronten zur Erringung der nationalen Unabhängigkeit in den Entwicklungsländern. Sie sollen alle gesellschaftlichen Klasen und Schichten mit Ausnahme einer Handvoll Monopolkapitalisten umfassen – ähnlich wie in der antifaschistischen Volksfrontkonzeption der dreißiger Jahre. Abgesehen von dem mangelnden Realitätsgehalt können damit u. U. begrenzte soziale Reformen erstritten werden, auf keinen Fall aber ein „real existierender Sozialismus".

82 Siehe Anm. 69. Kritiker der These, daß in den LLDC besonders günstige Voraussetzungen für „sozialistisch orientierte" revolutionäre Umstürze herrschten, verweisen insbesondere

auch auf diesen Tatbestand. Sie machen geltend, daß die genannte These vielleicht für den Umsturz selbst gelten mag, nicht jedoch für den Fortgang der Revolution, die „revolutionär-schöpferischen Aufgaben". Hier habe sich in der Praxis gezeigt, daß ein besonders niedriges sozialökonomisches Entwicklungsniveau gravierende Probleme aufwerfe, vgl. Brehme (Anm. 81), S. 864.

83 Grundfragen . . . (Anm. 9), S. 437.

84 Mit Blick auf die Bindung an die Klasseninteressen und deren Eigendynamik schränkt sie jedoch ein: „Die Entscheidung über den weiteren Entwicklungsweg fällt im Klassenkampf. Sie ist also in diesem Sinne objektiv gar keine ‚Wahl'". Grundfragen . . . (Anm. 9), S. 443.

85 Ibid., S. 443.

86 Ibid., S. 452.

87 Friedel Trappen, Siegfried Büttner, Die Große Sozialistische Oktoberrevolution und aktuelle Probleme der nationalen Befreiungsbewegung, in: E 7/1977, S. 851.

88 Grundfragen . . . (Anm. 9), Teil II, S. 860f.

89 Ibid., S. 863, 871; vgl. auch Robbe (Anm. 13), S. 792.

90 Ibid., S. 877. Zwei dieser „Krücken" werden am gleichen Ort namentlich aufgeführt: „Er bedarf zu seiner Entwicklung der Hilfe von außen, und zwar in doppeltem Sinn: einmal der Hilfe des internationalen Monopolkapitals, des Weltkapitalismus, zum anderen der Hilfe von Kräften, die außerhalb des klassischen ökonomischen Mechanismus der kapitalistischen Produktionsweise stehen, also des Staates, der Planung usw.". Vgl. auch S. 440f.

91 Brutenz (Anm. 16), S. 23.

92 Helmut Faulwetter, Bernd Wolf, Die Differenziertheit der Entwicklung des Kapitalismus in Asien, Afrika und Lateinamerika, in: AAL 2/1978, S. 221.

93 Robbe (Anm. 34), S. 70.

94 Helmut Faulwetter, Bernd Wolf, Unterschiedliche Entwicklungen des Kapitalismus in Ländern der ‚Dritten Welt', in: DAP 6/1978, S. 75.

95 R. Grienig (Anm. 50), S. 969. Aufgrund verfeinerter Einteilungskriterien auf der Grundlage einer „Komponentenanalyse zum Stand der Produktivkräfte" gelangt er allerdings zu 5 Ländergruppen (S. 971-973).

96 Zu den LLDC der UNO, vgl. Anm. 29.

97 Faulwetter, Wolf (Anm. 92), S. 227.

98 Ibid., S. 224; dies. (Anm. 94), S. 78 f.

99 Ibid., S. 219f; dies. (Anm. 94), S. 80.

100 Faulwetter, Wolf (Anm. 49), S. 382; „Schwellenländer" auf dem Wege zu Industrienationen, in: Ho 31/1982; Die finanziellen Grundlagen für das wirtschaftliche Wachstum der Entwicklungsländer in den achtziger Jahren (Konferenzbericht), in: AAL 1/1984, S. 182.

101 Heinz Bleckert, Verena Schöne, Einige Fragen der Herausbildung des staatsmonopolistischen Kapitalismus in den Ländern Lateinamerikas, in: AAL 5/1981, S. 881. Ausgangspunkt war die Ende der sechziger Jahre aufgebrochene Kontroverse zwischen dem traditionellen, sowjetorientierten Marxismus-Leninismus und neueren marxistischen Ansätzen, wie insbesondere der Dependencia-Theorie, über den Charakter der Gesellschaftformation in Lateinamerika. Sie war vor allem für die Bestimmung der Strategie und Taktik des revolutionären Kampfes bedeutsam (vgl. als repräsentative Gegenposition André Gunder Frank, Kapitalismus und Unterentwicklung in Lateinamerika, Frankfurt/M. 1968). Die interne marxistisch-leninistische Diskussion der siebziger Jahre griff vor allem die Frage auf, welches Niveau der Kapitalismus in Lateinamerika erreicht habe und ob es sich dort um einen „verspäteten", einen „abhängigen" oder einen „rückständigen und deformierten" Kapitalismus handele, vgl. zusammenfassend Josef Drabek, Zum Charakter des Kapitalismus in Lateinamerika, in: IPW-Berichte 3/1982, S. 31 ff sowie im einzelnen die Beiträge in: Probleme des Friedens und des Sozialismus, Hefte 6, 8, 11, 12/1979 sowie 4, 11/1980.

102 Vgl. Bleckert, Schöne (Anm. 101), S. 886.

103 R. Grienig (Anm. 50), S. 969.

104 Brutenz (Anm. 15), S. 29.

105 So z.B. Christian Mährdel, Grundtendenzen im nationalen und sozialen Befreiungskampf, in: E 6/1978, S. 573; Dummer, Langer (Anm. 11), S. 10; R. Grienig (Anm. 50), S. 969. Als

Beispiel sei eine Gruppierung arabischer Staaten aufgeführt, die Horst Grienig entwickelt hat. Länder, die wie Saudi-Arabien, Katar, Jordanien u.a. den „abhängigen" Kurs eingeschlagen haben, qualifiziert er als „reaktionär-oligarchische Variante einer kapitalistischen Entwicklung", national orientierte wie Tunesien, Ägypten und Sudan gelten als „reformkapitalistische Variante", H. Grienig (Anm. 48), S. 887-889.

106 Vgl. etwa R. Grienig (Anm. 50), S. 969.

107 Faulwetter, Wolf (Anm. 92), S. 218.

108 Ibid., S.222; Sozialökonomische Differenzierung... (Anm. 80), S. 776. Andere betonen hingegen, daß gerade die Verschuldung lebhaftester Ausdruck wachsender Ausbeutung und Abhängigkeit sei, vgl. ibid., S. 777.

109 Vgl. Heinz Kroske, Probleme des Wirtschaftswachstums in Entwicklungsländern, in: DAP 3/1970, S. 470f.

110 Faulwetter, Wolf (Anm. 92), S. 222.

111 Sozialökonomische Differenzierung... (Anm. 80), S. 776.

112 Faulwetter, Wolf (Anm. 92), S. 233; dies. (Anm. 94), S. 82. In eine ähnliche Richtung argumentiert auch Jürgen Kuczynski, Die Vertiefung der allgemeinen Krise des Kapitalismus, ND 4.2.1976.

113 Vgl. z.B. Entwicklungsländer: Sozialökonomische Prozesse...(Anm. 17), S. 70-77.

114 Grundfragen... (Anm. 9), Teil II, S. 800, 874f; vgl. auch Tjulpanov (Anm. 42), S. 25. Weitere charakteristische Merkmale seien das spezifisch heterogene Erscheinungsbild der Ökonomie, soziale Errungenschaften der Arbeiterklasse und die Betonung nationaler Ziele im Zeichen des Antiimperialismus.

115 Die Affinitäten ergeben sich daraus, daß in der Dritten Welt in besonderem Maße der gesellschaftliche Boden für sozialrevolutionäre Bewegungen geschaffen werde und zudem staatliche Planung unübersehbar auf den Sozialismus verweise: „Klar ist dabei, daß der spontane Verlauf des Übergangs zur Entstehung von Kapitalismus führt. Aber die Tendenz zur ‚Verstaatlichung', d. h. der Staatskapitalismus, schafft – unter Umgehung des Kapitalismus – sehr wichtige innere Voraussetzungen für das künftige Entstehen des Sozialismus in den befreiten Ländern, denn er a) vergesellschaftet die Produktion und bereitet dadurch die materiellen Bedingungen für den Sozialismus vor; b) trägt in die Produktionsverhältnisse Möglichkeiten und Elemente der Beschränkung des Privateigentums hinein." Babinceva (Anm. 38), S. 611.

116 Gertraud Liebscher, Klaus Kannapin, Die Rolle der Entwicklungsländer in der internationalen Klassenauseinandersetzung, in: E 7/1977, S. 858.

117 Faulwetter, Wolf (Anm. 92), S. 227.

118 So Peter Stier und Klaus Kannapin, in: Sozialökonomische Differenzierung... (Anm. 80), S. 773f. Auch andere sehen ungeachtet des Entwicklungsniveaus fortwährende „antiimperialistische" Gemeinsamkeiten, vgl. Die Ausbeutung der Entwicklungsländer durch das ausländische Monopolkapital (Konferenzbericht), in: AAL 2/1978, S. 354f. Dagegen ihre Position bekräftigend Helmut Faulwetter, Ulrich Hoffmann, Die Mechanismen der Herausbildung kapitalistischer Produktionsverhältnisse in Entwicklungsländern, in: AAL 6/1983, S. 953.

119 Dazu ausführlicher: „Man muß aber insgesamt sagen, daß in den Beziehungen zwischen Entwicklungsländern und kapitalistischen Industriestaaten – trotz unterschiedlicher Entwicklung – in allen Fällen immer wieder Elemente des Antiimperialismus entstehen, wenn auch dieser Antiimperialismus im Konkreten recht unterschiedlich ausgeprägt sein wird. Der Antiimperialismus bildet folglich noch immer eine gemeinsame Plattform, aber in Einzelfragen kann es ohne weiteres geschehen, daß die allgemeine, objektive Position der Entwicklungsländer gegenüber dem Imperialismus nur von einigen Ländern getragen wird. Und man kann sicher auch davon ausgehen, daß sich die Interessen einiger Länder selbst in Grundfragen denen des Imperialismus noch weiter annähern werden, was natürlich die gemeinsamen antiimperialistischen Positionen der Entwicklungsländer ebenfalls weiter modifiziert." Sozialökonomische Differenzierung... (Anm. 80), S. 773.

120 Diethelm Weidemann, Entwicklungsweg und Außenpolitik, in: AAL 3/1978, S. 401.

121 Ibid., S. 402. Zur Kritik an der chinesischen Position und ihrer systematischen Bedeutung vgl. Abschnitt 3.2. Frühzeitig schon hatte sich Weidemann auch gegen die relativ positive

Bewertung der „nationalen Bourgeoisie" in der DDR-Entwicklungstheorie gewandt. Wurden und werden ihr bis in die jüngste Zeit noch „antiimperialistische" Potenzen bescheinigt, so urteilte er, daß es „keinerlei qualitative Unterschiede zwischen der Bourgeoisie in Asien und Afrika und der Bourgeoisie der entwickelten kapitalistischen Staaten" gebe und es daher zweckmäßig sei, auf den Begriff „nationale Bourgeoisie" zu verzichten, vgl. Diethelm Weidemann, Die Bourgeoisie in den afro-asiatischen Staaten und ihre Potenzen im antiimperialistischen Kampf (Thesen), in: DAP 1/1971, S. 104, 106f.

122 Zur Lage der Entwicklungsländer in der kapitalistischen Weltwirtschaft, in: IPW-Berichte 4/1982, S. 8.

123 Grundfragen . . . (Anm. 9), S. 438f.

124 Friedel Trappen, Manfred Uschner, Grundfragen der Strategie und Taktik der kommunistischen Parteien Lateinamerikas, in: E 6/1970, S. 804f. Allerdings wurde schon damals darauf hingewiesen, daß in Lateinamerika der nichtkapitalistische Entwicklungsweg „relativ schnell an den Sozialismus heranführen" könne und daß auch die Arbeiterklasse „bereits in der ersten Phase der Revolution zur führenden Kraft" werden könne.

125 Christian Mährdel, Soziale Dimensionen nationaler Befreiung in Asien und Afrika – ein revolutionsgeschichtlicher Vergleich (Karl-Marx-Konferenz des ZENTRAAL), in: AAL 5/1983, S. 833.

126 Lateinamerika im antiimperialistischen Kampf (Anm. 28), S. 105f. Dort wird auch die Gegenposition ausführlich referiert, die sich offensichtlich bis weit in die siebziger Jahre gehalten hat. Vgl. zur gegenwärtigen Einschätzung auch Karl Marx und die internationale Solidarität (Konferenzbericht), in: AAL 1/1984, S. 172.

127 Das kann sich mitunter schnell ändern, wie die Politik der DDR gegenüber Zentralamerika verdeutlicht, vgl. Lothar Brock, Hans-Joachim Spanger, Konflikt und Kooperation. Die beiden deutschen Staaten in der Dritten Welt, in: Die beiden deutschen Staaten im Ost-West-Verhältnis, XV. Tagung zum Stand der DDR-Forschung, Edition Deutschland Archiv, Köln 1982, S. 118-121.

128 R. A. Uljanowski, Länder sozialistischer Orientierung, in: DAP 11/1979, S. 65.

129 ND 29./30.4.1978.

130 Dummer, Langer (Anm. 11), S. 11.

131 Vgl. Internationale Beratung . . . (Anm. 36), S. 33. Zum Programm des Jahres 1960, vgl. Abschnitt 3.2. Die Genesis des Begriffs erläutert Wolfgang Berner, „Staaten sozialistischer Orientierung": Ein sowjetisches Partnerschaftsmodell, in: Bundesinstitut für ostwissenschaftliche und internationale Studien (Hg.), Sowjetunion 1984/85, S. 330, 335.

132 Vgl. Hager (Anm. 129); Dummer, Langer (Anm. 11), S. 12; Christian Mährdel in einem Beitrag zu der Konferenz: Übergangsformen zum Sozialismus in Afrika und Asien in unserer Zeit: Revolutionen und Revolutionsvergleich, in: AAL 3/1983, S. 498.

133 Die Arbeiterklasse und die Wahl des Entwicklungsweges in den befreiten Ländern (historische Erfahrung und aktuelle Probleme), in: AAL 2/1979, S. 312.

134 Uljanowski (Anm. 128), S. 69.

135 Brehme (Anm. 81), S. 863.

136 Lenin (Anm. 54), S. 232. Auch die Mongolische KP scheint ihre Revolution vorbildhaft zu finden, denn sie ist eifrig bemüht, ihr Modell den „sozialistisch orientierten" Ländern der Dritten Welt anzudienen. Zu diesem Zweck entsandte sie im Zuge der sowjetischen Intervention eigens eine Expertenkommission nach Afghanistan. Wie allerdings in einem Land von der dreifachen Größe Frankreichs und einer nomadisierenden Hirtenbevölkerung – den Araten – von kaum einer Million Menschen unter „Führung der Arbeiterklasse" der Sozialismus zu siegen vermochte, vermag niemand so recht zu erklären. Die skizzierte These und der dazu geäußerte Widerspruch finden sich auch bei Ruth Andexel, Heinz Kroske, Probleme des nichtkapitalistischen Entwicklungsweges, in: DAP 1/1972, S. 134, 137.

137 Uljanowski (Anm. 41), S. 790. In die gleiche Richtung zielen Dummer, Langer (Anm. 11), S. 12.

138 So stellt etwa Gerhard Brehme, der zuvor noch die sozialistische Komponente der sozialistischen Orientierung hervorhob, ganz traditionell fest, „daß der Übergang der nationaldemokratischen Revolution mit sozialistischer Orientierung zu einer höheren Etappe der

369

Entwicklung, zur Etappe des Aufbaus der Grundlagen des Sozialismus, nur unter Führung der Arbeiterklasse und einer marxistisch-leninistischen Partei möglich ist". Dies setzt um so mehr einen neuen revolutionären Umbruch voraus, als – wie Brehme beklagt – „die revolutionär-demokratischen Führungskräfte ihre hegemoniale Position nicht nur ideologisch zu rechtfertigen suchen, sondern in der Regel auch machtpolitisch und institutionell absichern", Brehme (Anm. 81), S. 863. Christian Mährdel ist dagegen optimistischer und glaubt, daß die sozialistische Orientierung nicht nur „*potentiell* den ‚Übergang zum Sozialismus' in sich trägt" und ihn vorbereitet, sondern „ihn auch unter günstigen Bedingungen ohne Unterbrechung des revolutionären Vorgangs vollziehen" kann, „indem sie in eine höhere Entwicklungsform eines Übergangstyps hinüberwächst" – ohne weitere revolutionäre Brüche, Christian Mährdel, Revolutionstheoretische Bemerkungen zur sozialistischen Orientierung gesellschaftlicher Entwicklung im heutigen Afrika und Asien, in: AAL 3/1980, S. 423. Allerdings muß auch er sich dem Problem stellen, daß dies per definitionem nur unter Führung der Arbeiterklasse geht. Er löst dies, indem er die „soziale", klassenspezifische Hegemonie von der „politischen Führung" trennt, „ein Auseinanderfallen beider Merkmale" konstatiert und sich so damit begnügt, daß die nichtproletarischen revolutionären Demokraten den Marxismus-Leninismus und seine Organisationsprinzipien übernehmen. Damit sei die Hegemonie der Arbeiterklasse politisch verwirklicht, Mährdel (Anm. 125), S. 837.

139 Karl-Marx-Konferenz des ZENTRAAL (Anm. 73), S. 883.
140 So heißt es in dem Beitrag eines sowjetischen Autors für die DDR-Zeitschrift „Deutsche Außenpolitik": „Schwankungen in der Politik einiger revolutionär-demokratischer Regierungen asiatischer und afrikanischer Länder widerspiegeln – neben dem Druck der Bourgeoisie und der imperialistischen Mächte – die Labilität der kleinbürgerlichen Massen, die ideologische und politische Unreife einzelner ihrer Führer und die Tatsache, daß sie nicht gewillt oder nicht imstande sind, das reale Kräfteverhältnis zu berücksichtigen und die antiimperialistischen Interessen des eigenen Landes mit den Möglichkeiten der internationalen antiimperialistischen Kräfte zu verbinden. Derartige Schwankungen äußerten sich 1967 in den Aufrufen einiger arabischer Persönlichkeiten zur Fortsetzung des Krieges – auch auf die Gefahr hin, daß Kairo und Damaskus verlorengingen". Wladimir Petrowitsch Nichamin, Besonderheiten der Außenpolitik der Entwicklungsländer, in: DAP 5/1970, S. 717f.
141 Vgl. z. B. Bathke, Uschner (Anm. 40), S. 683.
142 Uljanowski (Anm. 41), S. 784, 786.
143 Brehme (Anm. 81), S. 859.
144 Robbe (Anm. 43), S. 839; ders., Reform und Revolution im Kampf für nationale und soziale Befreiung (Referat auf dem VII. Historiker-Kongreß der DDR), in: AAL 2/1983, S. 211.
145 Karl-Heinz Domdey, Weltwirtschaft und Weltwirtschaftslehre (Humboldt-Universität zu Berlin), Berlin (O) 1984, S. 200.
146 V. E. Čirkin, Die Entwicklung der Staatsmacht in den Ländern sozialistischer Orientierung, in: AAL 2/1984, S. 228. Das soll nicht heißen, daß die Sowjets optimistischer als ihre Kollegen in der DDR seien, denn in der Regel zählen sie ebenso wie diese, vgl. Berner (Anm. 131), S. 333-335.
147 In allgemeiner Form findet sich die genannte Zahl u. a. bei Jochen Franzke, Der XXVI. Parteitag der KPdSU und die Beziehungen zu den national befreiten Staaten, in: DAP 6/1981, S. 37; vgl. auch Dummer, Langer (Anm. 11), S. 10.
148 Bathke, Uschner (Anm. 40), S. 623; Grundfragen . . . (Anm. 9), S. 469.
149 Vgl. z. B. Paul Friedländer, Hartmut Schilling, Probleme des nichtkapitalistischen Entwicklungsweges der vom Kolonialjoch befreiten Staaten, in: E 2/1965, S. 75f.
150 Eine Ausnahme macht Karl-Heinz Domdey (Anm. 145), S. 200, der „seine" sozialistisch orientierten Länder sogar tabellarisch aufführt. Dabei fällt auf, daß er mit Libyen, Sambia, Guyana, aber ohne Burma recht eigene Vorstellungen hat. Weltanteile der Länder mit „sozialistischer Orientierung" (in %):

Tabelle 25

Länder mit sozialistischer Orientierung – Weltanteile –

Land	Territo-rium (1980)	Bevölke-rung[1] (1980)	Bruttoso-zialprodukt[2] (1978)	Import (1980)	Export (1980)
Algerien	1,75	0,45	0,28	0,46	0,62
Angola	0,92	0,16	0,03	0,06	0,05
Äthiopien	0,90	0,72	0,04	0,03	0,02
Benin	0,08	0,08	0,008	0,02	0,003
Guinea	0,18	0,12	0,01	0,01	0,02
Guinea-Bissau	0,03	0,01	0,001	0,002	0,0009
Kapverden	0,003	0,007	0,0008	0,003	0,0001
Kongo	0,25	0,04	0,01	0,02	0,02
Libyen	1,30	0,07	0,22	0,48	1,14
Madagaskar	0,43	0,20	0,02	0,04	0,02
Moçambique	0,59	0,24	0,03	0,01	0,009
Sambia	0,55	0,13	0,03	0,05	0,08
Sao Tomé/Principe	0,0007	0,002	0,0004	0,0009	0,001
Tansania	0,70	0,41*	0,05	0,06	0,03
Grenada	0,0003	0,002	0,0005	0,002	0,001
Nikaragua	0,10	0,06	0,02	0,03	0,03
Guyana	0,16	0,02	0,005	0,02	0,02
Afghanistan	0,48	0,36*	0,04	0,51	1,32
Irak	0,32	0,30	0,26	0,51	1,32
Syrien	0,14	0,21	0,09	0,20	0,10
VDR Jemen	0,25	0,05	0,006	0,03	0,01
Gesamt	9,13	3,64	1,15	2,55	4,81

* 1979
[1] Stand in Jahresmitte oder mittlere Bevölkerung
[2] Auf Grundlage der Angaben in Mio US-Dollar
Berechnet nach: 1) Territorium, Bevölkerung: Statistisches Jahrbuch der DDR 1982, Staatsverlag der
DDR, Berlin, 1982, S. 21 f.
2) Bruttosozialprodukt, Import, Export: Handbook of International Trade and Development Statistics 1981, UN-Conference on Trade and Development 1981, New
York, 1982, S. 2-11, 347-353, von M. Peter, Humboldt-Universität zu Berlin, Sektion Wirtschaftswissenschaften 1983

151 Vgl. Gleb Borissowitsch Staruschenko, Sozialistische Orientierung in Entwicklungsländern,
Frankfurt/M. 1980, S. 90-100; V. J. Čirkin, Die gegenwärtigen Tendenzen der Entwicklung
der Staatsmacht in Ländern mit sozialistischer Orientierung, in: AAL 4/1978, S. 599-601;
Mährdel (Anm. 72), S. 959. Bei einigen Ländern (Benin, Angola, Madagaskar etc.) war
kein präzises Datum zu finden, es mußte daher rekonstruiert werden.

152 Aufnahme in die Gruppe der „sozialistisch orientierten" Länder findet Libyen u.a. bei Sta-
ruschenko, der sich allerdings widersprüchlich äußert, vgl. Wolfgang Semmler, Probleme
der revolutionären Demokratie in neueren sowjetischen Publikationen, in: DAP 4/1977,
S. 123 f; vgl. auch Rainer Harloff, Ideologische Grundpositionen und einige Aspekte der
Innenpolitik des libyschen Revolutionären Kommandorates 1969-1977, in: AAL 2/1981,
S. 294; Mährdel (Anm. 105), S. 571.

153 Mit Nachdruck für Sambia tritt ein: Hans Kramer, Welchen Entwicklungsweg geht die Republik Sambia? in: Nichtkapitalistischer Entwicklungsweg. Aktuelle Probleme in Theorie
und Praxis (Studien über Asien, Afrika und Lateinamerika, Band 1, herausgegeben vom
ZENTRAAL), Berlin (O) 1973 (2. Auflage), S. 353 f, 362. Erwähnung findet Sambia neben Libyen auch bei Karl-Heinz Domdey, Proletarischer Internationalismus und nationaldemokratische Revolution, in: AAL 6/1979, S. 1127 und an anderer Stelle.

154 Nur hin und wieder finden einzelne dieser Länder Erwähnung, so Guyana bei Domdey
(Anm. 145), S. 200, oder die Seychellen bei Čirkin (Anm. 146), S. 230, und in dem Buch Sozialismus und internationale Beziehungen (Anm. 6), S. 125.

155 Vgl. Mährdel (Anm. 125), S. 835.
156 Weidemann (Anm. 120), S. 399. Zum Aufbau des Sozialismus in Laos und Kampuchea auch Karl Marx und . . . (Anm. 126), S. 172. Völlige Einigkeit herrscht hier jedoch nicht. So sieht Mährdel beide Länder noch in der „volksdemokratischen Revolution", während der Süden Vietnams nach 1975 bereits die „proletarisch-sozialistische" Etappe begann, Mährdel (Anm. 125), S. 835. Auch andere Autoren betonen, daß – zumal in Kampuchea – der „Aufbau des Sozialismus" vorläufig nur ein Ziel sei, das „ohne Übereilung, ohne Subjektivismus und Voluntarismus" angestrebt werden müsse, so etwa Rüdiger Gaudes, Zur Geschichte der Revolutionären Volkspartei Kampucheas, in: AAL 3/1984, S. 442. Dort auch eine interessante Gesamtbewertung dessen, was alles wie zu Zeiten Pol-Pots einem Land unter Führung einer kommunistischen Partei widerfahren kann:
„Es war der welthistorisch wohl einmalige Fall eingetreten, daß eine Gruppe kleinbürgerlicher Intellektueller mit utopischen, völlig unwissenschaftlichen, ja barbarischen ‚Sozialismus'-Vorstellungen die Führung in Partei und Staat an sich gebracht hatte. Sie schickten sich nun an, ihre Gesellschaftsideen zu realisieren, die im Grunde auf die Errichtung eines aus ‚Kommunen' armer, alles Lebenswichtige selbst produzierender Bauern bestehenden Kasernenhofkommunismus hinausliefen. Dies führte zu einer völligen Enturbanisierung, zur Zerstörung der Warenwirtschaft, des Verkehrswesen und der Marktbeziehungen. Die Volkswirtschaft als Gesamtorganismus wurde zerrüttet. Mehr als die Hälfte der Bevölkerung büßte dieses ‚Experiment' mit dem Leben." (S. 440).
157 Das sozialistische Weltsystem und die nationale Befreiungsbewegung, in: E 3/1963, S. 155f.
158 Friedel Trappen, Entwicklungsprobleme des sozialistischen Kuba, in: E 5/1963, S. 128, 130.
159 Vgl. Čirkin (Anm. 151), S. 599; Autorenkollektiv unter Leitung von Hans Kramer, Afrika im antiimperialistischen Kampf. Probleme eines Kontinents (Studien über Asien, Afrika und Lateinamerika, Band 23, herausgegeben vom ZENTRAAL), Berlin (O) 1978, S. 19; Heinz Kroske, Das sozialistische Grundmodell der gesellschaftlichen Entwicklung und seine Anwendungsmöglichkeiten unter den Bedingungen der Entwicklungsländer, in: DAP 4/1970, S. 556. In diese Gruppe der Entwicklungsländer mit einer abgebrochenen „sozialistischen Orientierung" fällt nicht Chile. Dort wurde von 1970-1973 unter Führung der Unidad Popular und damit der Arbeiterklasse nach Auffassung der DDR-Theorie wohl eine „antiimperialistisch-demokratische Ordnung" angestrebt, doch galt diese bereits als unmittelbare Vorstufe des Sozialismus, vgl. u.a. Harry Spindler, Eberhard Hackethal, Chile – Land im Aufbruch, in: E 1/1972, S. 80.
160 Friedländer, Schilling (Anm. 149), S. 76. Vorübergehende Aufmerksamkeit fanden darüber hinaus verschiedentlich auch Jamaika (bis zum Wahlsieg der Konservativen 1980), vgl. Čirkin (Anm. 146), S. 230, sowie Bangladesh, das Hermann Axen im Juni 1974 als „Volksrepublik" bezeichnete, Hermann Axen, Sozialismus und revolutionärer Weltprozeß. Ausgewählte Reden und Aufsätze, Berlin (O) 1976, S. 409.
161 Vgl. z.B. Martin Robbe, Ägypten, Juli 1952 – Vergängliches und Bleibendes einer Revolution, in: AAL 3/1977, S. 452f.
162 Dummer, Langer (Anm. 11), S. 12f; vgl. auch Uljanowski (Anm. 128), S. 69f.
163 Seit die internationale Debatte um eine kulturelle Identität der Entwicklungsländer die DDR erreichte, werden einige der aufgeführten Probleme auch dort wahrgenommen und (selbst-)kritisch benannt. So beklagte etwa ein Autor, daß in der Dritten Welt, „in der Regel kaum starke Traditionen des theoretischen Denkens vorhanden" seien, Herbert Graf, Avantgardepartei der Werktätigen und Staat, in: AAL 2/1984, S. 241. Und an anderer Stelle wurde auf die „Schwierigkeiten" hingewiesen, „die sich bei der adäquaten Übersetzung von grundlegenden Begriffen des Marxismus-Leninismus, wie z.B. ‚Arbeiterklasse', in eine nichteuropäische Sprache ergeben, die mit entsprechenden Neologismen teilweise andere Inhalte aus vorkapitalistischer Zeit verbindet", Karl-Marx-Konferenz des ZENTRAAL (Anm. 73), S. 894.
164 Die möglichen im Verlauf der „sozialistischen Orientierung" auftretenden Widersprüche sind ausführlich dargestellt bei Mährdel (Anm. 138), S. 427f; J. M. Primakov, Länder mit sozialistischer Orientierung: ein schwieriger, aber realer Übergang zum Sozialismus, in: AAL 6/1981, S. 975.

165 Uljanowski (Anm. 128), S. 75.
166 Uljanowski (Anm. 41), S. 796 f; vgl. auch ders. (Anm. 128), S. 70. Ein behutsames Vorgehen fordert ähnlich auch eine grundlegende DDR-Monographie zum „antiimperialistischen Kampf" in den Entwicklungsländern: „Die Propagierung sozialistischer Aufgaben zu einer Zeit, in der für ihre unmittelbare Verwirklichung keine Voraussetzungen gegeben sind, lenkt von den Aufgaben der antiimperialistisch-demokratischen Umwälzung ab, kann die Massen desorientieren, die verschiedenen politischen Richtungen des Volkes gegeneinander ausspielen und die Kampfkraft der antiimperialistischen Kräfte lähmen." Grundfragen... (Anm. 9), S. 478.
167 Vgl. z.B. Mährdel (Anm. 138), S. 426 f. Ausführlich auch in: Grundfragen... (Anm. 9), S. 537-543.
168 Helmut Nimschowski, Volksmassen und national-demokratische Einheitsfront in der sozialistisch orientierten Entwicklung, in: AAL 5/1979, S. 838. Ebenso Karl-Marx-Konferenz des ZENTRAAL (Anm. 73), S. 885.
169 Vgl. z.B. Sobolev (Anm. 68), S. 194 f. In einer wissenschaftlichen Konferenz der RGW-Staaten zur Rolle der Arbeiterklasse bei der Wahl des Entwicklungsweges in der Dritten Welt wurde dazu festgehalten: „Die Praxis in den Ländern Asiens und Afrikas habe gezeigt, daß unter dem Einfluß des sich zugunsten des Sozialismus verändernden internationalen Kräfteverhältnisses nichtproletarische Kräfte fähig seien, die sozialistische Orientierung einzuschlagen. Andererseits bestätigen insbesondere die Erfahrungen einer Reihe arabischer Länder, daß diese Entwicklungsrichtung offensichtlich nur unter Führung der Arbeiterklasse erfolgreich beibehalten werden könne. Die Führung der Arbeiterklasse könne demzufolge auch nicht, wie vielfach angenommen, erst das Resultat einer erfolgreichen sozialistischen Orientierung sein. Es gehe vielmehr darum, die Führung der sozialistischen Orientierung durch die Arbeiterklasse unter Bedingungen zu realisieren, da die Arbeiterklasse sich sozial und politisch-ideologisch erst zu formieren beginne." Die Arbeiterklasse... (Anm. 133), S. 312.
170 Nimschowski (Anm. 168), S. 836. Die verbreitete Neigung der revolutionären Demokraten, „die gesellschaftlich-historische Rolle der Arbeiterklasse heute und in der Perspektive zu unterschätzen" – Synonym für die häufig angespannten Beziehungen zu den heimischen kommunistischen Parteien und Gewerkschaften – resultiere jedoch auch aus der Tatsache, daß die Arbeiterklasse noch überwiegend „zerrissen, ungenügend politisch reif und organisiert" sei, Nikolai D. Kosuchin auf der Konferenz: Übergangsformen (Anm. 132), S. 511.
171 Uljanowski (Anm. 41), S. 796.
172 Vgl. Nimschowski (Anm. 168), S. 836 f. Darauf wird auch in dem ersten umfangreichen Sammelband hingewiesen, der zum „nichtkapitalistischen Entwicklungsweg" in der DDR erschienen ist: „Ohne eine Partei im Leninschen Sinne kann die sozialistische Orientierung nicht siegen. An dieser Grundwahrheit des Marxismus-Leninismus ist nicht zu rütteln. Gegenwärtig wird die marxistisch-leninistische Vorhut von den kommunistischen Parteien repräsentiert, die als Glieder der internationalen kommunistischen Bewegung, der einflußreichsten politischen Kraft der Gegenwart wirken." Um so bedauerlicher ist daher das Unverständnis, auf das die Kommunisten treffen: „Die marxistisch-leninistischen Parteien in den sozialistisch orientierten Staaten wirken unter sehr komplizierten Existenz- und Kampfbedingungen. Auf Grund noch vorhandener antikommunistischer Vorurteile und anderer, von der neokolonialistischen Infiltration geschürter Ressentiments besitzen sie in vielen Fällen nur begrenzte Organisations- und Aktionsfreiheit. Doch trotz beschränkter Legalität oder völliger Illegalität und zeitweiliger Verfolgung erweisen sich die Kommunisten als wahre Interessenvertreter des werktätigen Volkes, als die konsequentesten Kämpfer gegen Imperialismus und Neokolonialismus, für nationale Wiedergeburt und sozialen Fortschritt." Lothar Rathmann, Hartmut Schilling, Probleme des nichtkapitalistischen Weges der Völker Asiens und Afrikas in der gegenwärtigen Etappe der nationalen Befreiungsbewegung, in: Nichtkapitalistischer Entwicklungsweg (Anm. 153), S. 37.
173 Helmut Nimschowski, Probleme der Einheitsfront der antiimperialistisch-demokratischen Kräfte in Staaten mit sozialistischer Orientierung, in: AAL 4/1977, S. 538.
174 Emil Langer, Zur Herausbildung revolutionärer Vorhutparteien in Ländern mit sozialistischer Orientierung, in: AAL 5/1979, S. 831.

175 Vgl. ibid., S. 827, 829 f; Albin Kress, Volksrepublik Angola – Kampf eines vom Kolonialis-
mus befreiten Volkes für eine sozialistische Zukunft, in: AAL 6/1980, S. 1024 f; Herbert
Graf, Die Bildung und Entwicklung der Volksrepublik Mocambique – Beispiel einer neuen
Qualität der Staatsentwicklung in Afrika, in: AAL 2/1981, S. 316 f.

176 Martin Robbe, Nichtproletarischer Sozialismus in Entwicklungsländern, in: DAP 11/1977,
S. 78, 84-86; Christian Mährdel, Analyse der Konzeption revolutionär-demokratischer
Parteien am Beispiel der Demokratischen Partei Guineas und der Afrikanischen Natio-
nal-Union Tansanias, in: DAP 5/1972, S. 943-961; V. J. Kacman, Zum Problem der Vertiefung des sozialen Inhalts der nationalen Befreiungsrevolution in Tansania, in: AAL
6/1983, S. 1035-1046.

177 Hermann Matern, Die Gemeinsamkeiten der Sozialistischen Einheitspartei Deutschlands
und der Arabischen Sozialistischen Union im Kampf um Frieden, Demokratie und gesellschaftlichen Fortschritt, in: E 2/1968, S. 205-215.

178 Analyse von Konzeptionen der sozialökonomischen Entwicklung der Länder der „Dritten
Welt", in: AAL 1/1977, S. 136.

179 Langer (Anm. 174), S. 826.

180 Uljanowski (Anm. 128), S. 71.

181 A.S. Kaufman, Einige Fragen der Rolle der Arbeiterklasse und ihrer Partei in den Ländern
mit sozialistischer Orientierung, in: AAL 1/1978, S. 23.

182 Grundfragen . . . (Anm. 9), S. 480.

183 Übergangsformen . . . (Anm. 132), S. 511. Zu den praktischen Aktivitäten der DDR, vgl.
Abschnitt 3.4. in Kapitel D.

184 Vgl. S. 106.

185 Vgl. Gerhard Brehme (Gesamtredaktion), Der nationaldemokratische Staat in Asien und
Afrika. Eine staatstheoretische und staatsrechtliche Studie, Berlin (O) 1976, S. 47-50.

186 Uljanowski (Anm. 41), S. 800.

187 Ibid.

188 Ibid., S. 799.

189 Grundfragen . . . (Anm. 9), S. 483 f.

190 Rathmann, Schilling (Anm. 172), S. 26.

191 Nimschowski (Anm. 168), S. 839 f. Daß auch hier R. A. Uljanowski zu einem behutsamen
Vorgehen rät, sei diesmal nur am Rande erwähnt: „Ebenso wie in der Frage der Partei geht
es dabei nicht um eine künstliche, nicht hinreichend begründete, übereilte Umgestaltung
des nationaldemokratischen Staates in einen sozialistischen Staat. Notwendig sind jedoch
die ständige Stärkung des revolutionär-demokratischen Staates, der allmähliche Ersatz des
alten Staatsapparates durch einen neuen und in sozialpolitischer Hinsicht zuverlässigen Apparat, eine Reorganisation der Armee und der Sicherheitsorgane, in erster Linie ihres Offizierskorps, sowie die dauerhafte Absicherung der sozialistischen Orientierung gegen die
Anschläge der inneren und äußeren Konterrevolution." Uljanowski (Anm. 128), S. 71.

192 Nimschowski (Anm. 173), S. 540 f; vgl. auch Graf (Anm. 163), S. 241.

193 Vgl. auch Bassam Tibi, Militär und Sozialismus in der Dritten Welt, Frankfurt/M. 1973,
S. 39-51, sowie Kapitel D.

194 Grundfragen . . . (Anm. 9), S. 464 f.

195 Renate Wünsche, Zur Bedeutung des internationalen Faktors für die Entwicklung der befreiten Staten in Asien, Afrika und Lateinamerika (Karl-Marx-Konferenz des ZEN-
TRAAL), in: AAL 5/1983, S. 845 f.

196 Irina Friedrich, Der nichtkapitalistische Weg der Länder Asiens und Afrikas, in: DAP
5/1971, S. 974.

197 Sobolev (Anm. 68), S. 201 f; Uljanowski (Anm. 41), S. 793 f.

198 Primakov (Anm. 164), S. 971 f. Eine andere Charakterisierung, die in eine ähnliche Richtung weist, differenziert verschiedene Formen von „Staatskapitalismus" und sieht in den
Ländern mit „sozialistischer Orientierung" einen „revolutionär-demokratischen Typ" dessen, vgl. Babinceva (Anm. 38), S. 617.

199 Jürgen Kunze, Zur sozialen Stellung und Formierung der Bourgeoisie im subsaharischen
Afrika (Die bürokratische Variante), in: AAL 4/1979, S. 664 f.

200 Karin Fuchs, Die Stellung der Syrischen Arabischen Republik (SAR) in der internationalen Klassenauseinandersetzung und die Politik der Kommunisten zur Festigung des antiimperialistischen Kurses ihres Landes, in: AAL 5/1982, S. 867 f.

201 Robbe (Anm. 144), S. 210. Ähnlich auch Horst Grienig, Sozialökonomische Entwicklungsprozesse im unabhängigen Algerien. Eine Analyse zum 20. Jahrestag der Unabhängigkeit des Landes, in: AAL 1/1983, S. 97.

202 Kunze (Anm. 199), S. 665.

203 Vgl. Sobolev (Anm. 68), S. 201.

204 Uljanowski (Anm. 41), S. 793.

205 Sobolev (Anm. 68), S. 201.

206 Vgl. Günther Thole, Grundzüge der wirtschaftlichen Entwicklung der Volksrepublik Mocambique, in: AAL 4/1980, S. 698; Frank Weidnitzer, Grundzüge der Entwicklung der politisch-staatlichen Verhältnisse im revolutionären Prozeß der VDR Jemen, in: AAL 6/1980, S. 996.

207 R. Grienig (Anm. 50), S. 977-980. Es soll nicht verkannt werden, daß eine solche sozialökonomische Aufteilung der Entwicklungsökonomien allein schon aus erhebungstechnischen und rechnerischen Gründen höchst problematisch ist. Gleichwohl vermittelt sie einen groben aber eindrucksvollen Überblick und läßt, da in der DDR veröffentlicht, erkennen, daß sich die Wissenschaft dort offenbar der geringen „sozialistischen" Qualität der von ihr favorisierten Entwicklungsländer bewußt ist.

208 Die folgende Tabelle ist aus der gleichen Quelle extrahiert, ibid., S. 984 f.

Tabelle 26

Anteil der „sozialökonomischen Sektoren" an den Erwerbstätigen ausgewählter Entwicklungsländer (in %)

	Privat-kapitalistischer Sektor*	Vor-kapitalistischer Sektor	Staatlicher Sektor**
Laos	unter 15	über 80	ca. 5
Kampuchea	unter 15	über 80	ca. 5
Angola	unter 15	65 – 80	5 – 20
Mosambik	unter 15	65 – 80	5 – 20
Kongo	unter 15	65 – 80	5 – 20
Algerien	unter 15	30 – 50	35 – 55
Syrien	15 – 25	50 – 65	15 – 30
Guinea	unter 15	über 80	ca. 5
Tansania	unter 15	über 80	ca. 5
Indien	15 – 25	65 – 80	unter 15
Marokko	25 – 35	50 – 65	5 – 20
Nepal	unter 15	über 80	ca. 5
Westliche Industriestaaten	ca. 67	ca. 15	ca. 18

* einschließlich des ausländischen Kapitals
** errechnet, da – offenbar wegen der deprimierend geringen Anteile – in der Tabelle nicht ausgewiesen.

209 Auch diese Tabelle geht auf R. Grienig, S. 981-983, zurück.

Tabelle 27

Anteil der „sozialökonomischen Sektoren" an der Industrieproduktion ausgewählter Entwicklungsländer (inkl. Handwerk) (in %)

	Ausländischer Sektor	Einheimischer privatkapitalistischer Sektor	Staatlicher Sektor
Laos	unter 20	unter 10	über 50
Kampuchea	unter 20	unter 10	über 50
Angola	20 – 30	unter 10	35 – 50
Mosambik	20 – 30	unter 10	35 – 50
Kongo	40 – 45	unter 10	25 – 35
Algerien	unter 20	10 – 15	über 50
Syrien	unter 20	15 – 20	über 50
Guinea	unter 20	unter 10	35 – 50
Tansania	20 – 30	unter 10	35 – 50
Indien	unter 20	30 – 40	15 – 25
Marokko	40 – 45	15 – 20	15 – 25
Nepal	30 – 40	10 – 15	15 – 25
Westliche Industriestaaten	ca. 16	ca. 66	ca. 9

210 Karl-Marx-Konferenz des ZENTRAAL (Anm. 73), S. 881. Ähnlich wird auch mit Blick auf Äthiopien an anderer Stelle betont, daß die ökonomische Lage „gesetzmäßig einen Kompromiß" mit dem Auslandskapital erfordere, Bernd Romeike, Hans-Ulrich Walter, Zur ökonomischen Politik des Sozialistischen Äthiopien in der Auseinandersetzung mit dem internationalen Monopolkapital, in: AAL 1/1984, S. 83. Dies korrespondiert mit einer generell positiveren Bewertung der transnationalen Unternehmen, vgl. Abschnitt 4.1.1.
211 Wilfried Berg, Zur ökonomischen Entwicklung der Volksrepublik Angola, in: AAL 3/1981, S. 511; ders., Probleme der sozialistischen Entwicklung in der Volksrepublik Angola, in: DAP 10/1982, S. 83.
212 Primakov (Anm. 164), S. 976. Auch dies kann so ganz ernst nicht gemeint sein, denn in einem der DDR besonders verbundenen Land wie dem Süd-Jemen ist – eigenen Angaben zufolge – zwischen 1980 und 1982 eine „starke Zunahme des Anteils des ausländischen Sektors an der Produktion – von 5,6 Prozent im Jahre 1980 auf 12,5 Prozent 1982" zu verzeichnen gewesen. Die Forderung, diese „bedeutende ökonomische Abhängigkeit" zu reduzieren, wird daher für die DDR um so dringlicher, Wolfram Friedersdorff, Johannes Pilz, Zu einigen Aspekten der Entwicklung der sozialökonomischen Basis in der VDR Jemen, in: AAL 4/1984, S. 654f.
213 Uljanowski (Anm. 41), S. 796.
214 Primakov (Anm. 164), S. 976.
215 Akademie für Gesellschaftswissenschaften beim ZK der SED (Hg.), Entwicklung und Kampf der kommunistischen Bewegung in Asien und Afrika, Berlin (O) 1980, S. 151f. Nicht weniger aufschlußreich sind die unterschiedlichen Akzente zum innenpolitischen Kurs Afghanistans vor und nach der sowjetischen Intervention in den jährlich erscheinenden Chroniken des „Jahrbuch Asien, Afrika, Lateinamerika" vom ZENTRAAL, Berlin (O) 1979, S. 85-87 und 1980, S. 60-64. Eine ähnlich positive Wertung hat auch die „Radikalität" der äthiopischen Revolution gefunden. Zwar konnte sie ebenfalls nur dank der mili-

tärischen Unterstützung durch die sozialistischen Staaten reüssieren. Doch erreichte deren Engagement nicht annähernd die afghanischen Dimensionen und daher konnten die äthiopischen Erfahrungen als Bereicherung der marxistisch-leninistischen Revolutionstheorie aufgefaßt werden: „Neben ihren spezifischen Merkmalen als Revolution in einem Entwicklungsland besitzt die äthiopische Revolution eine Reihe typologischer Merkmale, die jenes Allgemeine widerspiegeln, was sie mit anderen Revolutionen der ‚dritten Generation‘ verbindet. Vor allem ist es eine Revolution, die eine nichtkapitalistische Entwicklung sichert, d. h. einen Sprung der Gesellschaft über die kapitalistische Entwicklungsphase hinweg. Eben weil die antimonarchistische Etappe mit der antikapitalistischen verschmolzen ist, weil die antifeudale Agrarreform unmittelbar zur sozialistischen Umgestaltung auf dem Lande führt, sind die Erfahrungen der äthiopischen Revolution so komprimiert, ist die ‚Grafik‘ ihrer Maßnahmen so verdichtet." Jelena Alexejewna Birgaus, Die Revolution in Äthiopien: Allgemeines und Besonderes, in: DAP 2/1982, S. 36.

216 Berg (Anm. 211), S. 510-513; Thole (Anm. 206), S. 700; vgl. auch Wolfgang Schoeller, „Komparativer Nachteil" und „wechselseitiger Nutzen". Zur Kooperation zwischen CO-MECON und Entwicklungsländern am Beispiel Mosambiks, in: DA 12/1983, S. 1303. Er weist darauf hin, daß die RGW-Staaten 1979 nur 9 % des Exports und 15 % des Imports Mosambiks bestritten, wobei die DDR als größter Partner aus dem RGW allein 8 % des Exports und 9,5 % des Imports auf sich vereinte. Noch geringer und sogar rückläufig ist der Anteil des RGW am Außenhandel eines ihm weniger verbundenen „sozialistisch orientierten" Entwicklungslandes wie Algerien. Dort bestritt der RGW 1979 lediglich 4,8 % der algerischen Importe und 2,4 % seiner Exporte, vgl. Grienig (Anm. 201), S. 96.

217 Neben Befürchtungen, politisch erpreßbar zu sein, sind es vor allem die Auswirkungen weltwirtschaftlicher Krisen, die den Argwohn wecken: „Obgleich die jungen Staaten eng mit sozialistischen Ländern zusammenarbeiten, kompliziert ihre Zugehörigkeit zum kapitalistischen Weltsystem natürlich die Lage der revolutionär-demokratischen Regime. Das ‚Offensein‘ dieser Länder für die verheerenden Begleiterscheinungen der Entwicklung des Weltkapitalismus – zyklische und Strukturkrisen, Inflation usw. – gerät zunehmend in Widerspruch zur Orientierung ihrer Wirtschaft und Politik auf den nichtkapitalistischen Übergang zum Sozialismus." Primakov (Anm. 164), S. 977.

218 Albin Kress, Zum sozialökonomischen Inhalt ökonomischer Prozesse bei der Entwicklung zum Sozialismus in Entwicklungsländern (einige methodologische Anmerkungen), in: AAL 1/1982, S. 9.

219 Gerhard Liebig, „Arme" gegen „reiche" Völker – eine falsche Frontstellung! in: E 8/1968, S. 1031; vgl. auch Edmund Röhner, Nationale Befreiungsbewegung und sozialistische Staaten, in: E 1/1968, S. 97; Paul Friedländer, Neokolonialismus, wissenschaftlich-technische Revolution und nichtkapitalistische Entwicklung, in: E 7/1970, S. 958f.

220 Gerhard Scharschmidt, Manfred Stelter, Bedingungen und Tendenzen der ökonomischen und wissenschaftlich-technischen Zusammenarbeit zwischen Mitgliedsländern des RGW und Ländern Asiens, Afrikas und Lateinamerikas mit sozialistischem Entwicklungsweg, in: AAL 5/1984, S. 807.

221 Sobolev (Anm. 68), S. 201; vgl. auch Primakov (Anm. 164), S. 976.

222 Andexel, Kroske (Anm. 136), S. 138.

223 Uljanowski (Anm. 41), S. 789.

224 Wünsche (Anm. 195), S. 846.

225 Vgl. z. B. Grundfragen... (Anm. 9), S. 476.

226 XXVI. Parteitag der KPdSU. Rechenschaftsbericht des ZK der KPdSU und die nächsten Aufgaben der Partei in der Innen- und Außenpolitik, Berichterstatter: L. I. Breschnew, Berlin (O) 1981, S. 17.

227 Faulwetter, Wolf (Anm. 92), S. 216f.

228 Vgl. z. B. Mährdel (Anm. 138), S. 429; Hager, in: ND 29./30.4.1978; Emil Langer, Die nationale Befreiungsbewegung – ein revolutionärer Hauptstrom, in: E 4/1982, S. 349; Čirkin (Anm. 146), S. 231; Scharschmidt, Stelter (Anm. 220), S. 804; Brehme (Anm. 81), S. 861, 866; Mährdel (Anm. 132), S. 498. Dort werden in unterschiedlicher Kombination über die erstgenannten 4 Länder hinaus weitere hinzugefügt. Zu Nikaragua vor dem Hintergrund der spezifischen Revolutionsbedingungen in Lateinamerika ausführlich auch Jürgen Küb-

ler, Die kubanische Revolution und der revolutionäre Prozeß in Lateinamerika, in: AAL 3/1983, S. 481 f. Mit Blick auf Madagaskar wurde 1983 auf der Karl-Marx-Konferenz des ZENTRAAL auch eine vermittelnde Einschätzung vorgetragen, wonach dieses Land weder bloß „sozialistisch orientiert" sei noch schon eine höhere Stufe, den „sozialistischen Entwicklungsweg", eingeschlagen habe, in: AAL 5/1983, S. 895.

229 Probleme des sozialistischen Entwicklungsweges in Afrika, in: AAL 6/1981, S. 1118; ähnlich auch Mährdel (Anm. 138), S. 429.

230 Brehme (Anm. 81), S. 865.

231 Horst Lehfeld, Fragen der nationalen Befreiungsrevolution in Ländern Afrikas und Asiens mit sozialistischer Entwicklung, in: AAL 2/1982, S. 211; ähnlich auch Erika Stier, Peter Stier, Zur Problematik der Entstehung und Entwicklung volksdemokratischer Staaten in afrikanischen Entwicklungsländern, in: AAL 5/1978, S. 810f; Peter Stier, Die Herausbildung einer marxistisch-leninistischen Avantgardepartei in der Volksrepublik Mocambique, in AAL 4/1977, S. 643.

232 Mährdel (Anm. 132), S. 498.

233 So der sowjetische Wissenschaftler A. S. Kaufman. Er unterteilt die „sozialistisch orientierten" Länder in vier Gruppen: (1) VR Kongo, VDR Jemen, Angola, Mocambique, Äthiopien; (2) Irak, Syrien; (3) Algerien, Burma; (4) Guinea, Tansania, Madagaskar, vgl. Die historischen Schicksale der revolutionären Demokratie in Asien und Afrika (Konferenzbericht), in: AAL 4/1978, S. 734.

234 So der sowjetische Wissenschaftler Kim, der daneben noch einen „sowjetischen Typ (Mittelasien und Kasachstan)" und einen „volksrevolutionären Typ (Mongolei, Vietnam)" wahrnimmt, vgl. Revmira Ismailowa, Ursula Padel, Zur Widerspiegelung der gegenwärtigen Etappe der nationalen Befreiungsrevolution in der Sowjetwissenschaft – Literaturbericht, in: AAL 2/1982, S. 220.

235 Mährdel (Anm. 138), S. 428f; ders. (Anm. 72), S. 957. Er sprach deshalb geraume Zeit weiterhin von „sozialistischer Orientierung" oder „sozialistisch orientierter Entwicklung". Erst jüngst finden sich auch in seiner Begrifflichkeit neue Akzente. So hält er es für gerechtfertigt, diese Gruppe als Länder, „die den Weg der sozialistischen Entwicklung gewählt haben", oder als „sozialistische Alternative des Entwicklungsweges" zu bezeichnen, vgl. Asien, Afrika, Lateinamerika . . . (Anm. 76), S. 39.

236 Christian Mährdel, Die äthiopische Volksrevolution: Voraussetzungen, Wesen, Perspektiven, in: AAL 1/1982, S. 93; Bernhard Pfannenberg, Die soziale und politische Formierung der äthiopischen Arbeiterklasse, in: AAL 6/1982, S. 1047.

237 Weidnitzer (Anm. 206), S. 994.

238 Werner Trommler, Die Volksdemokratische Republik Jemen – Bündnispartner im Ringen um Frieden und Sozialismus, in: DAP 4/1982, S. 48. In eine ähnliche Richtung auch Kress (Anm. 175), S. 1023.

239 Lehfeld (Anm. 231), S. 211.

240 Čirkin (Anm. 151), S. 600.

241 Graf (Anm. 175), S. 315. An anderer Stelle äußert der Autor sich dagegen zurückhaltender: ders., Zur Herausbildung und Entwicklung junger Nationalstaaten, in: Abhandlungen der Akademie der Wissenschaften der DDR, Nr. W 4/1981, S. 17-19.

242 Herbert Baumann, Einige theoretische und methodologische Fragen der Erforschung der revolutionär-demokratischen Staatsmacht in den Ländern Asiens und Afrikas, in: STR 11/1983, S. 896.

243 Čirkin (Anm. 146), S. 230f. Auch wendet er sich explizit dagegen, den „revolutionär-demokratischen" und den „sozialistischen" Staat miteinander zu identifizieren, denn: „Voreiligkeit, das Überspringen bestimmter Etappen der Entwicklung, kann nur schaden und die Vorstellungen vom Sozialismus in Mißkredit bringen" (S. 228).

244 Langer (Anm. 174), S. 828; vgl. ähnlich auch Uljanowski, S. 138.

245 Lehfeld (Anm. 231), S. 213f.

246 Ibid., S. 213-215. Diese gemessen an der „Bolschewisierung" der SED zwischen 1948 und 1952 ausgesprochen großzügigen Kriterien entwickelt er im Anschluß an eine auffallend polemisch formulierte Frage: „Was heißt überhaupt, marxistisch-leninistische Partei zu sein oder zu werden? Von welchem Moment an darf sich eine Partei marxistisch-leninistisch

nennen? Wer will hier in dieser so wichtigen Frage in dem einen oder anderen Fall als Richter auftreten und Urteile fällen? Ist nicht schon allein die Tatsache ein wesentliches Kriterium für eine marxistisch-leninistische Partei, daß sie sich auf die Position der Diktatur des Proletariats stellt, daß sie den Marxismus-Leninismus zur Grundlage ihrer Politik erklärt? Marxistisch-leninistische Partei zu sein, das ist doch keine Konstante, keine unveränderbare Größe. Im Gegenteil!" Ibid., S. 213. Zu einem ähnlichen Ergebnis gelangt auch Peter Stier von der Hochschule für Ökonomie in Berlin-Karlshorst, der aber immerhin noch auf erhebliche Schwierigkeiten und weitere Aufgaben verweist. Gleichwohl dürften diese nicht überbewertet werden: „Die Schwierigkeit liegt hier vor allem darin, daß in einer historisch außerordentlich kurzen Zeit schöpferisch nachvollzogen werden muß, wozu die Arbeiterbewegung in Europa Dutzende von Jahren benötigte, daß die Arbeiterklasse noch im Entstehen begriffen ist und gleichzeitig ihre Hegemonie im Prozeß der revolutionären Umgestaltung gesichert und entwickelt werden muß. Diese überaus komplizierte Aufgabenstellung darf jedoch nicht als ein Nebeneinander oder Nacheinander oder gar als sich gegenseitig behindernde Aufgabe angesehen werden." E. Stier, P. Stier (Anm. 231), S. 820.

247 So Herbert Baumann auf der DDR-Konferenz „Übergangsformen..." (Anm. 132), S. 505.

248 W. I. Lenin, Briefe, Band IV, S. 316.

249 Mährdel (Anm. 138), S. 429; ders. (Anm. 132), S. 500; Asien, Afrika, Lateinamerika... (Anm. 76), S. 39 f; Baumann (Anm. 242), S. 893.

250 Primakov (Anm. 164), S. 974.

251 Brehme (Anm. 81), S. 861. Zu den beiden Generationen vgl. auch Primakov (Anm. 164), S. 974.

252 Ismailowa, Padel (Anm. 234), S. 221.

253 Ibid. Ungeteilte Zustimmung finden diese Analysen keineswegs. So äußert sich ein anderer sowjetischer Autor mit Blick auf Tansania, ein prominenter Kandidat der „ersten Generation", durchaus optimistisch, vgl. V. J. Kacman, Zum Problem der Vertiefung des sozialen Inhalts der nationalen Befreiungsrevolution in Tansania, in: AAL 6/1983, S. 1035-1046.

254 Brehme (Anm. 81), S. 861. Dabei vergleicht er den Irak bereits mit dem Ägypten Anwar-al-Sadats.

255 Vgl. S. 143.

256 In diesem Sinne will auch ein Dogmatiker wie Horst Lehfeld den Begriff „sozialistische Orientierung" kaum mehr verwandt wissen: „Nur in jenen Ländern, in denen die revolutionär-demokratischen Kräfte die Versuche der inneren und äußeren Reaktion, eine Umkehr zu einer kapitalistischen Entwicklung herbeizuführen, bisher verhindern konnten und in denen eine von der Ausbeutung des Menschen durch den Menschen freie Gesellschaft wahrhaft angestrebt wird und damit eine Annäherung an Positionen des wissenschaftlichen Sozialismus noch möglich ist, kann mit voller Berechtigung von sozialistische Orientierung gesprochen werden." Das aber würde letztlich den Merkmalen des „sozialistischen Entwicklungsweges" entsprechen, Horst Lehfeld, Klaus Roscher, Kampf um die Sicherung des Friedens und revolutionärer Prozeß in den Ländern Afrikas, in: AAL 1/1983, S. 10. Ganz anders dagegen Klaus Hutschenreuter, Albin Kress, Afrika – 25 Jahre nach der historischen Wende, in: Ho 10/1985, S. 8 f.

257 Bei Mosambik, Hauptadressat der DDR-Bemühungen in Afrika, deutet sich bereits eine Korrektur des innen- und außenpolitischen Kurses an. Nach dem Beitritt zum Lomé-Abkommen und dem Vertrag von Nkomati mit Südafrika besuchte Staats- und Parteichef Samora Machel im September 1985 sogar die USA, wo er auch über eine militärische Kooperation verhandelte (die er mit Portugal seit einigen Jahren bereits praktiziert), vgl. Le Monde 19.9.1985, S. 5.

Anmerkungen zu Kapitel D

1 Vgl. zum westlichen Sprachgebrauch Dietrich Kebschull et al.: Entwicklungspolitik (3. Auflage), Opladen 1976, S. 26 f. Erst in jüngster Zeit findet der Terminus „Entwicklungshilfe"

in der DDR auch zur Bezeichnung eigener Aktivitäten vereinzelt Anwendung, vgl. Max Schmidt, Die Ost-West-Beziehungen und die Probleme der Entwicklungsländer, in: IPW-Berichte 12/1985, S. 7.

2 Programm der Sozialistischen Einheitspartei Deutschlands, IX. Parteitag der SED Berlin, 18. – 22. Mai 1976, Berlin (O) 1976, S. 14 f, 59; Kurt Krüger, Dieter Thielemann, Antiimperialistische Solidarität mit allen um nationale und soziale Befreiung kämpfenden Völkern Asiens, Afrikas und Lateinamerikas – in der DDR Staatspolitik und Herzenssache der Bürger, in: AAL 3/1979, S. 377.

3 Hans Piazza, Die Grundlegung der Bündnispolitik der SED mit den Völkern Asiens, Afrikas und Lateinamerikas (1946-1949), in: AAL 3/1976, S. 333 ff.

4 Ibid., S. 339.

5 Zit. nach Thomas Weingartner, Die Außenpolitik der Sowjetunion nach 1945, Düsseldorf 1973, S. 70 f.

6 Autorenkollektiv unter Leitung von Stefan Doernberg, Außenpolitik der DDR. Sozialistische deutsche Friedenspolitik, Berlin (O) 1982, S. 50, 57 f. Die Solidaritätsleistungen für Korea erreichten nach eigenen Angaben einen Umfang von 16 Millionen Mark, vgl. Kurt Seibt, Solidarität – tatkräftiger Humanismus, in: E 7, 8/1980, S. 703. Anderen Angaben zufolge soll Korea „in den Jahren von 1952 bis 1962 materielle und wissenschaftlich-technische Hilfe sowie unentgeltliche Lieferungen in Höhe von 545,4 Millionen Rubel" erhalten haben, darunter „Werkzeugmaschinen, Ausrüstungen für die chemische Industrie, elektrotechnische und feinmechanisch-optische sowie andere Industrieerzeugnisse", vgl. Günter Sieber, Antiimperialistische Solidarität, in: E 9, 10/1984, S. 933 f.

7 Werner Hänisch, Die Außenpolitik und die internationalen Beziehungen der DDR in den Hauptetappen ihrer Entwicklung (I), in: DAP 3/1979, S. 33.

8 Vgl. zur damaligen kommunistischen „Generallinie" Robert Legvold, Soviet Policy in West Africa, Harvard University Press, Cambridge, Massachusetts 1970, S. 17-39; Klaus Fritsche, Blockfreiheit und Blockfreienbewegung in sowjetischer Sicht, Phil. Diss. Duisburg 1985, S. 64-75.

9 Auf diese Perzeption weist rückblickend etwa Mohammed Haikal hin, in: Das Kairoer Dossier. Aus den Geheimpapieren des Gamal Abd-el Nasser, Wien, München, Zürich 1972, S. 123. Vgl. auch Klaus Lüders, Tansania in der Sicht der Sowjetunion. Eine Studie zur sowjetischen Schwarzafrika-Politik, Hamburg 1978, S. 11 f; Richard Löwenthal, Model or Ally? The Communist Powers and the Developing Countries, Oxford University Press, New York 1977, S. 184 f.

10 Vgl. Hans Siegfried Lamm, Siegfried Kupper, DDR und Dritte Welt, München, Wien 1976, S. 46 f; Ulrich Post, Franz Sandvoss, Die Afrika-Politik der DDR (Arbeiten aus dem Institut für Afrika-Kunde, Band 43), Hamburg 1982, S. 19.

11 Vgl. Autorenkollektiv, Sozialistische Diplomatie (mit einem Vorwort von A. A. Gromyko), Moskau 1973, Berlin (O) 1974, S. 105.

12 Leo Mates, Es begann in Belgrad. Zwanzig Jahre Blockfreiheit, Percha 1982, S. 41-46. Diese 10 Koexistenzprinzipien sind: Achtung der Menschenrechte sowie der Ziele und Prinzipien der UN-Charta; Achtung der Souveränität und territorialen Integrität aller Nationen; Anerkennung der Gleichheit aller Rassen und Nationen; Verzicht auf Intervention und Einmischung; Respektierung des Rechts zur Verteidigung; Verzicht eines jeden, Druck auf andere Länder auszuüben und Verzicht auf Vereinbarungen über kollektive Verteidigung, die den besonderen Interessen einer der großen Mächte dienen; keine Aggression oder Drohung gegen die territoriale Integrität und politische Unabhängigkeit anderer Länder; friedliche Konfliktregelung; Förderung der internationalen Zusammenarbeit; Achtung vor dem Recht und vor internationalen Verpflichtungen.

13 Vgl. dazu ausführlicher Kapitel C.

14 Paul Markowski, Die Konferenz von Colombo – ein Ausdruck der neuen Lage in Asien, in: E 6/1954, S. 601.

15 Die Länder Asiens und Afrikas einig im Kampf um den Frieden, in: E 5/1955, S. 493 f.

16 Peter Florin, Die internationale Stellung der Deutschen Demokratischen Republik und ihre Außenpolitik, in: E 7/1958, S. 934 f.

17 Vgl. ibid., S. 935; Heinrich End, Zweimal deutsche Außenpolitik. Internationale Dimensionen des innerdeutschen Konflikts 1949-1972, Köln 1973, S. 46 f; Werner Hänisch, Die Außenpolitik und die internationalen Beziehungen der DDR in den Hauptetappen ihrer Entwicklung (II), in: DAP 4/1979, S. 41, 50.

18 Hänisch (Anm. 17), S. 42.

19 Ibid., S. 43; Henning von Löwis of Menar, Das politische und militärische Engagement der Deutschen Demokratischen Republik in Schwarzafrika. Ein Überblick von 1953 bis 1978, in: Beiträge zur Konfliktforschung 1/1978, S. 12.

20 Kurt Krüger, Solidarität der DDR mit den Völkern Asiens, Afrikas und Lateinamerikas, in: DAP 10/1979, S. 54.

21 Hans-Adolf Jacobsen, Auswärtige Kulturpolitik, in: Hans-Adolf Jacobsen, Gert Leptin et al. (Hg.), Drei Jahrzehnte Außenpolitik der DDR. Bestimmungsfaktoren, Instrumente, Aktionsfelder, München, Wien 1979, S. 250 f.

22 Krüger (Anm. 20), S. 55; vgl. dazu ausführlicher Abschnitt 3.3.1.

23 Florin (Anm. 16), S. 937 f.

24 Vgl. End (Anm. 17), S. 36-44; dazu ausführlicher auch Kapitel E.

25 Florin (Anm. 16), S. 938.

26 Erklärung der DDR über die Grundsätze ihrer Außenpolitik abgegeben vom Vorsitzenden des Staatsrates, Walter Ulbricht, vor dem Diplomatischen Korps am 26. September 1960, in: Dokumentation der Zeit, Heft 224/1960, S. 24.

27 DDR-Außenminister Lothar Bolz, Begrüßungsansprache, in: Nationaler Befreiungskampf und Neokolonialismus, Referate und ausgewählte Beiträge, Berlin (O) 1962, S. 10.

28 Paul Friedländer, Der deutsche Imperialismus im System des modernen Kolonialismus, in: E 3/1961, S. 471.

29 Günther Pötschke, Die Belgrader Konferenz nichtpaktgebundener Staaten – ein Sieg der Kräfte des Friedens, in: E 10/1961, S. 1557.

30 Werner Hänisch, Die Außenpolitik und die internationalen Beziehungen der DDR in den Hauptetappen ihrer Entwicklung (III), in: DAP 5/1979, S. 42.

31 Löwis of Menar (Anm. 19), S. 15 f, 21.

32 Lamm, Kupper (Anm. 10), S. 56 f. Zur Reaktion der Bundesregierung, vgl. Kapitel E.

33 Wolfgang Kiesewetter, Fünfzehn Jahre friedliche deutsche Außenpolitik, in: E 9,10/1964, S. 160 f.

34 End (Anm. 17), S. 149.

35 Zur besonderen Gefährlichkeit des westdeutschen Neokolonialismus, in: E 8/1961, S. 1266 f, 1271; Friedländer (Anm. 28), S. 461; Hartmut Schilling, Der Bonner Neokolonialismus – Feind der Völker, in: E 1/1961, S. 136 f. Zur Leninschen Imperialismustheorie vgl. Kapitel A.

36 Kiesewetter (Anm. 33), S. 159. Zu den Festlegungen der kommunistischen Beratung, vgl. Kapitel C.

37 Nationale Frage und Klassenfrage in den arabischen Ländern, in: E 4/1959, S. 565 f.

38 Krüger, Thielemann (Anm. 2), S. 383; Horst Drechsler, Die politischen, wissenschaftlichen und kulturellen Beziehungen der DDR zu den Ländern Lateinamerikas, in: AAL 2/1978, S. 284 f. An anderer Stelle nennt der gleiche Autor, Kurt Krüger, langjähriger Generalsekretär des Solidaritätskomitees der DDR, für die Jahre 1961/62 insgesamt 16 Millionen Mark, die Kuba zugeflossen sein sollen, vgl. Krüger (Anm. 20), S. 55.

39 Peter Florin, Im Dienste des Friedens und des Sozialismus, in: E 4/1965, S. 15; vgl. auch Hänisch (Anm. 30), S. 41.

40 Vgl. Lamm, Kupper (Anm. 10), S. 125 f, 268-271; Eberhard Schneider, Die Außenpolitik der DDR gegenüber Südasien, in: Berichte des Bundesinstituts für ostwissenschaftliche und internationale Studien 41/1978, S. 25-31.

41 Damals sah die DDR „ihre besondere Verantwortung dabei darin, die Begünstigung der Aggressionspolitik Israels durch die herrschenden Kreise der BRD, die sie mit der Maske der Neutralität zu bemänteln suchten, zu entlarven", Hänisch (Anm. 30), S. 50 f.

42 Hänisch (Anm. 30), S. 53.

43 Günter Drefahl, Hartmut Schilling, Die Festigung des Weltfriedens, der Prozeß der interna-

tionalen Entspannung und die Problematik der ökonomischen und sozialen Entwicklung in der ehemals kolonialen Welt, in: AAL 5/1976, S. 663.

44 Helsinki und die Staaten Asiens, Afrikas und Lateinamerikas, in: AAL 1/1976, S. 125. Ähnlich auch die Tagung des Politischen Beratenden Ausschusses der Teinehmerstaaten des Warschauer Vertrages vom April 1974 in Warschau, vgl. Außenpolitische Korrespondenz 24.4.1974, S. 128.

45 Drefahl, Schilling (Anm. 43), S. 666.

46 Werner Hänisch, Die Außenpolitik und die internationalen Beziehungen der DDR in den Hauptetappen ihrer Entwicklung (Schluß), in: DAP 6/1979, S. 38 f; vgl. auch Klaus Willerding, An der Seite der Kämpfer gegen Imperialismus und Kolonialismus, für nationale Befreiung und sozialen Fortschritt, in: AAL 6/1976, S. 840.

47 Hans-Joachim Spanger, Die SED und der Sozialdemokratismus. Ideologische Abgrenzung in der DDR, Köln 1982, S. 143-167.

48 Harry Wünsche, Renate Wünsche, Die Ergebnisse der Konferenz für Sicherheit und Zusammenarbeit in Europa und ihre Bedeutung für die Entwicklung der nationalen Befreiungsbewegung, in: AAL 1/1976, S. 9; Willerding (Anm. 46), S. 839.

49 Hermann Axen, Die Beschlüsse des IX. Parteitages über die internationale Politik der SED. Vortrag vor leitenden Kadern, 10. Januar 1977, in: Hermann Axen, Starker Sozialismus – sicherer Frieden. Ausgewählte Reden und Aufsätze, Berlin (O) 1981, S. 223. Ähnliches gilt für Vietnam: „Der Sieg des vietnamesischen Volkes begünstigte die Fortsetzung des Entspannungsprozesses, seine Ausdehnung auf andere Teile der Welt, die weitere Durchsetzung der Prinzipien der friedlichen Koexistenz in den internationalen Beziehungen." So Heribert Kunz, Zusammenarbeit mit den Staaten Asiens im Interesse der Entspannung und des Friedens, in: DAP 2/1978, S. 21.

50 Arnd Krause, Christian Mährdel, Ulf Schmidt, Der XXV. Parteitag der KPdSU und die nationale Befreiungsbewegung, in: AAL 4/1976, S. 510. Das wird auch an anderer Stelle hervorgehoben: „Angola, Äthiopien, Moçambique und andere Länder Afrikas standen nicht allein, als sich die innere und äußere Konterrevolution anschickte, die Revolution in diesen Ländern zu ersticken. Obwohl diese Länder Tausende Kilometer von den sozialistischen Staaten entfernt sind, trat das Bündnis zwischen Sozialismus und nationaler Befreiungsbewegung in Aktion. Dem Hilferuf Folge leistend, erwiesen die Staaten der sozialistischen Gemeinschaft, vor allem die UdSSR und Kuba, aber auch die DDR, solidarische Unterstützung, die sofort und konstruktiv wirksam wurde. Dieses erfolgreiche Zusammenwirken von Sozialismus und nationaler Befreiungsbewegung demonstrierte die dem Bündnis innewohnende Dynamik sowie seinen Aktionsradius. Damit sind neue Maßstäbe für die Wirksamkeit des Bündnisses im revolutionären Weltprozeß gesetzt, und zugleich hat es die internationalen Beziehungen durch qualitativ neue Staatenbeziehungen positiv beeinflußt." Institut für Internationale Beziehungen an der Akademie für Staats- und Rechtswissenschaften der DDR (Hg.), Sozialismus und internationale Beziehungen, Berlin (O) 1981, S. 122.

51 Vgl. Internationale Beratung der kommunistischen und Arbeiterparteien, Moskau 1969, Berlin (O) 1969, S. 32, 35 f, 40.

52 Hänisch (Anm. 46), S. 32.

53 Krüger (Anm. 20), S. 57. Dazu ausführlicher auch Abschnitt 3.2.

54 Drechsler (Anm. 38), S. 288 f.

55 Vgl. Löwis of Menar (Anm. 19), S. 31-36; Klaus Willerding, Zur Afrika-Politik der DDR, in: DAP 8/1979, S. 6; Alfred Babing, Nationaler Befreiungskampf in Namibia – eine Schlüsselfrage für Aktionen gegen Imperialismus, Kolonialismus und Neokolonialismus, in: AAL 6/1980, S. 1045.

56 Rede des Genossen Erich Honecker auf der Konferenz der kommunistischen und Arbeiterparteien Europas, Berlin, 29. und 30. Juni 1976. Dokumente und Reden, Berlin (O) 1976, S. 216.

57 Erich Honecker, Die Aufgaben der Partei bei der weiteren Verwirklichung der Beschlüsse des IX. Parteitages der SED, Berlin (O) 1978, S. 24; Christian Mährdel, Grundtendenzen im nationalen und sozialen Befreiungskampf, in: E 6/1978, S. 570.

58 Willerding (Anm. 46), S. 842; Friedel Trappen, Siegfried Büttner, Die Große Sozialistische Oktoberrevolution und aktuelle Probleme der nationalen Befreiungsbewegung, in:

E 7/1977, S. 849 f; Bericht des Zentralkomitees der Sozialistischen Einheitspartei Deutschlands an den IX. Parteitag der SED. Berichterstatter: Genosse Erich Honecker, Berlin (O) 1976, S. 9.

59 Zu Kubas Engagement in Afrika vgl. Wolf Grabendorff, Kubas Politik in Afrika, in: Europa Archiv 13/1979, S. 411-420.

60 Hermann Axen, Die DDR führt entschlossen den Kampf gegen Rassismus, in: Hermann Axen, Sozialismus und revolutionärer Weltprozeß. Ausgewählte Reden und Aufsätze, Berlin (O) 1976, S. 394.

61 Johannes Zelt, Optimismus und Realismus in den gegenwärtigen Auseinandersetzungen, in: DAP 3/1982, S. 5, 13.

62 Bericht des Zentralkomitees ... (Anm. 58), S. 27.

63 Bericht des Zentralkomitees der Sozialistischen Einheitspartei Deutschlands an den X. Parteitag der SED. Berichterstatter: Genosse Erich Honecker, Berlin (O) 1981, S. 31.

64 Das Programm der SED. Eingeleitet und kommentiert von Stefan Thomas, Köln 1963, S. 56.

65 Renate Wünsche, Helmut Mardek, Das Zusammenwirken der sozialistischen Länder mit den national befreiten Staaten Asiens, Afrikas und Lateinamerikas im Kampf um Frieden – ein dringendes Erfordernis unserer Zeit, in: AAL 2/1982, S. 200.

66 Karl Rother, Die DDR – ein Freund der Völker Afrikas, in: DAP 8/1982, S. 20.

67 Wolfgang Spröte, Das Zusammenwirken sozialistischer Staaten und national befreiter Länder in der UNO, in: DAP 6/1981, S. 55 f; Sozialökonomische Differenzierung der Entwicklungsländer – Inhalt und Perspektiven, in: AAL 5/1982, S. 781; Klaus Willerding, Die Außenpolitik der DDR und die Länder Asiens, Afrikas und Lateinamerikas, in: AAL 4/1979, S. 575.

68 Günter Kühne, Der Kampf um Frieden und der weltrevolutionäre Prozeß, in: DAP 2/1983, S. 34.

69 Martin Robbe, Entwicklungsländer und Weltfrieden. Bemerkungen zu einer mehrdimensionalen globalen Problematik, in: AAL 5/1984, S. 797.

70 Rother (Anm. 66), S. 21; Robbe (Anm. 69), S. 795. Daß dies namentlich in den siebziger Jahren auch schon anders gesehen wurde, dokumentiert anschaulich Mark N. Katz, The Third World in Soviet Military Thought, The Johns Hopkins University Press, Baltimore, Maryland 1982, S. 19 f, 68 f.

71 H. Wünsche, R. Wünsche (Anm. 48), S. 13.

72 Otto Winzer, Die internationale Stellung und die Außenpolitik der DDR in der gegenwärtigen Etappe, in: E 12/1973, S. 1437.

73 Institut für Internationale Beziehungen und Institut für Internationale Politik und Wirtschaft (Hg.), Sozialismus und Entspannung, Berlin (O) 1980, S. 128.

74 Hans-Dietrich Genscher, Eine westliche Gesamtstrategie für Frieden, Freiheit und Fortschritt, in: Außenpolitik IV/1982, S. 330 f; ders., Deutsche Außenpolitik, Stuttgart 1977, S. 25.

75 Sozialismus und Entspannung (Anm. 73), S. 128.

76 Hans-Peter Schwarz (Hg.), Handbuch der deutschen Außenpolitik, München, Zürich 1975, S. 31.

77 Ekkehart Krippendorff, Ist Außenpolitik Außenpolitik?, in: PVS 4/1963, S. 246 f.

78 Oskar Fischer, Sicherung der günstigsten internationalen Bedingungen für den sozialistischen Aufbau – Grundaufgabe der Außenpolitik der DDR, in: DAP 1/1980, S. 6.

79 Außenpolitik der DDR (Anm. 6), S. 20.

80 Im Grunde ordneten die Bolschewiki schon früher, 1917, die weltrevolutionären Ziele dem Primat der Selbsterhaltung unter, als sie nach heftigen Auseinandersetzungen den Friedensvertrag von Brest-Litovsk mit dem Deutschen Reich abschlossen, vgl. Dietrich Geyer, Voraussetzungen sowjetischer Außenpolitik in der Zwischenkriegszeit, in: Osteuropa-Handbuch, Sowjetunion, Außenpolitik 1917-1955, Köln, Wien 1972, S. 32-34.

81 Außenpolitik der DDR (Anm. 6), S. 14; Sozialismus und internationale Beziehungen (Anm. 50), S. 11.

82 Hans-Joachim Radde, Die sozialistische Staatengemeinschaft und die nationale Befreiungsbewegung, in: DAP 2/1973, S. 375; Schmidt (Anm. 1), S. 4.

83 Vgl. Außenpolitik der DDR (Anm. 6), S. 190-199; Helmut Mardek, Renate Wünsche, Die Beziehungen der DDR mit der nationalen Befreiungsbewegung und den Staaten Asiens, Afrikas und Lateinamerikas, in: DAP 5/1979, S. 54-69; Lamm, Kupper (Anm. 10), S. 38. Die theoretische Begründung und Differenzierung dieser grundlegenden außenpolitischen Ziele der DDR ist ausführlich in Kapitel C dargelegt.

84 Heinz Joswig, Zur Perspektive der ökonomischen Zusammenarbeit zwischen den Ländern des RGW und den Entwicklungsländern, in: DAP 3/1975, S. 333.

85 Beispielhaft sind hier die Beziehungen zu Argentinien und Brasilien. So notierte etwa das Parteiorgan „Einheit" durch die Feder des argentinischen Kommunisten Oscar Arévalo noch Jahre nach Errichtung der argentinischen Militärdiktatur und nach Tausenden von Opfern, daß noch nicht entschieden sei, ob die Kräfte des „Pinochetismus", die „gefährlichsten faschistischen Gruppen" oder die „positiven Kräfte" innerhalb der Junta obsiegt hätten, Oscar Arévalo, Die Kommunisten Argentiniens im Kampf um eine demokratische Erneuerung, in: E 3/1978, S. 299f. Das brasilianische Militärregime erfreute sich vor allem wegen seiner Außenpolitik einer wachsenden Sympathie, bestand doch hier nach Auffassung von DDR-Vertretern zwischen Brasilien und der DDR eine „weitgehende Übereinstimmung", Alfred Hagen, Brasiliens Außenpolitik in den achtziger Jahren, in: DAP 11/1981, S. 70f.

86 Vgl. Khushi M. Khan, Volker Matthies (Hg.), Regionalkonflikte in der Dritten Welt (Weltwirtschaft und Internationale Beziehungen, Studien 21), München, Köln, London 1981, S. 643-653. Allerdings hat die DDR nicht alle Brücken zu Somalia abgebrochen, denn auch nach dem sowjetischen Kurswechsel verblieb augenscheinlich eine FDJ-Brigade im Land, vgl. Bernard von Plate, Aspekte der SED-Parteienbeziehungen in Afrika und der arabischen Region, in: DA 2/1979, S. 144; ders., Afrika südlich der Sahara, in: Drei Jahrzehnte ... (Anm. 21), S. 665.

87 Martin Robbe, Solidarisierungsbestrebungen in Entwicklungsländern, in: DAP 2/1979, S. 82f. „Rein pragmatische Gründe", die die Entwicklungsländer zur Aufnahme von Beziehungen mit den sozialistischen Staaten verleiten und dann nicht selten „Inkonsequenz und Unbeständigkeit an den Tag legen", beklagen auch andere Autoren: Oberst D. Hillebrenner, Der XXVI. Parteitag der KPdSU und der X. Parteitag der SED über die Entwicklung des Internationalen Kräfteverhältnisses, in: MW 10/1981, S. 6.

88 Ibid., S. 83; Helmut Mardek, Renate Wünsche, Aktuelle Probleme der Bündnisbeziehungen zwischen den Staaten der sozialistischen Gemeinschaft und den nichtpaktgebundenen Ländern, in: DAP 8/1977, S. 67.

89 Renate Wünsche, Helmut Mardek, Antiimperialistische Bündnisbeziehungen zwischen sozialistischen Staaten und Entwicklungsländern, in: DAP 4/1975, S. 564f. Welche Faktoren das theoretisch sind, ist im Abschnitt zur „sozialistischen Orientierung" in Kapitel C dargelegt.

90 Ibid., S. 568f.

91 Vgl. Joseph Dolezal, Entwicklung, Ziele, Methoden und Instrumente der DDR-Außenpolitik in der Dritten Welt, in: Siegfried Baske, Gottfried Zieger (Hg.), Die Dritte Welt und die beiden Staaten in Deutschland (Gesellschaft für Deutschlandforschung, Jahrbuch 1982), Asperg 1983, S. 34; ND 23.9.1982, S. 1. Vgl. zu Inhalt und Gestaltung solcher Freundschaftsverträge auch Jochen Franzke, Politische Aspekte der Freundschaftsverträge der UdSSR mit befreiten Ländern, in: DAP 4/1982, S. 31-41; Willerding (Anm. 55), S. 14f. Der jüngste Freundschaftsvertrag mit der Koreanischen Demokratischen Volksrepublik ist abgedruckt in: ND 2./3.6.1984, S. 1.

92 Wünsche, Mardek (Anm. 89), S. 569.

93 von Plate (Anm. 86), S. 134-143; Johannes Kuppe, Die Parteiaußenpolitik der SED gegenüber Staaten „sozialistischer Orientierung" in Afrika, in: Die Dritte Welt und die beiden Staaten in Deutschland (Anm. 91), S. 109-122; Jürgen Zenker, Die Bedeutung der Zusammenarbeit der SED mit nationaldemokratischen Parteien und Organisationen für deren politisch-ideologische Entwicklung, in: AAL 5/1975, S. 813-816; ders., Zusammenarbeit der SED mit revolutionär-demokratischen Parteien in Afrika und Asien, in: DAP 10/1977, S. 93-95.

94 Emil Langer, Gemeinsam gegen Imperialismus, für Frieden und sozialen Fortschritt, in: DAP 9/1982, S. 44, 46, 50. Vereinbarungen und Arbeitsprotokolle unterzeichnete sie „mit der Partei Nationale Befreiungsfront (Algerien), der Demokratischen Volkspartei (Afghanistan), der MPLA- Partei der Arbeit (Angola), der Kommission zur Organisierung der Partei der Werktätigen Äthiopiens (COPWE), der Partei der Volksrevolution von Benin, der Demokratischen Partei Guineas, der Arabischen Sozialistischen Baath-Partei (Irak), der Jemenitischen Sozialistischen Partei, der Kongolesischen Partei der Arbeit, der Partei des Unabhängigkeitskongresses von Madagaskar, der Demokratischen Union des Malinesischen Volkes, der FRELIMO-Partei (Moçambique), der Südwestafrikanischen Volksorganisation (Namibia), der Sandinistischen Nationalen Befreiungsfront (Nikaragua), der Palästinensischen Befreiungsfront (PLO), der Vereinigten Nationalen Unabhängigkeitspartei (Sambia), der Befreiungsbewegung von Sao Tomé und Principe, der Afrikanischen Nationalunion von Simbabwe – Patriotische Front (ZANU-PF), dem Afrikanischen Nationalkongreß (Südafrika) und der Arabischen Sozialistischen Baath-Partei (Syrien)". Post und Sandvoss nennen darüber hinaus noch vertragliche Abmachungen mit der UPRONA (Burundi), der PAIGC (Guinea-Bissau und Kapverden), dem Allgemeinen Volkskongreß (Libyen) und der PSRS aus Somalia, vgl. (Anm. 10), S. 29.

95 Ibid., S. 54; Willerding (Anm. 55), S. 13 f. Einige praktische Probleme der Zusammenarbeit erörtert von Plate (Anm. 86), S. 144 f, 147-149. Hinweise darauf finden sich auch bei Zenker, 1975 (Anm. 93), S. 814 f; ders., 1979 (Anm. 93), S. 102.

96 Sozialismus und internationale Beziehungen (Anm. 50), S. 127.

97 Zu Definition und Inhalt „transnationaler Politik" vgl. Walter L. Bühl, Transnationale Politik. Internationale Beziehungen zwischen Hegemonie und Interdependenz, Stuttgart 1978; Robert O. Keohane, Joseph S. Nye, Jr. (eds.), Transnational Relations and World Politics Harvard University Press, Cambridge, Massachusetts 1970, 1971.

98 Eberhard Schulz, Bestimmungsfaktoren, in: Drei Jahrzehnte ... (Anm. 21), S. 222.

99 Henrik Bischof, Lateinamerika (außer Kuba), in: Drei Jahrzehnte ... (Anm. 21), S. 641.

100 Bernard von Plate, DDR-Außenpolitik Richtung Afrika und Araber, in: Außenpolitik I/1978, S. 78 f, 82; John F. Copper, Daniel S. Papp (eds.), Communist Nations' Military Assistance, Westview Press, Boulder, Colorado 1983, S. 74.

101 Vgl. Helmut Hubel, Siegfried Kupper, Sowjetunion und Dritte Welt. Politische Beziehungen und Interessen (Arbeitspapiere zur Internationalen Politik 14 der Deutschen Gesellschaft für Auswärtige Politik), Bonn 1981, S. 109-131. Bemühungen der DDR, ihre Eigenständigkeit vor dem Hintergrund übereinstimmender Grundpositionen zu erweitern, registrieren z. B. Lamm, Kupper (Anm. 10), S. 39-42, 60-63. Den spezifischen und eigenständigen Beitrag hebt Johannes Kuppe, Investitionen, die sich lohnten. Zur Reise Honeckers nach Afrika, in: DA 4/1979, S. 352, hervor.

102 Vgl. Lamm, Kupper (Anm. 10), S. 41 f.

103 von Plate (Anm. 100), S. 79.

104 Vgl. ND 27./28.11.1976, S. 4; ND 24.11.1978, S. 4. Schon der XXIV. Parteitag der KPdSU hatte eine intensive Zusammenarbeit mit den „sozialistisch orientierten" Entwicklungsländern gefordert, vgl. Rechenschaftsbericht des Zentralkomitees der KPdSU an den XXIV. Parteitag der Kommunistischen Partei der Sowjetunion, 30. März 1971, Moskau, Berlin (O) 1971, S. 11.

105 Außenpolitik der DDR (Anm. 6), S. 35.

106 Diethelm Weidemann, 60 Jahre Orientverträge – eine Wende in der Geschichte der internationalen Beziehungen, in: DAP 2/1982, S. 95-109.

107 Vgl. z.B. Jochen Franzke, Der XXVI. Parteitag der KPdSU und die Beziehungen zu den national befreiten Staaten, in: DAP 6/1981, S. 41.

108 Autorenkollektiv unter Leitung von Lothar Rathmann, Grundfragen des antiimperialistischen Kampfes der Völker Asiens, Afrikas und Lateinamerikas in der Gegenwart, Teil II (Studien über Asien, Afrika und Lateinamerika, Band 10, herausgegeben vom ZENTRAAL), Berlin (O) 1974, S. 801.

109 Vgl. auch von Plate (Anm. 86), S. 658 f.

110 Angaben aus der DDR zufolge entfielen im Jahre 1982/83 insgesamt 83 % der gesamten Auslandshilfe für Afghanistan auf die sozialistischen Staaten. Von diesen wiederum bestritt,

ohne Militäraufwendungen, allein die Sowjetunion 82 %, vgl. J. Gurtz, Die Unterstützung und Zusammenarbeit der Länder der sozialistischen Staatengemeinschaft mit der Demokratischen Republik Afghanistan, in: Intersektioneller Arbeitskreis „Weltwirtschaft und Ökonomie der Entwicklungsländer" an der Humboldt-Universität zu Berlin (Hg.), Internationale Wirtschaft und revolutionärer Weltprozeß, Berlin (O) 1983, S. 206.

111 Wolfgang Baatz, Zur Rolle der militärischen Gewalt bei der Sicherung der Erfolge der nationalen Befreiungsbewegung in Afrika und Asien, in: AAL 2/1976, S. 210.

112 Sowjetische Militärenzyklopädie, Band 5, Moskau 1978 (russ.), S. 536; deutsch in: MW 11/1981, S. 106.

113 Ibid., S. 537.

114 Institut für Militärgeschichte des Ministeriums für Verteidigung der UdSSR und Afrika-Institut der Akademie der Wissenschaften der UdSSR (Hg.), Der bewaffnete Kampf der Völker Afrikas für Freiheit und Unabhängigkeit, Berlin (O) 1981, S. 63 f; Internationale Beratung ... (Anm. 51), S. 37.

115 Der bewaffnete Kampf ... (Anm. 114), S. 68, 74; Oberst Dr. D. Groll, Oberst Dr. D. Hillebrenner, Die sozialistische Militärmacht im revolutionären Weltprozeß der Gegenwart, in: MW 3/1983, S. 14. Mochte das massive militärische Engagement der sozialistischen Staaten in Angola und Äthiopien Mitte der siebziger Jahre noch mit Hilfeersuchen der dortigen Regierungen zu legitimieren sein, so nimmt diese Begründung in Afghanistan allerdings absurde Züge an. Dort rechtfertigen die Sowjets ihre Invasion ebenfalls mit dem Hilfeersuchen der offiziellen Regierung – einer Regierung jedoch, die erst im Troß der sowjetischen Truppen das Land betrat. Zur Intervention in Angola sowie zur generellen völkerrechtlichen Problematik vgl. auch Winrich Kühne, Die Politik der Sowjetunion in Afrika, Baden-Baden 1983, S. 89-97, 110-118.

116 Vgl. z.B. Der bewaffnete Kampf ... (Anm. 114), S. 75-86; Boris Goldenberg, Kommunismus in Lateinamerika, Stuttgart, Berlin, Köln, Mainz 1971, S. 368-393.

117 Der bewaffnete Kampf ... (Anm. 114), S. 91, 407.

118 Ibid., S. 65, 412. Andere Autoren ziehen aus den Erfahrungen der kubanischen Revolution die Lehre, daß Rebellenstreitkräfte auch dann erfolgreich sein können, wenn sie den Regierungstruppen weit unterlegen sind, vgl. Werner Pade, Einige Aspekte der Entstehung und Entwicklung der bewaffneten Kräfte der kubanischen Revolution bis 1962, in: MG 6/1983, S. 666.

119 Lothar Brock, Hans-Joachim Spanger, Konflikt und Kooperation. Die beiden deutschen Staaten in der Dritten Welt, in: Die beiden deutschen Staaten im Ost-West-Verhältnis, XV. Tagung zum Stand der DDR-Forschung in der Bundesrepublik Deutschland, Köln 1982, S. 118-121.

120 Vgl. Bettina Decke, a terra é nossa. Koloniale Gesellschaft und Befreiungsbewegung in Angola, Bonn 1981, S. 249-252; Anne-Sophie Arnold, Politische und militärische Aspekte des Kampfes um die nationale Unabhängigkeit Moçambiques, in: MG 2/1977, S. 173; dies., Der Kampf der patriotischen Kräfte Simbabwes für nationale Unabhängigkeit und Demokratie, in: MG 6/1980, S. 674.

121 Arnold, MG 2/1977 (Anm. 120), S. 174.

122 W.I. Lenin, Werke, Band 28, Berlin (O) 1970, S. 115.

123 Baatz (Anm. 111), S. 213.

124 Klaus-Ulrich Schloeßer, Zur Rolle der Armee in national befreiten Staaten Asiens und Afrikas, in: DAP 10/1982, S. 70 f.

125 Baatz (Anm. 111), S. 212.

126 Schloeßer (Anm. 124), S. 71.

127 Baatz (Anm. 111), S. 212. Generell gilt für die Streitkräfte in den Entwicklungsländern, daß ihnen überwiegend innere Sicherungsaufgaben zufallen, hinter denen der Schutz vor Angriffen von außen deutlich zurücksteht.

128 Baatz (Anm. 111), S. 211; Oberst Dr. S. Gafurow, Sozialer Charakter und Hauptfunktionen der Armee eines Staates mit sozialistischer Orientierung, in: MW 5/1981, S. 15.

129 Admiral A. Sorokin, Einige aktuelle Probleme der marxistisch-leninistischen Lehre vom Krieg und von den Streitkräften, in: MW 6/1983, S. 17; Baatz (Anm. 111), S. 213.

130 Helmut Nimschowski, Probleme der Einheitsfront der antiimperialistisch-demokratischen Kräfte in Staaten mit sozialistischer Orientierung, in: AAL 4/1977, S. 541.

131 Vgl. A. G. Kokiev, Die Entwicklung der national-demokratischen Revolution in Äthiopien, in: AAL 1/1977, S. 99. Im Anschluß daran auch Gerhard Brehme, Zur Herausbildung und Entwicklung der revolutionären Staatsmacht des Sozialistischen Äthiopien, in: AAL 6/1981, S. 1070 f.

132 Oberstleutnant Dipl.-Ges. K.-U. Schloeßer, Zur politischen Rolle der Streitkräfte in befreiten Ländern Asiens und Afrikas, in: MW 5/1982, S. 60.

133 Oberstleutnant Dipl.-Ges. K.-U. Schloeßer, Zur Rolle der Armee beim Schutz progressiver Veränderungen in national befreiten Staaten, in: MW 8/1981, S. 23; ders. (Anm. 124), S. 72; Baatz (Anm. 111), S. 216.

134 Der bewaffnete Kampf ... (Anm. 114), S. 405.

135 Schloeßer (Anm. 133), S. 23.

136 Während den Ländern des Nahen Ostens Syrien, Irak, Libyen und ehemals Ägypten die modernsten Waffen zur Verfügung gestellt wurden, mußten sich die afrikanischen Verbündeten der Sowjetunion überwiegend mit ausrangiertem Kriegsgerät begnügen. So verfügen die Streitkräfte Angolas, Mosambiks und Äthiopiens ausschließlich über Panzer vom Typ T 34 aus dem Zweiten Weltkrieg sowie vom Typ T 54/55, dem ersten Nachkriegsmodell, vgl. Bruce E. Arlinghaus (ed.), Arms for Africa, Military Assistance and Foreign Policy in the Developing World, Lexington Books, Lexington, Massachusetts, 1983, S. 46 f.

137 Baatz (Anm. 111), S. 216.

138 Ein solches Modell findet sich z. B. bei Herbert Wulf, Bedingungen für ein eigenständiges Verteidigungskonzept in Entwicklungsländern, in: Hans-Dieter Evers, Dieter Senghaas et al. (Hg.), Auf dem Weg zu einer Neuen Weltwirtschaftsordnung? Baden-Baden 1983, S. 439-452.

139 Vgl. Helmut Mardek, Raimund Krämer, Konflikte im Bereich der Entwicklungsländer Asiens, Afrikas und Lateinamerikas. Einige Bemerkungen zu inhaltlichen und methodologischen Fragen, in: AAL 4/1981, S. 591.

140 Der bewaffnete Kampf ... (Anm. 114), S. 481, 485; Sowjetische Militärenzyklopädie (Anm. 112), S. 538.

141 Willerding (Anm. 55), S. 16.

142 Karl-Heinz Domdey, Proletarischer Internationalismus und national-demokratische Revolution, in: AAL 6/1979, S. 1129.

143 Vgl. Krüger (Anm. 20), S. 54.

144 Wynfred Joshua, Stephen P. Gibert, Arms for the Third World. Soviet Military Aid Diplomacy, Johns Hopkins Press, Baltimore, Maryland, 1969, S. 99 f; Communist Nations' Military Assistance (Anm. 100), S. 83; Lamm, Kupper (Anm. 10), S. 145 f.

145 Vgl. Johannes Kuppe, Zum Verhältnis DDR – PLO auf dem Hintergrund des 5. Nah-Ost-Krieges, in: DA 10/1982, S. 1014; Löwis of Menar (Anm. 19), S. 29 f, 32, 39. In der VR Kongo sollen 1973 die ersten DDR-Berater gesichtet worden sein, vgl. A. and K. Dawisha (eds.), The Soviet Union in the Middle East. Policies and Perspectives (Royal Institute of International Affairs), London 1982, S. 74.

146 Schloeßer (Anm. 124), S. 73.

147 Vgl. SIPRI-Yearbook 1983, London 1983, S. 292 f, 367 f. Die Relationen zwischen der Sowjetunion und ihren osteuropäischen Verbündeten werden an folgenden Daten sichtbar, die das US-Außenministerium zum Rüstungsexport dieser Staatengruppe publiziert hat. Danach schloß die Sowjetunion von 1955 bis 1981 mit allen nicht-kommunistischen Entwicklungsländern Waffenlief(erverträge in Höhe von 68 415 Millionen US-$, die osteuropäischen Staaten in Höhe von 7 630 Millionen US-$. Tatsächliche Lieferungen erfolgten in einem Umfang von 49 415 Millionen US-$ (UdSSR), resp. in Höhe von 4 905 Millionen US-$, vgl. United States Department of State, Soviet and East European Aid to the Third World, 1981, Feb. 1983, S. 4.

148 Bundestagsdrucksache 8/3463, S. 10.

149 Interview mit Heinz Hoffmann, in: Ho 1.7.1979.

150 Fernsehen der DDR, 15.11.1979, zitiert nach Deutsche Welle, Monitor-Dienst, 16.11.1979, S. 3.

151 Vgl. Dale R. Herspring, Die Rolle der Streitkräfte in der Außenpolitik der DDR, in: Drei Jahrzehnte ... (Anm. 21), S. 320 f; Dolezal (Anm. 91), S. 39.

152 Thomas H. Snitch, East European Involvement in the World's Arms Market, in: World Military Expenditures and Arms Transfers 1972-1982 (U.S. Arms Control and Disarmament Agency), Washington D.C. April 1984, S. 121.

153 Vgl. zu dieser Zahl Löwis of Menar (Anm. 19), S. 46; Österreichische Militärzeitschrift 2/1977, S. 150.

154 World Military Expenditures and Arms Transfers 1968-1977, (U.S. Arms Control and Disarmament Agency), Washington D.C. 1979, S. 129; 1969-1978, Washington D.C. 1980, S. 133; 1972-1982, Washington D.C. 1984, S. 69; 1973-1983, Washington D.C. 1985, S. 105. Zum Vergleich: Das Jahrbuch des schwedischen Friedensforschungsinstituts SIPRI nennt für die industrialisierten WVO-Staaten (mit Ausnahme der UdSSR und der ČSSR) folgende Exportzahlen, beschränkt sich aber auf schwere Waffensysteme (Millionen US-$, konstante Preise, Basis: 1975):

1967	1968	1969	1970	1971	1972	1973	1974
2	–	2	–	5	–	–	–

1975	1976	1977	1978	1979	1980	1981	1982
2	30	18	6	32	26	78	–

vgl. SIPRI-Yearbook 1983, S. 292 f.

155 Das Stockholmer Friedensforschungsinstitut SIPRI vermutet, daß es im Anschluß an den XXIV. Parteitag der KPdSU 1971 zu einer Arbeitsteilung der WVO-Staaten in der militärischen Ausbildung von Kampftruppen der Befreiungsbewegungen sowie von Streitkräften einzelner Entwicklungsländer gekommen sei. Danach sei die ČSSR für Artillerie und Panzer, die DDR für Aufklärung und Luftkontrolle, Polen für das Training der Piloten und Fallschirmspringer und Ungarn für die Ausbildung der Infanterie zuständig, vgl. SIPRI-Yearbook 1983, S. 368.

156 Arms for Africa (Anm. 136), S. 87; Communist Nations' Military Assistance (Anm. 100), S. 75. Diese Auffassung wird vor allem auch vom US-Verteidigungsministerium vertreten, vgl. z.B. Soviet Military Power 1983; Washington D.C. 1983, S. 92.

157 Bundestagsdrucksache 8/3463, S. 10.

158 Amerikanischen Quellen zufolge sollen von 1955 bis 1981 in den Staaten des Warschauer Paktes insgesamt 57795 Militärs aus der Dritten Welt ausgebildet worden sein, vgl. Soviet and East European Aid to the Third World (Anm. 147), S. 15.

159 Die erste Zahl nennt „Die Zeit" 6.11.1981, die zweite das SIPRI-Yearbook 1980, London 1980, S. 75. 3 000 Berater allein in Afrika führt Joachim Krause auf, in: Die sowjetische Militärhilfepolitik gegenüber außereuropäischen Entwicklungsländern (Stiftung Wissenschaft und Politik), Ebenhausen, April 1983, S. 57. Noch höher liegt eine Schätzung der Brookings-Institution, die 1978 in 15 afrikanischen Staaten 17000 Angehörige der NVA wahrgenommen haben will, vgl. Yearbook on International Communist Affairs 1979, Hoover Institution Press, Stanford, California 1979, S. 38.

160 Jürgen Gerhard Todenhöfer, Das südliche Afrika als Beispiel für das Spannungsfeld Ost/West – Nord/Süd, in: Der Nord-Süd-Dialog – Gefährdung durch den Ost-West-Konflikt? Herausgegeben im Auftrag der Konrad-Adenauer-Stiftung, Sankt Augustin 1981, S. 36. Bedenkt man, daß die Nationale Volksarmee nur über 150000 Soldaten verfügt, so ist nicht ganz zu erkennen, wie eine solche Zahl ermittelt werden kann.

161 Eine solche Einzelangabe aus jüngerer Zeit nennt mit Verweis auf arabische Quellen etwa allein für Libyen 5652 DDR-Experten, vgl. Frankfurter Allgemeine Zeitung 26.8.1983, S. 6. Detaillierter und mit Angabe einzelner Tätigkeiten auch Österreichische Militärzeitschrift 2/1977, S. 150.

162 The Military Balance 1983-1984 (The International Institute for Strategic Studies), London 1983, S. 22; dass. 1982-1983, London 1982, S. 22. Erfaßt sind lediglich Militärangehörige. Die Angaben vorhergehender Jahrgänge sind unbestimmter. So werden in der Ausgabe 1981-1982, London 1981, S. 19, konkrete Zahlen nur für Angola (800), Libyen (1600) und Süd-Jemen (100) genannt. Der Jahrgang 1984-1985, London 1984, S. 26, weist mit Ausnahme von Angola (500) die gleichen Zahlen aus wie für 1983-1984.

163 Ruth Leger Sivard (ed.), World Military and Social Expenditures 1983, Washington D.C. 1983, S. 9; dass. 1982, Wahington D.C. 1982, S. 8. Erfaßt sind Militärberater.

164 Dolezal (Anm. 91), S. 38. Seine Zahl umfaßt militärische und militärnahe Berater und stammt aus der Antwort der Bundesregierung auf eine Anfrage der CDU/CSU-Fraktion, Bundestagsdrucksache 8/3463.

165 Die sowjetische Rüstung, Pentagon-Papier zur sowjetischen Rüstung, mit einem Vorwort von Caspar W. Weinberger, München o.J. (1981), S. 66-69. In der Pentagon-Studie sind militärische und militärverwandte zivile Berater gemeinsam erfaßt. Die folgenden Studien „Soviet Military Power" 1983, 1984 und 1985, Washington D.C., machen zur DDR keine weiteren detaillierten Angaben. 1984 wird lediglich festgehalten, daß die DDR 2/3 der nichtsowjetischen Militärberater des Warschauer Paktes in der Dritten Welt bereitstelle (S. 124).

166 Der Spiegel 3.3.1980, S. 43. Seine Zahlen finden sich auch in Arms for Africa (Anm. 136), S. 85. Sie erfassen ausschließlich Militärberater.

167 Joachim Nawrocki, Bewaffnete Organe in der DDR. Nationale Volksarmee und andere militärische sowie paramilitärische Verbände, Berlin (W), S. 28-34. Seine Zahlen erfassen militärische und paramilitärische Berater, Experten für die innere Sicherheit und Nachrichten- sowie Fernmeldespezialisten. Wenig später hat Nawrocki seine Daten allerdings korrigiert. So weist er 1980 für Nigeria nur mehr 100 und für Angola 2 000 Militärs und Staatssicherheitsfachleute aus, behauptet ohne Zahlenangaben aber eine militärische Präsenz der DDR auch in Benin, Sambia und Tansania, vgl. Honeckers Volksarmisten in Afrika und Nahost, in: Die Zeit 15.2.1980.

168 Henning von Löwis of Menar, Solidarität und Subversion. Die Rolle der DDR im südlichen Afrika, in: DA 6/1977, S. 645; ders., Die DDR als Schrittmacher im weltrevolutionären Prozeß. Zur Honecker-Visite in Äthiopien und im Südjemen, in: DA 1/1980, S. 44f; ders., Machtpolitik südlich des Sambesi. Sambia und Moçambique als Adressaten der DDR-Außenpolitik, in: DA 11/1980, S. 1165; ders. (Anm. 19), S. 13. In Äthiopien und Mosambik sind es allgemein DDR-Experten (mit der Unterteilung in Mosambik), in Sambia Militärberater.

169 DDR-Hilfe für Entwicklungsländer, in: E 10/1980, S. 1082. Die Pentagon-Studie hat allerdings einer Reihe von Ländern wie Kuba, Vietnam, Laos, Kampuchea, Afghanistan keine DDR-Experten zugeordnet, obwohl deren Präsenz dort bekannt ist. Die DDR-Daten scheinen dagegen diese vornehmlich „sozialistischen" Entwicklungsländer einzubeziehen. Näheres zu diesen Angaben in Abschnitt 3.

170 Diese These wurde u. a. von Nawrocki (Anm. 167), S. 33, aufgestellt. Skeptisch dazu: Dolezal (Anm. 91), S. 38; Kühne (Anm. 115), S. 226; Der Spiegel 3.3.1980, S. 43 f. Ein angolanisches Dementi bei Siegfried Fichte, Angola in Gefahr, in: MW 5/1982, S. 54. Kritik aus der DDR bei Oberstleutnant Dipl.-Phil. K. Geiling, Ideologische Attacken gegen die Rolle der sozialistischen Militärmacht im revolutionären Weltprozeß, in: MW 8/1983, S. 69-73.

171 Lamm, Kupper (Anm. 10), S. 146; Post, Sandvoss (Anm. 10), S. 49.

172 Karl Marx, Friedrich Engels, Werke, Band 23, Berlin (O) 1972, S. 12.

173 Rolf Theuring, Die Überwindung ökonomischer Rückständigkeit in den mittelasiatischen Sowjetrepubliken und die Bedeutung ihrer Erfahrungen für die Entwicklungsländer, in: WBIÖ 4/1975, S. 13.

174 Drefahl, Schilling (Anm. 43), S. 663 f.

175 Hans Kistner, Die Erfahrungen beim Aufbau des Sozialismus – eine wertvolle Hilfe für die progressive Entwicklung national befreiter Länder, in: AAL 3/1978, S. 419.

176 Vgl. zu den Transformationsschritten der „sozialistischen Orientierung" im Detail Kapitel C.

177 Drefahl, Schilling (Anm. 43), S. 667.

178 W. W. Rostow, The Stages of Economic Growth: A Non-Communist Manifest, Cambridge University Press 1971, S. 26-183.

179 Steffen Flechsig, Zu bürgerlichen Wirtschafts- und Entwicklungstheorien in Lateinamerika – Entwicklungen und Neuanpassungsversuche unter dem Druck der Krise des abhängigen Kapitalismus und des antiimperialistischen Kampfes, in: AAL 2/1980, S. 347.

180 Martin Robbe, Umstrittene „Grundbedürfnisse", in: AAL 3/1981, S. 401, 410; Participation, Needs and Village Development (Konferenzbericht), in: AAL 4/1980, S. 747.

181 Zu theoretischen Problemen der im UNO-System vertretenen Entwicklungsstrategien, in: AAL 4/1979, S. 709 f; Waltraud Schmidt, Capitalist Features of the Strategy of Basic Needs for Developing Countries and Consequences for their Implementation, in: WBIÖ Sonderband I/1977, S. 75; vgl. auch dies., On the Content of the „Basic-Needs Strategy" and its Realizability by Developing Countries, in: WBIÖ 2/1977, S. 38-50. Ungeachtet der prinzipiellen Einwände einiger Theoretiker hat sich die DDR-interne Diskussion im Verlauf der achtziger Jahre augenscheinlich vertieft und fortentwickelt. So wurden bereits Probleme der Implementierung und der optimalen Verbindung sozialistischer Ziele mit dem Grundbedürfnis-Konzept thematisiert, vgl. Petra Heidrich, Indien und das „Grundbedürfnis"-Konzept. Die Modifizierung der bürgerlichen Entwicklungsstrategie im nationalen und internationalen Kontext, in: AAL 1/1984, S. 27-40.

182 Die Wechselbeziehungen sozialer und ökonomischer Faktoren in der Strategie und Planung der Länder der „Dritten Welt", in: AAL 5/1976, S. 795.

183 Robbe (Anm. 180), S. 411.

184 Gerhard Scharschmidt, Manfred Stelter, Bedingungen und Tendenzen der ökonomischen und wissenschaftlich-technischen Zusammenarbeit zwischen Mitgliedsländern des RGW und Ländern Asiens, Afrikas und Lateinamerikas mit sozialistischem Entwicklungsweg, in: AAL 5/1984, S. 803, 806.

185 Klaus Willerding, Grundlagen und Inhalt der Beziehungen der DDR zu den befreiten Staaten Asiens und Afrikas, in: DAP 11/1976, S. 1626.

186 Helmut Faulwetter, Gertraud Liebscher, Zum unüberbrückbaren Gegensatz zwischen „Entwicklungshilfe" und sozialistischer Hilfe für Entwicklungsländer, in: AAL 4/1981, S. 598.

187 Manfred Uschner, Diethelm Weidemann, Zu einigen Grundfragen der antiimperialistisch-demokratischen Befreiungsrevolution in Afrika, Asien und Lateinamerika, in: DAP 4/1970, S. 552. Dieser Grundsatz wird bis auf den heutigen Tag regelmäßig hervorgehoben.

188 Gerhard Liebig, „Arme" gegen „reiche" Völker – eine falsche Frontstellung! in: E 8/1968, S. 1034. Zur „komplexen Bündnisstrategie" s. Abschnitt 1.2.1.

189 So der frühere UN-Botschafter der DDR, Peter Florin, ND 6.7.1974; vgl. auch Johannes Zelt, Zum Einfluß des realen Sozialismus auf den weltweiten revolutionären Prozeß, in: MW 11/1981, S. 21. Er betont, daß „der erfolgreiche revolutionäre Kampf nicht nur die tatkräftige Solidarität der sozialistischen Staatengemeinschaft, sondern auch umgekehrt – die solidarische Haltung aller revolutionären Kräfte mit der Politik der sozialistischen Gemeinschaft" erfordere.

190 Friedel Trappen, Siegfried Büttner, Die Große Sozialistische Oktoberrevolution und aktuelle Probleme der nationalen Befreiungsbewegung, in: E 7/1977, S. 855; Heinz Kroske, Das sozialistische Grundmodell der gesellschaftlichen Entwicklung und seine Anwendungsmöglichkeiten unter den Bedingungen der Entwicklungsländer, in: DAP 4/1970, S. 566.

191 Vgl. Lamm, Kupper (Anm. 10), S. 118-121.

192 Gemeinsame Erklärung, in: DAP 8/1976, S. 1249.

193 Klaus Ernst, Hartmut Schilling (Hg.), Entwicklungsländer: Sozialökonomische Prozesse und Klassen, Berlin (O) 1981, S. 14; ebenso W. Sagladin, J. Frolow, Globale Probleme der Gegenwart, Berlin (O) 1982, S. 22.

194 Drefahl, Schilling (Anm. 43), S. 668; vgl. auch Joswig, (Anm. 84), S. 331; Globale Probleme der Gegenwart und ihre Einordnung in die Politische Ökonomie, in: AAL 4/1984, S. 754.

195 Gert Kück, Technische Zusammenarbeit zwischen Entwicklungsländern, in: DAP 1/1979, S. 129.

196 Ruth Andexel, Heinz Kroske, Probleme des nichtkapitalistischen Entwicklungsweges, in: DAP 1/1972, S. 138; Faulwetter, Liebscher (Anm. 186), S. 597.

197 United Nations A/C.2/37/5 (21.10.1982), S. 2.

198 Außenpolitische Korrespondenz 24/1983, S. 187; vgl. auch UNCTAD VI, Communication from the Minister of Foreign Trade and Head of Delegation of the GDR, TD 304, S. 3.

199 Außenpolitische Korrespondenz 42/1984, S. 331 f. Vgl. auch ND 12.10.1984, S. 1, wo zwar auf den Bericht Bezug genommen wird, ohne daß jedoch die Schlüsselzahlen über die Gesamthilfe Erwähnung finden. Ausführlicher wiederum „Die DDR und die Entwicklungsländer", in: Ho 12/1984, S. 5. Die Daten für 1984 finden sich bei Achim Reichardt, Solidarität hilft siegen, 25 Jahre Solidaritätskomitee der DDR, in: AAL 6/1985, S. 950.

200 Development Co-operation, 1983 Review (OECD), Paris 1983, S. 80. Mehr zur bundesdeutschen Entwicklungshilfe in Kapitel E.

201 Die UdSSR gab an, von 1976 bis 1980 den Entwicklungsländern Hilfe im Gesamtumfang von 30 Milliarden Rubel zur Verfügung gestellt zu haben, wobei sie 1976 0,9 % und 1980 bereits 1,3 % ihres Bruttosozialproduktes erreichte, Economic and Social Council E/1982/86 (12.7.1982), S. 4.

202 UNCTAD VI, International Financial and Monetary Issues, Report by the UNCTAD Secretariat TD 275 (26.1.1983), S. 67.

203 E/1982/86, S. 4. Daß die Sowjetunion besonders günstige Konditionen im Handel mit Entwicklungsländern gewähre, wird auch an anderer Stelle behauptet: A.I. Čechutov, Die UdSSR und die Entwicklungsländer: Tendenzen der Entwicklung des Außenhandels, in: AAL 3/1978, S. 414. Vgl. dazu auch Abschnitt 4.3.

204 Development Co-operation, 1984 Review, S. 208. Die Angaben beruhen auf Preisen und Wechselkursen des Jahres 1982. Die Daten der OECD schwanken. 1983 und 1982 wurden folgende abweichende Angaben gemacht (in Millionen US-$):

    1970   88 / 65
    1975   54 / 60
    1980   191 / 168
    1981   215 / 194
    1982   206 / –

Development Co-operation, 1983 Review, S. 186; 1982 Review, S. 180. Die Angaben beruhen jeweils auf Preisen und Wechselkursen des Jahres 1981.

205 UNCTAD TD 280, S. 15.

206 Development Co-operation, 1983 Review, S. 176 f; 1980 Review, S. 169; 1984 Review, S. 117.

207 Darauf verweist vor allem die OECD. Sie erklärt die Differenzen vornehmlich damit, daß die Daten der RGW-Staaten Preisvergünstigungen im Handel mit Kuba und anderen Entwicklungsländern sowie vorteilhafte Konditionen im Schiffstransport und beim Technologietransfer enthalten. Auch würden bei den Kosten für Entwicklungshelfer und für Ausbildungsmaßnahmen UN-übliche Beträge, nicht jedoch die tatsächlich anfallenden wesentlich geringeren Zahlungen zugrunde gelegt, vgl. Development Co-operation, 1984 Review, S. 117, 122.

208 Zu den Quellen siehe Development Co-operation, 1980 Review, S. 169, 171. Die Angaben über regionale Schwerpunkte der RGW-Hilfe schwanken. 1983 registrierte die OECD, daß im Rahmen koordinierter Anstrengungen allein Kuba und Vietnam mehr als zwei Drittel aller Unterstützung auf sich vereinten, vgl. Development Co-operation, 1983 Review, S. 92. Ähnlich auch eine NATO-Studie, vgl. Ständige Vertretung der Bundesrepublik Deutschland bei der Nordatlantikpakt-Organisation, Pressemitteilung, Brüssel, 10.4.1984, S. 3 f.

209 Development Co-operation, 1983 Review, S. 93; 1982 Review, S. 163. Für 1983 wird, bei sinkenden Hilfeleistungen, die gleiche Zahl von etwa 55 000 Experten genannt, vgl. 1984 Review, S. 119. DDR-Quellen stützen diese Angaben. So sollen in den achtziger Jahren jährlich 25 000 Spezialisten allein in Afrika eingesetzt gewesen sein (ND 18.10.1984, S. 4).

210 Wenn keine besonderen Quellenhinweise gegeben werden, stammen die angebenen Daten aus dem ersten UN-Papier der DDR, A/C.2/37/5, dem Bericht an die VI. Welthandelskonferenz, UNCTAD VI, TD 304, S. 3, dem Bericht an die 39. UN-Vollversammlung, in: Außenpolitische Korrespondenz (Anm. 199), S. 331 f, sowie aus einem Beitrag des Parteiorgans „Einheit": DDR-Hilfe für Entwicklungsländer, in: E 10/1980, S. 1081 f.

211 Helmut Faulwetter, The Reverse Transfer of Technology (Brain Drain) – Instrument of Neo-Colonialist Exploitation and an Impediment to the Development of Science and Technology in Developing Countries, in: WBIÖ 3/1977, S. 13. Eine andere Quelle nennt 1974 für die „vergangenen Jahre" sogar nur die Zahl 1 400, vgl. Lamm, Kupper (Anm. 10), S. 140.

212 Karla Hahn, Eleonore Jacob, Charakter und Hauptformen der Wirtschaftsbeziehungen DDR – Entwicklungsländer, in: AAL 1/1986, S. 12.

213 Bürger junger Nationalstaaten erhalten in der DDR qualifizierte Berufsausbildung, in: Presse-Informationen des Ministerrates der DDR, Nr. 47/1982, S. 5.

214 Danach seien in den Jahren vor 1974 insgesamt 4 200 Bürger aus Entwicklungsländern in der DDR aus- und weitergebildet worden (vgl. Lamm, Kupper (Anm. 10), S. 140), in den Jahren vor 1977 nur mehr 2 700 (vgl. Faulwetter (Anm. 211), S. 13). 1979 seien es insgesamt 9 000 gewesen, einer anderen Quelle zufolge erhielten in diesem Jahr aber nur 1 000 „eine produktionstechnische Ausbildung" (G. Hübner, Die DDR und die national befreiten Staaten – treue Verbündete im Kampf gegen Imperialismus, für Frieden und sozialen Fortschritt, in: Wissenschaftliche Zeitschrift der Karl-Marx-Universität Leipzig 5/1979, S. 546). Kaum transparenter ist die Entwicklung am Beginn der achtziger Jahre: Das Staatssekretariat für Berufsbildung nennt 1981 rund 4 200 Bürger, die zur Ausbildung in der DDR weilten (vgl. Anm. 213). In den offiziellen Stellungnahmen wird dagegen mitgeteilt, daß 5 088 im Jahre 1981 sowie weitere 6 522 im Jahre 1983 ihre Berufsausbildung abgeschlossen haben und daß am Beginn des Jahres 1982 insgesamt 26 488 und Anfang 1984 gar 29 157 Personen zur Aus– und Weiterbildung in der DDR weilten. Vielleicht klären sich die Differenzen auf, wenn deutlicher zwischen Absolventen einer mehrjährigen Berufsausbildung und kurzfristigen Praktikanten unterschieden würde, eine andere Quelle nennt nämlich für 1982 wiederum lediglich „über 5 000" Absolventen (ND 2.8.1982, S. 2).

215 Vgl. zu der letzten Zahl: Ein Diplom aus der DDR, in: Ho 2/1984, S. 6. Eine andere Quelle nennt für den Zeitraum von 1951 bis 1983 wiederum insgesamt nur 13 000 Studenten (bei zusammen 25 000) aus Entwicklungsländern, die an den Hoch- und Fachschulen der DDR aus- und weitergebildet wurden, vgl. Peter Heilmann, 35 Jahre DDR – 35 Jahre Beziehungen der DDR zu den Entwicklungsländern auf dem Gebiet des Hochschulwesens, in: AAL 5/1984, S. 817. Vielleicht beruht diese Differenz darauf, daß die höhere Zahl auch Studenten aus „sozialistischen" Entwicklungsländern erfaßt.

216 Fragen und Antworten – Leben in der DDR, in: Panorama DDR, Berlin (O) 1981, S. 64.

217 Außenpolitik der DDR (Anm. 6), S. 156. Der 10 000. Lehrling begann 1983 seine Berufsausbildung, ND 5./6.11.1983, S. 2. Zum Vergleich: Aus Indien, größter Empfänger bundesdeutscher Entwicklungshilfe und nach der Volksrepublik China bevölkerungsreichstes Land der Erde, kamen bis zum Ende der siebziger Jahre lediglich 500 Lehrlinge zur Berufsausbildung in die DDR (Das Parlament 18.10.1980, S. 4).

218 ND 5./6.11.1983, S. 2. Die ersten vier Studenten aus Vietnam nahmen bereits 1953 ihr Studium in der DDR auf.

219 DDR-Handwerker zwischen Rotem Fluß und Mekong, in: Ho 23/1982, S. 5; Außenpolitik der DDR (Anm. 6), S. 156; ND 16.8.1984, S. 6. Bis Juni 1984 stieg die Zahl der Werkstätten auf insgesamt 109 (BZ am Abend 2.8.1984, S. 1).

220 Außenpolitik der DDR (Anm. 6), S. 154, 157; Hänisch (Anm. 46), S. 32; Alfred Babing, Aktive Solidarität der DDR mit dem Freiheitskampf der Völker, in: IPW-Berichte 9/1979, S. 24.

221 Daraufhin erhielt Vietnam 1979 Leistungen im Wert von 172 Millionen Mark und im darauffolgenden Jahr noch einmal für 85 Millionen, vgl. 1979 ein Jahr tatkräftiger internationaler Solidarität, in: ND 28.12.1979, S. 6; Krüger (Anm. 20), S. 57; Fragen und Antworten (Anm. 209), S. 64. Eine andere DDR-Quelle nennt abweichende Daten. Danach seien allein aus Spendenmitteln der DDR-Bevölkerung Vietnam von 1965 bis 1974 Solidaritätsleistungen in Höhe von 350,2 Millionen Mark und von 1975 bis 1983 abermals in Höhe von 727,8 Millionen Mark zugeflossen, vgl. Sieber (Anm. 6), S. 933.

222 DDR-Handwerker . . . (Anm. 219), S. 5; ND 1./2.9.1984, S. 6.

223 Dieser Berechnung liegt die Annahme zugrunde, daß dem Solidaritätskomitee von 1974 bis einschließlich 1981 insgesamt 1,45 Milliarden Mark zur Verfügung standen.

224 1979 ein Jahr . . . (Anm. 221), S. 6; Joseph Dolezal, Zwischen Indien, Indochina und Japan – DDR-Außenpolitik im Fernen Osten, in: DDR-Report 7/1981, S. 407. Laos erhielt 1978 Güter im Wert von 3,5 Millionen Mark, vgl. Krüger (Anm. 20), S. 59.

225 Außenpolitik der DDR (Anm. 6), S. 158; Krüger (Anm. 20), S. 59. Sie erhalten eine Ausbildung als Forstfacharbeiter, Motoren- und Betriebsschlosser, Elektroinstallateure sowie als Straßenbauer.

226 Forschungsinstitut der Friedrich-Ebert-Stiftung (Hg.), Außenpolitik kommunistischer Länder und Dritte Welt II/1980, Bonn 1980, S. 237f; Erfolgreiche Asienreise der DDR-Militärdelegation, in: Ho 6/1982, S. 3. Am Laotischen Institut für Militärtechnik arbeiten danach derselben Quelle zufolge bereits 66 wissenschaftliche und technische Fachkräfte, die zuvor in der DDR eine Ausbildung erhalten hatten.

227 Außenpolitik der DDR (Anm. 6), S. 158; Kampucheas erfolgreicher „Aufbruch aus dem Dunkel", in: ND 7.1.1983, S. 6. Anderen Angaben zufolge sollen auf Grundlage eines Abkommens jährlich 60 Kampuchaner eine Berufsausbildung und 30 ein Studium in der DDR aufnehmen (ND 10.1.1984, S. 2). Es wurde eine Gesamtzahl von 4800 Studenten aus der Dritten Welt zugrunde gelegt.

228 Vgl. A. N. Glinkin, Die Zusammenarbeit mit der UdSSR und anderen sozialistischen Ländern in ihrer Bedeutung für die Revolution in Kuba, in: AAL 1/1984, S. 138; vgl. auch Berliner Zeitung 3.1.1986, S. 4. Dort werden bei den „Vorzugsbedingungen" namentlich „Kredite, stimulierende Preise und die Entsendung von Spezialisten" aufgeführt.

229 Außenpolitik der DDR (Anm. 6), S. 153; ND 22.11.1984, S. 6; ND 26.11.1984, S. 6.

230 Glinkin (Anm. 228), S. 137.

231 Helmut Ziebart, Neue Etappe in den Beziehungen der DDR zur Republik Kuba, in: DAP 8/1980, S. 22. Als Basis für die erste Prozentzahl wurden die offiziellen Angaben der DDR für 1979 (dies waren 2200 Experten) zugrunde gelegt. Bei der zweiten Prozentzahl wurde davon ausgegangen, daß 1979 insgesamt 2650 Studenten ihr Studium und etwa 4500 ihre Berufsausbildung abgeschlossen haben. Daten zur Berufsausbildung von Angehörigen aus der MVR in der DDR finden sich nur wenige. So sollen im Textilkombinat Cottbus bis 1984 insgesamt 400 mongolische Jugendliche eine Lehre absolviert haben (ND 12.10.1984, S. 2), und das Wohnungskombinat Halle betreute 1984 bereits zum 4. Mal 16 mongolische Fachkräfte, die dort eine Weiterbildung erhielten (ND 15.8.1984, S. 2).

232 Hans Lindemann, Nordamerika (USA und Kanada) und Kuba, in: Drei Jahrzehnte ... (Anm. 21), S. 640.

233 Post, Sandvoss (Anm. 10), S. 44. Die für diesen Zeitraum geschätzte Gesamtsumme beträgt 1 Milliarde Mark.

234 Ibid.; Kuppe (Anm. 101), S. 351; ND 30.10.1980; DDR-Militärdelegation im Volksdemokratischen Jemen, in: Ho 10/1977, S. 3; ND 3.11.1981, S. 1. Den Prozentangaben liegen folgende aufaddierte Basiszahlen zugrunde: 1979 und 1980: 500 Millionen Mark, 1977 bis 1980: 800 Millionen Mark, 1977: 200 Millionen Mark, 1981: 200 Millionen Mark, 1981 und 1982: 400 Millionen Mark.

235 Ibid., Basiszahl: 200 Millionen Mark; Dolezal (Anm. 91), S. 43. Anderen Quellen zufolge kam ein guter Teil dieser Hilfe aber auch den befreundeten Staaten im Südlichen Afrika zugute, vgl. Krüger (Anm. 20), S. 61.

236 ND 3./4.11.1984, S. 6. Ob diese Beiträge allerdings aus dem Fond des Solidaritätkomitees stammen, ist nicht zweifelsfrei zu erkennen. Zwar ist vielfach von Solidaritätsleistungen die Rede, doch verweist Kurt Seibt, Präsident des Solidaritätskomitees, in seiner Jahresbilanz darauf, daß von der Äthiopien-Hilfe lediglich „2,5 Millionen Mark aus Spenden der Bürger unseres Landes finanziert" wurden, vgl. Millionenfach verbunden mit dem Kampf der Völker für den Fortschritt, in: ND 24.12.1984, S. 6.

237 Post, Sandvoss (Anm. 10), S. 38; Hübner (Anm. 214), S. 546.

238 ND 29./30.12.1979, S. 1; ND 23.2.1980.

239 Besuch bei afrikanischen Freunden, in: Ho 31/1982, S. 3; vgl. auch ND 11./12.7.1981, S. 3; Es war einmal ein Baobab, in: Neue Berliner Illustrierte 24/1983, S. 16. Westliche Schätzungen schwanken zwischen 400 (Außenpolitik kommunistischer Länder (Anm. 226), S. 97) und 100 Spezialisten (Neue Zürcher Zeitung 1.7.1982, S. 5).

240 Hilfe im Hörsaal, in: Ho 30/1982, S. 5. Für 1984 nennt eine andere DDR-Quelle insgesamt 49 Wissenschaftler, ND 14.8.1984, S. 6. Zum Süd-Jemen vgl. ND 20.1.1986, S. 1; ND 24.1.1986, S. 1; ND 25./26.1.1986, S. 1.

241 Bürger junger afrikanischer Nationalstaaten erlernen in der DDR einen Beruf, in: Presse-Informationen des Ministerrates der DDR, Nr. 133 (15.11.1983), S. 5. 1984 nennt Kurt Seibt, Präsident des Solidaritätskomitees, sogar „3450 Angehörige von Staaten bzw. Befreiungsorganisationen des südlichen Afrika", die in der DDR „gegenwärtig" eine Ausbildung absolvierten, „Millionenfach verbunden ... " (Anm. 236), S. 6.

242 ND 4.1.1982, S. 2; Junge Welt 10.3.1982, S. 3; ND 17./18.4.1982, S. 1; ND 11.4.1983, S. 2; ND 16.8.1983, S. 2; ND 14.11.1983, S. 2; ND 17.5.1984, S. 6; ND 28.6.1984, S. 6; ND 13.8.1984, S. 1.

243 So die Angaben des Leiters der DDR-Delegation im Wirtschafts- und Sozialrat der Vereinten Nationen, Außenpolitische Korrespondenz 30/1984, S. 237 f.

244 DDR hilft tatkräftig den Völkern im Süden Afrikas, in: ND 1.9.1981, S. 6. 84 dieser Namibier beendeten 1984 ihre Ausbildung und kehrten nach Angola zurück (ND 16.8.1984, S. 2).

245 ND 28.8.1984, S. 2; 1979 ein Jahr . . . (Anm. 221), S. 6. Einer anderen Quelle zufolge sollen bis 1984 lediglich 600 Angehörige der SWAPO eine Ausbildung in der DDR erhalten haben, vgl. Solidarität ist unsere Stärke, in: Ho 4/1984, S. 3.

246 Hilfe im Hörsaal, in: Ho 30/1982, S. 5. Allein in Leipzig studierten 1984 insgesamt 79 äthiopische Studenten (BZ am Abend 4.9.1984, S. 3; ND 21.8.1985, S. 6). Aus Angola kamen zur gleichen Zeit „Hunderte" von Studenten (ND 4./5.2.1984, S. 6).

247 Ho 22/1982, S. 2.

248 Nicht wenige dieser Länder zählen zu den „am wenigsten entwickelten" der Welt (LLDC), denen nach Auffassung der UNO eine bevorzugte Förderung zuteil werden müsse. Eine erste, 1971 von der UNO verabschiedete Liste umfaßte insgesamt 25 Staaten. Einer jüngeren Aufstellung zufolge, sind es heute 36. Zu ihnen zählen folgende „sozialistische" und „sozialistisch orientierte" Entwicklungsländer: Afghanistan, Äthiopien, Benin, Guinea, Guinea-Bissau, VDR Jemen, Kapverden, Laos, Sao Tomé und Principe sowie Tansania. Einen nur wenig besseren Status haben Angola, Burma, Kampuchea, Madagaskar, Mosambik und Vietnam. Sie werden von der OECD zu den Low-Income Countries (LIC) gerechnet, vgl. Development Co-operation, 1983 Review, S. 247 f. Zur Unterstützung der LLDC merkte die DDR in ihrem offiziellen Bericht für die 39. UN-Generalversammlung an, daß dort 1983 ein Drittel aller DDR-Experten eingesetzt gewesen sei und daß ihnen Unterstützung in einem Umfang von 242,5 Millionen Mark (0,12 % des produzierten Nationaleinkommens) zugeflossen sei, vgl. Außenpolitische Korrespondenz 42/1984, S. 332.

249 Horst Lehfeld, Zum antiimperialistischen Bündnis zwischen der DDR und den national befreiten Staaten Afrikas, in: AAL 6/1979, S. 1132.

250 ND 17.1.1980, S. 2; ND 27.3.1980, S. 7; ND 14.9.1981, S. 1; ND 19./20.6.1982, S. 2; ND 26.8.1983, S. 5. Westlichen Angaben zufolge soll die DDR von 1979 bis 1982 Solidaritätsgeschenke in einem Umfang von 60 Millionen US-$ übergeben haben, vgl. DDR-Report 7/1985, S. 367. Zu ihnen dürfte der Versand von 3,5 Millionen Schulbüchern im Wert von 7 Millionen Mark gehören, vgl. Reichardt (Anm. 199), S. 951.

251 Vgl. DDR-Report 7/1985, S. 366.

252 ND 16./17.7.1983, S. 6; ND 25.7.1983, S. 2. Es wurde eine Gesamtzahl von 5 200 Studenten aus der Dritten Welt zugrunde gelegt.

253 ND 11.3.1982, S. 6.

254 Außenpolitische Korrespondenz 30/1984, S. 237 f.

255 Libyen: Erfolge im Gesundheitswesen, in: Ho 50/1982, S. 20.

256 Vgl. Stechende Trümpfe: Brot und Zement, in: Berliner Zeitung 17.8.1984, S. 4; ND 19.7.1985, S. 6.

257 Willerding (Anm. 55), S. 16; Zeuge guter Beziehungen am Fuß des Aurès-Massivs, in: ND 14.4.1982, S. 6; ND 3./4.3.1984, S. 6. An anderer Stelle wird sogar von 400 DDR-Spezialisten gesprochen (ND 1.8.1984, S. 6). Die Zahl algerischer Studenten in der DDR summierte sich bis 1984 auf insgesamt 800, was – gemessen an der Gesamtzahl von 20 000 – einem Anteil von 4 % entspricht (BZ am Abend 17.12.1984, S. 2).

258 BZ am Abend 17.12.1984, S. 2; Algerien, in: Ho 27/1982, S. 16. Die Friedrich-Ebert-Stiftung nennt 1979 eine Zahl von 5 000, vgl. Forschungsinstitut der Friedrich-Ebert-Stiftung (Hg.), Entwicklungspolitik kommunistischer Länder I/1978, Bonn 1978, S. 41. Der Umfang ist so ungewöhnlich nicht. Allein in der ČSSR waren am Beginn der achtziger Jahre zwischen 30 000 und 40 000 Vietnamesen in ähnlicher Form beschäftigt.

259 Vgl. Außenpolitische Korrespondenz 30/1984, S. 238; Werner Grimm, Aktivitäten der DDR im UN-Kinderhilfswerk, in: Ho 11/1984, S. 4.

260 Die Tätigkeit internationaler Organisationen im Rahmen der UNO und Probleme der Zusammenarbeit zwischen sozialistischen und Entwicklungsländern, in: AAL 3/1980, S. 554. Vgl. zu den Leistungen der DDR auch Wilhelm Bruns, Die Uneinigen in den Vereinten Nationen, Bundesrepublik und DDR in der UNO, Köln 1980, S. 80-88.
261 Krüger (Anm. 20), S. 55.
262 Krüger, Thielemann (Anm. 2), S. 382.
263 Ibid., S. 383f; Krüger (Anm. 20), S. 55; Reichardt (Anm. 199), S. 947.
264 DDR-Hilfe für Entwicklungsländer (Anm. 210), S. 1082; Fragen und Antworten – Leben in der DDR (Anm. 216), S. 64.
265 Krüger, Thielemann (Anm. 2), S. 377; 1979 ein Jahr . . . (Anm. 221), S. 6; Friedenskampf und Solidarität, in: Ho 19/1982, S. 4; ND 4.5.1983, S. 7; Fest an der Seite der Kräfte des Friedens und Fortschritts, in: ND 24./25.12.1983, S. 6; Millionenfach verbunden . . . (Anm. 236), S. 6; ND 27.2.1986, S. 2. 1985 wurde das „beste Ergebnis der letzten fünf Jahre erreicht".
266 1979 ein Jahr . . . (Anm. 221), S. 6.
267 Auch die OECD machte Angaben über die Solidaritätsleistungen der DDR. Danach stellte diese 1978 insgesamt 76 Millionen US-$ und 1979 118 Millionen US-$ zur Verfügung, vgl. Development Co-operation, 1981 Review, S. 122.
268 1979 ein Jahr . . . (Anm. 221), S. 6.
269 Vgl. Karl Marx und die internationale Solidarität, in: AAL 1/1984, S. 170.
270 DDR-Handbuch (Bundesministerium für innerdeutsche Beziehungen), Köln 1979 (2. Auflage), S. 362; Karl Marx . . . (Anm. 269),S. 170; Gewerkschafter üben Arbeitersolidarität, in: Berliner Zeitung 17.12.1984, S. 2; Was geschieht mit den Geldern der Gewerkschaft? in: Tribüne 17.5.1984, S. 5.
271 Walter Hundt, Max Lamprecht, Zu einigen aktuellen Fragen der Beziehungen des FDGB zu den Gewerkschaften Afrikas, in: AAL 5/1977, S. 730; Gewerkschafter üben . . . (Anm. 270), S. 2.
272 Gewerkschafter üben . . . (Anm. 270), S. 2. Zur Verwendung der verbleibenden Mittel, vgl. Abschnitt 3.4.2.1.
273 Ibid. Die NVA übergab etwa im Januar 1984 dem Solidaritätskomitee einen Betrag in Höhe von 16,6 Millionen Mark, ND 7./8.1.1984, S. 2. Im Januar 1986 geschah dies in gleicher Höhe, ND 21.1.1986, S. 2. Von der FDJ kamen zwischen 1976 und 1984 mehr als 50 Millionen Mark, vgl. Karl Marx . . . (Anm. 269), S. 171, und 1985 erneut 10 Millionen Mark, ND 1.10.1985, S. 2. Der DFD stellte 1984 eine Summe von 2 Millionen Mark zur Verfügung, ND 12.9.1984, S. 4. Von der VdgB waren es 1985 7,45 Millionen Mark, ND 12.9.1985, S. 2.
274 ND 4.5.1983, S.7.
275 Zur Verteilung der vom FDGB jährlich dem Solidaritätskomitee überwiesenen 100 Millionen Mark wird angemerkt, daß davon 1983 für die „Ausbildung von Werktätigen anderer Länder" 65,1 Millionen Mark, für „medizinische Betreuung" – sprich ärztliche Behandlung in der DDR – 1,4 Millionen Mark und für materielle Solidaritätsleistungen 33,5 Millionen Mark verwandt wurden, vgl. Was geschieht . . . (Anm. 270), S. 5.
276 Solidarität ist unsere Stärke, in: Ho 4/1984, S. 3; Wie unterstützt die DDR das Kinderhilfswerk UNICEF? in: BZ am Abend 3.9.1984, S. 4; ND 9.11.1984, S. 8. So wurden etwa 1983 500 000 Geschenkpakete in namibische Flüchtlingslager geschickt, die auf Initiative der Kinderzeitschrift „Bummi" in Schulen und Kindergärten der DDR zusammengestellt wurden, vgl. Solidarität – im Friedenskampf nötiger denn je, in: HO 17/1983, S. 3. Anderen Quellen zufolge sollen es sogar 750 000 Pakete gewesen sein, ND 5.8.1983, S. 1. Eine ähnliche Aktion im Umfang von 100 000 Paketen kam 1985 Nikaragua zugute, vgl. ND 20.12.1985, S. 6.
277 Karl Marx . . . (Anm. 269), S. 172.
278 1979 ein Jahr . . . (Anm. 221), S. 6; Fest an der Seite . . . (Anm. 265), S. 6. Entwicklungspolitisch bedeutsam dürfte auch die Versendung von 20 000 Küken sein, die 1983 nach Afghanistan geflogen wurden, Berliner Zeitung 9.8.1984, S. 4.
279 Außenpolitische Korrespondenz 42/1984, S. 332. Näheres in Abschnitt 3.4.2.7.
280 Friedenskampf und Solidarität, in: Ho 19/1982, S. 3; Lamm, Kupper (Anm. 10), S. 252.

281 Jochen Willerding, Für Frieden, Freundschaft und antiimperialistische Solidarität, in: DAP 4/1982, S. 28.
282 Krüger (Anm. 20), S. 60.
283 Krüger, Thielemann (Anm. 2), S. 386.
284 Tatkräftige Unterstützung der Kämpfer für Frieden, Unabhängigkeit, sozialen Fortschritt, in: Ho 6/1983, S. 3.
285 Peace Corps Act Amendments, Report No. 87-1325, 87th Congress, S. 14; The Peace Corps Act Amendments of 1979, Report No. 96-138, 96th Congress, S. 4.
286 Vgl. Peace Corps Act, 22.9.1961, Public Law No. 87-293, 87th Congress.
287 Bolz (Anm. 27), S. 8.
288 Karl Breyer, Moskaus Faust in Afrika, Stuttgart 1979, S. 266 f.
289 Junge Generation 12/1980.
290 ND 8.8.1984, S. 1.
291 Jochen Willerding (Anm. 281), S. 28; ND 24.1.1984, S. 1. Die Zahlen schwanken: Für 1982 werden an anderer Stelle sogar 19 Brigaden genannt (ND 4.1.1982, S. 1). 1984 sind es einmal 16 (ND 23.5.1984, S. 6), ein anderes Mal 18 Brigaden (Ho 10/1984, S. 4). Denkbar ist, daß der nur kurzfristige Ernteeinsatz einiger Brigaden diese Schwankungen erklärt.
292 Die Übersicht stützt sich auf: Die Botschafter im Blauhemd, in: Junge Welt 27.7.1984, S. 4; Die ersten FDJler halfen in Mali, in: Berliner Zeitung 17.8.1984, S. 3; FDJ-Brigadisten leisten seit 20 Jahren aktive Solidarität, in: ND 30.8.1984, S. 6.
293 Die angolanischen Einsatzorte sind aufgeführt bei: „Brigadistas da FDJ" sind in Luanda geschätzte Partner, in: ND 10.8.1984, S. 6; Vom Glück, helfen zu können, in: Für Dich, Illustrierte Wochenzeitung für die Frau, 30/1984, S. 27-29; Eine große Hilfe für Angola, in: Berliner Zeitung 13.8.1985, S. 4.
294 Zur Errichtung des Karl-Marx-Denkmals vgl. auch ND 14.9.1984, S. 3.
295 Die Erntehilfe wurde mehrfach dokumentiert, vgl. Brigade „Werner Lamberz" hilft Bauern in Arsi, in: Ho 5/1983, S. 12; ND 9.11.1984, S. 5; ND 20.12.1984, S. 2.
296 Zwischen 1971 und 1983 weilte noch eine weitere FDJ-Brigade in Guinea (ND 5.7.1983, S. 2).
297 Vgl. auch Brigadistas helfen Guinea-Bissau, in: Für Dich, Illustrierte Wochenzeitung für die Frau, 51/1984, S. 24-27.
298 Vgl. auch ND 28.7.1982, S. 2; ND 14.12.1982, S. 6.
299 Zum Einsatz der beiden kubanischen Brigaden, vgl. ND 13./14.10.1984, S. 8.
300 Das Berufsausbildungszentrum in Jinotepe wurde augenscheinlich im Juli 1984 fertiggestellt (ND 9.7.1984, S. 1). Zum Krankenhaus vgl. Xolotlan wird ein Symbol der Freundschaft schmücken, in: ND 12.7.1985, S. 6; Managua: FDJ-Freundschaftsbrigade übergab DDR-Solidaritätsgeschenk, in: ND 25.7.1985, S. 1.
301 Die Botschafter ... (Anm. 292), S. 4; ND 5./6.11.1983, S. 1; Post, Sandvoss (Anm. 10), S. 40.
302 ND 20./21.2.1982, S. 2.
303 DDR-Hilfe für Entwicklungsländer (Anm. 210), S. 1082. Von 1980 bis 1984 sollen es allein für Afrika abermals 180 Millionen Mark gewesen sein, ND 3./4.11.1984, S. 6.
304 Schon früh unterstützte das Rote Kreuz etwa den algerischen Roten Halbmond, vgl. Die afrikanischen Völker im Kampf um ihre Befreiung, in: E 8/1959, S. 1131.
305 ND 22.12.1983, S. 1; ND 31.12.1983/1.1.1984, S. 2; ND 19.12.1984, S. 2; ND 27.12.1985, S. 1.
306 ND 14.7.1983, S. 2.
307 ND 11.4.1983, S. 2; ND 22.12.1983, S. 1; ND 9.11.1984, S. 2; Löwis of Menar (Anm. 19), S. 15.
308 Jüngst auf der Synode der Evangelischen Kirche des Görlitzer Kirchengebietes, vgl. Frankfurter Allgemeine Zeitung 3.4.1984.
309 Vgl. Reinhard Henkys (Hg.), Die Evangelischen Kirchen in der DDR, München 1982, S. 181, 204. Ein Beispiel ist die finanzielle Unterstützung bei der Herstellung eines Mathematik-Lehrbuches, das in den von der FRELIMO kontrollierten Gebieten bereits Anfang der siebziger Jahre Verwendung fand, vgl. auch Ulrich Makosch, Südliches Afrika: Strom der Zeit, Reaktion und „Lebensfrage" in: DAP 2/1976, S. 285.

310 ND 17./18.4.1982, S. 2.

311 Die Evangelischen Kirchen ... (Anm. 309), S. 181; ND 6.4.1983, S. 2; ND 18.5.1982, S. 2; ND 22./23.12.1984, S. 5.

312 20 Tonnen Hilfsgüter von DDR-Kirchen für Äthiopien, in: Berliner Zeitung 26.11.1984, S. 4.

313 Vgl. Bundesministerium für wirtschaftliche Zusammenarbeit (Hg.), Journalisten-Handbuch Entwicklungspolitik 1980, Bonn, S. 125f, 133f. Ausführlicher in Kapitel E.

314 Quelle: Friedrich-Ebert-Stiftung (Hg.), Entwicklungspolitische Aktivitäten kommunistischer Länder, mehrere Jahrgänge.

315 Vgl. Lamm, Kupper (Anm. 10), S. 133; Jürgen Klose, Socialist Economic Integration and Economic Cooperation of CMEA Countries with Developing Countries, in: WBIÖ 2/1974, S. 8. Als Beispiel sei hier ein Kredit aufgeführt, den die DDR bereits 1969 dem Irak gewährte. Er gehört zu den wenigen, über die ausführliche Informationen in der DDR publiziert wurden: „According to this government agreement the GDR grants a credit of 84 million US dollar at an interest rate of 2,5 per cent. This credit is to be covered within 12 years by products of the country, among them 70 per cent by petroleum and by products from cement-works, iron-works, spinning-mills, weaving-mills and sugar factories to be built in the future. The repayment begins one year after the first industrial plant built by the GDR starts operation according to this agreement." Günther Thole, Some Ideas on Increasing Efficiency in Cooperation between Member Countries of the Council for Mutual Economic Aid (CMEA) and Countries taking the Non-capitalist Path of Development, in: WBIÖ 4/1971, S. 12.

316 So gewährte die DDR Bolivien 1980 einen Kredit in Höhe von 10 Millionen US-$ für Investitionen im Gesundheitswesen des Landes, der nur eine Verzinsung von 2 % und eine Laufdauer von 20 Jahren bei 12 Freijahren aufwies, vgl. Entwicklungspolitische Aktivitäten kommunistischer Länder II/1980, S. 388.

317 Vgl. Lamm, Kupper (Anm. 10), S. 134.

318 Ibid., S. 134f; Aktuelle Probleme der Wirtschaftsbeziehungen zwischen den Staaten des Rates für Gegenseitige Wirtschaftshilfe (RGW) und den Entwicklungsländern, in: AAL 2/1975, S. 336.

319 Otto Hofmann, Gerhard Scharschmidt, Wissenschaftlich-technische Beziehungen mit Entwicklungsländern, Berlin (O) o.J., Frankfurt/M. 1972, S. 31.

320 Wie sich die technische Hilfe auf einzelne Sektoren verteilt, ist nicht bekannt. Einen Anhaltspunkt mögen die von der Sowjetunion bis 1970 fertiggestellten insgesamt 640 Projekte geben. Sie verteilen sich wie folgt (ibid., S. 40 f):

260 Objekte der Industrie	41 %
150 Objekte der Landwirtschaft	23 %
60 Objekte des Verkehrs- und Nachrichtenwesens	9 %
150 Objekte des Erziehungswesens und der Kultur	23 %
20 Objekte des Gesundheitswesens	3 %.

Einer anderen Quelle zufolge verteilte sich die ökonomische, wissenschaftliche und technische Kooperation der Sowjetunion mit afrikanischen und asiatischen Staaten 1975 auf folgende Branchen:

Industrie	71,7 %
Verkehrs- und Nachrichtenwesen	1,4 %
Landwirtschaft	10,4 %
Geologische Erkundungen	7,7 %
Erziehungs- und Gesundheitswesen, Wissenschaft, Kultur	8,8 %,

Horst Zinn, On some effects and results of scientific and technological cooperation of CMEA countries with developing countries in the field of the economic reproduction process, in: WBIÖ 1/1977, S. 13. Zu den Förderungsbereichen der bundesdeutschen technischen Hilfe vgl. Kapitel E.

321 Kistner (Anm. 175), S. 420.

322 Vgl. dazu ausführlich Kapitel C.

323 Kistner (Anm. 175), S. 420, 423; Kroske (Anm. 190), S. 560f.

324 Langer (Anm. 94), S. 49f; vgl. auch Kapitel C.

325 Vgl. ND 14./15.12.1985, S. 1. Am Beginn der achtziger Jahre waren an der Parteihochschule Studenten aus insgesamt 21 Ländern eingeschrieben (ND 19.4.1983, S. 1). Namentlich erwähnt wurden etwa 30 Studenten der Regierungspartei ZANU-PF aus Zimbabwe, die an der SED-Bezirksparteischule „Georg Wolff" in Dresden studierten (ND 12.5.1983, S. 5). Letzteres ist um so bemerkenswerter, als die DDR lange Jahre die konkurrierende Befreiungsbewegung ZAPU unterstützte und aus diesem Grund erst geraume Zeit nach der Unabhängigkeit des Landes diplomatische Beziehungen herzustellen vermochte.

326 Seit einem Vierteljahrhundert Studenten aus aller Welt, in: Gewerkschaftsleben 8/1984, S. 18 f.

327 DDR-Handbuch (2. Auflage), S. 361; Lamm, Kupper (Anm. 10), S. 219; Hundt, Lamprecht (Anm. 271), S. 726. Zur FDJ vgl. Jochen Willerding (Anm. 281), S. 25; Hartmut König, Die internationalen Beziehungen der Freien Deutschen Jugend, in: DAP 6/1978, S. 27.

328 Hundt, Lamprecht (Anm. 271), S. 727; vgl. auch Heinz Neuckrantz, Die internationale Tätigkeit des FDGB – ein Beitrag für Frieden, Völkerfreundschaft und sozialen Fortschritt, in: DAP 8/1977, S. 21.

329 So haben Vertreter aus der DDR am Beginn der siebziger Jahre bei der Ausarbeitung einer neuen Verfassung und ökonomischer Planungsgrundlagen in der Volksdemokratischen Republik Jemen mitgewirkt, vgl. Oswald Unger, DDR-Erfahrungen gefragt, in: Ho 23/1971, S. 28 f; Wolfgang Lorenz, Einige ökonomische Aspekte der Durchführung der nationaldemokratischen Revolution in der VDR Jemen, in: DAP 3/1973, S. 722. Auf die Kooperation der Planungsbehörden weisen u. a. Scharschmidt, Stelter (Anm. 184), S. 809, hin.

330 Vgl. die ausführliche Darstellung bei Karl-Wilhelm Fricke, Die DDR-Staatssicherheit, Entwicklung, Struktur, Aktionsfelder, Köln 1982, S. 183-186.

331 Gertraude Barth, . . . was man mit eigenen Augen sieht. Weimar – Treffpunkt für Kommunalpolitiker junger Nationalstaaten, in: Ho 5/1973, S. 3 f.

332 1984 fand bereits der 2. Kurs mit Teilnehmern aus über 12 Entwicklungsländern statt (ND 3.7.1984, S. 2; ND 4./5.8.1984, S. 10).

333 Peter Kulbe, Dieter Sasse, Mit dem Sozialistischen Äthiopien und der Volksdemokratischen Republik Jemen in fester Kampfgemeinschaft verbunden, in: DAP 2/1980, S. 17 f; ND 14.9.1984, S. 3.

334 Der wissenschaftlich-technische Fortschritt in den Entwicklungsländern im letzten Viertel des 20. Jahrhunderts, in: WBIÖ 1/1976, S. 36, 45.

335 Paul Friedländer, Hartmut Schilling, Probleme des nichtkapitalistischen Entwicklungsweges der vom Kolonialjoch befreiten Staaten, in: E 2/1965, S. 81; Heiner Winkler, Hilfe für die ökonomisch schwachentwickelten Länder statt Neokolonialismus, in: E 11/1960, S. 1742; Liebig (Anm. 183), S. 1039f. Ähnlich traditionell argumentiert auch Oxana Ulrich, Die Unterstützung der Industrialisierungskonzeption der Entwicklungsländer durch die Sowjetunion, in: AAL 6/1977, S. 999f, 1005. Für sie gilt: „Die Grundlage der marxistisch-leninistischen Industrialisierungskonzeption enthält einige Elemente, die für jeden echten Industrialisierungsprozeß, unabhängig von seiner Spezifik in den einzelnen Ländern, charakteristisch sind. Das sind die Einführung der neuesten Errungenschaften der modernen Wissenschaft und Technik, die letzten Endes den Aufschwung der Arbeitsproduktivität sichern; die Produktion (oder der Import) moderner Anlagen und Maschinen sowie die Rekonstruktion ganzer Wirtschaftszweige auf der Grundlage der neuesten Technik und der Schaffung der Großproduktion."

336 Hartmut Schilling, Der Bonner Neokolonialismus – Feind der Völker, in: E 1/1961, S. 148 f; Willi Kunz, Gerhard Huber, Der westdeutsche Neokolonialismus und die Industrialisierung der jungen Nationalstaaten, in: E 6/1961, S. 873.

337 Kritisch dazu: Gert Kück, Peter Stier, Aktuelle Probleme der Industrialisierung in den Entwicklungsländern und die III. Generalkonferenz der UNIDO, in: AAL 3/1980, S. 448 f.

338 Martin Breetzmann, Some Basic Methodological Issues on the Strategy of Industrialisation in Developing Countries, in: WBIÖ Sonderband II/1977, S. 15; Neueste Technologien und Entwicklungsländer, in: IPW-Berichte 1/1981, S. 39; Internationale Monopole in Entwicklungsländern und der antiimperialistische Kampf, in: AAL 1/1979, S. 130. In diesem Sinne wurde etwa 1982 auf einer DDR-Konferenz die „Notwendigkeit" betont, „eine marxi-

stisch-leninistische Konzeption von einer ‚angepaßten Technologie‘ auszuarbeiten", siehe: Wissenschaftlich-technische Revolution und internationale ökonomische Beziehungen im revolutionären Weltprozeß (Konferenzbericht), in: AAL 2/1983, S. 332. Eine „Kombination von extensiver und intensiver Erweiterung der Reproduktion" fordert angesichts der spezifischen Situation in den Entwicklungsländern auch Waltraut Schmidt, Probleme und Perspektiven der Akkumulation in Entwicklungsländern, in: AAL 5/1983, S. 792. Weiter noch geht ein sowjetischer Wissenschaftler. In kritischer Auseinandersetzung mit Kollegen, „die um jeden Preis eine am Vorbild der Sowjetunion orientierte Konzeption der beschleunigten Industrialisierung auf diese Länder anwenden möchten", fordert er: „Realistischer erscheint uns hier für die erste Zeit der ‚traditionelle‘ Weg der ursprünglichen Industrialisierung, also die vorrangige Entwicklung der Abteilung II (vor allem der Nahrungsmittelindustrie und der agrarische Rohstoffe verarbeitenden Leichtindustrie) sowie jener extraktiven Zweige, für deren Entwicklung günstige Möglichkeiten bestehen." A.P. Butenko, Der Übergang zum Sozialismus in Ländern mit unentwickelter Wirtschaft. Einige theoretische Probleme, in: Sowjetwissenschaft 3/1983, S. 405.

339 Ausführlich dargelegt in: H. Grienig, G. Kück, M. Voigt, Industrialisierung in Entwicklungsländern. Bedingungen, Konzeptionen, Tendenzen (Studien über Asien, Afrika und Lateinamerika, Band 7, herausgegeben vom ZENTRAAL), Berlin (O) 1975, S. 313 ff; M. Breetzmann, H. Faulwetter, J. Garscha, P. Stier, Industrie und Industrieplanung in Entwicklungsländern (Studien über Afrika, Asien und Lateinamerika, Band 35, herausgegeben vom ZENTRAAL), Berlin (O) 1981, S. 70-76.

340 Paul Freiberg, Jürgen Nitz, Zur ökonomischen Zusammenarbeit zwischen der DDR und befreiten Ländern, in: DAP 8/1981, S. 47, 51; Eleonore Jacob, Ursachen der Nichtauslastung von Produktionskapazitäten in der Industrie und ihre Auswirkungen auf den Reproduktionsprozeß ausgewählter Entwicklungsländer, in: AAL 1/1975, S. 55-64. Feststellungen, wonach es „unter Umständen für die Revolution besser sein (könne), in Kooperation mit dem Auslandskapital zu arbeiten, als alleiniger Besitzer unrentabler Staatsbetriebe zu sein", lassen jedoch erkennen, daß dieses Primat der Politik nicht mehr uneingeschränkt gilt, vgl. Bericht von der Karl-Marx-Konferenz des ZENTRAAL, in: AAL 5/1983, S. 881.

341 DDR-Hilfe für Entwicklungsländer (Anm. 210), S. 1081. 40 davon allein in Mosambik, vgl. Neue Entwicklungsstrategie der freien Staaten im südlichen Afrika, in: IPW-Berichte 4/1981, S. 58. Weitere insgesamt 100 Industrie- und Landwirtschaftsbetriebe wurden „mit Hilfe der DDR von 1960 bis Mitte der siebziger Jahre in 26 Ländern des subsaharischen Raumes errichtet", so Gerhard Brehme, Dietrich Fischer, Ingrid Ullrich, 20 Jahre „Afrikanisches Jahr", in: DAP 8/1980, S. 64.

342 Vgl. u. a. Freiberg, Nitz (Anm. 340), S. 52. Ein weiteres Kombinat der „Plastindustrie" errichtete sie in der VDR Jemen (ND 17.11.1982, S. 2). Zur Plastikfabrik in Guinea-Bissau merkte die Neue Zürcher Zeitung am 8.6.1984, S. 5, an, daß sie weder funktioniert habe noch sinnvoll gewesen sei, da mit ihr in einer Stunde der gesamte Landesbedarf zu decken gewesen sei.

343 Vgl. ausführlicher Abschnitt 4.

344 Willerding (Anm. 55), S. 16.

345 Stand am Beginn des Jahres 1986, vgl. Hahn, Jacob (Anm. 212), S. 6.

346 Joachim Oesterheld, Ursula Padel, Renate Wünsche, DDR – Indien: Eine neue Etappe freundschaftlicher Beziehungen, in: DAP 3/1979, S. 9 f.

347 Albin Kress, Volksrepublik Angola – Kampf eines vom Kolonialismus befreiten Volkes für eine sozialistische Zukunft, in: AAL 6/1980, S. 1023. Das Fehlen der „Fähigkeit zu disziplinierter, kollektiver, leistungsorientierter Tätigkeit im Produktionsprozeß" beklagen auch andere Autoren, in: Globale Probleme der Gegenwart und ihre Einordnung in die Politische Ökonomie, in: AAL 4/1984, S. 755. Auf der Karl-Marx-Konferenz des ZENTRAAL wurde 1983 sogar „in der durchgängigen Erzwingung eines industriell diszipinierten Arbeitsverhaltens" eines der Hauptprobleme der ökonomischen Entwicklung gesehen, vgl. den Konferenzbericht in: AAL 5/1983, S. 881.

348 Bernhard Lageman, Internationale Sommerseminare der Hochschule für Ökonomie „Bruno Leuschner", in: DAP 2/1977, S. 77 f; ND 14.6.1983, S. 1.

349 Erfahrungsvermittlung über Industrieplanung, in: AAL 4/1979, S. 707 f; ND 24.4.1984, S. 2.

350 Vgl. Peter Stier, Die Herausbildung einer marxistisch-leninistischen Avantgarde-Partei in der Volksrepublik Moçambique, in: AAL 4/1977, S. 643 f; Lopo do Nascimento, Der I. Kongreß der MPLA und die Aufgaben der Partei in der gegenwärtigen Entwicklungsetappe, in: DAP 8/1978, S. 39; André Mecklenburg, 20 Jahre Unabhängigkeit Algeriens, in: DAP 7/1982, S. 57 f; Georg Elwert, Bauern und Staat in Benin, in: Hans-Dieter Evers, Dieter Senghaas et al. (Hg.), Auf dem Weg zu einer Neuen Weltwirtschaftsordnung? Baden-Baden 1983, S. 223-238; Hartmut Müller, Probleme der Entwicklung der afrikanischen Landmaschinenindustrie und der Mechanisierung der Landwirtschaft, in: AAL 5/1984, S. 906. Die landwirtschaftliche Strategie ist grundsätzlich dargelegt bei Klaus-Joachim Michalski, Die Bedeutung des Genossenschaftswesen für die nichtkapitalistische Entwicklung der Landwirtschaft in den Entwicklungsländern, in: E 11/1966, S. 1459-1469; Siegfried Münch, Zu einigen Aspekten der Wechselbeziehungen zwischen Ernährungsfrage und Agrarfrage in den Entwicklungsländern, in: AAL 1/1975, S. 10-14.

351 Horst Grienig, Sozialökonomische Entwicklungsprozesse im unabhängigen Algerien, eine Analyse zum 20. Jahrestag der Unabhängigkeit des Landes, in: AAL 1/1983, S. 91. Weniger deutlich Edeltraud Michalski, Die agraren Umgestaltungen im Prozeß der nationaldemokratischen Revolution Algeriens – Bilanz und Probleme einer 20jährigen Entwicklung, in: AAL 4/1983, S. 649-664.

352 Klaus-Joachim Michalski auf der Karl-Marx-Konferenz des ZENTRAAL, in: AAL 5/1983, S. 882; ebenso Scharschmidt, Stelter (Anm. 184), S. 803.

353 Vgl. Ursula Şemin-Panzer: Die Agrarfrage im nachkolonialen Mosambik, in: Auf dem Wege ... (Anm. 350), S. 271-289.

354 Karl-Marx-Konferenz des ZENTRAAL (Anm. 352), S. 882. Mitte der siebziger Jahre wurde dagegen noch ganz auf moderne Technik vertraut. Angepaßte Produktionsmethoden, etwa durch Einsatz „leistungsschwacher Universal-Motorkultivatoren", die lediglich als „mechanische Büffel" verstanden wurden, galten allenfalls „als eine zeitweilige Lösung der Frage" und sollten zügig überwunden werden, vgl. Der wissenschaftlich-technische Fortschritt ... (Anm. 334), S. 45.

355 Ibid.; vgl. auch Butenko (Anm. 338), S. 403.

356 Forschungsinstitut der Friedrich-Ebert-Stiftung (Hg.), Entwicklungspolitische Aktivitäten kommunistischer Länder, Monatsberichte (April 1976), Bonn 1976, S. 219 f. Zur Bedeutung der ländlichen Hilfe in der bundesdeutschen Entwicklungspolitik, vgl. Kapitel E.

357 Mehr Kaffee aus Dac Lac, in: Ho 4/1984, S. 7; ND 16.8.1984, S. 6; Presse-Informationen des Ministerrates der DDR Nr. 132 (9.11.1984). In der Mongolei leistete die DDR seit 1970 bei insgesamt 17 landwirtschaftlichen Projekten materielle Hilfe (ND 22.11.1984, S. 6).

358 DDR-Handwerker zwischen Rotem Fluß und Mekong, in: Ho 23/1982, S. 5; Vieles gemeinsam gemeistert, in: BZ am Abend 2.8.1984, S. 1.

359 So waren etwa 1981 in Äthiopien insgesamt 280 Mähdrescher und 2 000 Traktoren aus der DDR im Einsatz (ND 14./15.11.1981, S. 11). Anderen Quellen zufolge sollen es 1 850 Traktoren und 300 Mähdrescher gewesen sein (Ho 5/1982, S. 5). Eine weitere Quelle nennt 1984 insgesamt 1 850 Traktoren, 285 Mähdrescher, 300 Drillmaschinen und mehr als 100 Pflüge und Eggen (ND 7./8.7.1984, S. 6). Und neuesten Angaben zufolge wurde 1986 der 2 500. Traktor nach Äthiopien verschifft (Berliner Zeitung 27.1.1986, S.2). Zu erwähnen wären auch 9 Reparaturwerkstätten für Straßenbaumaschinen, die im Irak errichtet wurden (ND 5.2.1982, S. 5). Nach vietnamesischem Muster wurden 1982 auch in Laos 12 Werkstätten errichtet (ND 20.9.1982, S. 6).

360 Hübner (Anm. 214), S. 546. Anderen Quellen zufolge waren es bis März 1984 sogar 180 Getreidemühlen (ND 27.3.1984, S. 1). Bis 1982 gingen allein nach Ägypten 14 Reis- und 14 Weizenmühlen (ND 30./31.10.1982, S. 5); bis 1984 waren es – so eine weitere Angabe – insgesamt 36 Mühlen (ND 21./22.7.1984, S. 6). Weitere 15 Getreidemühlen gingen nach Syrien (ND 24.11.1983, S. 2). In diesem Zusammenhang wurden 130 Syrer in der DDR zu Obermüllern, Elektrikern und Mechanikern ausgebildet (ND 20./21.10.1984, S. 6). Weitere Weizenmühlen wurden nach Bangladesh geliefert (ND 8.6.1984, S. 2).

361 Bis 1984 hat die DDR in etwa 20 afrikanische und asiatische Staaten Landwirtschaftsexperten entsandt, vgl. Erfahrene Praktiker unterstützen die Landwirtschaft der jungen National-

staaten, in: Presse-Informationen des Ministerrates der DDR Nr. 86 (26.7.1984), S. 2. Daß der Einsatz dieser Landwirtschaftsspezialisten häufig auch persönliche Risiken einschließt, zeigte im Dezember 1984 ein Anschlag der Widerstandsbewegung MNR in Mosambik, dem 7 DDR-Bürger zum Opfer fielen (ND 8./9.12.1984, S. 1).

362 Vgl. Außenpolitische Korrespondenz 11/1985, S. 86f.

363 Ibid.

364 Gert Fröhlich, Das Institut für Tropische Landwirtschaft an der Karl-Marx-Universität Leipzig, in: DAP 5/1977, S. 97-103; Agrarreformen und Agraraufbau in den Ländern Asiens, Afrikas und Lateinamerikas, in: AAL 5/1980, S. 931f; ND 21.7.1983, S. 2.

365 ND 15.7.1982, S. 2; ND 29.7.1982, S. 2.

366 Vgl. Lamm, Kupper (Anm. 10), S. 236; ND 27.12.1984, S. 2; Unser Dorf 2/1985, S. 10.

367 ND 26.7.1984, S. 2. Zu erwähnen ist darüber hinaus noch ein Forstseminar, das mit Unterstützung der Vereinten Nationen 1983 am Institut für Forstwissenschaft in Eberswalde stattfand. An ihm nahmen Wissenschaftler und Forstleute aus 13 Ländern teil (Neue Deutsche Bauernzeitung 46/1983, S. 22).

368 Wilfried Berg, Zur ökonomischen Entwicklung der Volksrepublik Angola, in: AAL 3/1981, S. 513; ND 22./23.9.1984, S. 7; ND 18.4.1984, S. 6; Günther Thole, Probleme der sozialistischen Orientierung in Afrika: Volksrepublik Moçambique, in: DAP 5/1980, S. 84; Außenpolitik kommunistischer Länder . . . (Anm. 226), S. 362. In Angola kommen noch 670 Robur-LKW hinzu, die 1984 bestellt wurden (ND 11.12.1984, S. 6).

369 Insgesamt produzierte die DDR von 1965 bis 1985 417000 LKW-W50 und belieferte weltweit 45 Länder (ND 10./11.11.1984, S. 3).

370 ND 11.12.1984, S. 6. Ähnlich sieht es in Madagaskar aus (BZ am Abend 2.7.1984, S. 8). Bei Angola ist jedoch zu bedenken, daß die Zentralregierung in Luanda weite Teile des Landes nicht mehr unter Kontrolle hat.

371 Vgl. Presse-Informationen des Ministerrates der DDR Nr. 135 (16.11.1984), S. 6.

372 Lamm, Kupper (Anm. 10), S. 249; Norbert Peche, Äthiopiens Wirtschaft zwischen Erbe und Zukunft, in: DAP 4/1980, S. 113; Zwischen Avenida Paulista und Porto de Santos, in: Ho 19/1983, S. 15; ND 8.6.1984, S. 2; ND 11.7.1984, S. 6.

373 ND 20.3.1980, S. 6; Im Bunde mit dem kämpfenden Afrika, in: Ho 22/1982, S. 4. Über das Angebot von 1956 berichtet Hänisch (Anm. 17), S. 43.

374 ND 14./15.1.1984, S. 11; Neue Zürcher Zeitung 5.12.1984, S. 9.

375 Im zweiten Jahr des Fünfjahrplans, in: Ho 23/1982, S. 7; ND 9./10.10.1982, S. 2; ND 23.11.1983, S. 6; ND 9.7.1985, S. 6. Allein Syrien erhielt in der Vergangenheit 383 Reisezugwagen und 2055 gedeckte oder offene Güterwagen geliefert (ND 25.4.1984, S. 6).

376 Ein prominentes Beispiel aus jüngerer Zeit ist der Aufbau eines Kurzwellen-Funksendezentrums in Mexiko (ND 14.9.1981, S. 3).

377 G.E. Skorow, Wechselbeziehungen von Bildung, Beschäftigung und ökonomischem Wachstum in Entwicklungsländern, in: WBIÖ 1/1974, S. 9.

378 Bernhard Lageman, Zur Abstimmung von Bildungsplanung und Wirtschaftsplanung in subsaharischen afrikanischen Entwicklungsländern, in: WBIÖ 1/1975, S. 30; Wolfgang Mehnert, Zur Verbindung von Schule und Leben, von Unterricht und produktiver Arbeit in der Bildungspolitik national befreiter Staaten, in: AAL 1/1979, S. 52, 55. Vgl. auch den Konferenzbericht zu „Fragen der Bildungsplanung und der Verschuldungsproblematik der Entwicklungsländer", in: AAL 4/1984, S. 750.

379 Vgl. Halina Araszkiewicz, Die Entwicklungshilfe der europäischen RGW-Staaten für afrikanische Länder im Ausbildungsbereich, in: Osteuropa-Wirtschaft 3/1983, S. 202.

380 Die Gesamtdaten sind in Abschnitt 3.2. aufgeführt.

381 Außenpolitik der DDR (Anm. 6), S. 156. Das Ausbildungsprogramm wird auch künftig fortgeführt. So weilten 1984 mindestens weitere 500 vietnamesische Studenten in der DDR (ND 24.7.1984, S. 2).

382 ND 14.8.1984, S. 6; BZ am Abend 4.9.1984, S. 3.

383 So etwa in Afghanistan, Algerien, Angola, VDR Jemen, Mosambik sowie in den „sozialistischen" Entwicklungsländern Vietnam, Kuba und Nord-Korea, aber auch in Peru, Kolumbien und Indien.

384 Heilmann (Anm. 215), S. 816.

385 Statistical Yearbook UNESCO, verschiedene Jahrgänge.

386 Siegfried Förster, 30 Jahre Ausländerstudium in der DDR, in: DAP 9/1981, S. 31; Heilmann (Anm. 215), S. 816, 818. Eigenen Angaben zufolge kommen die Studenten, abgesehen von den „sozialistischen" Entwicklungsländern, vornehmlich aus der VDR Jemen, Libyen, Äthiopien, Nikaragua, Afghanistan, Angola, Mosambik und Algerien, vgl. Manfred Gielke, Am Bildungsfortschritt teilnehmen – in der DDR studieren, in: Außenpolitische Korrespondenz 17/1984, S. 133 f. Genauere Angaben über einzelne Herkunftsländer sind in Abschnitt 3.2. aufgeführt.

387 Letztmalig wurden solche Angaben im Statistical Yearbook der UNESCO von 1972, bezogen auf das Jahr 1969, publiziert. Danach verteilten sich die ausländischen Studenten in ihrer Gesamtheit, 3 350 waren es 1969, auf folgende Fächer: Literatur (244), Pädagogik (53), Kunstwissenschaften (146), Jura (25), Gesellschaftswissenschaften (177), Naturwissenschaften (493), Ingenieurwissenschaften (1 636), Medizin (452), Agrarwisssenschaften (124).

388 Förster (Anm. 386), S. 29; Erhard Hexelschneider, Das Herder-Institut der Karl-Marx-Universität Leipzig, in: DAP 11/1981, S. 102; Heilmann (Anm. 215), S. 814; ders., DDR – Partner der „Dritten Welt", in: Ho 9/1984, S. 4.

389 Wolfgang Spröte, Gerhard Hahn, DDR-Hilfe contra Bonner Neokolonialismus, Berlin (O) 1965, S. 135. Für 1983 nannte die DDR gegenüber den Vereinten Nationen gar die Zahl von 5 951 Studenten, vgl. Development Co-operation, 1984 Review, S. 121.

390 Autorenkollektiv unter Leitung von Christian Mährdel, Asien, Afrika, Lateinamerika – Gemeinsam gegen Imperialismus und für sozialen Fortschritt, Berlin (O) 1982, S. 292.

391 Ein Diplom aus der DDR, in: Ho 2/1984, S. 6. Auch dies geschieht zumeist auf staatlicher Ebene im Rahmen „kommerzieller Verträge", Heilmann (Anm. 388), S. 4. Detaillierter dazu Gielke (Anm. 386), S. 133 f.

392 Hexelschneider (Anm. 388), S. 105.

393 Ibid., S. 106.

394 Veranstalter waren 1984 die Universitäten Berlin, Leipzig, Rostock und Greifswald sowie Hochschulen und Bildungsstätten in Dresden, Magdeburg, Erfurt, Leipzig, Zwickau, Güstrow, Weimar, Ilmenau (ND 18.7.1984, S. 2; ND 21./22.7.1984, S. 2; ND 28./29.7.1984, S. 7).

395 Hübner (Anm. 214), S. 576. Anderen Quellen zufolge sollen jedoch am Beginn der achtziger Jahre allein in Afrika 200 Fachkräfte aus der DDR in der Volksbildung eingesetzt gewesen sein, vgl. Freiberg, Nitz (Anm. 340), S. 56. Und eine westliche Studie nennt für Mitte der siebziger Jahre gar 4 000 DDR-Experten, vgl. Hans-Joachim Fischer, Internationale pädagogische Beziehungen und pädagogische Auslandsarbeit der DDR, Paderborn 1975, S. 82.

396 ND 9./10.1.1982, S. 7; ND 12./13.10.1985, S. 10.

397 ND 15.12.1981, S. 2. Darüber hinaus werden mehrwöchige Kurse angeboten, die bis 1985 von „hunderten" von Pädagogen aus insgesamt 16 Entwicklungsländern wahrgenommen wurden, (Presse-Informationen des Ministerrates der DDR, Nr. 89 (2.8.1985), S. 5).

398 ND 17.12.1984, S. 2.

399 ND 17.9.1982, S. 2. Die Ausbildung wird gemeinsam von Pädagogen aus der DDR und aus Mosambik vorgenommen. Welche Kinder diese Schule besuchen, ob es sich etwa um Waisen handelt, ist den Berichten nicht zu entnehmen. Mit Verweis auf die „erfolgreiche Arbeit" der Schule wurde 1984 in einem gemeinsamen Protokoll der zuständigen Minister deren Fortführung beschlossen (ND 25.5.1984, S. 1).

400 So Henning von Löwis of Menar, „Stasi" als Exportschlager, in: Rheinischer Merkur 20.11.1981, S. 7. Er berichtet von noch weitergehenden Plänen, nach denen bis 1986 insgesamt 5 000 afrikanische Kinder in der DDR unterrichtet werden sollen.

401 So tendenziell auch Edith Broszinsky-Schwabe, Das Konzept der kulturellen Identität in der kulturpolitischen Orientierung und Kulturarbeit der Entwicklungsländer, in: AAL 3/1983, S. 409. Immerhin wird dort bereits das Problem gesehen. Jahre zuvor galt all dies noch als „nationalistisches Gedankengut", vgl. Waltraud Schmidt-Früngel, Zur Ausarbeitung und Umsetzung von Bildungskonzeptionen im Zuge der nichtkapitalistischen Entwicklung von Entwicklungsländern, in: Nichtkapitalistischer Entwicklungsweg (Studien über Asien, Afrika und Lateinamerika, Band 1, herausgegeben vom ZENTRAAL), Berlin (O) 1973, S. 393 f.

402 Heilmann (Anm. 388), S. 4.
403 Sonja Brie, Die „Schule der Solidarität" des VDJ, in: DAP 2/1979, S. 115f.
404 Ibid., S. 118.
405 Ibid., S. 116; GDR-Report 4/1982, S. 12; ND 19.9.1983, S. 2.
406 Darüber hinaus werden auch zu speziellen Themen kürzere Kurse angeboten. So trafen 1983 etwa Sportjournalisten zu einem einwöchigen Seminar ein (ND 16./17.7.1983, S. 15).
407 Vgl. Solidarität im 35. Jahr der DDR, in: Berliner Zeitung 4.7.1984, S. 4.
408 ND 21.7.1983, S. 2; ND 18.8.1983, S. 6; ND 6.6.1984, S. 2.
409 ND 19.9.1983, S. 2. Anderen Angaben zufolge sollen es sogar 2 500 gewesen sein (ND 20.9.1983, S. 2). Dies bedeutet eine erhebliche Steigerung im Verlauf der letzten 5 Jahre, denn bis 1978 hatten an den bis dahin durchgeführten 21 Kursen insgesamt nur 800 Journalisten teilgenommen, vgl. Das Kommunikationsprogramm der UNESCO und die informationspolitischen Aktivitäten der Bewegung nichtpaktgebundener Staaten, in: AAL 1/1978, S. 149.
410 Vgl. Heinz Peter Schumacher, Die medienpolitischen Aktivitäten der DDR in der Dritten Welt, in: DA 7/1982, S. 739-745. Allein 1983 wurden vertragliche Abmachungen mit den Agenturen in Äthiopien (ND 2./3.4.1983, S. 2), Angola (ND 22.3.1983, S. 2), VR Kongo (24.3.1983, S. 2), Mosambik (ND 30.3.1983, S. 2), Tansania (ND 31.3.1983, S. 1) und Zimbabwe (ND 26./27.3.1983, S. 2) getroffen. Hintergrund: eine Afrika-Reise des ADN-Generaldirektors Günter Pötschke, der bereits andere – so in den Nahen Osten – vorangegangen waren.
411 Ein Beispiel aus jüngster Zeit ist die Übergabe von 6 Tonstudios und eines Sendesaals an den afghanischen Rundfunk (ND 28.4.1983, S. 1).
412 Eberhard Kaschel, Unterstützung des Gesundheitswesens in Entwicklungsländern – ein Schwerpunkt solidarischer Hilfe der DDR, in: DAP 4/1981, S. 49-51.
413 Internationale Zusammenarbeit im Gesundheits- und Sozialwesen, in: Presse-Informationen des Ministerrates der DDR Nr. 130 (6.11.1984), S. 2.
414 Kaschel (Anm. 412), S. 57f. Bei den Leistungen des Solidaritätskomitees überwiegen die materiellen Spenden (65 %), während sich „Rekonstruktionsmaßnahmen" (12 %), kostenlose ärztliche Behandlung in der DDR (10 %) und Ausbildungshilfe für medizinisches Personal (8 %) mit weniger als der Hälfte der verfügbaren Mittel begnügen müssen, vgl. Kaschel, S. 58f.
415 Wenn OPEC-Staaten wie Libyen und Kuwait medizinische Unterstützung erhalten, dürften vor allem finanzielle Überlegungen eine Rolle spielen: die Bereitstellung von „manpower" auf verschiedenen Gebieten gegen Devisen. So arbeiteten 1982 neben Angehörigen anderer Nationalität auch 100 Ärzte und Schwestern aus der DDR in Libyen (Ho 50/1982, S. 20) und mit Kuwait wurde vereinbart, Ausbildungshilfe und Spezialbehandlungen in der DDR zu gewähren sowie bei der Einrichtung von Gesundheitserziehungszentren mitzuwirken (ND 21.2.1983, S. 2; ND 23.2.1983, S. 6).
416 Vgl. Medizinische Hilfe für Nikaragua, in: ND 22.11.1984, S. 6.
417 Kaschel (Anm. 412), S. 57f; ND 1./2.9.1984, S. 6. Vgl. zum Ausbau medizinischer Einrichtungen in Ägypten Lamm, Kupper (Anm. 10), S. 231 f; Peter Niecke, Angola erfährt weiterhin unsere solidarische Hilfe, in: Humanitas, Zeitung für Medizin und Gesellschaft 4/1984, S. 6; Reichardt (Anm. 199), S. 951; ND 20.12.1985, S. 6.
418 ND 15.3.1983, S. 2; Lamm, Kupper (Anm. 10), S. 231. Dabei leisteten Ärzte auch den kämpfenden Verbänden im Südlichen Afrika Unterstützung, vgl. Willerding (Anm. 55), S. 6. In einem von einer FDJ-Brigade neu errichteten Krankenhaus in Mangua arbeiteten 1985 25 Ärzte und 55 Angehörige des mittleren medizinischen Personals aus der DDR, vgl. Managua: FDJ-Freundschaftsbrigade ... (Anm. 300), S. 1.
419 Kaschel (Anm. 412), S. 58f; Außenpolitische Korrespondenz 42/1984, S. 332. Einer anderen Quelle zufolge sollen es von 1975 bis 1985 „über 5 000 verwundete Kämpfer" gewesen sein, vgl. Immer leuchtet die Flamme der antiimperialistischen Solidarität, in: Ho 2/1986, S. 3.
420 ND 15.3.1983, S. 2. Über 100 von ihnen waren „palästinensische und libanesische Patrioten" (ND 13.6.1983, S. 2), 49 kamen aus dem Südlichen Afrika (ND 4.3.1982, S. 2) und 28

aus Afghanistan (ND 27.4.1983, S. 2). Die PLO allein entsandte seit 1975 „mehrere hundert" Patienten (ND 13.9.1984, S. 4). Aus Nikaragua kamen zwischen 1979 und 1985 insgesamt 300 Patienten (ND 9.8.1985, S. 2).

421 ND 28.12.1981, S. 2.

422 Gunter Holzweißig, Diplomatie im Trainingsanzug. Sport als politisches Instrument der DDR in den innerdeutschen und internationalen Beziehungen, München, Wien 1981, S. 21.

423 DHfK unterstützt durch Sportausbildung viele Länder, in: Presse-Informationen des Ministerrates der DDR Nr. 122 (9.11.1984), S. 6. Einer westlichen Quelle zufolge sollen es bis zum Beginn der achtziger Jahre über 1 700 Fachkräfte aus Entwicklungsländern gewesen sein, vgl. Manfred Blödorn (Hg.), Sport und Olympische Spiele, Reinbek 1984, S. 157.

424 Edelfried Buggel, Traditionsreiche Aus- und Weiterbildung von Sportkadern aus national befreiten Staaten an der DHfK, in: Presse-Informationen des Ministerrates der DDR Nr. 151 (23.12.1980). Hinzu kommen Weiterbildungsangebote für Schulsportfunktionäre und -lehrer, die an der Pädagogischen Hochschule „Ernst Schneller" in Zwickau absolviert werden können (ND 5./6.11.1983, S. 11), und Trainerkurse an der Zentralschule des DTSB „Artur Becker" in Bad Blankenburg (Holzweißig (Anm. 422), S. 106).

425 Holzweißig (Anm. 422), S. 105.

426 Junger Sport wächst, in: Deutsches Sportecho 20./21.11.1981, S. 2.

427 Holzweißig (Anm. 422), S. 107-109; ND 6.4.1984, S. 7; ND 25.4.1983, S. 2; ND 16.5.1984, S. 7.

428 Holzweißig (Anm. 422), S. 101 f. Syrien wurde im Mai 1984 gemeinsam mit Laos aufgenommen, ND 11.5.1984, S. 7.

429 ND 21.12.1983, S. 7.

430 Faulwetter, Liebscher (Anm. 186), S. 598.

431 Außenpolitik der DDR (Anm. 6), S. 49.

432 Siehe dazu ausführlicher Abschnitt 1.1.1.

433 Statistisches Jahrbuch der Deutschen Demokratischen Republilk 1970.

434 W. Falk, Erfahrungen der DDR im Ringen um die Teilnahme an der Weltarbeitsteilung, in: Intersektioneller Arbeitskreis „Weltwirtschaft und Ökonomie der Entwicklungsländer" an der Humboldt-Universität zu Berlin (Hg.), Internationale Wirtschaft und revolutionärer Weltprozeß, Berlin (O) 1983, S. 144.

435 Dies beklagt etwa Willerding (Anm. 185), S. 1624.

436 Es wurde lediglich auf die Einbeziehung Albaniens verzichtet, da dieses Land in der entwicklungspolitischen Diskussion keinerlei Rolle spielt und in den verfügbaren internationalen Statistiken keine Zuordnung findet.

437 Vgl. Michael Junghahn, Ullrich Schmidt, DDR - Wirtschaftspartner der Entwicklungsländer, in: DAP 1/1979, S. 47. Exakt läßt sich dies allerdings nicht bestimmen, da die statistischen Daten in der DDR lediglich Finanz-, nicht aber Warenströme ausweisen.

438 Vgl. Heinrich Machowski, Siegfried Schultz, RGW-Staaten und Dritte Welt (Arbeitspapiere zur internationalen Politik, Band 18, Forschungsinstitut der Deutschen Gesellschaft für auswärtige Politik), Bonn 1981, S. 26 f. Zur Bundesrepublik vgl. Kapitel E.

439 Einzelne Länder wie etwa Burma, Chile, Griechenland oder Guinea werden nur temporär aufgeführt. Dies dürfte einmal im geringen Umfang begründet sein, hat aber wohl auch politische Gründe. So wurde z. B. der Handel mit Chile nur bis 1974 ausgewiesen, als der Umsatz – ein Jahr nach dem Sturz der Unidad Popular von Salvador Allende – seinen absoluten Höhepunkt erreichte: 184,3 Millionen Valuta-Mark. Nicht verzeichnet ist auch der Handel mit der Republik Südafrika, die von der DDR offiziell boykottiert wird. Angaben des Internationalen Währungsfonds und südafrikanischen Quellen zufolge sollen jedoch Wirtschaftsbeziehungen bestehen: 1970 in Höhe von 1,05 und 1975 in Höhe von 1,44 Millionen US-$, vgl. Post, Sandvoss (Anm. 10), S. 64 f. Erstmals im Statistischen Jahrbuch 1985 aufgeführt sind Zimbabwe (1982: 0,5, 1984: 53,8), Singapur (1982: 17,3, 1984: 87,3) und Thailand (1982: 10,0, 1984: 16,3), alle Angaben in Millionen Valuta-Mark.

440 So im Komplexprogramm des RGW, zit. nach Joswig (Anm. 84), S. 333.

441 Jürgen Klose, Socialist Economic Integration and Economic Cooperation of CMEA Countries with Developing Countries, in: WBIÖ 2/1974, S. 7.

442 Vgl. zu den Problemen Siegfried Wenger, Wirtschaftszusammenarbeit der RGW-Länder mit den Entwicklungsländern, in: DAP 4/1976, S. 538f; Paul Freiberg, Jürgen Nitz, Ökonomische Zusammenarbeit zwischen RGW-Staaten und national befreiten Ländern, in: DAP 2/1980, S. 51; A. Kodatschenko, Wirtschaftliche Zusammenarbeit zwischen RGW und Entwicklungsländern, in: DAP 1/1981, S. 61; Freiberg, Nitz (Anm. 340), S. 48.

443 Vgl. dazu zusammenfassend László Láng, The East-South Economic Interplay in the Eighties: Challenges and Chances, unveröff. Konferenzpapier für eine Tagung „Möglichkeiten und Grenzen einer Ost-West-Verständigung über den Nord-Süd-Konflikt", die im März 1985 an der Hessischen Stiftung Friedens- und Konfliktforschung, Frankfurt/M. stattfand. Er fordert erhebliche Reformanstrengungen der RGW-Staaten und führt dazu im einzelnen aus: „Third-world-specific Research and Development activities, indirect support to international – equity and non-equity – inter-firm ties, an enhanced exploitation of multilateral cooperation with particular regard to joining in the Sout-South interactions, the improvement of the institutional and logistical grid of Eastern foreign trade also in regions neglected as yet, and a pragmatic and intelligent trade diplomacy are considered here as top-priority tasks" (S. 20).

444 Kodatschenko (Anm. 442), S. 61; Gerhard Scharschmidt, Die Vertiefung der Wirtschaftsbeziehungen zwischen den Mitgliedsländern des RGW und den Entwicklungsländern auf gleichberechtigter und gegenseitig vorteilhafter Grundlage, in: AAL 5/1981, S. 774.

445 Vgl. Joswig (Anm. 84), S. 334.

446 Insgesamt wurden in den siebziger Jahren 141 Regierungsabkommen mit 59 Entwicklungsländern abgeschlossen. Darunter sind 18 Vereinbarungen über eine „wirtschaftliche, industrielle und wissenschaftlich-technische Zusammenarbeit", die eine Laufzeit von 5 bis 10 Jahren haben. Vertragspartner sind: Algerien, Äthiopien, Guyana, Indien, Iran, Kapverden, Kolumbien, Libyen, Marokko, Mexiko, Mosambik, Nigeria, Nikaragua, Sambia, Syrien, Tansania, Tunesien und Zaire, vgl. Scharschmidt (Anm. 444), S. 777.

447 Junghahn, Schmidt (Anm. 437), S. 48.

448 Mitte der siebziger Jahre soll die Hälfte der Importe aller RGW-Staaten aus der Dritten Welt aus „Nahrungsmitteln und landwirtschaftlichen Rohstoffen" bestanden haben, vgl. Freiberg, Nitz (Anm. 442), S. 50. Weitere zwei Fünftel umfaßten Brennstoffe, mineralische Rohstoffe und Metalle, vgl. dies., Enge wirtschaftliche Zusammenarbeit RGW/Entwicklungsländer, in: Ho 39/1982, S. 22.

449 Bernard von Plate, Die Außenwirtschaftsbeziehungen der DDR zu den Entwicklungsländern und die Neue Weltwirtschaftordnung (Stiftung Wissenschaft und Politik) Ebenhausen, November 1979, S. 21f, 75-80.

450 Ibid., S. 74, 76; Oesterheld, Padel, Wünsche (Anm. 346), S. 9; Brücke der Freundschaft und Zusammenarbeit, in: DAP 1/1980, S. 48. Vgl. hierzu auch Abschnitt 4.4.

451 Vgl. UNCTAD TD/B/858; Drechsler (Anm. 38), S. 290-295.

452 Das gilt in der gleichen Weise auch für „sozialistische" Entwicklungsländer, zu denen die DDR bereits seit geraumer Zeit Wirtschaftsbeziehungen unterhält. So bezieht sie etwa, wie die jährlichen Handelsprotokolle für 1984 ausweisen, aus der Mongolei Bergbauerzeugnisse, Pelze, Wolle und Leder (ND 10./11.9.1983, S. 5), aus Nord-Korea mineralische Rohstoffe, Kadmium, Tabak sowie Zink- und Bleierzeugnisse (ND 14.9.1983, S. 3), aus Vietnam Kautschuk, Kaffee, Tee, Gewürze, Erdnüsse, Obst, Obstkonserven und Fruchtsäfte (ND 30.9.1983, S. 6), aus Kampuchea ebenfalls Kautschuk, Tabak und tropische Hölzer (ND 15.9.1983, S. 2) und aus Laos schließlich Gewürze, Holz und Rohkaffee (ND 29.11.1983, S. 5).

453 Ökonomische und politische Zusammenarbeit zwischen sozialistischen Ländern und afrikanischen Entwicklungsländern im Lichte neuer Erscheinungen und Tendenzen in Afrika und in der Weltwirtschaft, in: AAL 3/1977, S. 483.

454 Schilling (Anm. 336), S. 139.

455 Die Energiekrise und ihr Einfluß auf die Beziehungen zwischen sozialistischen und Entwicklungsländern, in: AAL 2/1982, S. 332. Aber auch die Sowjetunion selbst sieht in dem „wachsenden Bedarf der UdSSR an mineralischen und agrarischen Rohstoffen" eine wichtige Stimulans für eine weitere Ausdehnung des Handels mit den Entwicklungsländern – neben dem Bezug solcher Waren, „die in den Entwicklungsländern wesentlich billiger her-

gestellt werden können", D. D. Degtjar, Die Entwicklung der wirtschaftlichen und wissenschaftlichen Zusammenarbeit der UdSSR mit den jungen Nationalstaaten, in: AAL 3/1976, S. 352f.

456 Aktuelle Probleme der Wirtschaftsbeziehungen zwischen den Staaten des Rates für Gegenseitige Wirtschaftshilfe (RGW) und den Entwicklungsländern, in: AAL 2/1975, 335.

457 Die Stellung der Entwicklungsländer auf dem Rohstoffsektor, in: AAL 3/1978, S. 537. Vgl. in diesem Zusammenhang auch die Position der DDR in der Diskussion um eine Neue Weltwirtschaftsordnung, Kapitel F.

458 Allgemeine, im Detail nicht belegte Angaben aus der DDR sprechen für das Jahr 1973 davon, daß „Industrieerzeugnisse" einen Anteil von 24 % am DDR-Import aus den Entwicklungsländern bestritten hätten, vgl. Wenger (Anm. 442), S. 536. Der gleiche Prozentsatz wird auch 1976 genannt, vgl. Gottfried Freitag, Peter Marx, Some Basic Questions of Export of Manufactured and Semi-Manufactured Goods of Developing Countries, in: WBIÖ 2/1976, S. 35. Neuere Angaben sind schwer zu werten. So wird in einer UNCTAD-Studie, die unter Mitwirkung des DDR-Ökonomen Gerhard Scharschmidt erstellt wurde, für 1978 ein Anteil von 34,6 % behauptet, den Fertig- und Halbfertigwaren am Gesamtimport der DDR aus den Entwicklungsländern ausgemacht hätten (TD/B/858, S. 21). DDR-Außenhandelsminister Horst Sölle stellte dagegen 1979 fest, daß der Anteil 33 % betrage – bei Partnerländern, „die entsprechende industrielle Voraussetzungen haben", vgl. Scharschmidt (Anm. 444), S. 783. Und jüngste Angaben sprechen von generell „ca. 40 %", vgl. Hahn, Jacob (Anm. 212), S. 8. Diese Zahlen dürften deutlich überhöht sein. Dies um so mehr, als für die RGW-Staaten allgemein eher die umgekehrte Tendenz gilt. So hat sich der Anteil verarbeiteter Güter am Import der RGW-Länder aus der Dritten Welt von 15,8 % im Jahre 1970 über 10,1 % (1980) auf 8,1 % (1982) kontinuierlich verringert, vgl. Láng (Anm. 443), S. 7.

459 Entwicklungshilfe und Waffenlieferungen ... (Anm. 208), S. 6-10; Glinkin (Anm. 228), S. 136, 138.

460 von Plate (Anm. 449), S. 37; Machowski, Schultz (Anm. 438), S. 22f; Wolfgang Schoeller, „Komparativer Nachteil" und „wechselseitiger Nutzen". Zur Kooperation zwischen COMECON und Entwicklungsländern am Beispiel Mosambiks, in: DA 12/1983, S. 1305f.

461 Berechnungen anhand des Statistischen Jahrbuches der DDR. Ab 1976 wurden lediglich noch Umsatzzahlen ausgewiesen. Zur Bundesrepublik vgl. Kapitel E.

462 UNCTAD VI. Policy Paper, TD 280 (6. Juni 1983), S. 10. Die Daten beruhen auf Berechnungen der ECE, die für den Zeitraum 1976 bis 1980 ein kumuliertes Defizit von 0,1 Millionen US-$ feststellt. Im Economic Survey of Europe in 1982. ECE (XXXVIII)/1 Add. 1 gelangt sie für 1981 jedoch zu anderen Daten. Danach beträgt der Überschuß lediglich 0,6 Millionen US-$ und hat damit eine ähnliche Höhe wie Schätzungen für das Jahr 1982 (0,5 Millionen US-$) ausweisen.

463 Vgl. Liebig (Anm. 188), S. 1039.

464 Die Energiekrise ... (Anm. 455), S. 332.

465 Gerhard Kraft, Fünf Jahre Internationale Investitionsbank, in: DAP 7/1976, S. 1073.

466 Die ersten Abkommen des RGW mit Entwicklungsländern, in: DAP 12/1975, S. 1873-1875.

467 Vgl. Machowski, Schultz (Anm. 438), S. 23.

468 Freiberg, Nitz (Anm. 340), S. 51.

469 Zur weiteren Entwicklung der Wirtschaftsbeziehungen zwischen den sozialistischen und den Entwicklungsländern, in: AAL 5/1978, S. 995. Ähnlich auch Kodatschenko (Anm. 442), S. 53f.

470 Gerhard Hahn, Wolfgang Spröte, Die ökonomischen Beziehungen der Deutschen Demokratischen Republik zu den Entwicklungsländern, in: DAP 4/1970, S. 573.

471 Heinz Kroske, Probleme des Wirtschaftswachstums in Entwicklungsländern, in: DAP 3/1970, S. 470.

472 Eugen Faude, Gerhard Grote, Die DDR in der Weltwirtschaft, in: DAP 10/1980, S. 22.

473 Marlies Neumann, Aspekte der Evolution der neokolonialistischen Industrialisierungskonzeption, in: AAL 2/1981, S. 223.

474 Freiberg, Nitz (Anm. 442), S. 54.

475 Die Energiekrise ... (Anm. 455), S. 332; Nationale Souveränität der Entwicklungsländer
     über ihre Naturressourcen. Zur Zusammenarbeit zwischen den RGW-Ländern und den
     afrikanischen Entwicklungsländern, in: AAL 1/1978, S. 151; Zur wirtschaftlichen Zusam-
     menarbeit der Mitgliedsländer des RGW mit den arabischen Staaten, in: AAL 4/1981,
     S. 730.

476 Nationale Souveränität ... (Anm. 475), S. 151; Feiberg, Nitz (Anm. 442), S. 55.

477 R. Grimm, H.-G. Haupt, I. Richter, Zusammenarbeit der Mitgliedsländer des RGW mit
     den Entwicklungsländern, in: DAP 2/1982, S. 26; Zur weiteren Entwicklung ... (Anm.
     469), S. 994. Zur Bundesrepublik siehe Klaus Eßer, Jürgen Wiemann, Schwerpunktländer
     in der Dritten Welt. Konsequenzen für die Südbeziehungen der Bundesrepublik Deutsch-
     land (Schriften des Deutschen Instituts für Entwicklungspolitik, Band 65), Berlin (W) 1981,
     sowie Kapitel E.

478 Vgl. TD/B/858, S. 23; Abschnitt 4.2. Ob diese Veränderungen allerdings Bestand haben
     und mit einem Abbau vergleichbarer Produktionen in der DDR einhergehen, bleibt abzu-
     warten. So fällt auf, daß die aus Ägypten importierte Menge „textiler Flächengebilde" seit
     1970, als nahezu 12 Millionen Quadratmeter bezogen wurden, bis 1982 auf nur mehr 2 Mil-
     lionen Quadratmeter zurückgegangen ist. Offenbar besteht hier ein Zusammenhang mit der
     Rückvergütung von DDR-Krediten aus den sechziger und frühen siebziger Jahren, der es
     nicht ausgeschlossen scheinen läßt, daß sich der Anteil textiler Halbfertigprodukte am Im-
     port aus Ägypten künftig weiter reduzieren wird, vgl. Statistisches Jahrbuch der DDR 1983,
     S. 241. Zum Beginn der Kooperation im Textilsektor mit Ägypten siehe ausführlich auch
     Lamm, Kupper (Anm. 10), S. 166-170.

479 Daß die Konkurrenzfähigkeit der RGW-Staaten auf dem Weltmarkt eher schwächer ge-
     worden ist, lassen die sinkenden Anteile verarbeiteter Produkte am RGW-Export in die
     Dritte Welt erkennen. Bestritten diese 1970 noch 76,6 % aller exportierten Güter, so waren
     es 1982 nur mehr 61,3 %. Diese Abnahme wird namentlich den Schwellenländern zuge-
     schrieben, die sich in den vergangenen Jahren verstärkt mit Industrieprodukten dem Welt-
     markt zuwandten, vgl. Láng (Anm. 443), S. 8.

480 Vgl. Internationales Zentrum für Ost-West-Kooperation e. V. (Hg.), Unternehmenserfah-
     rungen bei der Ost-West-Drittlandkooperation. Zwischenergebnis einer Fallstudie, Berlin
     (W) 1980, S. 15 f. In einer französischen Quelle sind darüber hinaus zwei weitere, allerdings
     „isolierte" Fälle aus dem Jahre 1958 genannt, vgl. Patrick Gutman, Francis Arkwright, La
     Coopération Industrielle Tripartite entre Pays à Systèmes Economiques et Sociaux Diffé-
     rents de l'Ouest, de l'Est et du Sud, in: Politique Etrangère 6/1975, S. 625.

481 Paul Friedländer, Intersystemare Kooperation in Entwicklungsländern – eine neue strategi-
     sche Linie des Neokolonialismus, in: DAP 4/1970, S. 596.

482 Gertraud Liebscher, Manfred Uschner, Die neokolonialistische Politik der „Großen Koali-
     tion", in: E 8/1968, S. 1050f.

483 Wie zögernd dies geschah, lassen folgende noch 1976 formulierte Bedingungen erkennen,
     die vor allem in ökonomische Richtung zielen: „Wenn realistische Bedingungen gesetzt
     werden, die völlige Gleichberechtigung und der gegenseitige Vorteil gewährleistet sind,
     keine einseitigen Abhängigkeiten zugelassen und jegliche Einflußnahme kapitalistischer
     Monopole mit neokolonialistischen Methoden verhindert wird, dann können natürlich auch
     die technologischen und wirtschaftlichen Potenzen kapitalistischer Unternehmen bei der
     mehrseitigen Beteiligung an Industrialisierungsprojekten genutzt werden." So Wenger
     (Anm. 442), S. 547. Relativ zurückhaltend auch noch Helmut Faulwetter, Gerhard Schar-
     schmidt, Some Aspects of Tripartite Co-operation, in: WBIÖ 2/1976, S. 5-11.

484 Paul Freiberg, Jürgen Nitz, Neue Formen der Wirtschaftsbeziehungen zwischen Ost und
     West, in: DAP 9/1978, S. 83. Eine amerikanische Studie nennt für 1980 insgesamt 226 Ab-
     kommen zwischen Außenhandelsorganisationen aus den RGW-Staaten, westlichen Unter-
     nehmen und Entwicklungsländern, vgl. Patrick Gutman, Tripartite Industrial Cooperation
     and Third Countries, in: Christopher T. Saunders (ed.), East-West-South. Economic Inter-
     action between Three Worlds, St. Martin's Press, New York 1981, S. 337.

485 Vgl. Bundesverband der Deutschen Industrie e. V. (Hg.), Ost-West-Zusammenarbeit in
     Dritten Ländern, Köln 1982, S. 30f.

486 Gerhard Scharschmidt, Stellung und Perspektiven der Ost-West-Zusammenarbeit auf Drittmärkten aus der Sicht der DDR, in: IPW-Berichte 7/1984, S. 10.

487 Freiberg, Nitz (Anm. 340), S. 53; Gerhard Scharschmidt, Die Zusammenarbeit auf Dritten Märkten – eine Form der Ausnutzung des Vorteils der internationalen Arbeitsteilung, in: Wissenschaft und Frieden 3,4/1983, S. 151; ND 9.9.1981, S. 3. Die Projekte in Kamerun und Äthiopien sind ausführlich beschrieben in: Ost-West-Zusammenarbeit ... (Anm. 485), S. 217-229, 287-304.

488 Vgl. Zweites internationales Seminar über Öl und Rohstoffe, für ökonomische Entwicklung, sozialen Fortschritt und gleichberechtigte ökonomische Beziehungen, in: AAL 1/1975, S. 153; Freiberg, Nitz (Anm. 340), S. 52; ND 24.9.1982, S. 3; ND 18.10.1982, S. 3.

489 Scharschmidt (Anm. 487), S. 151; Paul Freiberg, Jürgen Nitz, Gerhard Scharschmidt, Zum Charakter der dreiseitigen Wirtschaftskooperation, in: IPW-Berichte 2/1979, S. 19 f; Freiberg, Nitz (Anm. 484), S. 83 f.

490 Vgl. Gutman, Arkwright (Anm. 480), S. 642 f.

491 Vgl. Scharschmidt (Anm. 486), S. 13 f.

492 Scharschmidt (Anm. 487), S. 150.

493 In diesem Zusammenhang ist aufschlußreich wie es gelang, das gemeinsame deutsch-deutsche Projekt einer Baumwollspinnerei in Äthiopien trotz des politischen Umbruches dort zu verwirklichen, vgl. Hans-Joachim Spanger, Die beiden deutschen Staaten in der Dritten Welt II, in: DA 2/1984, S. 164.

494 Vgl. M. Davydov, UNCTAD and Tripartite Industrial Cooperation, in: Nita G. M. Watts (ed.), Economic Relations between East and West, London 1978, S. 232.

495 Scharschmidt (Anm. 487), S. 152. In einem späteren Beitrag präzisierte dies derselbe Autor dahingehend, daß er „die Lieferung von komplexen Einrichtungen für die Berufsausbildung" anregte, ders. (Anm. 486), S. 14. Allgemeiner forderte jüngst auch der Direktor des IPW, Max Schmidt, eine „breitestmögliche(n) internationale(n) Zusammenarbeit zwischen den Staaten der Welt", um die „globalen Probleme", zu denen er ausdrücklich auch „die Überwindung der ökonomischen und sozialen Rückständigkeit der Entwicklungsländer und ihrer krassesten Folgen, wie Hunger, Armut und anderes Elend" rechnete, zu lösen, Schmidt (Anm. 1), S. 1.

496 Hans Arnold, Zur auswärtigen Kulturpolitik, in: Aus Politik und Zeitgeschichte B 8/1980, S. 22, 24.

497 Vgl. Kleines Politisches Wörterbuch, Berlin (O) 1978 (3. Auflage), S. 507.

498 Petra Schreck, Erhard Hexelschneider, Die Entwicklung der kulturellen Auslandsbeziehungen der DDR zu den kapitalistischen Staaten, in: Wissenschaftliche Zeitschrift der Karl-Marx-Universität Leipzig 5/1979, S. 525.

499 Kleines Politisches Wörterbuch (Anm. 497), S. 507.

500 Ibid.

501 Siehe hierzu Leo Kreutzer, Warum Afrikaner Goethe lesen sollen, in: Die Zeit 20.7.1984, S. 14.

502 Schreck, Hexelschneider (Anm. 498), S. 525.

503 Vgl. Jacobsen, in: Drei Jahrzehnte ... (Anm. 21), S. 236 f.

504 Kurt Hager, Ergebnisse und Aufgaben unserer sozialistischen Kulturpolitik, Berlin (O) 1975, S. 43.

505 Zur Diskussion über die grundlegenden Ziele auswärtiger Kulturpolitik siehe Hansgert Peisert, Die auswärtige Kulturpolitik der Bundesrepublik Deutschland, Stuttgart 1978, S. 58-71.

506 Schreck, Hexelschneider (Anm. 498), S. 529 f.

507 Vgl. die Chronologie in: Drei Jahrzehnte ... (Anm. 21), S. 771-855.

508 End (Anm. 17), S. 130.

509 Kurt Hager, Zu Fragen der Kulturpolitik der SED, Berlin (O) 1972, S. 9.

510 Kurt-Jürgen Maaß, Ein anderes deutsches Gesicht? Auswärtige Kulturpolitik der DDR: Wettbewerb und Abgrenzung, in: Das Parlament 18.10.1980, S. 4.

511 Vgl. Thesen über Martin Luther. Zum 500. Geburtstag, in: E 9/1981, S. 890-903. In diesem Sinne initiierte die Freundschaftsgesellschaft Indien-DDR 1983 auch in Neu-Delhi die Gründung eines Luther-Komitees (ND 4.7.1983, S. 5), Goethe-Ehrungen, wie sie 1982 an-

läßlich seines 150. Todestages im DDR-Kultur- und Informationszentrum in Damaskus stattfanden (Berliner Zeitung 2.3.1982, S. 7) und Marx-Seminare, anläßlich seines 100. Todestages in Mexiko veranstaltet (ND 3.3.1983, S. 6), runden das Bild ab.

512 Einen solchen Kulturkampf sieht, eingekleidet in ein Zitat Kurt Hagers, etwa die Frankfurter Allgemeine Zeitung herannahen (7.7.1984, S. 25).

513 Vgl. DDR-Handbuch, Band 1 (Bundesministerium für innerdeutsche Beziehungen), Köln 1985 (3. Auflage), S. 102. Das Kulturpolitische Wörterbuch Bundesrepublik Deutschland / Deutsche Demokratische Republik im Vergleich (Hg. Wolfgang Langenbucher, Ralf Rytlewski, Bernd Weyergraf), Stuttgart 1983, S. 376, nennt dagegen wöchentlich nur 7 Stunden in jedoch 12 Sprachen.

514 Vgl. Hans Lindemann, Kurt Müller, Auswärtige Kulturpolitik der DDR, Bonn 1974, S. 107-111; DDR-Handbuch (2. Auflage), S. 431; Maaß (Anm. 510), S. 4.

515 Vgl. Jacobsen (Anm. 21), S. 252. Wie intensiv die Kontakte zu den Auslandsdeutschen sind, läßt sich nur schwer abschätzen. Immerhin aber ließ die DDR 1984 der deutschen Stadt Blumenau in Süd-Brasilien anläßlich einer Hochwasser-Katastrophe eine Hilfssendung zukommen, vgl. „Himmelblau" in Blumenau, in: Ho 10/1984, S.27.

516 Arnold (Anm. 496), S. 24; siehe dazu auch Oskar Splett, Zwischen Weltgeltung und Weltzivilisation. Die auswärtige Kulturpolitik Deutschlands in diesem Jahrhundert, in: Aus Politik und Zeitgeschichte B 24/1977, S. 6.

517 E. Hexelschneider, W. Kleinwächter, F. Raaz, Dreißig Jahre kulturelle Auslandsbeziehungen für friedliche Koexistenz von Staaten unterschiedlicher Gesellschaftsordnung, in: DAP 10/1979, S. 100; ND 9.6.1983, S. 2; ND 2.12.1983, S. 4; ND 25.10.1984, S. 4; ND 5.12.1984, S. 6. Der bereits 1945 gegründete Kulturbund, mit 200 000 Mitgliedern und eigener Volkskammerfraktion eine typische „Massenorganisation", konzentriert sich hingegen auf die DDR.

518 Schreck, Hexelschneider (Anm. 498), S. 534 f. Beispiele für Gastauftritte sind etwa die Veranstaltungen von 10 DDR-Unterhaltungskünstlern aus dem Jahre 1983 in Äthiopien (ND 23.11.1983, S. 4), Konzerte eines Kammermusikensembles in der Volksrepublik China (ND 20.12.1983, S. 4.) oder der Auftritt von 30 DDR-Artisten in der Mongolei (ND 5.1.1984, S. 4).

519 Hexelschneider u. a. (Anm. 517), S. 101. Im Jahre 1984 stieg die Zahl der Länder, in denen die DDR Kunstausstellungen organisierte, auf 50 (ND 1.3.1984, S. 4). Als Beispiele für Kunstausstellungen in der Dritten Welt seien aus den frühen achtziger Jahren aufgeführt: eine Ausstellung mit Reproduktionen von Werken der DDR-Malerei in Maputo / Mosambik (ND 17.11.1981, S.2), eine Ausstellung mit 200 Exponaten der DDR-Kunst in Bagdad / Irak (ND 23.3.1982, S. 4), eine Präsentation von Schülerzeichnungen aus der DDR in Maputo / Mosambik (ND 19.10.1982, S. 2), 85 Exponate der Malerei und Grafik Ost-Berliner Künstler in Kairo / Ägypten (ND 26.9.1983, S. 4) und schließlich eine Kunstausstellung mit 60 Arbeiten des DDR-Malers Karl-Erich Müller in Colombo / Sri Lanka (ND 19.12.1983, S. 4).

520 Schreck, Hexelschneider (Anm. 498), S. 534; DDR-Indien: Impulse für kulturelle Zusammenarbeit, in: Ho 16/1982, S. 4. Die Kulturtage in Indien wurden mit Ausstellungen, Filmvorführungen und Folklore-Darbietungen 1984 wiederholt (ND 19.11.1984, S. 4; ND 27.11.1984, S. 4). 1982 fand eine Freundschaftswoche auch in Mexiko statt, die ebenfalls von zahlreichen kulturellen Veranstaltungen begleitet war (ND 15.10.1982, S. 7).

521 ND 18.4.1983, S. 21. So wurden 1984 dem Sprachinstitut der Nehru-Universität in Neu-Delhi z.B. 220 literarische und sprachwissenschaftliche Bücher aus der DDR übergeben (ND 19.1.1984, S. 2), und im gleichen Jahr richtete die DDR eine Buchhandlung in der vietnamesischen Stadt Vinh ein (ND 29.2.1984, S. 4). Stellvertretend für andere seien bei den Ausstellungen eine Präsentation Berlins, „Hauptstadt der DDR", in Mexiko (ND 16.11.1981, S. 1) sowie in Antananarivo / Madagaskar (ND 28.4.1982, S. 5), eine Ausstellung über das Volksbildungswesen in der DDR in Damaskus / Syrien (ND 19.11.1981, S. 5) und eine Fotoausstellung „Unsere Heimat – die Deutsche Demokratische Republik" in Neu-Delhi / Indien (ND 18.10.1984, S. 6) genannt.

522 ND 2.7.1985, S. 4; ND 11.7.1984, S. 4. Fortbildungsmaßnahmen wurden auch in einzelnen Kulturabkommen sowie -arbeitsplänen festgelegt (ND 17.11.1981, S. 2).

523 ND 23.5.1984, S. 4.
524 In den obigen Daten ist auch der Kulturaustausch mit den europäischen Verbündeten der DDR enthalten, die erklärtermaßen absolute Priorität genießen.
525 Auf dieses Interesse weisen Hexelschneider u. a. (Anm. 517), S. 100 f, hin.
526 Ibid., S. 105.

Anmerkungen zu Kapitel E

1 Zur Einführung und Dokumentation siehe Ernst-Otto Czempiel, Carl Christoph Schweitzer (Hg.), Weltpolitik der USA nach 1945, Bonn 1984, S. 35-39, 50-54. Ausführliche Darstellung bei Ernst-Otto Czempiel, Das amerikanische Sicherheitssystem 1945-1949, Berlin (W) 1966.
2 Werner Link, Der Ost-West-Konflikt, Stuttgart etc. 1980, S. 113-115.
3 Textauszug bei Czempiel, Schweitzer (Anm. 1), S. 52-54; Winfried W. Kretzschmar, Auslandshilfe als Mittel der Außenwirtschafts- und Außenpolitik, München 1964.
4 Einen theoretisch eingeordneten Überblick über die Gesamtentwicklung liefert Link (Anm. 2), S. 114-154.
5 Vgl. Czempiel, Schweitzer (Anm. 1), S. 86-91, 146-151, 195-201.
6 Vgl. Lothar Brock, Entwicklungsnationalismus und Kompradorenpolitik, Meisenheim 1975, insbesondere S. 144-154, 210-228; Federico G. Gil, Latin American – United States Relations, New York etc. 1971, S. 189-265; Irving Louis Horowitz, José de Castro, John Gerassi (eds.), Latin American Radicalism, New York 1969; Wolf Grabendorff, Außenpolitische Emanzipation Lateinamerikas, in: Wolf Grabendorff (Hg.), Lateinamerika. Kontinent in der Krise, Hamburg 1973, S. 340-378; Ronald M. Schneider, Communism in Guatemala, New York 1958; Hellmut Schatzschneider, Die neue Phase der Monroe-Doktrin angesichts der kommunistischen Bedrohung Lateinamerikas, Göttingen 1957.
7 Die Gründung der Allianz für den Fortschritt fällt in eine Zeit, in der die Produktion einer Reihe wichtiger amerikanischer Firmen in Lateinamerika den Export dieser Firmen (bzw. der Industriebranchen) nach Lateinamerika übertrifft. Dies ist bei Chemie- und Gummiprodukten der Fall sowie bei elektrischen Maschinen und Transportausrüstungen. Zu dieser „Internationalisierung der Produktion" im Verhältnis USA – Lateinamerika siehe Brock (Anm. 6), S. 172-183.
8 Ibid., S. 193-209.
9 Vgl.Franz Ansprenger, Die Auflösung der Kolonialreiche, München 1966.
10 In diesem Zusammenhang wurde den sozialistischen Staaten vorgeworfen, in der Dritten Welt eine Handelsoffensive gestartet zu haben, mit dem Ziel, den östlichen Einfluß in den ehemaligen Kolonien auszuweiten. Siehe die Erklärung der Bundesregierung zur Außenpolitik. Zweiter Deutscher Bundestag, Verhandlungen, 155. Sitzung (28.6.1956), S. 841-848.
11 Gerhard Fritz, Organisation der Entwicklungspolitik. International – National, Bonn 1963, S. 15-52.
12 Hierzu und zum folgenden Klaus Bodemer, Entwicklungshilfe, Politik für wen? Ideologie und Vergabepraxis der deutschen Entwicklungshilfe in der ersten Dekade, München 1974; Jürgen Dennert, Entwicklungshilfe. Geplant oder verwaltet? Gütersloh 1968; Karl-Heinz Sohn, Entwicklungspolitik. Theorie und Praxis der deutschen Entwicklungshilfe, München 1973 (2. Auflage); Karel Holbik, Henry Allen Myers, West German Foreign Aid 1956-1966, Boston 1968; John White, German Aid, London 1965; Jack L. Knusel, West German Aid to Developing Nations, New York etc. 1968.
13 Bodemer (Anm. 12), S. 27-33; Dennert (Anm. 12), S. 11.
14 Albrecht Kruse-Rodenacker, Horst Dumke, Kapitalhilfe. Untersuchungen zur bilateralen Kapitalhilfe im Rahmen öffentlicher Leistungen, Berlin (W) 1970, S. 96 f; Bodemer (Anm. 12), S. 29.
15 Bodemer (Anm. 12), S. 33-44.
16 Ursprüngliche Bezeichnung: Deutsche Stiftung für Entwicklungsländer.

17 Hierzu gehörten u. a. das Bundeskanzleramt, das Auswärtige Amt, die Bundesministerien für Wirtschaft, des Innern, der Finanzen, für Ernährung, Landwirtschaft und Forsten, für Arbeit und Sozialordnung, für Verkehr und schließlich das Bundesministerium für wirtschaftliche Zusammenarbeit. Außerdem wirkte die Bundesbank an entwicklungspolitischen Regierungsentscheidungen mit.

18 Ursprüngliche Bezeichnung: Deutsche Gesellschaft für wirtschaftliche Zusammenarbeit.

19 Fritz (Anm. 11), S. 59-84.

20 Ibid., S. 30, 94. Zu den FDJ-Brigaden vgl. Kapitel D.

21 Vgl. Lothar Brock, Die Lockerung der Bündnissysteme, in: Karl Carstens, Dietrich Mende, Christiane Rajewsky, Wolfgang Wagner (Hg.), Die Internationale Politik 1964-1965, München, Wien 1972, S. 64-67.

22 Der SPD-Bundestagsabgeordnete Hellmut Kalbitzer warf der Regierung vor, sie habe sich 1961 erst entschließen können, 3,5 Milliarden DM für die Entwicklungshilfe bereitzustellen, als der „große westliche Verbündete ein hartes Wort sprach", Dritter Bundestag, 159. Sitzung (5.5.1961), S. 9204. Zum deutsch-amerikanischen Verhältnis in Sachen Entwicklungspolitik siehe H. Besters (Hg.), Kooperative Entwicklungshilfe. Deutsche und amerikanische Bemühungen beim Aufbau der Entwicklungsländer, Bielefeld 1970; Bodemer (Anm. 12), S. 33-44.

23 Kalbitzer (Anm. 22).

24 Ulbrich Albrecht, Militärische und ökonomische Beziehungen zur Dritten Welt: Eine deutsche Perspektive, in: Wolf Grabendorff, Riordan Roett (Hg.), Lateinamerika – Westeuropa – Vereinigte Staaten: Ein atlantisches Dreieck? Baden-Baden 1985, S. 197-216.

25 Ibid., S. 198f.

26 Zweiter Deutscher Bundestag, 151. Sitzung (21.6.1956), S. 8042-8044.

27 Zweiter Deutscher Bundestag, 138. Sitzung (23.3.1956), S. 7130; 155. Sitzung (28.6.1956), S. 8417f.

28 Bodemer (Anm. 12), S. 29; U. Engelmann, Das Rourkela-Projekt, in: Besters (Anm. 22), S. 157ff.

29 Vgl. Albrecht (Anm. 24), S. 200.

30 Vgl. die von Außenminister Heinrich von Brentano im Bundestag vorgetragene Regierungserklärung zur Außenpolitik, Zweiter Deutscher Bundestag, 155. Sitzung (28.6.1956), S. 8417.

31 Zur grundsätzlichen Problematik der Wechselwirkung zwischen den Ost-West- und den Nord-Süd-Beziehungen siehe Lothar Brock, Wechselwirkungen zwischen Ost-West- und Nord-Süd-Beziehungen, in: Deutsche Gesellschaft für Friedens- und Konfliktforschung (Hg.), Zur Lage Europas im globalen Spannungsfeld, Baden-Baden 1983, S. 233-258; ders., Entspannungspolitik als globales Problem. Zum Ost-West-Konflikt in der Dritten Welt, in: Hessische Stiftung Friedens- und Konfliktforschung (Hg.), Europa zwischen Konfrontation und Kooperation, Frankfurt/M. 1982, S. 83-102.

32 Vgl. etwa die erste Bundestagsdebatte über das Verhältnis von Außenpolitik und Außenhandel, Zweiter Deutscher Bundestag, 122. Sitzung (12.1.1956), S. 6489-6499.

33 Zitiert nach Dennert (Anm. 12), S. 11 f..

34 Die Bereitstellungen für technische Hilfe beliefen sich anfangs lediglich auf 3 Millionen DM, vgl. Dennert (Anm. 12), S. 11. Auf Initiative der SPD beschloß der Bundestag 1956 mit den Stimmen aller Fraktionen, dem Auswärtigen Amt (Einzelplan 05) 50 Millionen DM ebenfalls für technische Hilfe zuzuweisen. Sowohl das Auswärtige Amt wie auch das Finanzministerium sprachen sich jedoch für einen geringeren Betrag aus (20 Millionen DM), da mehr Geld im laufenden Jahr nicht sinnvoll auszugeben sei, vgl. Zweiter Deutscher Bundestag, 138. Sitzung (23.3.1956), S. 7130-7133 und 151. Sitzung (21.6.1956), S. 8042-8044.

35 Zweiter Deutscher Bundestag, 138. Sitzung (23.3.1956), S. 7130.

36 Dennert (Anm. 12), S. 13.

37 Vgl. die Bundestagsdebatte über das Verhältnis von Außenpolitik und Außenhandel (Anm. 32). Der Anlaß für diese Debatte, die durch eine große Anfrage der FDP zustande kam, war eine mißverständliche Äußerung des Außenministers über den Primat der Außenpolitik über den Außenhandel gewesen.

38 Zweiter Deutscher Bundestag, 155. Sitzung (28.6.1956), S. 8418.

39 Neben der Aufstockung der Mittel und der Schaffung einer Koordinierungsinstanz für die Entwicklungshilfe forderte die SPD seinerzeit in Vorwegnahme neuerer Diskussionen innerhalb der Vereinten Nationen, Abrüstung und Entwicklung miteinander zu verbinden, das heißt, Abrüstungspolitik auch unter dem Gesichtspunkt zu betreiben, durch Vereinbarungen frei werdende Mittel der Entwicklungshilfe zukommen zu lassen, vgl. Zweiter Deutscher Bundestag, 138. Sitzung (23.3.1956), S. 7130-7133. Zur neueren Diskussion siehe Herbert Wulf (Hg.), Aufrüstung und Unterentwicklung. Aus den Berichten der Vereinten Nationen, Reinbek 1983.

40 Möglicherweise spielte auch eine Rolle, daß Bundeskanzler Konrad Adenauer in der Errichtung des BMZ eine Möglichkeit sah, ein gewisses Gegengewicht zum Wirtschaftsministerium und damit zu Ludwig Erhard zu schaffen, zu dem er damals ein recht gespanntes Verhältnis hatte, vgl. Dennert (Anm. 12), S. 49.

41 Dritter Deutscher Bundestag, 159. Sitzung (5.5.1961), S. 9202.

42 Bericht der Unabhängigen Kommission für Entwicklungsfragen. Das Überleben sichern. Gemeinsame Interessen von Industrie- und Entwicklungsländern (Brandt-Bericht), Köln 1980.

43 Dritter Deutscher Bundestag, 159. Sitzung (5.5.1961), S. 9203; teilweise auch zitiert bei Dennert (Anm. 12), S. 21 f.

44 Ibid., S. 9225. Vgl. auch die Regierungserklärung zur Außenpolitik von 1956 (Anm. 30).

45 Bericht des Bundeskanzlers vor dem Bundestag am 22.9.1955 über die Ergebnisse seiner Reise in die Sowjetunion, nach Wilhelm Grewe, Rückblenden 1976-1951, Frankfurt/M. 1979, S. 252; Außenminister Heinrich von Brentano vor dem Deutschen Bundestag am 28.6.1956 (Anm. 30); zitiert auch bei Grewe, ibid., S. 254.

46 Ibid., S. 253.

47 Vgl. zu den Aktivitäten der DDR in den sechziger Jahren ausführlich Kapitel D. Schon die erste massive Aufstockung der Mittel für die Entwicklungshilfe im Jahre 1956 war u. a. damit begründet worden, daß die DDR durch ihre Vertreter in der Dritten Welt sehr aktiv und nachhaltig für sich werbe und es höchste Zeit sei, den Entwicklungsländern zum Bewußtsein zu bringen, daß die Bundesrepublik mehr Anspruch habe, Deutschland in der Dritten Welt zu vertreten, Zweiter Deutscher Bundestag, 138. Sitzung (23.3.1956), S. 7130.

48 So scheint sich etwa die algerische Regierung unter Ben Bella 1964 gleichsam gegen Höchstgebot für die Bundesrepublik und gegen die Anerkennung der DDR entschieden zu haben, nachdem die Bundesregierung ihr Angebot für technische und finanzielle Hilfe von ursprünglich 54 Millionen DM auf 74 Millionen DM erhöhte. Zuvor hatte die DDR als Preis für die Aufnahme diplomatischer Beziehungen Hilfe in der Größenordnung des ursprünglichen Verhandlungsvolumens angeboten, Bodemer (Anm. 12), S. 112 f.

49 Vgl. hierzu die Einschätzung des Ost-West-Konflikts als „kreative Herausforderung" für die Dritte Welt bei Ali Mazrui, Africa's International Relations. The Diplomacy of Dependence and Change, Boulder, Colorado 1977, S. 281.

50 Vgl. Bodemer (Anm. 12), S. 125-135.

51 Sohn (Anm. 12), S. 14.

52 Bodemer (Anm. 12), S. 112.

53 In dem Papier des Auswärtigen Amtes hieß es: „Über Bord werfen sollten wir auch das marktwirtschaftliche Leergut, das wir seit den Gründungsjahren der Entwicklungspolitik mit uns schleppen. Wirtschaftspolitische Grundsätze, die Deutschland nützen, sind in Ländern, denen es an allem fehlt, was eine private Wirtschaft trägt, auch dann nicht am Platze, wenn wir sie empfehlen." Zitiert nach Bodemer, ibid., S. 122.

54 Vgl. ibid., S. 132 f.

55 Das BMZ hatte bis 1964 weitgehend Koordinierungsaufgaben zwischen den verschiedenen Ressorts, die an der Entwicklungspolitik beteiligt waren. Ab 1964 erhielt es die Zuständigkeit für die technische Zusammenarbeit, die damals noch von der aus der Weimarer Zeit fortbestehenden Garantie-Abwicklungsgesellschaft (GAWI) und der Bundesstelle für Entwicklungspolitik (BfE) im Auftrage des BMZ durchgeführt wurde.

56 So war z. B. der Export von gebrauchten Textilmaschinen, die in Afrika dem Aufbau einer Textilindustrie dienen sollten, zwar für die deutschen Exporteure lukrativ, trug aber letzt-

lich mehr zur finanziellen Belastung der Empfänger als zur Hebung ihrer industriellen Kapazität bei, da die Maschinen trotz veralteter Technik die technologische Eigenkompetenz der Empfängerländer überforderten, weil sie reparaturanfällig waren und weil Ersatzteile fehlten, vgl. Sohn (Anm. 12), S. 19.

57 Bulletin des Presse- und Informationsamtes der Bundesregierung 31/1965, zitiert nach Helga Haftendorn u. a. (Hg.), Die Außenpolitik der Bundesrepublik Deutschland, Berlin (W) 1982, S. 469.

58 Die Einstellung der Wirtschaftshilfe implizierte, daß es keine deutsche Beteiligung am zweiten Fünfjahresplan, keine neuen Festlegungen auf längerfristige, staatlich verbürgte Kredite und einen Auszahlungsstopp für den noch nicht abgerufenen Restbetrag aus dem Kapitalhilfevertrag von 1961 geben würde, vgl. Bodemer (Anm. 12), S. 129.

59 Zitiert nach ibid., S. 136.

60 Vgl. ibid., S. 137.

61 Die Bundesregierung drückte ihr Befremden über die Anerkennung aus, rief ihren Botschafter zur Berichterstattung nach Bonn und kündigte eine „sorgfältige Prüfung" weiterer Hilfe-Ersuchen an, vgl. ibid., S. 141.

62 Sohn (Anm. 12), S. 21. Zugunsten deutscher Reeder wurde in Kapitalhilfeabkommen die Klausel aufgenommen, daß der Transport von Gütern, die aus der deutschen Entwicklungshilfe finanziert wurden, auf deutschen Schiffen erfolgen mußte. Dies war auch eine Art Lieferbindung.

63 Siehe dazu Dennert (Anm. 12), S. 54.

64 Da die Entwicklungspolitik der Bundesrepublik hier nicht im allgemeinen, sondern wesentlich unter dem Aspekt ihrer Einbettung in den (oder ihrer Unabhängigkeit gegenüber dem) Ost-West-Konflikt dargestellt werden soll, wurde im Text auf Ausführungen zur Organisation der Entwicklungshilfe verzichtet. Zur Orientierung seien hier nur einige Hinweise gegeben: Für die Durchführung der finanziellen Zusammenarbeit stand dem BMZ die 1948 gegründete Kreditanstalt für Wiederaufbau (KfW) zur Verfügung. Die Abwicklung der technischen Zusammenarbeit erfolgte über zwei Organisationen: die aus der Vorkriegszeit stammende Garantieabwicklungs-Gesellschaft (GAWI) für Personalrekrutierung, Materialbeschaffung und das Consulting-Wesen sowie die Bundesstelle für Entwicklungshilfe (BfE), der die eigentliche Durchführung der technischen Zusammenarbeit oblag. Diese beiden Organisationen wurden im Jahre 1974 (im Anschluß an ein sehr kritisches Gutachten des Bundesrechnungshofes) zu der Deutschen Gesellschaft für technische Zusammenarbeit (GTZ) zusammengefaßt. Dadurch wurde die interne Kontrolle der praktischen Entwicklungspolitik beim BMZ konzentriert und zugleich eine stärkere Einbeziehung des privaten Consulting-Wesens in die Entwicklungspolitik forciert. Zur Darstellung des gesamten Vorgangs siehe Dokumentation – Neuordnung des Durchführungsbereichs der Technischen Hilfe, in: GAWI-Rundbrief 3/1974, S. 4-72; Siebter Deutscher Bundestag, 76. Sitzung (24.1.1974), S. 4806-4839. Zu dem von der Bundesregierung geschaffenen Instrumentarium der Entwicklungshilfe gehören außerdem die Deutsche Stiftung für Internationale Entwicklung (DSE) aus dem Jahre 1959, die der Ausbildung von qualifiziertem Führungspersonal und von Fachkräften aus den Entwicklungsländern dient, der Deutsche Entwicklungsdienst (DED), der 1963 analog zum amerikanischen Peace Corps geschaffen worden war, um Entwicklungshelfer in die Dritte Welt zu entsenden, das Deutsche Institut für Entwicklungspolitik (DIE) in Berlin, das 1964 zu dem Zweck eingerichtet wurde, deutsche Hochschulabsolventen als Nachwuchskräfte für die Entwicklungspolitik über ein Aufbaustudium (mit Auslandsaufenthalt) auszubilden und die wissenschaftlichen Grundlagen der Entwicklungspolitik durch Forschung und Gutachten zu erweitern. Schließlich gehört zu dem von der Bundesregierung geschaffenen Instrumentarium die 1962 gegründete Deutsche Entwicklungsgesellschaft (DEG), die Direktinvestitionen der deutschen Wirtschaft (vor allem auch mittelständischer Betriebe) in Entwicklungsländern durch Beratung, technische Hilfe und finanzielle Beteiligungen fördern soll. Hinzu kommen als Träger von entwicklungspolitisch relevanten Maßnahmen die Kirchen mit ihren Spezialeinrichtungen, die politischen Stiftungen von CDU, CSU, SPD und FDP, die ihre Arbeit zwar eigenständig durchführen, aber durch den Bundeshaushalt bezuschußt werden, ferner die Carl Duisberg-Gesellschaft, die Werkstudenten aus Entwicklungsländern betreut, der Deutsche Akademische Austauschdienst (DAAD) und die Goethe-Institute.

65 BMZ, Die Entwicklungspolitische Konzeption der Bundesrepublik Deutschland und die Internationale Strategie für die Zweite Entwicklungsdekade, Bonn 1971.

66 Vgl. zur sowjetischen Interpretation Henry Trofimenko, The Third World and the US-Soviet Competition: A Soviet View, in: Foreign Affairs, Sommer 1981, S. 1026f.

67 Darauf verweist z.B. Andreas Buro, Die Entwicklungshilfe der Bundesrepublik Deutschland, in: Bassam Tibi, Volkhard Brandes (Hg.), Unterentwicklung, Frankfurt/M. 1975, S. 328.

68 Vgl. dazu Peter Bernholz, Währungskrisen und Währungsordnung, Hamburg 1974; Uwe Andersen, Das internationale Währungssystem zwischen nationaler Souveränität und supranationaler Integration, Berlin (W) 1977.

69 Vgl. Helmut Gröner, Die westdeutsche Außenpolitik, und Friedrich von Krosigk, Die Bedeutung der multinationalen Unternehmen, in: Hans-Peter Schwarz (Hg.), Handbuch der deutschen Außenpolitik, München 1975, S. 410f, 459. Was die Direktinvestitionen in der Dritten Welt betraf, so stellte der Bundesverband der Bekleidungsindustrie 1973 die Textilindustrie habe nicht nach Produktionsverlagerungen ins Ausland gedrängt, sondern sei dazu von der Bundesregierung „ermuntert, später mit Hinweis auf ähnliche Entwicklungen in anderen Ländern gepreßt und schließlich geradezu geprügelt worden", Frankfurter Rundschau 14.12.1973, zitiert bei Buro (Anm. 67), S. 339.

70 Partners in Development, Report of the Commission on International Development, New York 1969.

71 Zur damit angesprochenen Problematik siehe Wolfgang Hager, Westeuropas wirtschaftliche Sicherheit, (Forschungsinstitut der Deutschen Gesellschaft für Auswärtige Politik), Bonn 1976; Joseph S. Nye, Kollektive wirtschaftliche Sicherheit, in: Europa Archiv 29/1974, S. 650-664.

72 Erhard Eppler, Wenig Zeit für die Dritte Welt, Stuttgart 1972 (5. Auflage), S. 14f.

73 Alle folgenden Zitate nach BMZ, Die Entwicklungspolitische Konzeption ... (Anm. 65).

74 Ibid., Paragraph 11.

75 Zur Kritik siehe Jörg-Udo Meyer, Dieter Seul, Karl Heinz Klinger, Die Zweite Entwicklungsdekade der Vereinten Nationen. Konzept und Kritik einer globalen Entwicklungsstrategie (Institut für Entwicklungsforschung und Entwicklungspolitik der Ruhr-Universität Bochum), Bochum 1970, S. 16f.

76 Siehe ausführlicher Kapitel A.

77 So wird zum Beispiel in der Konzeption eine berufsorientierte Erziehung gefordert, bei der ein verstärkter Einsatz von „modernen Geräten, Massenkommunikationsmitteln und neuen Lehrmethoden" zur Effizienzsteigerung führen soll (S. 52). Die Verbesserung der Ernährungslage sollte durch Einsatz verbesserter Sorten und eine, stärkere Anreize schaffende Agrarpreispolitik erreicht werden. Eine Landreform wird äußerst vorsichtig nur dort empfohlen, „wo es notwendig erscheint, ... um soziale Gerechtigkeit und gleichzeitig die Wirtschaftlichkeit der Farmen zu verbessern" (S.54).

78 Beispielhaft heißt es zur Planung von Maßnahmen im Bereich der kurativen und präventiven Medizin: „In beiden Bereichen ist einer durch Beratungs- und Forschungshilfe vorbereiteten Programmfinanzierung der Vorzug vor der isolierten Förderung einzelner Vorhaben zu geben."(S. 18).

79 Unter „Anpassung der Bedingungen" heißt es in der Konzeption: „Die Bedingungen der öffentlichen Entwicklungshilfe sind unter Berücksichtigung der Lage der Entwicklungsländer flexibler und günstiger zu gestalten. Dazu sollen vor allem beitragen: ein höherer Anteil der Zuschüsse, die rasche Erfüllung der Empfehlungen der OECD über Kreditkonditionen sowie unsere Bemühungen um den Abbau der Lieferbindungen und die Beteiligung an Landeswährungskosten." (S. 10).

80 Ibid., S. 10f.

81 Ibid., S. 13.

82 Ibid., S. 14.

83 Ibid.

84 Ibid., S. 11. Zwar bekannte sich auch die DDR in den siebziger Jahren prinzipiell zu diesem Grundsatz, indem sie einen „Export der Revolution" ablehnte und eine Kooperation mit allen Entwicklungsländern anstrebte, ungeachtet deren politischer Ausrichtung. Die Ziele

414

und die Praxis ihrer Entwicklungshilfe lassen jedoch ebenso wie der Kreis der Empfänger erkennen, daß dies für die Gewährung der „sozialistischen Hilfe" kaum galt, vgl. Kapitel D.

85 Vgl. im Gegensatz dazu: Ludwig Erhard, Freie Unternehmerschaft ist gute Entwicklungshilfe (Rede bei der 10. Jahreshauptversammlung der Weltbank am 13.9.1955 in Istanbul), auszugsweise abgedruckt in Haftendorn u. a. (Anm. 57), S. 467.

86 Weißbuch 1975/76. Zur Sicherheit der Bundesrepublik Deutschland und zur Entwicklung der Bundeswehr (herausgegeben im Auftrage der Bundesregierung vom Bundesminister der Verteidigung), Bonn 1976, S. 39f. Mit dem gleichen Tenor führte Bundeskanzler Schmidt auf der Außenpolitischen Bundeskonferenz der SPD von 1975 aus, „daß durch die vom Öl ausgelösten Wirkungen, einschließlich des schweren Handicaps für die Funktionstüchtigkeit des internationalen Banksystems, auch für die Kirchturmspolitik inzwischen klar wird, daß Labilität der Weltwirtschaft international Sicherheit und Frieden ... durchaus und sehr aktuell bedrohen kann", in: Partnerschaft heute. Unsere Politik nach außen (Außenpolitische Bundeskonferenz der SPD, 17.-19.1.1975), Bonn 1975, S. 10.

87 Zitiert nach Frankfurter Rundschau 12.10.1978.

88 Vgl. Hager (Anm. 71), S. 650f. Wie sehr der „Ökonomisierung" der Politik eine Politisierung der Ökonomie entsprach, geht aus der Feststellung des Verteidigungsministers hervor, daß „jede Gefährdung des freien Welthandels und einer preisgünstigen und sicheren Versorgung mit Rohstoffen ... die Verteidigungsfähigkeit der Bundesrepublik schwächt", Weißbuch (Anm. 86), S. 44. Dazu kritisch Uwe Holtz, Sicherheitspolitik und Entwicklungspolitik, in: Die Neue Gesellschaft, März 1977, S. 219.

89 Egon Bahr, Die neue wirtschaftliche Entspannung (Rede anläßlich der 20-Jahres-Feier der deutsch-indischen Handelskammer am 23.1.1976 in Bombay), Bonn (BMZ) 1976.

90 Bei den Thesen von Gymnich handelt es sich um das Ergebnis einer Kabinettsitzung auf Schloß Gymnich am 9.6.1975, abgedruckt in: BMZ, Bericht zur Entwicklungspolitik der Bundesregierung (Zweiter Bericht), Bundestagsdrucksache 7/4293, S. 38.

91 Ibid.; Egon Bahr, Die Thesen von Gymnich: Die Entwicklungspolitik der Bundesrepublik Deutschland, in: Außenpolitik II/1975, S. 315.

92 BMZ, Die Entwicklungspolitische Konzeption der Bundesrepublik Deutschland (Fassung 1975), Bundestagsdrucksache 7/4293, S. 40.

93 Zur Darstellung des Konzepts und zur kritischen Auseinandersetzung vgl. Detlev Schwefel, Grundbedürfnisse und Entwicklungspolitik, Baden-Baden 1978; International Labour Organization (ILO), Beschäftigung, Wachstum und Grundbedürfnisse, Genf 1976; S. J. Burki, Mahbub Ul Haq, Meeting Basic Needs. An Overview, in: World Development 2/1981, S. 167f; Reinhard Wesel, Das Konzept der „Integrierten ländlichen Entwicklung": Neuansatz oder Rhetorik?, Saarbrücken 1981; vgl. auch Kapitel A.

94 Vgl. zur Abgrenzung gegenüber einer eher auf Umverteilung ausgerichteten Strategie: Wesel (Anm. 93), S. 10f; Rainer Tetzlaff, Die Weltbank: Machtinstrument der USA oder Hilfe für die Entwicklungsländer? München 1980, S. 65.

95 ILO, Beschäftigung ... (Anm. 93).

96 BMZ, Dritter Bericht zur Entwicklungspolitik, Bundestagsdrucksache 8/1185, S. 9f.

97 Siehe die „Thesen zur Politik der Zusammenarbeit mit den Entwicklungsländern", verabschiedet auf einer Sitzung des Bundeskabinetts am 30.5.1979, abgedruckt in: BMZ, Vierter Bericht zur Entwicklungspolitik, Bundestagsdrucksache 8/3582, S. 83-85; Die Entwicklungspolitischen Grundlinien der Bundesregierung, Bonn (BMZ) 1980; Gemeinsame Entschließung aller im Bundestag vertretenen Fraktionen zur Entwicklungspolitik vom 5.3.1982, in: epd-Entwicklungspolitik 5,6/1982. Das zwiespältige Echo, das die Grundbedürfnisstrategie in der DDR auslöste, ist in Kapitel D nachgezeichnet.

98 Das gilt nicht in der gleichen Weise für die Praxis, vgl. Wesel (Anm. 93), passim, Zusammenfassung, S. 207-225.

99 Vgl. Anette Niemeyer, Entwicklungspolitische Grundlinien, in: epd-Entwicklungspolitik 14/1980, S. 15-17.

100 Das Überleben sichern. Gemeinsame Interessen der Industrie- und Entwicklungsländer (Brandt-Bericht), Köln 1980; The Global 2000 Report to the President, Washington 1981.

101 Gemeinsame Entschließung ... (Anm. 97).

102 Vgl. Brock, Wechselwirkungen ... (Anm. 31), S. 233-258.

103 Vgl. hierzu für die „Ökonomisierung" auch des östlichen Waffenhandels Winrich Kühne, Schwarzafrika und die Sowjetunion, in: Europa Archiv 10/1980, S. 327. Zur Problematik auf seiten der Bundesrepublik siehe Ulrich Albrecht, Peter Lock, Herbert Wulf, Mit Rüstung gegen Arbeitslosigkeit? Reinbek 1982; Michael Brzoska, Bundesdeutsche Rüstungsexporte in die Dritte Welt: Daten – Verfahren – Zusammenhänge, in: Bernhard Moltmann (Hg.), Militarismus und Rüstung, Heidelberg 1981, S. 67 ff; Eckart Ehrenberg, Der deutsche Rüstungsexport. Beurteilung und Perspektiven, München 1981; Joachim Krause, Trendwende in der deutschen Rüstungsexportpolitik? in: Europa Archiv 17/1982, S. 527.

104 Vgl. Albrecht u. a. (Anm. 103); Krause (Anm. 103); Lothar Brock, Hunger und Rüstung, in: Vorgänge, Juni 1981, S. 92-102.

105 Die zunehmende Bedeutung einer in diesem Sinne nach innen gerichteten Sicherheitspolitik manifestierte sich vor allem in der Ideologie der „nationalen Sicherheit" wie sie in Lateinamerika während der siebziger Jahre vertreten wurde. Vgl. zur Erörterung der Gesamtproblematik Friedemann Büttner u. a.: Reform in Uniform? Militärherrschaft und Entwicklung in der Dritten Welt, Bonn 1976. Zur Ideologie der nationalen Sicherheit: M. Fernandez Beaza, Nationale Sicherheit in Lateinamerika, Heidelberg 1981.

106 Es ist von daher nicht verwunderlich, daß Vertreter der Reagan-Administration sich gegenüber Kritikern häufig auf die Kontinuität der US-amerikanischen Außenpolitik auch im Übergang von der Präsidentschaft Carters zu Reagan berufen haben.

107 Vgl. Michael T. Klare, Mit der R. D. F. zum schnellen Eingriff! Die Brown-Doktrin, in: The Nation 8. März 1980, deutsch in: ders., Jederzeit, überall, mit allen Waffen, Militärpolitik Dokumentation, Heft 26/1982, S. 31-38.

108 Zu diesem Szenario vgl. Karl Kaiser u. a., Die Sicherheit des Westens. Neue Dimensionen und Aufgaben, Bonn 1981.

109 So Jürgen Gerhard Todenhöfer, Das südliche Afrika als Beispiel für das Spannungsfeld Ost-West/Nord-Süd, in: Der Nord-Süd-Dialog – Gefährdung durch den Ost-West-Konflikt? (Werkbericht der Konrad-Adenauer-Stiftung) Melle 1981, S. 35.

110 Gemeint ist die These, daß der Sieg in Vietnam und die Auflösung des portugiesischen Restkolonialreiches (in Afrika) durch die Entspannung begünstigt worden seien; vgl. ausführlich Kapitel D.

111 Dieses Thema wurde u. a. auf der Münchener Wehrkundetagung von 1981 diskutiert, vgl. Brock, Entspannungspolitik . . . (Anm. 31), S. 87-90.

112 Siehe die Äußerungen des amerikanischen Botschafters in der Bundesrepublik, Richard Burt, Die Zukunft der deutsch-amerikanischen Beziehungen (Vortrag gehalten am 18.11.1985 vor der Hanns-Seidel-Stiftung in München): „Die Bundesrepublik hat bereits eine führende Rolle in der politischen Entwicklung übernommen, (. . .) um für die Verbreitung demokratischer Werte zu sorgen. Aber Europa muß auch bereit sein, die territoriale Integrität von Staaten verteidigen zu helfen, deren Unabhängigkeit von lebenswichtiger Bedeutung für den Westen ist."

113 Grundsätzliche Unterschiede in der Beurteilung der Frage, wie Konflikten in und mit der Dritten Welt zu begegnen sei, zeigten sich erneut im Zusammenhang mit der wirtschaftlichen Sanktions- und militärischen Interventionspolitik der USA gegenüber Libyen seit Anfang 1986.

114 Die neuen Akzente in der deutschen Entwicklungspolitik, in: Entwicklung und Zusammenarbeit 1/1983 (Schwerpunktthema der Ausgabe); Dieter Bauer, Neue Trends in der Entwicklungspolitik, in: Entwicklung und Zusammenarbeit 1/1984, S. 20 f; Christian Heimpel, Deutsche Entwicklungspolitik vor der Wende?, in: Aus Politik und Zeitgeschichte B 23/1983, S. 3-11; Volkmar Köhler, Der Wandel der Entwicklungspolitik in den letzten zehn Jahren, in: Europa Archiv 16/1985, S. 487-496.

115 Feststellung des Ministers für wirtschaftliche Zusammenarbeit, Jürgen Warnke, auf einer Fachtagung der Konrad-Adenauer-Stiftung über neue Trends in der Entwicklungspolitik, November 1983, zitiert im Tagungsbericht von Dieter Bauer (Anm. 114), S. 20.

116 Zur Politik der Sozialdemokratie in Lateinamerika siehe Stefan Saarbach, Einige Aspekte der aktuellen Lateinamerikapolitik der Sozialdemokratie, in: Veronika Bennhold-Thomsen u. a. (Hg.), Lateinamerika. Analysen und Berichte, Band 4, Berlin 1980, S. 120-160.

117 Minister Warnke, zitiert nach Bauer (Anm. 114), S. 20.

118 Vgl. Eppler (Anm. 72), S. 98-104.
119 BMZ, Fünfter Bericht zur Entwicklungspolitik der Bundesregierung (März 1983), Bundestagsdrucksache 9/2411, S. 38.
120 Heimpel (Anm. 114), S. 10.
121 Memorandum zur Entwicklungspolitik der Europäischen Gemeinschaft (Memorandum der Kommission an den Rat vom 4. Oktober 1982), abgedruckt in: Bulletin der Europäischen Gemeinschaft, Beilage 5/1982; Edgard Pisani, Die Europäische Gemeinschaft und die Nord-Süd-Frage, in: Europa Archiv 19/1983, S. 594 f. Zur Kritik siehe Franz Nuscheler, Lern- und Arbeitsbuch Entwicklungspolitik, Bonn 1985, S. 191 f.
122 Die Exporte trugen 1983 mit 26,8 % zum Bruttosozialprodukt bei. In Japan waren es im Vergleich dazu nur 13,1 %, in den USA 6,9 %, in Indien 5,2 %, vgl. BMZ, Entwicklungspolitik, Jahresbericht 1983, S. 27.
123 BMZ, Journalisten-Handbuch 1985, S.199-201; BMZ, Vierter Bericht (Anm. 97), S. 11 f; BMZ, Sechster Bericht zur Entwicklungspolitik, Bundestagsdrucksache 10/3028, S. 67 f.
124 BMZ, Sechster Bericht (Anm. 123), S. 67. Zur DDR vgl. Kapitel D.
125 BMZ, Journalisten-Handbuch 1985, S. 200.
126 BMZ, Fünfter Bericht (Anm. 119), S. 148 f, Tabelle 8.
127 Siegfried Schulz, Dieter Schumacher, Herbert Wilkens, Wirtschaftliche Verflechtung der Bundesrepublik Deutschland mit den Entwicklungsländern, Baden-Baden 1980, S. 53. Sie geben an, daß der Anteil der Investitionsgüter an den Importen aus den Entwicklungsländern von 0,9 % im Jahre 1965 auf 5,9 % im Jahre 1977 anstieg; vgl. auch BMZ, Entwicklungspolitik, Jahresbericht 1980, S. 10.
128 BMZ, Sechster Bericht (Anm. 123), S. 67. Der durchschnittliche Marktanteil der Bundesrepublik am Nord-Süd-Handel liegt bei 10 %, vgl. BMZ, Fünfter Bericht (Anm. 119), S. 148.
129 BMZ, Journalisten-Handbuch 1985, S. 199.
130 BMZ, Sechster Bericht (Anm. 123), S. 68 f.
131 Ibid.
132 Ibid., S. 69.
133 Rainer Tetzlaff, Die Dritte-Welt-Politik der Bundesrepublik Deutschland zwischen Friedensrhetorik und Realpolitik,in: Reiner Steinweg (Red.), Hilfe plus Handel gleich Frieden? Die Bundesrepublik in der Dritten Welt (Friedensanalysen, Band 15) Frankfurt/M. 1982, S. 71.
134 BMZ, Sechster Bericht (Anm. 123), S. 69.
135 BMZ, Journalisten-Handbuch 1985, S. 203. Dabei dürfen Schwankungen nicht übersehen werden: Der höchste Stand war 1972 mit 43 %, der niedrigste 1980 mit 13,6 % erreicht.
136 BMZ, Vierter Bericht (Anm. 97), S. 36 f, Tabelle 19; BMZ, Journalisten-Handbuch 1985, S. 200, 203.
137 Beispielhaft sei noch einmal auf die Direktinvestitionen hingewiesen: 1978 entfiel knapp die Hälfte aller deutschen in der Dritten Welt getätigten Direktinvestitionen auf Lateinamerika. Hiervon wiederum befanden sich über 70 % allein in den drei Schwellenländern Brasilien, Mexiko und Argentinien. BMZ, Vierter Bericht (Anm. 97), S. 36 f.
138 So etwa Jute aus Bangladesh, Burma und Nepal, Hartfasern aus Sri Lanka, Tansania und Madagaskar, Bauxit aus Guinea, Sierra Leone und Guyana.
139 Siehe zu dieser Problematik Jürgen B. Donges, Weltwirtschaftlich bedingter Strukturwandel in der westdeutschen Industrie und Chancen zum Transfer bestimmter Produktionsaktivitäten in die Entwicklungsländer, in: BMZ, Entwicklungspolitik (Materialien Nr. 52), Bonn, Dezember 1975, S. 73-81; BMZ, Rückwirkungen der Entwicklungszusammenarbeit (Materialien Nr. 65), Bonn, April 1980.
140 Der Anstieg der Entwicklungshilfe gemessen am Bruttosozialprodukt war zum Teil auch darauf zurückzuführen, daß das gesamtwirtschaftliche Wachstum stagnierte. Zu den Angaben siehe BMZ, Sechster Bericht (Anm. 123), S. 38-41; BMZ, Journalisten-Handbuch 1985, S. 56.
141 Ibid.
142 BMZ, Fünfter Bericht (Anm. 119), S. 46; BMZ, Sechster Bericht (Anm. 123), S. 42, 125; BMZ, Bericht zur Entwicklungspolitik der Bundesregierung, Bonn, November 1973,

S. 147. Die Schwankungen bei den Zahlenangaben für aufeinanderfolgende Jahre ergeben sich daraus, daß das BMZ Zweijahreszusagen macht.

143 BMZ, Fünfter Bericht (Anm. 119), S. 156, Tabelle 15.

144 BMZ, Sechster Bericht (Anm. 123), S. 42f.

145 BMZ, Journalisten-Handbuch 1982, S. 58.

146 BMZ, Fünfter Bericht (Anm. 119), S. 47.

147 Nuscheler (Anm. 121), S. 220.

148 Ibid., S. 221. Zu den Zinskonditionen der DDR vgl. den Abschnitt über die finanzielle Zusammenarbeit in Kapitel D.

149 BMZ, Fünfter Bericht (Anm. 119), S. 47.

150 BMZ, Entwicklungspolitik, Jahresbericht 1983, S. 39.

151 Die Ist-Werte für unmittelbar grundbedürfnisorientierte Vorhaben und Vorhaben der ländlichen Entwicklung im Jahre 1982 blieben weit hinter den Sollwerten zurück, vgl. BMZ, Sechster Bericht (Anm. 123), Tabelle 9, S. 43; BMZ, Fünfter Bericht (Anm. 119), Tabelle 7, S. 48. Auch Projekte, die auf Produktivitätssteigerung durch Erhöhung der industriellen Inputs (Düngemittel, Pestizide, Maschinen) abzielen, werden der ländlichen Entwicklung zugeordnet, obwohl sie nicht notwendigerweise unmittelbar grundbedürfnisorientiert sind, siehe die einschlägigen Erfahrungen mit der „Grünen Revolution".

152 BMZ, Entwicklungspolitik, Jahresbericht 1980, S. 17.

153 Ibid., S. 17 f. Dabei mag eine Rolle spielen, daß insbesondere auch von seiten der sozialistischen Staaten immer wieder der Vorwurf erhoben wird, die westliche Ausbildungshilfe trage zu einem „brain-drain", zur Abwanderung von Fachkräften aus der Dritten Welt in die westlichen Industriestaaten, bei.

154 BMZ, Entwickungspolitik, Jahresbericht 1983, S. 45.

155 BMZ, Entwicklungspolitik, Jahresbericht 1980, S. 41-44.

156 Es treten hinzu: Marokko, Peru, Sudan, Jordanien, Kenia, Republik Korea, Sri Lanka, Chile, Afghanistan, Kamerun. Zusammen mit den zehn Hauptförderländern erhielten sie in der Zeit von 1950 bis 1980 51,38 % der bilateralen öffentlichen Entwicklungshilfe, ibid. Bei der DDR sind es dagegen nur 5 Länder – Vietnam, Kuba, Mongolei, Kampuchea und Laos –, die mindestens 50 % der Hilfeleistungen auf sich vereinen, vgl. Kapitel D.

157 1982 erhielten die folgenden Länder die höchste bilaterale öffentliche Entwicklungshilfe: Indonesien, Ägypten, Indien, Bangladesh, Türkei, Israel, VR China, Burma, Tansania, Tunesien (BMZ, Entwicklungspolitik, Jahresbericht 1982, S. 54-58). Im Jahre 1983 waren es Indien, Ägypten, VR China, Indonesien, Burma, Sudan, Tunesien, Israel, Kenia, Sri Lanka (BMZ, Entwicklungspolitik, Jahresbericht 1983, S. 67-74). Empfänger der höchsten Entwicklungshilfe im Jahre 1984 waren Ägypten, Indien, Indonesien, VR China, Israel, Bangladesh, Tansania, Sudan, Kenia, Peru. Sie erhielten zusammen 35,03 % der offiziellen, bilateralen Entwicklungshilfe (BMZ, Entwicklungspolitik, Jahresbericht 1984, S. 79-86).

158 BMZ, Sechster Bericht (Anm. 123), S. 87.

159 Berechnet nach BMZ, Entwicklungspolitik, Jahresbericht 1983, S. 67-74.

160 So entfällt auf Lateinamerika die Hälfte der Direktinvestitionen in der Dritten Welt, aber nur rund ein Zehntel der Entwicklungshilfe, vgl. auch Abschnitt 5.1.

161 Berechnet nach BMZ, Entwicklungspolitik, Jahresbericht 1983, S. 67-74; Jahresbericht 1984, S. 79-86.

162 Berechnet nach ibid.

163 Klaus, Eßer, Jürgen Wiemann, Schwerpunktländer in der Dritten Welt. Konsequenzen für die Südbeziehungen der Bundesrepublik Deutschland, Berlin (W) (Deutsches Institut für Entwicklungspolitik) 1981, S. 29; World Military Expenditures and Arms Transfers 1972-1982, (Arms Control and Disarmament Agency), Washington D.C., April 1984, Tabelle III.

164 Indien, das wichtigste Empfängerland der Entwicklungshilfe, erhielt dagegen nur Rüstungsgüter im Wert von 5 Millionen US-$. Der Rüstungsexport nach Indien hat allerdings, vor allem beim „Sonderschiffbau", steigende Tendenz. Zur Rüstungsexportpolitik der Bundesrepublik siehe Ulrich Albrecht, Birgit Sommer, Deutsche Waffen für die Dritte Welt, Reinbek 1972; Ulrich Albrecht, Peter Lock, Herbert Wulf, Arbeitsplätze durch Rü-

stung? Reinbek 1978; Helga Haftendorn, Militärhilfe und Rüstungsexporte der BRD, Düsseldorf 1971. Einen Literaturbericht zum Thema liefert Michael Brzoska, Rüstung und Dritte Welt, München, Köln, London 1981.

165 BMZ, Fünfter Bericht (Anm. 119), S. 146, Tabelle 5.
166 World Military ... (Anm. 163), Table III.
167 Hans-Jürgen Wischnewski, Nord-Süd-Konflikt. Beiträge zur Entwicklungspolitik, Hannover 1968, S. 40f.

Anmerkungen zu Kapitel F

1 Bundesministerium für wirtschaftliche Zusammenarbeit (Hg.), Fünfter Bericht zur Entwicklungspolitik der Bundesrepublik Deutschland, Bonn 1983, S. 8f.

2 Mit Genugtuung hielt Karl Günther von Hase als Sprecher des Auswärtigen Amtes nach der Gründungskonferenz der Blockfreien in Belgrad im September 1961 fest, daß kein Teilnehmerstaat während der Konferenz in der Anerkennungsfrage über die von ihm schon vor der Konferenz eingenommene Haltung hinausgegangen sei, vgl. Bulletin des Presse- und Informationsamtes der Bundesregierung vom 6. September 1961. Zufrieden äußerte sich indessen auch die DDR. Sie glaubte, eine „verheerende Niederlage für Bonn" feststellen zu können und sah ihre Position insoweit gestützt, als „eine große Zahl der bedeutendsten Staatsmänner Afrikas, Asiens und Lateinamerikas" von der Existenz zweier deutscher Staaten ausgegangen sei, so Günter Pötschke, Die Belgrader Konferenz nichtpaktgebundener Staaten – ein Sieg der Kräfte des Friedens, in: E 10/1961, S. 1557f.

3 Rundfunkinterview zur Politik der blockfreien Staaten am 4.9.1979, abgedruckt in: Auswärtiges Amt, Dokumentation Dritte Welt, Bonn 1979, S. 56. Kurz zuvor hatte der Staatssekretär im Auswärtigen Amt, Günther van Well, anläßlich der Eröffnung eines „Dritte-Welt-Arbeitskreises" des Auswärtigen Amtes festgestellt, daß die Bewegung der Ungebundenen „zu einer beachtlichen Kraft für die Förderung der Unabhängigkeit und Gleichberechtigung der Völker" geworden sei. Ihr würde „in Zukunft vermehrte Verantwortung für die Regelung von Konflikten zufallen, die sich zwischen ihren Mitgliedern ergeben, sowie der Abwehr gegen die Austragung von Fremdkonflikten in ihrem Bereich", Rede vom 25.6.1979, in: ibid., S. 51.

4 So 1979 in einer Grußadresse an die VI. Gipfelkonferenz in Havanna (ND 3.9.1979, S. 1). Etwas weniger enthusiastisch fiel die Grußadresse an die VII. Gipfelkonferenz 1983 aus (ND 7.3.1983, S. 1f).

5 Renate Wünsche, Die Politik der Nichtpaktgebundenheit in den internationalen Beziehungen der Gegenwart, in: AAL 4/1976, S. 519.

6 Renate Wünsche, Die Nichtpaktgebundenen – eine dritte Kraft? Berlin (O) 1980, S. 38, 40.

7 Helmut Mardek, Renate Wünsche, Aktuelle Probleme der Bündnisbeziehungen zwischen den Staaten der sozialistischen Gemeinschaft und den nichtpaktgebundenen Ländern, in: DAP 8/1977, S. 64f; Renate Wünsche, Die Bewegung der Nichtpaktgebundenheit – ein wesentlicher Faktor der internationalen Beziehungen der Gegenwart, in: AAL 5/1979, S. 785; Roswitha Voigtländer, Renate Wünsche, 20 Jahre Bewegung nichtpaktgebundener Staaten, in: DAP 9/1981, S. 39, 41, 45.

8 Vgl. hierzu Klaus Fritsche, Tendenzwende in Neu-Delhi? in: Aus Politik und Zeitgeschichte B 18/1983, S. 24f.

9 Wolfgang Spröte, Renate Wünsche, Zur VI. Gipfelkonferenz nicht-paktgebundener Staaten in Havanna, in: AAL 1/1980, S. 5.

10 Roswitha Voigtländer, Renate Wünsche, Bedeutung und Ergebnisse der 6. Gipfelkonferenz nichtpaktgebundener Staaten, in: DAP 1/1980, S. 53.

11 Volker Matthies, Von der Unmoral zur Respektabilität. Zwei Jahrzehnte Bewegung der Blockfreien, in: Vereinte Nationen 2/1981, S. 183 ff; vgl. auch ders., Die Bewegung der Blockfreien, in: Aus Politik und Zeitgeschichte B 37/1979, S. 35-46.

12 Reiner Tetzlaff, Die Diskussion der Neuen Weltwirtschaftsordnung in der Bundesrepublik: die Position der Bundesregierung sowie wichtiger gesellschaftlicher Trägergruppen, in:

Diskurs (Bremer Beiträge zu Wissenschaft und Gesellschaft, Universität Bremen), August 1980, S. 14 ff.

13 Vorwort in: Rainer Jonas, Manfred Tietzel (Hg.), Die Neuordnung der Weltwirtschaft, Bonn 1976, S. 7.

14 Volker Matthies, Neue Weltwirtschaftsordnung. Hintergründe, Positionen, Argumente, Opladen 1980, S. 33 f.

15 Konrad Seitz, Die Dritte Welt als neuer Machtfaktor der Weltpolitik, in: Europa Archiv 7/1975, S. 218.

16 Otto Graf Lambsdorff, Der Nord-Süd-Dialog nach UNCTAD V, in: Europa Archiv 13/1979, S. 381.

17 Lutz Maier, Probleme des Kampfes der Entwicklungsländer für eine neue internationale Wirtschaftsordnung, in: E 6/1978, S. 590.

18 Wolfgang Spröte, Das Zusammenwirken sozialistischer Staaten und national befreiter Länder in der UNO, in: DAP 6/1981, S. 62. Ähnlich auch Manfred Engert, Im Ringen um die Demokratisierung der internationalen Wirtschaftsbeziehungen, in: E 4/1982, S. 353.

19 Wolfgang Spröte, Die Position der sozialistischen Staaten zur Umgestaltung der internationalen Wirtschaftsbeziehungen, in: AAL 6/1982, S. 967.

20 Gemeinsame Erklärung sozialistischer Länder zur IV. Tagung der Konferenz der UNO für Handel und Entwicklung, in: DAP 8/1976, S. 1248; Helmut Faulwetter, Entwicklungsländer und Neue Internationale Wirtschaftsordnung, Berlin (O) 1982, S. 38; Spröte (Anm. 18), S. 62. Vgl. auch Henning Wegener, Sozialistische Länder und neue Weltwirtschaftsordnung, in: Europa Archiv 10/1977, S. 295-297.

21 Zu den Ergebnissen der IV. UNCTAD-Konferenz, in: IPW-Berichte 8/1976, S. 64 f, 69.

22 V. Tagung der UNCTAD, in: IPW-Berichte 10/1979, S. 45, 47 f.

23 Ibid., S. 48.

24 Vgl. Zu neuen Programmen für die Dritte Welt nicht bereit. Bonn: Aber für engere Zusammenarbeit, Frankfurter Allgemeine Zeitung 19.5.1983. Zur Presseberichterstattung über die Ergebnisse der Konferenz. vgl. Bundesministerium für wirtschaftliche Zusammenarbeit, Spiegel der Presse 14/1983, S. 426 ff.

25 Helmut Faulwetter, Gerhard Scharschmidt, Umfeld, Verlauf und Ergebnisse der VI. UNCTAD, in: AAL 5/1983, S. 816 f.

26 Dies war ausschlaggebend für die Ablehnung der Charta der wirtschaftlichen Rechte und Pflichten der Staaten durch die Bundesrepublik Deutschland gewesen.

27 Hans-Ulrich Walter, Einige Probleme der Auseinandersetzung zwischen jungen Nationalstaaten des subsaharischen Afrika und internationalem Monopolkapital auf wirtschaftlichem Gebiet, in: AAL 3/1982, S. 489; vgl. auch Peter Knirsch, Osteuropa und die neue Weltwirtschaftsordnung, in: Daniel Frei (Hg.), Umstrittene Weltwirtschaftsordnung (Sozialwissenschaftliche Studien des Schweizerischen Instituts für Auslandsforschung, Band 6, Neue Folge), Zürich 1977, S. 71-74.

28 Das „Abkommen über die Bildung des Gemeinsamen Rohstofffonds" wurde am 27. Juni 1980 verabschiedet (vgl. UNCTAD TD/IPC/Conf./L.15 vom 26.6.1980). Es sieht die Bildung von Ausgleichslagern für solche Rohstoffe vor, über die separat internationale Abkommen getroffen werden. Darüber hinaus sollen weitere Maßnahmen der Erschließung und Vermarktung von Rohstoffen finanziert werden. Zu diesem Zweck werden bei einem direkten Beitragskapital von 470 Millionen US-Dollar zwei separate Konten eingerichtet. Für das erste Konto, mit dem die Ausgleichsfinanzierung vorgenommen wird, sollen 400 Millionen US-Dollar, für das zweite 70 Millionen US-Dollar bereitgestellt werden.

29 Egon Bahr in: Die Neuordnung der Weltwirtschaft (Anm. 13), S. 7.

30 Vgl. folgende Literatur zum integrierten Rohstoffprogramm: Konrad Seitz, Rohstoffversorgung und Rohstoffabkommen. Überlegungen zu einer deutschen Rohstoffpolitik gegenüber der Dritten Welt, in: Europa Archiv 14/1975, S. 461-470; Klaus Glaubitt, Wilfried Lütkenhorst, Elemente einer neuen Weltwirtschaftsordnung. Verhandlungsstand zu UNCTAD V (Bochumer Materialien zur Entwicklungsforschung und Entwicklungspolitik, Band 12) Tübingen 1979, S.2-50; Matthies (Anm. 14), S. 29-33.

31 Faulwetter (Anm. 20), S. 65.

32 Gemeinsame Erklärung . . . (Anm. 20), S. 1256f. Vgl. ausführlicher auch Bernard von Plate, Die Außenwirtschaftsbeziehungen der DDR zu den Entwicklungsländern und die Neue Weltwirtschaftsordnung (Stiftung Wissenschaft und Politik), Ebenhausen, November 1979, S. 61-67; ders., Die Handelsbeziehungen der DDR mit den Entwicklungsländern und die neue Weltwirtschaftsordnung, in: DA 8/1980, S. 831-833.

33 Gerald Philipp, Helga Rudolph, Der „Gemeinsame Rohstoffonds", in: DAP 12/1980, S. 97, 99. Die sozialistischen Staaten hatten verlangt, die Quoten für den Fonds nicht nach der UN-Beitragsskala, sondern nach dem Anteil der Staaten am internationalen Rohstoffhandel festzulegen.

34 Helmut Faulwetter, Gerhard Scharschmidt, Die IV. Tagung der Konferenz für Handel und Entwicklung der Vereinten Nationen (UNCTAD), in: AAL 6/1976, S. 874; Helmut Faulwetter, Willi Luchterhand, Der Kampf der Entwicklungsländer um die Veränderung ihrer Stellung in der kapitalistischen Weltwirtschaft und die V. UNCTAD, in: AAL 5/1979, S. 797.

35 Ein Indiz ist die Veröffentlichung eigener Daten über Hilfeleistungen am Beginn der achtziger Jahre, die offenbar von dem Bedürfnis getragen und letztlich nur plausibel ist, wenn sie den Umfang eigener Leistungen verdeutlichen und Vergleiche ermöglichen kann (vgl. Kapitel D). Ein weiteres Indiz ist, daß in den Berichten zur VI. UNCTAD-Konferenz und zur VII. Gipfelkonferenz der Blockfreien erstmals nicht den ritualisierten Klagen über die Gleichsetzung von Sozialismus und Kapitalismus in der Entwicklungshilfe gefolgt wird, vgl. Faulwetter, Scharschmidt (Anm. 25), S. 815; Renate Wünsche, Roswitha Voigtländer, Marion Lindner, Die Nichtpaktgebundenen im Kampf um Frieden, Abrüstung und Entwicklung – Zu den Ergebnissen der VII. Gipfelkonferenz nichtpaktgebundener Staaten, in: AAL 4/1983, S. 556.

36 Beschluß des Deutschen Bundestages vom 5. März 1982 zum Vierten Entwicklungspolitischen Bericht, Bundestagsdrucksache 9/1344, abgedruckt in BMZ, Fünfter Bericht zur Entwicklungspolitik, Bundestagsdrucksache 9/2411, S. 136f.

37 Siehe schon die Erklärung zur Internationalen Strategie für die Zweite Entwicklungsdekade, in: Bundesministerium für wirtschaftliche Zusammenarbeit (Hg.), Die Entwicklungspolitische Konzeption der Bundesregierung, Bonn 1971, S. 60.

38 Volker Matthies, Süd-Süd-Beziehungen, in: ders. (Hg.) Süd-Süd-Beziehungen, München etc. 1982, S. 16.

39 BMZ, Die Entwicklungspolitischen Grundlinien der Bundesregierung vom 9. Juli 1980, Bonn 1980.

40 Vgl. die Ausführungen von Staatssekretär Günther van Well am 25.6.1979, abgedruckt in: Auswärtiges Amt, Dokumentation Dritte Welt, Bonn 1979, S. 51.

41 Faulwetter (Anm. 20), S. 123f.

42 Ibid., S. 123.

43 Faulwetter, Scharschmidt (Anm. 34), S. 875.

44 Wie komplex in dieser Hinsicht die Verhältnisse geworden sind, illustriert als Beispiel der Sachverhalt, daß Nord-Korea die im Untergrund befindliche Koalitionsfront der Gegner des von den Vietnamesen in Kampuchea errichteten Regimes diplomatisch anerkannt hat, oder daß Mosambik ein sicherheitspolitisches Arrangement mit Südafrika getroffen hat und Äthiopien trotz einer starken Anlehnung an das sozialistische Lager die Verbindung zum Westen keineswegs abgebrochen hat, sondern eher an deren Verstärkung interessiert ist.

Ausgewählte Bibliographie

In der folgenden Auswahlbibliographie sind lediglich solche Literaturhinweise aufgenommen, die – überwiegend leicht zugänglich – dem Leser ein vertiefendes Eigenstudium erlauben. Es handelt sich um eine repräsentative Auswahl von umfangreichen Monographien, Taschenbüchern und Zeitschriftenbeiträgen sowie von Handbüchern, Statistischen Jahrbüchern und offiziellen Berichten. Die bibliographischen Angaben sind in drei inhaltliche Schwerpunkte aufgeteilt: Allgemeine Probleme der Dritten Welt sowie die Entwicklungspolitik der Bundesrepublik Deutschland und jene der DDR. Innerhalb dieser Schwerpunkte wurde wiederum zwischen Literatur aus der Bundesrepublik und aus der DDR unterschieden.

1. Handbücher, Statistiken, Berichte

Bundesministerium für wirtschaftliche Zusammenarbeit (BMZ): Entwicklungspolitik. Jahresberichte.

Bundesministerium für wirtschaftliche Zusammenarbeit (BMZ): Bericht zur Entwicklungspolitik der Bundesregierung, Bonn 1973, 1975, 1977, 1980, 1983, 1985.

Bundesministerium für wirtschaftliche Zusammenarbeit (Hg.): Journalisten-Handbuch Entwicklungspolitik, Bonn.

Bundesministerium für wirtschaftliche Zusammenarbeit (BMZ): Entwicklungspolitische Konzeption der Bundesrepublik Deutschland und die Internationale Strategie für die Zweite Entwicklungdekade, Bonn 1971.

Bundesministerium für wirtschaftliche Zusammenarbeit (BMZ): Die Entwicklungspolitischen Grundlinien der Bundesregierung, Bonn 1980.

Global 2000: Report to the President, Washington / Frankfurt/M. 1981.

International Labour Organization (ILO): Beschäftigung, Wachstum und Grundbedürfnisse, Genf 1976.

Jahrbuch Asien-Afrika-Lateinamerika. Bilanz und Chronik. Im Auftrag des Zentralen Rates für Asien- Afrika- und Lateinamerikawissenschaften in der DDR herausgegeben vom Vorsitzenden, Prof. Dr. sc. L. Rathmann, Berlin (O).

Jahrbuch Dritte Welt. Daten, Übersichten, Analysen. Herausgegeben vom Deutschen Übersee-Institut Hamburg. Redaktion: Joachim Betz und Volker Matthies, München 1983 ff.

Kommission für Internationale Entwicklung: Der Pearson-Bericht. Bestandsaufnahme und Vorschläge zur Entwicklungspolitik, Wien 1969. (Englisch: Partners in Development, New York 1970).

Nohlen, Dieter und Nuscheler, Franz (Hg.): Handbuch der Dritten Welt (8 Bände), Hamburg 1982.

Organization for Economic Co-operation and Development (OECD): Development Co-operation. Efforts and Policies of the Members of the Development Assistance Committee, Paris (jährlich).

Schwarz, Hans-Peter (Hg.): Handbuch der deutschen Außenpolitik, München 1975.

SIPRI Yearbook of World Armaments and Disarmament, Stockholm, London (jährlich).

Sovetskaja Voennaja Enciklopedija, Moskau 1980 (8 Bände). Deutsch auszugsweise in: Sowjetische Militärenzyklopädie. Auswahl in Heften, Berlin (O).

Statistisches Jahrbuch der Deutschen Demokratischen Republik, Berlin (O).

The International Institute for Strategic Studies (IISS): The Military Balance, London (jährlich).

Unabhängige Kommission für Entwicklungsfragen: Das Überleben sichern. Gemeinsame Interessen von Industrie- und Entwicklungsländern (Erster Brandt-Bericht), Köln 1980.
Unabhängige Kommission für Entwicklungsfragen: Hilfe in der Weltkrise. Ein Sofortprogramm (Zweiter Brandt-Bericht), Reinbek 1983.
United Nations (Hg.): Yearbook of International Trade Statistics, New York.
United Nations Educational, Scientific and Cultural Organization (UNESCO): Statistical Yearbook, Paris.
U.S. Arms Control and Disarmament Agency (ACDA): World Military Expenditures and Arms Transfers, Washington D.C. (jährlich).
Weltbank: Weltentwicklungsbericht, Washington, D.C. (jährlich).

2. Monographien und Aufsätze zu allgemeinen Problemen der Dritten Welt

2.1. Literatur aus der Bundesrepublik Deutschland

Ansprenger, Franz: Die Auflösung der Kolonialreiche, München 1966.
Bechler, Ekkehard: Internationale Arbeitsteilung und Dritte Welt. Handelsbeziehungen auf Kosten oder im Dienste der Entwicklungsländer, Köln 1976.
Bergmann, Christel und Grundmann, Helge E.: Interdependenz zwischen Industrie- und Entwicklungsländern. Wissenschaftliche Schriftenreihe des Bundesministeriums für wirtschaftliche Zusammenarbeit, Band 34, Baden-Baden 1980.
Betz, Joachim: Verschuldungskrisen in Entwicklungsländern, München etc. 1983.
von Bismarck, Klaus und Maier, Hans (Hg.): Entwicklung, Gerechtigkeit, Frieden. Dokumentation des Entwicklungspolitischen Kongresses 1979. Kirchen im Gespräch mit Parteien und gesellschaftlichen Gruppen, München 1979.
Braun, Gerald: Nord-Süd-Konflikt und Entwicklungspolitik, Opladen 1985.
Brock, Lothar: Entspannungspolitik als globales Problem. Zum Ost-West-Konflikt in der Dritten Welt. In: Hessische Stiftung Friedens- und Konfliktforschung (Hg.): Europa zwischen Konfrontation und Kooperation, Frankfurt/M. 1982, S. 83-102.
Dams, Theodor: Weltwirtschaft im Umbruch, Freiburg, Würzburg 1979.
Donges, Jürgen B.: Außenwirtschafts- und Entwicklungspolitik. Die Entwicklungsländer in der Weltwirtschaft, Berlin (W) 1981.
Elsenhans, Hartmut: Nord-Süd-Beziehungen: Geschichte, Politik, Wirtschaft, Stuttgart 1984.
Grimm, Klaus: Theorien der Unterentwicklung und Entwicklungsstrategien, Opladen 1979.
Jonas, Rainer und Tietzel, Manfred (Hg.): Die Neuordnung der Weltwirtschaft, Bonn 1976.
Kebschull, Dieter u.a.: Entwicklungspolitik. Eine Einführung, Opladen 1975.
Lütkenhorst, Wilfried: Entwicklungspolitik und neue Weltwirtschaftsordnung, Bad Homburg 1982.
Matthies, Volker: Neue Weltwirtschaftsordnung. Hintergründe, Positionen, Argumente, Opladen 1980.
Mommsen, Wolfgang J.: Das Zeitalter des Imperialismus, Frankfurt/M.1969.
Myrdal, Gunnar: Politisches Manifest über die Armut in der Welt, Frankfurt/M. 1971.
Nuscheler, Franz (Hg.): Dritte-Welt-Forschung: Entwicklungstheorie und Entwicklungspolitik. In: Politische Vierteljahresschrift, Sonderheft 16, 1985.
Ochel, Wolfgang: Die Entwicklungsländer in der Weltwirtschaft, Köln 1982.
Opitz, Peter J. (Hg.): Weltprobleme, Bonn 1982.
Schmidt, Alfred: Internationale Arbeitsteilung und ungleicher Tausch. Kontroversen über den Handel zwischen Industrie- und Entwicklungsländern, Frankfurt/M., New York 1979.
Schröder, Hans-Christoph: Sozialistische Imperialismusdeutung. Studien zu ihrer Geschichte, Göttingen 1973.
Schwefel, Detlef: Grundbedürfnisse und Entwicklungspolitik. Wissenschaftliche Schriftenreihe des Bundesministeriums für wirtschaftliche Zusammenarbeit, Band 33, Baden-Baden 1978.

Senhaas, Dieter: Weltwirtschaftsordnung und Entwicklungspolitik. Plädoyer für Dissoziation, Frankfurt/M. 1977.
Senghaas, Dieter: Von Europa lernen, Frankfurt/M. 1982.
Wehler, Hans-Ulrich (Hg.): Imperialismus, Köln, Berlin (W) 1970.
Zapf, Wolfgang (Hg.): Theorien des sozialen Wandels, Köln 1969.

2.2. Literatur aus der DDR

Autorenkollektiv unter Leitung von Adalbert Dessau: Lateinamerika im antiimperialistischen Kampf. Probleme eines Kontinents. Studien über Asien, Afrika und Lateinamerika, Band 25, Berlin (O) 1978.
Autorenkollektiv unter Leitung von Hans Kramer: Afrika im antiimperialistischen Kampf. Probleme eines Kontinents. Studien über Asien, Afrika und Lateinamerika, Band 23, Berlin (O) 1978.
Autorenkollektiv unter Leitung von Christian Mährdel: Asien, Afrika, Lateinamerika – gemeinsam gegen Imperialismus, für sozialen Fortschritt, Berlin (O) 1982.
Autorenkollektiv unter Leitung von Lothar Rathmann: Grundfragen des antiimperialistischen Kampfes der Völker Asiens, Afrikas und Lateinamerikas in der Gegenwart. Studien über Asien, Afrika und Lateinamerika, Band 10, Berlin (O) 1974, 2 Bände.
Baatz, Wolfgang: Zur Rolle der militärischen Gewalt bei der Sicherung der Erfolge der nationalen Befreiungsbewegung in Afrika und Asien. In: Asien, Afrika, Lateinamerika, 1976, Heft 2, S. 209-222.
Breetzmann, M. u.a.: Industrie und Industrieplanung in Entwicklungsländern. Studien über Afrika, Asien und Lateinamerika, Band 35, Berlin (O) 1981.
Ernst, Klaus und Schilling, Hartmut (Hg.): Entwicklungsländer: Sozialökonomische Prozesse und Klassen, Berlin (O) 1981.
Faulwetter, Helmut: Die am wenigsten entwickelten Länder des kapitalistischen Wirtschaftssystems und ihre Entwicklungsprobleme. In: Asien, Afrika, Lateinamerika, 1976, Heft 3, S. 454-460.
Faulwetter, Helmut und Wolf, Bernd: Die Differenziertheit der Entwicklung des Kapitalismus in Asien, Afrika und Lateinamerika. In: Asien, Afrika, Lateinamerika, 1978, Heft 2, S. 216-238.
Faulwetter, Helmut: Entwicklungsländer und Neue Internationale Wirtschaftsordnung. Analyse und Perspektive, Berlin (O) 1982.
Faulwetter, Helmut u. a.: Die Krise der kapitalistischen Weltwirtschaft und die Entwicklungsländer. In: Deutsche Außenpolitik, 1983, Heft 1, S. 76-87 (Teil I) und Heft 2, S. 107-119 (Teil II).
Faulwetter, Helmut und Stier, Peter: Entwicklungsländer am Scheideweg, Berlin (O) 1984.
Institut für Militärgeschichte des Ministeriums für Verteidigung der UdSSR und Afrika-Institut der Akademie der Wissenschaften der UdSSR (Hg.): Der bewaffnete Kampf der Völker Afrikas für Freiheit und Unabhängigkeit, Berlin (O) 1981.
Langer, Emil: Die nationale Befreiungsbewegung – ein revolutionärer Hauptstrom. In: Einheit, 1982, Heft 4, S. 346-352.
Lehfeld, Horst: Fragen der nationalen Befreiungsrevolution in Ländern Afrikas und Asiens mit sozialistischer Entwicklung. In: Asien, Afrika, Lateinamerika, 1982, Heft 2, S. 207-216.
Mährdel, Christian: Revolutionstheoretische Bemerkungen zur sozialistischen Orientierung gesellschaftlicher Entwicklung im heutigen Afrika und Asien. In: Asien, Afrika, Lateinamerika, 1980, Heft 3, S. 421-431.
Primakov, J.M.: Das Gesetz der ungleichmäßigen Entwicklung und die historischen Geschicke der vom Kolonialismus befreiten Länder. In: Deutsche Außenpolitik, 1981, Heft 4, S. 73-90 (Teil I) und Heft 5, S. 74-82 (Teil II).
Primakov, J.M.: Länder mit sozialistischer Orientierung: ein schwieriger, aber realer Übergang zum Sozialismus. In: Asien, Afrika, Lateinamerika, 1981, Heft 6, S. 965-978.

Robbe, Martin: Die „Dritte Welt": Deutung und Fehldeutung. In: Deutsche Außenpolitik, 1977, Heft 3, S. 67-78.

Robbe, Martin: Solidarisierungsbestrebungen in Entwicklungsländern. In: Deutsche Außenpolitik, 1979, Heft 2, S. 73-87.

Robbe, Martin: Die Stummen in der Welt haben das Wort. Entwicklungsländer: Bilanz und Perspektive, Berlin (O) 1984.

Robbe, Martin: Entwicklungsländer und Weltfrieden. In: Asien, Afrika, Lateinamerika, 1984, Heft 5, S. 789-801.

Schloesser, Klaus-Ulrich: Zur Rolle der Armee in national befreiten Staaten Asiens und Afrikas. In: Deutsche Außenpolitik, 1982, Heft 10, S. 64-75.

Schmidt, Max: Die Ost-West-Beziehungen und die Probleme der Entwicklungsländer. In: IPW-Berichte, 1985, Heft 12, S. 1-8.

Staruschenko, Gleb B.: Sozialistische Orientierung in Entwicklungsländern, Frankfurt/M. 1980.

Uljanowski, R. A.: Besonderheiten und Schwierigkeiten der nationaldemokratischen Revolution auf dem nichtkapitalistischen Entwicklungsweg. In: Einheit, 1970, Heft 6, S. 784-801.

Uljanowski, R. A.: Länder sozialistischer Orientierung. In: Deutsche Außenpolitik, 1979, Heft 11, S. 64-75.

Voigtländer, Roswitha und Wünsche, Renate: 20 Jahre Bewegung nichtpaktgebundener Staaten. In: Deutsche Außenpolitik, 1981, Heft 9, S. 36-49.

Wünsche, Renate: Die Nichtpaktgebundenen – eine dritte Kraft?, Berlin (O) 1980.

3. Monographien und Aufsätze zur Entwicklungspolitik der Bundesrepublik Deutschland

3.1. Literatur aus der Bundesrepublik Deutschland

Albrecht, Ulrich u. a.: Mit Rüstung gegen Arbeitslosigkeit?, Reinbek 1982.

Bahr, Egon: Die Thesen von Gymnich: Die Entwicklungspolitik der Bundesrepublik Deutschland. In: Außenpolitik, 1975, Heft 3, S. 315-321.

Besters, Hans u. a. (Hg.): Kooperative Entwicklungshilfe. Deutsche und amerikanische Bemühungen beim Aufbau der Entwicklungsländer, Bielefeld 1969.

Bodemer, Klaus: Entwicklungshilfe. Politik für wen? Ideologie und Vergabepraxis der deutschen Entwicklungshilfe in der ersten Dekade, München 1974.

Bodemer, Klaus: Erfolgskontrolle der deutschen Entwicklungshilfe – improvisiert oder systematisch?, Meisenheim 1979.

Dennert, Jürgen: Entwicklungshilfe. Geplant oder verwaltet? Entstehung und Konzeption des Bundesministeriums für wirtschaftliche Zusammenarbeit, Gütersloh 1968.

Ehrenberg, Eckehart: Der deutsche Rüstungsexport. Beurteilung und Perspektiven, München 1981.

Eppler, Erhard: Wenig Zeit für die Dritte Welt, Stuttgart 1971.

Erler, Brigitte: Tödliche Hilfe, Freiburg 1985.

Eßer, Klaus und Wiemann, Jürgen: Schwerpunktländer in der Dritten Welt. Konsequenzen für die Südbeziehungen der Bundesrepublik Deutschland, Berlin (W) 1981.

Informationszentrum Dritte Welt (Hg.): Entwicklungspolitik. Hilfe oder Ausbeutung?, Freiburg 1983.

Köhler, Volkmar: Der Wandel der Entwicklungspolitik in den letzten zehn Jahren. In: Europa-Archiv, 1985, Heft 16, S. 487-496.

Konrad-Adenauer-Stiftung (Hg.): Der Nord-Süd-Dialog – Gefährdung durch den Ost-West-Konflikt?, Melle 1981.

Kruse-Rodenacker, Albrecht und Dumke, Horst: Kapitalhilfe. Untersuchungen zur bilateralen Kapitalhilfe im Rahmen öffentlicher Leistungen, Berlin (W) 1970.

Nuscheler, Franz: Lern- und Arbeitsbuch Entwicklungspolitik, Bonn 1985.

Schloz, Rudolf: Deutsche Entwicklungspolitik. Eine Bilanz nach 25 Jahren, München, Wien 1979.

Schultz, Siegfried u. a.: Wirtschaftliche Verflechtung der Bundesrepublik Deutschland mit den Entwicklungsländern. Wissenschaftliche Schriftenreihe des Bundesministeriums für wirtschaftliche Zusammenarbeit, Band 36, Baden-Baden 1980.

Sohn, Karl-Heinz: Entwicklungspolitik. Theorie und Praxis der deutschen Entwicklungshilfe, München 1972.

Steinweg, Reiner (Red.): Hilfe + Handel = Frieden? Die Bundesrepublik in der Dritten Welt (Friedensanalysen, Band 15), Frankfurt/M. 1982.

Wischnewski, Hans-Jürgen: Nord-Süd-Konflikt. Beiträge zur Entwicklungspolitik, Hannover 1968.

3.2. Literatur aus der DDR

Autorenkollektiv unter Leitung von Klaus Kannapin: Imperialismus und Industrialisierung der Entwicklungsländer. In: IPW-Forschungsberichte, 1985, Heft 2.

Autorenkollektiv unter Leitung von Gertraud Liebscher: Neokolonialismus. Neue Erscheinungen, Berlin (O) 1981.

Balašov, Sergej: Zu einigen entwicklungsstrategischen Konzeptionen der BRD – eine kritische Sichtung. In: Asien, Afrika, Lateinamerika, 1981, Heft 3, S. 425-436.

Faulwetter, Helmut und Hoffmann, Ulrich: Die Ausbeutung der Entwicklungsländer durch den Imperialismus. In: Asien, Afrika, Lateinamerika, 1984, Heft 4, S. 595-608.

Liebscher, Gertraud: Die Politik der BRD gegenüber Entwicklungsländern. In: Deutsche Außenpolitik, 1980, Heft 3, S. 47-59.

Liebscher, Gertraud und Friedländer, Thomas: Positionen und Aktivitäten des BRD-Neokolonialismus zu Beginn der achtziger Jahre. In: Asien, Afrika, Lateinamerika, 1982, Heft 6, S. 985-994.

Mehnert, Wolfgang und Baumann Rita: Die Funktion der „Bildungshilfe" in der neokolonialistischen Politik der BRD – einige aktuelle Tendenzen. In: Asien, Afrika, Lateinamerika, 1977, Heft 5, S. 746-762.

Wilhelm, Stephan: Die Tätigkeit der Friedrich-Ebert-Stiftung im Rahmen der „entwicklungspolitischen" Strategie des BRD-Imperialismus. In: Asien, Afrika, Lateinamerika, 1981, Heft 5, S. 785-796.

4. Monographien und Aufsätze zur Entwicklungspolitik der DDR

4.1. Literatur aus der Bundesrepublik Deutschland

Baske, Siegfried und Zieger, Gottfried (Hg.): Die Dritte Welt und die beiden Staaten in Deutschland. Schriftenreihe der Gesellschaft für Deutschlandforschung e.V., Band VI, Berlin (W), Asperg 1983.

Jacobsen, Hans-Adolf u. a. (Hg.): Drei Jahrzehnte Außenpolitik der DDR. Bestimmungsfaktoren, Instrumente, Aktionsfelder, München, Wien 1979.

Lamm, Hans-Siegfried und Kupper, Siegfried: DDR und Dritte Welt, München, Wien 1976.

von Löwis of Menar, Henning: Das politische und militärische Engagement der Deutschen Demokratischen Republik in Schwarzafrika. Ein Überblick von 1953 bis 1978. In: Beiträge zur Konfliktforschung, 1978, Heft 1, S. 5-54.

von Plate, Bernard: Aspekte der SED-Parteienbeziehungen in Afrika und der arabischen Region. In: Deutschland Archiv, 1979, Heft 2, S. 132-149.

von Plate, Bernard: Die Handelsbeziehungen der DDR mit den Entwicklungsländern und die neue Weltwirtschaftsordnung. In: Deutschland Archiv, 1980, Heft 8, S. 819-833.

Post, Ulrich und Sandvoss, Franz: Die Afrika-Politik der DDR. Arbeiten aus dem Institut für Afrika-Kunde, Band 43, Hamburg 1982.

Spanger, Hans-Joachim: Die beiden deutschen Staaten in der Dritten Welt. In: Deutschland Archiv, 1984, Heft 1, S. 30-50 (Teil I) und Heft 2, S. 150-165 (Teil II).

4.2. Literatur aus der DDR

Drechsler, Horst: Die politischen, wissenschaftlichen und kulturellen Beziehungen der DDR zu den Ländern Lateinamerikas. In: Asien, Afrika, Lateinamerika, 1978, Heft 2, S. 283-303.

Faulwetter, Helmut und Liebscher, Gertraud: Zum unüberbrückbaren Gegensatz zwischen „Entwicklungshilfe" und sozialistischer Hilfe für Entwicklungsländer. In: Asien, Afrika, Lateinamerika, 1981, Heft 4, S. 593-601.

Förster, Siegfried: 30 Jahre Ausländerstudium in der DDR. In: Deutsche Außenpolitik, 1981, Heft 9, S. 29-35.

Freiberg, Paul u. a.: Zum Charakter der dreiseitigen Wirtschaftskooperation. In: IPW-Berichte, 1979, Heft 2, S. 17-28.

Freiberg, Paul und Nitz, Jürgen: Ökonomische Zusammenarbeit zwischen RGW-Staaten und national befreiten Ländern. In: Deutsche Außenpolitik, 1980, Heft 2, S. 47-60.

Freiberg, Paul und Nitz, Jürgen: Die ökonomische Zusammenarbeit zwischen der DDR und befreiten Ländern. In: Deutsche Außenpolitik, 1981, Heft 8, S. 45-61.

Hahn, Karla und Jacob, Eleonore: Charakter und Hauptformen der Wirtschaftsbeziehungen DDR – Entwicklungsländer. In: Asien, Afrika, Lateinamerika, 1986, Heft 1, S. 5-14.

Hundt, Walter und Lamprecht, Max: Zu einigen aktuellen Fragen der Beziehungen des FDGB zu den Gewerkschaften Afrikas. In: Asien, Afrika, Lateinamerika, 1977, Heft 5, S. 723-732.

Junghahn, Michael und Schmidt, Ullrich: DDR – Wirtschaftspartner der Entwicklungsländer. In: Deutsche Außenpolitik, 1979, Heft 1, S. 44-55.

Kaschel, Eberhard: Unterstützung des Gesundheitswesens in Entwicklungsländern – ein Schwerpunkt solidarischer Hilfe der DDR. In: Deutsche Außenpolitik, 1981, Heft 4, S. 49-60.

Krüger, Kurt und Thielemann, Dieter: Antiimperialistische Solidarität mit allen um nationale und soziale Befreiung kämpfenden Völkern Asiens, Afrikas und Lateinamerikas – in der DDR Staatspolitik und Herzenssache der Bürger. In: Asien, Afrika, Lateinamerika, 1979, Heft 3, S. 377-388.

Kunz, Heribert: Zusammenarbeit mit den Staaten Asiens im Interesse der Entspannung und des Friedens. In: Deutsche Außenpolitik, 1978, Heft 2, S. 15-30.

Langer, Emil: Gemeinsam gegen Imperialismus, für Frieden und sozialen Fortschritt. Zur Entwicklung der Beziehungen der SED mit revolutionären Parteien und Bewegungen Afrikas, Asiens und Lateinamerikas. In: Deutsche Außenpolitik, 1982, Heft 9, S. 43-59.

Mardek, Helmut und Wünsche, Renate: Aktuelle Probleme der Bündnisbeziehungen zwischen den Staaten der sozialistischen Gemeinschaft und den nichtpaktgebundenen Ländern. In: Deutsche Außenpolitik, 1977, Heft 8, S. 59-68.

Mardek, Helmut und Wünsche, Renate: Die Beziehungen der DDR mit der nationalen Befreiungsbewegung und den Staaten Asiens, Afrikas und Lateinamerikas. In: Deutsche Außenpolitik, 1979, Heft 5, S. 54-69.

Röhner, Edmund: DDR – Arabische Staaten: Gemeinsame Interessen und Ziele. In: Deutsche Außenpolitik, 1979, Heft 1, S. 14-25.

Scharschmidt, Gerhard und Stelter, Manfred: Bedingungen und Tendenzen der ökonomischen und wissenschaftlich-technischen Zusammenarbeit zwischen Mitgliedsländern des RGW und Ländern Asiens, Afrikas und Lateinamerikas mit sozialistischem Entwicklungsweg. In: Asien, Afrika, Lateinamerika, 1984, Heft 5, S. 802-812.

Scharschmidt, Gerhard: Stellung und Perspektiven der Ost-West-Zusammenarbeit auf Drittmärkten aus der Sicht der DDR. In: IPW-Berichte, 1984, Heft 7, S. 7-14.

Spröte, Wolfgang: Das Zusammenwirken sozialistischer Staaten und national befreiter Länder in der UNO. In: Deutsche Außenpolitik, 1981, Heft 6, S. 54-65.

Spröte, Wolfgang: Die Position der sozialistischen Staaten zur Umgestaltung der internationalen Wirtschaftsbeziehungen. In: Asien, Afrika, Lateinamerika, 1982, Heft 6, S. 965-973.

Willerding, Jochen: Für Frieden, Freundschaft und antiimperialistische Solidarität. Zur internationalen Tätigkeit des sozialistischen Jugendverbandes der DDR. In: Deutsche Außenpolitik, 1982, Heft 4, S. 22-30.

Willerding, Klaus: Die Außenpolitik der DDR und die Länder Asiens, Afrikas und Lateinamerikas. In: Asien, Afrika, Lateinamerika, 1979, Heft 4, S. 569-577.

Willerding, Klaus: Zur Afrikapolitik der DDR. In: Deutsche Außenpolitik, 1979, Heft 8, S. 5-19.

Wünsche, Renate und Mardek, Helmut: Antiimperialistische Bündnisbeziehungen zwischen sozialistischen Staaten und Entwicklungsländern. In: Deutsche Außenpolitik, 1975, Heft 4, S. 562-574.

Wünsche, Renate und Mardek, Helmut: Das Zusammenwirken der sozialistischen Länder mit den national befreiten Staaten Asiens, Afrikas und Lateinamerikas im Kampf um Frieden – ein dringendes Erfordernis unserer Zeit. In: Asien, Afrika, Lateinamerika, 1982, Heft 2, S. 197-206.